최신개정법령 완벽반영

보세사

7개년 기출문제집

변달수 편저

TOMATOPASS

합격으로 가는 하이패스
토마토패스

저자직강 동영상강의 www.tomatopass.com

예문에듀 EDU

PROFILE

저자약력

변달수

- 제29회 관세사 자격시험 최연소합격(2012)
- 충남대학교 일반대학원 박사과정 수료(국제무역학)
- 서울대학교 국제대학원 FTA전문가과정(FLP) 수료

■ 약력

- 現 다미관세사무소 대표관세사
- 現 관세청 공익관세사
- 現 한국관세학회 상임이사
- 現 보세판매장 특허심사위원회 위원
- 現 대전상공회의소 기업경영 자문위원
- 現 중소벤처기업진흥공단 외부전문가
- 現 한국관세사회 미래발전 연구위원
- 現 종합물류기업 ㈜티지엘 자문위원
- 前 세한관세법인 대표관세사 역임
- 前 국제물류법인 ㈜에쎄코리아 대표이사 역임
- 前 한국조세재정연구원 세법연구센터 관세연구팀

■ 수상

- 2023 관세청장 관세행정발전 표창
- 2023 대한상공회의소회장 상의유공 표창
- 2022 서울본부세관 관세행정발전 표창
- 2021 KCA 소비자평가 우수전문인 "관세사" 부분 수상

■ 강의

- 現 토마토패스 무역자격증 강사
- 現 EBS 교육방송 물류관리사 강사
- 現 공단기 공무원 관세법 강사
- 現 해커스 관세사 관세법 강사
- 現 FTA관세무역연구원 FTA 강사
- 現 코트라, 무역협회, 중소기업진흥공단, 상공회의소 등 기관교육 연 50시간 이상
- 現 경희대, 인하대, 충남대, 한남대, 목원대, 배재대, 한국열린사이버대학교 등 대학교육 연 200시간 이상
- 前 법무부 한국법교육센터 법 교육 강사
- 前 국가공인 원산지관리사/원산지실무사 시험선정위원

PREFACE

머리말

무역 자격증 취득을 하고자 하는 당신에게

자격증, '21일' 안에 붙어야 합니다.

보세사를 포함한 무역분야 자격증은 시험은 수험기간이 총 '21일'을 넘기면 안 됩니다. 많은 수험생들이 준비기간이 한 달이 넘어가면 확실한 동기부여가 되지 않아 공부에 지루함을 느끼게 되고 결국 포기하게 됩니다. 단기간에 누구보다 집중해서 최대한 빨리 합격해야 합니다.

자격증 시험은 '요령'입니다.

공부에는 '왕도'가 없지만, 합격의 '요령'은 있습니다. 관세사 등 전문자격시험 외 보세사, 국제무역사 같은 일반자격증 시험은 고도의 전문성을 요구하지 않습니다. 따라서 깊이 있는 접근보다는 합격을 위해 여우같이 공부하는 자세가 필요합니다.

관세사인 저자는 2012년 관세사 자격시험 최연소 합격 이후, 2013년, 2014년 2년간 무역분야의 대부분의 자격증을 포함한 총 14개의 자격증을 취득하였으며, 자격증별로 수험기간을 14일을 넘긴 적이 단 한 번도 없습니다. 게을러터진 저자가 수많은 자격증을 취득할 수 있었던 이유는 철저하게 자격증 시험 합격 요령을 따랐기 때문입니다.

결국, '기출문제'와 그것을 반영한 '핵심이론서'면 충분합니다.

중요한 부분은 정해져 있습니다. 나올 것이 중요한 것이 아니라 나온 것이 중요합니다. 저자와 같은 학원 강사가 만들어 놓은 출제 예상문제가 중요한 것이 아니라 시험 출제위원의 pool에서 몇 번의 검토를 거쳐 정제된 '기출문제'가 자격증 시험의 핵심입니다. 안 나오던 부분에서 출제가 되는 것이 아니라, 나오던 부분에서 또다시 반복 출제가 이루어집니다. 이론서 또한 그러한 출제 경향 및 출제 빈도를 반영하여 시험에 불필요한 부분은 제외하고 핵심적인 이론만을 담는 것이 필요합니다.

저자의 말

이 교재는 기출연도별로 문제가 구성되어 있습니다. 기본서를 예습하고 푸셔도 되고, 우선 문제를 풀고 기본서를 복습하셔도 됩니다. 공부 순서는 상관없습니다. 가장 중요한 것은 내가 매일 같은 시간에 책상에 앉고 문제를 풀고 추가적으로 기본서를 예습, 복습하고 강의를 듣고 있다는 그 사실 자체입니다.

어떤 일이든 익숙해지기 전까지는 어렵게 느껴집니다. 하지만 이는 실제로 어려운 것이 아니라 익숙하지 않은 것입니다. 우리는 질문을 바로 해야 합니다.

'왜 안 외워질까?'보다 '어떻게 하면 외울 수 있을까?'가 여러분 자신에게 하는 올바른 질문입니다.

반복하면 외울 수 있습니다. 1번은 반복이 아닙니다. 5번은 해야 반복이라고 부를 수 있습니다.

부족하다고 느낀다면 더 하면 됩니다. 다른 방법은 없습니다.

부디 차분하게 익숙해질 때까지 반복하십시오.

목표를 위해 부단하게 움직이고 있는 당신을 항상 응원하고 있겠습니다.

관세사 변달수 드림

GUIDE

이 책의 구성

[2018년] 기출문제 및 해설

1과목 수출입통관절차

01 「관세법」 제19조에 따른 관세의 납세의무자로 볼 수 없는 것은?

가. 보세구역 밖에서 보수작업하는 물품이 기간 내에 반입되지 않은 때에는 보수작업을 승인받은 자
나. 보세구역에 장치된 외국물품이 멸실 또는 폐기된 때에는 운영인 또는 보관인
다. 보세구역에 장치된 외국물품이 도난되거나 분실된 경우 그 물품을 수입한 화주
라. 보세운송 중 도난되거나 분실된 경우 보세운송을 신고하거나 승인을 받은 자
마. 우편으로 수입되는 물품인 경우에는 그 수취인

해설 도난물품이나 분실물품의 경우에는 다음에 규정된 자가 납세의무자가 된다.
① 보세구역 장치물품 : 그 운영인 또는 법에 따른 화물관리인
② 보세운송물품 : 보세운송을 신고하거나 승인받은 자
③ 그 밖의 물품 : 보관인 또는 취급인

02 다음 문장은 「관세법」에 규정된 납세자의 권리구제에 대한 내용이다. ( ) 안에 들어갈 내용을 순서대로 나열한 것은?

> 관세법 기타 관세에 관한 법률 또는 조약에 의한 처분으로서 위법 또는 부당한 처분을 받거나 필요한 처분을 받지 못함으로써 권리 또는 이익의 침해를 당한 자는 ( ), ( ) 또는 ( )를 하여 그 처분의 취소 또는 변경이나 처분을 청구할 수 있으며 ( )에 의해서도 권리구제가 가능하다.

가. 과세전적부심사의 청구, 심사청구, 심판청구, 행정소송
나. 과세전적부심사의 청구, 이의신청, 심사청구, 심판청구
다. 과세전적부심사의 청구, 심판청구, 행정소송, 감사청구
라. 이의신청, 심사청구, 심판청구, 행정소송
마. 이의신청, 심사청구, 감사청구, 심판청구

16

보세사 기출문제 최다 수록

최신 기출 포함, 2018~2024년 총 7개년 기출문제를 수록하여 출제 경향을 빈틈없이 분석할 수 있도록 구성하였습니다.

[2024년] 기출문제 및 해설

1과목 수출입통관절차

01 수입한 자가 불분명한 경우 '수입화주에 해당하는 자'로 틀린 것은?

가. 법원 임의경매절차에 의하여 경락받은 물품은 그 물품의 경락자
나. 수입신고 전에 양도한 때에는 그 양도인
다. 송품장상의 물품수신인이 부도 등으로 직접 통관하기 곤란한 경우에는 적법한 절차를 거쳐 수입물품의 양수인이 된 은행
라. 물품의 수입을 위탁받아 수입업자가 대행 수입한 물품인 때에는 그 물품의 수입을 위탁한 자
마. 수입을 위탁받아 수입업체가 대행수입한 물품이 아닌 때에는 송품장에 기재된 물품수신인

해설 수입화주의 정의(수입통관 사무처리 고시 제2조)
"수입화주"라 함은 수입신고한 물품에 대하여 그 물품을 수입한 자를 말하며, 수입한 자가 불분명한 경우에는 다음 각 목의 어느 하나에 해당하는 자를 말한다.
1. 물품의 수입을 위탁받아 수입업자가 대행 수입한 물품인 때에는 그 물품의 수입을 위탁한 자
2. 수입을 위탁받아 수입업체가 대행수입한 물품이 아닌 때에는 송품장(송품장이 없을 때에는 선하증권이나 항공화물운송장)에 기재된 물품수신인
3. 수입신고 전에 양도한 때에는 그 양수인
4. 조달물품은 실수요부처의 장이나 실수요자. 다만, 실수요부처나 실수요자가 결정되지 아니한 때에는 수입 신고한 조달청장이나 현지 조달청 사무소장으로 하되 그 후 실수요부처나 실수요자가 결정되면 조달청장이나 현지 조달청 사무소장은 즉시 납세의무자 변경통보를 통관지세관장에게 하고 통관지세관장은 이에 의하여 납세의무자를 변경한다.
5. 송품장상의 물품수신인이 부도 등으로 직접 통관하기 곤란한 경우에는 적법한 절차를 거쳐 수입물품의 양수인이 된 은행
6. 법원 임의경매절차에 의하여 경락받은 물품은 그 물품의 경락자

정답 01 나

392 토마토패스 보세사 7개년 기출문제집

난이도별 효율적 학습 구성

최근 3개년 기출문제 난이도 상승에 따라, 과년도(2018년) → 최신 연도(2024년)의 순서로 문제를 배치하여 난이도에 맞는 효율적인 단계 학습이 가능합니다.

최신 개정사항 완벽 반영

법령 개정으로 더 이상 성립되지 않는 문제를 삭제 또는 수정하여 효율적인 시험 대비가 가능하도록 구성하였습니다.

단 한 번의 문제 풀이로 합격 가능

관세사 최연소 합격 저자의 꼼꼼하고 상세한 해설을 수록함과 동시에, 해설 속 핵심 키워드를 별도 표시하여 문제의 핵심을 명확하게 파악할 수 있습니다.

GUIDE

보세사 시험

보세사 소개

- 보세사는 특허보세구역운영인(보세창고, 보세공장, 보세판매장 등)이 보세구역을 운영하기 위해서 반드시 채용하여야 하는 국가공인전문자격사입니다.
- 보세사는 보세화물관리에 전문적인 지식을 지니고 보세화물 관리에 대한 세관공무원의 업무 중 일부를 위탁받아 수행하는 보세화물 전문관리자입니다.
- 지정보세구역의 화물관리인이나 특허보세구역 운영인이 자신의 보세구역을 세관으로부터 자율관리보세구역으로 지정받기 위해서는 보세사 채용이 의무화되어 있습니다.
- 즉, 공항만근처의 보세물류창고, 일반 내륙지역의 보세공장, 면세점 등에서 보세화물을 총괄관리하는 총 책임자 역할을 수행하고 있습니다.

보세사 시험제도

■ 시험과목

① 수출입통관절차
② 보세구역관리
③ 보세화물관리
④ 자율관리 및 관세벌칙
⑤ 수출입안전관리

※ 문제형식 : 과목별 25문제(총 125문제) 출제, 객관식 5지선다형
※ 시험시간 : 2시간 15분

■ 합격기준

시험과목별 필기시험에서 각각 매 과목 100점을 만점으로 하여 매 과목 40점 이상, 전과목 평균 60점 이상 득점을 하면 합격됩니다.

■ 합격률

연도	응시자 수	합격자 수	합격률(%)
2014	1,909	266	13.9
2015	2,379	510	21.4
2016	2,424	407	16.8
2017	2,565	987	38.5
2018	2,902	995	34.3
2019	3,120	880	28.2
2020	2,841	680	23.9
2021	3,017	1,034	34.3
2022	2,695	695	25.8
2023	3,177	1,213	38.2
2024	3,097	532	17.2

시험일정

- 원서접수 : 통상 매년 4월 예정
- 시험일시 : 통상 매년 7월 예정
- 합격자발표 : 통상 매년 8월 예정
- 접수방법 : 온라인 접수 – 한국관세물류협회(https://www.kcla.kr)

GUIDE

보세사 합격후기

2024년 보세사 합격후기 - 고*수

취득 동기

현재 물류회사에 재직 중으로 센터에서 보세 화물을 다루고 있어 관심이 생겼습니다. 학과는 무역학과를 나와 국제무역사, 물류관리사는 대학교 재학 당시 이미 취득을 한 상태로 회사를 다니면서 공부를 해보고 싶은 마음도 있었습니다. 그래서 물류관리사 취득 당시 수강했던 토마토패스의 변달수 관세사님이 보세사 자격증 강의도 하고 있는 것을 확인하였습니다. 당시 좋은 점수로 물류관리사에 합격하여 좋은 기억을 가지고 강의를 신청하였습니다.

인강 및 교재의 장점

인강의 장점은 단연 많지 않은 강의 수입니다. 하지만 양이 적다고 내용이 빠지거나 하는 것이 아닌 정말 중요한 정보만 골라서 강의를 해주시기에 딱히 불안하거나 하진 않았습니다. 이전에 물류관리사 취득 당시에도 많지 않은 강의지만 해당 내용을 제대로 공부하니 합격하기에 무리가 없었던 기억이 있어 믿고 따라갈 수 있었습니다. 교재는 그에 비해 더욱 자세한 내용을 따로 심화내용으로 기입되어 있어 흐름에 맞게 공부할 수 있다는 장점이 있습니다. 이번 시험의 경우 기존에 빈출되던 개념이 아닌 새로운 내용이 많이 시험에 출제되었는데 책에 있는 심화내용을 꾸준히 공부하니 그 안에서 많은 점수를 얻을 수 있었습니다.

공부방법

자격증 공부는 관세사님이 말한 것처럼 사실 4주 안에 끝내는 것이 좋다고 생각은 합니다. 다만 저는 직장인이고 특히 물류회사에 근무하다보니 잦은 야근이 있어 해당 시간 내에는 할 수가 없을 것으로 예상했습니다. 그래서 약 3달 전부터 하루에 1~2시간 정도 강의를 무조건 듣고 복습하는 식으로 이론을 끝냈습니다. 이후 이론 교재를 다시 한번 혼자서 공부한 이후에 기출문제를 풀기 시작했습니다. 처음에는 이론을 알지만 그것을 문제로 풀어내려 하니 어려움이 있었고 점수 역시 합격권과는 거리가 있었습니다. 하지만 포기하지 않고 기출문제 1회독 이후 다시 개념서 공부를 하고 다시 기출문제 1회독을 추가하였습니다. 그 이후에는 개념서 심화 내용 위주로 공부하였고 1달 전부터는 주말에도 공부를 꾸준히 하여 충분히 관련 지식을 습득한 이후 시험장에 들어갔습니다.

합격 팁

꿀팁이라고 할 것은 없고 사실 고난도의 사고력을 요하는 시험은 아니기에 위에서 말한 꾸준함과 포기하지 않는 것, 그리고 관세사님의 커리큘럼을 잘 따라가는 것이 가장 중요합니다. 그리고 2주 전 토마토패스에서 시행하는 라이브 특강은 힘들어도 반드시 들어야 합니다. 올해 시험에 개정 내용이 바로 출제된 것이 있기도 하고 2주 전에 이론을 다시 총정리하면서 반복하는 시간이 있어야 더 좋은 점수를 받을 수 있을 것입니다.

시험 연도	2024년
응시자 (응시번호)	고 수 (102)
결과	**축·하·합·니·다!** **고 수 (102)**님은 2024년 7월 6일에 시행한 보세사 자격시험에 **합격**하셨습니다.

고 수 (102)님의 시험성적은 아래와 같습니다.

수출입통관절차	보세구역관리	화물관리	수출입안전관리	자율관리 및 관세벌칙
72점	76점	88점	56점	80점

2024년 보세사 합격후기 - 손*영

취득 동기

현재 물류쪽에서 사무직으로 근무하고 있는 상태이며, 당장 필요한 자격증은 아니지만 시간적 여유가 있을때 공부해두면 도움이 될 것 같아서 시작하게 되었습니다.

인강 및 교재의 장점

자격증을 공부하기로 마음먹고난 후 독학은 어려울 것 같아 인강 먼저 찾아보게 되었습니다. 보세사 인강은 생각보다 여러 곳에서 진행중이였는데, 세 군데 정도 유튜브를 통해 강의를 찾아보고 저랑 가장 맞을 것 같은 곳으로 선택했습니다. 특히 토마토패스는 처음 들어보는 곳이었지만 변달수 강사님의 강의 스타일이 가장 마음에 들어 선택하게 됐는데 후회없는 선택이였던 것 같습니다. 변달수 강사님의 지루하지 않은 목소리와 수업방식, 교재 또한 출제빈도가 표시되어 있어서 중요한 부분이 어느 부분인지 쉽게 파악할 수 있어서 좋았고 실제 기출문제에 나왔던 선지로 교재내용이 이루어져 있어서 기출문제 풀이에도 용이했습니다.

공부방법

인강을 시작한 건 2월 말부터였으나 실제로 공부에 집중한 건 5월 둘째 주부터였습니다. 회사에서 근무시간에 여유있을 때 1시간 정도, 퇴근 후 2시간, 주말 7시간 이상 꾸준히 공부했습니다. 전체적으로 인강을 1회 완강을 한 후, 기출문제를 풀었었는데 이해가 가지 않은 부분만 강의를 재수강하면서 이해하려고 노력한 것 같습니다. 이후 기출문제를 반복적으로 풀었었는데 분명 며칠 전 풀었던 문제여도 매번 새로웠습니다. 이때 멘붕이 오긴 했지만 계속 반복하는 수밖에 없다는 생각으로 기출문제 풀고, 반복적으로 틀리는 부분은 강의를 재수강하면서 공부했습니다.

합격 팁

강의를 1회 수강하시고 무조건 기출문제 풀어보시는 거 추천합니다! 무조건 이해될 때까지 이론만 공부하는 것보다 기출문제 통해서 여러 번 반복하는게 더 도움이 될 것 같습니다. 특히 강의 때 강사님께서 중요하다고 강조하시는 부분은 꼭 외우셨으면 하구요. 시험 2주 전에 라이브특강 해주시는거 꼭 참여하시고 영상 나중에 2, 3일정도 더 수강할 수 있게 해주시는 데 그거 여러 번 보면서 최종정리하는 데 도움 많이 받았습니다.

시험 연도	2024년
응시자 (응시번호)	손 경 (111)
결과	축·하·합·니·다! 손 경 (111)님은 2024년 7월 6일에 시행한 보세사 자격시험에 합격하셨습니다.

손 영 (111)님의 시험성적은 아래와 같습니다.

수출입통관절차	보세구역관리	화물관리	수출입안전관리	자율관리 및 관세벌칙
64점	60점	60점	48점	80점

※ 해당 합격 후기는 모두 합격증이 웹상에 인증되어 있으며, 토마토패스 홈페이지 수강 후기에서 더 많은 후기들을 확인하실 수 있습니다.

GUIDE

과목별 가이드

1과목
수출입통관절차

보세제도를 제외한 관세법 일반 및 수출입통관절차 전반에 대하여 출제가 이루어지므로 5과목 중 가장 넓은 범위에서 출제가 이루어집니다.

공부 범위는 넓으나 시험문제의 통상적인 난도는 5과목 중 가장 낮게 출제될 때가 많습니다. 최근 관세직 공무원 또는 관세사 시험과 유사한 유형의 문제출제가 자주 이루어지는 것으로 보아 난도가 소폭 상승하고 있으나 주의할 정도는 아닙니다.

학습전략

출제 범위는 가장 넓으나 기출되었던 개념에서 다시 출제가 이루어지고 있기에 기출문제 분석이 완벽하게 이루어지는 경우 전략과목으로 만들 수 있습니다.

또한 본 과목을 명확하게 이해해야만 2과목, 3과목, 4과목을 이해하는 데 큰 도움이 되기에 점수를 획득하는 목적 외에도 이 과목을 통하여 관세법 및 수출입통관절차의 기본 구조와 뼈대를 잡는 것이 매우 중요합니다.

2과목
보세구역관리

출제범위

보세구역관리 전반에 대하여 출제되며, 지정보세구역, 특허보세구역, 종합보세구역, 수입활어장치장 등 '구역'을 어떻게 관리해야 하는지에 대한 세부적인 규정이 출제됩니다.

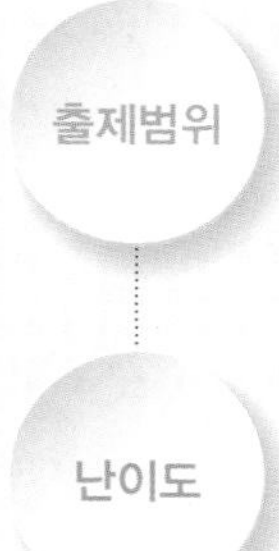

세부적인 규정들을 꼼꼼하게 공부하지 않으면 감으로는 도저히 풀 수 없는 문제들이 대거 출제되므로 5과목 중 가장 높은 난이도라 할 수 있습니다.

개념의 거시적인 이해보다는 세부적인 절차 및 세부 기준, 상세 규정 등을 미시적으로 공부하여야 하며, 절차, 기간 및 연도 등 숫자 그리고 특정한 권한의 주체를 묻는 문제가 빈출됩니다. 따라서 전반적으로 다회독하는 식의 숲을 보는 공부방법보다는 보세구역 특성별로 구분하여 세심하게 하나하나 외우고 넘어가는 나무를 보는 공부방법이 적절합니다.

3과목
보세화물관리

보세화물관리의 전반적인 내용, 수출입 및 환적화물 관리방법, 보세운송 절차 및 각종 운수기관들에 대하여 출제가 이루어집니다.

중요한 사항 위주로 반복출제 되고 있는 경향이 강하여 난이도는 평이한 편입니다. 다만, 동일한 주제에 대해 화물별로 상이한 내용을 가지고 있는 경우 암기에 있어 혼동이 오기 쉽다는 점은 과목을 어렵게 만드는 요인입니다.

거시적인 접근과 미시적인 접근이 동시에 이루어져야 합니다. 화물의 흐름, 즉 절차가 가장 중요하며 절차를 매끄럽게 이해하는 게 우선입니다. 그 후에 세부적인 '허가', '승인', '신고' 등의 빈출 용어를 구분하여 명확하게 암기하여야 합니다.

※ 2과목과 3과목은 그 과목의 경계를 구분하지 아니하고 출제되는 경우가 많으므로 당황하지 않도록 합니다.

4과목
자율관리 및 관세벌칙

자율관리보세구역 제도, 자유무역지역제도, 보세사제도 및 관세법상 벌칙과 조사와 처분에서 출제가 이루어집니다.

핵심 내용에 대한 암기만 잘 되어 있다면 어렵게 꼬아내는 내용 없이 기출문제의 범위에서 반복출제가 일어나고 있는 부분이 상당하므로 난이도는 평이하다고 볼 수 있습니다.

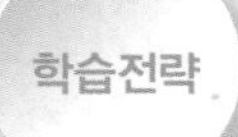

우선 관세벌칙 파트에서 빈출되며 이 부분은 1과목의 이해가 선행되어야 함을 양지하여야 합니다. 벌칙제도의 거시적 이해보다는 미시적으로 접근하는 것이 적절하며 숫자(형량 등)로 표시되어 있는 부분들이 주로 출제됩니다. 그 외의 파트는 출제 범위는 넓지만 모든 파트를 다 꼼꼼히 공부하기엔 효율성이 좋지가 않으니 교재에 중요 표시가 있는 부분만 반복 숙지하는 편이 좋습니다.

5과목
수출입안전관리

출제범위

국경감시제도(국제항, 운송제도 등)와 수출입안전관리우수공인업체(AEO)에 관련한 내용에 대하여 출제가 됩니다.

난이도

국경감시제도는 평이하게 출제되나 AEO 제도의 경우 앞선 과목들의 성격(통관, 보세)과는 아예 다른 생소한 과목이므로 초반에 접근이 어려우며 상당히 지엽적인 부분에서도 출제되어 고득점으로 합격하기에는 어려운 과목입니다.

학습전략

국경감시제도의 경우 빈출되는 부분 위주로 공부하며, AEO 제도의 경우에는 공인 절차 및 빈출되었던 부문별 공인기준들을 세세하게 공부하여야 합니다. 특히 시간 여유가 있는 수험생이라면 공인기준에 대한 상세한 규정(원문)도 읽어보는 편이 좋습니다.

※ 공부 순서는 1과목 → 2/3과목 → 4과목 → 5과목 순서(교재 순서와 동일)대로 공부하시는 편이 좋습니다.

CONTENTS

목차

P/A/R/T

01

토마토패스 보세사 7개년 기출문제집

2018년 기출문제 및 해설

[2018년] 기출문제 및 해설

1과목 수출입통관절차

01 「관세법」 제19조에 따른 관세의 납세의무자로 볼 수 없는 것은?

가. 보세구역 밖에서 보수작업하는 물품이 기간 내에 반입되지 않은 때에는 보수작업을 승인받은 자
나. 보세구역에 장치된 외국물품이 멸실 또는 폐기된 때에는 운영인 또는 보관인
다. 보세구역에 장치된 외국물품이 도난되거나 분실된 경우 그 물품을 수입한 화주
라. 보세운송 중 도난되거나 분실된 경우 보세운송을 신고하거나 승인을 받은 자
마. 우편으로 수입되는 물품인 경우에는 그 수취인

해설 도난물품이나 분실물품의 경우에는 다음에 규정된 자가 납세의무자가 된다.
① 보세구역 장치물품 : 그 운영인 또는 법에 따른 화물관리인
② 보세운송물품 : 보세운송을 신고하거나 승인받은 자
③ 그 밖의 물품 : 보관인 또는 취급인

02 다음 문장은 「관세법」에 규정된 납세자의 권리구제에 대한 내용이다. ( ) 안에 들어갈 내용을 순서대로 나열한 것은?

> 관세법 기타 관세에 관한 법률 또는 조약에 의한 처분으로서 위법 또는 부당한 처분을 받거나 필요한 처분을 받지 못함으로써 권리 또는 이익의 침해를 당한 자는 ( ), ( ) 또는 ( )를 하여 그 처분의 취소 또는 변경이나 처분을 청구할 수 있으며 ( )에 의해서도 권리구제가 가능하다.

가. 과세전적부심사의 청구, 심사청구, 심판청구, 행정소송
나. 과세전적부심사의 청구, 이의신청, 심사청구, 심판청구
다. 과세전적부심사의 청구, 심판청구, 행정소송, 감사청구
라. 이의신청, 심사청구, 심판청구, 행정소송
마. 이의신청, 심사청구, 감사청구, 심판청구

정답 | 01 다 02 마

해설 「관세법」 제119조(불복의 신청)

이 법이나 그 밖의 관세에 관한 법률 또는 조약에 따른 처분으로서 위법한 처분 또는 부당한 처분을 받거나 필요한 처분을 받지 못하여 권리나 이익을 침해당한 자는 이의신청, 심사청구 또는 감사원법상의 심사청구(감사청구)를 하여 그 처분의 취소 또는 변경을 청구하거나 필요한 처분을 청구할 수 있으며, 심판청구에 의해서도 권리구제가 가능하다. 다만, 다음 각 호의 처분에 대해서는 그러하지 아니하다.

1. 이 법에 따른 통고처분
2. 「감사원법」에 따라 심사청구를 한 처분이나 그 심사청구에 대한 처분

03 수입신고수리되어 반출된 물품으로서 보세구역 반입명령 대상이 아닌 것은?

가. 의무이행 요구에 따른 의무를 이행하지 아니한 경우

나. 원산지 표시가 적법하게 표시되지 아니하였거나 수입신고수리 당시와 다르게 표시되어 있는 경우

다. 품질 등의 표시가 적법하게 표시되지 아니하였거나 수입신고수리 당시와 다르게 표시되어 있는 경우

라. 지식재산권을 침해한 경우

마. 수입신고수리 후 3개월이 경과한 경우

해설 「관세법 시행령」 제245조(반입명령)

관세청장 또는 세관장은 수출입신고가 수리된 물품이 다음 각 호의 어느 하나에 해당하는 경우에는 해당 물품을 보세구역으로 반입할 것을 명할 수 있다. 다만, 해당 물품이 수출입신고가 수리된 후 3개월이 지났거나 관련 법령에 따라 관계행정기관의 장의 시정조치가 있는 경우에는 그러하지 아니하다.

1. 세관장이 문서로서 이행할 것을 요구한 다른 법령상 의무를 이행하지 아니한 경우
2. 원산지 표시가 적법하게 표시되지 아니하였거나 수출입신고 수리 당시와 다르게 표시되어 있는 경우
3. 품질 등의 표시(표지의 부착을 포함한다)가 적법하게 표시되지 아니하였거나 수출입신고 수리 당시와 다르게 표시되어 있는 경우
4. 지식재산권을 침해한 경우

정답	03 마

04 다음 문장은 「관세법」 제241조(수출 · 수입 또는 반송의 신고)의 내용이다. ( ) 안에 들어갈 내용을 순서대로 나열한 것은?

> ① 수입하거나 반송하려는 물품을 지정장치장 또는 보세창고에 반입하거나 보세구역이 아닌 장소에 장치한 자는 그 반입일 또는 장치일부터 ( ) 이내에 수입신고하거나 반송신고를 하여야 한다.
> ② 세관장은 물품의 신속한 유통이 긴요하다고 인정하여 보세구역의 종류와 물품의 특성을 고려하여 관세청장이 정하는 물품을 수입하거나 반송하려는 자가 '①'에 따른 기간 내에 수입 또는 반송의 신고를 하지 아니한 경우에는 해당 물품 ( )의 ( )에 상당하는 금액의 범위에서 대통령령으로 정하는 금액을 가산세로 징수한다.

가. 30일, 과세가격, 100분의 2
나. 50일, 과세가격, 100분의 10
다. 80일, 과세가격, 1,000분의 15
라. 30일, 물품가격, 100분의 2
마. 50일, 물품가격, 1,000분의 10

해설 ① 수입하거나 반송하려는 물품을 지정장치장 또는 보세창고에 반입하거나 보세구역이 아닌 장소에 장치한 자는 그 반입일 또는 장치일부터 30일 이내(관세청장이 정하는 바에 따라 반송방법이 제한된 물품은 관세청장이 정하는 바에 따라 반송신고를 할 수 있는 날부터 30일 이내)에 수입 또는 반송신고를 하여야 한다.
② 세관장은 대통령령으로 정하는 물품을 수입하거나 반송하는 자가 기간 내에 수입 또는 반송의 신고를 하지 아니한 경우에는 해당 물품 과세가격의 100분의 2에 상당하는 금액의 범위에서 대통령령으로 정하는 금액을 가산세로 징수한다. 가산세액은 500만원을 초과할 수 없다.

05 특수형태의 수출에 해당하지 않는 것은?

가. 선상수출신고
나. 컨테이너 및 항공기용 탑재용기의 수출
다. 현지 수출 어패류 신고
라. 원양수산물 신고
마. 잠정수량신고, 잠정가격신고 대상물품의 수출신고

해설 특수형태수출 종류
① 선상수출신고
② 현지 수출 어패류 신고
③ 보세판매장 수출신고
④ 원양수산물 신고
⑤ 잠정수량신고, 잠정가격신고 대상물품의 수출신고

정답 | 04 가 05 나

06 B/L만 제시하면 물품 보관장소에서 즉시 인도되는 수입신고의 생략대상이 아닌 것은?

가. 외교행낭으로 반입되는 면세대상물품

나. 우리나라에 내방하는 외국의 원수와 그 가족 및 수행원에 속하는 면세대상물품

다. 장례를 위한 유해와 유체

라. 재외공관 등에서 외교부로 발송되는 자료

마. 설계도 중 수입승인이 면제되는 것

PART 01

해설 수입신고 생략대상

다음 물품 중 관세가 면제되거나 무세인 물품은 수입신고를 생략한다.

① 외교행낭으로 반입되는 면세대상물품

② 우리나라에 내방하는 외국의 원수와 그 가족 및 수행원에 속하는 면세대상물품

③ 장례를 위한 유해(유골)와 유체

④ 신문, 뉴스를 취재한 필름 · 녹음테이프로서 문화체육관광부에 등록된 언론기관의 보도용품

⑤ 재외공관 등에서 외교부로 발송되는 자료

⑥ 기록문서와 서류

⑦ 외국에 주둔하는 국군으로부터 반환되는 공용품(군함 · 군용기에 적재되어 우리나라에 도착된 경우에 한함)

07 「관세법」에서 규정한 용어의 정의 중 틀린 것은?

가. "수출"이란 내국물품을 외국으로 반출하는 것을 말한다.

나. "국내운항기"란 국내에서만 운항하는 항공기를 말한다.

다. "국제무역기"란 무역을 위하여 우리나라와 외국 간을 운항하는 항공기를 말한다.

라. "통관"이란 「관세법」에 따른 절차를 이행하여 물품을 수출 · 수입 · 환적 또는 반송하는 것을 말한다.

마. "선박용품"이란 음료, 식품, 연료, 소모품, 밧줄, 수리용 예비부분품 및 부속품, 집기, 그 밖에 이와 유사한 물품으로서 해당 선박에서만 사용되는 것을 말한다.

해설 통관이라 함은 「관세법」의 규정에 의한 절차를 이행하여 물품을 수출 · 수입 · 반송하는 것을 말한다.

정답	06 마 07 라

08 「관세법」상 신고 또는 제출한 자가 보관하여야 하는 서류 중 보관기간이 가장 짧은 것은?

가. 적재화물목록에 관한 자료

나. 수출신고필증

다. 반송신고필증

라. 수출물품 · 반송물품 가격 결정에 관한 자료

마. 수출거래 · 반송거래 관련 계약서 또는 이에 갈음하는 서류

해설 신고서류 보관기간

① 다음 어느 하나에 해당하는 서류 : 해당 신고에 대한 수리일부터 5년
- ㉠ 수입신고필증
- ㉡ 수입거래관련 계약서 또는 이에 갈음하는 서류
- ㉢ 제237조에 따른 지식재산권의 거래에 관련된 계약서 또는 이에 갈음하는 서류
- ㉣ 수입물품 가격결정에 관한 자료

② 다음 어느 하나에 해당하는 서류 : 해당 신고에 대한 수리일부터 3년
- ㉠ 수출신고필증
- ㉡ 반송신고필증
- ㉢ 수출물품 · 반송물품 가격결정에 관한 자료
- ㉣ 수출거래 · 반송거래 관련 계약서 또는 이에 갈음하는 서류

③ 다음 어느 하나에 해당하는 서류 : 당해 신고에 대한 수리일부터 2년
- ㉠ 보세화물반출입에 관한 자료
- ㉡ 적재화물목록에 관한 자료
- ㉢ 보세운송에 관한 자료

09 입항전수입신고에 대한 설명 중 틀린 것은?

가. 입항전수입신고가 된 물품은 우리나라에 도착한 것으로 본다.

나. 세관장은 입항전수입신고를 한 물품에 대하여 물품검사의 실시를 결정하였을 때에는 수입신고를 한 자에게 이를 통보하여야 한다.

다. 검사대상으로 결정된 물품 중 세관장이 적재상태에서 검사가 가능하다고 인정하는 물품은 해당 물품을 적재한 선박이나 항공기에서 검사할 수 있다.

라. 입항전수입신고는 당해물품을 적재한 선박 등이 우리나라에 입항하기 5일 전(항공기는 3일 전)부터 할 수 있다.

마. 세율이 인상되거나 새로운 수입요건을 갖추도록 요구하는 법령이 적용되거나 적용될 예정인 물품은 입항전수입신고를 할 수 없다.

해설 입항전수입신고는 당해 물품을 적재한 선박 또는 항공기가 그 물품을 적재한 항구 또는 공항에서 출항하여 우리나라에 입항하기 5일 전(항공기의 경우 1일 전)부터 할 수 있다.

정답	08 가 09 라

10 관세의 부과징수 및 통관절차에 대한 설명으로 옳지 않은 것은?

가. 관세의 과세표준은 수입물품의 가격 또는 수량으로 한다.

나. 관세를 납부하여야 하는 물품에 대하여는 다른 조세, 그 밖의 공과금 및 채권에 우선하여 그 관세를 징수한다.

다. 보세건설장에 반입된 외국물품은 사용 전 수입신고가 수리된 날의 법령에 따라 관세를 부과한다.

라. 분실물품의 과세물건의 확정시기는 분실된 때이다.

마. 수입신고수리 전 반출 승인을 받아 반출된 물품은 외국물품이다.

해설 수입신고수리 전 반출 승인을 얻어 반출된 물품은 내국물품으로 보며, 기간에 계산에 있어서 그 승인을 수입신고수리일로 본다.

11 관세법상 관세부과의 제척기간 등에 대한 설명으로 틀린 것은?

가. 관세는 해당 관세를 부과할 수 있는 날부터 3년이 지나면 부과할 수 없다.

나. 보세건설장 반입물품의 경우는 건설공사 완료보고일과 특허기간만료일(특허기간을 연장한 경우에는 연장기간을 말한다) 중 먼저 도래한 날의 다음 날이 제척기간의 기산일이다.

다. 과다환급의 사유로 관세를 징수하는 경우에는 환급한 날의 다음 날이 제척기간의 기산일이다.

라. 부정환급의 사유로 관세를 징수하는 경우에는 환급한 날의 다음 날이 제척기간의 기산일이다.

마. 의무불이행 등의 사유로 감면된 관세를 징수하는 경우에는 그 사유가 발생한 날의 다음 날이 제척기간의 기산일이다.

해설 관세는 해당 관세를 부과할 수 있는 날부터 5년이 지나면 부과할 수 없다.

12 여행자 휴대품으로서 관세가 면제되는 것이 아닌 것은?

가. 향수 60밀리리터 1병

나. 담배(궐련) 200개비

다. 미화 600달러(1리터) 술 1병

라. 전자담배 니코틴용액 20밀리리터

마. 미화 600달러 핸드백 1개

정답	10 마 11 가 12 다

해설 관세가 면제되는 휴대품 등[별도면세범위] 〈법률 개정으로 해설 변경〉

<table>
<tr><th>구분</th><th colspan="3">면세한도</th><th>비고</th></tr>
<tr><td>술</td><td colspan="3">2병</td><td>2병 합산하여 용량은 2리터(L) 이하, 가격은 미화 400달러 이하로 한다.</td></tr>
<tr><td rowspan="6">담배</td><td colspan="2">궐련</td><td>200개</td><td rowspan="6">2 이상의 담배 종류를 반입하는 경우에는 한 종류로 한정한다.</td></tr>
<tr><td colspan="2">엽궐련</td><td>50개비</td></tr>
<tr><td rowspan="3">전자담배</td><td>궐련형</td><td>200개비</td></tr>
<tr><td>니코틴용액</td><td>20mL</td></tr>
<tr><td>기타유형</td><td>110그램</td></tr>
<tr><td colspan="2">그 밖의 담배</td><td>250그램</td></tr>
<tr><td>향수</td><td colspan="3">100밀리미터</td><td></td></tr>
</table>

13 「관세법」상 원산지의 확인 등에 대한 설명으로 틀린 것은?

가. 해당 물품의 전부를 생산 · 가공 · 제조한 나라를 원산지로 한다.

나. 해당 물품이 2개국 이상에 걸쳐 생산 · 가공 또는 제조된 경우에는 그 물품의 본질적 특성을 부여하기에 충분한 정도의 실질적인 생산 · 가공 · 제조 과정이 최종적으로 수행된 나라를 원산지로 한다.

다. 원산지 표시가 되어 있지 아니하나 그 위반사항이 경미한 경우에는 이를 보완 · 정정하도록 한 후 통관을 허용할 수 있다.

라. 촬영된 영화용 필름은 그 영화제작자가 속하는 국가를 원산지로 한다.

마. 제조 · 가공과정을 통하여 원재료 세번과 다른 세번(HS 6단위)의 제품을 생산하는 국가는 원산지로 인정되지 아니한다.

해설 세번변경기준

법 제229조제1항제2호의 규정에 의하여 2개국 이상에 걸쳐 생산 · 가공 또는 제조(생산)된 물품의 원산지는 당해 물품의 생산과정에 사용되는 물품의 품목분류표상 6단위 품목번호와 다른 6단위 품목번호의 물품을 최종적으로 생산한 국가로 한다.

정답	13 마

14 「관세법」 제253조(수입신고전의 물품 반출)의 내용이다. ( ) 안에 들어갈 내용을 순서대로 나열한 것은?

> 즉시 반출신고를 하고 반출을 하는 자는 즉시 반출신고를 한 날부터 ( )일 이내에 법 제241조에 따른 수입신고를 하여야 한다. 세관장은 이 기간 내에 수입신고를 하지 아니하는 경우에는 관세를 부과 · 징수한다. 이 경우 해당 물품에 대한 ( )에 상당하는 금액을 가산세로 징수하고, 수입신고전 즉시 반출대상자의 지정을 취소할 수 있다.

가. 10, 관세의 100분의 20
나. 15, 관세의 100분의 5
다. 10, 납부할 세액의 100분의 5
라. 15, 관세의 100분의 10
마. 15, 납부할 세액의 100분의 3

해설 즉시 반출신고를 하고 반출을 하는 자는 즉시반출신고를 한 날부터 10일 이내에 수입신고를 하여야 한다. 세관장은 반출을 한 자가 10일 이내에 수입신고를 하지 아니하는 경우에는 관세를 부과 · 징수한다. 이 경우 해당 물품에 대한 관세의 100분의 20에 상당하는 금액을 가산세로 징수하고, 즉시반출물품지정을 취소할 수 있다.

15 「관세법」상 과세전적부심사에서 과세전 통지를 생략할 수 있는 경우가 아닌 것은?

가. 「관세법」 제97조제3항에 따라 재수출기간 내에 수출하지 아니하여 감면된 관세를 징수하는 경우
나. 잠정가격으로 가격신고를 한 납세의무자가 확정가격을 신고한 경우
다. 통지하려는 날부터 6개월 이내에 관세부과의 제척기간이 만료되는 경우
라. 「관세법」 제270조에 따른 관세포탈죄로 고발되어 포탈세액을 징수하는 경우
마. 수입신고수리전에 세액심사를 하는 경우로서 그 결과에 따라 부족세액을 징수하는 경우

해설 '통지하려는 날부터 3개월 이내에 관세부과의 제척기간이 만료되는 경우'가 올바른 표현이다.

정답	14 가 15 다

16 「관세법」상 세액의 확정과 관련된 설명으로 틀린 것은?

가. 납세의무자는 납세신고한 세액을 납부하기 전에 그 세액이 과부족하다는 것을 알게 되었을 때에는 납세신고한 세액을 정정할 수 있다.

나. 세관장은 납세자의 성실성 등을 참작하여 관세청장이 정하는 기준에 해당하는 불성실신고인이 신고하는 물품은 수입신고를 수리하기 전에 세액을 심사한다.

다. 납세의무자는 신고납부한 세액이 부족하다는 것을 알게 되었을 때에는 신고납부한 날부터 6개월 이내에 해당 세액을 보정하여 줄 것을 세관장에게 신청할 수 있다.

라. 납세의무자는 신고납부한 세액에 부족한 경우에는 수정신고를 할 수 있다. 이 경우 납세의무자는 수정신고한 날까지 해당 관세를 납부하여야 한다.

마. 납세의무자는 신고납부한 세액이 과다한 것을 알게 되었을 때에는 최초로 납세신고를 한 날부터 5년 이내에 신고한 세액의 경정을 세관장에게 청구할 수 있다.

해설 납세의무자는 신고납부한 세액이 부족한 경우에는 대통령령으로 정하는 바에 따라 수정신고(보정기간이 지난 날부터 제척기간이 끝나기 전까지로 한정한다)를 할 수 있다. 이 경우 납세의무자는 수정신고한 날의 다음 날까지 해당 관세를 납부하여야 하며 가산세를 부과한다.

17 「관세법」에 의하여 보호받는 지식재산권이 아닌 것은?

가. 「디자인보호법」에 따라 설정등록된 디자인권

나. 「저작권법」에 따른 저작인접권

다. 「실용신안법」에 따라 설정등록된 실용신안권

라. 「식물신품종 보호법」에 따라 설정등록된 품종보호권

마. 「특허법」에 따라 설정등록된 특허권

해설 다음 각 호의 어느 하나에 해당하는 지식재산권을 침해하는 물품은 수출하거나 수입할 수 없다.

1. 「상표법」에 따라 설정등록된 상표권
2. 「저작권법」에 따른 저작권과 저작인접권(저작권 등)
3. 「식물신품종 보호법」에 따라 설정등록된 품종보호권
4. 「농수산물품질관리법」에 따라 등록되거나 조약 · 협정 등에 따라 보호대상으로 지정된 지리적표시권 또는 지리적표시(지리적표시권 등)
5. 「특허법」에 따라 설정등록된 특허권
6. 「디자인보호법」에 따라 설정등록된 디자인권

정답	16 라 17 다

18 관세율에 대한 설명으로 틀린 것은?

가. 관세율은 조세법률주의에 의해 법률에 규정하는 것이 원칙이다.
나. 관세의 세율은 관세법 별표 관세율표에 의한다.
다. 관세율표에는 상품에 대한 품목분류와 해당 품목의 관세율이 표시되어 있다.
라. 관세율을 적용하려면 먼저 품목분류번호를 확인하여야 한다.
마. 현행 관세율표상 품목 분류체계는 HS국제협약의 규범 대상인 10단위를 기본으로 한다.

해설 현행 관세율표상 품목 분류체계는 HS국제협약의 규범 대상인 6단위를 기본으로 한다.

19 관세징수권의 소멸시효 중단사유에 해당하지 않는 것은?

가. 납부고지
나. 경정처분
다. 통관보류
라. 고발
마. 교부청구

해설 관세징수권의 소멸시효는 다음 각 호의 어느 하나에 해당하는 사유로 중단된다.

① 납부고지
② 경정처분
③ 납부독촉
④ 통고처분
⑤ 고발
⑥ 「특정범죄 가중처벌 등에 관한 법률」 제16조에 따른 공소제기
⑦ 교부청구
⑧ 압류

20 과세가격의 공제 요소가 아닌 것은?

가. 구매자가 해당 수입물품의 대가와 판매자의 채무를 상계하는 금액
나. 수입 후에 하는 해당 수입물품의 건설, 설치, 조립, 정비, 유지 또는 해당 수입물품에 관한 기술지원에 필요한 비용
다. 수입항에 도착한 후 해당 수입물품을 운송하는데 필요한 운임·보험료와 그 밖에 운송과 관련되는 비용
라. 우리나라에서 해당 수입물품에 부과된 관세 등의 세금과 그 밖의 공과금
마. 연불조건의 수입인 경우에는 해당 수입물품에 대한 연불이자

해설 '가'는 구매자가 실제로 지급하였거나 지급하여야 할 가격으로 공제요소가 아니다.

정답	18 마 19 다 20 가

21 관세감면 신청에 대한 설명이다. ( )에 들어갈 내용을 순서대로 바르게 나열한 것은?

① 법 기타 관세에 관한 법률 또는 조약에 따라 관세를 감면받으려는 자는 해당 물품의 ( )에 관세감면신청서를 세관장에게 제출하여야 한다.
② ①에 의한 감면신청서를 제출하지 못한 경우로서 해당 물품이 보세구역에서 반출되지 않은 때에는 해당 ( )로부터 ( ) 이내에 관세감면을 신청할 수 있다.

가. 수입신고 시, 수입신고일, 15일
나. 수입신고수리 전, 수입신고수리일, 15일
다. 수입신고 시, 수입신고일, 10일
라. 수입신고수리 전, 수입신고일, 15일
마. 수입신고수리 전, 수입신고수리일, 10일

해설 감면신청시기

① 원칙적 감면신청시기 : 법 기타 관세에 관한 법률 또는 조약에 따라 관세를 감면받으려는 자는 해당 물품의 수입신고수리 전에 다음의 사항을 적은 신청서를 세관장에게 제출하여야 한다. 다만, 관세청장이 정하는 경우에는 감면신청을 간이한 방법으로 하게 할 수 있다.
② 예외적 감면신청시기 : 다음 각 호의 사유가 있는 경우에는 다음의 구분에 따른 기한까지 감면신청서를 제출할 수 있다.
㉠ 부과고지 대상인 경우 : 해당 납부고지를 받은 날부터 5일 이내
㉡ 수입신고수리 전까지 감면신청서를 제출하지 못한 경우 : 해당 수입신고수리일부터 15일 이내(해당 물품이 보세구역에서 반출되지 아니한 경우로 한정한다)

22 재수입면세 대상물품의 재수입 기간으로 맞는 것은?

가. 수출신고일로부터 1년 이내
나. 수출신고수리일로부터 2년 이내
다. 수출신고일로부터 2년 이내
라. 수출신고수리일로부터 3년 이내
마. 수출신고일로부터 3년 이내

해설 재수입되는 물품이 수입될 때에는 그 관세를 면제할 수 있다.

재수입되는 물품

우리나라에서 수출(보세가공수출을 포함한다)된 물품으로서 해외에서 제조 · 가공 · 수리 또는 사용(장기간에 걸쳐 사용할 수 있는 물품으로서 임대차계약 또는 도급계약 등에 따라 해외에서 일시적으로 사용하기 위하여 수출된 물품 중 기획재정부령으로 정하는 물품이 사용된 경우와 박람회, 전시회, 품평회, 그 밖에 이에 준하는 행사에 출품 또는 사용된 경우는 제외한다)되지 아니하고 수출신고수리일부터 2년 내에 다시 수입(재수입)되는 물품

정답	21 나 22 나

23 「관세법」 제226조에 따른 세관장확인대상물품 중 수출 시 세관장이 확인하여야 할 물품으로 맞는 것은?

가. 「사료관리법」 해당물품
나. 「문화재보호법」 해당물품
다. 「식물방역법」 해당물품
라. 「전기용품안전관리법」 해당물품
마. 「화학물질관리법」 해당물품

해설 「관세법」에 따라 통관할 때 세관장이 확인하여야 할 수출입물품 및 확인사항은 다음과 같다.

구분	내용
공통확인 대상 (9가지)	가축전염병 예방법, 남북교류협력에 관한 법률, 마약류에 관한 법률, 방위사업법, 야생생물 보호 및 관리에 관한 법률, 외국환거래법, 원자력안전법, 총포 · 도검 · 화약류 등의 안전관리에 관한 법률, 폐기물의 국가 간 이동 및 그 처리에 관한 법률
수출물품확인 대상(11가지)	문화재보호법, 농수산생명자원의 보존 · 관리 및 이용에 관한 법률
수입물품확인 대상(35가지)	전기용품 및 생활용품 안전 관리법, 감염병의 예방 및 관리에 관한 법률, 계량에 관한 법률, 고압가스 안전관리법, 농약관리법, 먹는물관리법, 목재의 지속가능한 이용에 관한 법률, 비료관리법, 사료관리법, 산업안전보건법, 석면안전관리법, 수산생물질병 관리법, 수입식품안전관리 특별법, 식물방역법, 약사법, 어린이제품 안전 특별법, 오존층 보호를 위한 특정물질의 제조규제 등에 관한 법률, 위생용품관리법, 의료기기법, 인체조직안전 및 관리 등에 관한 법률, 전파법, 종자산업법, 통신비밀보호법, 화장품법, 화학무기 · 생물무기의 금지와 특정화학물질 · 생물작용제 등의 제조 · 수출입 규제 등에 관한 법률, 화학물질관리법

24 여행자 휴대품 자진신고 시 감면액으로 맞는 것은?

가. 10만원 한도 내 납부세액(관세 및 내국세 포함)의 20%
나. 10만원 한도 내 관세액의 20%
다. 15만원 한도 내 납부세액(관세 및 내국세 포함)의 20%
라. 20만원 한도 내 관세액의 30%
마. 20만원 한도 내 관세액의 30%

해설 여행자가 휴대품 또는 별송품을 기획재정부령으로 정하는 방법으로 자진신고하는 경우에는 20만원을 넘지 아니하는 범위에서 해당 물품에 부과될 관세의 100분의 30에 상당하는 금액을 경감할 수 있다. 〈23년 개정으로 해설 변경〉

정답 23 나 24 라

25 「관세법」 제243조제4항에 따라 보세구역에 반입한 후 수출신고하여야 하는 물품은?

가. 컨테이너에 적입하여 수출하는 중고자동차
나. 중고 크레인
다. 신품 자동차
라. 수산물
마. 어패류

해설 보세구역 등 반입 후 수출신고 대상물품은 컨테이너에 적입하여 수출하는 중고자동차(HS CODE 87류 중 중고차)

2과목 보세구역관리

01 지정장치장 화물관리인의 지정에 대한 설명으로 맞는 것은?

가. 세관장이 화물관리인을 지정하려는 경우 지정예정일 1개월 전까지 지정 계획을 공고하여야 한다.
나. 화물관리인 지정의 유효기간은 5년 이내로 한다.
다. 화물관리인 지정 시 지게차, 크레인 등의 시설 장비는 평가기준이 아니다.
라. 관세에 대한 체납이 있는 경우 화물관리인 지정취소 요건에 해당한다.
마. 세관장은 부정한 방법으로 지정을 받아 화물관리인 지정이 취소된 경우에는 해당 시설의 소유자 등에게 미리 그 사실을 통보하지 않아도 된다.

해설 가. 화물관리인 지정을 위하여 지정신청서 등 서류를 제출하도록 알리는 지정장치장 화물관리인지정 계획 공고를 화물관리인 지정예정일 3개월 전까지 공고하여야 한다.
다. 화물관리인 지정시 지게차, 크레인 등의 시설 장비는 평가기준이다.
라. 세관장은 다음의 어느 하나에 해당하는 사유가 발생한 경우에는 화물관리인의 지정을 취소할 수 있다. 이 경우 ③에 해당하는 자에 대한 지정을 취소할 때에는 해당 시설의 소유자 또는 관리자에게 미리 그 사실을 통보하여야 한다.
① 거짓이나 그 밖의 부정한 방법으로 지정을 받은 경우
② 화물관리인이 운영인의 결격사유 어느 하나에 해당하는 경우
③ 화물관리인이 세관장 또는 해당 시설의 소유자 · 관리자와 맺은 화물관리업무에 관한 약정을 위반하여 해당 지정장치장의 질서유지 및 화물의 안전관리에 중대한 지장을 초래하는 경우
④ 화물관리인이 그 지정의 취소를 요청하는 경우
마. 지정을 취소할 때에는 해당 시설의 소유자 또는 관리자에게 미리 그 사실을 통보하여야 한다.

정답 | 25 가 01 나

02 특허보세구역의 설치 · 운영에 관한 감독 및 효력상실 등에 대한 설명으로 틀린 것은?

가. 세관장은 특허보세구역의 운영인을 감독한다.

나. 세관장은 특허보세구역의 운영인에게 그 설치 · 운영에 관한 보고를 명할 수 있다.

다. 특허보세구역의 설치 · 운영에 관한 효력이 상실되었을 때에는 3개월의 범위 내에서 세관장이 지정하는 기간동안 그 구역은 특허보세구역으로 본다.

라. 세관장은 특허보세구역의 운영에 필요한 시설 · 기계 및 기구의 설치를 명할 수 있다.

마. 세관장은 특허보세구역에 반입된 물품이 해당 특허보세구역의 설치목적에 합당하지 아니한 경우에는 해당 물품을 다른 보세구역으로 반출할 것을 명할 수 있다.

해설 특허보세구역 및 특허 의제

특허보세구역의 설치 · 운영에 관한 특허의 효력이 상실되었을 때에는 해당 특허보세구역에 있는 외국물품의 종류와 수량 등을 고려하여 6개월의 범위에서 세관장이 지정하는 기간 동안 그 구역은 특허보세구역으로 보며, 운영인이나 그 상속인 또는 승계법인에 대하여는 해당 구역과 장치물품에 관하여 특허보세구역의 설치 · 운영에 관한 특허가 있는 것으로 본다.

03 관세법령상 보세공장에서 보세작업을 하기 위하여 반입되는 원재료에 해당하지 않는 것은?

가. 기계 · 기구 등의 작동 및 유지를 위한 연료 등 제품의 생산작업에 간접적으로 투입되어 소모되는 물품

나. 당해 보세공장에서 생산하는 제품에 물리적으로 결합되는 물품

다. 당해 보세공장에서 생산하는 제품에 화학적으로 결합되는 물품

라. 해당 보세공장에서 생산하는 제품을 제조 · 가공하거나 이와 유사한 공정에 투입되어 소모되는 물품

마. 해당 보세공장에서 수리 · 조립 · 검사 · 포장 및 이와 유사한 작업에 직접적으로 투입되는 물품

해설 기계 · 기구 등의 작동 및 유지를 위한 연료, 윤활유 등 제품의 생산 · 수리 · 조립 · 검사 · 포장 및 이와 유사한 작업에 간접적으로 투입되어 소모되는 물품은 제외한다.

정답 02 다 03 가

04 보세공장 물품의 과세에 대한 설명으로 틀린 것은?

가. 보세공장에서 외국물품과 내국물품을 혼용하여 원재료로 사용된 경우에 그로부터 생긴 물품은 외국물품으로 본다.
나. 보세공장에서 제조 · 가공한 제품을 수입하는 경우에는 반입신고 시의 제품의 성질과 수량에 대하여 과세하는 것이 원칙이다.
다. 원재료가 외국물품과 내국물품이 혼용되어 만들어진 제품을 국내에 수입하게 되면 혼용된 내국물품에 대하여 관세를 부과하는 것이 원칙이다.
라. 보세공장물품에 대한 과세는 제품과세와 원료과세가 있다.
마. 원료과세제도는 제품세율보다 원료세율이 낮은 경우 등 제품과세보다 유리한 경우에 이용한다.

해설 보세공장에서 제조된 물품을 수입하는 경우 사용신고 전에 미리 세관장에게 해당 물품의 원료인 외국물품에 대한 과세의 적용을 신청한 경우에는 사용신고를 할 때 그 원료의 성질 및 수량에 따라 관세를 부과한다.

05 「관세법」상 보세구역에 관한 설명이다. 괄호 안에 들어갈 기간을 모두 합치면?

> ⓐ 지정장치장에 물품을 장치하는 기간은 (　　)의 범위에서 관세청장이 정한다. 다만, 관세청장이 정하는 기준에 따라 3개월의 범위에서 그 기간을 연장할 수 있다.
> ⓑ 보세창고에 반입된 외국물품의 장치기간은 (　　)의 범위 내에서 관세청장이 정하는 기간으로 하되, 세관장이 필요로 하다고 인정하는 경우에는 1년의 범위에서 그 기간을 연장할 수 있다.
> ⓒ 특허보세구역의 설치 · 운영에 관한 특허의 효력이 상실되었을 때에는 해당 특허보세구역에 있는 외국물품의 종류와 수량 등을 고려하여 (　　)의 범위에서 세관장이 지정하는 기간 동안 특허의제를 할 수 있다.

가. 1년 6개월　　나. 2년
다. 2년 6개월　　라. 3년
마. 3년 3개월

해설 ⓐ 6개월, ⓑ 1년, ⓒ 6개월이므로 총 2년이다.

정답	04 나　05 나

06 보세건설장에 대한 설명으로 틀린 것은?

가. 산업시설 건설에 사용되는 외국물품인 기계류 설비품이나 공사용 장비를 반입하여 해당 건설공사를 할 수 있는 보세구역이다.

나. 산업시설에 병설되는 사무소, 의료시설, 식당 등 부대시설을 건설하기 위한 물품도 보세건설장에 반입할 수 있다.

다. 보세건설장 이외의 지역에서 보세작업을 하고자 하는 때에는 세관장에게 보세건설장의 보세작업허가를 받아야 한다.

라. 산업시설용 설비품 등을 일정 규모의 과세단위로 조립한 후 완성품 상태에서 수입통관하기 때문에 통관절차 간소화의 효과도 있다.

마. 보세건설장의 특허기간은 3년의 범위 내에서 해당 건설공사의 기간을 고려하여 세관장이 정하는 기간으로 한다.

해설 보세전시장과 보세건설장의 특허기간은 다음 각 호의 구분에 따른다. 다만, 세관장은 전시목적을 달성하거나 공사를 진척하기 위하여 부득이하다고 인정할 만한 사유가 있을 때에는 그 기간을 연장할 수 있다.

1. 보세전시장 : 해당 박람회 등의 기간을 고려하여 세관장이 정하는 기간
2. 보세건설장 : 해당 건설공사의 기간을 고려하여 세관장이 정하는 기간

07 자율관리 보세구역의 보세사의 직무가 아닌 것은?

가. 보세화물 및 내국물품의 반입 또는 반출에 대한 참관 및 확인

나. 보세구역 안에 장치된 물품의 관리 및 취급에 대한 참관 및 확인

다. 보세구역에 장치된 외국물품의 견본품 반출 허가 및 회수

라. 보세구역 출입문의 개폐 및 열쇠관리의 감독

마. 보세구역의 출입자 관리에 대한 감독

해설 「관세법 시행령」 제185조(보세사의 직무 등)

보세사의 직무는 다음 각 호와 같다.

1. 보세화물 및 내국물품의 반입 또는 반출에 대한 참관 및 확인
2. 보세구역 안에 장치된 물품의 관리 및 취급에 대한 참관 및 확인
3. 보세구역출입문의 개폐 및 열쇠관리의 감독
4. 보세구역의 출입자 관리에 대한 감독
5. 견본품의 반출 및 회수
6. 기타 보세화물의 관리를 위하여 필요한 업무로서 관세청장이 정하는 업무

정답	06 마 07 다

08 종합보세구역에 대한 설명으로 틀린 것은?

가. 관세청장이 직권으로 종합보세구역을 지정하고자 하는 경우에는 관계 중앙 행정기관의 장 또는 지방자치단체장과 협의하여야 한다.

나. 외국인투자촉진법에 의한 외국인투자지역 및 유통산업발전법에 의한 공동집배송센터도 종합보세구역 지정이 가능한 대상 지역이다.

다. 종합보세구역은 보세창고 · 보세공장 · 보세전시장 · 보세건설장 및 보세판매장의 기능 중 둘 이상의 기능을 수행할 수 있다.

라. 종합보세구역에서 외국물품과 내국물품의 혼용작업에 소요되는 내국물품 원재료는 내국물품 반출입신고를 생략할 수 있다.

마. 종합보세구역에서 사용하거나 소비되는 물품으로서 제조 · 가공에 사용 되는 시설기계류 및 그 수리용 물품은 수입통관 후 사용 · 소비해야 한다.

해설 「관세법 시행규칙」 제70조(내국물품 반출입신고의 생략)

세관장은 다음 각 호의 1에 해당하지 아니하는 경우에는 반출입신고를 생략하게 할 수 있다.

1. 세관장의 허가를 받고 내국물품만을 원료로 하여 제조 · 가공 등을 하는 경우 그 원료 또는 재료
2. 혼용작업에 소요되는 원재료
3. 보세판매장에서 판매하고자 하는 물품
4. 당해 내국물품이 외국에서 생산된 물품으로서 종합보세구역 안의 외국물품과 구별되는 필요가 있는 물품(보세전시장의 기능을 수행하는 경우에 한한다)

09 보세구역의 물품의 장치 및 보수작업 등과 관련한 설명으로 틀린 것은?

가. 원칙적으로 외국물품은 보세구역이 아닌 장소에 장치할 수 없다. 〈법률 개정으로 선지 일부 변경〉

나. 보세구역에 장치된 물품에 대해 세관장의 승인을 받고 폐기한 외국물품은 폐기 후 잔존물의 유무에 관계없이 관세를 징수하지 아니한다.

다. 보세구역에 장치된 물품에 대해 그 현상을 유지하기 위하여 필요한 보수작업을 하려는 자는 세관장의 승인을 받아야 한다.

라. 보세구역에 장치된 물품에 대하여 세관장의 허가를 받아 그 원형을 변경하거나 해체 · 절단 등의 작업을 할 수 있다.

마. 보수작업으로 외국물품에 부가된 내국물품은 외국물품으로 본다.

해설 폐기 후 잔존물이 실질적인 가치가 있을 때에는 폐기 후의 물품의 성질과 수량에 의하여 관세 등을 징수하여야 한다.

정답 | 08 라 09 나

10 특허보세구역의 설치 · 운영의 특허에 관한 설명으로 틀린 것은?

가. 「관세법」을 위반하여 징역형의 집행유예를 선고받고 그 유예기간에 있는 자는 운영인의 결격 사유에 해당된다.

나. 운영인이 특허보세구역의 장치 물품의 종류를 변경하였을 때는 지체없이 세관장에게 통보하여야 한다.

다. 특허보세구역의 설치 · 운영에 관한 특허를 받으려는 자는 기획재정부령으로 정하는 바에 따라 수수료를 납부하여야 한다.

라. 특허보세구역을 설치 · 운영하려는 자는 세관장의 특허를 받아야 하며, 기존의 특허를 갱신하려는 경우에도 또한 같다.

마. 특허보세구역의 운영인은 30일 이상 계속하여 특허보세구역의 운영을 휴지하고자 할 때에는 세관장에게 통보하여야 한다.

해설 업무내용 등의 변경승인의무
특허보세구역의 운영인이 그 장치물품의 종류를 변경하거나 그 특허작업의 종류 또는 작업의 원재료를 변경하고자 하는 때에는 그 사유를 기재한 신청서를 세관장에게 제출하여 그 승인을 얻어야 한다.

11 다음 (   )에 들어갈 보세구역에 대한 설명으로 틀린 것은?

- 세관공무원 A는 중국에서 인천공항을 통해 입국한 여행자의 휴대품을 유치하여 (ⓐ)에 입고시켰다.
- B사는 해외로부터 기계류 설비품 등을 반입하여 산업시설을 건설하기 위해 부산세관에 (ⓑ) 설치 · 운영 특허를 신청하였다.
- C광역시는 2년마다 개최되는 국제전람회에 외국에서 반입되는 작품을 전시하기 위해 (ⓒ)을(를) 설치 · 운영 특허를 받아 운영중에 있다.

가. ⓐ는 통관을 하려는 물품을 일시 장치하기 위한 장소로서 세관장이 지정하는 보세구역이다.

나. 운영인은 ⓑ에 외국물품을 반입하였을 때에는 사용 전에 해당 물품에 대하여 수입신고를 하고 세관공무원의 검사를 받아야 한다.

다. 세관장은 필요하다고 인정되는 때에는 ⓒ 안의 장치물품에 대하여 장치할 장소를 제한할 수 있다.

라. ⓑ에서는 외국물품과 내국물품을 원료 또는 재료로 하여 제조 · 가공하거나 그 밖에 이와 비슷한 작업을 할 수 있다.

마. ⓒ에서는 전람회 등의 운영을 위해 외국물품의 성질 또는 형상에 변경을 가하거나 소비하는 행위를 할 수 있다.

해설 ⓐ 지정장치장, ⓑ 보세건설장, ⓒ 보세전시장으로 '라'는 보세공장에 관한 설명이다.

정답	10 나 11 라

12 보세공장의 작업에 대한 설명으로 틀린 것은?

가. 세관장은 재해 기타 부득이한 사유로 인하여 필요하다고 인정되는 때에는 신청에 의하여 보세공장외에서의 보세작업의 기간 또는 장소를 변경할 수 있다.

나. 세관장은 보세공장의 작업허가를 받아 보세작업에 사용될 물품을 공장외작업장에 직접 반입하게 할 수 있다.

다. 세관장은 보세공장외작업허가기간이 지나 공장 외 작업장에 외국물품이 있을 경우 원보세공장으로 반입토록 명령하여야 한다.

라. 세관공무원은 보세공장외작업허가를 받은 물품이 보세공장에서 반출될 때에는 필요 시 이를 검사할 수 있다.

마. 보세공장의 작업허가를 받아 공장외작업장에 반입된 외국물품은 지정된 기간이 만료될 때까지는 보세공장에 있는 것으로 본다.

해설 지정된 허가기간이 지난 경우 해당 공장외작업장에 허가된 외국물품이나 그 제품이 있을 때에는 해당 물품의 허가를 받은 보세공장의 운영인으로부터 그 관세를 즉시 징수한다.

13 지정장치장에 대한 설명 중 틀린 것은?

가. 화물관리인은 화물관리에 필요한 비용을 화주로부터 징수할 수 있으며 그 요율은 관세청장의 승인을 받아야 한다.

나. 반입자란 화주를 대리하여 보세화물을 지정장치장에 반입한 자를 말한다.

다. 세관장은 화주에 갈음하여 보관의 책임을 지는 화물관리인을 지정할 수 있다.

라. 지정장치장에 반입한 물품의 보관책임은 화주 또는 반입자가 진다.

마. 해당 시설의 관리자가 요청한 자도 화물관리인이 될 수 있다.

해설 관세청장이 아닌 세관장의 승인을 얻어야 한다.

14 보세창고 운영인에 대한 행정제재를 설명한 것 중 맞는 것은?

가. 수용능력을 초과하여 화물보관을 수락한 경우 반입정지 처분 대상이다.

나. 야적대상이 아닌 물품을 야적한 경우 반입정지 처분 대상이다.

다. 운영인 또는 그 종업원의 관리소홀로 해당 보세구역에서 밀수행위가 발생한 경우 반입정지 처분 대상이다.

라. 보관화물에 대한 관리소홀로 보세화물의 멸실이 발생한 경우 반입정지 처분 대상이다.

마. 관세법등에서 규정한 운영인의 의무를 태만히 한 경우 반입정지 처분 대상이다.

해설 '가, 나, 라, 마'의 경우 경고처분이다.

정답	12 다	13 가	14 다

15 보세창고의 특허 요건에 대한 설명으로 맞는 것은?

가. 자가용보세창고는 지붕이 있고 주위에 벽을 가진 지상건축물로서 고내 면적이 1,000m^2 이상이어야 한다.

나. 야적전용보세창고는 창고건물에 부속된 야적장을 포함하여 4,000m^2 이상의 대지로서 주위의 지면보다 높아야 한다.

다. 컨테이너전용 보세창고의 부지면적은 10,000m^2 이상이어야 한다.

라. 컨테이너 전용 보세창고에서 컨테이너 적입화물을 적출하는 화물조작장(CFS)의 면적은 물동량에 따라 운영인이 자율적으로 결정할 수 있다.

마. 액체화물전용 보세창고는 고내면적이 1,000m^2 이상이어야 한다.

해설 가. 자가용보세창고는 고내면적 기준이 없다.
나. 4,000m^2이 아닌 4,500m^2이다.
다. 10,000m^2이 아닌 15,000m^2이다.
마. 액체화물전용 보세창고는 고내면적 기준이 없다.

16 집단화지역 보세창고의 기준완화에 대한 내용이다. ( ) 안에 들어갈 내용을 순서대로 나열한 것은?

> 세관장은 특정 보세구역의 위치 또는 규모가 특허의 요건을 갖추지 못하였으나 그 위치가 세관 또는 다른 보세구역에 근접 (직선거리 ( )m 이내)하여 있는 경우에는 다음의 각 면적기준을 적용한다.
> • 영업용보세창고인 경우에는 고내면적이 ( )m^2 이상
> • 컨테이너 전용보세창고인 경우에는 부지면적이 ( )m^2 이상

가. 300, 300, 1,000
나. 300, 500, 1,000
다. 300, 500, 3,000
라. 500, 700, 3,000
마. 500, 700, 5,000

해설 세관장은 특정보세구역의 위치 또는 규모가 특허요건을 갖추지는 못하였으나 그 위치가 세관 또는 다른 보세구역에 근접(직선거리 300m 이내)한 경우에는 다음 각 호의 면적기준을 적용한다.
• 영업용보세창고의 경우에는 고내면적이 500m^2 이상
• 컨테이너전용보세창고의 경우에는 부지면적이 3,000m^2 이상

정답 15 라 16 다

17 보세공장 물품에 대한 설명으로 틀린 것은?

가. 보세공장 원재료는 당해 보세공장에서 생산하는 제품에 소요되는 수량(원재료소요량)을 객관적으로 계산할 수 있는 물품이어야 한다.

나. 당해 보세공장에서 생산하는 제품의 포장에 직접적으로 투입되는 물품도 원재료의 범위에 해당한다.

다. 보세운송절차로 보세공장에 반입되는 물품은 즉시 반입신고를 하여야 하며, 이 경우 반입신고는 보세운송 도착보고로 갈음할 수 있다.

라. 세관장은 운영인이 전시 등을 위하여 보세공장에서 전시장으로 이동하기 위하여 견본품 반출허가 신청서를 제출하는 경우 6개월의 범위 내에서 허가할 수 있다.

마. 다른 보세공장 일시보세작업에 소요되는 원재료 중 다른 보세공장 운영인이 사용신고한 물품은 원보세공장에서 관리한다.

해설 다른 보세공장 일시보세작업에 소요되는 원재료 중 다른 보세공장 운영인이 사용신고한 물품은 다른 보세공장에서 관리한다.

18 보세전시장에 대한 설명으로 틀린 것은?

가. 박람회 · 전람회 · 견본품 전시회 등의 운영을 위하여 외국물품을 장치 · 전시 또는 사용할 수 있는 구역을 말한다.

나. 보세전시장에 물품을 반출입하고자 할 때에는 세관공무원을 입회시켜야 한다. 다만, 세관장이 입회할 필요가 없다고 인정할 때에는 예외로 한다.

다. 세관장에게 반입신고를 한 외국물품이 보세전시장에 반입된 경우 운영인은 그 물품에 대하여 세관공무원의 검사를 받아야 한다.

라. 보세전시장에서 불특정 다수의 관람자에게 판매할 것을 목적으로 반입된 외국물품은 판매 후 일괄적으로 수입신고를 하여야 한다.

마. 기증, 매각됨으로써 보세전시장에 있는 외국물품을 국내로 반입하려는 경우에도 수입신고를 하여야 한다.

해설 보세전시장에서 불특정 다수의 관람자에게 판매할 것을 목적으로 반입된 외국물품은 수입신고수리 후 사용이 가능하다.

정답	17 마　18 라

19 **지정면세점에 대한 내용이다. ( ) 안에 들어갈 내용을 순서대로 나열한 것은?**

> 지정 면세점은 제주도 외 국내 다른 지역으로 출도하는 제주도여행객(내/외국인)에게 1인당 연간 (　　)회 1회당 미화 (　　)불 이하의 면세품을 판매할 수 있는 곳이다.

가. 3, 400
나. 4, 400
다. 4, 500
라. 6, 500
마. 6, 800

해설 지정면세점이란 조세특례제한법상의 제주도여행객 면세점에 대한 간접세 등 특례규정에 따라 제주도 외 국내 다른 지역으로 출도하는 제주도 여행객에게 연간 6회, 면세한도 800불 이하 면세품을 판매할 수 있는 곳을 말한다. 〈23년 개정으로 해설 일부 변경〉

20 **〈23년 개정으로 문제 삭제〉**

21 **보세판매장 판매 잔여물품 처리에 대한 설명으로 틀린 것은?**

가. 세관장은 현품이 대장상의 수량보다 부족한 때에 그 수량이 상관례상 불가피하다고 인정되는 경우에는 해당세액의 추징 없이 재고대장에서 공제한다.
나. 운영인은 재고물품의 가치가 상당하여 폐기하는 것이 불합리하다고 판단되는 때에는 장치기간경과물품 처리 절차에 의하여 처리할 것을 세관장에게 신청할 수 있다.
다. 운영인은 변질 등으로 판매하지 못한 재고물품의 공급자가 국내에 소재하는 경우 세관장의 승인을 받아 국내 공급자에게 반품할 수 있다.
라. 운영인은 외국물품을 변질, 고장, 재고과다 등의 사유로 판매하지 못하는 때에는 세관장의 승인을 받아 반송하거나 폐기할 수 있다.
마. 세관장은 현품 부족발생 사유가 고의가 있다고 인정되는 경우에는 자체조사 후 통고처분을 하여야 한다.

해설 보세판매장 물품이 분실 그 밖의 사유로 현품과 대장상의 수량이 일치하지 아니한 때에는 그 부족 수량을 월간 매출액과 대비하여 상관례상 불가피하다고 인정되는 범위 이내인 때에는 범칙조사 절차 없이 해당세액을 추징하고 재고대장에서 공제 처리한다.

정답 | 19 마　20 개정 삭제　21 가

22 보세판매장 판매물품 미인도 처리절차에 대한 설명 중 ( ) 안에 들어갈 내용으로 맞는 것은?

> 인도자는 판매물품이 (a)에 반입된 후 (b) 이상이 경과하여도 구매자 에게 인도되지 아니한 때에는 미인도 물품목록을 작성하여 세관장에게 보고하여야 한다.
> 보세판매장에 재반입된 미인도 물품에 대하여는 반입된 날부터 (c)이 경과한 후 미인도 물품 해제 신청을 거쳐 재판매할 수 있다.

	(a)	(b)	(c)
가.	출국장	3일	15일
나.	인도장	5일	15일
다.	입국장	5일	1개월
라.	인도장	3일	1개월
마.	인도장	5일	10일

해설 • 인도자는 판매물품이 인도장에 반입된 후 5일 이상이 경과하여도 구매자에게 인도되지 않는 때에는 재고관리시스템에 미인도 물품 확인 등록을 하고, 인도자의 입회하에 현품을 행낭 또는 각종 운반용 박스 등에 넣은 후 보세사가 잠금 또는 봉인을 하여 세관장이 지정한 장소에서 해당 물품을 판매한 운영인에게 인계하여야 한다. 〈법률 개정으로 해설 일부 변경〉
• 보세판매장에 재반입된 미인도물품은 반입된 날부터 10일이 경과한 후 미인도물품 해제 신청을 거쳐 재판매할 수 있다.

23 특허보세구역의 특허취소 사유에 해당하는 것은?

가. 최근 1년간 3회 이상 반입정지 처분을 받은 경우
나. 운영인이 해산하거나 사망한 경우
다. 본인이나 사용인이 관세법 또는 이 법에 따른 명령을 위반한 경우
라. 장치물품에 대한 관세를 납부할 자금능력이 없다고 인정되는 경우
마. 운영인이 특허보세구역을 운영하지 아니하게 된 경우

해설 '나, 마'는 효력상실사유이며, '다, 라'는 반입정지사유이다.

정답	22 마 23 가

24 종합보세구역의 종합보세사업장에 대한 설명으로 틀린 것은?

가. 운영인이 종합보세구역에서 보세창고 · 공장 · 전시장 · 건설장 · 판매장의 기능을 종합적으로 수행할 수 있는 일정한 장소를 말한다.

나. 동일 종합보세사업장내에서 종합보세기능 간에 물품을 이동하는 경우 별도의 반출입신고나 보세운송을 필요로 하지 않는다.

다. 종합보세구역에서 종합보세기능을 수행하고자 하는 자는 세관장에게 신고하여야 한다.

라. 종합보세구역에 반입된 외국물품이 사용신고 또는 수입신고되어 수리된 경우에는 반출신고를 하여야 한다.

마. 종합보세사업장에 물품을 반출입하고자 하는 운영인은 세관장에게 반출입신고를 하여야 한다.

해설 종합보세구역에 반입된 외국물품이 사용신고 또는 수입신고되어 수리된 경우에는 반출신고 생략 대상이다.

25 보세창고에 대한 설명 중 틀린 것은?

가. 보세창고에 내국물품을 장치하고자 하는 경우에는 세관장에게 장치신고를 하여야 한다.

나. 보세창고는 외국물품 또는 통관을 하려는 물품의 장치를 목적으로 하는 보세구역이다.

다. 수입신고가 수리된 물품은 세관장 승인 없이 보세창고에 1년간 장치할 수 있다.

라. 세관장에게 신고 후 장치된 내국물품으로서 장치기간 경과한 물품은 장치기간 경과 후 10일 이내에 운영인 책임으로 반출하여야 한다.

마. 보세창고에 1년 이상 계속하여 내국물품만을 장치하고자 하는 때에는 세관장의 승인을 받아야 한다.

해설 동일한 보세창고에 장치되어 있는 동안 수입신고가 수리된 물품은 신고 없이 계속하여 장치할 수 있다.

정답	24 라 25 다

3과목 보세화물관리

01 보세구역에서 이루어지는 각종 행위와 세관장에게 받아야 할 처분내용이 잘못 연결된 것은?

가. 보수작업 – 승인
나. 물품폐기 – 승인
다. 물품멸실 – 승인
라. 견본품반출 – 허가
마. 해체작업 – 허가

해설 물품멸실의 경우 신고처분을 받아야 한다.

02 보수작업이 허용되지 않는 것은?

가. 물품의 부패, 손상 등을 방지하기 위한 보존작업
나. 물품의 판촉을 위해 무상 제공용 샘플을 추가 적입하여 포장하는 작업
다. 물품의 상품성 향상을 위한 포장개선, 라벨표시, 단순절단 등 개수작업
라. 선적을 위한 선별, 분류 등 준비작업
마. 간단한 세팅 등 단순한 조립작업

해설 보수작업의 한계
보수작업의 허용범위는 다음 각 호만 해당되며 관세법 별표 관세율표(HSK 10단위)의 변화를 가져오는 것은 보수작업으로 인정할 수 없다. 다만, 수출이나 반송 과정에서 부패 · 변질의 우려가 있는 경우 등 세관장이 타당하다고 인정하는 경우에는 그러하지 아니하다.
1. 물품의 보존을 위해 필요한 작업(부패, 손상 등을 방지하기 위한 보존 작업 등)
2. 물품의 상품성 향상을 위한 개수작업(포장개선, 라벨표시, 단순절단 등)
3. 선적을 위한 준비작업(선별, 분류, 용기변경 등)
4. 단순한 조립작업(간단한 세팅, 완제품의 특성을 가진 구성요소의 조립 등)
5. 제1호부터 제4호까지와 유사한 작업

03 화물운송주선업자의 의무에 해당하지 않는 것은?

가. 적재화물목록 작성 책임자로서 적재물품과 부합되게 혼재화물 적재화물목록을 작성하여야 한다.
나. 화물운송주선업자는 작성한 혼재화물 적재화물목록을 직접 세관에 제출하여야 한다.
다. 적재물품이 운송의뢰를 받은 물품과 일치하지 않을 때에는 그 사실을 세관장에게 지체 없이 신고하여야 한다.
라. 적재물품이 「관세법」 제234조에 따른 수출입 금지물품으로 확인된 때에는 그 사실을 세관장에게 지체 없이 신고하여야 한다.
마. 화물운송주선업자는 다른 사람에게 자기의 성명 또는 상호를 사용하여 영업을 하게 하거나 등록증을 대여할 수 없다.

정답 | 01 다 02 나 03 나

해설 화물운송주선업자는 적재화물목록 작성책임자로서 적재물품과 부합되게 혼재화물 적재화물목록을 작성하여 제출하여야 한다. 다만 화물운송주선업자는 작성한 적재화물목록을 직접 세관에 제출하는 것이 아닌, 「보세화물 입출항 하선 하기 및 적재에 관한 고시」에 따라 제출한다.

04 보세구역 물품 반출입절차 등에 대한 설명으로 틀린 것은?

가. 운영인은 하선신고서에 의한 보세화물 반입 시 세관화물정보시스템의 반입예정정보와 대조확인하고 반입 즉시 반입신고서를 세관장에게 전자문서로 제출하여야 한다.

나. 운영인은 하선 반입되는 물품 중 세관봉인대 봉인물품은 반입 즉시 세관장에게 세 봉인에 이상이 있는지 등을 보고하여야 한다.

다. 운영인은 도착한 보세운송물품의 포장 또는 봉인이 파손된 경우에는 물품의 인수를 보류하고 반입물품 이상보고서를 세관장에게 제출한 후 세관장의 지시에 따라 처리하여야 한다.

라. 자가용 보세창고에 반입되어 수입신고수리된 화물은 반출신고를 하여야 한다.

마. 운영인은 보세운송신고수리된 물품의 반출요청을 받은 때에는 세관화물정보시스템의 반출승인정보와 보세운송신고필증이 일치하는지를 확인한 후 이상이 없는 경우 반출 전에 반출신고서를 전자문서로 제출하여야 한다.

해설 자가용 보세창고에 반입되어 수입신고수리된 화물은 반출신고를 생략한다.

05 장치기간 경과물품의 매각처분 보류 사유에 해당하지 않는 것은?

가. 「관세법」 위반으로 조사 중인 경우

나. 화주의 매각처분 보류요청이 있는 경우

다. 식품 등의 수입신고확인증을 제출하지 않아 통관이 지연된 경우

라. 이의신청, 심판청구, 소송 등 쟁송이 계류 중인 경우

마. 외자에 의한 도입물자로서 관련 법령에 따라 기획재정부장관 및 산업통상자원부장관의 매각처분 보류요청이 있는 경우

해설 매각처분 보류대상

다음 각 호의 어느 하나에 해당하는 경우에는 매각처분을 보류할 수 있다.

1. 법 위반으로 조사 중인 경우
2. 이의신청, 심판청구, 소송 등 쟁송이 계류 중인 경우
3. 화주의 의무는 다하였으나 통관지연의 귀책사유가 국가에 있는 경우
4. 외자에 의한 도입물자로서 「공공차관의 도입 및 관리에 관한 법률 시행령」 및 「외국인투자 촉진법 시행령」에 따라 기획재정부장관 및 산업통상자원부장관의 매각처분 보류요청이 있는 경우
5. 화주의 매각처분 보류요청이 있는 경우
6. 그 밖에 세관장이 필요하다고 인정하는 경우

정답 04 라 05 다

06 다음 문장은 지정장치장 반입 물품의 장치기간에 대한 내용이다. ( ) 안에 들어 갈 내용을 순서대로 나열한 것은?

> 「관세법」 제170조에 따른 지정장치장 반입 물품의 장치기간은 ( )로 한다. 다만, 부산항 · 인천항 · 인천공항 · 김해공항 항역내의 지정장치장으로 반입된 물품의 장치기간은 ( )로 하며, 세관장이 필요하다고 인정할 때에는 ( )의 범위에서 그 기간을 연장할 수 있다.

가. 6개월, 3개월, 3개월
나. 3개월, 3개월, 3개월
다. 6개월, 3개월, 2개월
라. 3개월, 2개월, 2개월
마. 6개월, 2개월, 2개월

해설 지정장치장 반입물품
장치기간은 6개월로 한다. 다만, 부산항 · 인천항 · 인천공항 · 김해공항 항역내의 지정장치장으로 반입된 물품의 장치기간은 2개월로 하며, 세관장이 필요하다고 인정할 때에는 2개월의 범위에서 그 기간을 연장할 수 있다.

07 세관장은 「관세법」 제160조제4항에 따라 장치기간에도 불구하고 화주 등에게 1개월의 기간을 정하여 반송 또는 폐기할 것을 명할 수 있는데, 이에 해당하지 않는 물품은?

가. 부패하거나 변질된 물품
나. 유효기간이 지났거나 상품가치가 없어진 물품
다. 품명미상의 물품으로서 6개월이 경과한 물품
라. 위조상품 · 모조품, 그 밖의 지식재산권 침해물품
마. 사람의 생명이나 재산에 해를 끼칠 우려가 있는 물품

해설 폐기명령대상
① 사람의 생명이나 재산에 해를 끼칠 우려가 있는 물품
② 부패하거나 변질된 물품
③ 유효기간이 지난 물품
④ 상품가치가 없어진 물품
⑤ 의약품 등으로서 유효기간이 경과하였거나 성분이 불분명한 경우
⑥ 위조상품, 모조품, 그 밖의 지식재산권 침해물품
⑦ 품명미상의 물품으로서 1년이 경과된 물품
⑧ 검사 · 검역기준 등에 부적합하여 검사 · 검역기관에서 폐기대상 물품으로 결정된 물품
※ 세관장은 이 경우 그 장치기간에 불구하고 화주, 반입자 또는 그 위임을 받은 자에게 1개월의 기간을 정하여 폐기 또는 반송을 명할 수 있다.

정답 | 06 마 07 다

08 항공화물의 적재화물목록 정정생략 사유에 해당하지 않는 것은?

가. 포장파손이 용이한 물품으로서 과부족이 5% 이내인 경우
나. 중량으로 거래되는 물품 중 건습에 따라 중량의 변동이 심한 물품으로서 그 중량의 과부족이 5% 이내인 경우
다. 〈법률 개정으로 선지 삭제〉
라. 〈법률 개정으로 선지 삭제〉
마. 포장단위 물품으로서 중량의 과부족이 10% 이내이고 포장상태에 이상이 없는 경우

해설 〈법률 개정으로 정답 및 해설 변경〉

적재화물목록 정정생략
적재화물목록상의 물품과 실제 물품이 다음 각 호의 어느 하나에 해당하는 때에는 적재화물목록 정정신청을 생략할 수 있다.
1. 포장파손이 용이한 물품으로서 과부족이 5% 이내인 경우
2. 중량으로 거래되는 물품 중 건습에 따라 중량의 변동이 심한 물품으로서 그 중량의 과부족이 5% 이내인 경우
3. 포장단위 물품으로서 중량의 과부족이 10% 이내이고 포장상태에 이상이 없는 경우
4. 적재화물목록 이상사유가 오탈자 등 단순기재오류로 확인되는 경우
5. 제32조제3항에 따라 별도관리물품 해제 승인을 받은 후 반입신고 하는 물품

09 「보세화물 입출항 하선 하기 및 적재에 관한 고시」에 규정된 용어의 정의에 대한 설명으로 틀린 것은?

가. "Master B/L"이란 선사가 발행한 선하증권 또는 해상화물운송장을 말하며, "Master AWB"이란 항공사가 발행한 항공화물운송장을 말한다. 〈법률 개정으로 선지 변경〉
나. "House B/L"이란 화물운송주선업자가 화주에게 발행한 선하증권 또는 해상화물운송장을 말하며, "House AWB"이란 화물운송주선업자가 화주에게 발행한 항공화물운송장을 말한다. 〈법률 개정으로 선지 변경〉
다. "화물관리번호"란 적재화물목록상의 적재화물목록관리번호(Manifest Reference Number)에 Master B/L 또는 Master AWB 일련번호와 House B/L 또는 House AWB 일련번호(House B/L 또는 House AWB이 있는 경우)를 합한 번호를 말한다. 〈법률 개정으로 선지 변경〉
라. "환적화물"이란 국제무역선(기)에 의하여 우리나라에 도착한 외국화물을 외국으로 반출하는 물품으로서 수출입 또는 반송신고대상이 아닌 물품을 말한다.
마. "하선(기) 장소"란 화물을 본선(기)에서 내리는 양륙작업과 화물을 본선(기)에 올려 싣는 적재작업을 하는 보세구역을 말한다.

해설 "하선(기)장소"란 선박 또는 항공기로부터 하역된 화물을 반입할 수 있는 보세구역을 말한다.

정답	08 정답 없음 09 마

10 「관세법 시행령」 제226조의 보세운송승인 대상물품이 아닌 것은?

가. 보세운송 물품 중 다른 보세구역 등으로 재보세운송하고자 하는 물품
나. 「검역법」·「식물방역」·「가축전염병예방법」 등에 따라 검역을 요하는 물품
다. 「위험물안전관리법」에 따른 위험물
라. 「식품위생법」에 따라 식품검사를 요하는 물품
마. 통관이 보류되거나 수입신고수리가 불가능한 물품

해설 보세운송승인대상

보세운송의 승인을 얻어야 하는 경우는 다음 각 호의 어느 하나에 해당하는 물품을 운송하고자 하는 경우를 말한다.

1. 보세운송된 물품 중 다른 보세구역 등으로 재보세운송하고자 하는 물품
2. 「검역법」·「식물방역법」·「가축전염병예방법」 등에 따라 검역을 요하는 물품
3. 「위험물안전관리법」에 따른 위험물
4. 「화학물질관리법」에 따른 유해화학물질
5. 비금속설
6. 화물이 국내에 도착된 후 최초로 보세구역에 반입된 날부터 30일이 경과한 물품
7. 통관이 보류되거나 수입신고수리가 불가능한 물품
8. 보세구역외 장치허가를 받은 장소로 운송하는 물품
9. 귀석·반귀석·귀금속·한약재·의약품·향료 등과 같이 부피가 작고 고가인 물품
10. 화주 또는 화물에 대한 권리를 가진 자가 직접 보세운송하는 물품
11. 통관지가 제한되는 물품
12. 적재화물목록상 동일한 화주의 선하증권 단위의 물품을 분할하여 보세운송하는 경우 그 물품
13. 불법 수출입의 방지 등을 위하여 세관장이 지정한 물품
14. 법 및 법에 의한 세관장의 명령을 위반하여 관세범으로 조사를 받고 있거나 기소되어 확정판결을 기다리고 있는 보세운송업자등이 운송하는 물품

11 보세구역에서 이루어지는 보수작업에 대한 설명 중 틀린 것은?

가. 보수작업을 하기 전에 세관장의 승인을 받아야 한다.
나. 보수작업을 할 때 타 물품을 부가할 필요가 있는 경우 외국물품만을 재료로 하여 보수작업을 할 수 있다.
다. HSK 10단위의 변화를 가져오는 보수작업은 할 수 없다.
라. 세관장은 보세구역 운영인이 동일 품목을 대상으로 동일한 보수작업을 반복적으로 하는 경우 1년의 범위 내에서 포괄적으로 승인할 수 있다.
마. 보수작업을 완료한 경우에는 완료보고서를 제출하여야 한다.

해설 외국물품은 수입될 물품의 보수작업의 재료로 사용할 수 없다.

정답	10 라	11 나

12 보세구역외장치허가에 대한 설명으로 맞는 것은?

가. 보세구역의 장치허가기간은 원칙적으로 1년이고, 세관장이 필요하다고 인정하는 경우에는 6개월의 범위 내에서 연장할 수 있다.

나. 보세구역외장치허가수수료는 B/L단위로 징수한다.

다. 자가공장 및 시설(용광로 또는 전기로, 압연시설을 말한다)을 갖춘 수입대행자가 수입하는 고철 등의 물품은 보세구역의 장치허가 대상이다.

라. 제조업체가 수입하는 수출용원자재 중 농 · 축 · 수산물은 보세구역외장치허가 시 담보를 생략할 수 있다.

마. 보세구역의 장치허가기간이 종료한 때에는 담보기간동안 보세구역외장치허가를 의제할 수 있다.

해설 가. 보세구역외장치의 허가기간은 6개월의 범위 내에서 세관장이 필요하다고 인정하는 기간으로 정한다.

나. 보세구역외장치허가수수료는 허가건수 단위로 징수한다.

다. 자가공장 및 시설(용광로 또는 전기로, 압연시설을 말한다)을 갖춘 실수요자가 수입하는 고철 등 물품

라. 제조업체가 수입하는 수출용원자재(농 · 축 · 수산물은 제외)는 보세구역외장치허가 시 담보를 생략할 수 있다.

13 다음 중 보세화물의 장치장소 분류기준에 대한 설명 중 틀린 것은?

가. 입항 전 또는 하선 전에 수입신고나 보세운송신고가 된 물품은 보세구역에 반입하여 보세운송 또는 통관절차를 수행하도록 하여야 한다.

나. 선사는 화주 또는 그 위임을 받은 자가 운영인과 협의하여 정하는 장소에 보세화물을 장치하는 것을 원칙으로 한다.

다. 보세창고, 보세공장, 보세전시장, 보세판매장에 반입할 물품은 특허 시 세관장이 지정한 장치물품의 범위에 해당하는 물품으로 한정한다.

라. 수입고철은 고철전용장치장에 장치하는 것을 원칙으로 한다.

마. 위험물, 보온 · 보냉물품, 검역대상물품, 귀금속 등은 해당 물품을 장치하기에 적합한 요건을 갖춘 보세구역에 장치하는 것을 원칙으로 한다.

해설 입항 전 또는 하선 전에 수입신고나 보세운송신고가 된 물품은 보세구역에 반입함이 없이 부두 또는 공항 내에서 보세운송 또는 통관절차와 검사절차를 수행하도록 하여야 한다.

정답 | 12 마 13 가

14 하선(기)장소 물품반입에 대한 설명으로 틀린 것은?

가. 하선장소 반입기간은 컨테이너화물은 5일, 원목, 곡물, 원유 등 벌크화물은 10일이다. 〈법률 개정으로 선지 변경〉

나. 하선장소를 관할하는 보세구역운영인은 화물 반입 즉시 House B/L 단위로 반입신고를 하는 것이 원칙이다.

다. LCL화물로서 해당 하선장소 내의 CFS 내에서 컨테이너 적출 및 반입 작업을 하지 않는 물품은 House B/L 단위로 반입신고를 하여야 한다.

라. 항공화물은 입항 후 다음 날까지 지정된 하기장소에 반입하여야 한다. 다만, 위험물의 경우에는 지체 없이 하기장소에 반입하여야 한다. 〈법률 개정으로 선지 변경〉

마. 입항 전 수입신고수리 또는 보세운송신고수리가 된 물품을 하선과 동시에 차상반출하는 경우에는 반출입 신고를 생략할 수 있다.

해설 하선장소를 관리하는 보세구역 운영인은 해당 보세구역을 하선장소로 지정한 물품에 한해 해당 물품의 반입 즉시 House B/L 단위로 세관장에게 물품반입신고를 하여야 하며, 창고 내에 물품이 입고되는 과정에서 실물이 적재화물목록상의 내역과 상이함을 발견하였을 때에는 반입사고화물로 분류하여 신고하여야 한다. 다만, 다음 각 호의 어느 하나에 해당하는 물품은 Master B/L 단위로 반입신고를 할 수 있다.

1. Master B/L 단위의 FCL화물
2. LCL화물로서 해당 하선장소 내의 CFS 내에서 컨테이너 적출 및 반입작업하지 아니하는 물품

15 수입물품의 보세운송에 대한 다음 설명 중 맞는 것은?

가. 보세운송은 반드시 등록된 운송수단으로 운송하여야 한다.

나. 보세운송목적지 또는 경유지 변경은 발송지세관장만 승인할 수 있다.

다. 보세운송기간연장 승인은 도착지 세관장만 할 수 있다.

라. 보세운송경유지에서 개장, 분리, 합병 등의 작업을 할 수 있다.

마. 송유관을 통해 운송하는 석유제품 및 석유화학제품에 대하여는 보세운송절차를 생략할 수 있다.

해설 가. 보세운송업자가 보세운송을 하려는 경우에는 등록된 자기가 보유한 운송수단 또는 등록된 다른 보세운송업자의 운송수단(관련법령에 따라 화물자동차운송사업 등의 자격을 갖춘 보세운송업자로 한정)으로 운송하여야 한다.

나. 보세운송인이 보세운송목적지 또는 경유지를 변경하려는 경우 보세운송신고(승인신청) 항목변경승인(신청)서를 발송지세관장 또는 도착지세관장에게 전자서류 또는 서류로 제출하여 승인을 받아야 한다.

다. 재해, 차량사고, 도착지 창고사정 등 그 밖에 부득이한 사유로 보세운송기간을 연장할 필요가 있을 때에는 보세운송인은 발송지세관장 또는 도착지세관장에게 보세운송신고(승인신청) 항목변경승인서를 전자문서 또는 서류로 제출하여야 한다.

라. 보세운송경유지에서 개장, 분리, 합병 등의 작업을 할 수 없다.

정답 | 14 다 15 마

16 보세화물 반입에 관한 설명으로 틀린 것은?

가. 장치장소가 결정된 물품은 하선(기)절차가 완료된 후 해당 보세구역에 물품을 반입하여야 한다.

나. 운영인은 반입된 물품이 반입 예정정보와 품명 · 수량이 상이하는 경우에는 즉시 세관장에게 보고하여야 한다.

다. 세관장은 반입화물이 보세구역의 수용능력을 초과하여 추가 반입이 곤란한 경우 다른 보세구역으로 반출하도록 명령할 수 있다.

라. 견본품을 반출입하고자 하는 자는 세관장에게 제제에 해당하는 담보를 제공하여야 한다.

마. 위험물, 보온 · 보냉 물품, 귀금속 등은 해당 물품을 장치하기에 적합한 요건을 갖춘 보세구역에 장치하여야 한다.

해설 보세구역에 장치된 외국물품의 전부 또는 일부를 견본품으로 반출하려는 자는 세관장의 허가를 받아야 한다.

17 수출화물에 대한 설명으로 틀린 것은?

가. 해상 수출화물의 적재화물목록 정정신청은 해당 출항물품을 적재한 선박이 출항한 날로부터 30일 내에 하여야 한다.

나. 수출물품은 수출신고가 수리된 날로부터 30일 이내(필요 시 연장가능)에 우리나라와 외국 간을 왕래하는 운송수단에 적재하여야 한다.

다. 반송물품을 보세구역에서 반출하고자 하는 보세구역 운영인은 세관장에게 반출신고를 하여야 한다.

라. 해상 수출화물의 적재신고는 물품목록을 선박에 적재하기 24시간 전까지 제출하여야 한다. 근거리인 경우에는 선박에 적재하기 전까지 제출하되, 선박이 출항하기 30분 전까지 최종마감하여 제출하여야 한다.

마. 선적지 보세구역에 반입한 수출물품을 부패 · 손상 등의 사유로 폐기하려는 자는 세관장에게 승인을 받은 후 폐기처리 할 수 있다.

해설 적재화물목록 정정신청은 해당 출항물품을 적재한 선박, 항공기가 출항한 날로부터 다음에서 정하는 기간 내에 하여야 한다.

① 해상화물 : 90일

② 항공화물 : 60일

정답	16 라 17 가

18 보세운송제도에 대한 설명이다. 틀린 것은?

가. 관세사는 보세운송 신고를 할 수 있다.
나. 자유무역지역은 보세운송하는 물품의 목적지가 될 수 있다.
다. 국가기관에 의하여 운송되는 압수물품은 보세운송 절차가 필요 없다.
라. 해상화물의 보세운송기간은 10일이다.
마. 세관장은 선박 입항 전에 보세운송신고를 하는 때에는 입항예정일 및 하선장소 반입기간을 고려하여 10일 이내의 기간을 보세운송기간에 추가할 수 있다.

해설 보세운송물품은 신고수리(승인)일로부터 다음 각 호의 어느 하나에 정하는 기간까지 목적지에 도착하여야 한다. 다만, 세관장은 선박 또는 항공기 입항 전에 보세운송신고를 하는 때에는 입항예정일 및 하선(기)장소 반입기간을 고려하여 5일 이내의 기간을 추가할 수 있다.

19 보세운송제도에 대한 설명이다. 틀린 것은?

가. 간이보세운송업자가 보세운송 승인을 신청하는 경우 담보를 제공하여야 한다.
나. 냉장 또는 냉동화물 등 특수한 경우에는 사전에 세관장의 승인을 얻어 일반업체의 운송수단으로 운송할 수 있다.
다. 보세운송인이 보세운송목적지 또는 경유지를 변경하려는 경우 발송지세관장 또는 도착지 세관장에게 승인을 받아야 한다.
라. 도착지 보세구역 운영인은 보세운송된 물품을 인수하였을 때에는 즉시 세관화물정보시스템에 반입신고를 하여야 한다.
마. 도착지 보세구역 운영인은 도착된 보세운송물품에 과부족이 있거나 컨테이너 또는 유개차의 봉인파손 등 이상이 발견된 경우에는 지체 없이 세관장에게 보고하여야 한다.

해설 간이보세운송업자가 보세운송 승인을 신청한 경우 담보제공 생략 대상이다.

20 세관장에게 미리 통보할 임시개청 대상 사무가 아닌 것은?

가. 통관절차
나. 보세운송절차
다. 입항절차
라. 출항절차
마. 국제항에서의 하역작업절차

해설 국제항에서 하역작업절차는 미리 통보하지 않아도 된다.

정답 | 18 마 19 가 20 마

21 보세구역 장치기간 경과 물품의 국고귀속 조치를 보류할 수 있는 대상이 아닌 것은?

가. 지방자치단체에서 수입하는 물품
나. 동 · 식물 검역대상 물품
다. 이의신청, 심판청구, 소송 등 쟁송이 제기된 물품
라. 법 위반으로 조사 중인 물품
마. 특수용도에만 한정되어 있는 물품으로서 국고귀속 조치 후에도 공매낙찰 가능성이 없는 물품

해설 세관장은 다음 각 호의 어느 하나에 해당하는 물품에 대하여 국고귀속 조치를 보류할 수 있다.

1. 국가기관(지방자치단체 포함)에서 수입하는 물품
2. 공기업, 준정부기관, 그 밖의 공공기관에서 수입하는 물품으로서 국고귀속 보류요청이 있는 물품
3. 법 위반으로 조사 중인 물품
4. 이의신청, 심판청구, 소송 등 쟁송이 제기된 물품
5. 특수용도에만 한정되어 있는 물품으로서 국고귀속 조치 후에도 공매낙찰 가능성이 없는 물품
6. 국고귀속 조치를 할 경우 인력과 예산부담을 초래하여 국고에 손실이 야기된다고 인정되는 물품
7. 부패, 손상, 실용시효가 경과하는 등 국고귀속의 실익이 없다고 인정되는 물품
8. 그 밖에 세관장이 국고귀속을 하지 아니하는 것이 타당하다고 인정되는 물품

22 특허기간과 물품의 장치기간이 다른 보세구역은?

가. 보세창고
나. 보세공장
다. 보세전시장
라. 보세건설장
마. 보세판매장

해설 보세공장, 보세전시장, 보세건설장, 보세판매장 반입물품 장치기간은 특허기간으로 한다.

23 장치기간 경과 보세화물을 매각 처분할 때 낙찰취소 시 입찰보증금을 환불하지 않는 경우는?

가. 착오로 낙찰자가 지정된 기일까지 대금잔액을 납입하지 않는 경우
나. 공매낙찰 전에 해당 물품이 수출된 경우
다. 공매낙찰 전에 해당 물품이 수입신고수리가 된 경우
라. 착오로 인하여 예정가격, 공매조건 등의 결정에 중대하고 명백한 하자가 있는 경우
마. 명백하게 낙찰자의 책임이 아닌 사유로 공매조건을 이행하지 못한 경우

정답 | 21 나 22 가 23 가

해설 세관장은 다음 어느 하나에 해당하는 사유가 발생한 때에는 해당 낙찰을 취소할 수 있다. 낙찰이 취소된 경우에는 해당 물품에 대한 입찰보증금은 환불하지 아니한다. 다만, ③, ④에 해당하는 사유로 낙찰을 취소하거나 그 밖에 낙찰자의 책임으로 돌릴 수 없는 명백한 사유가 있는 경우에는 그러하지 아니하다.
① 낙찰자가 지정된 기일까지 대금잔액을 납입하지 않는 경우
② 낙찰자가 특별한 사유 없이 공매조건을 이행하지 않는 경우
③ 공매낙찰 전에 해당 물품이 수출, 반송 또는 수입신고수리가 된 경우
④ 착오로 인하여 예정가격, 공매조건 등의 결정에 중대하고 명백한 하자가 있는 경우

24 다음은 용어의 정의에 대한 설명이다. ( )에 가장 적절한 용어는?

( )이란 입항하는 운송수단의 물품을 다른 세관의 관할구역으로 운송하여 출항하는 운송수단으로 옮겨 싣는 것을 말한다.

가. "환적"
나. "복합환적"
다. "내국환적운송"
라. "복합일관운송"
마. "하역 · 양륙"

해설 "복합환적"이란 입항하는 운송수단의 물품을 다른 세관의 관할구역으로 운송하여 출항하는 운송수단으로 옮겨 싣는 것을 말한다.

25 세관장이 화물운송주선업자에 대하여 등록취소를 하지 않아도 되는 경우는?

가. 거짓이나 그 밖의 부정한 방법으로 등록을 한 경우
나. 화물운송주선업자가 파산선고를 받고 복권되지 아니한 경우
다. 관세 및 국세를 체납한 경우
라. 화물운송주선업자가 「관세법」을 위반하여 징역형의 집행유예를 선고받고 그 유예기간 중에 있는 경우
다. 화물운송주선업자가 「관세법」을 위반하여 징역형의 실형을 선고받고 그 집행이 끝난 후 2년이 지나지 아니한 경우

해설 관세 및 국세를 체납한 경우하고 납부할 가능성이 없는 것으로 인정하는 때에는 등록취소를 해야 한다.

정답 | 24 나 25 다

01 자율관리 보세구역에 대한 설명으로 맞는 것은?

가. 보세화물을 자율적으로 관리할 능력이 없거나 부적당하다고 세관장이 인정하는 경우 자율관리 보세구역의 지정을 취소할 수 있다.

나. 운영인 또는 그 사용인이 「관세법」 또는 「관세법」에 따른 명령을 위반하여 「관세법」 제277조에 의한 과태료 처분을 받은 경우 세관장은 자율관리 보세구역의 지정을 취소할 수 있다.

다. 자율관리 보세구역은 「관세법 시행령」 제176조 규정에 의하여 장부를 비치하고 반출입사항을 기록관리하는 경우 외국물품의 반출입신고 절차를 생략한다.

라. 자율관리 보세구역의 「특허보세구역운영에 관한 고시」 제22조 규정에 의한 보세구역 운영상황의 점검은 생략하지 않는다.

마. 자율관리 보세구역은 「관세법 시행령」 규정에 의한 견본품반출 신청 절차를 생략한다.

해설 나. 과태료 처분은 빈번하게 일어날 수 있으므로 지정취소까지 발생하진 아니한다.

다. 자율관리 보세구역으로 지정받은 자가 내국물품(수입신고가 수리된 물품은 제외한다)에 대한 장부를 비치하고 반출입사항을 기록 및 관리하는 경우 반출입 신고서 제출을 면제하거나 기재사항 일부를 생략하게 할 수 있다.

라. 자율관리 보세구역의 경우 보세구역 운영상황의 점검이 생략된다.

마. 견본품반출 관련한 혜택은 없다.

02 보세사의 의무가 아닌 것은?

가. 보세사는 타 업무를 겸임할 수 없다. 다만, 영업용 보세창고인 경우 보세화물 관리에 지장이 없는 범위 내에서 타업무를 겸임할 수 있다.

나. 영업용 보세창고의 경우에 세관개청시간과 해당 보세구역내의 작업이 있는 시간에 상주하여야 한다.

다. 세관장의 업무감독에 관련된 명령을 준수하여야 하고, 세관공무원의 지휘를 받아야 한다.

라. 직무와 관련하여 부당한 금품을 수수하거나 알선 · 중개하여서는 아니된다.

마. 보세사는 자율관리보세구역 관리에 관한 규정을 항상 숙지하고 이를 준수하여야 한다.

해설 보세사는 다른 업무를 겸임할 수 없다. 다만, 영업용 보세창고가 아닌 경우 보세화물 관리에 지장이 없는 범위 내에서 다른 업무를 겸임할 수 있다.

정답	01 가 02 가

03 보세사의 징계에 관한 내용으로 맞는 것은?

가. 세관장은 경고처분을 받은 보세사가 1년 내에 다시 경고처분을 받게 되는 경우 보세사 징계위원회의 의결없이 징계처분을 할 수 있다.

나. 보세사의 징계는 견책, 6개월의 범위 내 업무정지, 등록취소의 3종으로 하며, 연간 6개월의 범위 내에 업무정지를 2회 받으면 등록을 취소한다.

다. 세관장은 보세사 징계사유가 발생한 때에는 입증자료를 준비하여, 7일 이내에 징계위원회에 해당 보세사에 대한 징계의결을 요구해야 한다.

라. 위원회는 세관장으로부터 징계의결의 요구가 있을 때에는 그 요구를 받은 날로부터 60일 이내에 의결하여야 한다.

마. 위원회가 징계의 의결을 한 때에는 의결서에 그 이유를 명시하여 즉시 한국관세물류협회장에게 통보하여야 한다.

해설 가. 세관장은 보세사가 관세법이나 이 법에 따른 명령을 위반한 경우 보세사징계위원회의 의결에 따라 징계처분을 한다.
'다, 라, 마'에 대한 규정은 존재하지 아니한다.

04 자율관리보세구역의 지정 관련 설명이다. 틀린 것은?

가. 보세화물의 관리체계가 확립되고 운영인 등의 법규수행 능력이 우수하여 보세화물의 관리를 자율적으로 수행할 수 있어야 한다.

나. 화물의 반출입, 재고관리 등 실시간 물품관리가 가능한 전산시스템(ERP, WMS 등)을 구비하여야 한다.

다. 우수 자율관리보세구역으로 지정받기 위해서는 「수출입안전관리우수업체공인 및 운영에 관한 고시」 제5조에 해당하는 수출입안전관리우수업체여야 한다.

라. 보세공장의 경우 우수 자율관리보세구역으로 지정받기 위해서는 수출 비중이 60% 이상이어야 한다.

마. 자율관리보세구역 지정기간을 갱신하고자 하는 경우에는 기간만료 1개월 이전까지 관할 세관장에게 갱신신청을 하여야 한다.

해설 보세공장의 경우 「보세공장 운영에 관한 고시」에 따라 수출신고금액 비중이 50% 이상이고 시스템(기업자원관리 등)이 갖춰져야 한다.

정답	03 나　04 라

05 **자율관리보세구역 제도에 대한 설명이다. ( ) 안에 들어갈 내용을 순서대로 나열한 것은?**

- 세관장은 자율관리보세구역 보세사가 해고 또는 업무정지 등의 사유로 업무를 수행할 수 없는 경우 ( ) 이내에 다른 보세사를 채용하지 아니한 경우에는 자율관리보세구역 지정을 취소할 수 있다.
- 자율관리보세구역의 운영인은 보세구역에서 반출입된 화물에 대한 장부를 ( ) 그 보세구역에 비치, 보관하여야 한다.

가. 1개월, 1년간
나. 2개월, 2년간
다. 3개월, 3년간
라. 5개월, 5년간
마. 6개월, 10년간

해설
- 보세사가 해고 또는 취업정지 등의 사유로 업무를 수행할 수 없는 경우에는 2개월 이내에 다른 보세사를 채용하여 근무하게 하여야 한다.
- 자율관리보세구역의 운영인은 보세구역에서 반출입된 화물에 대한 장부를 2년간 그 보세구역에 비치, 보관하여야 한다.

06 **세관장은 수출입물류업체가 내부자율통제를 위한 표준매뉴얼을 작성하고 비치하도록 할 수 있다. 내부자율통제시스템에 포함하여야 할 사항이 아닌 것은?**

가. 설비, 장비가 밀수 등에 이용되는 것을 사전에 예방하기 위한 사항
나. 소속직원이 보세화물 취급과정에서 밀수 등에 가담을 방지하기 위한 사항
다. 내부 경영수입 극대화를 위한 업무프로세스 혁신 방안
라. 세관과의 긴밀한 협조를 통해 자율적인 법규수행능력 향상에 필요한 사항
마. 보세화물의 안전관리 및 물류 신속화를 위한 사항

해설 내부자율통제시스템에 포함하여야 할 사항
① 내부자율통제시스템을 철저히 운영하여 법규수행능력 향상을 위한 사항
② 소속직원이 보세화물 취급과정에서 밀수 등 불법행위에 가담하는 것을 적극 방지하기 위한 사항
③ 설비, 장비가 밀수 등 불법행위에 이용되는 것을 사전에 예방하기 위한 사항
④ 세관과의 긴밀한 협조를 통해 자율적인 법규수행능력 향상에 필요한 사항
⑤ 보세화물의 안전관리 및 물류 신속화를 위한 사항

정답 | 05 나 06 다

07 보세사의 자격을 갖춘 자가 보세사로 근무를 하려면 해당 보세구역을 관할하는 세관장에게 등록을 하여야 한다. 그 등록을 반드시 취소하여야 하는 자에 해당하지 않는 것은?

가. 파산선고를 받고 복권되지 아니한 자
나. 「관세법」을 위반하여 징역형의 실형을 선고받고 그 집행이 끝나지 않은 자
다. 밀수출죄로 통고처분을 이행한 후 2년이 경과하지 아니한 자
라. 「관세법」을 위반하여 동 법 제277조의 과태료 처분을 받은 자
마. 「관세법」을 위반하여 징역형의 집행유예를 선고받고 그 유예기간 중에 있는 자

해설 과태료 처분은 빈번하게 일어나므로 보세사 등록을 취소까지는 하지 아니한다.

08 자유무역지역에서의 물품반출절차에 대한 설명으로 틀린 것은?

가. 자유무역지역에 반입된 외국물품이 계약상이 또는 중계무역 등으로 외국으로 반출하고자 하는 경우에는 수출통관 절차에 따라 수출신고수리일로부터 30일 이내에 국제무역선 등 운송수단에 적재하여야 한다.
나. 외국물품 등을 자유무역지역에서 일시 장치 후에 원상태로 관세영역으로 반출하기 위해서는 수입통관절차를 거쳐야 한다.
다. 외국물품 등은 자유무역지역과 다른 자유무역지역 또는 「관세법」에서 보세운송이 가능한 구역으로 정한 장소 간에 한하여 보세운송을 할 수 있다.
라. 동일 자유무역지역 내 입주기업체 간에 외국물품 등을 이동하고자 하는 때에는 관세청 전자통관시스템에 의한 반출입신고로 보세운송신고를 갈음할 수 있다.
마. 자유무역지역 안에서 외국물품 등의 전부 또는 일부를 사용하여 제조 · 가공 · 조립 · 보수 등의 과정을 거친 후 그 물품을 관세영역으로 반출하기 위해서는 수입통관절차를 거쳐야 한다.

해설 외국물품 등을 자유무역지역에서 국외로 반출(외국 무역선 또는 외국 무역기에 대한 공급을 포함)하려는 자는 대통령령으로 정하는 바에 따라 세관장에게 국외반출신고하여야 한다.

정답 | 07 라 08 가

09 자유무역지역에 있는 물품의 폐기에 관한 설명으로 틀린 것은?

가. 세관장은 폐기사유에 해당하는 물품에 대하여는 화주 및 반입자와 그 위임을 받은 자에게 국외반출 또는 폐기를 명할 수 있다.

나. 세관장은 화주 등에게 통보할 시간적 여유가 없는 특별한 사정이 있을 때에는 그 물품을 폐기한 후 지체없이 화주 등에게 통보하여야 한다.

다. 폐기명령을 받은 화주 등이 그 물품을 폐기하려면 미리 품명 · 규격 · 수량 및 가격, 화주의 성명, 폐기일시 및 방법을 세관장에게 통보하여야 한다.

라. 세관장은 폐기 통보를 할 때에 화주 등의 주소 또는 거소를 알 수 없거나 부득이한 사유로 통보할 수 없는 경우에는 대통령령으로 정하는 바에 따라 공고로써 통보를 갈음할 수 있다.

마. 화주 등이 물품을 국외로 반출하거나 폐기한 경우 그 비용은 화주 등이 부담하고 세관장이 폐기한 경우에는 그 비용은 세관장이 부담한다.

해설 화주 등이 물품을 국외로 반출하거나 폐기한 경우 또는 세관장이 폐기한 경우 그 비용은 화주 등이 부담한다.

10 자유무역지역 입주업체의 물품관리에 대한 내용으로 틀린 것은?

가. 입주기업체에 부여하는 "업체관리부호(장치장소 부호를 겸한다)"는 관세법상 "보세구역부호 또는 장치장부호"와 같은 기능을 한다.

나. 세관장은 업체관리부호를 등록할 때 세관의 물품관리를 위하여 필요하다고 인정되면 사업계획서 등 관련 서류 제출을 입주기업체에게 요청할 수 있다.

다. 자유무역지역에서는 입주기업체 간 물품이동 및 보수작업 등에 대한 세관신고를 생략한다.

라. 자유무역지역에 반입한 물품에 대하여는 원칙적으로 장치기간의 제한을 두지 아니한다.

마. 자유무역지역 중 공항 또는 항만으로서 관세청장이 지정하는 지역은 3개월의 장치기간이 있다.

해설 세관장은 관리권자로부터 입주계약사항을 통보받은 경우 동 사항을 입주기업체 관리대장에 기록하고, 물품관리를 위하여 필요하다고 인정되는 경우 업체관리 부호를 부여하여 관세청 전자통관시스템에 등록하여야 한다. 이 경우 세관장은 해당업체에 대한 법인등기부등본, 납세사실 등을 행정정보 공동이용 절차에 따라 조회하여야 한다.

정답	09 마 10 나

11 자유무역지역 반입물품 사용소비신고에 대한 설명 중 틀린 것은?

가. 입주업체가 외국으로부터 원재료를 반입하여 과세보류 상태에서 제조 · 가공 · 조립 · 보수 등의 사업행위를 할 수 있도록 관할 세관장에게 신청하는 절차이다.

나. 화물의 포장 · 보수 · 가공 등 복합물류 관련 사업을 하는 입주기업체도 사용 소비 신고를 할 수 있다.

다. 자유무역지역 내에서 입주기업체 외의 자가 사용하려는 원재료도 사용소비신고 대상이다.

라. 자유무역지역 입주기업체가 반입하는 기계, 기구, 설비 및 장비와 그 부분품은 사용소비신고 대상이다.

마. 외국물품을 사용 또는 소비할 목적으로 반입하고자 하는 자는 수입통관시스템에 정한 전자문서로 세관장에게 반입신고(사용소비신고)를 하여야 한다.

해설 입주기업체 외의 자에게는 관세보류의 혜택이 있는 사용소비신고를 하게 해서는 아니 된다.

12 관세청장 또는 세관장의 행정제재가 이용자에게 심한 불편을 주거나 공익을 해칠 우려가 있는 경우 행정제재처분에 갈음하여 과징금을 부과할 수 있다. 과징금으로 부과할 수 없는 경우는?

가. 특허보세구역 운영인의 물품반입정지 처분

나. 국가관세종합정보시스템 운영사업자 업무정지 처분

다. 보세운송업자등의 업무정지 처분

라. 보세사 업무정지 처분

마. 자유무역지역 입주기업체 물품반입정지 처분

해설 보세사의 업무정지는 과징금 부과대상이 아니다.

13 자유무역지역에서 국외반출 신고 시 유형별 준용규정이 바르게 연결되지 않은 것은?

구분	유형	준용규정
가	제조, 가공, 사용소비신고한 물품	수출통관 사무처리에 관한 고시
나	단순반송 또는 통관보류되어 국외반출하는 물품	반송절차에 관한 고시
다	다른 운송수단으로 환적하는 물품	환적화물 처리절차에 관한 특례 고시
라	휴대품 · 탁송품 등 간이한 방법으로 국외반출하는 물품	특송물품 수입통관에 관한 고시
마	국제무역선에 선박용품의 공급	선박(항공기)용품 및 선(기)내 판매용품의 하역 등에 관한 고시

정답 | 11 다 12 라 13 라

해설 특송물품 수입통관에 관한 고시는 준용되지 아니한다.

[자유무역지역 국외반출 신고 시 유형별 준용규정]

유형	준용규정
• 제조, 가공, 사용소비신고한 물품 • 전자상거래 국제물류센터에서 사용소비신고한 물품	수출통관 사무처리에 관한 고시
단순반송 또는 통관보류되어 국외반출하는 물품	반송절차에 관한 고시
다른 운송수단으로 환적하는 물품	환적화물 처리절차에 관한 특례 고시
국제무역선에 선박용품의 공급	선박(항공기)용품 및 선(기)내 판매용품의 하역 등에 관한 고시

14 세관장은 자유무역지역 입주기업체에 대하여 자유무역지역으로의 반입을 정지시킬 수 있다. 반입정지 사유에 해당하지 않는 것은?

가. 정당한 사유 없이 조사를 거부 · 방해 또는 기피하거나 자료제출을 거부한 경우

나. 수입신고 및 관세 등의 납부를 하지 아니하고 외국물품 등을 자유무역지역에서 관세영역으로 반출한 경우

다. 법에 따른 입주계약을 체결하지 않거나 부정한 방법으로 입주계약을 체결하여 자유무역지역에서 사업을 한 경우

라. 국외 반출신고 시 법령에 따른 허가 승인 · 추천 · 증명 등을 구비하지 않거나 부정한 방법으로 구비한 경우

마. 재고기록 등의 의무를 위반한 경우

해설 세관장은 다음 각 호의 어느 하나에 해당하는 경우에는 대통령령으로 정하는 바에 따라 6개월의 범위에서 해당 입주기업체에 대하여 자유무역지역으로의 물품반입을 정지시킬 수 있다.

1. 수입신고 및 관세 등의 납부를 하지 아니하고 외국물품을 사용 · 소비하기 위하여 자유무역지역 안으로 반입한 경우
2. 수입신고 및 관세 등의 납부를 하지 아니하고 외국물품 등을 자유무역지역에서 관세영역으로 반출한 경우
3. 국외 반출신고 시 법령에 따라 국외 반출에 필요한 허가 · 승인 · 추천 · 증명 또는 그 밖의 조건을 구비하지 아니하거나 부정한 방법으로 구비한 경우
4. 역외작업 물품의 반출신고 및 관세 등의 납부의무를 위반한 경우
5. 재고 기록 등의 의무를 위반한 경우
6. 정당한 사유 없이 조사를 거부 · 방해 또는 기피하거나 자료제출을 거부한 경우
7. 「관세법」 제269조, 제270조, 제270조의2, 제271조(제268조의2의 미수범과 제268조의2의 죄를 저지를 목적으로 그 예비를 한 자는 제외한다) 및 제274조에 따른 위반사유에 해당하는 경우

정답	14 다

15 「관세법」 제304조(압수물품의 폐기) 사유에 해당하는 것은?

가. 사용할 수 있는 기간이 지날 우려가 있는 경우
나. 보관하기가 극히 불편하다고 인정되는 경우
다. 처분이 지연되면 상품가치가 크게 떨어질 우려가 있는 경우
라. 피의자나 관계인이 매각을 요청하는 경우
마. 사람의 생명이나 재산을 해칠 우려가 있는 경우

해설 압수물품 매각사유와 폐기사유를 명확히 구분하여야 한다.

① 매각사유

관세청장이나 세관장은 압수물품이 다음 어느 하나에 해당하는 경우에는 피의자나 관계인에게 통고한 후 매각하여 그 대금을 보관하거나 공탁할 수 있다. 다만, 통고할 여유가 없을 때에는 매각한 후 통고하여야 한다.

㉠ 부패 또는 손상되거나 그 밖에 사용할 수 있는 기간이 지날 우려가 있는 경우
㉡ 보관하기가 극히 불편하다고 인정되는 경우
㉢ 처분이 지연되면 상품가치가 크게 떨어질 우려가 있는 경우
㉣ 피의자나 관계인이 매각을 요청하는 경우

② 폐기사유

관세청장이나 세관장은 압수물품 중 다음 어느 하나에 해당하는 것은 피의자나 관계인에게 통고한 후 폐기할 수 있다. 다만, 통고할 여유가 없을 때에는 폐기한 후 즉시 통고하여야 한다.

㉠ 사람의 생명이나 재산을 해칠 우려가 있는 것
㉡ 부패하거나 변질된 것
㉢ 유효기간이 지난 것
㉣ 상품가치가 없어진 것

16 관세포탈죄에 대한 설명으로 맞는 것은?

가. 물품을 수입하는 자가 관세를 포탈하기 위하여 수입신고를 하지 않은 경우에도 관세포탈죄로 처벌한다.
나. 관세포탈죄를 저지를 목적으로 예비를 한 자는 본죄에 준하여 처벌한다.
다. 관세포탈죄의 행위를 교사하거나 방조한 자는 본죄의 2분의 1을 감경하여 처벌한다.
라. 수입신고를 한 자 중 세액 결정에 영향을 미치기 위하여 관세율을 거짓으로 신고한 경우 관세포탈죄로 처벌한다.
마. 세액결정에 영향을 미치기 위하여 과세가격 등을 허위로 신고하여 수입한 물품에 대해서 몰수할 수 없을 때에는 몰수에 갈음한 추징을 해야 한다.

해설 가. 수입신고를 하지 않은 경우에는 밀수입죄로 처벌한다.
나. 관세포탈죄를 저지를 목적으로 예비를 한 자는 본죄의 2분의 1로 감경하여 처벌한다.
다. 관세포탈죄의 행위를 교사하거나 방조한 자는 본죄의 정범에 준하여 처벌한다.
마. 존재하지 않는 규정이다.

정답 | 15 마 16 라

17 법령에 의하여 수입이 제한된 물품을 회피할 목적으로 부분품을 수입하거나 주요 특성을 갖춘 미완성 · 불완전한 물품 또는 완제품을 부분품으로 분할하여 수입하는 자를 처벌할 수 있는 관세법 조항은 무엇인가?

가. 밀수출입죄(제269조)
나. 관세포탈죄 등(제270조)
다. 명의대여행위죄(타인에 대한 명의대여죄)(제275조의3)
라. 밀수품의 취득죄 등(제274조)
마. 허위신고죄 등(제276조)

해설 관세포탈죄 등

수입신고를 한 자 중 다음 어느 하나에 해당하는 자는 3년 이하의 징역 또는 포탈한 관세액의 5배와 물품원가 중 높은 금액 이하에 상당하는 벌금에 처한다. 이 경우 ①의 물품원가는 전체 물품 중 포탈한 세액의 전체 세액에 대한 비율에 해당하는 물품만의 원가로 한다.

① 세액결정에 영향을 미치기 위하여 과세가격 또는 관세율 등을 거짓으로 신고하거나 신고하지 아니하고 수입한 자
② 세액결정에 영향을 미치기 위하여 거짓으로 서류를 갖추어 품목분류 사전심사 · 재심사를 신청한 자
③ 법령에 따라 수입이 제한된 사항을 회피할 목적으로 부분품으로 수입하거나 주요 특성을 갖춘 미완성 · 불완전한 물품이나 완제품을 부분품으로 분할하여 수입한 자

18 조사와 처분에 관한 내용 중 틀린 것은?

가. 관세범에 관한 사건은 관세청장 또는 세관장의 고발이 없는 한 검사는 공소를 제기할 수 없다.
나. 세관공무원은 관세범에 대하여 「관세법」이 정하는 바에 의하여 사법경찰관리의 직무를 행한다.
다. 관세범은 「관세법」 또는 「관세법」에 따른 명령을 위반하는 행위로서 관세법에 따라 형사처벌되거나 통고처분되는 것을 말한다.
라. 관세범에 대한 조사와 처분은 세관공무원이 행한다.
마. 관세범에 관한 서류는 인편 또는 등기우편으로 송달한다.

해설 세관공무원은 관세범에 대하여 「사법경찰관리의 직무를 수행할 자와 그 직무범위에 관한 법률」이 정하는 바에 의하여 사법경찰관리의 직무를 행한다.

정답	17 나 18 나

19 수출입금지품이 아닌 것은?

가. 향정신성 의약품 등 마약류
나. 헌법질서를 문란하게 하는 음반 · 비디오물 · 조각물
다. 공공의 안녕질서 또는 풍속을 해치는 서적 · 간행물 · 도화
라. 정부의 기밀을 누설하거나 첩보활동에 사용되는 물품
마. 화폐 · 채권이나 그 밖의 유가증권의 위조품 · 변조품 또는 모조품

해설 수출입금지품의 정의
다음 각 호의 어느 하나에 해당하는 물품은 수출하거나 수입할 수 없다.
1. 헌법질서를 문란하게 하거나 공공의 안녕질서 또는 풍속을 해치는 서적 · 간행물 · 도화, 영화 · 음반 · 비디오물 · 조각물 또는 그 밖에 이에 준하는 물품
2. 정부의 기밀을 누설하거나 첩보활동에 사용되는 물품
3. 화폐 · 채권이나 그 밖의 유가증권의 위조품 · 변조품 또는 모조품

20 「관세법」 위반 범죄 물품 가운데 「관세법」 제282조(몰수 · 추징)제2항의 규정에 따라 몰수하지 아니할 수 있는 것은?

가. 중국으로부터 신발을 수입하는 것으로 신고하고 실제로는 참깨를 수입하였다.
나. 외국 여행 중에 물품원가 2천만원 상당의 시계를 구입하고 휴대하여 입국하면서 세관에 신고하지 아니하였다.
다. 「관세법」 제156조에 따라 세관장으로부터 보세구역외장치허가를 받아 장치한 중국산 원피를 납기로 인해 수입신고 없이 사용하였다.
라. 귀금속 판매업자가 신고 없이 수입된 금괴라는 사실을 알면서도 취득하였다.
마. 창고업자가 신고 없이 수입한 담배라는 사실을 알면서도 보관하였다.

해설 몰수하지 아니할 수 있는 물품
밀수출입죄 또는 밀수품취득죄의 경우에는 범인이 소유하거나 점유하는 그 물품을 몰수한다. 다만, 밀수입죄의 경우로서 다음 각 호의 어느 하나에 해당하는 물품은 몰수하지 아니할 수 있다.
1. 보세구역에 반입신고를 한 후 반입한 외국물품
2. 세관장의 허가를 받아 보세구역이 아닌 장소에 장치한 외국물품

정답	19 가 20 다

21 「관세법」 제279조 양벌규정에 대한 설명이다. 틀린 것은?

가. 법인의 업무와 관련하여 법인의 대표자가 관세법의 벌칙에 위반하는 행위를 하였을 때에는 대표자와 함께 법인도 처벌한다.

나. 「관세법」 제277조의 과태료는 양벌규정 적용 대상이 아니다.

다. 법인이 대표자나 대리인, 사용인, 종업원 등의 위반행위를 방지하기 위하여 해당업무에 관하여 상당한 주의와 감독을 하였다면 양벌규정을 적용하지 아니한다.

라. 개인의 종업원이 개인의 업무와 관련하여 「관세법」의 벌칙에 위반하는 행위를 하였을 때에는 종업원과 함께 개인도 처벌한다.

마. 양벌규정에 따른 법인 처벌 시 위반행위의 경중에 따라 징역형과 벌금형을 병과하여 부과할 수 있다.

해설 법인의 대표자나 법인 또는 개인의 대리인, 사용인, 그 밖의 종업원이 그 법인 또는 개인의 업무에 관하여 제11장에서 규정한 벌칙(제277조의 과태료는 제외한다)에 해당하는 위반행위를 하면 그 행위자를 벌하는 외에 그 법인 또는 개인에게도 해당 조문의 벌금형을 과한다. 다만, 법인 또는 개인이 그 위반행위를 방지하기 위하여 해당 업무에 관하여 상당한 주의와 감독을 게을리하지 아니한 경우에는 그러하지 아니하다.

22 밀수품취득죄에 대한 설명 중 틀린 것은?

가. 3년 이하의 징역 또는 물품원가 이하에 상당하는 벌금에 처한다.

나. 밀수품을 감정한 자도 처벌한다.

다. 예비한 자는 본죄의 2분의 1을 감경하여 처벌한다.

라. 미수범은 본죄의 2분의 1을 감경하여 처벌한다.

마. 징역과 벌금은 병과할 수 있다.

해설 미수범은 본죄에 준하여 처벌하며, 죄를 저지를 목적으로 그 예비를 한 자는 본죄의 2분의 1을 감경하여 처벌한다.

밀수품취득죄

다음 각 호의 어느 하나에 해당되는 물품을 취득 · 양도 · 운반 · 보관 또는 알선하거나 감정한 자는 3년 이하의 징역 또는 물품원가 이하에 상당하는 벌금에 처한다.

① 금지품수출입죄 또는 밀수출입죄에 해당되는 물품

② 법령에 따라 수입이 제한된 사항을 회피할 목적으로 부분품으로 수입하거나 주요 특성을 갖춘 미완성 · 불완전한 물품이나 완제품을 부분품으로 분할하여 수입한 물품

③ 부정수출입죄에 해당하는 물품 : 미수범은 본죄에 준하여 처벌하며, 죄를 저지를 목적으로 그 예비를 한 자는 본죄의 2분의 1을 감경하여 처벌한다.

정답 21 마 22 라

23 통고처분에 대한 설명으로 틀린 것은?

가. 통고처분을 이행하면 관세징수권의 소멸시효가 중단된다.
나. 통고처분이 있는 때에는 공소의 시효가 정지된다.
다. 통고처분을 이행하면 동일사건에 대하여 다시 처벌받지 아니한다.
라. 통고처분을 이행하지 아니하였을 때에는 관세청장이나 세관장은 즉시 고발하여야 한다.
마. 통고처분 벌금에 상당하는 금액은 법정 벌금 최고액으로 한다.

해설 통고처분 벌금에 상당하는 금액은 해당 벌금 최고액의 100분의 20으로 한다.

24 벌금형과 징역형이 병과될 수 없는 것은?

가. 가격조작죄
나. 허위신고죄
다. 관세포탈죄
라. 부정수입죄
마. 밀수입죄

해설 허위신고죄는 관세질서벌로서 벌금과 징역을 병과할 수 없다.

구분	교사자	방조자	미수범	예비범	징역벌금병과	양벌규정
전자문서 위변조죄	–	–	본죄에 준함	본죄 1/2 감경		○
밀수출입죄	정범에 준함	정범에 준함	본죄에 준함	본죄 1/2 감경	○ (미수범 포함)	
관세포탈죄 등	정범에 준함	정범에 준함	본죄에 준함	본죄 1/2 감경	○ (미수범 포함)	
가격조작죄	–	–	–	–	○ (미수범 포함)	
밀수품취득죄	–	–	본죄에 준함	본죄 1/2 감경	○ (미수범 포함)	

25 고발 대상이 아닌 것은?

가. 관세범인이 통고를 이행할 수 있는 자금능력이 없다고 인정되는 경우
나. 관세범인의 주소 및 거소가 분명하지 아니한 경우
다. 관세범인에게 통고를 하기 곤란하다고 인정되는 경우
라. 범죄의 정상이 징역형에 처해질 것으로 인정되는 경우
마. 관세범인이 통고서의 송달을 받은 때로부터 15일 이내에 이행하지 못하고, 고발되기 직전에 통고처분을 이행한 경우

정답 | 23 마 24 나 25 마

해설 고발사유(통고처분 불이행)

관세범인이 이행기간 이내에 이행하지 아니하였을 때에는 관세청장이나 세관장은 즉시 고발하여야 한다. 다만, 15일이 지난 후 고발이 되기 전에 통고처분을 이행한 경우에는 그러하지 아니하다.

① 즉시 고발 : 관세청장이나 세관장은 범죄의 정상이 징역형에 처해질 것으로 인정될 때에는 제311조제1항에도 불구하고 즉시 고발하여야 한다.

② 무자력 고발 : 관세청장이나 세관장은 다음 각 호의 어느 하나의 경우에는 즉시 고발하여야 한다.

㉠ 관세범인이 통고를 이행할 수 있는 자금능력이 없다고 인정되는 경우

㉡ 관세범인의 주소 및 거소가 분명하지 아니하거나 그 밖의 사유로 통고를 하기 곤란하다고 인정되는 경우

5과목 수출입안전관리

01 관리대상 화물 중 세관장이 검사대상화물 지정을 직권으로 해제할 수 없는 것은?

가. 등록사유(검사 착안사항)와 관련 없는 물품

나. 지방자치단체가 수입하는 물품

다. 「수출입안전관리우수업체 공인 및 운영에 관한 고시」 제15조에 따라 수출입안전관리우수업체가 수입하는 물품

라. 학술연구용 실험기자재

마. SOFA 관련 물품

해설 직권해제

세관장은 검사대상화물 또는 감시대상화물 중 다음 각 호의 어느 하나에 해당하는 화물로서 우범성이 없거나 검사의 실익이 적다고 판단되는 경우 검사대상화물 또는 감시대상화물의 지정을 직권으로 해제할 수 있다.

1. 등록사유(검사착안사항)와 관련 없는 물품
2. 「수출입안전관리우수업체 공인 및 운영에 관한 고시」에 따라 종합인증우수업체(수입업체)가 수입하는 물품
3. 국가(지방자치단체)가 수입하는 물품 또는 SOFA 관련 물품
4. 이사물품 등 해당 고시에서 정하는 검사절차 · 검사방법에 따라서 처리되는 물품
5. 그 밖에 세관장이 우범성이 없거나 검사의 실익이 적다고 판단되는 화물

정답 01 라

02 「관세법」상 국경을 출입하는 차량에 대한 설명 중 틀린 것은?

가. 관세통로는 육상국경으로부터 통관역에 이르는 철도와 육상국경으로부터 통관장에 이르는 육로 또는 수로 중에서 세관장이 지정한다.

나. 통관역은 군사분계선으로부터 가장 가까운 거리에 위치한 철도역 중에서 세관장이 지정한다.

다. 국경 출입차량이 통관역을 출발하고자 하는 때에는 통관역장이 출발하기 전에 세관장에게 출발보고를 하고 출발허가를 받아야 한다.

라. 통관장은 관세통로에 접속한 장소 중에서 세관장이 지정한다.

마. 국경을 출입하는 차량은 관세통로를 경유하여야 하며 통관장에서는 정차하여야 한다.

해설 통관역은 국외와 연결되고 국경에 근접한 철도역 중에서 관세청장이 지정한다.

03 「관세법」상 국제항에 관하여 잘못 설명하고 있는 것은?

가. 국제항은 대통령령으로 지정한다.

나. 국제항의 지정 요건 중 항구의 경우는 국제무역선인 5천톤급 이상의 선박이 연간 50회 이상 입항하거나 입항할 것으로 예상되어야 한다.

다. 진해항, 경인항, 삼척항, 무안공항, 양양공항은 관세법상 국제항이다.

라. 국제무역기와 국제무역선은 국제항이 아닌 공항과 항만에는 어떠한 경우라도 운항할 수 없다.

마. 국제항이 아닌 지역에 출입하기 위하여 내야 하는 수수료의 총액은 50만원을 초과하지 못한다.

해설 국제무역선이나 국제무역기는 국제항에 한정하여 운항할 수 있다. 다만, 대통령령으로 정하는 바에 따라 국제항이 아닌 지역에 대한 출입의 허가를 받은 경우에는 그러하지 아니하다.

04 관세행정에 있어서의 공항만감시와 관련한 설명으로 틀린 것은?

가. 우리나라와 외국을 왕래하는 무역선(기)은 입항 전에 적재화물목록 등을 첨부한 입항보고서를 관할지 세관장에게 제출하여야 한다.

나. 세관은 항만감시 영역을 효율적으로 감시단속하기 위하여 부두초소별 24시간 세관공무원이 상시근무하는 고정감시체제를 운영하고 있다.

다. 인천공항, 김포공항, 제주공항 및 대구공항은 관세법상 국제항이나 광주공항은 관세법상 국제항으로 지정되어 있지 않다.

라. 해외 여행자의 입국 전에 우범여부를 선별할 수 있는 여행자정보사전확인제도(APIS)를 운영 중이다.

마. 전국 주요 항만에는 CCTV를 설치하여 부두를 24시간 감시할 수 있는 감시종합상황실을 운영하고 있다.

해설 우리나라의 항만감시 체제는 이전 부두별 24시간 세관공무원 상시(고정)근무체제에서 기동감시체제(기동순찰체제 : 주 감시소에만 상시 근무)로 바뀌다.

정답	02 나 03 라 04 나

05 국제무역선의 화물 하선 적재에 관한 설명 중 틀린 것은?

가. 하역이라 함은 화물을 국제무역선에서 양륙하여 하선장소에 반입하는 하선작업과 화물을 국제무역선에 옮겨놓는 적재작업을 말한다.

나. 국제무역선은 「관세법」상 입항절차를 마친 후가 아니면 어떠한 경우라도 물품을 하역할 수 없다.

다. 국제무역선에서 물품을 하역하려면 세관공무원이 확인할 필요가 없다고 인정한 경우를 제외하고 세관장에게 신고하여야 한다.

라. 세관장은 감시 · 단속을 위하여 필요한 경우 물품을 하역하는 장소를 제한할 수 있다.

마. 세관장의 허가를 받고 국제무역선에 내국물품을 적재할 수 있다.

해설 국제무역선이나 국제무역기는 입항절차를 마친 후가 아니면 물품을 하역하거나 환적할 수 없다. 다만, 세관장의 허가를 받은 경우에는 그러하지 아니하다.

PART 01

06 국경 감시와 관련하여 테러위해물품으로 의심되는 물품을 발견한 때 행동요령으로 잘못된 것은?

가. 물품을 흔들거나 떨어뜨리지 않는다.

나. 화물이 개봉되어 의심스러운 물질이 발견된 경우에는 주변을 차단하는 등 안전조치를 취한다.

다. 격리된 곳에서 물품을 개봉하여 확인한 후 가까운 세관에 신고하고 경찰, 보건당국에도 신고한다.

라. 의심되는 물품의 냄새를 맡지 않는다.

마. 가루를 발견한 경우에는 물품을 밀봉된 비닐백에 별도 보관하여 관계 당국에 인계한다.

해설 테러위해물품은 개봉하지 않는다.

07 수출입안전관리우수업체의 공인심사를 위한 공인기준이 아닌 것은?

가. 재무건전성

나. 법규준수

다. 내부통제시스템

라. 전략관리

마. 안전관리

해설 "공인기준"이란 「관세법」에 따라 관세청장이 수출입안전관리우수업체를 공인할 때에 심사하는 법규준수, 내부통제시스템, 재무건전성 및 안전관리 기준을 말한다.

정답	05 나 06 다 07 라

08 〈법률 개정으로 문제 삭제〉

09 수출입안전관리우수업체(AEO) 제도에 대한 설명으로 틀린 것은?

가. 민 · 관 협력을 기반으로 하는 법규준수 및 수출입안전관리 제도이다.
나. AAA 등급은 법규준수도가 95점 이상이면서 법규준수 등과 관련하여 다른 업체에 확대 적용할 수 있는 우수사례를 보유하여야 한다.
다. AEO 공인의 유효기간은 관세청장이 증서를 교부한 날부터 3년으로 한다.
라. AEO 공인 전의 경우 수출입관리책임자는 AEO 교육기관에서 16시간 이상 교육을 이수하여야 한다.
마. AEO 공인등급 조정 신청에 따라 공인 등급을 조정하는 경우에도 공인의 유효기간은 조정전의 유효기간으로 한다.

해설 수출입안전관리우수업체 공인의 유효기간은 증서상의 발급한 날로부터 5년으로 한다.

10 수출입안전관리우수업체 관리 책임자의 업무로 맞는 것은?

① 수출입 관리현황 설명서 작성	② AEO 공인기준 준수여부 확인
③ 관련 직원 교육	④ AEO 변동사항 및 자율평가 확인점검
⑤ 세관 등 유관기관과 수입관리 정보교류	⑥ 정기 수입세액 정산보고서 확인
⑦ 사내 법규준수도 향상 지원	

가. ①, ③, ⑥
나. ③, ⑥, ⑦
다. ①, ③, ⑦
라. ③, ⑤, ⑥
마. ②, ⑤, ⑦

해설 관리책임자의 업무
관리책임자는 다음 각 호에 해당하는 업무를 담당한다.
1. 수출입 관리현황 설명서 작성, 정기 자율평가, 변동사항 보고, 공인 또는 종합심사(갱신심사) 수감 등 공인기준 준수관련 업무
2. 직원에 대한 수출입 안전관리 교육
3. 정보 교환, 회의 참석 등 수출입 안전관리 관련 관세청 및 세관과의 협업
4. 세액 등 통관적법성 준수 관리
5. 그 밖에 업체의 법규준수 향상을 위한 활동

정답 | 08 개정 삭제 09 다 10 다

11 수출입안전관리우수업체 공인심사 시 공인유보사유에 해당하는 것은?

가. 현장심사 결과 신청업체가 법규준수도 기준은 충족하지 못하였으나 나머지 공인기준을 모두 충족한 경우

나. 공인심사 결과 공인 기준에 미달한 경우로서 보완 요구의 실익이 없는 경우

다. 관세청장의 제출서류 보완 요구에도 불구하고 천재지변 등의 특별한 사유 없이 지정기간내 보완하지 않은 경우

라. 관세청장의 제출서류 보완 요구에 따라 보완하였음에도 불구하고 공인기준에 미달하는 경우

마. 공인신청 후 신청업체의 법규준수도 점수가 70점(중소수출기업의 경우 60점) 미만으로 하락한 경우

PART 01

해설 공인유보사유

관세청장은 신청업체가 다음 각 호의 어느 하나에 해당하는 경우에는 심의위원회의 심의를 거쳐 공인을 유보할 수 있다.

1. 신청업체가 나머지 공인기준은 모두 충족하였으나, 법규준수도 또는 재무건전성 기준을 충족하지 못한 경우(법률개정으로 인한 해설 변경)
2. 신청업체가 수입하는 물품의 과세가격 결정방법이나 품목분류 및 원산지 결정에 이견이 있음에도 불구하고 법에 따른 사전심사를 신청하지 않은 경우(수입부문에만 해당한다)
3. 신청업체가 별표 1의 공인부문별 공인기준 중에서 법규준수(공인기준 일련번호 1.1.1부터 1.1.4까지에만 해당)의 결격에 해당하는 형사 및 사법절차가 진행 중인 경우
4. 신청업체가 사회적 물의 등을 일으켰으나 해당 사안이 공인의 결격에 해당하는지를 판단하는데 추가적으로 사실을 확인하거나 심의를 위한 충분한 법리검토가 필요한 경우
5. 그 밖에 심의위원회에서 공인의 유보가 필요하다고 인정하는 경우

12 수출입안전관리우수업체의 변동사항 보고 기한이 다른 것은?

가. 사업내용의 변경 또는 추가 시

나. 양도, 양수, 분할, 합병 등으로 인한 법적 지위의 변경 시

다. 대표자, 수출입 관련 업무 담당 임원 및 관리책임자의 변경 시

라. 범칙행위, 부도 등 공인유지에 중대한 영향을 미치는 사실의 발생 시

마. 소재지 이전, 사업장 신설 · 증설 · 확장 · 축소 · 계쇄 등의 사실 발생 시

해설 변동사항보고

수출입안전관리우수업체는 다음 각 호의 어느 하나에 해당하는 사실이 발생한 경우에는 그 사실이 발생한 날로부터 30일 이내에 수출입 관리현황 변동사항 보고서를 작성하여 관세청장에게 보고하여야 한다. 다만, 변동사항이 범칙행위, 부도 등 공인유지에 중대한 영향을 미치는 경우에는 지체 없이 보고하여야 한다.

1. 양도, 양수, 분할 · 합병 및 특허 변동 등으로 인한 법적 지위의 변경
2. 대표자, 수출입 관련 업무 담당 임원 및 관리책임자의 변경
3. 소재지 이전, 사업장의 신설 · 증설 · 확장 · 축소 · 폐쇄 등
4. 사업내용의 변경 또는 추가
5. 화재, 침수, 도난, 불법유출 등 수출입화물 안전관리와 관련한 특이사항〈법률 개정으로 해설 변경〉

정답	11 가 12 라

13 수출입안전관리우수업체 기업상담전문관에 대한 설명 중 틀린 것은?

가. 관세청장은 수출입안전관리우수업체의 법규준수도 향상을 위하여 업체 별로 기업상담전문관을 지정 · 운영한다.

나. 기업상담전문관은 수출입안전관리우수업체의 공인기준 준수여부를 주기적으로 확인한다.

다. 기업상담전문관은 수출입안전관리우수업체의 공인등급 조정이 필요한 경우 이를 심의하는 수출입안전관리우수업체심의위원회에 위원 자격으로 참여한다.

라. 기업상담전문관은 수출입안전관리우수업체의 신고사항에 대한 보정심사 등을 통해 신고내용을 수정 또는 정정하고 그 결과를 기록유지한다.

마. 기업상담전문관은 수출입안전관리우수업체의 법규준수도 향상을 위한 점검 관리 및 컨설팅을 한다.

해설 기업상담전문관의 업무

기업상담전문관은 수출입안전관리우수업체에 대하여 다음 각 호의 업무를 담당한다. 이 경우 기업상담전문관은 원활한 업무 수행을 위해서 수출입안전관리우수업체에게 자료를 요구하거나 해당 업체의 사업장 등을 방문할 수 있다.

1. 공인기준을 충족하는지에 대한 주기적 확인
2. 공인기준 준수 개선 계획의 이행 확인
3. 수입신고에 대한 보정심사 등 관세행정 신고사항에 대한 수정, 정정 및 그 결과의 기록유지
4. 변동사항, 정기 자율평가, 세관협력도의 확인 및 점검
5. 법규준수 향상을 위한 정보 제공 및 상담 · 자문
6. 기업 프로파일 관리

14 보세구역 운영인의 시설과 장비관리 공인기준에 대한 설명으로 틀린 것은?

가. 운영인은 울타리의 손상 등 이상 여부를 최소 월 1회 이상 주기적으로 검사하고 그 내역을 기록 · 유지하여야 한다.

나. 운영인은 감시카메라를 설치한 경우 24시간 작동되도록 하고 녹화자료를 최소 30일 이상 보관하여야 한다.

다. 운영인은 건물에 대해 최소 월 1회 이상 주기적으로 검사하고 그 내역을 기록 · 유지하여야 한다.

라. 운영인은 불법 침입을 막을 수 있는 자재를 사용하여 건물을 건축하여야 한다.

마. 운영인은 물품 취급 및 보관시설 내부 또는 인접지역에 개인차량이 주차되지 않도록 하여야 한다.

해설 운영인은 울타리의 손상 등 이상 여부를 최소 주 1회 이상 주기적으로 검사하고 그 내역을 기록 · 유지하여야 한다.

정답 | 13 다 14 가

15 **2017년 12월 말 기준, 우리나라와 AEO 상호인정협정(MRA)을 체결한 국가가 아닌 것은?**

가. 베트남
나. 태국
다. 캐나다
라. 호주
마. UAE

해설 MRA 체결국가
① 캐나다 ② 싱가포르 ③ 미국 ④ 일본 ⑤ 뉴질랜드 ⑥ 중국 ⑦ 홍콩 ⑧ 멕시코 ⑨ 터키 ⑩ 이스라엘 ⑪ 도미니카공화국 ⑫ 인도 ⑬ 대만 ⑭ 태국 ⑮ 호주 ⑯ 아랍에미리트(UAE) ⑰ 말레이시아 ⑱ 페루 ⑲ 우루과이 ⑳ 카자흐스탄 ㉑ 몽골 ㉒ 인도네시아

16 **보세운송업자의 내부통제시스템 공인기준에 해당하지 않는 것은? 〈2023년 시험범위 변경으로 해당 문제 시험범위 아님〉**

가. 경영방침 수립
나. 내부고발제도 등 부정방지프로그램 활성화
다. 자격증 소지자 및 경험자 근무
라. 세부목표 수립
마. 직원식별시스템 마련

해설 보세운송업자의 내부통제시스템 공인기준에는 직원식별시스템 마련이 규정되어 있지 않고, 안전관리기준에 직원식별시스템 마련이 규정되어 있다.

17 **각 국의 AEO 제도에 대한 설명으로 맞는 것은? 〈2023년 시험범위 변경으로 해당 문제 시험범위 아님〉**

가. 미국의 C-TPAT 제도는 전세계 AEO 제도의 토대가 되는 제도로서 인증분야는 법규준수에 집중되어 있다.
나. EU의 AEO 제도는 AEO S(신속통관), AEO C(안전), AEO F(신속통관+안전) 등 목적에 따라 유형을 구분하여 인증을 부여하고 있다.
다. 중국은 5등급 기업분류제도인 기업신용관리제도를 시행하여 A, B, C, D, AA등급으로 기업을 분류하고 있다.
라. 캐나다의 SES 제도는 법규준수는 제외하고 안전관리 중심의 AEO 제도를 시행하고 있다.
마. 싱가포르의 특례인정업자 제도는 법규준수 및 안전관리 분야를 모두 포함하고 있다.

해설 가. 미국 C-TPAT제도 : C-TPAT은 2002년 테러 등 위해물품의 국내유입을 차단키 위해 법적근거 없이 민관협력의 자발적 프로그램으로 출발하였다. 수출 프로세스 부문과 원활화 분야는 프로그램 운영 대상에서 제외하고 수입 프로세스와 안전분야만을 강조하고 있는 것이 특징이다.
나. EU AEO제도 : 통관절차 C(통관절차신속), AEO S(보안), AEO F(통관절차신속+보안) 방식으로 인증제를 운영 중이다.
라. SES 제도는 캐나다가 아닌 뉴질랜드의 제도이다. 캐나다는 PIP제도이다.
마. 특례인정업자 제도는 싱가포르가 아닌 일본의 제도이다. 싱가포르는 STP제도이다.

정답	15 가	16 마	17 다

18 보세운송업자의 취급절차관리 공인기준과 관계가 없는 것은? 〈2023년 시험범위 변경으로 해당 문제 시험범위 아님〉

가. 보세운송업자는 수출입물품의 운송, 취급, 보관과 관련된 절차를 준수하기 위해 비인가된 물품과 사람의 접근을 통제하는 안전관리조치를 하여야 한다.
나. 보세운송업자는 보세운송 신고 시 물품의 중량, 수량 등을 정확하게 작성하여야 한다.
다. 보세운송업자는 불법사항이나 협의사항을 식별하였을 때에는 즉시 세관장에게 보고하여야 한다.
라. 보세운송업자는 물품의 안전성을 보장하기 위하여 거래업체로부터 정확하고 시기적절하게 정보를 통보받는 절차를 마련하여야 한다.
마. 보세운송업자는 세관직원 등이 검사를 위하여 컨테이너를 개장한 경우에는 검사종료 시 즉시 재봉인하여야 한다.

해설 '마'의 경우 보세운송업자가 아닌 운영인의 취급절차관리 공인기준이다.

19 AEO 공인등급 조정에 관한 설명이다. ( ) 안에 들어갈 내용을 순서대로 나열한 것은?

> 관세청장은 「수출입안전관리우수업체 공인 및 운영에 관한 고시」 제20조제1항에 따라 공인을 갱신한 수출입안전관리우수업체에 대하여 공인 이후 ( ) 동안 제5조 규정에 의한 상위등급 기준을 충족하는 경우 공인등급 조정신청을 받아 등급을 조정할 수 있다. 다만, 등급 조정 신청은 수출입안전관리우수업체의 유효기간이 ( ) 남은 경우에만 할 수 있다.

가. 4분기, 6개월 이상
나. 4분기, 1년 이상
다. 2분기, 6개월 이상
라. 2분기, 1년 이상
마. 6분기, 6개월 이상

해설 공인등급 조정신청
관세청장은 수출입안전관리우수업체가 4개 분기 연속으로 제5조제1항에 따른 공인등급별 기준을 충족하는 경우에는 공인등급의 조정 신청을 받아 상향할 수 있다. 다만, 수출입안전관리우수업체가 갱신이 아닌 때에 공인등급의 조정을 신청하고자 하는 경우에는 공인의 유효기간이 1년 이상 남아 있어야 한다.

20 수출입안전관리우수업체의 모든 부문에 공통적으로 적용되는 특례가 아닌 것은?

가. 법규위반 시 행정형벌 보다 통고처분, 과태료 등 행정질서벌 우선 고려
나. 「기업심사운영에 관한 훈령」에 따른 기획심사, 법인심사 제외
다. 중소기업청의 중소기업 병역지정업체 추천 시 5점 가산
라. 「수출입신고 오류방지에 관한 고시」 제14조에 따라 오류에 대한 제재 경감
마. 「관세법 등에 따른 과태료 부과징수에 관한 훈령」에 따른 과태료 면제

해설 '마'는 과태료 면제가 아닌 과태료 경감이다.

정답	18 마 19 나 20 마

21 보세구역운영인 부문의 AEO 가이드라인상 수출입물품 취급 관련 자격증소지자로 인정될 수 없는 것은? 〈2023년 시험범위 변경으로 해당 문제 시험범위 아님〉

가. 무역영어(2급)
나. 관세사
다. 보세사
라. 물류관리사
마. IATA Diploma

해설 수출입물품 취급 관련 자격증은 관세사, 보세사, 물류관리사, IATA Diploma가 있다.

22 수출입안전관리우수업체(AEO) 보세구역운영인 부문에 대한 내부통제 시스템 공인기준이 아닌 것은? 〈2023년 시험범위 변경으로 해당 문제 시험범위 아님〉

가. 법규준수와 안전관리를 위한 조직과 인력 확보
나. 관세행정 관련 활동에 적극 참여
다. 화물 반출입 시 즉시 신고할 수 있는 체계 구축
라. 법규준수와 안전관리 업무에 대한 정보가 관련 부서에 공유
마. 채용 예정자에 대한 이력 점검

해설 '채용 예정자에 대한 이력 점검'에 대한 기준은 없다.

23 수출입안전관리우수업체의 정기 자율평가 실시에 대한 설명이다. ( )에 알맞은 것을 고르시오. 〈2023년 시험범위 변경으로 해당 문제 시험범위 아님〉

> 수출입안전관리우수업체는 공인 후 매년 공인받은 달에 공인기준에 대한 수출입관리현황(수출입 부문의 경우 통관적법성 분야를 포함)을 자체 평가하고 익월 ( )까지 정기 자율평가서를 ( )에게 제출하여야 한다.

가. 1일, 세관장
나. 5일, 관세청장
다. 15일, 관세청장
라. 10일, 세관장
마. 5일, 세관장

해설 수출입안전관리우수업체는 매년 공인일자가 속하는 달에 정기 자체 평가서에 따라 공인기준을 충족하는지를 자체적으로 점검하고 다음 달 15일까지 관세청장에게 그 결과를 제출하여야 한다. 다만, 수출입안전관리우수업체가 여러 공인부문에 걸쳐 공인을 받은 경우에는 공인일자가 가장 빠른 공인부문을 기준으로 자체 평가서를 함께 제출할 수 있다.

정답 21 가 22 마 23 다

24 보세구역운영인 부문의 안전관리 공인기준에 대한 설명으로 틀린 것은?

가. 봉인관리, 손상된 봉인 식별 및 세관장 보고

나. 사원증, 지문인식 등 직원식별시스템 마련

다. 물품 취급 및 보관 지역을 감시하기 위한 순찰 실시

라. 출입구에 인력을 배치하거나 감시하고, 출입구는 최대한으로 유지

마. CCTV 녹화자료를 최소 30일 이상 보관

해설 사람과 차량이 출입하는 출입구에 인력을 배치하거나 감시하고, 적절한 출입과 안전관리를 위하여 출입구를 최소한으로 유지하여야 한다.

25 수출입안전관리우수업체(AEO) 보세구역운영인 부문의 가이드라인에 대한 설명으로 틀린 것은?

가. 위험평가 결과에 대한 관리대책을 주기적(12개월을 초과할 수 없음)으로 평가

나. 관세행정 관련 활동은 신청일 직전 36개월 이내 실적에 한함

다. 관련 법령 개정사항을 주기적(1개월을 초과할 수 없음)으로 검토

라. 내부통제활동을 주기적(12개월을 초과할 수 없음)으로 평가

마. 거래업체 정보를 축적하고, 주기적(6개월을 초과할 수 없음)으로 현행화

해설 위험평가 절차에 따라 거래업체의 안전관리기준 충족 여부를 주기적으로 평가하여야 한다.

정답 | 24 라 25 가

P / A / R / T

02

토마토패스 보세사 7개년 기출문제집

2019년 기출문제 및 해설

[2019년] 기출문제 및 해설

1과목 수출입통관절차

01 관세법상 원산지증명서 유효기간으로 맞는 것은?

> 세관장에게 제출하는 원산지증명서는 예외적인 경우를 제외하고 원산지증명서 제출일부터 소급하여 ( ) 이내에 발행된 것이어야 한다.

가. 6개월
나. 1년
다. 2년
라. 3년
마. 4년

해설 원산지증명서에는 해당 수입물품의 품명, 수량, 생산지, 수출자 등 관세청장이 정하는 사항이 적혀 있어야 하며, 제출일부터 소급하여 1년 이내에 발행된 것이어야 한다.

02 과세전통지 및 과세전적부심사와 관련된 설명으로 틀린 것은?

가. 세관장은 수입신고수리 후 부족세액을 징수하는 경우 과세전통지를 생략할 수 있다.
나. 세관장은 납부세액이나 납부하여야 하는 세액에 미치지 못한 금액을 징수하려는 경우에는 미리 납세의무자에게 그 내용을 서면으로 통지하여야 한다.
다. 납세의무자는 통지를 받은 때에는 그 통지를 받은 날부터 30일 이내에 세관장 또는 관세청장에게 과세전적부심사를 청구할 수 있다.
라. 과세전적부심사를 청구받은 세관장이나 관세청장은 그 청구를 받은 날부터 30일 이내에 관세심사위원회의 심사를 거쳐 결정을 하고 청구인에게 통지하여야 한다.
마. 과세전적부심사는 이의신청, 심사청구 또는 심판청구 전 단계의 권리구제라 할 수 있다.

해설 수입신고수리 '전'에 세액을 심사하는 경우로서 그 결과에 따라 부족세액을 징수하는 경우에 과세전통지를 생략할 수 있다.

정답	01 나 02 가

03 신고의 취하 및 각하에 대한 설명으로 틀린 것은?

가. 취하나 신고인의 요청에 의하여 신고사항을 취하하는 것을 말한다.

나. 신고는 정당한 이유가 있는 경우에만 세관장의 승인을 받아 취하할 수 있다.

다. 수입 및 반송의 신고는 운송수단, 관세통로, 하역통로 또는 이 법에 규정된 장치 장소에서 물품을 반출한 후에는 취하할 수 없다.

라. 거짓이나 그 밖의 부정한 방법으로 신고되었을 경우에는 신고를 취하할 수 있다.

마. 통관보류, 통관요건 불합격, 수입금지 등의 사유로 반송하거나 폐기하려는 경우 신고를 취하할 수 있다.

해설 세관장은 신고가 그 요건을 갖추지 못하였거나 부정한 방법으로 신고되었을 때 등 특정 사유에 해당하는 경우에는 해당 수출 · 수입 또는 반송의 신고를 각하할 수 있다.

04 관세의 부과징수, 수출입물품의 통관 등을 위한 원산지 확인기준에 대한 설명으로 틀린 것은?

가. 완전생산기준이란 당해 물품의 전부를 생산 · 가공 · 제조한 국가를 원산지로 보는 기준으로, 광산물, 식물성 생산품 등 1차 생산품이 주로 해당된다.

나. 2개국 이상에 걸쳐 생산 · 가공 또는 제조된 물품의 원산지는 당해 물품의 생산과정에 사용되는 물품의 품목분류표상 4단위 품목번호와 다른 4단위 품목번호의 물품을 최종적으로 생산한 국가를 원산지로 본다.

다. 세관장은 환적 또는 복합환적되는 외국물품 중 원산지를 우리나라로 허위 표시한 물품은 유치할 수 있다.

라. 보세구역에서 포장개선, 선별작업 또는 단순 조립작업 등을 수행하여 세번 변경이 발생하였다 하더라도 이들 국가를 원산지로 인정하지 아니한다.

마. 지리적 또는 운송상의 이유로 제3국을 단순 경유한 경우에도 직접운송원칙을 충족한 것으로 본다.

해설 2개국 이상에 걸쳐 생산 · 가공 또는 제조(생산)된 물품의 원산지는 당해 물품의 생산과정에 사용되는 물품의 품목분류표상 6단위 품목번호와 다른 6단위 품목번호의 물품을 최종적으로 생산한 국가로 한다.

정답	03 라 04 나

05 반송물품의 범위에 대한 설명으로 틀린 것은?

가. 동일한 세관의 관할구역에서 입국 또는 입항하는 운송수단에서 출국 또는 출항하는 운송수단으로 물품을 옮겨 실어 외국으로 반출하는 물품

나. 외국에 수출할 것을 목적으로 보세구역에 반입하여 다시 외국으로 반출하는 물품

다. 외국으로부터 보세구역에 반입된 물품이 계약상이, 국내시장 여건변화 등의 사유로 수입신고를 하지 아니한 상태에서 다시 외국으로 반출되는 물품

라. 해외에서 위탁가공 후 보세구역에 반입된 물품으로서 수출할 목적으로 다시 외국으로 반출되는 물품

마. 우리나라에서 개최하는 박람회 등을 위하여 보세전시장에 반입된 후 전시 종료 후 외국으로 반출되는 물품

해설 '가'는 환적에 관련된 설명이다.

06 세관장이 물품의 통관을 보류할 수 있는 경우에 대한 설명으로 틀린 것은?

가. 세관장에게 강제징수 또는 체납처분이 위탁된 해당 체납자가 수입하는 경우

나. 수출 · 수입 또는 반송에 관한 신고서의 기재사항에 보완이 필요한 경우

다. 제출서류 등이 미비하여 보완이 필요한 경우

라. 수출입물품에 대한 안전성 검사가 필요한 경우

마. 필요한 사항을 확인할 필요가 있다고 인정하여 세관장이 정하는 경우

해설 「관세법」 제237조(통관의 보류)

세관장은 다음 각 호의 어느 하나에 해당하는 경우에는 해당 물품의 통관을 보류할 수 있다.

1. 수출 · 수입 또는 반송에 관한 신고서의 기재사항에 보완이 필요한 경우
2. 제245조에 따른 제출서류 등이 갖추어지지 아니하여 보완이 필요한 경우
3. 「관세법」에 따른 의무사항을 위반하거나 국민보건 등을 해칠 우려가 있는 경우
4. 제246조의3제1항에 따른 안전성 검사가 필요한 경우
5. 「국세징수법」 및 「지방세징수법」에 따라 세관장에게 강제징수 또는 체납처분이 위탁된 해당 체납자가 수입하는 경우
6. 그 밖에 이 법에 따라 필요한 사항을 확인할 필요가 있다고 인정하여 대통령령으로 정하는 경우(관세 관계 법령을 위반한 혐의로 고발되거나 조사를 받는 경우를 말한다.)

07 관세법령상 관세납부에 있어서 제공할 수 있는 담보의 종류로 틀린 것은?

가. 국채 또는 지방채

나. 보험에 가입된 등록된 차량

다. 세관장이 인정하는 유가증권

라. 토지

마. 납세보증보험증권

해설 보험에 가입된 등기 또는 등록된 건물 · 공장재단 · 광업재단 · 선박 · 항공기 또는 건설기계만 담보제공이 가능하며 차량은 불가능하다.

정답	05 가 06 마 07 나

08 관세법령상 ( ) 안에 들어갈 내용이 순서대로 맞는 것은?

수출신고가 수리된 물품은 수출신고가 수리된 날부터 ( )일 이내에 운송수단에 적재하여야 한다. 다만, 기획재정부령으로 정하는 바에 따라 1년의 범위에서 적재기간의 연장승인을 받은 것은 그러하지 아니하다. 세관장은 이 기간 내에 적재되지 아니한 물품에 대하여는 대통령령으로 정하는 바에 따라 수출신고의 수리를 ( ) 할 수 있다.

가. 30, 각하
나. 30, 취하
다. 30, 취소
라. 60, 취소
마. 60, 각하

해설 수출신고가 수리된 물품은 수출신고가 수리된 날부터 30일 이내에 운송수단에 적재하여야 한다. 다만, 기획재정부령으로 정하는 바에 따라 1년의 범위에서 적재기간의 연장승인을 받은 것은 그러하지 아니하다. 세관장은 이 기간 내에 적재되지 아니한 물품에 대하여는 대통령령으로 정하는 바에 따라 수출신고의 수리를 취소할 수 있다.

09 관세의 성격으로 틀린 것은?

가. 관세는 자유무역의 장벽이 된다.
나. 관세는 재정수입 조달을 목적으로 한다.
다. 관세는 특별급부에 대한 반대급부가 아니다.
라. 관세는 물품을 수입신고하는 자에게 부과하는 직접세이다.
마. 관세의 부과징수의 주체는 국가이다.

해설 관세는 납세의무자와 담세자가 일치하지 않는 간접세에 해당한다.

10 수출통관제도에 대한 설명으로 틀린 것은?

가. 수출물품은 원칙적으로 보세구역에 장치한 후 수출신고하여야 한다.
나. 수출신고는 관세사, 관세법인, 통관취급법인, 수출화주 또는 완제품 공급자 명의로 할 수 있다.
다. 수출하려는 자는 해당 물품이 장치된 물품소재지를 관할하는 세관장에게 수출신고를 하고 수리를 받아야 한다.
라. 수출신고 물품에 대한 검사는 해당 물품이 장치되어 있는 장소에서 검사한다.
마. 세관장은 효율적인 물품검사를 위하여 컨테이너검색기 또는 차량이동형검색기 등을 활용하여 검사할 수 있다.

해설 원칙적으로 수출신고에 대한 장치장소요건은 없다.

정답	08 다 09 라 10 가

11 「관세법」상 수입의 의제는 외국물품이 적법하게 수입된 것으로 보고 관세 등을 따로 징수하지 아니하는데, 이에 해당하지 않는 것은?

가. 체신관서가 수취인에게 내준 우편물
나. 「관세법」에 따라 매각된 물품
다. 법령에 따라 국고에 귀속된 물품
라. 세관장이 타당하다고 인정하는 이사물품
마. 몰수를 갈음하여 추징된 물품

해설 수입의 의제

다음 각 호의 어느 하나에 해당하는 외국물품은 이 법에 따라 적법하게 수입된 것으로 보고 관세 등을 따로 징수하지 아니한다.

1. 체신관서가 수취인에게 내준 우편물
2. 이 법에 따라 매각된 물품
3. 이 법에 따라 몰수된 물품
4. 이 법에 따른 통고처분으로 납부된 물품
5. 법령에 따라 국고에 귀속된 물품
6. 몰수를 갈음하여 추징된 물품

12 다음은 관세의 부과기준에 대한 설명이다. 틀린 것은?

가. 종가세란 수입물품의 가격을 과세표준으로 하는 관세이다.
나. 종가세의 장점은 관세부담이 상품가격에 비례함으로 공평하고, 시장가격의 등락에도 불구하고 관세부담의 균형을 이룰 수 있다는 것이다.
다. 종량세란 수입물품의 중량만을 과세표준으로 하는 관세이다.
라. 종량세의 장점은 세액 산출이 쉽고, 수출국에 따라 세액에 변화가 없다.
마. 종량세의 단점은 물가변동에 따른 세율적용이 불가능하고, 관세의 공평을 기할 수 없으며, 나라마다 계량단위가 동일하지 않아 적용하는데 어려움이 있다.

해설 종량세란 수입품의 개수, 용적, 면적, 중량 등의 일정한 단위수량을 과세표준으로 하여 부과되는 관세이다.

13 관세법상 용어의 정의에 대한 설명으로 틀린 것은?

가. 우리나라의 선박 등이 공해에서 채집하거나 포획한 수산물은 내국물품이다.
나. 선박이 입항하기 전에 입항 전 수입신고가 수리된 물품은 외국물품이다.
다. 수입신고전 즉시 반출신고를 하고 반출된 물품은 내국물품이다.
라. 수출신고가 수리된 물품으로 국내에 있는 물품은 외국물품이다.
마. 외국 선박이 우리나라의 영해가 아닌 배타적경제수역(EEZ)에서 포획한 수산물은 외국물품이다.

해설 선박이 입항하기 전에 입항 전 수입신고가 수리된 물품은 내국물품이다.

정답	11 라	12 다	13 나

14 **「대외무역법 시행령」 제19조에 따른 수입승인면제사유에 해당하는 수입물품으로서 「관세법」 제226조에 따른 세관장확인이 생략되는 물품은?**

가. 「마약류관리에 관한 법률」 해당물품
나. 「식물방역법」 해당물품
다. 「가축전염병예방법」 해당물품
라. 「통신비밀보호법」 해당물품
마. 「의료기기법」 해당물품

해설 세관장 확인생략대상

다음 각 호의 어느 하나에 해당되는 물품은 세관장확인을 생략한다.

1. 「통합공고」상 요건면제에 해당되어 요건면제확인서를 제출한 물품
2. 「관세법」상 수출입안전관리우수 공인업체, 자율확인우수기업 등 관세청장이 공고하는 자가 수출입신고하는 물품
3. 「대외무역법」상 수출입승인면제물품. 다만, 다음 각 목의 법령을 적용받는 물품은 세관장이 수출입요건 구비 여부를 확인한다.
   가. 「마약류관리에 관한 법률」
   나. 「식물방역법」
   다. 「야생생물 보호 및 관리에 관한 법률」
   라. 「총포 · 도검 · 화약류 등의 안전관리에 관한 법률」
   마. 「수산생물질병 관리법」
   바. 「가축전염병 예방법」
   사. 「폐기물의 국가 간 이동 및 그 처리에 관한 법률」
   아. 「약사법」(식품의약품안전처장이 지정하는 오 · 남용우려 의약품에 한정한다. 다만, 자가치료 목적으로 처방전을 세관장에게 제출하는 경우에는 세관장 확인을 생략한다)
   자. 「수입식품안전관리 특별법」(「수입식품안전관리특별법 시행규칙」 별표9 제1호에 해당하는 식품등은 제외한다)
   차. 「통신비밀보호법」
   카. 「화학물질관리법」(금지물질, 제한물질에 한함. 다만, 제한물질 중 시험 · 연구 · 검사용 시약은 제외)

정답 14 마

15 「관세법」상 서류의 송달 등에 관한 설명으로 틀린 것은?

가. 세관장은 관세의 납세의무자의 주소, 거소, 영업소 또는 사무소가 모두 분명하지 아니하여 관세의 납부고지서를 송달할 수 없을 때에는 해당 세관의 게시판이나 그 밖의 적당한 장소에 납부고지사항을 공시할 수 있다.

나. 관세 납부고지서의 송달은 납세의무자에게 직접 발급하는 경우를 제외하고는 인편, 우편으로 한다.

다. 가격신고, 납세신고, 수출입신고, 반송신고, 보세화물반출입신고, 보세운송신고를 하거나 적재화물목록을 제출한 자는 신고 또는 제출한 자료를 신고 또는 제출한 날부터 5년의 범위에서 대통령령으로 정하는 기간 동안 보관하여야 한다.

라. 적재화물목록을 제출한 자는 해당 제출 자료를 신고 또는 제출한 날부터 5년의 범위에서 대통령령으로 정하는 기간 동안 보관하여야 한다.

마. 납부고지사항을 공시하였을 때에는 공시일부터 7일이 지나면 관세의 납세의무자에게 납부고지서가 송달된 것으로 본다.

해설 납부고지사항을 공시하였을 때에는 공시일부터 14일이 지나면 관세의 납세의무자에게 납부고지서가 송달된 것으로 본다.

16 「관세법」상 법령의 적용시기에 대한 설명으로 틀린 것은?

가. 원칙적으로 수입신고 당시의 법령에 따라 부과한다.

나. 입항 전 수입신고는 수입신고 당시의 법령을 적용한다.

다. 보세건설장에 반입된 외국물품은 사용 전 수입신고 당시의 법령을 적용한다.

라. 보세운송하는 외국물품이 지정된 기간 내에 목적지에 도착하지 아니하는 경우에는 보세운송을 신고하거나 승인받은 당시의 법령을 적용한다.

마. 수입신고가 수리되기 전에 소비하거나 사용하는 경우에는 해당 물품을 소비하거나 사용하는 당시의 법령을 적용한다.

해설 보세건설장에 반입된 외국물품 : 사용 전 수입신고가 수리된 날의 법령을 적용

정답 | 15 마 16 라

17 보세구역반입명령에 대한 설명으로 틀린 것은?

가. 수출신고가 수리되어 외국으로 반출되기 전에 있는 물품이나 수입신고가 수리되어 반출된 물품이 의무사항을 위반하거나 국민보건 등을 해칠 우려가 있는 경우에는 보세구역으로 반입할 것을 명할 수 있다.

나. 원산지나 품질 등의 표시가 적법하게 표시되지 아니하였거나 수출입신고수리 당시와 다르게 표시되어 있는 경우 보세구역으로 반입할 것을 명할 수 있다.

다. 세관장은 반입명령서를 화주 또는 수출입신고자에게 송달하여야 하고, 주소 등이 불분명한 때에는 반입명령사항을 공시할 수 있다.

라. 관련 법령에 따라 관계행정기관의 장의 시정조치가 있는 경우에는 보세구역반입명령을 할 수 없다.

마. 해당 물품이 수출입신고가 수리된 후 6개월이 경과한 경우에도 보세구역반입명령을 할 수 있다.

해설 수출입신고수리 후 3개월이 경과한 경우 보세구역반입명령을 할 수 없다.

18 납세의무자에 대한 설명으로 틀린 것은?

가. 수입을 위탁받아 수입업체가 대행수입한 물품인 경우 : 물품의 수입을 위탁한 자

나. 수입물품을 수입신고 전에 양도한 경우 : 양수인

다. 보세구역의 장치물품이 도난된 경우 : 운영인 또는 화물관리인

라. 보세운송물품이 운송 중 분실된 경우 : 화주

마. 보세구역의 장치물품이 멸실된 경우 : 운영인 또는 보관인

해설 보세운송물품이 운송 중 분실된 경우 : 보세운송을 신고하거나 승인을 받은 자

19 수입물품의 과세가격은 실제지급금액에 가산요소를 더하고 공제요소를 빼 조정한 거래가격을 말하는데, 이에 대한 설명으로 틀린 것은?

가. 구매자가 부담하는 수수료와 중개료는 가산요소이나 구매수수료는 제외된다.

나. 구매자가 수입물품에 결합되는 재료, 구성요소, 부분품 등을 무료로 수출자 등에게 공급한 경우에는 생산지원비용으로 가산요소이나, 우리나라에서 개발된 기술, 설계, 디자인 등은 제외된다.

다. 수입물품을 수입한 후 전매, 처분 또는 사용하여 생긴 수입금액 중 판매자에게 직접 또는 간접으로 귀속되는 금액은 가산요소이다.

라. 수입항까지의 운임, 보험료는 가산요소이나 수입항 도착 이후의 운임, 보험료는 공제요소이다.

마. 연불조건의 수입인 경우에는 해당 수입물품에 대한 연불이자는 가산요소이다.

해설 가산요소와 공제요소를 명확히 구분하여야 한다. 연불이자는 공제요소이다.

정답	17 마 18 라 19 마

20 관세법령상 합리적 기준에 의해 과세가격을 결정함에 있어서 그 기준으로 사용할 수 있는 가격은?

가. 선택가능한 가격 중 반드시 높은 가격을 과세가격으로 하여야 한다는 기준에 따라 결정하는 가격

나. 우리나라에 수입되어 과세가격으로 인정된 바 있는 동종 · 동질물품의 과세가격

다. 우리나라에서 생산된 물품의 국내판매가격

라. 수출국의 국내판매가격

마. 우리나라 외의 국가에 수출하는 물품의 가격

해설 6방법으로 과세가격결정 시 사용 불가 가격

① 우리나라에서 생산된 물품의 국내판매가격
② 선택가능한 가격 중 반드시 높은 가격을 과세가격으로 하여야 한다는 기준에 따라 결정하는 가격
③ 수출국의 국내판매가격
④ 동종 · 동질물품 또는 유사물품에 대하여 5방법외의 방법으로 생산비용을 기초로 하여 결정된 가격
⑤ 우리나라 외의 국가에 수출하는 물품의 가격
⑥ 특정수입물품에 대하여 미리 설정하여 둔 최저과세기준가격
⑦ 자의적 또는 가공적인 가격

21 관세부과 제척기간의 기산일로 틀린 것은?

가. 일반수입신고 : 수입신고수리한 날의 다음 날

나. 의무불이행 등의 사유로 감면된 관세징수 : 사유가 발생한 날의 다음 날

다. 보세건설장에 반입된 외국물품의 경우 : 건설공사완료보고일과 특허기간이 만료일 중 먼저 도래한 날의 다음 날

라. 과다환급 또는 부정환급 등의 사유로 관세징수 : 환급한 날의 다음 날

마. 도난 또는 분실물품의 경우 : 사실이 발생한 날의 다음 날

해설 일반수입신고

수입신고한 날의 다음 날을 관세를 부과할 수 있는 날로 한다.

정답 | 20 나 21 가

22 관세감면신청서 제출기한에 대한 내용이다. ( ) 안에 들어갈 내용이 순서대로 맞는 것은?

① 법 기타 관세에 관한 법률 또는 조약에 따라 관세를 감면받으려는 자는 해당 물품의 수입신고수리 전에 감면신청서를 세관장에게 제출하여야 한다.
② 법 제39조제2항에 따라 관세를 징수하는 경우 해당 납부고지를 받은 날부터 ( )에 감면신청서를 제출할 수 있다.
③ 수입신고수리 전까지 감면신청서를 제출하지 못한 경우 : 해당 수입신고수리일부터 ( )(해당 물품이 보세구역에서 반출되지 아니한 경우로 한정한다)

가. 3일 이내, 10일 이내
나. 3일 이내, 15일 이내
다. 5일 이내, 10일 이내
라. 5일 이내, 15일 이내
마. 7일 이내, 15일 이내

해설 ① 원칙적 감면신청시기 : 법 기타 관세에 관한 법률 또는 조약에 따라 관세를 감면받으려는 자는 해당 물품의 수입신고수리 전에 감면신청서를 세관장에게 제출하여야 한다. 다만, 관세청장이 정하는 경우에는 감면신청을 간이한 방법으로 하게 할 수 있다.
② 예외적 감면신청시기 : 다음 각 호의 사유가 있는 경우에는 다음 각 호의 구분에 따른 기한까지 감면신청서를 제출할 수 있다.
1. 부과고지 대상인 경우 : 해당 납부고지를 받은 날부터 5일 이내
2. 수입신고수리전까지 감면신청서를 제출하지 못한 경우 : 해당 수입신고수리일부터 15일 이내(해당 물품이 보세구역에서 반출되지 아니한 경우로 한정한다)

23 관세법상 납부세액의 확정과 관련된 설명 중 틀린 것은?

가. 납세의무자는 납세신고한 세액을 납부하기 전에 그 세액이 과부족하다는 것을 알게 되었을 때에는 납세신고한 세액을 정정할 수 있다. 이 경우 납부기한은 정정일이다.
나. 납세의무자는 신고납부한 세액이 부족하다는 것을 안 때에는 신고납부한 날부터 6개월 이내에 해당 세액을 보정하여 줄 것을 세관장에게 신청할 수 있다.
다. 납세자의 성실성 등을 참작하여 관세청장이 정하는 기준에 해당하는 불성실신고인이 신고하는 물품은 수입신고수리 전에 세액심사를 한다.
라. 세액의 정정을 하는 경우 이자성격의 가산금 문제는 발생하지 않는다.
마. 납세의무자는 신고 납부한 세액이 과다한 것을 안 때에는 신고한 세액의 경정을 세관장에게 청구할 수 있다.

해설 납세의무자는 납세신고한 세액을 납부하기 전에 그 세액이 과부족하다는 것을 알게 되었을 때에는 납세신고한 세액을 정정할 수 있다. 이 경우 납부기한은 당초 납부기한으로 한다.

정답 | 22 라 23 가

24 다음 ( )에 들어갈 내용이 순서대로 맞는 것은?

> 세관장은 납세의무자가 납부하여야 하는 세액이 ( )인 때에는 이를 징수하지 아니한다. 이 경우 ( )을 그 납부일로 본다.

가. 3천원 이하, 수입신고일

나. 8천원 미만, 수입신고일

다. 1만원 이하, 수입신고수리일

라. 1만원 미만, 수입신고일

마. 1만원 미만, 수입신고수리일

해설 세관장은 납세의무자가 납부하여야 하는 세액이 대통령령으로 정하는 금액(1만원) 미만인 경우에는 이를 징수하지 아니한다. 관세를 징수하지 아니하게 된 경우에는 당해 물품의 수입신고수리일을 그 납부일로 본다.

25 통관지세관이 제한되는 특정 수입물품이 아닌 것은?

가. 고철

나. 활어(HS 0301호, 관상용 및 양식용은 제외)

다. 고급모피

라. 귀석과 반귀석(HS 7103호 내지 7104호의 물품. 다만, 원석은 제외)

마. 쌀(HS 1006.20호, 1006.30호 해당물품)

해설 관세청장이나 세관장은 감시에 필요하다고 인정될 때에는 통관역 · 통관장 또는 특정한 세관에서 통관할 수 있는 물품을 제한할 수 있다.

특정물품	특정세관
1. 한약재(원료에 한함)	서울, 부산, 용당, 인천, 김해공항세관과 한약재 보관에 적합한 보세구역으로 지정받은 저온 · 냉장창고가 있는 세관
2. 귀석과 반귀석(HS 7103호 내지 7104호의 물품. 다만, 원석은 제외)	서울, 인천, 김해공항, 전주세관 익산세관비즈니스센터, 인천공항우편, 용당세관 부산국제우편세관비즈니스센터
3. 고철	수입물품의 입항지 세관, 관할지 세관장이 인정하는 고철창고가 있는 내륙지 세관. 다만, 제75조에 따라 고철화작업의 특례를 적용받는 실수요자 관할세관에서도 통관가능
4. 해체용 선박	관할지 세관장이 인정하는 선박해체작업 시설을 갖춘 입항지 세관
5. 수산물(HS 0302, 0303, 0305 단, 0305는 염수장한 것에 한함)	수입물품의 입항지 세관, 보세구역으로 지정받은 냉장 · 냉동창고가 있는 내륙지세관. 다만, 수출용원자재는 관할지 세관장이 인정하는 냉장 · 냉동시설이 있는 수산물제조 · 가공업체 관할세관에서도 통관가능
6. 수입쇠고기 및 관련제품(별표18 해당물품에 한함)	관할구역내 축산물검역시행장 및 보세구역으로 지정받은 냉장 · 냉동창고가 있는 세관
7. 활어(HS 0301호, 관상용 및 양식용은 제외)	관할구역 내 활어장치장이 있는 세관
8. 쌀(HS 1006.20호, 1006.30호 해당물품)	부산, 인천, 평택직할, 군산, 목포, 동해, 울산, 광양, 마산세관
9. 중고승용차	서울, 인천, 용당, 마산, 부산, 평택

정답 | 24 마 25 다

01 보세구역에 대한 설명으로 틀린 것은?

가. 지정장치장은 통관을 하려는 물품을 일시 장치하기 위한 장소로서 관세청장이 지정하는 구역으로 한다.
나. 보세창고에는 외국물품이나 통관을 하려는 물품을 장치한다.
다. 보세공장에서는 외국물품을 원료 또는 재료로 하거나 외국물품과 내국물품을 원료 또는 재료로 하여 제조 · 가공하는 작업을 할 수 있다.
라. 보세전시장에서는 박람회, 전람회, 견본품 전시회 등의 운영을 위하여 외국물품을 장치 · 전시하거나 사용할 수 있다.
마. 보세건설장에서는 산업시설의 건설에 사용되는 외국물품인 기계류 설비품이나 공사용 장비를 장치 · 사용하여 해당 건설공사를 할 수 있다.

해설 지정장치장은 통관을 하려는 물품을 일시 장치하기 위한 장소로서 세관장이 지정하는 구역으로 한다.

02 보세창고 운영인이 세관장에게 지체 없이 보고해야 할 사항으로 틀린 것은?

가. 도난, 화재, 침수, 기타사고가 발생한 때
나. 보세창고의 화재보험요율을 변경한 때
다. 보세구역에 장치한 물품이 보세운송신고필증에 표기된 물품과 상이한 때
라. 보세구역에 종사하는 직원을 면직한 때
마. 보세구역의 시설등에 관하여 소방서로부터 시정명령을 받은 때

해설 보세창고 운영인이 세관장에게 지체 없이 보고해야 할 사항
운영인은 다음 각 호의 사유가 발생한 때에는 지체 없이 세관장에게 보고하여야 한다.
1. 운영인 결격사유 및 특허효력상실의 사유가 발생한 때
2. 도난, 화재, 침수, 기타사고가 발생한 때
3. 보세구역에 장치한 물품이 선적서류, 보세운송신고필증 또는 포장등에 표기된 물품과 상이한 사실을 발견한 때
4. 보세구역에 종사하는 직원을 채용하거나 면직한 때
5. 보세구역의 건물, 시설등에 관하여 소방서등 행정관청으로부터 시정명령을 받은 때

정답 | 01 가 02 나

03 특허보세구역의 운영인이 다른 사람에게 자신의 성명, 상호를 사용하여 특허보세구역을 운영하게 한 경우 이에 대한 세관장의 행정제재는?

가. 특허취소
나. 반입정지
다. 과징금 부과
라. 과태료 부과
마. 경고처분

해설 특허보세구역의 운영인이 다른 사람에게 자신의 성명, 상호를 사용하여 특허보세구역을 운영하게 한 경우는 특허취소 사유에 해당된다.

04 수입활어의 검량방법 및 절차에 관한 설명으로 틀린 것은?

가. 세관장은 검량과정에서 필요하다고 판단되는 경우에는 운영인 등에게 이동식 CCTV의 배치를 요구할 수 있다.
나. 세관장은 검량 과정에서 CCTV 영상 전송이 단절된 경우 운영인에게 재검량을 요구할 수 있다.
다. 활어의 수량과 중량에서 과부족이 현저하다고 의심되는 경우 세관장은 화주에게 재검량을 요구할 수 있다.
라. 검역 불합격물품을 반송하는 때에는 검량을 생략할 수 있다.
마. 세관장은 수입활어의 검량방법 및 절차에 관한 표준을 제정할 수 있다.

해설 불합격품을 폐기 또는 반송하는 때에는 반드시 검량을 실시하여야 한다.

05 보세공장 운영에 관한 설명 중 틀린 것은?

가. 운영인은 보세공장에 반입된 물품에 대하여 그 사용 전에 세관장에게 사용신고를 하여야 한다.
나. 보세공장 외 작업허가를 받은 장소에 반입된 외국물품은 지정된 기간이 만료될 때까지는 보세공장에 있는 것으로 본다.
다. 보세공장 외 작업허가기간이 지난 경우 해당 공장외작업장에 허가된 외국물품이 있을 때에는 운영인으로부터 그 관세를 즉시 징수한다.
라. 외국물품이나 외국물품과 내국물품을 원료로 하거나 재료로 하여 작업을 하는 경우 그로써 생긴 물품은 외국으로부터 우리나라에 도착한 물품으로 본다.
마. 보세공장에서 내국물품만을 원재료로 하여 제조 · 가공하고자 하는 자는 세관장에게 신고하여야 한다.

해설 보세공장에서는 세관장의 내국작업 허가를 받지 아니하고는 내국물품만을 원료로 하거나 재료로 하여 제조 · 가공하거나 그 밖에 이와 비슷한 작업을 할 수 없다.

정답 | 03 가 04 라 05 마

06 보세공장 잉여물품의 처리에 대한 설명 중 틀린 것은?

가. 잉여물품이란 보세작업으로 인하여 발생하는 부산물과 불량품, 제품 생산 중단 등의 사유로 사용하지 않은 원재료와 제품 등을 말한다.

나. 보세공장에서 제조, 가공한 물품에 전용되는 포장, 운반용품의 경우 잉여물품에 포함되지 아니한다.

다. 세관장은 성실하다고 인정하는 업체중 폐기 후의 잔존물이 실질적 가치가 없는 물품에 대하여는 업체의 신청을 받아 사전에 자체폐기대상물품으로 지정할 수 있다.

라. 운영인은 잉여물품이 발생한 때에는 잉여물품관리대장에 잉여물품의 형태, 품명 · 규격, 수량 또는 중량 및 발생사유를 기록하여야 한다.

마. 잉여물품을 폐기하고자 하는 운영인은 세관장의 승인을 받아야 한다.

해설 잉여물품의 정의
"잉여물품"이란 보세작업으로 인하여 발생하는 부산물과 불량품, 제품 생산 중단 등의 사유로 사용하지 않은 원재료와 제품 등을 말하며, 보세공장 반입물품 또는 보세공장에서 제조, 가공한 물품에 전용되는 포장, 운반물품을 포함한다.

07 보세판매장 특허상실에 따른 재고물품의 처리에 대한 설명 중 틀린 것은?

가. 보세판매장의 설치 · 운영특허가 상실되었을 때에는 세관장은 즉시 재고조사를 실시하고 현품을 확정하여야 한다.

나. 운영인은 특허가 상실된 때에는 6개월 이내의 범위 내에서 세관장이 정한 기간 내에 재고물품을 판매, 다른 보세판매장에 양도 등을 해야 한다.

다. '나'의 세관장이 정한 기간이 경과한 때에는 지정장치장 또는 운영인이 지정한 보세구역으로 이고하여야 한다.

라. 보세판매장 특허상실에 따라 이고한 물품을 운영인이 이고한 날부터 6개월 이내에 타 보세판매장에 양도하거나 외국으로 반출하여야 한다.

마. 보세판매장 특허상실에 따라 이고한 물품을 이고한 날부터 6개월 이내에 반출하지 아니한 때에는 장치기간경과물품 처리 절차에 의거 처리한다.

해설 '나'의 세관장이 정한 기간이 경과한 때에는 지정장치장 또는 세관장이 지정한 보세구역으로 이고하여야 한다.

정답	06 나 07 다

08 보세판매장에 대한 설명 중 틀린 것은?

가. 출국장면세점이란 출국장에서 출국인 및 통과여객기(선)에 의한 임시체류인에게 판매하는 보세판매장을 말한다.
나. 운영인이란 세관장으로부터 보세판매장 설치 · 운영 특허를 받은 자를 말한다.
다. 출국장이란 공항 · 항만 보세구역 내에서 출국인 또는 통과여객기(선)에 의한 임시체류인이 항공기 또는 선박을 탑승하기 위하여 대기하는 장소를 말한다.
라. 외교관면세점이란 외교관 면세규정에 따라 관세의 면제를 받을 수 있는 자에게 판매하는 보세판매장을 말한다.
마. 판매장이란 판매물품을 실제로 판매하는 장소인 매장을 말하는 것으로, 물품판매와 직접 관련이 없는 계단, 화장실, 사무실 등 공용시설은 제외한다.

해설 판매장이란 판매물품을 실제로 판매하는 장소인 매장과 계단 · 에스컬레이터 · 화장실 · 사무실 등 물품판매와 직접 관련이 없는 공용시설을 말한다.

09 보수작업에 대한 설명 중 틀린 것은?

가. 보수작업을 하려는 자는 세관장의 승인을 받아야 한다.
나. 외국물품은 수입될 물품의 보수작업의 재료로 사용할 수 있다.
다. 보수작업으로 외국물품에 부가된 내국물품은 외국물품으로 본다.
라. 세관장은 보수작업 신청을 받은 날로부터 10일 이내에 승인 여부를 신청인에게 통지하여야 한다.
마. 보세구역에서의 보수작업이 곤란하다고 세관장이 인정할 때에는 기간과 장소를 지정받아 보세구역 밖에서 보수작업을 할 수 있다.

해설 외국물품은 수입될 물품의 보수작업의 재료로 사용할 수 없다.

10 특허보세구역의 설치운영에 관한 설명으로 틀린 것은?

가. 특허보세구역을 설치운영하려는 자는 체납된 관세 및 내국세가 없어야 한다.
나. 보세구역 특허를 받으려는 자는 관할 세관장에게 특허신청 수수료를 납부하여야 한다.
다. 관세청장은 보세구역의 종류별로 특허요건을 정하여 운영할 수 있다.
라. 특허를 갱신하려는 자는 특허신청서에 운영인의 자격을 증명하는 서류와 보세구역 운영에 필요한 시설 및 장비의 구비서류를 구비하여 세관장에게 제출하여야 한다.
마. 운영인이 그 장치물품의 종류를 변경하고자 하는 때에는 세관장에게 신고하여야 한다.

해설 특허보세구역의 운영인이 그 장치물품의 종류를 변경하거나 그 특허작업의 종류 또는 작업의 원재료를 변경하고자 하는 때에는 그 사유를 기재한 신청서를 세관장에게 제출하여 그 승인을 얻어야 한다.

정답 | 08 마 09 나 10 마

11 종합보세구역 지정 및 운영에 관한 설명으로 틀린 것은?

가. 관세청장은 직권으로 또는 관계 중앙행정기관의 장 등의 요청에 따라 무역진흥에의 기여 정도, 외국물품의 반입 · 반출 물량 등을 고려하여 일정한 지역을 종합보세구역으로 지정할 수 있다.

나. 종합보세구역에서는 보세창고 · 보세공장 · 보세전시장 · 보세건설장 또는 보세판매장의 기능 중 둘 이상의 기능을 수행할 수 있다.

다. 종합보세구역에서 종합보세기능을 수행하려는 자는 그 기능을 정하여 세관장에게 종합보세사업장의 설치 · 운영에 관한 신고를 하여야 한다.

라. 종합보세사업장의 운영인은 그가 수행하는 종합보세기능을 변경하려면 관세청장에게 이를 신고하여야 한다.

마. 종합보세구역에 물품을 반출입하려는 자는 대통령령으로 정하는 바에 따라 세관장에게 신고하여야 한다.

해설 종합보세사업장의 운영인은 그가 수행하는 종합보세기능을 변경하려면 세관장에게 이를 신고하여야 한다.

12 보세구역 외 장치허가수수료에 대한 설명으로 틀린 것은?

가. 보세구역 외 장치허가수수료는 1만 8천원으로 한다.

나. 서로 다른 선박으로 수입된 동일한 화주의 화물을 동일한 장소에 반입하는 때에는 1건의 보세구역 외 장치허가수수료를 징수한다.

다. 국가 또는 지방자치단체가 수입하거나 협정에 의하여 관세가 면제되는 물품을 수입하는 때에는 장치허가수수료를 면제한다.

라. 보세구역 외 장치허가수수료를 납부하여야 하는 자가 관세청장이 정하는 바에 의하여 이를 따로 납부한 때에는 그 사실을 증명하는 증표를 허가신청서에 첨부하여야 한다.

마. 세관장은 전산처리설비를 이용하여 보세구역 외 장치허가를 신청하는 때에는 허가수수료를 일괄고지하여 납부하게 할 수 있다.

해설 동일한 선박으로 수입된 동일한 화주의 화물을 동일한 장소에 반입하는 때에는 1건의 보세구역 외 장치허가수수료를 징수한다.

정답	11 라　12 나

13 보세구역 장치물품의 폐기에 대한 설명 중 틀린 것은?

가. 부패, 손상 등으로 상품가치를 상실한 경우 보세구역에 장치된 물품을 폐기하려는 자는 세관장의 승인을 받아야 한다.

나. 보세구역에 장치된 외국물품이 멸실되거나 폐기되었을 때에는 그 운영인이나 보관인으로부터 즉시 그 관세를 징수한다.

다. 외국물품 중 폐기 후에 남아 있는 부분에 대하여는 폐기 후의 성질과 수량에 따라 관세를 부과한다.

라. 재해로 멸실된 때에는 그 운영인이나 보관인으로부터 즉시 그 관세를 징수한다.

마. 세관장은 급박하여 화주에게 폐기 통고할 여유가 없는 경우에는 폐기한 후 즉시통고를 하여야 한다.

해설 「관세법」 제160조(장치물품의 폐기)

보세구역에 장치된 외국물품이 멸실되거나 폐기되었을 때에는 그 운영인이나 보관인으로부터 즉시 그 관세를 징수한다. 다만, 재해나 그 밖의 부득이한 사유로 멸실된 때와 미리 세관장의 승인을 받아 폐기한 때에는 예외로 한다.

14 세관장이 공동보세구역으로 특허할 수 있는 경우로서 틀린 것은?

가. 정부 또는 정부투자기관이 관리하는 보관 · 비축시설에 관련 업체의 수입물품을 일괄 보관하는 경우

나. 정부기관, 공기업, 준정부기관, 그 밖의 공공기관 등이 수입하는 물품을 일괄하여 보관하는 경우

다. 2 이상의 수출입업체가 공동으로 타인화물을 보관하려는 경우

라. 물류단지를 운영하는 자가 입주업체의 수입품을 일괄하여 보관하는 경우

마. 수출입업을 영위할 수 있는 중소기업협동조합에서 회원사의 수입원자재를 수입하여 보관하려는 경우

해설 공동보세구역 특허요건

세관장은 다음 각 호의 어느 하나에 해당하는 경우에는 공동보세창고를 특허할 수 있다.

1. 2 이상의 수출입업체가 공동으로 자가화물을 보관하려는 경우
2. 정부기관, 공기업, 준정부기관, 그 밖의 공공기관 등이 수입하는 물품을 일괄하여 보관하는 경우
3. 수출입업을 영위할 수 있는 중소기업협동조합에서 회원사의 수입원자재를 수입하여 보관하려는 경우
4. 물류단지를 운영하는 자가 입주업체의 수입품을 일괄하여 보관하는 경우
5. 관광산업진흥 및 외화획득을 위하여 주식회사 케이티에스씨가 회원사에 공급할 물품을 일괄 수입하여 보관하는 경우 〈법률 개정으로 인한 해설 변경〉
6. 정부 또는 정부투자기관이 관리하는 보관 · 비축시설에 관련 업체의 수입물품을 일괄 보관하는 경우

정답 | 13 라 14 다

15 특허보세구역에 대한 설명으로 틀린 것은?

가. 보세판매장의 특허를 받은 중소기업은 3회에 한정하여 보세판매장의 특허를 갱신할 수 있다.
나. 특허보세구역의 설치 · 운영에 관한 특허를 받으려는 자, 이미 받은 특허를 갱신하려는 자는 기획재정부령으로 정하는 바에 따라 수수료를 납부하여야 한다.
다. 보세창고의 특허기간은 10년의 범위 내에서 신청인이 신청한 기간으로 한다.
라. 〈23년 개정으로 선지 삭제〉
마. 특허보세구역을 설치 · 운영하려는 자는 세관장의 특허를 받아야 한다. 기존의 특허를 갱신하려는 경우에도 또한 같다.

PART 02

해설 보세판매장의 특허를 받은 자는 두 차례에 한정하여 대통령령으로 정하는 바에 따라 특허를 갱신할 수 있다. 이 경우 갱신기간은 한 차례당 5년 이내로 한다. 〈23년 개정으로 해설 변경〉

16 시내면세점 및 전자상거래에 의하여 판매된 외국물품을 구매자에게 인도하기 위한 인도장이 아닌 곳은?

가. 출국장 보세구역 내에 설치한 장소
나. 국제무역선 및 외국여객선박의 선내
다. 통관우체국 내 세관통관장소
라. 항공화물탁송 보세구역
마. 시내면세점 매장

해설 인도장

- 출국장 보세구역 내에 설치한 장소
- 국제무역선 및 외국여객선박의 선내
- 통관우체국 내 세관통관장소
- 항공화물탁송 보세구역
- 세관장이 지정한 보세구역(자유무역지역 포함)

17 특수보세구역의 요건에 관한 설명으로 틀린 것은?

가. 위험물전용보세창고의 경우 위험물취급자격자를 채용하여야 한다.
나. 컨테이너전용보세창고의 경우 부지면적은 15,000m^2 이상이어야 한다.
다. 액체화물전용보세창고의 경우 고내면적은 500m^2 이상이어야 한다.
라. 복합물류 보세창고는 수량 단위 화물관리가 가능한 재고관리 시스템을 구비하여야 한다.
마. 야적전용보세창고(창고건물에 부속된 야적장 제외)는 4,500m^2 이상의 대지를 구비하여야 한다.

해설 액체화물전용보세창고의 경우 영업용 보세창고의 고내면적(m^2) 기준을 적용하지 아니하며, 세관장이 관할구역 내 액체화물 물동량과 액체화물 전용장치장의 수용능력을 고려하여 보세구역특허가 필요하고 관할구역 내 다른 액체화물전용보세창고와 비교하여 보세구역으로 특허하기에 충분하다고 인정되는 저장용적(m^3)을 적용한다.

정답	15 가	16 마	17 다

18 세관장이 보세작업의 종류 및 특수성을 고려하여 보세공장의 설치 · 운영 특허를 제한할 수 있는 사유로서 틀린 것은?

가. HS상 품목분류의 변화를 가져오는 조립작업을 하려는 경우
나. 폐기물을 원재료로 하여 제조 · 가공하려는 경우
다. 손모율이 불안정한 농 · 수 · 축산물을 원재료로 하여 제조 · 가공하려는 경우
라. 보세작업의 전부를 장외작업에 의존할 경우
마. 포장개선, 라벨표시 등 물품의 상품성 향상을 위한 개수작업만을 목적으로 하는 경우

해설 특허제한

다음 각 호의 어느 하나에 해당하는 경우에는 보세작업의 종류 및 특수성을 고려하여 설치 · 운영특허를 제한할 수 있다.

1. 보수작업만을 목적으로 하는 경우(단순 조립작업, 개수작업 등)
2. 폐기물을 원재료로 하여 제조 · 가공하려는 경우
3. 손모율이 불안정한 농 · 수 · 축산물을 원재료로 하여 제조 · 가공하려는 경우
4. 보세작업의 전부를 장외작업에 의존할 경우

19 특허보세구역 장치기간에 대한 설명으로 틀린 것은?

가. 보세창고에 장치된 외국물품(정부비축용물품 등 제외) : 1년의 범위에서 관세청장이 정하는 기간. 다만, 세관장이 필요하다고 인정하는 경우에는 1년의 범위에서 그 기간을 연장할 수 있다.
나. 보세창고에 장치된 내국물품(정부비축용물품 등 제외) : 1년의 범위에서 관세청장이 정하는 기간
다. 보세창고에 장치된 정부비축용물품, 정부와의 계약이행을 위하여 비축하는 방위산업용물품 : 비축에 필요한 기간
라. 보세창고 외 그 밖의 특허보세구역 : 해당 특허보세구역의 특허기간
마. 세관장은 물품관리에 필요하다고 인정될 때에는 장치기간 내에도 화주에게 그 물품의 반출을 명할 수 있다.

해설 세관장은 물품관리에 필요하다고 인정될 때에는 장치기간 내에도 운영인에게 그 물품의 반출을 명할 수 있다.

정답 | 18 가 19 마

20 세관장이 운영인에게 특허보세구역에 물품반입을 정지시킬 수 있는 사유에 해당하는 것은?

① 거짓이나 그 밖의 부정한 방법으로 특허를 받은 경우
② 장치물품에 대한 관세를 납부할 능력이 없다고 인정되는 경우
③ 특허보세구역에 반입된 물품이 해당 보세구역의 설치목적에 합당하지 않은 경우
④ 해당 시설의 미비 등으로 보세공장 설치 · 운영의 목적을 달성하기 곤란하다고 인정되는 경우

가. ①, ②
나. ①, ④
다. ②, ④
라. ③, ④
마. ①, ③

PART 02

해설 반입정지

세관장은 다음 각 호의 어느 하나에 해당하는 사유가 발생할 때에는 기간을 정하여 보세공장에 물품반입을 정지시킬 수 있다.

1. 반입물품에 대한 관세를 납부할 능력이 없다고 인정되는 경우
2. 해당 시설의 미비 등으로 보세공장 설치 · 운영의 목적을 달성하기 곤란하다고 인정되는 경우
3. 재고조사결과 자율 소요량 관리가 부적정하다고 인정되는 경우
4. 1년 이상 장기간 계속하여 물품 반출입 실적이 없거나, 6개월 이상 보세작업을 아니 하거나, 업체가 부도 또는 극심한 경영난으로 인하여 정상적인 영업활동이 불가능하여 보세공장 설치 · 운영 목적을 달성하기 곤란하다고 인정되는 경우
5. 운영인이 최근 1년 내에 3회 이상 경고처분을 받은 경우
6. 본인 또는 그 사용인이 법 또는 법에 따른 명령을 위반한 경우. 다만, 주의 또는 경고처분을 받은 경우는 제외한다.

21 보세공장에 반입된 물품으로서 반입신고 시의 원재료 원상태로 국외반출을 허용할 수 있는 물품에 대한 설명으로 틀린 것은?

가. 국외에서 제조 · 가공공정의 전부를 이행하기 위하여 필요한 원재료
나. 계약내용과 다른 원재료(다만, 사용신고가 수리된 경우에는 사용신고 당시의 성질이나 형태가 변경되지 아니한 경우에 한한다)
다. 보세공장의 해외 현지공장에서 제조 · 가공 · 수리 그 밖에 유사한 작업에 사용할 원재료
라. 생산계획 변경, 제조품목의 사양변경 또는 보세작업과정에서 발생하는 잉여 원재료
마. 보세공장에서 수출한 물품의 하자보수 등 추가적인 제조 · 가공 · 수리에 필요한 원재료

해설 원재료 원상태 국외반출

다음 각 호의 어느 하나에 해당하는 물품은 반입신고 시의 원재료 원상태로 국외반출을 허용할 수 있다.

1. 국외에서 제조 · 가공공정의 일부를 이행하기 위하여 필요한 원재료
2. 보세공장에서 수출한 물품의 하자보수 등 추가적인 제조 · 가공 · 수리에 필요한 원재료
3. 보세공장의 해외 현지공장에서 제조 · 가공 · 수리 그 밖에 유사한 작업에 사용할 원재료
4. 생산계획 변경, 제조품목의 사양변경 또는 보세작업과정에서 발생하는 잉여 원재료
5. 계약내용과 다른 원재료(다만, 사용신고가 수리된 경우에는 사용신고 당시의 성질이나 형태가 변경되지 아니한 경우에 한한다)

정답 20 다 21 가

22 보세건설장에 관한 설명으로 틀린 것은?

가. 세관장은 외국인투자지역에 입주하는 외국인투자기업체에 대하여 보세건설장을 특허할 수 있다.

나. 산업시설 건설에 사용되는 외국물품인 기계류 설비품은 수입신고 후 사용하여야 한다.

다. 산업시설에 병설되는 사무소, 식당 등 부대시설을 건설하기 위한 외국물품은 수입신고가 수리된 후 사용하여야 한다.

라. 세관장의 승인을 받은 경우 보세건설장에서 건설된 시설을 시험목적으로 일시 가동할 수 있다.

마. 산업시설 건설에 사용되는 외국물품인 공사용 장비는 수입신고 후 사용하여야 한다.

해설 보세건설장 반입물품의 범위

보세건설장에 반입할 수 있는 물품은 외국물품 및 이와 유사한 물품으로서 당해 산업시설의 건설에 필요하다고 세관장이 인정하는 물품에 한한다.

① 산업시설 건설에 사용되는 외국물품인 기계류 설비품(수입신고 후 사용)
② 산업시설 건설에 사용되는 외국물품인 공사용 장비(수입신고수리 후 사용)
③ 산업시설에 병설되는 사무소, 의료시설, 식당, 공원, 숙사 등 부대시설을 건설하기 위한 물품(수입신고수리 후 사용)
④ 그 밖에 해당 산업시설 건설의 형편상 필요하다고 인정되는 물품(수입신고수리 후 사용)

23 보세전시장에 관한 설명으로 맞는 것은?

가. 보세전시장에서는 반입된 외국물품의 성질 또는 수량 및 형상에 변경을 가하는 행위를 할 수 없다.

나. 박람회의 관람자는 당해 보세전시장 안에서 외국물품을 소비하는 행위를 할 수 없다.

다. 보세전시장에 장치된 판매용 외국물품은 수입신고가 수리되기 전이라도 이를 사용할 수 있다.

라. 보세전시장에 장치된 전시용 외국물품을 현장에서 직매하는 경우 수입신고가 수리되기 전에는 인도할 수 없다.

마. 보세전시장에서 관람자에게 무상제공할 목적으로 수입하고, 관람자 1명당 증여품의 가액이 미화 10달러 상당액 이하인 소액물품은 관세를 면제한다.

해설 가. 나. 보세전시장에서 외국물품의 사용은 그 물품의 성질 또는 수량에 변경을 가하거나 전시장에서 소비하는 행위를 포함한다.

다. 불특정 다수의 관람자에게 판매할 것을 목적으로 반입된 판매용 외국물품은 수입신고가 수리되기 전에는 이를 사용하지 못한다.

마. 증여용품 중 관세가 면제되는 물품은 주최자 또는 출품자가 전시장에서 관람자에게 무상으로 제공할 목적으로 수입하고 관람자 1명당 증여품의 가액이 미화 5달러 상당액 이하인 소액물품으로서 세관장이 타당하다고 인정하는 물품에 한정한다.

정답 | 22 마 23 라

24 보세공장제도의 원활한 운영을 위하여 보세공장에 반입할 수 있는 물품이 아닌 것은?

가. 보세공장에서 제조되어 반출된 제품의 하자보수용 물품

나. 보세공장에서 제조 · 가공하여 반출한 후 하자발생, 불량, 구매자의 인수거절 등으로 인하여 반송된 물품과 하자보수, 성능개선 등 목적으로 보세공장에 재반입되는 물품

다. 보세공장에서 건조 · 수리되는 선박(항공기)에 적재하고자 하는 환급대상 선박(항공기)용품

라. 보세공장 반입물품 또는 보세공장에서 제조 · 가공한 물품에 전용되는 포장 · 운반용품

마. 보세공장의 특허 받은 품목의 제조 · 가공에 소요되는 물품과 동일한 물품으로 위탁가공계약에 의해 보세작업을 위하여 반입되는 타인소유 물품

해설 반입특례물품

다음 각 호의 어느 하나에 해당하는 물품은 보세공장제도의 원활한 운영을 위하여 보세공장에 반입할 수 있다.

1. 보세공장에서 제조되어 반출된 제품의 하자보수용 물품
2. 보세공장에서 제조 · 가공하여 반출한 후 하자발생, 불량, 구매자의 인수거절 등으로 인하여 반송된 물품
3. 해당 보세공장의 생산품목과 동일품목을 보세작업 또는 보수작업을 거쳐 재수출하거나 다른 보세공장에 원재료로 공급할 물품
4. 해당 보세공장에서 건조 · 수리되는 선박(항공기)에 적재하고자 하는 선박(항공기)용품(환급대상물품은 제외)
5. 해당 보세공장에서 외국으로 원재료 등을 반출하여 제조 · 가공한 후 국내 보세공장에서 마무리작업, 성능검사, 조립, 재포장, 상표(LABEL)부착의 작업을 하거나 해당 보세공장에 반입 후 양수도 또는 통관절차를 수행하고자 하는 완성품
6. 해당 보세공장에서 생산하는 제품의 연구개발을 위하여 해당 보세공장의 시설을 이용하여 연구 · 시험용 제품의 제조 · 가공에 사용하는 원재료
7. 보세공장 반입물품 또는 보세공장에서 제조 · 가공한 물품과 세트를 구성하거나 함께 거래되는 물품
8. 보세공장 반입물품 또는 보세공장에서 제조 · 가공한 물품에 전용되는 포장 · 운반용품
9. 해당 보세공장의 특허 받은 품목의 제조 · 가공에 소요되는 물품과 동일한 물품으로 위탁가공계약에 의해 보세작업을 위하여 반입되는 타인소유 물품

(중략)

25 보세판매장 협의 단체장이 회원사의 원활한 보세화물관리와 물류지원을 위하여 보세판매장의 보관창고와 동일한 기능을 수행하기 위해 설치한 곳은?

가. 단일보세창고
나. 복합물류창고
다. 통합물류창고
라. 자가용보세창고
마. 면세물류창고

해설 통합물류창고란 보세판매장 협의 단체장이 회원사의 원활한 보세화물관리와 물류지원을 위하여 보세판매장의 보관창고와 동일한 기능을 수행하기 위해 설치한 곳을 말한다.

정답	24 다 25 다

3과목 보세화물관리

01 보세구역에 장치된 물품을 견본품으로 반출하는 경우에 대한 설명으로 틀린 것은?

가. 보세구역에 장치된 외국물품의 전부 또는 일부를 견본품으로 반출하려는 자는 세관장의 허가를 받아야 한다.

나. 세관장은 견본품반출허가를 하는 경우에는 필요한 최소한의 수량으로 제한하여야 한다.

다. 세관장은 견본품채취로 인하여 장치물품의 변질, 손상, 가치감소 등으로 관세채권의 확보가 어려운 경우라 하더라도 견본품반출 허가를 하여야 한다.

라. 견본품반출허가를 받은 자는 반출기간이 종료되기 전에 해당 물품이 장치되었던 보세구역에 반입하고 견본품재반입보고서를 세관장에게 제출하여야 한다.

마. 보세구역 운영인 또는 관리인은 견본품반출 허가를 받은 물품이 해당 보세구역에서 반출입될 때에는 견본품반출 허가사항을 확인하고, 견본품반출입 사항을 견본품반출입 대장에 기록관리하여야 한다.

해설 견본품채취로 인하여 장치물품의 변질, 손상, 가치감소 등으로 관세채권의 확보가 어려운 경우에는 견본품반출 허가를 하지 아니할 수 있다.

02 보세구역별 장치기간에 대한 설명으로 틀린 것은?

가. 지정장치장 반입물품의 장치기간은 6개월로 한다.

나. 부산항 · 인천항 · 인천공항 · 김해공항 항역 내의 지정장치장으로 반입된 물품의 장치기간은 2개월로 하며, 세관장이 필요하다고 인정할 때에는 2개월의 범위에서 그 기간을 연장할 수 있다.

다. 여행자 또는 승무원 휴대품으로서 유치물품 및 습득물의 장치기간은 1개월로 한다.

라. 보세창고 반입물품의 장치기간은 6개월로 하되 세관장이 필요하다고 인정할 때에는 6개월의 범위에서 그 기간을 연장할 수 있다.

마. 보세창고에 반입된 정부비축물품의 장치기간은 6개월로 하되 세관장이 필요하다고 인정할 때에는 6개월의 범위에서 그 기간을 연장할 수 있다.

해설 보세창고 물품

장치기간은 6개월로 하되 세관장이 필요하다고 인정할 때에는 6개월의 범위에서 그 기간을 연장할 수 있다. 다만, 다음 각 호에 해당하는 물품의 장치기간은 비축에 필요한 기간으로 한다.

1. 정부비축물품
2. 정부와의 계약이행을 위하여 비축하는 방위산업용품
3. 장기간 비축이 필요한 수출용원재료 및 수출품 보수용 물품
4. 국제물류촉진을 위하여 장기간 장치가 필요한 물품(LME, BWT)으로서 세관장이 인정하는 물품

정답 | 01 다 02 마

03 세관장이 보세화물의 매각절차를 중지할 수 있는 경우로 틀린 것은?

가. 매각처분이 공익에 반하는 경우라고 판단되는 경우
나. 검사 · 검역기관에서 검사 · 검역기준 등에 부적합 물품으로 판명된 경우
다. 해당 물품이 이미 통관되었거나 예정가격, 공매조건, 그 밖의 매각절차에 중대한 하자가 발생된 경우
라. 살아있는 동식물이나 부패하거나 부패할 우려가 있는 것
마. 공매공고에 의해 1차 매각절차가 완료된 후, 매각되지 아니한 물품으로서 화주의 요청이 있고, 1개월 내에 수출입 또는 반송할 것이 확실하다고 인정되는 경우

해설 매각절차의 중지

세관장은 다음 각 호의 어느 하나에 해당하는 사유가 발생된 때에는 매각절차를 중지할 수 있다.

1. 매각처분이 공익에 반하는 경우라고 판단되는 경우
2. 이의신청, 심판청구, 소송 등 쟁송이 제기된 경우
3. 해당 물품이 이미 통관되었거나 예정가격, 공매조건, 그 밖의 매각절차에 중대한 하자가 발생된 경우
4. 공매공고에 의해 1차 매각절차가 완료된 후, 매각되지 아니한 물품으로서 화주의 요청이 있고, 1개월 내에 수출입 또는 반송할 것이 확실하다고 인정되는 경우
5. 검사 · 검역기관에서 검사 · 검역기준 등에 부적합 물품으로 판명된 경우
6. 그 밖에 세관장이 필요하다고 인정하는 경우

04 세관장이 국고귀속 조치를 보류할 수 있는 물품으로 틀린 것은?

가. 관세법 위반으로 조사 중인 물품
나. 중소기업, 공기업, 준정부기관에서 수입하는 물품으로서 국고귀속 보류요청이 있는 물품
다. 부패, 손상, 실용시효가 경과하는 등 국고귀속의 실익이 없다고 인정되는 물품
라. 특수용도에만 한정되어 있는 물품으로서 국고귀속 조치 후에도 공매낙찰 가능성이 없는 물품
마. 이의신청, 심판청구, 소송 등 쟁송이 제기된 물품

해설 국고귀속의 보류

세관장은 다음 각 호의 어느 하나에 해당하는 물품에 대하여 국고귀속 조치를 보류할 수 있다.

1. 국가기관(지방자치단체 포함)에서 수입하는 물품
2. 공기업, 준정부기관, 그밖의 공공기관에서 수입하는 물품으로서 국고귀속 보류요청이 있는 물품
3. 관세법 위반으로 조사 중인 물품
4. 이의신청, 심판청구, 소송 등 쟁송이 제기된 물품
5. 특수용도에만 한정되어 있는 물품으로서 국고귀속 조치 후에도 공매낙찰 가능성이 없는 물품
6. 국고귀속 조치를 할 경우 인력과 예산부담을 초래하여 국고에 손실이 야기된다고 인정되는 물품
7. 부패, 손상, 실용시효가 경과하는 등 국고귀속의 실익이 없다고 인정되는 물품
8. 그 밖에 세관장이 국고귀속을 하지 아니하는 것이 타당하다고 인정되는 물품

정답 03 라 04 나

05 복합환적화물에 해당하지 않는 것은?

가. 선박으로 반입한 화물을 공항으로 운송하여 반출하는 물품
나. 항공기로 반입한 화물을 항만으로 운송하여 반출하는 물품
다. 선박으로 반입한 화물을 다른 항만으로 운송하여 반출하는 물품
라. 항공기로 반입한 화물을 다른 공항으로 운송하여 반출하는 물품
마. 선박 또는 항공기로 반입한 화물을 차량 또는 철도로 반출하는 물품

해설 선박으로 반입한 화물을 다른 항만으로 운송하여 반출하는 물품은 복합환적화물에 해당되지 아니한다.

06 보세운송업자의 등록 및 취소에 대한 설명으로 틀린 것은?

가. 세관장은 보세운송업자가 관세 등 국세를 체납하고 납부할 가능성이 없는 것으로 세관장이 인정하는 때에 보세운송업자의 등록을 취소할 수 있다.
나. 세관장은 간이보세운송업자가 간이보세운송업자 지정기간 중 업무정지 처분을 2회 이상 받은 때에는 간이보세운송업자 지정을 취소할 수 있다.
다. 세관장은 간이보세운송업자 지정기간 중 영업실적이 극히 적어 간이보세운송업자 지정이 불필요하다고 세관장이 인정하는 때에는 그 지정을 취소할 수 있다.
라. 세관장이 보세운송업자에 대하여 행정제재, 등록취소의 처분을 하려는 때에는 이해관계자의 의견을 청취하여야 한다.
마. 한국관세물류협회장은 보세운송업자 등록에 관한 서류를 3년간 보관하여야 한다.

해설 한국관세물류협회장은 보세운송업자 등록에 관한 서류를 5년간 보관하여야 한다.

07 보세운송관리에 대한 설명 중 틀린 것은?

가. 출발지 보세구역운영인 또는 화물관리인은 보세운송업자가 운송하는 경우 보세운송수단의 등록여부를 확인한 후 물품을 반출하여야 한다.
나. 보세운송인이 보세운송신고 또는 승인신청 후 운송수단을 변경하려는 경우 이를 신청한 세관장에게 전자문서 또는 서류로 제출하여야 한다.
다. 보세운송인이 보세운송목적지 또는 경유지를 변경하려는 경우 발송지세관장 또는 도착지세관장에게 승인을 받아야 한다.
라. 보세구역 경유지에서는 보세운송물품의 개장, 분리, 합병 등의 작업을 할 수 있다.
마. 국내 국제항 간에 항공기로 보세운송의 경우 보세운송물품 도착보고는 도착지세관에 전자문서로 입항적재화물목록을 제출하는 것으로 갈음할 수 있다.

해설 보세구역 경유지에서는 보세운송물품의 개장, 분리, 합병 등의 작업을 할 수 없다.

정답 | 05 다 06 마 07 라

08 보세화물의 장치장소 결정을 위한 화물분류기준에 대한 설명 중 틀린 것은?

가. 위험물, 보온 · 보냉물품, 검역대상물품, 귀금속 등은 해당 물품을 장치하기에 적합한 요건을 갖춘 보세구역에 장치하여야 한다.

나. 화주가 장치장소에 대한 별도의 의사표시가 없는 경우 House B/L화물은 세관장이 장치장소를 결정한다.

다. 화주가 장치장소에 대한 별도의 의사표시가 없는 경우 Master B/L화물은 선사가 선량한 관리자로서 장치장소를 결정한다.

라. 입항 전 또는 하선(기) 전에 수입신고가 되거나 보세운송신고가 된 물품은 보세구역에 반입함이 없이 부두 또는 공항 내에서 보세운송 또는 통관절차와 검사절차를 수행하도록 하여야 한다.

마. 보세창고, 보세공장, 보세전시장, 보세판매장에 반입할 물품은 특허 시 세관장이 지정한 장치물품의 범위에 해당하는 물품만 해당 보세구역에 장치한다.

해설 화주 또는 그 위임을 받은 자가 장치장소에 대한 별도의 의사표시가 없는 경우에는 다음 각 목에 따른다(고시).

① Master B/L화물은 선사가 선량한 관리자로서 장치장소를 결정한다.

② House B/L화물은 화물운송주선업자가 선량한 관리자로서 선사 및 보세구역 운영인과 협의하여 장치장소를 결정한다.

09 보세운송의 신고 또는 승인신청을 할 수 있는 자가 아닌 것은?

가. 화주

나. 환적화물의 경우에는 그 화물에 대한 권리를 가진 자

다. 관세사

라. 등록한 보세운송업자

마. 보세사

해설 신고인

보세운송의 신고 또는 승인신청을 할 수 있는 자는 다음 각 호와 같다.

① 화주. 다만, 환적화물의 경우에는 그 화물에 대한 권리를 가진 자

② 「관세법」에 따라 등록한 보세운송업자

③ 관세사 등

④ 보세운송 할 수 있는 선박회사 〈법률 개정으로 해설 일부 변경〉

정답	08 나 09 마

10 보세구역 반입일로부터 30일 안에 수입 또는 반송 신고를 하지 않아 부과되는 가산세에 대한 설명 중 맞는 것은?

가. 신고기한이 경과한 날부터 초과된 기한에 따라 각각 다른 가산세율을 적용하며, 이 경우 최대 가산세율은 과세가격의 1천분의 15이다.
나. 최대 가산세율이 적용되더라도 가산세액은 500만원을 초과할 수 없다.
다. 환적화물 및 여행자휴대품과 수출용원재료로 사용되는 물품의 경우 가산세를 징수하지 않는다.
라. 부산항의 부두 내와 부두밖의 지정장치장 및 보세창고에 반입된 물품을 대상으로 한다.
마. 보세구역 간을 이동하는 물품에 대한 장치기간은 현 보세구역의 장치기간만을 대상으로 한다.

해설 가. 최대 가산세율은 과세가격의 1천분의 20이다.
다. 수출용원재료로 사용되는 물품은 신용장 등 관련서류에 의하여 수출용원재료로 확인되는 경우에만 해당된다.
라. 부산항의 부두 내 지정장치장 및 보세창고에 반입된 물품은 반입일로부터 30일 이내에 수입 또는 반송신고하여야 한다.
마. 보세구역 간을 이동하는 물품에 대한 장치기간은 종전 보세구역의 장치기간을 합산한다.

11 보세화물의 장치에 대한 설명으로 틀린 것은?

가. 보세화물은 원칙적으로 보세구역에 장치하여야 하지만, 화물의 성질상 보세구역에 장치할 수 없거나 보세구역에 반입할 실익이 없는 경우에는 보세구역이 아닌 장소에 반입할 수 있다.
나. 수출신고수리를 받고자 하는 물품과 수출신고수리를 받은 물품에 대한 보세구역 장치의무는 폐지되어 수출물품을 생산공장에 둔 상태로 수출신고가 가능하다.
다. 관세법 위반으로 압수된 물품은 관세법 위반 조사를 위해 세관 보세구역에 장치하여야 한다.
라. 동식물 등 전염병을 옮기기 쉬운 물품을 수입 또는 수출하는 경우에는 「검역법」 등 관계법에 의하여 검역을 받도록 되어 있는 바, 이러한 검역대상물품은 검역을 받아야 할 장소에 따로 장치할 수 있다.
마. 장치장소가 결정된 물품은 하선(기)절차가 완료된 후 해당 보세구역에 물품을 반입하여야 한다.

해설 집중장치(법률개정으로 인한 해설 변경)
외국물품은 보세구역이 아닌 장소에 장치할 수 없다. 다만, 다음 각 호의 어느 하나에 해당하는 물품은 그러하지 아니하다.
1. 수출신고가 수리된 물품
2. 크기 또는 무게의 과다나 그 밖의 사유로 보세구역에 장치하기 곤란하거나 부적당한 물품
3. 재해나 그 밖의 부득이한 사유로 임시로 장치한 물품
4. 검역물품
5. 압수물품
6. 우편물품

정답	10 나 11 다

12 보세구역 외 장치 허가대상이 아닌 물품은?

가. 수출신고수리를 받은 물품

나. 물품이 크기 또는 무게의 과다로 보세구역에 장치하기 곤란한 물품

다. 다량의 산물로서 보세구역에 장치 후 다시 운송하는 것이 불합리하다고 인정하는 물품

라. 보세구역이 아닌 검역시행장에 반입할 검역물품

마. 보세구역과의 교통이 불편한 지역에 양륙된 물품으로서 보세구역으로 운반하는 것이 불합리한 물품

해설 허가대상

보세구역 외 장치 허가는 다음 각 호에 따른다.

1. 물품이 크기 또는 무게의 과다로 보세구역의 고내에 장치하기 곤란한 물품
2. 다량의 산물로서 보세구역에 장치 후 다시 운송하는 것이 불합리하다고 인정하는 물품
3. 부패, 변질의 우려가 있거나 부패, 변질하여 다른 물품을 오손할 우려가 있는 물품과 방진, 방습 등 특수보관이 필요한 물품
4. 귀중품, 의약품, 살아있는 동 · 식물 등으로서 보세구역에 장치하는 것이 곤란한 물품
5. 보세구역이 아닌 검역시행장에 반입할 검역물품
6. 보세구역과의 교통이 불편한 지역에 양륙된 물품으로서 보세구역으로 운반하는 것이 불합리한 물품
7. 「대외무역관리규정」에 따른 중계무역물품으로서 보수작업이 필요한 경우 시설미비, 장소협소 등의 사유로 인하여 보세구역 내에서 보수 작업이 곤란하고 감시단속상 문제가 없다고 세관장이 인정하는 물품
8. 자가공장 및 시설(용광로 또는 전기로, 압연시설을 말한다)을 갖춘 실수요자가 수입하는 고철 등 물품
9. 그 밖에 세관장이 보세구역외장치를 허가할 필요가 있다고 인정하는 물품

13 보세화물 반출통고에 관한 설명으로 틀린 것은?

가. 영업용보세창고에 반입한 물품의 반출통고는 보세구역운영인이 화주 등에게 한다.

나. 지정장치장에 반입한 물품의 반출통고는 세관장이 화주 등에게 하여야 한다.

다. 지정장치장, 보세창고에 반입한 물품의 반출통고는 장치기간 만료 30일 전까지 하여야 한다.

라. 장치기간이 2개월 미만인 물품(유치 · 예치물품 등)의 반출통고는 장치기간 만료시점에 하여야 한다(다만, 법규정에 따라 유치 또는 예치할 때 매각한다는 것을 통고한 경우에는 생략할 수 있음).

마. 화주등이 분명하지 아니하거나 그 소재가 분명하지 아니하여 통고를 할 수 없을 때에는 공고로 이를 갈음할 수 있다.

해설 영업용보세창고에 반입한 물품의 반출통고는 보세구역운영인이 화주 등에게 하며, 지정장치장에 반입한 물품의 반출통고는 화물관리인이 화주 등에게 하여야 한다.

정답 | 12 가 13 나

14 보세구역 외 장치물품의 허가기간을 연장할 수 있는 사유로 틀린 것은?

가. 보세구역 외 장치허가신청 업체의 구역 내에 해당 화물을 반입할 보세구역이 없는 경우
나. 품목분류 사전심사의 지연으로 수입신고할 수 없는 경우
다. 인지부서의 자체조사, 고발의뢰 등의 결정에 따른 조치를 위하여 필요한 경우
라. 수입요건 · 선적서류 등 수입신고 또는 신고수리 요건을 구비하지 못한 경우
마. 재해 그 밖에 부득이한 사유로 생산지연 · 반송대기 등 세관장이 인정하는 사유가 있는 경우

해설 허가기간연장

다만, 다음 각 호의 어느 하나에 해당하는 사유가 있는 때에는 세관장은 허가기간을 연장할 수 있으나, 그 기간은 최초의 허가일로부터 관세법상 장치기간을 초과할 수 없다. 기간을 연장하려는 자는 세관장으로부터 승인을 받아야 한다.

1. 동일세관 관할구역 내에 해당 화물을 반입할 보세구역이 없는 경우
2. 품목분류 사전심사의 지연으로 수입신고할 수 없는 경우
3. 인지부서의 자체조사, 고발의뢰, 폐기, 공매 · 경매낙찰, 몰수확정, 국고귀속 등의 결정에 따른 조치를 위하여 필요한 경우
4. 수입요건 · 선적서류 등 수입신고 또는 신고수리 요건을 구비하지 못한 경우
5. 재해 그 밖에 부득이한 사유로 생산지연 · 반송대기 등 세관장이 인정하는 사유가 있는 경우

15 물품의 하역에 대한 설명으로 틀린 것은?

가. 국제무역선이나 국제무역기는 원칙적으로 입항절차를 마친 후가 아니면 물품을 하역하거나 환적할 수 없다.
나. 세관장은 감시 · 단속을 위하여 필요할 때에는 물품을 하역하는 장소 및 통로와 기간을 제한할 수 있다.
다. 국제무역선이나 국제무역기에는 세관장의 허가 없이 내국물품을 적재할 수 없다.
라. 국내운항선이나 국내운항기에는 세관장의 허가 없이 외국물품을 적재할 수 없다.
마. 수출물품을 국제무역선이나 국제무역기에 하역 또는 환적하려면 세관장이 정하는 바에 따라 물품목록의 제출로서 물품의 하역 등의 허가신청을 갈음할 수 있다.

해설 하역의 절차

국제무역선이나 국제무역기에 물품을 하역하거나 환적하려면 세관장에게 신고하고 현장에서 세관공무원의 확인을 받아야 한다. 다만, 세관공무원이 확인할 필요가 없다고 인정하는 경우에는 그러하지 아니하다.

정답 | 14 가 15 마

16 세관장이 공매대상물품에 대하여 수의계약할 수 있는 사유에 대한 설명으로 맞는 것은?

가. 3회 이상 경쟁입찰에 붙여도 매각되지 아니한 경우로서 다음 회의 입찰에 체감될 예정가격 이상의 응찰자가 있을 때

나. 공매절차가 종료된 물품을 국고귀속 예정통고 전에 최초예정가격 이상의 가격으로 매수하려는 자가 있을 때

다. 부패, 손상, 변질 등의 우려가 있는 물품으로서 즉시 매각되지 아니하면 상품가치가 저하될 우려가 있을 때

라. 1회 공매의 매각예정가격이 100만원 미만인 때

마. 경쟁입찰 방법의 공매 참여자가 없을 때

PART 02

해설 수의계약 대상

세관장은 다음 각 호의 어느 하나에 해당하는 경우에만 수의계약할 수 있다. 수의계약을 할 수 있는 자로서 그 체결에 응하지 아니하는 자는 해당 물품에 대한 다음 회 이후의 경쟁입찰에 참가할 수 없다.

1. 2회 이상 경쟁입찰에 붙여도 매각되지 아니한 경우(단독 응찰한 경우를 포함한다)로서 다음 회의 입찰에 체감될 예정가격 이상의 응찰자가 있을 때
2. 공매절차가 종료된 물품을 국고귀속 예정통고 전에 최종예정가격 이상의 가격으로 매수하려는 자가 있을 때
3. 부패, 손상, 변질 등의 우려가 있는 물품으로서 즉시 매각되지 아니하면 상품가치가 저하될 우려가 있을 때
4. 1회 공매의 매각예정가격이 50만원 미만인 때
5. 경쟁입찰 방법으로 매각함이 공익에 반하는 때

17 체화물품의 폐기 및 재활용에 대한 설명으로 틀린 것은?

가. 원상변형작업이란 체화의 해체, 절단, 분쇄와 같이 형상의 변화를 가져오는 작업을 말한다.

나. 원상변형작업 대상물품은 「자원의 절약과 재활용촉진에 관한 법률」에 따라 재활용이 가능한 물품으로 한다.

다. 사료화작업이란 체화를 사료제조 시설에서 사료로 제조하는 작업을 말한다.

라. 사료화작업의 대상물품은 사료제조용으로 사용이 가능한 것으로 관련 규정에 따른 검사에서 합격한 물품으로 한다.

마. 퇴비화작업의 대상물품은 퇴비제조용으로 사용이 가능한 것으로 「비료관리법」에 따라 관세청장이 고시한 물품으로 한정한다.

해설 퇴비화작업의 대상물품은 퇴비제조용으로 사용이 가능한 것으로 「비료관리법」에 따라 농촌진흥청장이 고시한 물품으로 한정한다.

정답	16 다　17 마

18 국내 국제항 간 국제무역선으로 운송할 수 있는 화물이 아닌 것은?

가. 반송화물
나. 환적화물
다. 수출화물
라. 내국물품인 공컨테이너
마. 우리나라로 수입하려는 외국물품으로서 최초 입항지에서 선하증권(항공화물운송장을 포함한다)에 기재된 최종 목적지로 운송하려는 화물

해설 국내 국제항 간 국제무역선에 의한 화물운송

국내 국제항 간 국제무역선으로 화물을 운송할 수 있는 경우는 다음 각 호의 어느 하나와 같다.

1. 우리나라로 수입하려는 외국물품으로서 최초 입항지에서 선하증권(항공화물운송장을 포함한다)에 기재된 최종 목적지로 운송하려는 화물
2. 환적화물
3. 수출화물
4. 내국물품인 공컨테이너

19 보세화물의 반출입에 대한 설명으로 틀린 것은?

가. 컨테이너보세창고에서 반출입되는 컨테이너화물에 대하여는 B/L 단위로 컨테이너 반출입신고를 하여야 한다.
나. 운영인이 보세창고의 일정구역에 일정기간 동안 내국물품을 반복적으로 장치하려는 경우 세관장은 외국물품의 장치 및 세관감시단속에 지장이 없다고 인정하는 때에는 보관장소, 내국물품의 종류, 기간 등에 대해 이를 포괄적으로 허용할 수 있다.
다. 운영인은 보세창고에 1년 이상 계속하여 내국물품만을 장치하려면 내국물품장치승인(신청)서를 제출하여 세관장의 승인을 받아야 한다.
라. B/L제시 인도물품을 반출하려는 자는 화물관리공무원에게 B/L 원본을 제시하여 반출승인을 받아야 한다.
마. FCL 컨테이너화물로 통관우체국까지 운송하는 국제우편물의 경우에는 국제우편물 보세구역 반출승인신청을 생략할 수 있다.

해설 컨테이너화물의 반출입신고

일반적인 반출입신고에도 불구하고 컨테이너보세창고에서 반출입되는 컨테이너화물에 대하여는 컨테이너 단위로 컨테이너 반출입신고서를 세관장에게 전자문서로 제출하여야 한다.

정답	18 가 19 가

20 보세화물의 관리감독에 대한 설명으로 틀린 것은?

가. 보세화물의 화주는 장치물품을 수입신고 이전에 확인할 때에는 수입신고 전 물품확인승인(신청)서를 제출하여 세관장의 승인을 받아야 한다.

나. 장치물품의 수입신고 전 물품확인은 화물관리 세관공무원 또는 보세사의 입회하에 실시하여야 한다.

다. 재해, 기타 부득이한 사유로 인하여 멸실된 때와 미리 세관장의 승인을 얻어 폐기하였을 때에는 그 물품의 관세를 보세구역의 운영인, 보관인(지정보세구역은 화물관리인)으로부터 즉시 징수한다.

라. 보세구역에 장치된 물품이 도난 또는 분실된 때에는 그 물품의 관세를 보세구역의 운영인, 보관인(지정보세구역은 화물관리인)으로부터 즉시 징수한다.

마. 재해, 기타 부득이한 사유로 물품이 멸실된 때에는 운영인, 화물관리인, 또는 보관인은 세관장에게 멸실신고를 하고 그 확인을 받아야 한다.

해설 재해, 기타 부득이한 사유로 인하여 멸실된 때와 미리 세관장의 승인을 얻어 폐기하였을 때에는 관세를 징수하지 아니한다.

21 선사가 적재물품을 하선할 수 있는 장소에 대한 설명으로 틀린 것은?

가. 컨테이너화물 : 컨테이너를 취급할 수 있는 시설이 있는 부두 내 또는 부두 밖 컨테이너 전용 보세창고(다만, 부두사정상 컨테이너화물과 산물을 함께 취급하는 부두의 경우에는 보세구역 중 세관장이 지정한 장소) 〈법률 개정으로 선지 변경〉

나. 냉동컨테이너화물 : 컨테이너화물 하선장소를 준용하되 화주가 냉동컨테이너로부터 화물을 적출하여 반입을 원하는 경우 냉동시설을 갖춘 보세구역

다. 벌크화물 등 기타화물 : 부두 내 보세구역 〈법률 개정으로 선지 변경〉

라. 액체, 분말 등의 형태로 본선에서 탱크, 사이로 등 특수저장시설로 직송되는 물품 : 해당 저장시설을 갖춘 보세구역

마. 부두 내에 보세구역이 없는 세관의 경우 : 관할구역 내 보세구역 중 선사가 지정하는 장소

해설 부두 내에 보세구역이 없는 세관의 경우에는 관할구역 내 보세구역(보세구역 외 장치허가 받은 장소를 포함한다) 중 세관장이 지정하는 장소로 한다.

정답 | 20 다 21 마

22 환적화물관리에 대한 설명으로 틀린 것은?

가. 환적화물은 국내 국제항 간 국제무역선으로 화물을 운송할 수 있다.

나. 〈23년 개정으로 선지 삭제〉

다. 〈23년 개정으로 선지 삭제〉

라. 환적화물을 보세운송하려는 자는 입항 선박 또는 항공기의 Master B/L 단위로 세관장에게 보세운송신고를 하여야 한다.

마. 선박을 통해 입항지에 반입된 화물을 공항으로 운송한 후 외국으로 반출하려는 환적화물(보세운송목적지가 공항 항역 내 1개 이상인 경우를 포함한다)은 모선 단위 1건으로 일괄하여 신고할 수 있다.

해설 환적화물을 보세운송하려는 자는 입항 선박 또는 항공기의 House B/L 단위로 세관장에게 보세운송신고를 하여야 한다.

23 화물운송주선업자에 대한 설명으로 틀린 것은?

가. 화물운송주선업자 또는 그 임원이 그 업무와 관련하여 「관세법」 또는 「관세법」에 의한 세관장 명령사항 등 위반으로 2회 이상 업무정지 처분을 받은 경우 화물운송주선업자 등록을 취소하여야 한다.

나. 「물류정책기본법」 제47조에 따른 등록이 취소된 경우 화물운송주선업자 등록을 취소하여야 한다.

다. 관세 및 국세를 체납하고 이를 납부할 가능성이 없는 것으로 세관장이 인정하는 경우 화물운송주선업자 등록을 취소할 수 있다.

라. 세관장은 화물운송주선업자에 대하여 등록취소 또는 업무정지를 하려는 때에는 사전에 화물운송주선업자에게 통보하여 의견을 청취하여야 한다.

마. 세관장은 화물운송주선업자에 대하여 행정제재를 한 경우에는 즉시 세관 화물정보시스템에 등록하여야 하며, 등록취소를 한 경우에는 관세청장에게 보고하여야 한다.

해설 화물운송주선업자 또는 그 임원이 그 업무와 관련하여 「관세법」 또는 「관세법」에 의한 세관장 명령사항을 위반한 경우

① 1차 : 업무정지 20일

② 2차 : 업무정지 40일

③ 3차 : 업무정지 60일

정답 | 22 라 23 가

24 보세운송하는 물품의 목적지로서 해당물품을 장치할 수 있는 곳으로 맞는 것은?

① 국제항	② 세관관서
③ 자유무역지역	④ 우체국
⑤ 경제자유구역	⑥ 통관역
⑦ 외국인 투자지역	

가. ①, ②, ③, ⑥
나. ②, ③, ④, ⑦
다. ①, ②, ③, ④
라. ①, ③, ⑤, ⑦
마. ①, ④, ⑤, ⑦

해설 「관세법」 제213조(보세운송의 신고)

외국물품은 다음 각 호의 장소 간에 한정하여 외국물품 그대로 운송할 수 있다. 다만, 수출신고가 수리된 물품은 해당 물품이 장치된 장소에서 다음 각 호의 장소로 운송할 수 있다.

① 국제항
② 보세구역
③ 제156조에 따라 허가된 장소
④ 세관관서
⑤ 통관역
⑥ 통관장
⑦ 통관우체국

※ 자유무역지역 또한 보세운송이 가능함에 유의한다.

25 장치기간 경과물품의 매각처분에 대한 설명으로 틀린 것은?

가. 화주의 의무는 다하였으나 통관지연의 귀책사유가 국가에 있는 경우 매각처분을 보류할 수 있다.
나. 창고나 다른 외국물품을 해할 우려가 있는 물품은 장치기간이 경과전이라도 공고한 후 매각할 수 있으며, 급박하여 공고할 여유가 없을 때에는 매각한 후 공고할 수 있다.
다. 세관장은 매각하려는 때에는 경쟁입찰에 의하는 것을 원칙으로 한다.
라. 매각된 물품에 대한 과세가격은 최종예정가격을 기초로 하여 과세가격을 산출한다.
마. 세관장은 관세법 제210조에 따른 매각대금 중에서 그 물품 매각에 대한 비용, 관세, 각종 세금의 순으로 필요한 금액을 충당하고, 잔금이 있을 때에는 화주에게 교부한다.

해설 매각된 물품에 대한 과세가격은 제30조부터 제35조까지의 규정에도 불구하고 최초예정가격을 기초로 하여 과세가격을 산출한다.

정답	24 가 25 라

01 자율관리보세구역에 장치하는 물품은 「관세법」에 따른 절차 중 관세청장이 정하는 절차를 생략할 수 있다. 이에 해당되지 않는 것은?

가. 「보세화물 관리에 관한 고시」에 따른 재고조사 및 보고의무
나. 벌크화물의 사일로(silo)적입을 위한 포장제거작업의 경우 「관세법」에 따른 보수작업 신청(승인)
다. 「특허보세구역 운영에 관한 고시」에 따른 보세구역 운영상황점검
라. 「보세화물 관리에 관한 고시」에 따른 장치물품의 수입신고 전 확인 승인신청
마. 「의료기기법」, 「약사법」, 「화장품법」 및 「전기용품 및 생활용품 안전관리법」에 따른 표시작업(원산지표시 제외)의 보수작업 신청(승인)

해설 「보세화물 관리에 관한 고시」에 따른 재고조사 및 보고의무를 분기별 1회에서 년 1회로 완화한다.

02 자율관리 보세구역 운영인의 의무사항에 대한 설명으로 틀린 것은?

가. 절차생략 등에 따른 물품 반출입 상황 등을 보세사로 하여금 기록 · 관리하게 하여야 한다.
나. 보세사가 이탈하고 1개월 이내에 보세사가 아닌 자를 업무대행자로 지정하면 보세사 업무를 수행할 수 있다.
다. 보세사를 채용, 해고 또는 교체하였을 때에는 세관장에게 즉시 통보하여야 한다.
라. 보세사가 해고 또는 취업정지 등의 사유로 업무를 수행할 수 없는 경우에는 2개월 이내에 다른 보세사를 채용하여 근무하게 하여야 한다.
마. 보세구역 반출입 물품과 관련한 생산, 판매, 수입 및 수출 등에 관한 세관공무원의 자료요구 또는 현장 확인 시에 협조하여야 한다.

해설 운영인 등은 보세사가 아닌 자에게 보세화물관리 등 보세사의 업무를 수행하게 하여서는 아니 된다. 다만, 업무대행자를 지정하여 사전에 세관장에게 신고한 경우에는 보세사가 아닌 자도 보세사 이탈 시 보세사 업무를 수행할 수 있다. 업무대행자가 수행한 업무에 대해서는 운영인이 책임진다.

정답 | 01 가 02 나

03 보세사의 직무에 해당되지 않는 것은?

가. 보세구역 장치물품의 폐기 시 참관 및 확인
나. 보수작업과 화주의 수입신고 전 장치물품확인 시 입회 · 감독
다. 환적화물 컨테이너 적출입 시 입회 · 감독
라. 내국물품 반출입 관리대장 작성과 확인
마. 보세구역의 출입자 관리에 대한 감독

해설 보세사의 직무는 다음 각 호와 같다.

1. 보세화물 및 내국물품의 반입 또는 반출에 대한 참관 및 확인
2. 보세구역 안에 장치된 물품의 관리 및 취급에 대한 참관 및 확인
3. 보세구역 출입문의 개폐 및 열쇠 관리의 감독
4. 보세구역의 출입자 관리에 대한 감독
5. 견본품의 반출 및 회수
6. 기타 보세화물의 관리를 위하여 필요한 업무로서 관세청장이 정하는 업무

[관련규정] 관세청장이 정하는 보세사의 직무
1. 보수작업과 화주의 수입신고 전 장치물품확인 시 입회 · 감독
2. 세관봉인대의 시봉 및 관리
3. 환적화물 컨테이너 적출입 시 입회 · 감독
4. 다음 각 목의 비치대장 작성과 확인. 다만, 전산신고 등으로 관리되는 경우에는 생략할 수 있다.
   가. 내국물품 반출입 관리대장
   나. 보수작업 관리대장
   다. 환적화물 컨테이너 적출입 관리대장
   라. 장치물품 수입신고 전 확인대장
   마. 세관봉인대 관리대장
   바. 그 밖에 보세화물 관련규정에서 보세사의 직무로 정한 각종 대장

04 「수출입물류업체에 대한 법규수행능력측정 및 평가관리에 관한 훈령」 상 법규수행능력측정 및 평가 대상자가 아닌 것은?

가. 지정장치장 화물관리인
나. 특허보세구역 운영인
다. 종합보세사업장 운영인
라. 종합인증우수업체
마. 화물운송주선업자

해설 "수출입물류업체"란 화물관리인, 특허보세구역 운영인, 종합보세사업장 운영인, 보세운송업자 · 화물운송주선업자, 항공사 · 선박회사와 「자유무역지역의 지정 및 운영에 관한 법률」에 따른 입주기업체를 말한다. 다만, 「수출입안전관리우수업체 공인 및 운영에 관한 고시」에 따라 종합인증우수업체로 공인된 업체는 제외한다.

정답	03 가 04 라

05 자유무역지역 반입물품 역외작업에 대한 설명으로 틀린 것은?

가. 역외작업의 범위는 해당 입주기업체가 전년도에 원자재를 가공하여 수출한 금액의 100분의 60 이내로 한다.

나. 역외작업 대상물품은 원자재 또는 원자재의 제조 · 가공에 전용되는 시설재(금형을 포함)만 해당한다.

다. 시설재의 경우 반출기간은 입주기업체와 역외작업 수탁업체 간에 체결된 계약기간의 범위로 하되, 그 기간은 1년을 초과할 수 없다.

라. 역외작업의 반출장소는 역외작업 수탁업체의 공장 또는 그에 부속된 가공장소로 한다.

마. 원자재의 경우 반출기간은 1년 이내로 한다.

해설 역외작업의 반출기간

- 원자재 : 1년 이내
- 시설재 : 같은 품목에 대하여 입주기업체와 역외작업 수탁업체 간에 체결된 계약기간의 범위로 하되, 3년을 초과할 수 없다. 다만, 세관장은 역외작업이 계약기간 내에 끝나지 아니하는 등 부득이한 사유로 반출기간을 연장할 필요가 있다고 인정할 때에는 3년의 범위에서 그 기간을 연장할 수 있다.

06 다음은 각각의 보세창고에 소속된 보세사 갑, 을, 병, 정, 무 5명의 대화 내용이다. 틀린 것은?

갑 : 특허보세구역 'ABC' 냉동창고 법인의 보세창고 운영을 감독하는 임원이 지난 주에 관세를 회피할 목적으로 타인에게 자신의 명의를 사용하여 납세신고를 하도록 허락한 사실이 있어 벌금형 처분을 받았다고 합니다. 이런 경우는 특허보세구역을 운영할 수 없는 사유에 해당됩니다.

을 : 'ABC' 보세창고 임원은 보세사 자격이 있는 사람으로서 보세화물관리업무를 이행하고 있었고 해당 규정 위반 사실은 보세사의 징계처분 중 보세사 등록취소의 사유에 해당됩니다.

병 : 'ABC' 보세창고는 최근 6개월 동안 물품 반입 실적이 없었다고 하던데 그러한 상태가 1년 이상 지속되면 특허가 취소될 수 있는 사유에 해당됩니다.

정 : 만약, 'ABC' 보세창고의 특허 효력이 상실되었다 하여도 6개월의 범위에서 세관장이 지정하는 기간 동안은 그 구역은 특허보세구역으로 보며, 운영인에 대해서도 해당 구역과 장치물품에 관하여 특허보세구역의 설치운영에 관한 특허가 있는 것으로 봅니다.

무 : 'ABC' 보세창고는 자율관리보세구역으로 운영되고 있으나 소속 임원의 「관세법」 위반 사실은 자율관리보세구역 지정취소의 사유에 해당됩니다.

가. 갑　　나. 을

다. 병　　라. 정

마. 무

해설 2년 이상 물품의 반입 실적이 없는 경우 특허가 취소될 수 있다.

정답 | 05 다　06 다

07 자율관리보세구역 지정취소사유를 설명한 것이다. 틀린 것은?

가. 장치물품에 대한 관세를 납부할 자금능력이 없다고 인정되는 경우
나. 본인이나 그 사용인이 이 법 또는 이 법에 따른 명령을 위반한 경우
다. 보세사가 해고되어 업무를 수행할 수 없는 경우에 1개월 내에 다른 보세사를 채용하지 않는 경우
라. 보세화물을 자율적으로 관리할 능력이 없거나 부적당하다고 세관장이 인정한 경우
마. 자율관리보세구역 지정요건을 충족하지 못한 경우

해설 보세사가 해고되어 업무를 수행할 수 없는 경우에 2개월 내에 다른 보세사를 채용하지 않는 경우

08 자유무역지역에 반입한 외국물품의 매각 요청에 대한 설명이다. ( ) 안에 들어갈 내용을 순서대로 나열한 것은?

> 입주기업체는 반입한 날부터 ( )이 경과한 외국물품이 화주가 분명하지 않은 경우 등에 해당하면 세관장에게 장기보관화물 매각승인(요청)서로 매각을 요청할 수 있다. 이 경우 입주기업체는 세관장에게 매각을 요청하는 경우 화주, 반입자 또는 그 위임을 받은 자에게 외국물품의 반출통고를 해야 하며, 반출통고 후 ( )이 경과한 후에 매각을 요청할 수 있다.

가. 6개월, 15일
나. 3개월, 30일
다. 3개월, 15일
라. 6개월, 30일
마. 6개월, 45일

해설 입주기업체는 반입한 날부터 6개월이 경과한 외국물품이 화주가 분명하지 않은 경우 등에 해당하면 세관장에게 장기보관화물 매각승인(요청)서로 매각을 요청할 수 있다. 이 경우 입주기업체는 세관장에게 매각을 요청하는 경우 화주, 반입자 또는 그 위임을 받은 자에게 외국물품의 반출통고를 해야 하며, 반출통고 후 30일이 경과한 후에 매각을 요청할 수 있다.

09 보세사의 결격사유에 해당하지 않는 것은?

가. 미성년자
나. 피성년후견인과 피한정후견인
다. 「관세법」을 위반하여 징역형의 실형을 선고받고 그 집행이 끝나거나 면제된 후 2년이 지나지 아니한 자
라. 파산선고를 받고 복권되지 아니한 자
마. 「관세법」을 위반하여 과태료 처분을 이행한 후 2년이 지나지 아니한 자

해설 과태료 처분은 흔히 일어날 수 있는 처분이기에 운영인의 결격사유에 해당하지 않으며, 마찬가지로 운영인의 결격사유를 준용하는 보세사의 결격사유에도 해당하지 아니한다.

정답	07 다 08 라 09 마

10 **자유무역지역에서 내국물품을 관세영역으로 반출하는 절차에 대한 설명으로 틀린 것은?**

가. 내국물품을 관세영역으로 반출하려는 자는 내국물품 반입증명서류를 세관장에게 제출하여야 한다.

나. 내국물품 반출목록신고서를 세관장에게 제출하는 것으로 내국물품 반입증명서류의 제출을 갈음할 수 있다.

다. 내국물품 반출목록신고서를 제출한 날부터 2년 동안 내국물품 반입증명서류를 보관하여야 한다.

라. 수출신고수리가 취소된 물품인 경우에는 그 증빙서류를 제출하고 반출하여야 한다.

마. 내국물품 반입증명서류를 제출하지 아니하고 반출하였을 경우 100만원 이하의 과태료 부과 대상이다.

해설 내국물품 반입증명서류를 제출하지 아니하고 반출하였을 경우 200만원 이하의 과태료 부과 대상이다.

11 **자유무역지역 입주기업체의 재고관리 상황 조사에 대한 설명이다. (　) 안에 들어갈 내용을 순서대로 나열한 것은?**

> 입주기업체는 회계연도 종료 (　)이 경과한 후 (　) 이내에 입주기업체의 반출입물품의 관리에 대한 적정 여부를 자체 점검하고 다음 각 호의 사항을 포함하는 자율점검표 또는 공인회계사가 이 고시에서 정하는 바에 따라 재고조사를 실시하고 작성한 보고서를 관할 세관장에게 제출하여야 한다.

가. 3개월, 15일

나. 2개월, 15일

다. 6개월, 10일

라. 3개월, 10일

마. 1개월, 10일

해설 입주기업체는 회계연도 종료 3개월이 경과한 후 15일 이내에 입주기업체의 반출입물품의 관리에 대한 적정 여부를 자체 점검하고 다음 각 호의 사항을 포함하는 자율점검표 또는 공인회계사가 이 고시에서 정하는 바에 따라 재고조사를 실시하고 작성한 보고서를 관할 세관장에게 제출하여야 한다.

정답 | 10 마　11 가

12 자유무역지역의 관리권자에 대한 내용이다. 바르게 연결된 것은?

㉠ 산업단지 – 국토교통부장관
㉡ 물류터미널 및 물류단지 – 산업통상자원부장관
㉢ 공항 및 배후지 – 국토교통부장관
㉣ 항만 및 배후지 – 해양수산부장관

가. ㉠, ㉡
나. ㉡, ㉢
다. ㉠, ㉢
라. ㉢, ㉣
마. ㉠, ㉡, ㉢

해설 자유무역지역의 구분별 관리권자(관리권자)는 다음 각 호와 같다.
1. 산업단지 : 산업통상자원부장관
2. 공항 및 배후지 : 국토교통부장관
3. 물류터미널 및 물류단지 : 국토교통부장관
4. 항만 및 배후지 : 해양수산부장관

13 자유무역지역에 반입된 외국물품등의 일시반출절차에 관한 내용으로 틀린 것은?

가. 자유무역지역 안에 반입된 외국물품 등을 관세영역으로 일시 반출하려는 자는 세관장의 허가를 받아야 한다.
나. 자유무역지역에 반입된 외국물품 등이 수리, 전시, 검사 또는 불가피한 포장작업 등이 필요한 경우 일시반출 절차를 따른다.
다. 일시반출허가를 받아 반출하거나 재반입하는 물품의 반출입신고는 일시반출허가서나 재반입신고서로 갈음하되 별도의 보세운송절차를 이행하여야 한다.
라. 일시반출절차를 거친 물품에 대해 수출상담이 지속되거나 그밖에 부득이한 사유로 일시반출기간을 연장하려는 때에는 기간이 만료되기 전에 세관장에게 일시반출기간연장신청을 하여야 하며, 세관장은 6개월의 범위에서 연장승인을 할 수 있다.
마. 세관장은 자유무역지역에 반입된 외국물품 등의 일시반출 시 반출목적을 고려하여 물품의 수량 및 장소 등을 제한할 수 있다.

해설 일시반출허가를 받아 반출하거나 재반입하는 물품의 반출입신고는 일시반출허가서나 재반입신고서로 갈음하며 따로 보세운송절차를 거칠 필요가 없다.

정답 | 12 라 13 다

14 자유무역지역의 반출입물품 관리에 관한 내용으로 틀린 것은?

가. 외국물품등이 아닌 물품을 자유무역지역에서 국외로 반출하려는 자는 수출신고를 하여야 한다.
나. 세관장은 반입신고를 하지 아니하고 자유무역지역 안으로 반입된 내국물품에 대하여 그 물품을 반입한 자가 신청한 경우에도 내국물품 확인서를 발급할 수 없다.
다. 세관장은 자유무역지역에 장치되어 있는 물품 중 품명 미상의 물품으로서 반입 후 1년이 지난 경우 국외 반출 또는 폐기를 명할 수 있다.
라. 입주기업체는 자유무역지역에 반출입되는 외국물품의 원산지가 허위표시된 경우 즉시 세관장에게 보고하여야 한다.
마. 입주기업체는 반입한 날부터 6개월이 지난 외국물품으로서 화주가 분명하지 아니한 경우 장기보관화물 매각 요청을 할 수 있다.

해설 세관장은 반입신고를 하지 아니하고 자유무역지역 안으로 반입된 내국물품에 대하여 그 물품을 반입한 자가 신청한 경우에는 내국물품 확인서를 발급할 수 있다.

15 관세형벌 중 법정 징역형이 가장 중한 죄는?

가. 금지품수출입죄
나. 밀수출죄
다. 밀수품취득죄
라. 관세포탈죄
마. 밀수입죄

해설 가. 금지품수출입죄 : 7년 이하의 징역
나. 밀수출죄 : 3년 이하의 징역
다. 밀수품취득죄 : 3년 이하의 징역
라. 관세포탈죄 : 3년 이하의 징역
마. 밀수입죄 : 5년 이하의 징역

16 「관세법」 제270조(관세포탈죄)에 대한 내용이다. (   ) 안에 들어갈 내용을 순서대로 나열한 것은?

> 부정한 방법으로 관세를 환급받은 자는 (   ) 이하의 징역 또는 환급받은 세액의 (   ) 이하에 상당하는 벌금에 처한다. 이 경우 세관장은 부정한 방법으로 환급받은 세액을 즉시 (   )한다.

가. 2년, 3배, 독촉
나. 2년, 3배, 몰수
다. 3년, 5배, 징수
라. 3년, 5배, 몰수
마. 5년, 5배, 징수

해설 부정한 방법으로 관세를 환급받은 자는 3년 이하의 징역 또는 환급받은 세액의 5배 이하에 상당하는 벌금에 처한다. 이 경우 세관장은 부정한 방법으로 환급받은 세액을 즉시 징수한다.

정답 | 14 나   15 가   16 다

17 관세범의 조사와 처분에 관한 설명 중 옳은 것은?

가. 관세범에 관한 사건이더라도 범죄의 정상이 징역형에 처해질 것으로 인정될 때에는 세관장의 고발 없이 검사가 공소를 제기할 수 있다.

나. 세관장은 압수물품이 부패하거나 변질된 경우 피의자나 관계인에게 통고한 후 매각하여 그 대금을 보관하거나 공탁할 수 있다.

다. 경찰, 검찰 등 다른 기관이 관세범에 관한 사건을 발견하거나 피의자를 체포하였을 때에는 즉시 세관공무원에 인계하여야 한다.

라. 세관장은 관세범인이 통고를 이행할 수 있는 자금능력이 없다고 인정되더라도 절차적 정당성 확보를 위해 통고처분을 하여야 한다.

마. 관세범에 대해서는 「관세법」 규정과 상관없이 형사소송법을 우선 준용한다.

해설 가. 관세청장이나 세관장은 범죄의 정상이 징역형에 처해질 것으로 인정될 때에는 즉시 고발하여야 한다.

나. 변질된 경우에는 매각이 아닌 폐기를 하여야 한다.

라. 관세범인이 통고를 이행할 수 있는 자금능력이 없다고 인정되는 경우에는 즉시 고발하여야 한다.

마. 관세범에 대해서는 이 법에 특별한 규정이 있는 것을 제외하고는 형사소송법을 준용한다.

18 「관세법」 제303조(압수와 보관)제2항에 따른 압수물건의 보관자가 그 보관한 물품을 은닉 · 탈루, 손괴 또는 소비하였을 때 처벌하는 조항은?

가. 「관세법」 제269조제2항(밀수입죄)

나. 「관세법」 제270조제1항(관세포탈죄)

다. 「관세법」 제270조제3항(부정수입죄)

라. 「관세법」 제275조의2제2항(강제징수면탈죄 등)

마. 「관세법」 제275조의3(명의대여행위죄 등)

해설 압수물건의 보관자 또는 「국세징수법」에 따른 압류물건의 보관자가 그 보관한 물건을 은닉 · 탈루, 손괴 또는 소비하였을 때에도 3년 이하의 징역 또는 3천만원 이하의 벌금에 처한다.

정답	17 다 18 라

19 「관세법」 제275조에 따라 징역과 벌금을 병과할 수 있는 대상이 아닌 것은?

가. 부정한 방법으로 관세를 환급받은 자
나. 강제징수의 집행을 면탈할 목적으로 그 재산을 은닉한 자
다. 세액결정에 영향을 미치기 위해 과세가격을 거짓으로 신고하여 수입한 자
라. 세관에 신고를 하지 아니하고 물품을 수입한 자
마. 밀수품을 취득하려다 미수에 그친 자

해설 밀수출입죄(금지품수출입죄 포함), 관세포탈죄 등(부정수입죄, 부정수출죄, 부정감면죄, 부정환급죄 포함), 가격조작죄, 밀수품취득죄 및 그 미수범은 정상에 따라 징역과 벌금을 병과할 수 있다.

20 「관세법」상 과태료 부과 대상자가 아닌 경우로만 짝지어진 것은?

① 특허보세구역의 특허사항을 위반한 운영인
② 유통이력을 신고하지 아니하거나 거짓으로 신고한 자
③ 외국으로부터 우리나라에 도착한 선박용품을 세관장의 허가 없이 국제무역선에 하역하거나 환적한 자
④ 〈법률 개정으로 선지 삭제〉
⑤ 보세구역 반입명령에 대하여 반입대상 물품의 전부 또는 일부를 반입하지 아니한 자

가. ①, ②
나. ①, ③
다. ②, ④
라. ③, ⑤
마. ④, ⑤

해설 ④ 〈법률 개정으로 해설 삭제〉
⑤ 물품원가 또는 2천만원 중 높은 금액 이하의 벌금에 처한다.

21 「관세법」 제275의3(명의대여행위죄 등)에 대한 내용이다. ( ) 안에 들어갈 내용을 순서대로 나열한 것은?

관세(세관장이 징수하는 내국세 등을 포함한다)의 회피 또는 강제집행의 면탈을 목적으로 타인에게 자신의 명의를 사용하여 ( )를 할 것을 허락한 자는 ( ) 이하의 징역 또는 ( ) 이하의 벌금에 처한다.

가. 납세신고, 1년, 1천만원
나. 수정신고, 1년, 1천만원
다. 납세신고, 2년, 5백만원
라. 수정신고, 2년, 5백만원
마. 수입신고, 1년, 5백만원

정답 | 19 나 20 마 21 가

해설 관세(세관장이 징수하는 내국세등을 포함한다)의 회피 또는 강제집행의 면탈을 목적으로 하거나 재산상 이득을 취할 목적으로 타인에게 자신의 명의를 사용하여 제38조에 따른 납세신고를 하도록 허락한 자는 1년 이하의 징역 또는 1천만원 이하의 벌금에 처한다. 〈법률 개정으로 해설 일부 변경〉

22 「관세법」상 벌칙에 관한 설명으로 틀린 것은?

가. 제269조(밀수출입죄)에 해당되는 물품이 다른 물품 중에 포함되어 있는 경우 그 물품이 범인의 소유일 때에는 그 다른 물품도 몰수할 수 있다.

나. 제276조(허위신고죄 등)의 죄를 범한 자는 벌금형이 부과된다.

다. 밀수출입죄에 전용되는 선박은 그 소유자가 범죄에 사용된다는 정황을 알고 있고, 범죄물품을 운반한 경우에는 몰수한다.

라. 그 정황을 알면서 제269조(밀수출입죄) 및 제270조(관세포탈죄 등)에 따른 행위를 교사하거나 방조한 자는 정범에 준하여 처벌한다.

마. 「관세법」상 몰수할 물품의 전부 또는 일부를 몰수할 수 없을 때에는 그 몰수할 수 없는 물품의 범칙 당시의 정상거래가격에 상당한 금액을 범인으로부터 추징한다.

해설 몰수할 물품의 전부 또는 일부를 몰수할 수 없을 때에는 그 몰수할 수 없는 물품의 범칙 당시의 국내도매가격에 상당한 금액을 범인으로부터 추징한다.

23 「관세법」상 과태료에 대한 설명으로 옳은 것은?

가. 「관세법」상 부과할 수 있는 과태료 최고 금액은 2억원이다.

나. 과태료는 금전적 제재로서 형벌에 해당된다.

다. 과태료 처분에 불복하는 당사자는 과태료 부과 통지를 받은 날부터 60일 이내에 해당 행정청에 서면으로 이의제기를 할 수 있다.

라. 과태료 처분에 이의제기가 있을 경우 관할법원은 비송사건절차법에 의한 과태료 재판을 한다.

마. 과태료 처분 시에는 금액 감경을 할 수 없다.

해설 가. 관세법상 부과할 수 있는 과태료 최고 금액은 2억원이다. 〈법률 개정으로 해설 변경〉
나. 과태료는 형벌이 아니다.
다. 과태료 처분에 불복하는 당사자는 과태료 부과 통지를 받은 날부터 60일 이내에 해당 행정청에 서면으로 이의제기를 할 수 있다.
마. 과태료 처분 시에는 금액 감경을 할 수 있다.

정답	22 마 23 가, 라(법률 개정으로 정답 변경, 복수 정답)

24 「관세법」상 형벌에 대한 설명으로 틀린 것은?

가. 전자문서 등 관련 정보를 위조 또는 변조하거나 위조 또는 변조된 정보를 행사한 자는 1년 이상 10년 이하의 징역 또는 1억원 이하의 벌금에 처한다.

나. 〈법률 개정으로 선지 삭제〉

다. 수출입 금지물품을 밀수입한 자는 7년 이하의 징역 또는 7천만원 이하의 벌금에 처한다.

라. 신고를 하지 아니하고 물품을 수입한 자는 5년 이하의 징역 또는 관세액의 5배와 물품원가 중 높은 금액 이하에 상당하는 벌금에 처한다.

마. 신고를 하지 아니하고 물품을 수출하거나 반송한 자는 3년 이하의 징역 또는 물품원가 이하에 상당하는 벌금에 처한다.

해설 신고를 하지 아니하고 물품을 수입한 자는 5년 이하의 징역 또는 관세액의 10배와 물품원가 중 높은 금액 이하에 상당하는 벌금에 처한다.

25 관세질서벌에 대한 설명으로 틀린 것은?

가. 「관세법」상의 의무위반에 대한 제재로서 형법상에 형명이 없는 과태료를 부과하는 벌이다.

나. 「질서위반행위규제법」에 따르면 질서위반행위가 종료된 날부터 3년이 경과한 경우에는 해당 질서위반행위에 대하여 과태료를 부과할 수 없다.

다. 과태료는 관세행정질서를 문란케하는 행위에 대한 제재로서 과하여지는 것으로 「관세법」과 「질서위반행위규제법」을 적용한다.

라. 「질서위반행위규제법」에서 행위자가 행정법규상 의무위반을 하지 않기 위하여 최선의 노력을 하였다면 과태료를 부과할 수 없다.

마. 하나의 행위가 2 이상의 질서위반행위에 해당하면 각 질서위반행위에 대하여 정한 과태료 중 가장 중한 것을 부과한다.

해설 「질서위반행위규제법」에 따르면 질서위반행위가 종료된 날부터 5년이 경과한 경우에는 해당 질서위반행위에 대하여 과태료를 부과할 수 없다.

정답	24 라 25 나

01 **수출입안전관리우수업체 공인을 위한 심사 절차에 대한 설명으로 옳은 것은?**

가. 관세청장은 개선이행을 완료한 공인유보업체가 재심사를 요청했을 경우에 재심사를 신청일로부터 3개월 이내에 마쳐야 한다.

나. 신청업체가 공인부문별 공인기준 중에서 법규준수의 결격에 해당하는 형사 및 사법절차가 진행 중인 경우 조건부공인을 하고 수출입안전관리우수업체증서를 발급한다.

다. 공인심사 결과 공인기준에 미달한 경우로서 관세청장이 요구한 개선계획을 제출하지 않은 경우에는 특례적용을 중단할 수 있다.

라. 신청업체가 나머지 공인기준은 모두 충족하였으나, 안전관리 기준을 충족하지 못한 경우 심의위원회의 심의를 거쳐 신청업체를 공인유보업체로 지정할 수 있다.

마. 공인유보업체는 지정일로부터 30일 이내에 관세청장에게 공인기준(법규준수)개선계획을 제출하고 제출일로부터 180일 내에 개선완료보고서를 제출하여야 한다.

해설 가. 관세청장은 재심사를 그 신청한 날로부터 60일 이내에 마쳐야 하며, 재심사의 절차에 관하여 현장심사 규정을 준용한다. 이 경우 관세청장은 서면심사 등 간소한 방식으로 재심사할 수 있다.

나. 신청업체가 공인부문별 공인기준 중에서 법규준수의 결격에 해당하는 형사 및 사법절차가 진행 중인 경우 심의위원회의 심의를 거쳐 공인을 유보할 수 있다.

다. 서류심사 또는 현장심사 결과 공인기준을 충족하지 못하였으며 보완 요구의 실익이 없는 경우 공인신청을 기각할 수 있다.

라. 신청업체가 나머지 공인기준은 모두 충족하였으나, 법규준수도 기준을 충족하지 못한 경우 심의위원회의 심의를 거쳐 공인을 유보할 수 있다.

02 **수출입안전관리우수업체 공인 유효기간에 대한 설명으로 틀린 것은?**

가. 종합심사(갱신심사) 결과에 따른 새로운 유효기간은 당초 유효기간 만료일부터 시작한다.

나. 공인등급을 조정하는 경우에도 공인의 유효기간은 조정 전의 유효기간으로 한다.

다. 수출입안전관리우수업체 공인의 유효기간은 증서를 교부한 날부터 5년으로 한다.

라. 수출입안전관리우수업체 심의위원회에서 공인의 취소를 결정한 경우에는 해당 결정일에 공인의 유효기간이 끝나는 것으로 본다.

마. 종합심사(갱신심사) 실시 중 또는 갱신심사에 의한 공인 갱신 전에 유효기간이 만료하는 경우에도 통관절차 등의 특례는 새로운 증서가 교부되는 날까지 적용한다.

해설 갱신심사에 따라 갱신된 공인의 유효기간은 기존 공인의 유효기간이 끝나는 날의 다음 날부터 시작한다.

정답	01 마 02 가

03 다음은 무엇에 대한 설명인가?

> 상대국의 AEO제도를 자국의 AEO제도와 동등하게 받아들여 각 국가의 수출입통관절차상에서 상대국 AEO업체에 대하여 신속통관 혜택을 부여하기로 한 관세당국 간의 합의를 말한다. 통상 '공인기준 비교 → 상호방문 합동심사 → 혜택 및 공인업체 정보공유 등 운영절차 논의 → 관세당국최고책임자 간 서명'의 순으로 진행된다.

가. 상호인정약정(Mutual Recognition Arrangement)
나. 세관상호지원협정(Cooperation and Mutual Assistance Agreement)
다. 자유무역협정(Free Trade Agreement)
라. WTO 관세평가협정(WTO Customs Valuation Agreement)
마. 개정 교토협약(Revised Kyoto Convention)

해설 관세청장은 다음 각 호의 절차에 따라 상호인정약정(MRA)을 체결하며, 다른 나라의 관세당국과 협의하여 탄력적으로 조정할 수 있다.

1. 공인기준의 상호 비교
2. 상호방문 합동 공인심사
3. 상호인정약정의 혜택 및 정보교환 등 운영절차 마련
4. 관세당국 최고책임자 간 서명

04 수출입안전관리우수업체 공인심사 시 적용되는 보세운송업자 부문 안전관리공인기준에 대한 설명으로 틀린 것은? 〈2023년 시험범위 변경으로 해당 문제 시험범위 아님〉

가. 사람과 차량이 출입하는 출입구에 인력을 배치하거나 감시하고, 적절한 출입과 안전관리를 위하여 출입구를 최소한으로 유지하여야 한다.
나. 수출입물품의 운송, 취급, 보관, 반출입과 관련된 절차를 준수하기 위해 비인가된 물품과 사람의 접근을 통제하는 안전관리조치를 하여야 한다.
다. 보세운송업자는 거래업체가 국내외 수출입안전관리우수업체 공인을 받았는지 여부를 확인하여야 한다.
라. 보세운송업자는 여러 수출입업체의 물품을 적재해서는 안 된다.
마. 보세운송업자는 회사 정보에 대한 부적절한 접근, 조작 및 교환을 포함한 정보기술의 오남용을 확인할 수 있는 시스템을 마련하도록 하여야 하며, 정보기술 관련 규정 위반자에 대하여는 합당한 징계처분을 하여야 한다.

해설 '라'와 같은 기준은 존재하지 아니한다.

정답	03 가 04 라

05 수출입안전관리우수업체 공인심사 시 적용되는 보세구역운영인 부문 내부통제시스템공인기준에 대한 설명으로 틀린 것은? 〈2023년 시험범위 변경으로 해당 문제 시험범위 아님〉

가. 운영인은 최고경영자의 법규 준수와 안전관리에 대한 경영방침 및 세부목표를 수립하여야 한다.

나. 운영인은 법규 준수와 안전관리를 위한 조직과 인력을 확보하여야 하고, 관세행정 관련 활동에 적극 참여하여야 한다.

다. 운영인은 법규 준수와 안전관리를 위하여 수출입물품 취급 관련 자격증 소지자와 경험자를 근무하도록 하여야 한다.

라. 운영인은 청렴성을 유지하기 위하여 윤리경영방침을 마련하고, 내부고발제도 등 부정방지 프로그램을 활성화하여야 한다.

마. 운영인은 직원을 식별하고, 접근을 통제하기 위하여 직원식별시스템을 마련하고, 회사 관리자를 지정하여 직원, 방문자, 납품업자를 식별하는 표식의 발급과 회수를 관리하여야 한다.

해설 내부통제시스템공인기준에는 직원식별시스템 마련이 규정되어 있지 않고, 안전관리공인기준에 규정되어 있다.

06 수출입안전관리우수업체 공인을 위한 심사절차에 대한 설명으로 틀린 것은?

가. 공인심사는 신청업체가 제출한 서류에 대한 심사와 신청업체의 본사 및 관련 사업장 등에 대한 방문심사로 구분하여 실시한다.

나. 신청업체는 공인심사 신청 전에 제출 서류의 적정성 등에 관하여 사전 확인을 받고자 하는 경우에는 예비심사 신청서를 관세청장에게 제출하여야 한다.

다. 관세청장은 공인심사 신청서를 접수한 날로부터 90일 이내에 서류심사를 마쳐야 한다.

라. 관세청장은 서류심사가 완료된 업체에 대해서 직원 면담, 현장방문 등을 통해 수출입관리현황이 신청업체가 제출한 자료와 일치하는지 등을 현장심사하여야 한다.

마. 관세청장은 현장심사 결과 공인기준을 충족한 업체에 대해서는 수출입안전관리우수업체 심의위원회의 심의를 거쳐 수출입안전관리우수업체로 공인한다.

해설 관세청장은 공인심사 신청서를 접수한 날로부터 60일 이내에 서류심사를 마쳐야 한다.

정답 05 마 06 다

07 수출입안전관리우수업체의 관리책임자에 대한 설명으로 틀린 것은?

가. 관리책임자는 총괄책임자와 수출입관리책임자로 구분된다.

나. 관리책임자는 수출입 관리현황 설명서 및 정기 자율평가서를 작성하고, 관련 직원 교육을 실시하며, 세관 등 유관기관과 수출입안전관리 관련 정보의 교류 및 그 밖에 사내 법규준수도 향상을 위한 지원을 한다.

다. 보세구역운영인 또는 보세운송업자의 수출입관리책임자는 수출입 관련 업무에 3년 이상 종사한 사람(다만, 중소 수출기업은 1년 이상) 또는 보세사 자격증을 소지한 자(사업장이 보세구역인 경우에 한정)여야 한다.

라. 관리책임자는 수출입안전관리우수업체로 공인된 후 관세청장이 정하는 바에 따라 매년 일정 교육을 받아야 한다.

마. 관세청장은 관리책임자가 공인 후 교육을 이수하지 않을 경우에는 다음 회 교육 이수를 권고하여야 한다.

해설 공인 후 교육
매 2년마다 총괄책임자는 4시간 이상, 수출입관리책임자는 8시간 이상(처음 교육은 공인일자를 기준으로 1년 이내에 받아야 함) 교육을 받아야 한다.

08 수출입안전관리우수업체의 공인취소 및 청문 절차에 대한 설명으로 틀린 것은?

가. 관세청장은 수출입안전관리우수업체 공인을 취소하려는 때에는 사전에 해당 업체의 의견을 청취하는 등 해명할 수 있는 기회를 주어야 한다.

나. 업체의 의견을 청취하려는 때에는 의견 청취 예정일 10일 전까지 해당 업체에게 의견 청취 계획을 서면으로 통지하여야 하며 정당한 사유 없이 의견 청취에 응하지 아니한 때에는 의견 진술을 포기한 것으로 본다.

다. 의견 청취 계획의 통지를 받은 수출입안전관리우수업체의 대표 또는 그 대리인은 지정된 날에 출석하여 의견을 진술하여야 하며 서면으로 의견을 제출할 수는 없다.

라. 해당 수출입안전관리우수업체의 대표 또는 그 대리인이 출석하여 의견을 진술한 때에는 담당 공무원은 그 요지를 서면으로 작성하여 출석자로 하여금 확인하게 한 후 서명 날인하게 하여야 한다.

마. 관세청장이 수출입안전관리우수업체에 대한 공인을 취소하려는 때에는 심의위원회의 심의를 거쳐야 한다.

해설 통지를 받은 수출입안전관리우수업체의 대표 또는 그 대리인은 지정된 날에 출석하여 의견을 진술하거나 지정된 날까지 서면으로 의견을 제출할 수 있다.

정답	07 라 08 다

09 수출입안전관리우수업체의 종합심사에 관한 설명으로 틀린 것은?

가. 공인을 갱신하고자 할 때에는 공인의 유효기간이 끝나기 6개월 전까지 관세청장에게 종합심사(갱신심사)를 신청하여야 한다.

나. 수출입안전관리우수업체가 공인부문별로 공인일자가 다른 경우에는 공인일자가 가장 빠른 공인부문을 기준으로 함께 종합심사(갱신심사)를 신청할 수 있다.

다. 종합심사(갱신심사) 신청이 있는 때에는 최초 공인심사 시 서류심사는 통과하였으므로 현장심사만 실시한다.

라. 관세청장은 종합심사(갱신심사) 결과 수출입안전관리우수업체가 공인기준을 충족하지 못한 것으로 확인된 경우에는 공인을 취소하여야 한다.

마. 관세청장은 종합심사(갱신심사) 결과, 법규준수도가 공인기준 미만인 경우거나 법규준수도의 하락으로 공인등급의 하향 조정이 예상되는 경우에는 수출입안전관리우수업체에 종합심사 종료일로부터 1개월 이내에 법규준수개선계획을 제출하도록 요구하여야 한다.

해설 관세청장은 신청업체를 대상으로 종합심사(갱신심사)를 할 때에는 수출입안전관리우수업체의 공인부문별로 서류심사와 현장심사의 순으로 구분하여 실시한다.

10 수출입안전관리우수업체의 공인취소 사유에 해당하지 않는 것은?

가. 「관세법」 제268조의2부터 제271조까지, 제274조, 제275조의2, 제275조의3에 따라 벌금형 이상을 선고받거나 통고처분을 이행한 경우

나. 「자유무역협정의 이행을 위한 관세법의 특례에 관한 법률」, 「대외무역법」, 「외국환거래법」 「수출용 원재료에 대한 관세 등 환급에 관한 특례법」 등 관세법이 아닌 수출입 관련 법령을 위반하여 징역형이 규정된 조항에 따라 벌금형 이상을 선고받은 경우

다. 수출입안전관리우수업체가 분할 및 합병 등으로 당초 공인한 수출입안전관리우수업체와 동일하지 않다고 관세청장이 인정하는 경우

라. 공인기준 준수 개선 또는 자료 제출을 요구(통관적법성 관련 자료 제출 요구를 포함)하였으나 정당한 사유 없이 이행하지 않거나 이행하였음에도 공인기준을 충족하지 못한 것으로 판단되는 경우

마. 정당한 사유 없이 변동사항(예 관리책임자 변경)을 보고하지 않거나 정기자율평가서를 제출기한으로부터 1개월 이내에 제출하지 아니한 경우

해설 정당한 사유 없이 변동사항(예 관리책임자 변경)을 보고하지 않거나 정기자율평가서를 제출기한으로부터 1개월 이내에 제출하지 아니한 경우는 공인취소 사유가 아닌 특례정지 사유이다.

정답	09 다 10 마

11 다음은 무엇에 대한 설명인가?

- 수출입안전관리우수업체의 내부통제시스템을 개선하고 법규준수도를 제고하기 위하여 지정된 관세청 소속 공무원을 의미함
- 수출입안전관리우수업체별로 배치되며, 해당 업체의 공인기준 이행실태를 확인하고, 내부통제시스템을 분석하여 미진한 부문에 대해서 개선하도록 지원하며, 법규준수도를 제고하기 위한 종합적인 컨설팅을 담당함

가. 수출입관리책임자
나. 기업상담전문관
다. 법규준수도 담당자
라. 공인심사자
마. 종합심사자

해설 기업상담전문관의 업무

기업상담전문관은 수출입안전관리우수업체에 대하여 다음 각 호의 업무를 담당한다. 이 경우 기업상담전문관은 원활한 업무 수행을 위해서 수출입안전관리우수업체에 자료를 요구하거나 해당 업체의 사업장 등을 방문할 수 있다.

1. 공인기준을 충족하는지에 대한 주기적 확인
2. 공인기준준수개선계획의 이행 확인
3. 수입신고에 대한 보정심사 등 관세행정 신고사항에 대한 수정, 정정 및 그 결과의 기록 유지
4. 변동사항, 정기 자율평가, 세관협력도의 확인 및 점검
5. 법규준수 향상을 위한 정보 제공 및 상담 · 자문
6. 기업 프로파일 관리

12 수출입안전관리우수업체 공인심사 시 적용되는 보세구역운영인의 출입통제관리공인기준에 대한 설명으로 틀린 것은? 〈2023년 시험범위 변경으로 해당 문제 시험범위 아님〉

가. 운영인은 접근통제구역을 설정하고, 직원별로 직무수행 범위에 따라 접근 가능 구역과 권한을 구분하여야 한다.

나. 운영인은 선박에서 밀항자 등을 발견하였을 경우에는 관할 해군 부대장 및 국가 경찰관서의 장에게 즉시 보고하여야 한다.

다. 운영인은 방문자 도착 시 사진이 부착된 신분증을 확인하고, 방문자 안내와 출입증을 패용하도록 하여야 한다.

라. 운영인은 권한이 없거나 신원이 확인되지 않은 사람에 대하여 검문과 대응하는 절차를 마련하여야 한다.

마. 운영인은 물품 취급 및 보관지역을 감시하기 위하여 순찰하여야 한다.

해설 선박에서 밀항자 등을 발견하였을 경우에는 세관장에게 즉시 보고하여야 한다.

정답 | 11 나 12 나

13 수출입안전관리우수업체에 대한 특례적용의 정지 사유에 해당하는 것은?

가. 〈법률 개정으로 선지 삭제〉
나. 「관세법」 제276조(허위신고죄 등)의 규정에 따라 벌금형을 선고받은 경우
다. 〈법률 개정으로 선지 삭제〉
라. 분기별 법규준수도가 공인기준 미만으로 하락하여 개선계획 제출 요구를 3회 이상 받은 경우
마. 「관세법」 제279조(양벌규정)에 따라 벌금형을 받은 경우

해설 적용정지와 공인취소 사유를 구분할 수 있어야 한다. '가, 나, 다'는 공인취소 사유이며, '마'는 존재하지 않는 규정이다.

14 수출입안전관리우수공인업체의 기각 사유에 해당하지 않는 것은?

가. 공인심사 결과 공인기준에 미달한 경우로서 보완 요구의 실익이 없는 경우
나. 천재지변 등 특별한 사유 없이 지정기간 내에 서류심사 및 현장심사 보완을 이행하지 아니한 경우
다. 공인유보업체를 재심사한 결과 공인기준을 충족하지 못한 것으로 확인된 경우
라. 수출입안전관리우수업체(공인, 종합)심사신청서 등 공인신청 제출서류 허위로 판명된 경우
마. 공인신청 후 신청업체의 법규준수도 점수가 80점 미만(중소 수출기업은 70점 미만)으로 하락한 경우

해설 공인신청 후 신청업체의 법규준수도 점수가 70점 미만(중소 수출기업은 60점 미만)으로 하락한 경우 기각 사유가 된다.

15 다음은 수출입안전관리우수업체 공인심사 시 적용되는 보세구역운영인부문의 재무건전성 기준에 대한 설명이다. ( ) 안에 들어갈 내용을 순서대로 나열한 것은?

- 신청업체와 신청인이 ( )의 체납이 없어야 한다.
- 신청업체는 부채비율이 동종업종의 평균 부채비율의 ( )% 이하이거나 외부신용평가기관의 신용평가 등급이 투자적격 이상 또는 매출 증가 등으로 성실한 법규준수의 이행이 가능할 정도의 재정을 유지하여야 한다.

가. 관세 등 국세, 200
나. 지방세, 300
다. 관세 등 국세와 지방세, 200
라. 관세 등 국세와 지방세, 300
마. 관세 등 국세, 150

해설
- 신청업체와 신청인이 관세 등 국세와 지방세의 체납이 없어야 한다.
- 신청업체는 부채비율이 동종업종의 평균 부채비율의 200% 이하이거나 외부신용평가기관의 신용평가 등급이 투자적격 이상 또는 매출 증가 등으로 성실한 법규준수의 이행이 가능할 정도의 재정을 유지하여야 한다.

정답 13 라 14 마 15 다

16 수출입안전관리우수업체의 정기자율평가 실시에 대한 설명으로 틀린 것은?

가. 수출입안전관리우수업체는 공인 후 매년 공인받은 달에 정기자율평가서를 자율점검하여야 한다.

나. 수출입안전관리우수업체는 공인받은 달의 다음 달 15일까지 정기자율평가서를 관세청장에게 제출하여야 한다.

다. 수출입안전관리우수업체 적용대상별로 공인일자가 다른 경우 공인일자가 가장 늦은 적용대상을 기준으로 정기자율평가를 할 수 있다.

라. 관세청장은 수출입안전관리우수업체가 종합심사(갱신심사)를 신청한 경우에는 공인의 유효기간 만료 연도의 자율평가를 면제할 수 있다.

마. 관세청장은 공인기준을 충족여부 등의 확인이 필요한 경우에는 심사자에게 관련 자료를 요청하거나, 수출입안전관리우수업체의 사업장 등을 현장 확인하여야 한다.

해설 수출입안전관리우수업체가 여러 공인부문에 걸쳐 공인을 받은 경우에는 공인일자가 가장 빠른 공인부문을 기준으로 자율평가서를 함께 제출할 수 있다.

17 다음은 수출입안전관리우수업체에 적용되는 통관절차 특례이다. ( ) 안에 들어갈 내용을 순서대로 나열한 것은?

적용부문	특례기준	수출입안전관리우수업체		
		A	AA	AAA
모든 부문	과태료 경감	20%	30%	(①)
	통고처분금액 경감	15%	30%	(②)
보세구역 운영인	특허 갱신기간 연장	6년	(③)	10년
	반입정지 기간을 (④) 범위에서 하향조정 가능	–	○	○

가. 50%, 50%, 8년, 50%

나. 40%, 45%, 8년, 40%

다. 50%, 40%, 9년, 30%

라. 40%, 50%, 7년, 50%

마. 50%, 45%, 7년, 40%

해설

적용부문	특례기준	수출입안전관리우수업체		
		A	AA	AAA
모든 부문	과태료 경감	20%	30%	50%
	통고처분금액 경감	15%	30%	50%
보세구역 운영인	특허 갱신기간 연장	6년	8년	10년
	반입정지 기간을 50% 범위에서 하향조정 가능	–	○	○

정답 | 16 다 17 가

18 **수출입안전관리우수업체가 변동사항 발생 시 관세청장에게 지체 없이 보고하여야 하는 것으로 옳은 것은?**

가. 양도, 양수, 분할 및 합병 등으로 인한 법적 지위의 변경

나. 범칙행위, 부도 등 공인 유지에 중대한 영향을 미치는 사실의 발생

다. 대표자, 수출입 관련 업무 담당 임원 및 관리책임자의 변경

라. 소재지 이전, 사업장의 신설 · 증설 · 확장 · 축소 · 폐쇄 등

마. 사업내용의 변경 또는 추가

해설 수출입안전관리우수업체는 다음 각 호의 어느 하나에 해당하는 사실이 발생한 경우에는 그 사실이 발생한 날로부터 30일 이내에 수출입 관리현황 변동사항 보고서를 작성하여 관세청장에게 보고하여야 한다. 다만, 변동사항이 범칙행위, 부도 등 공인 유지에 중대한 영향을 미치는 경우에는 지체 없이 보고하여야 한다.

1. 양도, 양수, 분할 및 합병 등으로 인한 법적 지위의 변경
2. 대표자, 수출입 관련 업무 담당 임원 및 관리책임자의 변경
3. 소재지 이전, 사업장의 신설 · 증설 · 확장 · 축소 · 폐쇄 등
4. 사업내용의 변경 또는 추가
5. 화재, 침수, 도난, 불법유출 등 수출입화물 안전관리와 관련한 특이사항

19 **보세창고를 운영하는 A사는 수출입안전관리우수업체 공인 후 다음과 같은 활동을 수행하였다. 관련 법령 및 공인기준 적용 시 적절하지 않은 것은?**

가. 2014년 9월 1일 수출입안전관리우수업체 공인을 받고 2019년 2월 20일에 종합심사(갱신심사)를 신청하였다.

나. 2015년 5월 1일에 수출입안전관리우수업체 공인이 갱신된 후 상위등급기준을 충족하여 2017년 4월 30일에 공인등급 조정 신청을 하였다.

다. 2017년 2월 1일 사내 인사이동으로 수출입관리책임자가 교체되어 2017년 3월 20일에 관세청장에게 보고하였다.

라. 2018년 1월 1일 관세청장에게 수출입관리책임자 변경신고를 하고 2018년 5월 20일에 공인 후 교육을 이수하였다.

마. 2019년 3월 15일에 기업상담전문관의 법규준수개선계획 제출 요청을 받고 2019년 4월 1일에 제출하였다.

해설 수출입안전관리우수업체는 다음 각 호의 어느 하나에 해당하는 사실이 발생한 경우에는 그 사실이 발생한 날로부터 30일 이내에 수출입 관리현황 변동사항 보고서를 작성하여 관세청장에게 보고하여야 한다. 다만, 변동사항이 범칙행위, 부도 등 공인유지에 중대한 영향을 미치는 경우에는 지체 없이 보고하여야 한다.

정답 | 18 나 19 다

1. 양도, 양수, 분할 및 합병 등으로 인한 법적 지위의 변경
2. 대표자, 수출입 관련 업무 담당 임원 및 관리책임자의 변경
3. 소재지 이전, 사업장의 신설 · 증설 · 확장 · 축소 · 폐쇄 등
4. 사업내용의 변경 또는 추가
5. 화재, 침수, 도난, 불법유출 등 수출입화물 안전관리와 관련한 특이사항

가. 수출입안전관리우수업체는 공인을 갱신하고자 할 때에는 공인의 유효기간이 끝나기 6개월 전까지 수출입안전관리우수업체종합심사(갱신심사)신청서와 자율평가표 등 서류를 첨부하여 관세청장에게 전자문서로 제출하여야 한다.

나. 관세청장은 수출입안전관리우수업체가 4개 분기 연속으로 제5조제1항에 따른 공인등급별 기준을 충족하는 경우에는 공인등급의 조정 신청을 받아 상향할 수 있다.

라. 관리책임자가 변경된 경우에는 변경된 날로부터 180일 이내에 해당 교육을 받아야 한다. 관세청장은 관리책임자가 공인 후 교육을 받지 않았을 때에는 다음 차수의 교육을 받도록 권고하여야 한다.

마. 수출입안전관리우수업체는 요구를 받은 날로부터 30일 이내에 관세청장에게 공인기준준수 개선계획을 제출하고, 그 제출일로부터 90일 이내에 개선 완료 보고서를 제출하여야 한다.

20 관세법령상 국제항의 지정요건에 대한 설명으로 틀린 것은?

가. 국제항은 관세청장이 지정한다.

나. 「선박의 입항 및 출항 등에 관한 법률」 또는 「공항시설법」에 의하여 국제무역선(기)이 항상 입출항할 수 있어야 한다.

다. 국내선과 구분되는 국제선 전용통로 및 그 밖에 출입국업무를 처리하는 행정기관의 업무수행에 필요한 인력 · 시설 · 장비를 확보할 수 있어야 한다.

라. 공항의 경우에는 정기여객기가 주 6회 이상 입항하거나 입항할 것으로 예상되거나 여객기로 입국하는 여객수가 연간 4만명 이상이어야 한다.

마. 항구의 경우에는 국제무역선인 5천톤급 이상의 선박이 연간 50회 이상 입항하거나 입항할 것으로 예상되어야 한다.

해설 국제항은 대통령령으로 지정한다.

정답 | 20 가

21 「관세법」 상 국제무역선(기)의 입항보고 시 첨부해야 하는 서류 중 세관장이 감시단속에 지장이 없다고 인정될 경우에 생략 가능한 서류로 옳은 것은?

가. 선박용품 목록, 항공기용품 목록, 승무원 휴대품 목록
나. 여객명부, 승무원명부
다. 선박용품 목록, 항공기용품 목록, 적재화물목록
라. 승무원 휴대품 목록, 승무원 명부
마. 선박국적증서, 최종 출발항의 출항면장

해설 입항보고
국제무역선이나 국제무역기가 국제항(출입허가를 받은 지역을 포함한다)에 입항하였을 때에는 선장이나 기장은 대통령령으로 정하는 사항이 적힌 선박용품 또는 항공기용품의 목록, 여객명부, 승무원 명부, 승무원 휴대품 목록과 적재화물목록을 첨부하여 세관장에게 입항보고를 하여야 하며, 국제무역선은 선박국적증서와 최종 출발항의 출항면장이나 이를 갈음할 서류를 제시하여야 한다. 다만, 세관장은 감시 · 단속에 지장이 없다고 인정될 때에는 선박용품 또는 항공기용품의 목록이나 승무원 휴대품 목록의 첨부를 생략하게 할 수 있다. 〈법률 개정으로 해설 일부 변경〉

PART 02

22 「관리대상화물 관리에 관한 고시」에 규정된 용어의 정의에 대한 설명으로 틀린 것은?

가. "검색기검사화물"이란 세관장이 선별한 검사대상화물 중 검색기로 검사를 실시하는 화물을 말한다.
나. "즉시검사화물"이란 세관장이 선별한 검사대상화물 중 검색기검사를 하지 않고 바로 개장검사를 실시하는 화물을 말한다.
다. "반입후검사화물"이란 세관장이 선별한 검사대상화물 중 세관지정장치장으로 반입토록 하여 검사하는 화물을 말한다.
라. "하선(기)감시화물"이란 세관장이 선별하여 부두 또는 계류장 내에서 하역과정을 감시하거나 하역 즉시 검사하는 화물(공컨테이너를 포함한다)을 말한다.
마. "운송추적감시화물"이란 세관장이 선별한 감시대상화물 중 하선(기)장소 또는 장치예정장소까지 추적감시하는 화물을 말한다.

해설 "반입후검사화물"이란 세관장이 선별한 검사대상화물 중 하선(기)장소 또는 장치예정장소에서 이동식검색기로 검사하거나 컨테이너적출 시 검사하는 화물을 말한다.

정답 | 21 가 22 다

23 **「관리대상화물 관리에 관한 고시」에 규정된 화물의 장치 및 관리 절차에 대한 설명으로 틀린 것은?**

가. 검색기검사화물의 경우에는 검사를 마친 경우에만 하선장소에 반입할 수 있다.
나. 세관지정장치장의 화물관리인과 세관지정 보세창고의 운영인은 관리대상화물을 일반화물과 구분하여 장치하여야 한다.
다. 세관장은 하선(기)감시화물에 대하여 이상이 있다고 판단되는 경우 현장에서 확인하거나 운송추적감시 또는 반입후검사대상으로 지정하여 검사를 실시할 수 있다.
라. 세관장은 정밀검사 시 검사입회 통보를 하여도 검사일시에 화주 또는 화주로부터 권한을 위임받은 자가 입회하지 않은 때에는 해당 보세구역의 화물관리인(운영인)이나 그 대리인의 입회하에 검사를 실시할 수 있다.
마. 반송 후 재수입되는 컨테이너화물로 밀수입 등이 의심되는 화물은 '수입신고후검사화물'로 선별하여 검사한다.

해설 반송 후 재수입되는 컨테이너화물로 밀수입 등이 의심되는 화물은 '즉시검사화물'로 선별하여 검사한다.

24 **세관장이 선박회사 또는 항공사에 열람 또는 제출을 요구할 수 있는 승객예약자료에 해당하지 않는 것은?**

가. 예약 및 탑승수속 시점
나. 동반탑승자 및 좌석번호
다. 도착국가 내 소재지 주소 및 전화번호
라. 여행경로 및 여행사
마. 수하물 자료

해설 승객예약자료
- 국적, 성명, 생년월일, 여권번호 및 예약번호
- 주소 및 전화번호
- 예약 및 탑승수속 시점
- 항공권 또는 승선표의 번호 · 발권일 · 발권도시 및 대금결제방법
- 여행경로 및 여행사
- 동반탑승자 및 좌석번호
- 수하물 자료
- 항공사 또는 선박회사의 회원으로 가입한 경우 그 회원번호 및 등급과 승객주문정보

정답 | 23 마 24 다

25 **선박(항공기)용품과 선(기)내판매용품(이하 "용품"이라 한다)의 반출입 및 하역에 대한 설명으로 틀린 것은?**

가. 공급자 또는 판매자가 용품으로 공급(판매)하고자 하는 외국물품을 보세구역에 반입한 때에는 관할지세관장에게 반입등록서를 전자문서로 제출하여야 한다.

나. 공급자 등이 외국물품인 선박용품등의 적재등 허가를 받고자 하는 때에는 해당 국제무역선이 정박한 지역의 관할 세관장에게 적재허가신청서를 제출하여야 한다.

다. 선박회사(대리점 포함)는 또는 항공사는 자기 회사에 소속되어 있는 국제무역선에 한하여 용품을 직접 적재등을 하거나 보세운송할 수 있다.

라. 보세운송신고인은 선박용품등이 목적지에 도착한 때에는 선박(항공기)용품공급업자 입회하에 인수자에게 인계하여야 한다.

마. 용품의 하선(기)허가를 받은 자는 허가일로부터 7일 이내에 하선허가받은 물품을 보세구역에 반입하여야 한다.

해설 보세운송신고인은 선박용품등이 목적지에 도착한 때에는 보세구역운영인의 입회하에 인수자에게 인계하여야 하며, 인수자는 물품을 인수하는 즉시 도착지세관장에게 도착보고를 하여야 한다.

PART 02

정답 | 25 라

MEMO

P/A/R/T

03

토마토패스 보세사 7개년 기출문제집

2020년 기출문제 및 해설

[2020년] 기출문제 및 해설

1과목 수출입통관절차

01 관세에 대한 설명으로 틀린 것은?

가. 관세법상 납세의무자와 실질적인 조세부담자가 다른 간접세에 해당한다.
나. 국가가 일정한 과세기간에 따라 일정 시점에 조세를 부과하는 정기세에 해당한다.
다. 납세의무자의 의사와 관계없이 관세법 또는 조약에 의거 강제적으로 부과징수하는 조세이다.
라. 자유무역의 장애요소가 될 수 있다.
마. 부가가치세 등과 같은 소비세적 성격이 있다.

해설 관세는 정기세가 아닌 수시세에 해당한다.

02 간이세율 적용에 대한 설명으로 틀린 것은?

가. 외국을 오가는 운송수단의 승무원이 휴대하여 수입하는 물품은 간이세율을 적용할 수 있다.
나. 탁송품은 간이세율을 적용할 수 있다.
다. 종량세가 적용되는 물품은 간이세율을 적용하지 아니한다.
라. 관세율이 무세인 물품은 간이세율을 적용하지 아니한다.
마. 우편물은 모두 간이세율을 적용할 수 있다.

해설 다음 각 호의 어느 하나에 해당하는 물품 중 대통령령으로 정하는 물품에 대하여는 다른 법령에도 불구하고 간이세율을 적용할 수 있다(관세법 제81조).
1. 여행자 또는 외국을 오가는 운송수단의 승무원이 휴대하여 수입하는 물품
2. 우편물. 다만, 수입신고를 하여야 하는 것은 제외한다.
3. 탁송품 또는 별송품

정답 | 01 나 02 마

03 관세법의 목적에 대한 설명이다. ( ) 안에 들어갈 용어를 맞게 나열한 것은?

이 법은 관세의 부과, 징수 및 수출입 물품의 통관을 ( )하게 하고 ( )수입을 확보함으로써 ( )경제의 발전에 이바지함을 목적으로 한다.

가. 신속, 관세, 국가
나. 신속, 관세, 국민
다. 적정, 조세, 국민
라. 적정, 관세, 국민
마. 정확, 조세, 국가

해설 관세법은 관세의 부과 · 징수 및 수출입물품의 통관을 적정하게 하고 관세수입을 확보함으로써 국민경제의 발전에 이바지함을 목적으로 한다(「관세법」 제1조).

04 보세구역에 반입된 수입물품의 수입신고의무에 관한 설명으로 틀린 것은?

가. 신고의무기간의 미준수에 따른 가산세 대상 물품은 보세구역의 종류와 물품의 특성을 감안하여 관할 세관장이 정한다.
나. 신고의무기간은 보세구역 반입 일부터 30일 이내이다.
다. 신고의무기간 내에 수입의 신고를 하지 아니한 경우에는 해당 물품의 과세가격의 100분의 2에 상당하는 금액의 범위에서 가산세를 징수한다.
라. 신고지연가산세는 500만원을 초과할 수 없다.
마. 관세법 별표 관세율표상 관세가 무세인 국제운송을 위한 컨테이너는 수입신고를 생략한다.

해설 가산세를 징수해야 하는 물품은 물품의 신속한 유통이 긴요하다고 인정하여 보세구역의 종류와 물품의 특성을 고려하여 관세청장이 정하는 물품으로 한다(「관세법 시행령」 제248조).

05 수출 심사 및 검사에 대한 설명으로 틀린 것은?

가. 전자통관심사란 수출신고를 하면 세관 직원의 심사 없이 수출통관시스템에서 전자적 방식으로 심사하는 것을 말한다.
나. 심사란 신고된 세번과 신고가격 등 신고사항의 적정 여부, 법령에 의한 수출요건의 충족 여부 등을 확인하기 위하여 관련 서류(전자 이미지 포함)나 분석 결과를 검토하는 것을 말한다.
다. 자율정정이란 심사나 검사대상으로 선별되지 아니한 신고건에 대하여 화주 또는 신고인이 자율적으로 통관시스템을 이용하여 정정하는 것을 말한다.
라. 물품검사란 수출신고된 물품 이외에 은닉된 물품이 있는지 여부와 수출신고사항과 현품의 일치 여부를 확인하는 것을 말한다.
마. 적재지검사란 수출신고를 한 물품의 소재지에 방문하여 검사하는 것을 말한다.

해설 "적재지검사"란 수출물품이 선적되는 적재지 보세구역 또는 적재지 관할 세관장이 별도로 정하는 장소에서 검사하는 것을 말한다.

정답 | 03 라 04 가 05 마

06 첨부서류 없이 신고서에 수입신고사항을 기재하는 간이신고 대상물품이 아닌 것은?

가. 국내거주자가 수취하는 해당 물품의 총 가격이 미화 150달러 이하의 물품으로서 자가사용물품으로 인정되는 면세대상물품

나. 외교행낭으로 반입되는 면세대상물품

다. 해당 물품의 총 과세가격이 미화 250불 이하의 면세되는 상업용견본품

라. 설계도 중에서 수입승인이 면제되는 것

마. 외국환거래법에 따라 금융기관이 외환업무를 영위하기 위하여 수입하는 지급수단

해설 다음 각 호의 어느 하나에 해당하는 물품은 첨부서류없이 신고서에 수입신고사항을 기재하여 신고("간이신고")한다.

① 국내거주자가 수취하는 해당 물품의 총 가격이 미화 150달러 이하의 물품으로서 자가사용물품으로 인정되는 면세대상물품

② 해당 물품의 총 과세가격이 미화 250불 이하의 면세되는 상업용견본품

③ 설계도 중 수입승인이 면제되는 것

④ 「외국환거래법」에 따라 금융기관이 외환업무를 영위하기 위하여 수입하는 지급수단

※ 외교행낭으로 반입되는 면세대상물품은 수입신고 생략 대상이다.

07 과세물건 확정의 시기에 대한 설명으로 틀린 것은?

가. 수입신고가 수리되기 전에 소비하거나 사용하는 물품(관세법 제239조에 따라 소비 또는 사용을 수입으로 보지 않는 물품은 제외한다) : 해당 물품을 소비하거나 사용한 때

나. 도난물품 또는 분실물품 : 해당 물품이 도난되거나 분실된 때

다. 보세운송 신고를 하거나 승인을 받아 보세운송하는 외국물품이 지정된 기간 내에 목적지에 도착하지 아니하여 관세를 징수하는 물품 : 보세운송 지정기간이 만료된 때

라. 우편으로 수입되는 물품(정식 수입신고 대상물품은 제외한다) : 통관 우체국에 도착한 때

마. 관세법 제253조제1항에 따른 수입신고 전 즉시반출신고를 하고 반출한 물품 : 수입신고 전 즉시반출신고를 한 때

해설 보세운송기간이 경과하여 관세를 징수하는 경우 : 보세운송을 신고하거나 승인받은 때 과세물건이 확정된다.

정답	06 나　07 다

08 원산지표시 보수작업에 대한 설명으로 틀린 것은?

가. 수입자등이 수입물품의 원산지표시 보수작업을 하고자 하는 때에는 보수작업승인(신청)서를 세관장에게 제출하여야 한다.

나. 원산지가 표시되지 않은 물품의 원산지표시 보수작업을 신청받은 세관장은 원산지증명서 또는 원산지증빙서류에 의하여 원산지를 확인한 뒤 이를 승인하여야 한다.

다. 수입자 등은 보수작업을 완료한 경우 세관공무원 또는 관세사의 확인을 받아야 한다.

라. 보수작업을 확인한 세관공무원 등은 보수작업 완료 후의 상태를 촬영하여 전자통관시스템에 등록하고 통보하여야 한다.

마. 보수작업신청, 승인, 작업완료 확인 내역 등록 및 통보는 전자통관시스템에 의하여 할 수 있다.

해설 보수작업 신청인이 보수작업을 완료한 경우에는 보수작업 완료보고서를 세관장에게 제출하여 그 확인을 받아야 한다.

PART 03

09 관세법상 용어에 대한 설명으로 맞는 것은?

가. 관세법 제244조제1항에 따라 입항전수입신고가 수리된 물품은 외국물품이다.

나. 외국의 선박 등이 공해상에서 채집한 수산물로서 수입신고가 수리된 것은 외국물품이다.

다. 수출신고가 수리되었으나 선박에 적재되지 않은 물품은 내국물품이다.

라. 복합환적이란 입국 또는 입항하는 운송수단의 물품을 다른 세관의 관할구역으로 운송하여 출국 또는 출항하는 운송수단으로 옮겨 싣는 것을 말한다.

마. 통관이란 관세법에 따른 절차를 이행하여 물품을 수출, 수입하는 것을 말하며 반송은 포함되지 않는다.

해설 가. 관세법 제244조제1항에 따라 입항전수입신고가 수리된 물품은 내국물품이다.
나. 외국의 선박 등이 공해상에서 채집한 수산물로서 수입신고가 수리된 것은 내국물품이다.
다. 수출신고가 수리되었으나 선박에 적재되지 않은 물품은 외국물품이다.
마. 통관이란 관세법에 따른 절차를 이행하여 물품을 수출, 수입, 반송하는 것을 말한다.

10 과세가격을 결정하는 경우 외국통화로 표시된 가격을 내국통화로 환산할 때 기준으로 하는 환율은?

가. 대고객 전신환 매입율

나. 대고객 현찰 매입율

다. 은행 간 전신환율

라. 기준환율 또는 재정환율

마. 대고객 전신환 매도율

해설 과세가격을 결정하는 경우 외국통화로 표시된 가격을 내국통화로 환산할 때에는 제17조에 따른 날(보세건설장에 반입된 물품의 경우에는 수입신고를 한 날을 말한다)이 속하는 주의 전주의 기준환율 또는 재정환율을 평균하여 관세청장이 그 율을 정한다. 〈23년 개정으로 해설 변경〉

정답	08 다	09 라	10 라

11 관세의 과세표준 및 과세물건 확정의 시기에 대한 설명이다. ( ) 안에 들어갈 용어를 맞게 나열한 것은?

- 관세의 과세표준은 수입물품의 ( ) 또는 ( )으로 한다.
- 관세는 수입신고(입항전 수입신고를 포함한다)하는 때의 물품의 ( )과 ( )에 따라 부과한다.

가. 가격, 수량, 가격, 수량
나. 수량, 중량, 수량, 중량
다. 가격, 수량, 성질, 수량
라. 수량, 중량, 가격, 수량
마. 가격, 수량, 규격, 수량

해설
- 관세의 과세표준은 수입물품의 가격 또는 수량으로 한다.
- 관세는 수입신고(입항전수입신고를 포함)를 하는 때의 물품의 성질과 그 수량에 따라 부과한다.

12 수입신고 각하 사유에 해당되지 않는 것은?

가. 거짓이나 그 밖의 부정한 방법으로 신고한 경우
나. 재해 기타 부득이한 사유로 수입물품이 멸실되었거나 세관의 승인을 얻어 폐기하려는 경우
다. 폐기, 공매, 국고귀속이 결정된 경우
라. 출항전신고나 입항전신고의 요건을 갖추지 못한 경우
마. 출항전신고나 입항전신고한 화물이 도착하지 아니한 경우

해설 신고각하

세관장은 신고가 그 요건을 갖추지 못하였거나 부정한 방법으로 신고되었을 때 등 다음 사유에 해당하는 경우에는 해당 수출 · 수입 또는 반송의 신고를 각하할 수 있다.

① 거짓이나 그 밖의 부정한 방법으로 신고한 경우
② 폐기, 공매 및 경매낙찰, 몰수확정, 국고귀속이 결정된 경우
③ 출항전신고나 입항전신고의 요건을 갖추지 아니한 경우
④ 출항전신고나 입항전신고한 화물이 도착하지 아니한 경우
⑤ 기타 수입신고의 형식적 요건을 갖추지 못한 경우

정답 | 11 다 12 나

13 특송물품에 대한 신고구분 및 수입신고 등의 설명으로 틀린 것은?

가. 국내거주자가 수취하는 자가사용물품 또는 면세되는 상업용견본품 중 물품 가격이 미화 150달러(미합중국과의 협정에 해당하는 물품은 미화 200달러) 이하에 해당하는 물품은 목록통관특송물품이다.

나. 물품 가격이 미화 150달러(미합중국과의 협정에 해당하는 물품은 미화 200달러)를 초과하고 2,000달러 이하인 물품은 간이신고특송물품이다.

다. 물품 가격이 미화 2,000달러를 초과하는 물품은 일반수입신고특송물품이다.

라. 우리나라가 체결한 자유무역협정에 따른 원산지증명 면제대상물품에 대하여 협정관세를 적용받고자 하는 자는 구매처(국가), 가격정보가 담긴 구매영수증 등을 세관장에게 제출하여야 한다.

마. 목록통관특송물품을 수입통관하려는 때에는 관세사, 관세법인, 통관취급법인이나 수입화주는 통관목록을 세관장에게 제출하여야 한다.

해설 특송업체가 목록통관특송물품을 수입통관하려는 때에는 통관목록을 세관장에게 제출하여야 한다(「특송물품 수입통관 사무처리에 관한 고시」 제9조).

14 다음 설명 중 틀린 것은?

가. 입항전수입신고가 수리된 물품은 우리나라에 도착된 것으로 보아 이를 외국으로 반출하는 경우에는 수출에 해당된다.

나. 외국물품과 내국물품을 혼용하여 만든 제품은 모두 외국으로부터 우리나라에 도착된 외국물품으로 본다.

다. 보세구역 장치기간을 경과하여 매각한 물품은 수입신고수리 절차를 거치지 아니하였지만 관세법상 내국물품으로 간주한다.

라. 보수작업으로 외국물품에 부가된 내국물품은 외국물품으로 본다.

마. 잠정가격신고 후에 확정가격신고 시 세액이 증가하는 경우에는 가산세를 면제한다.

해설 외국물품이나 외국물품과 내국물품을 원료로 하거나 재료로 하여 작업을 하는 경우 그로써 생긴 물품은 외국으로부터 우리나라에 도착한 물품("외국물품")으로 본다. 다만, 대통령령으로 정하는 바에 따라 세관장의 혼용승인을 받고 외국물품과 내국물품을 혼용하는 경우에는 그로써 생긴 제품 중 해당 외국물품의 수량 또는 가격에 상응하는 것은 외국으로부터 우리나라에 도착한 물품으로 본다.

정답	13 마 14 나

15 관세법상 신고서류 보관기간을 나열한 것이다. 틀린 것은?

가. 수입신고필증 : 5년
나. 수출신고필증 : 3년
다. 보세화물 반출입에 관한 자료 : 3년
라. 수입물품 과세가격 결정에 관한 자료 : 5년
마. 보세운송에 관한 자료 : 2년

해설 보세화물 반출입에 관한 자료의 보관기간은 2년이다.

16 수출입 금지 물품이 아닌 것은?

가. 헌법질서를 문란하게 하는 물품
나. 세액을 허위로 기재한 물품
다. 공공의 안녕질서 또는 풍속을 해치는 물품
라. 정부의 기밀을 누설하거나 첩보활동에 사용되는 물품
마. 화폐, 채권이나 그 밖의 유가증권의 위조품, 변조품 또는 모조품

해설 수출입금지품의 정의
다음 각 호의 어느 하나에 해당하는 물품은 수출하거나 수입할 수 없다.
1. 헌법질서를 문란하게 하거나 공공의 안녕질서 또는 풍속을 해치는 서적 · 간행물 · 도화, 영화 · 음반 · 비디오물 · 조각물 또는 그 밖에 이에 준하는 물품
2. 정부의 기밀을 누설하거나 첩보활동에 사용되는 물품
3. 화폐 · 채권이나 그 밖의 유가증권의 위조품 · 변조품 또는 모조품

17 도난물품이나 분실물품에 대하여 관세법에서 정한 납세의무자가 아닌 자는?

가. 보세구역 운영인
나. 보세운송신고인
다. 물품보관인
라. 물품점유자
마. 물품취급인

해설 도난물품이나 분실물품인 경우에는 다음 각 목에 규정된 자가 납세의무자가 된다.
1. 보세구역의 장치물품 : 그 운영인 또는 화물관리인
2. 보세운송물품 : 보세운송을 신고하거나 승인을 받은 자
3. 그 밖의 물품 : 그 보관인 또는 취급인

정답 | 15 다 16 나 17 라

18 서류제출대상으로 선별된 수입신고건에 대하여는 제출서류를 스캔 등의 방법으로 전자 이미지화하거나 무역서류의 전자제출을 이용하여 통관시스템에 전송하는 것이 원칙이다. 그럼에도 불구하고 종이서류로 제출하여야 하는 것은?

가. 송품장

나. 가격신고서

다. 선하증권(B/L) 사본이나 항공화물운송장(AWB) 사본

라. 킴벌리프로세스증명서

마. 원산지증명서

해설 종이서류 제출대상(「수입통관 사무처리에 관한 고시」 제15조)

다음 각 호의 어느 하나에 해당하는 경우에는 종이서류를 제출하여야 한다.

1. 킴벌리프로세스증명서 제출대상물품(원본)
2. 일시수입통관증서(A.T.A Carnet)에 의한 일시수입물품(원본)
3. SOFA 협정 적용대상물품(원본 또는 주한미군에서 전자서명하여 교부한 증명서)
4. 법 제38조제2항 단서에 따른 사전세액심사대상물품. 다만, 다음 각 목의 어느 하나에 해당하는 물품은 제외한다.
   가. 「부가가치세법」 제27조제1호 · 제2호와 제15호(같은 법 시행령 제56조제22호 해당물품에 한함) 해당물품
   나. 특급탁송물품으로서 규칙 제45조제1항제3호 및 제2항제1호에 따른 소액면세대상물품
   다. 법 제89조에 따른 감면대상 물품
   라. 법 제99조에 따른 재수입면세대상 물품
   마. 규칙 제50조제1항제1호 및 제2호에 따른 수출입물품의 포장용품
   바. 개성공업지구로부터 반입되는 임가공물품
   사. 규칙 제8조제5호에 따라 관세청장이 정하는 물품 중 농축수산물을 제외한 물품
   아. 법 제107조에 따라 관세를 분할납부하려는 물품
   자. 관세를 체납하고 있는 자가 신고하는 물품
   차. 「자유무역협정의 이행을 위한 관세법의 특례에 관한 법률」 제30조제1항제2호에 따른 재수입면세대상 물품
5. 부과 고지 대상물품(다만, 관세법 시행규칙 제48조제4항 본문에 규정된 자가 수입하는 자동차 이외의 이사화물은 제외한다)
6. 신고수리전 반출대상물품
7. 제1호에서 제6호 이외의 경우로 첨부서류가 20매를 초과하는 경우. 다만 신고인이 원하는 경우 전자문서로 제출할 수 있다.
8. 전산장애 등으로 첨부서류 전송시스템을 이용할 수 없는 경우
9. 관세청장이나 세관장이 종이서류 제출이 필요하다고 인정하는 경우

PART 03

정답 18 라

19 수출입물품 검사에 대한 설명으로 틀린 것은?

가. 세관공무원은 수출입물품에 대하여 검사할 수 있다.
나. 화주는 수입신고하려는 물품에 대하여 수입신고 전 확인할 수 있다.
다. 세관장은 적법한 물품검사로 인하여 물품에 손실이 발생한 경우 그 손실을 입은 자에게 보상하여야 한다.
라. 세관장은 다른 법령에서 정한 물품의 성분, 품질 등에 대한 안전성 검사를 할 수 있다.
마. 세관장은 물품의 화주 및 신고인이 검사에 참여할 것을 신청할 경우 화주에 한하여 참여를 허용할 수 있다.

해설 「수입통관 사무처리에 관한 고시」 제31조

1. 검사계획을 통보받은 신고인은 검사참여를 신청할 수 있다. 이 경우 검사참여신청(통보)서를 작성하여 통관지 세관장에게 제출해야 한다.
2. 검사참여를 신청받은 세관장은 검사일시와 장소를 적은 같은 항에 따른 검사참여신청(통보)서를 신고인에게 발급해야 한다.

20 관세법상 심사청구에 관한 설명으로 틀린 것은?

가. 심사청구는 해당 처분을 한 것을 안 날부터 120일 이내에 제기하여야 한다.
나. 심사청구는 불복하는 사유를 심사청구서에 적어 해당 처분을 하였거나 하였어야 하는 세관장을 거쳐 관세청장에게 하여야 한다.
다. 이의신청을 거친 후 심사청구를 하려는 경우에는 이의신청에 대한 결정을 통지받은 날부터 90일 이내에 하여야 한다.
라. 해당 심사청구서를 제출받은 세관장은 이를 받은 날부터 7일 내에 그 심사청구서에 의견서를 첨부하여 관세청장에게 보내야 한다.
마. 우편으로 기한 내에 제출한 심사청구서가 청구기간이 지나 세관장 또는 관세청장에게 도달한 경우에는 그 기간의 만료일에 청구된 것으로 본다.

해설 심사청구는 불복하는 사유를 심사청구서에 적어 신청의 사유가 된 처분이 있은 것을 안 날로부터 90일 이내에(이의신청을 거친 후 심사청구를 하려는 경우에는 이의신청에 대한 결정을 통지받은 날부터 90일 이내) 해당 처분을 하였거나 하였어야 하는 세관장을 거쳐 관세청장에게 하여야 한다.

정답 | 19 마 20 가

21 고액, 상습체납자의 명단 공개에 대한 설명이다. ( )안에 들어갈 내용을 맞게 나열한 것은?

> 관세청장은 체납발생일부터 ( )이 지난 관세 및 내국세 등이 ( ) 이상인 체납자에 대하여는 그 인적사항과 체납액 등을 공개할 수 있다. 다만, 체납관세 등에 대하여 이의신청, 심사청구 등 불복청구가 진행 중이거나 체납액의 일정 금액 이상을 납부한 경우 등 대통령령으로 정하는 사유에 해당하는 경우에는 그러하지 아니하다.

가. 6월, 1억원
나. 6월, 2억원
다. 1년, 2억원
라. 1년, 1억원
마. 3년, 3억원

해설 비밀유지원칙에도 불구하고 관세청장은 체납발생일부터 1년이 지난 관세 및 내국세 등("체납관세 등")이 2억원 이상인 체납자에 대하여는 그 인적사항과 체납액 등을 공개할 수 있다.

PART 03

22 「관세법」 제231조 규정에 의한 환적물품 등의 원산지 허위표시물품 유치에 대한 설명으로 틀린 것은?

가. 세관장은 원산지표시 수정 등 필요한 조치사항이 이행된 경우에는 물품의 유치를 즉시 해제하여야 한다.
나. 세관장은 유치사실을 통지할 때에는 이행기간을 정하여 원산지 표시의 수정 등 필요한 조치를 명할 수 있다. 이 경우 지정한 이행기간 내에 명령을 이행하지 아니하면 매각한다는 뜻을 함께 통지하여야 한다.
다. 세관장은 외국물품을 유치할 때에는 그 사실을 그 물품의 화주나 그 위임을 받은 자에게 통지하여야 한다.
라. 유치하는 외국물품은 세관장이 관리하는 장소에 보관하여야 한다. 다만, 세관장이 필요하다고 인정할 때에는 그러하지 아니하다.
마. 일시적으로 육지에 내려지거나 다른 운송수단으로 환적 또는 복합환적되는 외국물품 중 원산지를 최종 수입국으로 허위 표시한 물품은 유치할 수 있다.

해설 세관장은 일시적으로 육지에 내려지거나 다른 운송수단으로 환적 또는 복합환적되는 외국물품 중 원산지를 우리나라로 허위 표시한 물품은 유치할 수 있다.

정답	21 다　22 마

23 **외국에 거주하는 친인척이 국내거주자에게 무상으로 기증하는 수입물품이 있을 때, 이에 대하여 세관장이 부과, 징수할 수 있는 조세가 아닌 것은?**

가. 개별소비세
나. 주세
다. 증여세
라. 교육세
마. 농어촌 특별세

해설 수입물품에 대하여 세관장이 부과하는 세금
① 부가가치세
② 지방소비세
③ 담배소비세
④ 지방교육세
⑤ 개별소비세
⑥ 주세
⑦ 교육세
⑧ 교통에너지환경세 및 농어촌 특별세

24 **세관장이 수입신고서 심사 결과 해당 물품을 통관보류할 수 있는 경우가 아닌 것은?**

가. 수입신고서 기재사항 중 중요한 사항이 미비되어 보완이 필요한 경우
나. 해당 물품에 대한 가격신고서 내용 중 일부 사항이 기재누락된 경우
다. 관세범칙 혐의로 고발되거나 조사를 받는 경우
라. 관세법 제246조의3에 따른 안전성 검사가 필요한 경우
마. 「국세징수법」 및 「지방세징수법」에 따라 세관장에게 강제징수 또는 체납처분이 위탁된 해당 체납자가 수입하는 경우

해설 세관장은 다음에 해당하는 경우에는 해당 물품의 통관을 보류할 수 있다.
① 수출 · 수입 또는 반송에 관한 신고서의 기재사항에 보완이 필요한 경우
② 제출서류 등이 갖추어지지 아니하여 보완이 필요한 경우
③ 관세법에 따른 의무사항을 위반하거나 국민보건 등을 해칠 우려가 있는 경우
④ 수출입물품에 대한 안전성 검사가 필요한 경우
⑤ 「국세징수법」 및 「지방세징수법」에 따라 세관장에게 강제징수 또는 체납처분이 위탁된 해당 체납자가 수입하는 경우
⑥ 그 밖에 이 법에 따라 필요한 사항을 확인할 필요가 있다고 인정하여 대통령령으로 정하는 경우(관세 관계 법령을 위반한 혐의로 고발되거나 조사를 받는 경우)

정답	23 다 24 나

25 세관장이 수입신고수리 전 반출을 승인할 수 있는 경우가 아닌 것은?

가. 조달사업에 관한 법률에 따른 비축물자로 신고된 물품으로 실수요자가 결정되지 아니한 경우
나. 해당 물품에 대한 품목분류 또는 세율 결정에 오랜 시간이 걸리는 경우
다. 완성품의 세번으로 수입신고 수리를 받고자 하는 물품이 미조립상태로 분할 선적 수입된 경우
라. 특혜세율을 적용받기 위한 원산지 확인에 필요한 원산지증명서를 세관장에게 제출하지 못한 경우
마. 수입통관 시 법령에 따른 허가, 승인, 표시 또는 그 밖의 조건 등 구비조건을 증명하는 데 오랜 시간이 걸리는 경우

해설 수입신고수리 전 반출승인 적용대상
① 완성품세번으로 수입신고수리받고자 하는 물품이 미조립상태로 분할 선적 수입된 경우
② 비축물자로 신고된 물품으로서 실수요자가 결정되지 아니한 경우
③ 사전세액심사 대상물품(부과고지물품 포함)으로서 세액 결정에 장시간이 소요되는 경우
④ 품목분류 또는 세율결정에 장시간이 소요되는 경우
⑤ 수입신고 시 원산지증명서를 세관장에게 제출하지 못한 경우
⑥ 「자유무역협정의 이행을 위한 관세법의 특례에 관한 법률」 제8조제4항 단서에 따른 수입신고수리 전 협정관세의 적정 여부 심사물품으로서 원산지 등의 결정에 오랜 시간이 걸리는 경우

PART 03

2과목 보세구역관리

01 세관장이 지정보세구역으로 지정할 수 있는 구역이 아닌 것은?

가. 국가가 소유하거나 관리하는 토지
나. 지방자치단체가 소유하거나 관리하는 건물
다. 공공기관이 소유하거나 관리하는 토지나 건물
라. 공항시설을 관리하는 법인이 소유하거나 관리하는 토지나 건물
마. 항만시설을 관리하는 법인이 소유하거나 관리하는 토지나 건물

해설 세관장은 다음 각 호의 어느 하나에 해당하는 자가 소유하거나 관리하는 토지 · 건물 또는 그 밖의 시설("토지 등")을 지정보세구역으로 지정할 수 있다.
① 국가
② 지방자치단체
③ 공항시설 또는 항만시설을 관리하는 법인

정답	25 마 01 다

02 특허보세구역의 특허 취소 사유에 대한 설명으로 틀린 것은?

가. 세관장은 특허보세구역 운영인이 거짓이나 그 밖의 부정한 방법으로 특허를 받은 경우에는 특허를 취소하여야 한다.

나. 세관장은 특허보세구역 운영인이 1년 이내에 3회 이상 물품반입 등의 정지처분을 받은 경우 특허를 취소할 수 있다.

다. 세관장은 특허보세구역 운영인이 2년 이상 물품의 반입실적이 없어서 세관장이 특허보세구역의 설치 목적을 달성하기 곤란하다고 인정하는 경우 특허를 취소할 수 있다.

라. 세관장은 특허보세구역 운영인이 관세법 제177조의2를 위반하여 명의를 대여한 경우 특허를 취소하여야 한다.

마. 세관장은 해당시설의 미비 등으로 특허보세구역의 설치 목적을 달성하기 곤란하다고 인정되는 경우 특허를 취소할 수 있다.

해설 세관장은 해당시설의 미비 등으로 특허보세구역의 설치 목적을 달성하기 곤란하다고 인정되는 경우 특허보세구역에의 물품반입정지 등을 할 수 있다.

03 특허보세구역 특허의 효력 상실에 대한 설명으로 틀린 것은?

가. 운영인이 특허보세구역을 운영하지 아니하게 된 경우 그 효력은 상실한다.

나. 특허보세구역의 특허기간이 만료한 경우 특허의 효력은 상실한다.

다. 운영인이 해산하거나 사망한 경우 특허의 효력은 상실한다.

라. 특허보세구역 특허의 효력이 상실되었을 때에는 운영인은 해당 특허보세구역에 있는 외국물품을 지체없이 수입통관하여야 한다.

마. 특허보세구역의 특허가 취소된 경우에는 특허의 효력은 상실한다.

해설 특허보세구역의 설치 · 운영에 관한 특허의 효력이 상실되었을 때에는 운영인이나 그 상속인 또는 승계법인은 해당 특허보세구역에 있는 외국물품을 지체 없이 다른 보세구역으로 반출하여야 한다.

정답	02 마 03 라

04 보세공장에 대한 설명으로 틀린 것은?

가. 보세공장에서 내국물품만을 원료로 하거나 재료로 하여 제조, 가공하거나 그 밖에 이와 비슷한 작업을 하고자 하는 자는 세관장의 허가를 받아야 한다.

나. 세관장은 내국작업 허가의 신청을 받은 날부터 10일 이내에 허가 여부를 신청인에게 통지하여야 한다.

다. 세관장이 내국작업 허가의 신청을 받은 날부터 10일 이내에 신청인에게 허가 여부 또는 민원처리 관련 법령에 따른 처리기간의 연장을 통지하지 아니하면 그 기간이 끝난 날의 다음 날에 허가한 것으로 본다.

라. 보세공장 중 수입하는 물품을 제조, 가공하는 것을 목적으로 하는 보세공장의 업종은 기획재정부령으로 정하는 바에 따라 제한할 수 있다.

마. 보세공장에 반입되어 사용신고한 외국물품은 다른 법령에 따라 허가 · 승인 · 표시를 갖출 필요가 있는 물품임을 증명하지 않아도 된다.

해설 보세공장 사용신고를 한 외국물품이 마약, 총기 등 다른 법령에 따라 허가 · 승인 · 표시 등 관련 법률에 따라 수입요건을 갖출 필요가 있는 물품으로서 관세청장이 정하여 고시하는 물품인 경우에는 세관장에게 그 요건을 갖춘 것임을 증명하여야 한다.

05 보세판매장 판매한도에 대한 설명이다. (   )안에 들어갈 내용을 순서대로 나열한 것은?

> 보세판매장의 운영인이 외국에서 국내로 입국하는 사람에게 물품 ((①)은 제외한다)을 판매하는 때에는 (②)의 한도에서 판매해야 한다.

	(①)	(②)
가.	담배, 향수, 술	미화 800달러
나.	담배, 향수, 술	미화 1,000달러
다.	화장품, 향수, 술	미화 800달러
라.	담배, 화장품, 술	미화 1,000달러
마.	담배, 화장품, 술	미화 800달러

해설 보세판매장의 운영인이 외국에서 국내로 입국하는 사람에게 물품(담배 · 향수 · 술은 제외)을 판매하는 때에는 미화 800달러의 한도에서 판매해야 하며, 담배 · 술 · 향수는 별도면세범위에서 판매할 수 있다. 〈23년 개정으로 해설 일부 변경〉

PART 03

정답	04 마 05 가

06 보세구역에 장치된 물품에 대한 해체, 절단 등의 작업에 관한 설명으로 맞는 것은?

가. 보세구역에 장치된 물품은 그 현상을 유지하기 위하여 필요한 작업과 그 성질을 변하지 아니하게 하는 범위에서 분할, 합병 등을 할 수 있다.

나. 해체, 절단 등의 작업을 하려는 자는 세관장에게 신고하여야 한다.

다. 세관장은 해체, 절단 등의 신청을 받은 날로부터 7일 이내에 허가 여부를 신청인에게 통지하여야 한다.

라. 해체, 절단 등의 작업을 할 수 있는 물품의 종류는 세관장이 정한다.

마. 세관장은 수입신고한 물품에 대하여 필요하다고 인정될 때에는 화주 또는 그 위임을 받은 자에게 해체, 절단 등의 작업을 명할 수 있다.

해설 가. 보세구역에 장치된 물품은 그 현상을 유지하기 위하여 필요한 보수작업과 그 성질을 변하지 아니하게 하는 범위에서 포장을 바꾸거나 구분 · 분할 · 합병을 하거나 그 밖의 비슷한 보수작업을 할 수 있다.

나. 해체, 절단 등의 작업을 하려는 자는 세관장에게 허가받아야 한다.

다. 세관장은 허가의 신청을 받은 날부터 10일 이내에 허가 여부를 신청인에게 통지하여야 한다.

라. 해체, 절단 등의 작업을 할 수 있는 물품의 종류는 관세청장이 정한다.

07 〈23년 개정으로 문제 삭제〉

08 종합보세구역에서 세관장이 내국물품 반출입신고를 생략하게 할 수 있는 물품이 아닌 것은?

가. 관세법 제185조 제2항의 규정에 의하여 세관장의 허가를 받고 내국물품만을 원료로 하여 제조, 가공 등을 하는 경우 그 원료 또는 재료

나. 관세법 제188조 단서의 규정에 의한 혼용작업에 소요되는 원재료

다. 관세법 제196조의 규정에 의한 보세판매장에서 판매하고자 하는 물품

라. 관세법 제190조의 규정에 의한 보세전시장에서 판매하고자 하는 물품

마. 당해 내국물품이 외국에서 생산된 물품으로서 종합보세구역안의 외국물품과 구별되는 필요가 있는 물품(보세전시장의 기능을 수행하는 경우에 한한다)

해설 ※ 출제오류로 인해 모두 정답처리 됨

정답	06 마	07 개정 삭제	08 모두 정답

09 보세판매장 운영인의 의무에 대한 설명으로 틀린 것은?

가. 시내면세점 운영인은 해당 보세판매장에 중소, 중견기업 제품 매장을 설치하여야 한다.

나. 운영인은 면세물품의 교환, 환불절차 및 유의사항을 팜플렛, 인터넷 홈페이지와 게시판 등을 통하여 홍보하여야 한다.

다. 외화로 표시된 물품을 표시된 외화 의외의 통화로 판매하는 때에는 해당 물품을 판매하는 날의 전일의 관세법에 의한 기준환율 또는 재정환율을 적용한다.

라. 운영인은 해당 월의 보세판매장의 업무사항을 다음 달 7일까지 보세판매장 반출입물품 관리를 위한 전산시스템을 통하여 세관장에게 보고하여야 한다.

마. 보세판매장에 근무하는 소속 직원과 판촉사원 등이 보세판매장 협의단체에서 주관하는 교육을 연 1회 이상 이수하도록 하여야 한다.

해설 운영인이 외화로 표시된 물품을 표시된 외화 이외의 통화로 판매하는 때에는 다음 각 호의 사항을 준수하여야 한다.

① 해당 물품을 판매하는 날의 전일(최종 고시한 날)의 「외국환거래법」에 의한 기준환율 또는 재정환율을 적용

② 당일 적용하는 환율을 소수점 이하 2자리까지 표시

③ 당일 적용 환율을 정문 입구 또는 구매자가 잘 볼 수 있는 곳(전자상거래에 의한 판매는 인터넷 홈페이지)에 게시

10 보세구역에 장치된 물품에 이상이 있는 경우 세관장에게 제출해야 하는 이상신고서에 기재할 내용이 아닌 것은?

가. 해당 물품의 품명, 규격, 수량 및 가격

나. 당해 물품의 포장의 종류, 번호 및 개수

다. 장치장소 및 장치사유

라. 장치하는 물품의 종류 및 수용능력

마. 발견연월일, 이상의 원인 및 상태

해설 물품이상의 신고(「관세법 시행령」 제182조)

보세구역 또는 법 제155조제1항 단서의 규정에 의하여 보세구역이 아닌 장소에 장치된 물품에 이상이 있는 때에는 다음 각 호의 사항을 기재한 신고서를 세관장에게 제출하여야 한다.

1. 장치장소 및 장치사유
2. 수입물품의 경우 당해 물품을 외국으로부터 운송하여 온 선박 또는 항공기의 명칭 또는 등록기호 · 입항예정연월일 · 선하증권번호 또는 항공화물운송장번호
3. 해당 물품의 내외국물품별 구분과 품명 · 규격 · 수량 및 가격
4. 당해 물품의 포장의 종류 · 번호 및 개수
5. 장치장소
6. 발견연월일
7. 이상의 원인 및 상태

정답 09 다 10 라

11 지정장치장에 반입한 물품의 보관책임에 대한 설명 중 틀린 것은?

가. 반입한 물품은 지정장치장의 소유자가 보관 책임을 진다.

나. 세관장은 지정장치장의 질서 유지와 화물의 안전관리를 위하여 필요하다고 인정할 때는 화물관리인을 지정할 수 있다.

다. 세관장이 관리하는 시설이 아닌 경우에는 시설의 소유자나 관리자와 협의하여 화물관리인을 지정하여야 한다.

라. 화물관리인은 화물관리에 필요한 비용을 화주로부터 징수할 수 있다.

마. 화물관리인이 화주로부터 징수하는 비용의 요율에 대하여는 세관장의 승인을 받아야 한다.

해설 지정장치장에 반입한 물품은 화주 또는 반입자가 그 보관의 책임을 진다.

12 보세공장의 제품과세와 원료과세에 대한 설명 중 틀린 것은?

가. 외국물품이나 외국물품과 내국물품을 원료로 하거나 재료로 하여 작업하는 경우 그로써 생긴 물품은 외국으로부터 우리나라에 도착한 것으로 본다.

나. 세관장의 승인을 받고 외국물품과 내국물품을 혼용하는 경우에는 그로써 생긴 제품 중 해당 외국물품의 수량 또는 가격에 상응하는 것은 외국으로부터 우리나라에 도착한 물품으로 본다.

다. 보세공장에서 제조된 물품을 수입하는 경우 사용신고 전에 미리 세관장에게 물품의 원료인 외국물품의 과세 적용을 신청한 경우에는 사용신고를 할 때의 그 원료의 성질과 수량에 따라 관세를 부과한다.

라. 보세공장에 대하여는 1년의 범위 내에서 원료별, 제품별 또는 보세공장 전체에 대하여 원료과세 신청을 할 수 있다.

마. 원료과세는 최근 2년간 생산되어 판매된 물품 중 수출된 물품의 가격비율이 100분의 50 미만인 경우에만 적용할 수 있다.

해설 원료과세 일괄적용신청

세관장은 대통령령으로 정하는 다음의 기준에 해당하는 보세공장에 대하여는 1년의 범위에서 원료별, 제품별 또는 보세공장 전체에 대하여 원료과세 적용신청을 하게 할 수 있다.

① 최근 2년간 생산되어 판매된 물품 중 수출된 물품의 가격 비율이 100분의 50 이상일 것

② 수출입 안전관리 우수업체로 공인된 업체가 운영할 것 〈23년 개정으로 해설 일부 변경〉

정답	11 가 12 마

13 특허보세구역의 수용능력 증감에 대한 설명 중 틀린 것은?

가. 운영인은 수용능력을 증감할 필요가 있는 경우 세관장의 승인을 얻어야 한다.
나. 특허작업 능력을 변경할 운영시설의 관계도면과 공사내역서를 세관장에게 제출하여야 한다.
다. 운영시설의 증축은 수용능력 증감에 해당하지만, 수선은 해당하지 않는다.
라. 특허를 받은 면적의 범위 내에서 수용능력 변경은 신고로써 승인을 얻은 것으로 본다.
마. 수용능력에 대한 공사를 준공한 운영인은 그 사실을 지체 없이 세관장에게 통보하여야 한다.

해설 수용능력 증감 등의 변경승인의무
특허보세구역의 운영인이 그 장치물품의 수용능력을 증감하거나 그 특허작업의 능력을 변경할 설치 · 운영시설의 증축, 수선 등의 공사를 하고자 하는 때에는 그 사유를 기재한 신청서에 공사내역서 및 관계도면을 첨부하여 세관장에게 제출하여 그 승인을 얻어야 한다.

PART 03

14 ( ) 안에 들어갈 내용으로 맞는 것은?

> 보세구역은 지정보세구역, 특허보세구역 및 (①)으로 구분하고, 지정보세구역은 지정장치장 및 (②)(으)로 구분하며, 특허보세구역은 (③), 보세공장, 보세전시장, (④) 및 보세판매장으로 구분한다.

	①	②	③	④
가.	종합보세구역	세관검사장	보세창고	보세건설장
나.	합동보세구역	세관검사장	보세장치장	보세건설장
다.	종합보세구역	세관검사장	보세건설장	보세창고
라.	종합보세구역	보세건설장	보세창고	세관검사장
마.	종합보세구역	보세창고	세관검사장	보세건설장

해설 보세구역은 지정보세구역 · 특허보세구역 및 종합보세구역으로 구분하고, 지정보세구역은 지정장치장 및 세관검사장으로 구분하며, 특허보세구역은 보세창고 · 보세공장 · 보세전시장 · 보세건설장 및 보세판매장으로 구분한다.

정답 13 다 14 가

15 보세구역 물품의 반출입에 관한 설명 중 틀린 것은?

가. 보세구역에 물품을 반입하거나 반출하려는 자는 대통령령으로 정하는 바에 따라 세관장에게 신고하여야 한다.

나. 보세구역에 물품을 반입하거나 반출하려는 경우, 세관공무원은 해당 물품을 검사할 수 있다.

다. 세관장은 보세구역에 반입할 수 있는 물품의 종류를 제한할 수 있다.

라. 관세청장이 정하는 보세구역에 반입되어 수입신고가 수리된 물품은 장치기간에도 불구하고 수입신고 수리일로부터 15일 이내에 해당 물품을 보세구역으로부터 반출하여야 한다.

마. 수입신고 수리된 물품이 보세구역의 외국물품 장치에 방해가 되지 않는 경우 세관장의 반출기간 연장승인을 받지 않아도 반출기한이 연장된다.

해설 관세청장이 정하는 보세구역에 반입되어 수입신고가 수리된 물품의 화주 또는 반입자는 장치기간에도 불구하고 그 수입신고 수리일부터 15일 이내에 해당 물품을 보세구역으로부터 반출하여야 한다. 다만, 외국물품을 장치하는 데에 방해가 되지 아니하는 것으로 인정되어 세관장으로부터 해당 반출기간의 연장승인을 받았을 때에는 그러하지 아니하다.

16 특허보세구역 물품반입 정지사유가 아닌 것은?

가. 운영인 또는 그 종업원의 관리소홀로 해당 보세구역에서 밀수행위가 발생한 때

나. 운영인 또는 그 종업원이 합법가장 밀수를 인지하고도 세관장에게 보고하지 아니하고 보관 또는 반출한 때

다. 운영인이 특허보세구역을 운영하지 아니하거나 30일 이상 계속하여 운영을 휴지하고자 한 때에 세관장에게 통보하지 않은 경우

라. 장치물품에 대한 관세를 납부할 자력이 없다고 인정되는 경우

마. 운영인이 최근 1년 동안 3회 이상 경고처분을 받은 때

해설 운영인이 특허보세구역을 운영하지 아니하게 된 경우는 특허의 효력 상실 사유이다.

17 보세전시장에 반입이 허용되는 외국물품의 범위에 해당하지 않는 것은?

가. 보세전시장에 설치될 전시관, 사무소, 창고, 건조물의 건설 유지 또는 철거를 위하여 사용될 물품

나. 박람회 등의 주최자 또는 국내 대행자가 보세전시장에서 그 업무 수행을 위하여 사용할 물품

다. 보세전시장에서 불특정 다수의 관람자에게 오락용으로 관람시키거나 사용하게 할 물품

라. 보세전시장에서 불특정 다수의 관람자에게 판매할 것을 목적으로 하는 물품

마. 보세전시장에서 불특정 다수의 관람자에게 증여할 것을 목적으로 하는 물품

정답 | 15 마 16 다 17 나

해설 보세전시장에 반입이 허용되는 외국물품의 범위는 다음 각 호의 어느 하나에서 정하는 바와 같다.

① 건설용품 : 해당 보세전시장에 설치될 전시관, 사무소, 창고, 그 밖의 건조물의 건설 유지 또는 철거를 위하여 사용될 물품을 말하며, 여기에는 시멘트, 도료류, 접착제, 볼트, 합판 등의 건축자재와 토목기계, 건축기계, 각종공구 및 이에 사용될 연료나 기계류 등이 포함된다.

② 업무용품 : 해당 박람회 등의 주최자 또는 출품자가 보세전시장에서 그 업무 수행을 위하여 사용할 물품을 말하며 여기에는 사무소 또는 전시관에 비치된 가구, 장식품, 진열용구, 사무용비품 및 소모품 등이 포함된다.

③ 오락용품 : 해당 보세전시장에서 불특정 다수의 관람자에게 오락용으로 관람시키거나 사용하게 할 물품을 말하며 영화필름, 슬라이드, 회전목마 등이 포함된다.

④ 전시용품 : 해당 보세전시장에서 전시할 물품을 말한다.

⑤ 판매용품 : 해당 보세전시장에서 불특정 다수의 관람자에게 판매할 것을 목적으로 하는 물품을 말하며, 판매될 물품이 전시할 기계류의 성능실연을 거쳐서 가공 · 제조되는 것인 때에는 이에 사용될 원료도 포함된다.

⑥ 증여물품 : 해당 보세전시장에서 불특정 다수의 관람자에게 증여할 것을 목적으로 하는 물품을 말하며, 다음과 같은 것이 이에 포함된다.

가. 광고용의 팸플릿, 카탈로그, 포스터 또는 이와 유사한 인쇄물
나. 관세가 면제될 진정견본
다. 관세가 면제될 소액 증여품

PART 03

18 보세구역 운영인이 세관장에게 지체없이 보고해야 할 사유에 해당하지 않는 것은?

가. 관세법 제175조 및 제179조제1항에 의거 운영인의 결격 사유와 특허효력상실 사유가 발생한 때
나. 도난, 화재, 침수, 기타사고가 발생할 우려가 있을 때
다. 보세구역에 장치한 물품이 선적서류, 보세운송신고필증 또는 포장 등에 표기된 물품과 상이한 사실을 발견한 때
라. 보세구역에 종사하는 직원을 채용하거나 면직한 때
마. 보세구역의 건물, 시설 등에 관하여 소방서 등 행정관청으로부터 시정명령을 받은 때

해설 운영인은 다음 각 호의 사유가 발생한 때에는 지체 없이 세관장에게 보고하여야 한다.

① 운영인 결격 사유 및 특허효력상실의 사유가 발생한 때
② 도난, 화재, 침수, 기타사고가 발생한 때
③ 보세구역에 장치한 물품이 선적서류, 보세운송신고필증 또는 포장 등에 표기된 물품과 상이한 사실을 발견한 때
④ 보세구역에 종사하는 직원을 채용하거나 면직한 때
⑤ 보세구역의 건물, 시설 등에 관하여 소방서등 행정관청으로부터 시정명령을 받은 때

정답 | 18 나

19 보세공장의 설치, 운영 특허 제한사유에 대한 설명으로 틀린 것은?

가. 위험물품을 취급하는 경우 관세청장의 별도 승인을 받지 아니한 자
나. 라벨표시, 용기변경, 단순조립 등 보수작업만을 목적으로 하는 경우
다. 폐기물을 원재료로 하여 제조, 가공하려는 경우
라. 손모율이 불안정한 농 · 수 · 축산물을 원재료로 하여 제조 · 가공하려는 경우
마. 보세작업의 전부를 장외작업에 의존할 경우

해설 다음 각 호의 어느 하나에 해당하는 경우에는 보세작업의 종류 및 특수성을 감안하여 설치 · 운영특허를 제한할 수 있다.
① 보수작업만을 목적으로 하는 경우(단순조립작업, 개수작업 등)
② 폐기물을 원재료로 하여 제조 · 가공하려는 경우
③ 손모율이 불안정한 농 · 수 · 축산물을 원재료로 하여 제조 · 가공하려는 경우
④ 보세작업의 전부를 장외작업에 의존할 경우

20 영업용 보세창고 특허요건으로 틀린 것은?

가. 지붕이 있고 주위에 벽을 가진 지상건축물로서 고내면적이 500제곱미터 이상이어야 한다.
나. 건물의 용도가 건축법상 보관하려는 보세화물의 보관에 적합하여야 한다.
다. 해당 창고시설을 임차하고 있는 경우, 신청일 현재 잔여 임차기간이 중장기적 사업계획을 추진할 수 있을 만큼 충분하여야 한다.
라. 특허신청인은 내부화물관리 규정을 작성하여 세관장에게 제출하여야 한다.
마. 화물반출입, 통관절차 이행 및 화물관리업무를 위하여 필요한 장비와 설비를 갖추어야 한다.

해설 지붕이 있고 주위에 벽을 가진 지상건축물로서 고내면적이 $1,000m^2$ 이상이어야 한다.

21 영업용 보세창고 신규특허와 관련하여 세관장이 관할 지역의 수출입 물동량 요건을 적용해야 하는 경우에 해당하는 것은?

가. 국가 산업의 일환으로 조성되는 공항만 및 물류단지
나. 다른 세관 관할로 보세창고 소재지를 이동하는 경우
다. 해당 지역 최초로 특수화물을 장치하기 위한 경우
라. 기존 보세창고를 인수하는 경우
마. 집단화물류시설에 입주하는 경우

해설 세관장은 동일 세관 관할 내에서 보세창고 소재지를 단순 이동(변경)하는 경우에는 수출입 물동량 요건을 적용하지 아니할 수 있다.

정답 | 19 가 20 가 21 나

22 세관장이 특허보세구역 운영인에게 주의처분할 수 있는 경우로 틀린 것은?

가. 도난, 화재, 침수, 기타사고 발생과 관련하여 지체없이 보고하지 아니한 때
나. 보세구역 수용능력 증감 관련 세관장에게 승인을 받지 아니한 때
다. 특허보세구역 특허수수료를 납부하지 아니한 때
라. 보세화물 반입 즉시 반입신고서를 제출하지 아니한 때
마. 보세창고 운영상황을 다음 해 2월 말까지 세관장에게 보고하지 아니한 때

해설 보세구역 수용능력 증감 관련 세관장에게 승인을 받지 아니한 때는 주의처분이 아닌 경고처분대상이다.

23 수입활어장치장의 시설요건에 대한 설명으로 틀린 것은?

가. 수조외벽은 각각의 수조가 물리적, 영구적으로 분리되는 구조이어야 하며 수조사이에 활어가 이동할 수 없도록 충분한 높이를 갖추어야 한다.
나. 폐쇄회로 텔레비전(CCTV)은 각각의 출입구와 2개의 수조당 1대 이상 설치하여야 하며 활어의 검량 감시용 이동식 폐쇄회로 텔레비전(CCTV)을 1대 이상 보유하여야 한다.
다. 영상녹화시설은 폐쇄회로 텔레비전(CCTV) 영상을 상시 녹화할 수 있고 녹화된 영상을 30일 이상 보관할 수 있는 감시장비를 보유하여야 한다.
라. 폐사어를 장치할 수 있는 냉동 · 냉장 보관시설은 필요시 설치하여 보유할 수 있다.
마. 세관장이 폐쇄회로 텔레비전(CCTV)영상을 인터넷 망을 통해 실시간으로 확인할 수 있도록 폐쇄회로 텔레비전(CCTV) 인터넷 망 접속권한 부여 등의 조치를 하여야 한다.

해설 냉동 · 냉장시설은 폐사어를 장치할 수 있는 냉동 · 냉장 보관시설을 보유하여야 한다.

24 보세건설장 물품관리에 관한 설명으로 틀린 것은?

가. 운영인은 보세건설장에 외국물품을 반입하였을 때에는 사용 전에 해당 물품의 수입신고를 하여야 한다.
나. 운영인은 수입신고한 물품을 사용한 건설공사가 완료된 때에는 보세건설장 완료보고서를 세관장에게 제출하여야 한다.
다. 운영인이 보세건설장에 물품을 반출입하려는 경우 세관장에게 반출입신고를 하여야 한다.
라. 운영인은 보세건설장 작업이 종료한 때에는 수입신고한 물품 중 잉여물품을 세관장에게 보고하여야 하며, 세관장은 잉여물품에 대하여 관세와 내국세 징수 등 해당 세액을 경정하여야 한다.
마. 운영인은 보세건설장에서 건설된 시설의 전부 또는 일부를 수입신고 후 가동할 수 있다.

해설 운영인은 보세건설장에서 건설된 시설의 전부 또는 일부를 수입신고수리 후 가동할 수 있다.

정답	22 나 23 라 24 마

25 보세판매장 운영에 관한 고시에서 규정하는 용어의 정의로 틀린 것은?

가. 출국장면세점이란 출국장에서 출국인 및 통과여객기(선)에 의한 임시체류인에게 판매하는 보세판매장을 말한다.

나. 판매장이란 판매물품을 실제로 판매하는 장소인 매장을 말하며 계단, 에스컬레이터, 사무실 등 물품판매와 직접 관련 없는 공용시설은 제외한다.

다. 인도장이란 시내면세점 및 전자상거래에 의하여 판매한 물품을 구매자에게 인도하기 위한 곳으로 출국장 보세구역 내 설치장소, 항공화물탁송보세구역 등을 말한다.

라. 보세판매장 협의단체란 운영인의 공정한 상거래질서를 자율적으로 확립하고 보세판매장제도의 발전을 위하여 설립된 비영리법인을 말한다.

마. 통합물류창고란 보세판매장 협의단체장이 회원사의 원활한 보세화물관리와 물류지원을 위하여 보세판매장의 보관창고와 동일한 기능을 수행하기 위해 설치한 곳을 말한다.

해설 판매장이란 판매물품을 실제로 판매하는 장소인 매장과 계단 · 에스컬레이터 · 화장실 · 사무실 등 물품판매와 직접 관련이 없는 공용시설을 말한다.

3과목 보세화물관리

01 화물운송주선업자 등록의 유효기간으로 맞는 것은?

가. 1년

나. 2년

다. 3년

라. 4년

마. 5년

해설 화물운송주선업자의 등록기간은 3년으로 하며 갱신할 수 있다.

02 보세구역에 반입되는 물품 중 장치기간 규정을 적용받지 않는 물품은?

가. 여행자 또는 승무원의 휴대품으로서 유치 또는 예치된 물품 및 습득물

나. 검역물품

다. 보세창고 반입물품

라. 보세판매장 반입물품

마. 지정장치장 반입물품

정답 | 25 나 01 다 02 나

해설 보세구역별 장치기간

1. 지정장치장 반입물품
   장치기간은 6개월로 한다. 다만, 부산항 · 인천항 · 인천공항 · 김해공항 항역 내의 지정장치장으로 반입된 물품의 장치기간은 2개월로 하며, 세관장이 필요하다고 인정할 때에는 2개월의 범위에서 그 기간을 연장할 수 있다.
2. 보세구역 외 장치허가장소 반입물품
   장치기간은 세관장이 허가한 기간(연장된 기간 포함)으로 한다.
3. 여행자 또는 승무원 휴대품으로서 유치물품 및 습득물
   장치기간은 1개월로 하며, 예치물품의 장치기간은 예치증에 기재된 출국예정시기에 1개월을 가산한 기간으로 한다. 다만, 유치물품은 화주의 요청이 있거나 세관장이 필요하다고 인정하는 경우 1개월의 범위에서 그 기간을 연장할 수 있다.
4. 보세창고 물품
   장치기간은 6개월로 하되 세관장이 필요하다고 인정할 때에는 6개월의 범위에서 그 기간을 연장할 수 있다. 다만, 다음 각 호에 해당하는 물품의 장치기간은 비축에 필요한 기간으로 한다.
   - 정부비축물품
   - 정부와의 계약이행을 위하여 비축하는 방위산업용품
   - 장기간 비축이 필요한 수출용원재료 및 수출품 보수용 물품
   - 국제물류촉진을 위하여 장기간 장치가 필요한 물품(LME, BWT)으로서 세관장이 인정하는 물품
5. 기타 특허보세구역
   보세공장, 보세전시장, 보세건설장, 보세판매장 반입물품 장치기간은 특허기간으로 한다.

03 세관장이 국고귀속 조치를 보류할 수 있는 물품이 아닌 것은?

가. 특수용도에만 한정되어 있는 물품으로서 국고귀속 조치 후에도 공매낙찰 가능성이 없는 물품
나. 폐기 또는 반송대상 물품
다. 법 위반으로 조사 중인 물품
라. 국고귀속 조치를 할 경우 인력과 예산부담을 초래하여 국고에 손실이 야기된다고 인정되는 물품
마. 국가기관에서 수입하는 물품

해설 세관장은 다음 각 호의 어느 하나에 해당하는 물품에 대하여 국고귀속 조치를 보류할 수 있다.

① 국가기관(지방자치단체 포함)에서 수입하는 물품
② 공기업, 준정부기관, 그밖의 공공기관에서 수입하는 물품으로서 국고귀속 보류요청이 있는 물품
③ 관세법 위반으로 조사 중인 물품
④ 이의신청, 심판청구, 소송 등 쟁송이 제기된 물품
⑤ 특수용도에만 한정되어 있는 물품으로서 국고귀속 조치 후에도 공매낙찰 가능성이 없는 물품
⑥ 국고귀속 조치를 할 경우 인력과 예산부담을 초래하여 국고에 손실이 야기된다고 인정되는 물품
⑦ 부패, 손상, 실용시효가 경과하는 등 국고귀속의 실익이 없다고 인정되는 물품
⑧ 그 밖에 세관장이 국고귀속을 하지 아니하는 것이 타당하다고 인정되는 물품

정답	03 나

04 해상입항화물의 하선장소 물품반입에 대한 설명으로 틀린 것은?

가. LCL화물을 하선장소의 CFS 내에 컨테이너 적출 및 반입작업을 하려는 때에는 당해 컨테이너의 내장화물 적출사실을 세관장에게 신고하고 Master B/L 단위로 물품반입신고를 할 수 있다.

나. 컨테이너 화물의 하선신고를 한 자는 입항일(외항에서 입항수속을 한 경우 접안일)로부터 5일 이내에 해당물품을 하선장소에 반입하여야 한다. 〈법률 개정으로 선지 변경〉

다. 입항전수입신고수리 또는 하선 전 보세운송신고수리가 된 물품을 하선과 동시에 차상반출하는 경우에는 반출입 신고를 생략할 수 있다.

라. 하선장소 보세구역운영인(화물관리인)은 하선기한 내 공컨테이너가 반입되지 않은 경우 세관장에게 즉시 보고하여야 한다.

마. 하선장소의 물품반입 지정기간 이내에 반입이 곤란할 때에는 반입지연사유, 반입예정일자 등을 기재한 하선장소 반입기간 연장(신청)서를 세관장에게 제출하여 승인을 받아야 한다.

해설 LCL화물을 하선장소의 CFS 내에 컨테이너 적출 및 반입작업을 하려는 때에는 당해 컨테이너의 내장화물 적출사실을 세관장에게 신고하고 House B/L 단위로 물품반입신고를 하여야 한다.

05 항공사가 공항 내 현도장 보세구역을 하기장소로 결정하는 물품이 아닌 것은?

가. 입항 전 또는 하기장소 반입 전에 수입신고가 수리된 물품

나. 화물의 권리자가 즉시 반출을 요구하는 물품

다. 하기장소 반입 전에 보세운송 신고가 수리되었거나 타세관 관할 보세구역으로 보세운송할 물품

라. 검역대상물품(검역소에서 인수하는 경우)

마. 수입신고절차가 생략되는 B/L제시 인도물품

해설 다음 각 목의 어느 하나에 해당하는 물품은 즉시 반출을 위하여 하역장소로 한다. 다만, 세관장이 계류장 인도대상 물품으로 지정한 물품과 화물의 권리자가 즉시 반출을 요구하는 물품은 하역장소에 반입하지 않고 계류장내에서 직접 반출할 수 있다.

- 입항 전 또는 하기장소 반입 전에 수입신고가 수리된 물품
- 하기장소 반입 전에 보세운송 신고가 수리되었거나 타세관 관할 보세구역으로 보세운송할 물품으로 화물분류가 결정된 물품
- 검역대상물품(검역소에서 인수하는 경우)
- 「수입통관 사무처리에 관한 고시」에 따른 B/L제시 인도물품(수입신고생략물품)

〈법률 개정으로 선지 일부 변경〉

정답 | 04 가 05 나

06 적재화물목록 정정신청 기간과 관련하여 (   ) 안에 들어갈 내용으로 맞는 것은?

- 하선(기)결과 이상보고서 및 반입결과 이상보고서가 제출된 물품은 보고서 제출일로부터 (   )일 이내
- 수입화물의 적재화물목록을 정정신청하려는 경우는 선박(항공기) 입항일로부터 (   )일 이내
- 수출화물의 적재화물목록을 정정신청하려는 경우 해당 수출물품을 적재한 선박, 항공기가 출항한 날로부터 해상화물은 (   )일 이내, 항공화물은 (   )일 이내

가. ① 15, ② 30, ③ 60, 90
나. ① 7, ② 60, ③ 90, 60
다. ① 7, ② 30, ③ 60, 90
라. ① 10, ② 30, ③ 90, 60
마. ① 15, ② 60, ③ 90, 60

해설
- 하선결과 보고서 및 반입물품 이상보고서가 제출된 물품 : 보고서 제출일로부터 15일 이내
- 적재화물목록을 정정하려는 경우 : 선박(항공기) 입항일로부터 60일 이내
- 적재화물목록 정정신청은 해당 출항물품을 적재한 선박, 항공기가 출항한 날로부터 다음 각 호에서 정하는 기간 내에 하여야 한다.
  - 해상화물 : 90일
  - 항공화물 : 60일

PART 03

07 보세구역 외 장치 등에 대한 설명으로 틀린 것은?

가. 보세구역 외 장치허가 수수료는 허가건수 단위로 징수한다. 이 경우 동일 모선으로 수입된 동일화주의 화물을 동일장소에 반입하는 때에는 1건의 보세구역 외 장치로 허가할 수 있다.
나. 보세구역 외 장치의 허가기간은 원칙적으로 1년의 범위 내에서 세관장이 필요하다고 인정하는 기간으로 정한다.
다. 다량의 산물로서 보세구역에 장치 후 다시 운송하는 것이 불합리하다고 인정하는 물품은 보세구역 외 장치할 수 있다.
라. 세관장은 보세구역 외 장치허가를 받으려는 물품(환적화물도 포함)에는 일정기준에 해당하는 경우 담보제공을 생략하게 할 수 있다.
마. 보세구역 외 장치담보액은 수입통관 시 실제 납부하여야 할 관세 등 제세상당액으로 한다.

해설 보세구역외장치의 허가기간은 6개월의 범위 내에서 세관장이 필요하다고 인정하는 기간으로 정하며, 허가기간이 종료한 때에는 보세구역에 반입하여야 한다.

정답	06 마 07 나

08 보세화물관리에 관한 고시에서 정한 보세구역 외 장치물품의 담보생략 기준에 해당하지 않는 것은?

가. 제조업체가 수입하는 수출용원자재(농 · 축 · 수산물은 제외)

나. 무세물품(부가가치세 등 부과대상은 제외)

다. 재수출물품 중 관세가 면제될 것이 확실하다고 세관장이 인정하는 물품

라. 정부용품

마. 방위산업용물품

해설 보세구역외장치 담보생략 기준[고시 별표3]

구분	내용
물품별	• 제조업체가 수입하는 수출용원자재(농 · 축 · 수산물은 제외) • 무세물품(부가가치세 등 부과대상은 제외) • 방위산업용물품 • 정부용품 • 재수입물품 중 관세가 면제될 것이 확실하다고 세관장이 인정하는 물품
업체별	• 정부, 정부기관, 지방자치단체, 공기업 · 준정부기관 · 그 밖의 공공기관 • 「관세 등에 대한 담보제도 운영에 관한 고시」에 의하여 지정된 신용담보업체, 담보제공 특례자 및 담보제공 생략자 • 그 밖에 관할구역 내의 외국인투자업체, 제조업체로서 세관장이 관세채권 확보에 지장이 없다고 판단하는 업체

09 수출물품의 적재신고에 따른 물품목록 제출시기에 대한 설명으로 틀린 것은?

가. 해상화물은 해당물품을 선박에 적재하기 24시간 전까지 제출하여야 한다.

나. 근거리 지역의 경우 해당물품을 선박에 적재하기 전까지 제출하되 선박이 출항하기 30분 전까지 최종 마감하여 제출하여야 한다.

다. 공컨테이너의 경우 출항하기 전까지 제출하여야 한다.

라. 선상 수출신고물품의 경우 출항 다음 날 12시까지 제출하여야 한다.

마. 공항의 화물터미널에서 B/L상의 중, 수량을 확정하는 경우 항공기의 출항 다음 날 세관 근무시간까지 1회에 한하여 물품목록의 해당항목을 정정할 수 있다.

해설 해상화물은 해당물품을 선박에 적재하기 24시간 전까지 제출하여야 한다. 근거리 지역의 경우에는 해당물품을 선박에 적재하기 전까지 제출하되 선박이 출항하기 30분 전까지 최종 마감하여 제출하여야 한다. 다만, 다음 각 목의 어느 하나에 해당하는 경우에는 출항하기 전까지, 「수출통관 사무처리에 관한 고시」중 선상 수출신고에 해당하는 물품의 경우에는 출항 다음 날 24시까지 제출할 수 있다.
※ 출항 익일 24시간=출항 다음 날 자정

정답 | 08 다 09 라

10 일반간이보세운송업자 지정 등에 대한 설명으로 맞는 것은?

가. 지정요건 중 자본금은 5천만원 이상인 법인이다.
나. 지정요건 중 법규수행능력평가는 직전 A등급 이상인 법인이다.
다. 지정요건 중 담보(부동산은 제외)는 5천만원 이상 제공한 자이다.
라. 지정기간은 2년으로 하되 갱신할 수 있다.
마. 갱신신청은 지정기간 만료 10일 전까지 하여야 한다.

해설 가. 지정요건 중 자본금은 1억원 이상인 법인이다.
나. 지정요건 중 법규수행능력평가는 직전 B등급 이상인 법인이다.
라. 지정기간은 3년으로 하되 갱신할 수 있다.
마. 갱신신청은 지정기간 만료 15일 전까지 하여야 한다.

PART 03

11 체화물품의 폐기비용 및 대집행 등에 대한 설명으로 틀린 것은?

가. 폐기명령을 받은 화주, 반입자 또는 그 위임을 받은 자는 동 물품을 자기비용으로 폐기 또는 반송하여야 한다.
나. 폐기명령 대상물품에 대한 공시송달은 공고한 날부터 7일을 경과함으로써 그 효력이 발생한다.
다. 폐기처분은 소각(열에너지화 작업 등으로 소각하는 것을 포함한다) 또는 매몰 등의 방법으로 처리하여야 한다.
라. 세관장은 예산 편성 시 폐기처분 대집행에 소요되는 연간 예상비용을 예산에 계상하여야 한다.
마. 행정대집행법에 따라 비용납부명령서를 받은 자가 납기 내에 납부하지 아니하는 때에는 행정절차법에 따라 징수한다.

해설 비용납부명령서를 받은 자가 납기 내에 납부하지 아니하는 때에는 「국세징수법」에 따라 징수하며, 그 비용을 징수하였을 때에는 국고수입으로 한다.

12 화물운송주선업자의 등록요건에 대한 설명으로 틀린 것은?

가. 관세 및 국세의 체납이 없을 것
나. 화물운송주선업자 등록이 취소된 후 1년이 지났을 것
다. 자본금 3억원 이상을 보유한 법인(법인이 아닌 경우에는 자산평가액이 6억원 이상)일 것
라. 물류정책기본법에 따른 국제물류주선업의 등록을 하였을 것
마. 혼재화물적재화물목록 제출 등을 위한 전산설비를 갖추고 있을 것

해설 '화물운송주선업자 등록이 취소된 후 2년이 지났을 것'이 올바른 표현이다.

정답	10 다 11 마 12 나

13 공매물품의 낙찰취소 사유에 대한 설명으로 틀린 것은?

가. 낙찰자가 지정된 기일까지 대금잔액을 납입하지 않는 경우
나. 낙찰자가 특별한 사유 없이 공매조건을 이행하지 않는 경우
다. 공매낙찰 전에 해당 물품이 수출, 반송 또는 수입신고수리가 된 경우
라. 부패, 손상, 변질 등의 우려가 있는 물품으로서 즉시 매각되지 아니하면 상품가치가 저하될 우려가 있는 경우
마. 착오로 인하여 예정가격, 공매조건 등의 결정에 중대하고 명백한 하자가 있는 경우

해설 세관장은 다음 각 호의 어느 하나에 해당하는 사유가 발생한 때에는 해당 낙찰을 취소할 수 있다. 낙찰이 취소된 경우에는 해당 물품에 대한 입찰보증금은 환불하지 아니한다. 다만, ③, ④에 해당하는 사유로 낙찰을 취소하거나 그 밖에 낙찰자의 책임으로 돌릴 수 없는 명백한 사유가 있는 경우에는 환불한다.
① 낙찰자가 지정된 기일까지 대금잔액을 납입하지 않는 경우
② 낙찰자가 특별한 사유 없이 공매조건을 이행하지 않는 경우
③ 공매낙찰 전에 해당 물품이 수출, 반송 또는 수입신고수리가 된 경우
④ 착오로 인하여 예정가격, 공매조건 등의 결정에 중대하고 명백한 하자가 있는 경우

14 환적화물의 처리절차에 대한 설명으로 틀린 것은?

가. 컨테이너에서 적출하지 않고 동일한 목적지로 보세운송하는 LCL화물은 House B/L 단위로 보세운송 신고를 하여야 한다.
나. 환적화물을 보세운송하려는 자는 입항 선박 또는 항공기의 House B/L 단위로 세관장에게 보세운송 신고를 하여야 한다.
다. 보세운송 물품이 컨테이너화물(LCL화물을 포함한다)인 경우에는 최초 도착지 보세구역 운영인(보세사를 포함한다)의 확인을 받아 컨테이너를 개장하여야 한다.
라. 복합환적화물의 운송기한은 하선신고일부터 7일로 한다.
마. 보수작업 신청인이 보수작업을 완료한 때에는 보수작업 완료보고서를 세관장에게 제출하고 그 확인을 받아야 한다.

해설 컨테이너에서 적출하지 아니하고 동일한 목적지로 보세운송하는 LCL화물은 Master B/L 단위로 보세운송신고할 수 있다.

정답 | 13 라 14 가

15 적재화물목록 정정신청을 생략할 수 있는 대상으로 틀린 것은?

가. 벌크화물(예 광물과 원유 등)로서 그 중량의 과부족이 5% 이내인 경우
나. 용적물품(예 원목 등)으로서 그 용적이 과부족이 5% 이내인 경우
다. 포장파손이 용이한 물품(예 비료 등) 및 건습에 따라 중량의 변동이 심한 물품(예 펄프 등)으로서 그 중량의 과부족이 5% 이내인 경우
라. 포장단위 물품으로서 수량의 과부족이 10% 이내이고 포장상태에 이상이 없는 경우
마. 적재화물목록 이상사유가 단순 기재오류 등으로 확인되는 경우

해설 '포장단위 물품으로서 중량의 과부족이 10% 이내이고 포장상태에 이상이 없는 경우'가 올바른 표현이다.

PART 03

16 보세화물 반출통고의 주체에 대한 설명으로 틀린 것은?

가. 자가용보세창고에 반입한 물품의 반출통고는 화물관리인이 화주 등에게 한다.
나. 보세공장에 반입한 물품의 반출통고는 관할세관장이 화주 등에게 한다.
다. 보세구역외장치장에 반입한 물품의 반출통고는 관할세관장이 화주 등에게 한다.
라. 영업용보세창고에 반입한 물품의 반출통고는 보세구역운영인이 화주 등에게 한다.
마. 지정장치장에 반입한 물품의 반출통고는 화물관리인이 화주 등에게 한다.

해설 보세전시장, 보세건설장, 보세판매장, 보세공장, 보세구역외장치장, 자가용보세창고에 반입한 물품에 대해서는 관할세관장이 화주나 반입자 또는 그 위임을 받은 자("화주 등")에게 반출통고 한다.

17 관세법상 운송수단에 대한 설명으로 틀린 것은?

가. 국제무역선이나 국제무역기는 국제항에 한정하여 운항할 수 있다. 다만, 국제항이 아닌 지역에 출입의 허가를 받은 경우에는 그러하지 아니한다.
나. 세관장은 국제무역선이 국제항에 입항하여 입항절차를 마친 후 다시 우리나라의 다른 국제항에 입항할 때에는 서류제출의 생략 등 간소한 절차로 입출항하게 할 수 있다.
다. 세관장은 국제항이 아닌 지역에 대한 출입허가의 신청을 받은 날부터 14일 이내에 허가 여부를 신청인에게 통지하여야 한다.
라. 국제무역선이나 국제무역기가 국제항을 출항하려면 선장이나 기장은 출항하기 전에 세관장에게 출항허가를 받아야 한다.
마. 국제무역선의 선장 또는 국제무역기의 기장은 국제항이 아닌 지역에 출입허가를 받으려면 허가수수료를 납부하여야 한다.

해설 세관장은 허가의 신청을 받은 날부터 10일 이내에 허가 여부를 신청인에게 통지하여야 한다.

정답	15 라 16 가 17 다

18 외국물품의 장치기간 경과물품 매각처분 등에 대한 설명으로 틀린 것은?

가. 세관장은 수출입 또는 반송할 것이 확실하다고 인정하는 경우에만 4개월의 범위에서 필요한 기간을 정하여 매각처분을 보류할 수 있다.

나. 세관장은 매각처분 보류사유의 해소여부를 수시로 확인하여 그 사유가 해제된 때에는 즉시 매각처분을 하여야 한다.

다. 세관장은 매각처분 보류결정을 한 경우에는 세관화물정보시스템에 공매 보류등록을 하여야 한다.

라. 매각처분을 보류하려는 자는 장치기간 경과물품 매각처분 보류신청서를 세관장에게 낙찰 후 반출 전까지 제출하여 그 승인을 받아야 한다.

마. 화주의 의무는 다하였으나 통관지연의 귀책사유가 국가에 있는 경우 세관장은 매각처분을 보류할 수 있다.

해설 매각처분을 보류하려는 자는 장치기간 경과물품 매각처분 보류신청(승인)서에 필요한 서류를 첨부하여 세관장에게 제출하고 입찰 전까지 그 승인을 받아야 한다.

19 세관장이 매각물품에 대하여 수의계약을 할 수 있는 것은?

가. 2회 이상 경쟁입찰에 붙여도 매각되지 아니하는 경우(단독 응찰한 경우를 포함한다)로서 다음 회의 입찰에 체감될 예정가격 이상의 응찰자가 없을 때

나. 1회 공매의 매각예정가격이 100만원 미만인 때

다. 경쟁입찰 방법으로 매각함이 공익에 반하는 때

라. 공매절차가 종료된 물품을 국고귀속 예정통고 후에 최종 예정가격 이상으로 매수하려는 자가 있을 때

마. 부패 등의 우려 물품으로서 5일 이내에 매각되지 아니하면 상품가치가 저하될 우려가 있을 때

해설 세관장은 다음 각 호의 어느 하나에 해당하는 경우에만 수의계약할 수 있다. 수의계약을 할 수 있는 자로서 그 체결에 응하지 아니하는 자는 해당 물품에 대한 다음 회 이후의 경쟁입찰에 참가할 수 없다.

- 2회 이상 경쟁입찰에 붙여도 매각되지 아니한 경우(단독 응찰한 경우를 포함한다)로서 다음 회의 입찰에 체감될 예정가격 이상의 응찰자가 있을 때
- 공매절차가 종료된 물품을 국고귀속 예정통고 전에 최종 예정가격 이상의 가격으로 매수하려는 자가 있을 때
- 부패, 손상, 변질 등의 우려가 있는 물품으로서 즉시 매각되지 아니하면 상품가치가 저하될 우려가 있을 때
- 1회 공매의 매각예정가격이 50만원 미만인 때
- 경쟁입찰 방법으로 매각함이 공익에 반하는 때

정답 | 18 라 19 다

20 보세운송 물품검사에 대한 설명으로 틀린 것은?

가. 세관장은 보세운송신고한 물품의 감시단속을 위하여 필요하다고 인정하면 화물관리공무원에게 검사하게 할 수 있다.

나. 세관장은 물품검사 시 신고인 또는 화주의 입회가 필요한 경우 입회하게 할 수 있다.

다. 세관장은 신고인 또는 화주로부터 입회요청을 받은 때에는 입회하게 할 수 있다.

라. 세관장은 개장검사를 실시한 경우 그 결과를 세관화물정보시스템에 등록하여야 한다.

마. 개장검사결과 이상화물이 발견되었을 때에는 인지한 부서에서 즉시 조사전담부서로 고발의뢰하여야 한다.

해설 세관장은 개장검사를 실시한 경우, 그 결과를 세관화물정보시스템에 등록하여야 하며, 이상화물이 발견되었을 때에는 인지한 부서에서 즉시 자체조사와 통고처분 등 적절한 조치를 취하여야 한다. 이 때 「관세범칙 등에 대한 통고처분 및 고발에 관한 시행세칙」 별표1에서 고발하도록 정한 경우에는 즉시 조사전담부서로 조사의뢰하여야 한다. 다만, 이상이 없는 것으로 나타난 경우에는 신속한 보세운송을 위하여 필요한 조치를 하여야 한다.

21 보세구역에 장치된 물품의 보수작업에 대한 설명으로 틀린 것은?

가. 외국물품은 수입될 물품의 보수작업 재료로 사용할 수 있다.

나. 관세가 무세인 외국물품은 수입될 물품의 보수작업 재료로 사용할 수 없다.

다. 운영인이 동일 품목을 대상으로 동일한 보수작업을 할 때에는 1년 이내의 기간을 정하여 포괄승인하는 제도가 있다.

라. 세관장은 보수작업의 승인신청을 받은 날부터 10일 이내에 승인 여부를 신청인에게 통지하여야 한다.

마. 간단한 세팅 등 단순한 조립작업은 보수작업으로 할 수 있다.

해설 외국물품은 수입될 물품의 보수작업의 재료로 사용할 수 없다.

22 해상입항화물의 하선절차에 대한 설명으로 틀린 것은?

가. 하선장소가 부두 밖 보세구역인 경우에는 등록된 보세운송차량으로 운송하여야 한다.

나. 세관장은 신속한 화물처리를 위해 세관화물정보시스템에서 자동으로 하선신고 수리할 수 있다.

다. 원목, 곡물, 원유 등 벌크화물은 입항일로부터 15일 이내에 하선장소에 반입하여야 한다.

라. 적재화물목록에 기재하지 아니하고 하선한 화물은 잘못 반입된 화물로 처리한다.

마. 하선장소 보세구역운영인(화물관리인)은 하선기한내 공컨테이너가 반입되지 않은 경우 세관장에게 즉시 보고하여야 한다.

해설 원목, 곡물, 원유 등 벌크화물은 입항일로부터 10일 내에 해당물품을 하선장소에 반입하여야 한다.

정답	20 마　21 가　22 다

23 보세운송절차에 대한 설명으로 틀린 것은?

가. 항공사가 국제항간 입항적재화물목록 단위로 일괄하여 항공기로 보세운송하려는 수입화물은 세관장에게 신고해야 한다.

나. 보세운송 중에 물품이 도난 등으로 멸실된 경우 정해진 관세를 징수할 수 있다.

다. 송유관을 통해 운송하는 석유제품 및 석유화학제품에 대하여는 보세운송절차를 생략할 수 있다.

라. 보세운송신고를 하려는 자는 화물관리번호가 부여된 이후에 할 수 있다.

마. 여행자 휴대품 중 반송되는 물품의 보세운송절차는 반송절차에 관한 고시에서 정하는 바에 따른다.

해설 여행자 휴대품 중 반송되는 물품의 보세운송 절차는 「여행자 및 승무원 휴대품 통관에 관한 고시」에서 정하는 바에 따른다.

24 보세운송 승인기준에 대한 설명으로 틀린 것은?

가. 비금속설은 도착지가 실화주의 자가용 창고로서 비금속설을 처리할 수 있는 용광로 또는 압연실을 갖추고 있고, 수입화주가 보세운송 승인신청을 하는 경우에만 승인할 수 있다.

나. 통관이 보류되거나 수입신고 수리를 할 수 없는 물품은 반송을 위하여 선적지 하선장소로 보세운송하는 경우에만 승인을 할 수 있다.

다. 귀석, 반귀석, 귀금속, 한약재, 의약품, 향료 등 부피가 작고 고가인 물품은 수출물품 제조용 원재료 또는 세관장이 지정한 보세구역으로 운송하는 물품에만 승인을 할 수 있다.

라. 해체용 선박, 활어, 중고자동차 등 특정물품은 통관지세관으로 보세운송하는 경우에만 승인을 할 수 있다.

마. 보세운송된 물품 중 다른 보세구역 등으로 재보세운송하려는 물품은 세관장이 부득이 하다고 인정하는 경우에만 승인을 할 수 있다.

해설 '도착지가 실화주의 자가용 보세창고로서 비금속설을 처리할 수 있는 용광로 또는 압연시설을 갖추고 있고 간이보세운송업자가 보세운송 승인신청을 하는 경우'가 올바른 표현이다.

정답 | 23 마 24 가

25 보세화물의 관리감독에 대한 설명으로 틀린 것은?

가. 수입신고수리물품 반출의무 보세구역에 장치된 수입화물은 수입신고수리일로부터 15일 이내에 해당 보세구역에서 반출하여야 하며, 이를 위반한 경우에는 해당 보세구역 운영인에게 과태료가 부과된다.

나. 장치물품을 수입신고 이전에 확인하고자 하는 화주는 세관장의 승인을 받아야 하며, 물품확인은 화물관리 세관공무원 또는 보세사 입회하에 실시하여야 한다.

다. 보세판매장에서 판매할 물품을 공급하기 위하여 제품검사, 선별, 기능보완 등 이와 유사한 작업이 필요한 경우에는 세관장에게 보수작업 승인신청을 할 수 있다.

라. 수입고철의 해체, 절단 등의 작업을 하려는 자는 세관장에게 허가를 받아야 한다.

마. 보세구역에 장치된 외국물품이 멸실된 경우 운영인, 화물관리인 또는 보관인은 품명, 규격, 수량 및 장치장소, 멸실 연월일과 멸실 원인 등을 기재한 신고서를 세관장에게 제출하여야 한다.

해설 보세구역에 반입된 물품이 수입신고가 수리된 때에는 그 수리일로부터 15일 이내에 해당 보세구역에서 반출하여야 하며 이를 위반한 경우에는 해당 수입화주를 조사한 후 과태료를 부과한다.

4과목 자율관리 및 관세벌칙

01 국제항에 대한 설명으로 틀린 것은?

가. 국제항이란 국제무역선이나 국제무역기가 자유로이 출입할 수 있는 항구 또는 공항으로서 대통령령으로 지정한다.

나. 국제항의 시설기준은 관세청장이 정한다.

다. 물품의 하역이나 환적이 용이한 항구 및 하역시설이 갖추어져 있다.

라. 국제무역선이나 국제무역기가 국제항을 출입하는 경우에는 출입허가 수수료가 없어 경제적으로 부담이 적다.

마. 국제무역선이나 국제무역기는 국제항에 한정하여 운항할 수 있으며, 국제항이 아닌 지역에 출입하고자 하는 경우에는 세관장의 허가를 받아야 한다.

해설 국제항의 시설기준 등에 관하여 필요한 사항은 대통령령으로 정한다.

정답	25 가 01 나

02 국제무역선(기)의 입항절차에 대한 설명으로 틀린 것은?

가. 기장은 국제무역기가 공항에 착륙한 때에는 지체 없이 세관장에게 입항보고를 하여야 한다. 다만, 여객명부는 항공기 입항 30분 전까지 세관장에게 제출하여야 한다.

나. 선장 등은 외국에서 선박을 수리하였거나 선박용품을 구입하였을 때에는 입항보고 시 그 사실을 세관장에게 제출하여야 한다.

다. 선장 등은 선박이 입항하기 24시간 전까지 입항예정(최초)보고서를 세관장에게 제출하여야 한다.

라. 직전 출항국가 출항부터 입항까지 운항 소요시간이 24시간 이하인 경우에는 직전 출항국가에서 출항하는 즉시 입항예정(최초)보고서를 제출하여야 한다.

마. 국제항에 입항하여 입항절차를 마친 후 다시 우리나라의 다른 국제항에 입항할 때에는 서류제출의 생략 등 간소한 절차로 입, 출항할 수 있으며 항내의 다른 장소로 별도의 신고 없이 이동할 수 있다.

해설 세관장은 국제무역선이나 국제무역기가 국제항에 입항하여 입항절차를 마친 후 다시 우리나라의 다른 국제항에 입항할 때에는 서류제출의 생략 등 간소한 절차로 입출항하게 할 수 있다. 항내의 다른 장소로 별도의 신고 없이 이동할 수 있는 것은 아니다.

03 선박용품에 대한 설명 중 틀린 것은?

가. 보세구역 운영인은 외국 선박용품 등을 보세구역에 반입한 때에는 관할지 세관장에게 반입등록서를 제출하여야 한다. 다만, 공급자 등이 하선완료 보고하였거나 보세운송하여 도착보고한 물품은 반입등록한 것으로 갈음한다.

나. 선내판매품이란 여객선에서 여행자 및 승무원에게 판매되는 물품을 말한다.

다. 선박용품 등의 적재 등은 해당 허가를 받은 자가 직접 이행하여야 한다.

라. 공급자 등은 적재 등을 완료한 때에는 다음 날 12시까지 관할 세관장에게 보고하여야 한다. 다만, 보고 기한 내에 해당 선박이 출항하는 때에는 출항허가 전까지 보고하여야 한다.

마. 선박용품 보세운송기간은 보세운송신고수리(승인)일로부터 15일 이내에서 실제 운송에 필요한 기간으로 한다.

해설 공급자 등이 외국 선박용품 등을 보세구역에 반입한 때에는 관할지 세관장에게 별지 제1호서식의 반입등록서를 제출하여야 한다. 다만, 공급자 등이 하선완료보고 하였거나 보세운송하여 도착보고한 물품은 반입등록한 것으로 갈음한다(「선박용품 등 관리에 관한 고시」 제4조).

정답 | 02 마 03 가

04 관리대상화물 검사에 대한 설명으로 틀린 것은?

가. 세관장은 화주가 요청하는 경우 검색기 검사화물로 선별된 화물의 검사방법을 즉시검사 화물로 변경할 수 있다.

나. 세관장은 검사대상화물에 대하여 적재화물목록 심사가 완료된 때에 적재화물목록 제출자에게 검사대상으로 선별된 사실을 통보하여야 한다.

다. 세관장은 검색기검사를 실시한 결과 이상이 없는 것으로 판단된 경우에는 선사가 지정하는 하선장소로 신속히 이동될 수 있도록 조치하여야 한다.

라. 세관장은 검사대상화물 중 우범성이 없거나 검사의 실익이 적다고 판단되는 화물은 검사대상화물 지정을 직권으로 해제할 수 있다.

마. 세관장이 검색기 검사결과 정밀검사가 필요하다고 인정하는 때에는 화주가 요청하는 보세창고에서 정밀검사를 실시하여야 한다.

PART 03

해설 세관장은 검색기검사를 실시한 결과 개장검사가 필요하다고 인정한 화물과 즉시검사화물에 대하여 하선(기) 장소에서 개장검사를 실시한다.

05 관세통로, 통관역, 통관장의 지정권자를 나열한 것으로 맞는 것은?

가. 관세통로 – 관세청장, 통관역 – 세관장, 통관장 – 세관장

나. 관세통로 – 세관장, 통관역 – 관세청장, 통관장 – 세관장

다. 관세통로 – 세관장, 통관역 – 관세청장, 통관장 – 관세청장

라. 관세통로 – 관세청장, 통관역 – 관세청장, 통관장 – 세관장

마. 관세통로 – 세관장, 통관역 – 세관장, 통관장 – 관세청장

해설
- 관세통로는 육상국경으로부터 통관역에 이르는 철도와 육상국경으로부터 통관장에 이르는 육로 또는 수로 중에서 세관장이 지정한다.
- 통관역은 국외와 연결되고 국경에 근접한 철도역 중에서 관세청장이 지정한다.
- 통관장은 관세통로에 접속한 장소 중에서 세관장이 지정한다.

06 수출입 안전관리 우수업체 관리책임자의 공인 전 · 후 교육에 대한 설명으로 틀린 것은?

가. 공인 전에 수출입관리책임자는 16시간 이상의 교육을 받아야 한다.

나. 공인 전 교육의 유효기간은 해당 교육을 받은 날로부터 5년이다.

다. 공인 후에 총괄책임자는 매 2년 마다 4시간 이상의 교육을 받아야 한다.

라. 관리책임자가 변경된 경우에는 변경된 날로부터 1년 이내에 해당 교육을 받아야 한다.

마. 관세청장이 별도로 지정하는 수출입 안전관리 우수업체 제도 관련 행사 등에 참석하는 경우에는 해당 교육시간으로 인정할 수 있다.

해설 관리책임자가 변경된 경우에는 변경된 날로부터 180일 이내에 해당 교육을 받아야 한다.

정답	04 마 05 나 06 라

07 수출입 안전관리 우수업체 공인 신청 시 제출해야 하는 서류가 아닌 것은?

가. 수출입 안전관리 우수업체 공인심사 신청서
나. 공인기준을 충족하는지를 자체적으로 평가한 수출입 관리현황 자율평가표
다. 자체 측정한 법규준수도 평가표
라. 법인등기부등본
마. 대표자 및 관리책임자의 인적사항 명세서

해설 첨부서류

신청업체는 수출입 안전관리 우수업체 공인심사 신청서에 다음 각 호의 서류를 첨부하여 전자문서로 관세청장에게 제출하여야 한다.

1. 공인기준을 충족하는지를 자체적으로 평가한 수출입 관리현황 자율평가표(법규준수도를 제외한다)
2. 수출입 관리현황 설명서와 그 증빙서류
3. 사업자등록증 사본
4. 법인등기부등본
5. 대표자 및 관리책임자의 인적사항 명세서
6. 수출입 안전관리와 관련한 우수사례(우수사례가 있는 경우에만 해당한다)
7. 지정된 교육기관이 발행한 관리책임자 교육이수 확인서. 다만, 관리책임자의 교체, 사업장 추가 등 불가피한 경우에는 현장심사를 시작하는 날까지 제출할 수 있다.
8. 상호인정의 혜택 관련 영문 정보
9. 신청일을 기준으로 최근 2년 이내에 세관장으로부터 관세조사를 받은 경우에 관세조사 결과통지서(수입부문에만 해당). 다만, 해당 관세조사가 진행 중인 경우에는 따른 관세조사 계획통지서

08 보세구역운영인의 수출입 안전관리 우수업체 공인기준에 대한 설명으로 틀린 것은? 〈2023년 시험범위 변경으로 해당 문제 시험범위 아님〉

가. 운영인은 부채비율이 동종업종의 평균 부채비율의 300% 이하로 성실한 법규준수의 이행이 가능할 정도의 재정을 유지하여야 한다.
나. 운영인은 법령에 허용하는 범위 내에서 채용예정자에 대한 이력을 점검하여야 한다.
다. 운영인은 컨테이너에 밀항자를 은닉하는 것으로 알려진 외국의 항구로부터 선박 및 컨테이너가 반입되었을 경우에는 정밀검색하는 절차를 마련하여야 한다.
라. 운영인은 회사정보에 대한 부적절한 접근, 조작 및 교환을 포함한 정보기술의 오, 남용을 확인할 수 있는 시스템을 마련하여야 한다.
마. 운영인은 수출입물품에 대한 안전관리 유지 등에 대해 직원들에게 교육하여야 한다.

해설 신청업체는 부채비율이 동종업종의 평균 부채비율의 200% 이하이거나 외부신용평가기관의 신용평가 등급이 투자적격 이상 또는 매출 증가 등으로 성실한 법규준수의 이행이 가능할 정도의 재정을 유지하여야 한다.

정답 | 07 다 08 가

09 수출입 안전관리 우수업체 사후관리 등에 대한 설명으로 틀린 것은?

가. 수출입 안전관리 우수업체의 수출입관리책임자는 공인 후 매 2년마다 8시간 이상의 교육을 받아야 한다.

나. 총괄책임자는 수출입 안전관리를 총괄하며, 의사 결정 권한이 있는 대표자 또는 임원으로 한다.

다. 수출입 안전관리 우수업체는 범칙행위, 부도 등 공인유지에 중대한 영향을 미치는 변동사항이 발생한 경우에는 지체 없이 관세청장에게 보고하여야 한다.

라. 수출입 안전관리 우수업체가 여러 공인부문에 걸쳐 공인을 받은 경우에는 공인일자가 가장 늦은 공인부문을 기준으로 자체 평가서를 함께 제출할 수 있다.

마. 중소기업기본법에 따른 중소기업은 수출입 관련 업무에 1년 이상 근무한 경력이 있고 관세청장이 정한 교육을 받은 해당 업체 소속 관리책임자의 확인을 받아 자율평가서를 제출할 수 있다.

해설 수출입 안전관리 우수업체가 여러 공인부문에서 걸쳐 공인을 받은 경우에는 공인일자가 가장 빠른 공인부문을 기준으로 자체 평가서를 함께 제출할 수 있다.

PART 03

10 수출입 안전관리 우수업체 공인심사 신청에 대한 각하 사유가 맞게 나열된 것은?

① 공인기준을 충족하는지를 자체적으로 평가한 수출입 관리현황 자율평가표(법규준수도를 제외한다)를 제출하지 않은 경우
② 관세조사 결과로 법규준수도 점수가 하락하여 법인단위 법규준수도가 70점 미만(중소 수출기업은 60점 미만)인 경우
③ 지방세의 체납이 있는 경우
④ 공인부문별 공인기준 중에서 안전관리 기준을 충족하지 못한 경우
⑤ 대표자 및 관리책임자의 인적사항 명세서를 제출하지 않은 경우

가. ①, ③, ④
나. ②, ④, ⑤
다. ②, ③, ⑤
라. ①, ③, ⑤
마. ①, ③, ④, ⑤

해설 관세청장은 신청업체가 공인심사를 신청하였을 때에 다음 각 호의 어느 하나에 해당하는 경우에는 그 신청을 각하한다.
- 신청 시 제출하여야 하는 첨부서류를 제출하지 않은 경우
- 공인부문별 공인기준 중에서 법규준수 기준(공인기준 일련번호 1.1.1부터 1.1.4까지만 해당)을 충족하지 못한 경우
- 공인부문별 공인기준 중에서 재무건전성 기준(공인기준 일련번호 3.1.1에만 해당)을 충족하지 못한 경우
- 법인단위 법규준수도가 70점 미만(중소 수출기업은 60점 미만)인 경우. 다만, 관세조사로 인하여 법규준수도 점수가 하락한 경우에는 그러하지 아니하다.

정답 09 라 10 라

11 **수출입 안전관리 우수업체는 변동사항보고 점검 결과에 따라 공인기준준수 개선 완료보고서를 제출하여야 한다. 관세청장이 이를 검토한 후 취할 수 있는 조치가 아닌 것은?**

가. 공인등급 조정
나. 현장 심사
다. 공인의 유보
라. 공인신청의 기각
마. 혜택의 정지

해설 관세청장은 공인기준 준수 개선 완료 보고서를 검토한 후 공인등급의 조정, 공인의 취소, 공인의 유보, 공인신청의 기각, 혜택의 정지 등 필요한 조치를 할 수 있다.

12 **보세구역운영인의 수출입 안전관리 우수업체 공인기준 중 내부통제시스템 기준에 대한 설명으로 틀린 것은? 〈2023년 시험범위 변경으로 해당 문제 시험범위 아님〉**

가. 운영인은 법규준수와 안전관리를 위하여 수출입물품 취급 관련 자격증 소지자와 경험자를 근무하도록 하여야 한다.
나. 운영인은 법규준수와 안전관리 관련 업무 처리에 부정적 영향을 주는 위험요소의 식별, 평가, 관리대책의 수립, 개선 등을 포함한 절차를 마련하여야 한다.
다. 운영인은 수출입물품의 보관내역과 이와 관련된 보관 수수료 등을 추적할 수 있는 운영체계를 구축하고, 세관장으로부터 요청받을 경우 접근을 허용하여야 한다.
라. 운영인은 법규준수와 안전관리 업무에 대한 정보가 관련 부서에 공유되지 않도록 보안에 최선을 다해야 한다.
마. 운영인은 내부통제활동에 대하여 주기적으로 평가하고 개선하는 절차를 마련하여야 한다.

해설 법규준수와 안전관리 업무에 대한 정보가 관련 부서에 공유되도록 하여야 한다.

정답 | 11 나 12 라

13 보세구역운영인의 수출입 안전관리 우수업체 공인기준 중 안전관리 기준에 대한 설명으로 틀린 것은? 〈2023년 시험범위 변경으로 해당 문제 시험범위 아님〉

가. 운영인은 컨테이너와 트레일러 등의 이상 여부를 확인하고, 손상된 컨테이너와 트레일러 등을 식별하여 세관장 및 관련 외국 관세당국에 보고하는 절차를 마련하여야 한다.

나. 운영인은 컨테이너와 트레일러 등에 비인가된 물품이나 사람의 침입을 방지하기 위해 봉인을 관리하고, 손상된 봉인을 식별하여 세관장 및 관련 외국 관세당국에 보고하는 절차를 마련하여야 한다.

다. 운영인은 물품 보관장소 및 컨테이너와 트레일러 등에 대하여 주기적으로 점검하는 절차를 마련하여야 한다.

라. 운영인은 권한이 없거나 신원이 확인되지 않은 사람에 대하여 검문과 대응하는 절차를 마련하여야 한다.

마. 운영인은 물품을 물품수신인 등에게 인계할 때 검수하여야 하며, 물품의 불일치 또는 부적절한 인계 등이 발생하였을 경우 세관장 및 관련 외국 관세당국에 보고하는 절차를 마련하여야 한다.

해설 물품을 물품수신인 등에게 인계할 때 검수하여야 하며, 물품의 불일치 또는 부적절한 인계 등이 발생하였을 때에는 즉시 세관장에게 보고하여야 한다.

14 수출입 안전관리 우수업체 공인 및 운영에 관한 설명으로 틀린 것은?

가. 관세청장은 통관절차 등의 혜택을 효과적으로 제공하기 위하여 수출입 안전관리 우수업체의 대표자 또는 수출입관리책임자를 대상으로 수출입 안전관리 우수업체 카드를 발급할 수 있다.

나. 관세청장은 수출입 안전관리 우수업체가 국가 간 상호인정 혜택을 받을 수 있도록 업체 명단, 유효기간 등 공인정보를 상대국 관세당국에 제공할 수 있다.

다. 수출입 안전관리 우수업체는 공인이 취소된 경우에 지체없이 관세청장에게 공인증서를 반납하여야 한다.

라. 관세청장은 종합심사(갱신심사) 결과 공인이 유보된 경우에도 공인 유보의 사유가 경미하다고 판단되는 경우에는 혜택을 부여할 수 있다.

마. 관세청장은 수출입 안전관리 우수업체가 공인의 유효기간 중에 보완요구를 3회 이상 받은 경우에는 혜택의 전부 또는 일부의 적용을 정지할 수 있다.

해설 관세청장은 통관절차 등의 혜택을 효과적으로 제공하기 위하여 수출입 안전관리 우수업체의 대표자 또는 총괄책임자를 대상으로 수출입 안전관리 우수업체 카드를 발급할 수 있다.

정답	13 마 14 가

15 수출입 안전관리 우수업체의 공인을 유보할 수 있는 사유에 해당하지 않는 것은?

가. 신청업체가 나머지 공인기준은 모두 충족하였으나 재무건전성 기준을 충족하지 못한 경우
나. 신청업체가 수입하는 물품의 과세가격 결정방법에 이견이 있음에도 불구하고 사전심사를 신청하지 않은 경우(수입 부문에만 해당)
다. 신청업체가 공인기준 중에서 법규준수의 결격에 해당하는 형사 및 사법절차가 진행중인 경우
라. 신청업체가 사회적 물의 등을 일으켰으나 사실확인 등 심의를 위한 충분한 법리검토가 필요한 경우
마. 수출입 안전관리 우수업체 심의위원회에서 공인유보가 필요하다고 인정하는 경우

해설 신청업체가 나머지 공인기준은 모두 충족하였으나, 법규준수도 또는 재무건전성 기준을 충족하지 못하는 경우(법률개정으로 해설 변경)

16 수출입 안전관리 우수업체 공인신청에 대한 기각 사유에 해당하지 않는 것은?

가. 예비심사 결과 공인기준을 충족하지 못하였으며 보완 요구의 실익이 없는 경우
나. 공인심사를 할 때에 제출한 자료가 거짓으로 작성된 경우
다. 관세청장이 보완을 요구하였으나, 천재지변 등 특별한 사유 없이 보완 요구기간 내에 보완하지 아니하거나(통관적법성 검증(심사)과 관련한 자료제출 및 보완 요구도 포함한다) 보완을 하였음에도 불구하고 공인기준을 충족하지 못한 경우
라. 공인이 유보된 업체가 정해진 기간 내에 공인기준 준수 개선 계획을 제출하지 않거나, 공인기준 준수 개선 완료 보고를 하지 않은 경우
마. 공인신청 후 법규준수도 점수가 70점 미만(중소 수출기업은 60점 미만)으로 하락한 경우

해설 서류심사 또는 현장심사 결과, 공인기준을 충족하지 못하였으며 보완 요구의 실익이 없는 경우 기각할 수 있다.

17 수출입 안전관리 우수업체 공인표지에 대한 설명으로 틀린 것은?

가. 수출입 안전관리 우수업체 공인표지는 1개의 디자인으로 되어 있다.
나. 수출입 안전관리 우수업체는 공인의 유효기간 동안 관세청장이 정한 공인표지를 서류 또는 홍보물 등에 표시할 수 있다.
다. 수출입 안전관리 우수업체는 공인표지를 홍보물에 표시하는 경우 공인표지를 임의로 변경할 수 없다.
라. 수출입 안전관리 우수업체 공인 신청업체는 공인표지를 사용할 수 없다.
마. 수출입 안전관리 우수업체가 아닌 자가 공인표지를 사용하고자 할 때에는 관세청장의 사전승인을 받아야 한다.

해설 공인표지는 1개의 기본디자인과, 3개의 응용디자인으로 구분된다.

정답	15 (법률 개정으로 정답 없음. 원정답 : 가) 16 가 17 가

18 수출입 안전관리 우수업체 관리책임자의 업무에 해당하지 않는 것은?

가. 직원에 대한 수출입 안전관리 교육

나. 정보교환, 회의참석 등 수출입 안전관리 관련 관세청 및 세관과의 협업

다. 세액 등 통관적법성 준수 관리

라. 정기 자율평가, 변동사항 보고 등 공인기준 준수 관련 업무

마. 기업 프로파일 관리

해설 관리책임자는 다음 각 호에 해당하는 업무를 담당한다.

- 수출입 관리현황 설명서 작성, 정기 자율평가, 변동사항 보고, 공인 또는 종합심사(갱신심사) 수감 등 공인기준 준수관련 업무
- 직원에 대한 수출입 안전관리 교육
- 정보 교환, 회의 참석 등 수출입 안전관리 관련 관세청 및 세관과의 협업
- 세액 등 통관적법성 준수 관리
- 그 밖에 업체의 법규준수 향상을 위한 활동

PART 03

19 수출입 안전관리 우수업체의 변동사항 보고에 관한 설명으로 틀린 것은?

가. 양도, 양수 분할, 합병 등에 의한 법적지위의 변경이 있으면 수출입관리현황 변동사항 보고서를 작성하여 관세청장에게 보고하여야 한다.

나. 소재지 이전, 사업장 신설 등이 발생한 경우 수출입관리현황 변동사항 보고서를 작성하여 관세청장에게 보고하여야 한다.

다. 관세청장은 변동사항 점검 결과 법규준수도 하락으로 공인등급 하향조정이 예상되는 경우에는 공인기준 준수 개선을 요구하여야 한다.

라. 공인기준 준수 개선을 요구받은 수출입 안전관리 우수업체는 요구받은 날로부터 30일 이내에 공인기준 준수 개선계획을 제출하여야 한다.

마. 관세청장은 공인기준을 충족하지 못한 사항이 경미한 경우에는 공인기준 준수 개선 완료보고서의 제출을 생략하게 할 수 있다.

해설 관세청장은 공인기준을 충족하지 못한 사항이 경미한 경우에는 공인이 유보된 업체에게 공인기준 준수 개선 계획서 제출을 생략하고, 바로 공인기준 준수 개선 완료 보고서를 제출하게 할 수 있다.

정답	18 마 19 마

20 수출입 안전관리 우수업체의 공인 취소에 대한 설명으로 맞는 것은?

가. 수출입 안전관리 우수업체가 수출입 관련 법령을 위반한 경우 처벌의 확정 여부를 구분하지 않고 공인취소 절차를 진행한다.

나. 관세법 제276조(허위신고죄 등)에 따라 통고처분을 받은 경우 공인취소절차를 진행한다.

다. 공인과정에서 거짓자료를 제출한 경우 공인취소 절차를 진행한다. 〈법률 개정으로 선지 일부 변경〉

라. 종합심사(갱신심사) 결과 공인기준을 충족하지 못하는 수출입 안전관리 우수업체에게 공인기준 준수 개선 또는 자료제출을 요구(통관적법성 관련 자료 제출을 요구하는 경우는 제외)하였으나 정당한 이유 없이 이행하지 않는 경우 공인취소 절차를 진행한다.

마. 수출입 안전관리 우수업체가 최근 2년 이내에 혜택 적용의 정지처분을 3회 이상 받은 경우 공인취소 절차를 진행한다.

해설 〈법률 개정으로 해설 전체 변경〉

가. 법령 위반시 벌금형 이상의 형을 선고받거나 통고처분을 받았을 때 공인을 취소한다.

나. 허위신고죄 규정에 따라 벌금형의 선고를 받은 경우 공인을 취소할 수 있다.

라. 공인기준을 충족하지 못하는 수출입 안전관리 우수업체에게 공인기준 준수 개선 또는 자료제출을 요구(통관적법성 관련 자료 제출을 요구하는 경우는 포함)하였으나 정당한 이유 없이 이행하지 않는 경우 공인취소 절차를 진행한다.

마. 공인의 유효기간 내에 혜택 적용의 정지 처분을 5회 이상 받은 경우 공인을 취소할 수 있다.

21 (법률개정으로 문제 삭제)

22 수출입 안전관리 우수업체 공인심사에 대한 설명으로 틀린 것은?

가. 종합심사(갱신심사) 대상 업체는 종합심사(갱신심사)를 신청하기 전에 예비심사를 신청할 수 있다.

나. 관세청장은 수출입 안전관리 우수업체 공인심사 시 서류심사를 지정된 기관에 위탁할 수 있다.

다. 중소 수입기업이 예비심사를 신청한 경우에는 다른 신청업체에 우선하여 예비심사를 할 수 있다.

라. 관세청장은 국제선박보안증서를 발급받은 국제항해선박소유자에 대하여 별도의 확인절차를 받아 공인기준을 충족한 부분에 대해서는 심사를 생략할 수 있다.

마. 관세청장은 중소 수출기업의 규모 및 법규준수도 점수 등을 고려하여 내부통제시스템 기준 중에서 위험평가 부분에 대한 공인심사를 간소하게 할 수 있다.

해설 관세청장은 중소 수출기업이 예비심사를 신청한 경우에는 다른 신청업체에 우선하여 예비심사를 할 수 있다.

정답	20 다 21 개정 삭제 22 다

23 수출입 안전관리 우수업체로 공인을 신청할 수 없는 자는?

가. 관세법 제241조에 따른 수입자(수입 부문)

나. 관세법 제172조에 따른 지정장치장의 화물을 관리하는 자(보세구역 운영인 부문)

다. 관세법 제222조제1항제2호에 해당하는 화물운송주선업자(화물운송주선업자 부문)

라. 관세법 제222조제1항제3호에 해당하는 자(하역업 부문)

마. 관세법 제199조의2에 따른 환급창구운영사업자(수출 부문)

해설 수출입 안전관리 우수업체(AEO)로 공인을 신청할 수 있는 자는 다음 각 호와 같다.

1. 수출자(수출 부문), 수입자(수입 부문)
2. 통관업을 하는 자(관세사 부문)
3. 운영인 또는 지정장치장의 화물을 관리하는 자(보세구역 운영인 부문)
4. 보세운송업자(보세운송업 부문), 화물운송주선업자(화물운송주선업 부문)
5. 하역업자(하역업 부문), 선박회사(선박회사 부문), 항공사(항공사 부문)
6. 상기업무를 행하는 자유무역지역 입주기업체

24 수출입 안전관리 우수업체의 종합심사(갱신심사)에 대한 설명으로 틀린 것은?

가. 수출입 안전관리 우수업체가 공인을 갱신하고자 할 때에는 공인의 유효기간이 끝나기 6개월 전까지 수출입 안전관리 우수업체 종합심사신청서를 관세청장에게 제출하여야 한다.

나. 수출입 안전관리 우수업체가 여러 공인부문에 걸쳐 공인을 받은 경우에는 공인일자가 가장 빠른 공인부문을 기준으로 종합심사(갱신심사)를 함께 신청할 수 있다.

다. 관세청장은 종합심사(갱신심사)를 할 때에는 수출입 안전관리 우수업체의 공인 부문별로 서류심사와 현장심사의 순으로 구분하여 실시한다.

라. 수입업체의 종합심사(갱신심사) 범위에는 통관적법성 확인대상 분야(법규준수와 관련된 과세가격, 품목분류, 원산지, 환급, 감면, 외환, 보세화물 관리, 사후관리 및 통관요건에 대한 세관장 확인업무 등)를 포함할 수 있다.

마. 종합심사(갱신심사) 중 현장심사를 할 때에 통관적법성 검증(심사)을 위하여 수출입안전관리 우수업체의 사업장을 직접 방문하는 기간은 방문을 시작한 날로부터 30일 이내로 한다.

해설 관세청장은 종합심사(갱신심사) 중 현장심사를 할 때에 통관적법성 검증(심사)을 위하여 수출입 안전관리 우수업체의 사업장을 직접 방문하는 기간은 방문을 시작한 날로부터 15일 이내로 한다.

25 〈22년 개정으로 문제 삭제〉

정답	23 마 24 마 25 개정 삭제

01 관세법 제282조(몰수, 추징)에 대한 설명으로 틀린 것은?

가. 금지품 밀수출입죄의 경우에는 그 물품을 몰수한다.
나. 세관장의 허가를 받아 보세구역이 아닌 장소에 장치한 외국물품을 밀수입한 경우에는 몰수를 하지 않을 수 있다.
다. 보세구역에 반입신고를 한 후 반입 외국물품을 밀수입한 경우에는 몰수를 하지 않을 수 있다.
라. 밀수입 물품 중 몰수의 실익이 없는 물품으로서 대통령령으로 정하는 물품은 몰수를 하지 않을 수 있다.
마. 밀수출죄의 경우에는 범인이 소유하거나 점유하는 그 물품을 몰수해야 하나 예비범은 몰수를 하지 않을 수 있다.

해설 밀수출입죄 또는 밀수품취득죄의 경우(그 죄를 저지를 목적으로 예비를 한 자를 포함)에는 범인이 소유하거나 점유하는 그 물품을 몰수한다.

02 관세법상 통고처분에 대한 설명으로 맞는 것은?

가. 벌금에 상당하는 금액은 해당 벌금 최고액의 100분의 10으로 한다.
나. 형법상의 벌금을 통고하는 것이다.
다. 통고처분을 하면 공소의 시효는 정지된다.
라. 통고의 요지를 이행하였어도 동일사건에 대하여 다시 조사 후 처벌을 받을 수 있다.
마. 벌금 50만원 미만인 경우 관세범칙조사심의위원회의 심의, 의결을 거쳐 통고처분 면제를 할 수 있다.

해설 가. 벌금에 상당하는 금액은 해당 벌금 최고액의 100분의 30으로 한다.
나. 벌금에 상당하는 금액을 통고하는 것이다.
라. 동일사건에 대하여 다시 처벌을 받지 아니한다.
마. 벌금 30만원 미만인 경우 관세범칙조사심의위원회의 심의, 의결을 거쳐 통고처분 면제를 할 수 있다.

정답 | 01 마 02 다

03 관세범의 조사와 처분에 관한 내용으로 맞는 것은?

가. 관세범에 관한 사건에 대하여는 관세청장이나 세관장의 고발이 없으면 검사는 공소를 제기할 수 없다.

나. 다른 수사기관이 관세범의 현행범인을 체포하였을 때에는 조사 후 세관에 인도하여야 한다.

다. 관세범의 현행범인이 그 장소에 있을 때에는 반드시 세관공무원만 체포할 수 있다.

라. 관세범에 관한 조사, 처분은 관세청장 또는 세관장이 한다.

마. 세관장은 관세범이 있다고 인정할 때에는 범인, 범죄사실 및 증거를 조사하여야 한다.

해설 나. 경찰, 검찰 등 다른 기관이 관세범에 관한 사건을 발견하거나 피의자를 체포하였을 때에는 즉시 세관공무원에 인계하여야 한다.

다. 관세범의 현행범인이 그 장소에 있을 때에는 누구든지 체포할 수 있다.

라. 관세범에 관한 조사, 처분은 세관공무원이 한다.

마. 세관공무원은 관세범이 있다고 인정할 때에는 범인, 범죄사실 및 증거를 조사하여야 한다.

04 세관장이 피의자나 관계인에게 통고한 후 매각하여 그 대금을 보관하거나 공탁할 수 있는 압수물이 아닌 것은?

가. 부패 또는 손상되거나 그 밖에 사용할 수 있는 기간이 지날 우려가 있는 경우

나. 보관하기가 극히 불편하다고 인정되는 경우

다. 처분이 지연되면 상품가치가 크게 떨어질 우려가 있는 것

라. 피의자나 관계인이 매각을 요청하는 경우

마. 유효기간이 아닌 것

해설 관세청장이나 세관장은 압수물품이 다음 각 호의 어느 하나에 해당하는 경우에는 피의자나 관계인에게 통고한 후 매각하여 그 대금을 보관하거나 공탁할 수 있다. 다만, 통고할 여유가 없을 때에는 매각한 후 통고하여야 한다.

① 부패 또는 손상되거나 그 밖에 사용할 수 있는 기간이 지날 우려가 있는 경우
② 보관하기가 극히 불편하다고 인정되는 경우
③ 처분이 지연되면 상품가치가 크게 떨어질 우려가 있는 경우
④ 피의자나 관계인이 매각을 요청하는 경우

정답 | 03 가　04 마

05 관세법 제275조에 따라 징역과 벌금을 병과할 수 있는 대상이 아닌 것은?

가. 밀수품을 취득하려다 미수에 그친 자
나. 관세의 회피 또는 강제집행의 면탈을 목적으로 타인에게 자신의 명의를 사용하여 납세신고를 할 것을 허락한 자
다. 세액결정에 영향을 미치기 위하여 과세가격을 거짓으로 신고하여 수입하려다 예비에 그친 자
라. 부정한 방법으로 관세의 감면을 받은 자
마. 관세법 제241조 제1항에 따라 신고를 하지 아니하고 물품을 수입한 행위를 방조한 자

해설 가. 밀수품 취득죄의 미수범이다.
나. 명의대여행위죄 등이다.
다. 관세포탈죄의 예비범이다.
라. 부정감면죄에 해당한다.
마. 밀수입죄의 방조범이다.

구분	교사자	방조자	미수범	예비범	징역벌금병과	양벌규정
전자문서 위변조죄	–	–	본죄에 준함	본죄 1/2 감경		
밀수출입죄	정범에 준함	정범에 준함	본죄에 준함	본죄 1/2 감경	○ (미수범 포함)	
관세포탈죄 등	정범에 준함	정범에 준함	본죄에 준함	본죄 1/2 감경	○ (미수범 포함)	○
가격조작죄	–	–	–	–	○ (미수범 포함)	
밀수품 취득죄	–	–	본죄에 준함	본죄 1/2 감경	○ (미수범 포함)	

※ 예비범, 교사범, 방조범은 미수범 규정(법 제271조)에 포함하여 징역과 벌금 병과대상임에 유의한다.
※ 부정감면죄는 관세포탈죄 등(법 제270조)에 포함되어 징역과 벌금 병과대상임에 유의한다.

06 관세법상 그 위반행위에 대한 처벌이 과태료 부과 대상이 아닌 것은?

가. 특허보세구역의 특허사항을 위반한 운영인
나. 크기 또는 무게의 과다와 그 밖의 사유로 보세구역에 장치하기 곤란하거나 부적당한 물품을 세관장의 허가를 받지 않고 보세구역 외에 장치한 경우
다. 보세구역에 장치된 물품을 세관장의 허가 없이 그 원형을 절단하거나 해체, 절단 작업을 한 경우
라. 밀수출 등 불법 행위 발생 우려가 높거나 감시단속상 필요하다고 인정하여 대통령령으로 정하는 물품을 관세청장이 정하는 장소에 반입하지 않고 제241조 제1항에 따른 수출의 신고를 한 경우
마. 세관공무원이 관세법 제265조에 의거 물품, 운송수단, 장치장소 및 관계장부 서류를 검사 또는 봉쇄하려는 조치를 거부한 자

정답 | 05 나 06 마

- 세관공무원은 이 법 또는 이 법에 따른 명령(대한민국이 체결한 조약 및 일반적으로 승인된 국제법규에 따른 의무를 포함한다)을 위반한 행위를 방지하기 위하여 필요하다고 인정될 때에는 물품, 운송수단, 장치 장소 및 관계 장부 · 서류를 검사 또는 봉쇄하거나 그 밖에 필요한 조치를 할 수 있다(법 제265조).
- 제265조에 따른 세관장 또는 세관공무원의 조치를 거부 또는 방해한 자는 허위신고죄에 규정에 의거 2천만원 이하의 벌금에 처한다.

07 다음 중 ( ) 안에 들어갈 말은?

> 관세법상 몰수할 물품의 전부 또는 일부를 몰수할 수 없을 때에는 그 몰수할 수 없는 물품의 범칙 당시의 ( )에 상당한 금액을 범인으로부터 추징한다.

가. 국내도매가격
나. 과세가격
다. 국내소매가격
라. 실제지급가격
마. 법정기준가격

해설 관세법상 몰수할 물품의 전부 또는 일부를 몰수할 수 없을 때에는 그 몰수할 수 없는 물품의 범칙 당시의 국내도매가격에 상당한 금액을 범인으로부터 추징한다.

08 「관세법」 제279조(양벌규정)는 개인의 대리인, 사용인, 그 밖의 종업원이 그 개인의 업무와 관련하여 관세법을 위반한 경우 행위자를 처벌하는 이외에도 개인에게도 해당 조문의 벌금형을 과하도록 규정하고 있다. 개인의 양벌규정에 해당하지 않는 사람은?

가. 종합보세사업장의 운영인
나. 관세사
다. 보세사
라. 국제항장 안에서 물품 및 용역의 공급을 업으로 하는 사람
마. 보세판매장의 운영인

해설 개인의 범위
개인은 다음 각 호의 어느 하나에 해당하는 사람으로 한정한다.
① 특허보세구역 또는 종합보세사업장의 운영인
② 수출(「수출용원재료에 대한 관세 등 환급에 관한 특례법」에 따른 수출 등을 포함) · 수입 또는 운송을 업으로 하는 사람
③ 관세사
④ 국제항 안에서 물품 및 용역의 공급을 업으로 하는 사람
⑤ 국가관세종합정보시스템 운영사업자 및 전자문서중계사업자

정답 | 07 가 08 다

PART 03

09 「관세법」 제276조(허위신고죄 등)에 해당하지 않는 것은?

가. 보세구역 반입명령에 대하여 반입대상 물품의 전부 또는 일부를 반입하지 아니한 자
나. 〈법률 개정으로 선지 삭제〉
다. 종합보세사업장의 설치, 운영에 관한 신고를 하지 아니하고 종합보세기능을 수행한 자
라. 강제징수의 집행을 면탈할 목적으로 그 재산을 은닉, 탈루한 납세의무자
마. 부정한 방법으로 적재화물목록을 작성하였거나 제출한 자

해설 강제징수면탈죄
납세의무자 또는 납세의무자의 재산을 점유하는 자가 강제징수를 면탈할 목적 또는 면탈하게 할 목적으로 그 재산을 은닉·탈루하거나 거짓 계약을 하였을 때에는 3년 이하의 징역 또는 3천만원 이하의 벌금에 처한다.

10 밀수입죄에 대한 설명으로 맞는 것은?

가. 수입신고를 하였으나 해당 수입물품과 다른 물품으로 신고하여 수입한 자는 밀수입죄로 처벌한다.
나. 밀수입죄를 방조한 자는 본죄의 2분의 1을 감경하여 처벌한다.
다. 밀수입죄를 저지를 목적으로 그 예비를 한 자는 본죄에 준하여 처벌한다.
라. 법령에 따라 수입이 제한된 사항을 회피할 목적으로 부분품으로 수입하는 경우 밀수입죄를 적용한다.
마. 밀수입죄의 경우 범인이 소유한 물품은 몰수 대상이 아니다.

해설 나. 밀수입죄를 방조한 자는 정범에 준하여 처벌한다.
다. 밀수입죄를 저지를 목적으로 그 예비를 한 자는 본죄의 2분의 1을 감경하여 처벌한다.
라. 법령에 따라 수입이 제한된 사항을 회피할 목적으로 부분품으로 수입하는 경우 관세포탈죄 등을 적용한다.
마. 밀수입죄의 경우 범인이 소유하거나 점유하는 그 물품을 몰수한다.

11 자율관리 보세구역의 감독에 관한 내용으로 틀린 것은?

가. 자율점검표에는 자율관리 보세구역 지정요건 충족여부를 포함하여야 한다.
나. 자율점검표에는 관세청장이 정하는 절차생략 준수 여부를 포함하여야 한다.
다. 자율점검표에는 운영인 등의 의무사항 준수 여부를 포함하여야 한다.
라. 자율점검표를 미제출하는 경우에는 정기검사를 하여야 한다.
마. 자율점검표 제출기한은 회계연도 종료 3개월이 지난 후 20일 이내이며, 보세구역 운영상황 및 재고조사 결과와 함께 제출하려는 경우 다음 해 2월 말까지 제출할 수 있다.

정답	09 라 10 가 11 마

해설 운영인은 회계연도 종료 3개월이 지난 후 15일 이내에 자율관리 보세구역 운영 등의 적정여부를 자체 점검하고, 자율점검표를 작성하여 세관장에게 제출하여야 한다. 다만, 운영인이 자율점검표를 「특허보세구역운영에 관한 고시」에 따른 보세구역 운영상황 및 「보세화물 관리에 관한 고시」에 따른 재고조사 결과와 함께 제출하려는 경우, 자율점검표를 다음 해 2월 말까지 제출할 수 있다.

12 자율관리 보세구역 운영에 관한 내용 중 틀린 것은?

가. 운영인 등은 해당보세구역에서 반출입된 화물에 대한 장부를 2년간 보관하여야 한다.

나. 세관장은 운영인 등과 보세사가 보세화물관리에 관한 의무사항을 불이행한 때에는 사안에 따라 경고처분 등의 조치를 할 수 있다.

다. 세관장이 보세사에게 경고처분을 하였을 때에는 관세청장에게 보고하여야 한다.

라. 세관장은 자율관리 보세구역의 운영실태 및 보세사의 관계법령 이행여부 등을 확인하기 위하여 연 1회 정기감사를 실시하여야 한다.

마. 세관장은 정기감사 결과 이상이 있을 경우에는 시정명령 등 필요한 조치를 하고 그 결과를 관세청장에게 보고하여야 한다.

해설 세관장이 보세사에게 경고처분을 하였을 때에는 한국관세물류협회장에게 통보하여야 한다.

13 일반 자율관리 보세구역에 부여하는 혜택으로 틀린 것은?

가. 단일 보세공장 소재지 관할구역에 보관창소 증설 허용

나. 벌크화물의 사일로(silo) 적입을 위한 포장제거 작업의 경우 보수작업 신청(승인) 생략

다. 재고조사 및 보고의무를 분기별 1회에서 연 1회로 완화

라. 보세구역 운영상황에 대한 세관공무원의 점검 생략

마. 보세구역 반입물품에 대해 세관장에게 수입신고 전 확인 신청 생략

해설 단일 보세공장 소재지 관할구역에 보관창소 증설을 허용하는 것은 우수 자율관리보세구역의 혜택이다.

우수 자율관리보세구역의 혜택

- 일반 자율관리보세구역 절차생략 일체
- 「보세공장 운영에 관한고시」에 따른 자율관리보세공장 특례 적용
- 「보세공장 운영에 관한고시」에 따른 보관창고 증설을 단일보세공장 소재지 관할구역내의 장소에도 허용

정답	12 다 13 가

14 자율관리 보세구역 운영인의 의무를 설명한 것으로 틀린 것은?

가. 보세구역에 작업이 있을 때에는 보세사를 상주근무하게 하여야 한다.

나. 보세사를 해고하였을 때에는 세관장에게 즉시 통보하여야 한다.

다. 운영인은 절차생략에 따른 물품 반출입 상황 등을 보세사로 하여금 기록, 관리하게 하여야 한다.

라. 보세사가 보세구역을 이탈한 경우에는 업무대행자를 지정하여 보세사 업무를 수행할 수 있으며 이 경우 지체없이 세관장에게 보고하여야 한다.

마. 보세구역 반출입물품과 관련한 수입 및 수출 등에 관해 세관공무원 자료요구가 있으면 협조하여야 한다.

해설 운영인 등은 보세사가 아닌 자에게 보세화물관리 등 보세사의 업무를 수행하게 하여서는 아니 된다. 다만, 업무대행자를 지정하여 사전에 세관장에게 신고한 경우에는 보세사의 이탈 시 보세사가 아닌 자도 보세사 업무를 수행할 수 있다. 업무대행자가 수행한 업무에 대해서는 운영인이 책임진다.

15 자율관리 보세구역의 지정신청과 갱신에 관한 내용 중 틀린 것은?

가. 자율관리 보세구역으로 지정을 받으려는 사람은 자율관리 보세구역 지정신청서를 세관장에게 제출하여야 한다.

나. 신청서류는 우편 또는 FAX 등 정보통신망 등을 이용하여 제출할 수 있다.

다. 지정 신청을 받은 세관장은 자율관리 보세구역 관련 규정에 따른 지정 요건을 검토하여 보세화물관리 및 세관 감시감독에 지장이 없다고 판단되는 경우 해당 보세구역의 특허기간을 지정기간으로 하여 자율관리 보세구역을 지정한다.

라. 특허의 갱신과 자율관리 보세구역 갱신을 통합하여 신청한 경우 자율관리 보세구역 갱신 심사기간은 특허보세구역 갱신 심사기간에 따른다.

마. 세관장은 자율관리 보세구역 운영인 등에게 갱신 신청과 절차에 관한 사항을 지정기간 만료 1개월 전에 문서, 전자메일, 전화, 휴대폰 문자 전송 방법 등으로 미리 알려야 한다.

해설 세관장은 자율관리 보세구역 운영인 등에게 다음 각 호의 사항을 지정기간 만료 2개월 전에 문서, 전자메일, 전화, 휴대폰 문자전송 방법 등으로 미리 알려야 한다.

- 지정기간 만료 1개월 전까지 갱신 신청하여야 한다는 사실
- 갱신절차

정답 | 14 라 15 마

16 자율관리 보세구역 지정취소 사유에 해당하지 않는 것은?

가. 보세화물을 자율적으로 관리할 능력이 없거나 부적당하다고 세관장이 인정하는 경우
나. 보세화물 관리를 위한 보세사를 채용하지 않은 때
다. 화물의 반출입, 재고관리 등 실시간 물품관리가 가능한 전산시스템이 구비되지 않은 경우
라. 장치물품에 대한 관세를 납부할 자금 능력이 없어 물품 반입이 정지된 때
마. 운영인 등이 보세구역 반출입 물품과 관련한 생산, 판매, 수입 및 수출 등에 관한 세관공무원의 자료요구 또는 현장 확인 시에 협조하지 않는 경우

해설 세관장은 다음의 경우 자율관리보세구역의 지정을 취소할 수 있으며 이 경우 해당 보세구역의 운영인 등에게 통보하여야 한다.

① 장치물품에 대한 관세를 납부할 자금 능력이 없다고 인정되는 경우
② 본인이나 그 사용인이 이 법 또는 이 법에 따른 명령을 위반한 경우
③ 해당 시설의 미비 등으로 특허보세구역의 설치 목적을 달성하기 곤란하다고 인정되는 경우
④ 보세사가 아닌 자에게 보세화물관리 등 보세사의 업무를 수행하게 한 경우. 다만, 업무대행자를 지정하여 사전에 세관장에게 신고한 경우에는 보세사가 아닌 자도 보세사가 이탈 시 보세사 업무를 수행할 수 있다.
⑤ 다음의 자율관리 보세구역 지정요건을 충족하지 못한 경우
- 보세화물관리를 위한 보세사 채용
- 화물의 반출입, 재고관리 등 실시간 물품관리가 가능한 전산시스템(WMS, ERP) 구비

⑥ 그 밖에 보세화물을 자율적으로 관리할 능력이 없거나 부적당하다고 세관장이 인정하는 경우

PART 03

17 보세사의 징계에 대한 내용으로 틀린 것은?

가. 보세사가 관세법이나 이 법에 따른 명령을 위반한 경우에는 징계사유에 해당된다.
나. 보세사의 직무 또는 의무를 이행하지 아니하는 경우에는 징계사유에 해당된다.
다. 경고처분을 받은 보세사가 1년 내에 다시 경고처분을 받는 경우에는 징계사유에 해당된다.
라. 징계의 종류에는 견책, 감봉, 6월의 범위 내 업무정지가 있다.
마. 세관장은 보세사가 연간 6월의 범위 내 업무정지를 2회 받으면 등록취소하여야 한다.

해설 징계는 다음의 3종으로 한다. 다만, 연간 6월의 범위 내 업무정지를 2회 받으면 등록취소하여야 한다.

① 견책
② 6월의 범위 내 업무정지
③ 등록취소

정답 16 마 17 라

18 보세사의 직무 및 의무에 대한 내용으로 틀린 것은?

가. 보세사는 보세구역 안에 장치된 물품의 관리 및 취급에 대한 입회, 확인업무를 수행한다.

나. 보세사는 보세구역의 종류에 관계없이 관세법 제321조(세관의 업무시간 및 물품취급시간) 제1항에 따른 세관개청시간과 해당 보세구역 내의 작업이 있는 시간에 해당 보세구역에 상주하여야 한다.

다. 보세사는 영업용 보세창고가 아닌 경우 보세화물 관리에 지장이 없는 범위 내에서 타업무를 겸임할 수 있다.

라. 보세사는 환적화물 컨테이너 적출입 시 입회, 감독 업무를 수행한다.

마. 보세사는 보수작업과 화주의 수입신고전 장치물품 확인 시 입회, 감독 업무를 수행한다.

해설 해당 보세구역에 작업이 있는 시간에는 상주하여야 한다. 다만, 영업용 보세창고의 경우에는 세관개청시간과 해당 보세구역 내의 작업이 있는 시간에 상주하여야 한다.

19 자유무역지역 반출입물품의 관리에 관한 고시상의 용어에 대한 설명 중 틀린 것은?

가. 반입신고란 물품을 자유무역지역으로 반입하기 위한 신고로서 관세법 제157조의 보세구역 반입신고를 의미한다.

나. 사용소비신고란 외국물품을 고유한 사업의 목적 또는 용도에 사용 또는 소비하기 위하여 신고하는 것을 말한다.

다. 〈법률 개정으로 선지 삭제〉

라. 보수란 해당 물품의 HS품목분류의 변화를 가져오는 보존작업, 선별, 분류, 용기변경, 포장, 상표부착, 단순조립, 검품, 수선 등의 활동을 말한다.

마. 잉여물품이란 제조, 가공작업으로 인하여 발생하는 부산물과 불량품, 제품생산 중단 등의 사유로 사용하지 아니하는 원재료와 제품 등을 말한다.

해설 “보수”란 해당 물품의 HS품목분류의 변화를 가져오지 아니하는 보존 작업, 선별, 분류, 용기변경, 포장, 상표부착, 단순조립, 검품, 수선 등의 활동(원산지를 허위로 표시하거나, 지식재산권을 침해하는 행위는 제외한다)을 말한다(「자유무역지역 반출입물품의 관리에 관한 고시」 제2조).

정답 | 18 나 19 라

20 자유무역지역의 물품 반입, 반출에 대한 내용으로 틀린 것은?

가. 입주기업체외의 자가 외국물품을 자유무역지역 안으로 반입하려는 경우 수입신고를 하고 관세 등을 내야 한다.

나. 자유무역지역에서 외국물품 등의 전부 또는 일부를 원재료로 하여 제조, 가공, 조립, 보수 등의 과정을 거친 후 그 물품을 관세영역으로 반출하려는 경우 수입신고를 하고 관세 등을 내야 한다.

다. 외국물품 등이 아닌 내국물품을 자유무역지역에서 관세영역으로 반출하려는 자는 내국물품 반출확인서를 세관장에게 제출하여야 한다.

라. 외국물품 등을 자유무역지역에서 국외로 반출하려는 자는 국외 반출신고서를 세관장에게 수출통관시스템을 이용하여 전자문서로 제출하여야 한다.

마. 외국물품 등이 아닌 물품을 자유무역지역에서 국외로 반출하려는 자는 수출신고를 하여야 한다.

해설 외국물품 등이 아닌 내국물품을 자유무역지역에서 관세영역으로 반출하려는 자는 내국물품 확인서, 세금계산서 등 내국물품으로 반입된 사실을 증명하는 서류("내국물품 반입증명서류")를 세관장에게 제출하여야 한다.

21 보세화물의 안전관리를 위한 자유무역지역의 시설통제요건으로 틀린 것은?

가. 외곽울타리 및 외국물품의 불법유출, 도난방지를 위한 과학감시장비

나. 감시종합상황실과 화물차량통제소

다. 세관공무원이 24시간 상주근무에 필요한 사무실 및 편의시설

라. 컨테이너트레일러를 부착한 차량이 1대 이상 동시에 접속하여 검사할 수 있는 검사대

마. 차량의 출입 및 회차 등이 자유로울 수 있는 충분한 면적

해설 검사장은 컨테이너트레일러를 부착한 차량이 3대 이상 동시에 접속하여 검사할 수 있는 규모인 $400m^2$ 이상의 검사대, 검사물품 보관창고 등 검사를 용이하게 할 수 있는 시설을 갖추어야 한다.

22 자유무역지역에 반출입이 금지 또는 제한되는 물품이 아닌 것은?

가. 품명미상 물품으로 1년이 지난 물품

나. 원산지 미표시 물품

다. 사업장 폐기물

라. 검역기관에서 폐기대상으로 결정된 물품

마. 위조상품

정답 | 20 다 21 라 22 나

해설 1. 반출입 금지 : 누구든지 「관세법」 제234조 각 호의 어느 하나에 해당하는 물품을 자유무역지역 안으로 반입하거나 자유무역지역 밖으로 반출할 수 없다.

※ 관세법 제234조(수출입의 금지)

다음 각 호의 어느 하나에 해당하는 물품은 수출하거나 수입할 수 없다.

① 헌법질서를 문란하게 하거나 공공의 안녕질서 또는 풍속을 해치는 서적 · 간행물 · 도화, 영화 · 음반 · 비디오물 · 조각물 또는 그 밖에 이에 준하는 물품

② 정부의 기밀을 누설하거나 첩보활동에 사용되는 물품

③ 화폐 · 채권이나 그 밖의 유가증권의 위조품 · 변조품 또는 모조품

2. 반출입 제한 : 물품세관장은 국민보건 또는 환경보전에 지장을 초래하는 물품이나 그 밖에 대통령령으로 정하는 다음의 물품에 대하여는 자유무역지역 안으로의 반입과 자유무역지역 밖으로의 반출을 제한할 수 있다.

① 사업장폐기물 등 폐기물

② 총기 등 불법무기류

③ 마약류

④ 「상표법」에 따른 상표권 또는 「저작권법」에 따른 저작권을 침해하는 물품

⑤ 상기 물품과 유사한 물품으로서 관세청장이 정하여 고시하는 물품

3. 폐기대상물품 : 세관장은 자유무역지역에 있는 물품 중 다음 각 호의 어느 하나에 해당하는 물품에 대하여는 화주 및 반입자와 그 위임을 받은 자("화주 등")에게 국외 반출 또는 폐기를 명하거나 화주 등에게 미리 통보한 후 직접 이를 폐기할 수 있다. 다만, 화주 등에게 통보할 시간적 여유가 없는 특별한 사정이 있을 때에는 그 물품을 폐기한 후 지체 없이 화주 등에게 통보하여야 한다.

① 사람의 생명이나 재산에 해를 끼칠 우려가 있는 물품

② 부패 또는 변질된 물품

③ 유효기간이 지난 물품

④ 제1호부터 제3호까지의 규정에 준하는 물품으로서 관세청장이 정하여 고시하는 물품

> [관련규정] 관세청장이 정하여 고시하는 물품
> 1. 위조상품, 모조품, 그밖에 지식재산권 침해물품
> 2. 품명미상의 물품으로서 반입 후 1년이 지난 물품
> 3. 검사 · 검역기준 등에 부적합하여 검사 · 검역기관에서 폐기대상으로 결정된 물품

23 자유무역지역 통제시설에 대한 설명이다. ( ) 안에 들어갈 내용을 순서대로 나열한 것은?

> 관리권자는 ( )과 협의를 거쳐 자유무역지역에 통제시설을 설치하고, 그 운영시기를 공고하여야 한다. 또한 자유무역지역을 출입하는 사람 및 자동차에 대한 기록을 ( )일 동안 관리하여야 하고 ( )이 출입기록을 요청하는 경우 특별한 사유가 없으면 이에 따라야 한다.

가. 국토교통부장관, 60, 세관장

나. 관세청장, 60, 세관장

다. 관세청장, 90, 세관장

라. 세관장, 90, 관세청장

마. 국토교통부장관, 90, 관세청장

정답 | 23 다

해설 관리권자는 관세청장과 협의를 거쳐 자유무역지역에 통제시설을 설치하고, 그 운영시기를 공고하여야 하며 관리권자는 통제시설을 유지 · 관리하여야 한다. 자유무역지역을 출입하는 사람 및 자동차에 대한 기록을 산업통상자원부령으로 정하는 방법(90일 동안)으로 관리하여야 하고 세관장이 출입기록을 요청하는 경우 특별한 사유가 없으면 이에 따라야 한다.

24 자유무역지역 업무 절차 중에 청문을 하여야 하는 경우는?

가. 물품 반입정지 시

나. 물품 폐기 시

다. 장치기간 경과 물품 통보 시

라. 역외작업 허가 기각 시

마. 재고가 부족한 물품의 관세 등 징수 시

해설 자유무역지역 청문의 대상(「자유무역지역의 지정 및 운영에 관한 법률」 제54조)

- 관리권자는 입주계약을 해지하려면 청문을 하여야 한다.
- 세관장이 물품 반입정지를 하려면 청문을 하여야 한다.

25 법규수행능력 우수업체의 우대조치에 대한 설명으로 틀린 것은?

가. 보세화물에 대한 재고조사 면제 등 자율관리 확대

나. 화물 C/S에 의한 검사비율의 축소

다. 관세 등 납부기한 연장

라. 관세 등에 대한 담보제공의 면제

마. 세관장 권한의 대폭적 위탁

해설 세관장은 법규수행능력우수업체에 대하여는 다음 각 호와 같은 우대 등의 조치를 취할 수 있다.

- 세관장 권한의 대폭적 위탁
- 관세 등에 대한 담보제공의 면제
- 보세화물에 대한 재고조사 면제 등 자율관리 확대
- 화물 C/S에 의한 검사비율의 축소 및 검사권한 위탁
- 기타 관세청장이 정하는 사항

PART 03

정답 24 가 25 다

MEMO

P/A/R/T

04

2021년 기출문제 및 해설

[2021년] 기출문제 및 해설

1과목 수출입통관절차

01 관세법 제94조(소액물품 등의 면세)에 따라 관세를 면제할 수 있는 수입물품에 해당하지 않는 것은?

가. 우리나라의 거주자에게 수여된 훈장, 기장 또는 이에 준하는 표창장 및 상패
나. 판매 또는 임대를 위한 물품의 상품목록, 가격표 및 교역안내서
다. 과세가격이 미화 250달러 이하의 물품으로서 견본품으로 사용될 것으로 인정되는 물품
라. 물품가격이 미화 150달러 이하의 물품으로서 자가사용 물품으로 인정되는 것
마. 우리나라를 방문하는 외국의 원수와 그 가족 및 수행원의 물품

해설 가~라의 경우 소액물품의 면세대상이나, 마의 경우 관세법 제93조(특정물품의 면세 등) 제9호에 의거 관세면제를 받는 물품이다.

02 관세법상 입항전수입신고에 관한 규정으로 맞는 것은?

가. 입항전수입신고는 해당 물품을 적재한 선박 등이 우리나라에 입항하기 전에는 언제든지 할 수 있다.
나. 입항전수입신고의 수리는 해당 물품을 적재한 선박 등이 우리나라에 입항한 후에 하여야 한다.
다. 세율이 인상되는 법령이 적용될 예정인 물품은 해당 물품을 적재한 선박 등이 우리나라에 도착한 후에 수입신고하여야 한다.
라. 입항전수입신고한 물품이 검사 대상으로 결정된 경우에는 신고를 취하하고, 해당 물품을 적재한 선박 등이 입항한 후에 다시 수입신고하여야 한다.
마. 입항전수입신고 시 입항은 최종 입항보고를 한 후 해당 물품을 적재한 선박 등이 하역준비를 완료한 때를 기준으로 한다.

정답 | 01 마 02 다

해설 가. 입항전수입신고는 당해 물품을 적재한 선박 또는 항공기가 그 물품을 적재한 항구 또는 공항에서 출항하여 우리나라에 입항하기 5일 전(항공기의 경우 1일 전)부터 할 수 있다.
나. 검사대상으로 결정되지 아니한 물품은 입항 전에 그 수입신고를 수리할 수 있다.
라. 입항전수입신고한 물품이 검사 대상으로 결정된 물품은 수입신고를 한 세관의 관할 보세구역(보세구역이 아닌 장소에 장치하는 경우 그 장소를 포함한다)에 반입되어야 한다.
마. 입항전신고란 수입물품을 선(기)적한 선박 등이 물품을 적재한 항구나 공항에서 출항한 후 입항(최종입항보고를 한 후 하선(기)신고하는 시점을 기준)하기 전에 수입신고하는 것을 말한다.

03 관세법 제99조(재수입면세)로 관세면제를 신청한 수입물품에 대해 통관심사한 내용이다. 이 중 통관심사방법으로 맞는 것은?

가. 우리나라에서 3년 전 해외시험 및 연구목적으로 수출된 후 재수입된 물품에 대하여 재수입기간 2년을 경과하여 수입하였으므로 면세를 불허하였다.
나. 재수입면세 신청한 금형(법인세법에 따른 내용연수가 2년 이상)이 장기간에 걸쳐 사용할 수 있는 물품으로서 임대차계약 또는 도급계약 등에 따라 해외에서 일시 사용하고 재수입되어 면세해 주었다.
다. 보세공장에서 보세가공 수출된 장비가 해외 바이어의 구매거절로 다시 국내로 반입되어 재수입면세 신청한 정밀기기를 현품검사 결과 해외에서 사용되지 않아 면세해 주었다.
라. 재수입면세 신청한 자동차가 미국으로 수출된 후 미국에서 HSK10단위의 변경이 없는 수리, 가공을 거쳐 면세해 주었다.
마. 재수입면세 신청한 한산모시제품이 제품보증서 등 수입자가 제시한 자료로 보아 국산품이 수출된 후 재수입된 사실이 확인되나, 수출신고필증이나 반송신고필증이 없어 면세를 불허하였다.

해설 가. 해외시험 및 연구를 목적으로 수출된 후 재수입되는 물품은 재수입기간과 관계없이 재수입면세를 적용해준다.
다. 보세가공 또는 장치기간경과물품을 재수출조건으로 매각함에 따라 관세가 부과되지 아니한 경우에 해당되므로 재수입면세 적용이 불가하다.
라. 해당 물품의 경우 HSK 변경과 관계없이 우리나라에서 수출된 물품으로서 해외에서 제조 · 가공 · 수리 또는 사용되지 아니하여야 재수입면세를 적용받을 수 있다.
마. 재수입면세 규정에 의해 관세를 감면받으려는 자는 그 물품의 수출신고필증 · 반송신고필증 또는 이를 갈음할 서류를 세관장에게 제출하여야 한다. 다만, 세관장이 다른 자료에 의하여 그 물품이 감면대상에 해당한다는 사실을 인정할 수 있는 경우에는 그러하지 아니하다.

PART 04

정답 03 나

04 수입신고 취하 및 각하에 대한 설명으로 틀린 것은?

가. 수입신고 취하신청은 수입신고가 수리된 이후에 할 수 없다.
나. 세관장이 신고취하를 승인하면 당초 신고납부한 관세는 환급받을 수 있다.
다. 수입계약과 상이한 물품으로 해외공급자에게 반송하는 경우에는 취하승인 대상이다.
라. 통관요건 불합격의 사유로 폐기하는 경우에는 취하승인 대상이다.
마. 신고의 요건을 갖추지 못하였을 경우에는 세관장이 직권으로 각하할 수 있다.

해설 수입 및 반송의 신고는 운송수단, 관세통로, 하역통로 또는 이 법에 규정된 장치 장소에서 물품을 반출한 후에는 취하할 수 없다. 취하신청의 경우 수리여부와 관계없이 할 수 있다.

05 관세법상 용어의 정의에 대한 설명 중 틀린 것은?

가. 수출이란 내국물품을 외국으로 반출하는 것을 말한다.
나. 반송이란 국내에 도착한 외국물품이 수입통관절차를 거쳐 보세구역에서 반출된 상태에서 당해물품의 수출자에게 원상태로 다시 재반출하는 것을 말한다.
다. 수입이라 함은 외국물품을 우리나라에 반입(보세구역을 경유하는 것은 보세구역으로부터 반입하는 것을 말한다)하거나 우리나라에서 소비 또는 사용하는 것을 말한다.
라. 환적이라 함은 동일한 세관관할구역 안에서 입국 또는 입항하는 운송수단에서 출국 또는 출항하는 운송수단으로 물품을 옮겨 싣는 것을 말한다.
마. 통관이란 관세법의 규정에 의한 절차를 이행하여 물품을 수출, 수입 또는 반송하는 것을 말한다.

해설 반송이란 국내에 도착한 외국물품이 수입통관절차를 거치지 아니하고 다시 외국으로 반출되는 것을 말한다.

06 관세법 제238조 규정에 의한 보세구역 반입명령 제도에 관련한 조치 및 설명으로 맞는 것은?

가. 세관장은 수출신고가 수리되어 외국으로 반출된 물품에 대해 수출신고수리일로부터 6월 이내에 보세구역 반입명령을 하였다.
나. 수입신고가 수리되어 반출된 물품에 대해 세관장은 국민보건을 해칠 우려가 있어 수입신고수리일로부터 3월 이내에 보세구역 반입명령을 하였다.
다. 지식재산권을 침해한 물품은 보세구역 반입명령 대상이 아니다.
라. 한－미 FTA 세율 심사결과 FTA세율적용이 취소된 경우 보세구역 반입명령을 하여 원산지 표시를 변경하여야 한다.
마. 반입명령 수령인의 주소나 거소가 분명하지 아니한 때에는 반입명령 수령인에 대해 소재수사 후 송달하여야 한다.

정답	04 가 05 나 06 나

해설 가. 외국으로 이미 반출된 물품과 수출신고가 수리된 후 3개월이 지난 물품은 반입명령 대상에 해당되지 아니한다.
다. 지식재산권을 침해한 물품은 보세구역 반입명령 대상이다.
라. 한－미 FTA 세율 심사결과 FTA세율적용이 취소된 경우 보세구역 반입명령 대상이 아니다(추징대상).
마. 해당 내용은 관세법상 존재하지 않는다.

07 **관세법 제237조 규정에 근거하여 수입신고한 물품을 통관보류한 다음 사례 중 맞게 처리된 것을 모두 나열한 것은?**

① 미국에서 반입하여 수입신고한 기계에 대해 신고서상의 기재사항에 보완에 필요하여 통관보류하였다.
② 중국에서 반입하여 수입신고한 수출용원재료인 직물에 대해 가격신고서를 제출하지 않아 통관보류하였다.
③ 체코에서 반입하여 수입신고한 모터에 대해 전기용품 및 생활용품 안전관리법상 안전인증서를 제출하지 아니하여 통관보류하였다.
④ 중국에서 반입하여 수입신고한 뱀(CITES종)에 대해 야생생물보호 및 관리에 관한 법률상의 허가서와 특정 연구목적에 사용한다는 계획서 등을 제출하지 않아 통관보류하였다.
⑤ 프랑스에서 반입하여 수입신고한 병행수입이 허용된 가방에 대해 상표권자 보호를 위해 통관보류하였다.

가. ①, ② 나. ①, ②, ③
다. ②, ③ 라. ①, ③, ④
마. ①, ③, ⑤

해설 보류대상
세관장은 다음에 해당하는 경우에는 해당 물품의 통관을 보류할 수 있다.
1. 수출 · 수입 또는 반송에 관한 신고서의 기재사항에 보완이 필요한 경우 ①
2. 제출서류 등이 갖추어지지 아니하여 보완이 필요한 경우 ③, ④
3. 관세법에 따른 의무사항(대한민국이 체결한 조약 및 일반적으로 승인된 국제법규에 따른 의무를 포함한다)을 위반하거나 국민보건 등을 해칠 우려가 있는 경우
4. 수출입물품에 대한 안전성 검사가 필요한 경우
5. 안전성 검사 결과 불법 · 불량 · 유해 물품으로 확인된 경우
6. 「국세징수법」 및 「지방세징수법」에 따라 세관장에게 강제징수 또는 체납처분이 위탁된 해당 체납자가 수입하는 경우
7. 그 밖에 이 법에 따라 필요한 사항을 확인할 필요가 있다고 인정하여 대통령령으로 정하는 경우(관세 관계 법령을 위반한 혐의로 고발되거나 조사를 받는 경우)
※ ②, ⑤의 경우 통관보류대상이 아니다.

정답 | 07 라

08 수입물품에 대한 세율적용의 우선순위를 맞게 나열한 것은?

① 덤핑방지관세
② 조정관세
③ 일반특혜(최빈특혜)관세
④ 다른 세율보다 낮은 국제협력관세
⑤ 기본세율

가. ①, ②, ③, ④, ⑤
나. ②, ①, ③, ⑤, ④
다. ③, ⑤, ①, ②, ④
라. ①, ④, ②, ③, ⑤
마. ①, ④, ③, ②, ⑤

해설 ※ 출제오류로 인해 모두 정답 처리함

09 관세법상 내국물품을 모두 나열한 것은?

① 외국의 선박 등이 공해에서 채집하거나 포획한 수산물
② 입항전수입신고가 수리된 물품
③ 수입신고 전 즉시반출신고를 하고 반출된 물품
④ 수출신고수리 전 외국무역선에 적재된 물품
⑤ 보세구역에서 보수작업결과 외국물품에 부가된 내국물품

가. ①, ②, ③
나. ①, ②, ④
다. ②, ③, ④
라. ②, ③, ⑤
마. ③, ④, ⑤

해설 ①, ⑤의 경우에는 외국물품이다.

10 관세징수권 소멸시효의 정지사유로 틀린 것은?

가. 관세의 분할납부기간
나. 징수유예기간
다. 특정범죄 가중처벌 등에 관한 법률 제16조에 따른 공소제기
라. 압류, 매각의 유예기간
마. 사해행위 취소소송기간

해설 관세징수권의 소멸시효는 관세의 분할납부기간, 징수유예기간, 압류 · 매각의 유예기간 또는 사해행위취소소송기간 중에는 진행하지 아니한다. 공소제기의 경우 소멸시효 중단사유이다.

정답	08 모두 정답 09 다 10 다

11 관세법상 수출입물품의 지식재산권보호에 대한 설명으로 맞는 것은?

가. 세관장은 지식재산권을 침해하였음이 명백한 경우에도 지식재산권자의 통관보류 요청이 없으면 직권으로 해당 물품의 통관을 보류하거나 해당 물품을 유치할 수 없다.

나. 세관장은 통관보류 등을 요청한 자가 해당 물품에 대한 통관보류 등의 사실을 통보받은 후 15일(휴일 및 공휴일을 제외한다) 이내에 법원에 제소사실을 입증하였을 때에는 해당 통관보류 등을 계속할 수 있다.

다. 통관보류와 유치를 요청하려는 자와 통관 또는 유치 해제를 요청하려는 자는 세관장에게 해당 물품의 과세가격의 100분의 125에 상당하는 금액의 담보를 제공하여야 한다.

라. 담보를 제공해야 하는 자가 조세특례제한법에 따른 중소기업인 경우에는 해당 물품의 과세가격의 100분의 50에 상당하는 금액의 담보를 제공하여야 한다.

마. 상업적 목적이 아닌 개인용도에 사용하기 위한 여행자휴대품으로서 소량으로 수출입되는 물품에 대하여는 적용하지 아니한다.

해설 가. 세관장은 물품이 보호대상 지식재산권을 침해하였음이 명백한 경우에는 대통령령으로 정하는 바에 따라 직권으로 해당 물품의 통관을 보류하거나 해당 물품을 유치할 수 있다.

나. 세관장은 통관보류 등을 요청한 자가 해당 물품에 대한 통관보류 등의 사실을 통보받은 후 10일(휴일 및 공휴일을 제외) 이내에 법원에의 제소사실 또는 무역위원회에의 조사신청사실을 입증하였을 때에는 해당 통관보류 등을 계속할 수 있다.

다, 라. 통관 보류나 유치를 요청하려는 자와 통관 또는 유치 해제를 요청하려는 자는 세관장에게 해당 물품의 과세가격의 100분의 120(「조세특례제한법」에 따른 중소기업인 경우에는 해당 물품의 과세가격의 100분의 40)에 상당하는 금액의 담보를 금전 등으로 제공하여야 한다.

12 수입신고에 대한 설명으로 틀린 것은?

가. 수입하려는 자는 출항전신고, 입항전신고, 보세구역 도착전신고, 보세구역 장치후신고 중에서 필요에 따라 신고방법을 선택하여 수입신고할 수 있다.

나. 수입신고는 관세사, 관세법인, 통관취급법인 등이나 수입화주의 명의로 하여야 한다.

다. 수입신고를 하려는 자는 인터넷통관포탈서비스 이용신청을 하고 세관장의 승인을 받아야 한다.

라. 수입신고의 효력발생시점은 원칙적으로 전송된 신고자료가 통관시스템에 접수된 시점으로 한다.

마. 수입신고 시 제출서류 대상으로 지정된 신고건 중 일시수입통관증서(A.T.A Carnet)에 의한 일시수입물품은 전자적 방식으로 서류를 제출할 수 있다.

해설 종이서류제출 대상

전자제출원칙에도 불구하고 다음 각 호의 어느 하나에 해당하는 경우에는 종이서류를 제출하여야 한다.

1. 킴벌리프로세스증명서 제출대상물품(원본)
2. 일시수입통관증서(A.T.A Carnet)에 의한 일시수입물품(원본)
3. SOFA 협정 적용대상물품(원본 또는 주한미군에서 전자서명하여 교부한 증명서)

정답 11 마　12 마

13 수출물품의 적재 이행관리에 대한 설명으로 틀린 것은?

가. 수출자는 수출신고가 수리된 물품은 수출신고가 수리된 날로부터 원칙적으로 30일 이내에 우리나라와 외국간을 왕래하는 운송수단에 적재하여야 한다.

나. 세관장은 적재 일정변경 등 부득이한 사유가 타당하다고 인정하는 경우에는 수출신고수리일로부터 2년의 범위 내에서 적재기간 연장을 승인할 수 있다.

다. 적재지검사 대상물품의 경우에는 물품검사가 완료된 후 운송수단에 적재하여야 한다.

라. 통관지 세관장은 적재기간이 경과한 수출신고수리물품에 대하여 신고인 등에게 적재기간 내에 적재 확인이 되지 아니하는 경우 수출신고수리를 취소한다는 예정통보를 하여야 한다.

마. 수출신고수리취소 예정통보를 받은 신고인은 취소예정통보일로부터 14일 이내에 적재된 화물이 있는지 여부에 대하여 원인규명을 하여야 하며 이미 적재된 물품이 있는 경우에는 정정 등의 조치를 취하여야 한다.

해설 수출신고가 수리된 물품은 수출신고가 수리된 날부터 30일 이내에 운송수단에 적재(선적)하여야 한다. 다만, 기획재정부령으로 정하는 바에 따라 1년의 범위에서 적재기간의 연장승인을 받은 것은 그러하지 아니하다.

14 수입물품에 대하여 세관장이 부과 징수할 수 없는 조세가 포함된 것은?

가. 부가가치세, 교통 · 에너지 · 환경세 및 농어촌특별세

나. 지방소비세, 담배소비세

다. 지방교육세, 개별소비세

라. 담배소비세, 주세

마. 개별소비세, 법인세

해설 수입물품에 대하여 세관장이 부과하는 세금

① 부가가치세
② 지방소비세
③ 담배소비세
④ 지방교육세
⑤ 개별소비세
⑥ 주세
⑦ 교육세
⑧ 교통에너지환경세 및 농어촌특별세

정답	13 나 14 마

15 관세법상 법령의 적용시기와 과세물건 확정의 시기에 대한 설명으로 틀린 것은?

가. 관세법에 따라 매각되는 물품은 해당 물품이 매각된 날의 법령을 적용한다.
나. 관세법 제192조에 따라 보세건설장에 반입된 외국물품은 당해 물품이 보세건설장에 반입된 날의 법령을 적용한다.
다. 도난물품 또는 분실물품의 과세물건확정시기는 해당 물품이 도난되거나 분실된 때이다.
라. 보세구역 장치물품의 멸실 · 폐기로 관세를 징수하는 물품의 과세물건 확정시기는 해당물품이 멸실되거나 폐기된 때이다.
마. 수입신고전 즉시반출신고를 하고 반출한 물품의 과세물건확정시기는 수입신고전 즉시반출신고를 한 때이다.

해설 관세는 수입신고 당시의 법령에 따라 부과한다. 다만, 다음 각 호의 어느 하나에 해당하는 물품에 대하여는 각 해당 호에 규정된 날에 시행되는 법령에 따라 부과한다.
- 정상적인 수입통관절차를 거치지 않는 경우에 해당되는 물품 : 그 사실이 발생한 날
- 보세건설장에 반입된 외국물품 : 사용 전 수입신고가 수리된 날

16 관세법 제30조(과세가격 결정의 원칙) 제1항에 근거하여 우리나라에 수출하기 위하여 판매되는 물품으로 맞는 것은?

가. 수입 후 경매 등을 통하여 판매가격이 결정되는 위탁판매수입물품
나. 수출자의 책임으로 국내에서 판매하기 위하여 수입하는 물품
다. 별개의 독립된 법적 사업체가 아닌 지점 등에서 수입하는 물품
라. 수입자가 국내에서 국가기관에 판매하기 위하여 유상으로 수입하는 물품
마. 임대차계약에 따라 수입하는 물품

해설 우리나라에 수출하기 위하여 판매되는 물품의 범위
우리나라에 수출하기 위하여 판매되는 물품은 해당 물품을 우리나라에 도착하게 한 원인이 되는 거래를 통해 판매되는 물품으로 한다. 다만, 다음 각 호의 물품은 포함되지 않는다.
1. 무상으로 국내에 도착하는 물품
2. 국내 도착 후 경매 등을 통해 판매가격이 결정되는 위탁판매물품
3. 수출자의 책임으로 국내에서 판매하기 위해 국내에 도착하는 물품
4. 별개의 독립된 법적 사업체가 아닌 지점 등과의 거래에 따라 국내에 도착하는 물품
5. 임대차계약에 따라 내에 도착하는 물품
6. 무상으로 임차하여 국내에 도착하는 물품
7. 산업쓰레기 등 수출자의 부담으로 국내에서 폐기하기 위해 국내에 도착하는 물품

〈법률 개정으로 해설 변경〉

정답	15 나　16 라

17 **관세법상 수입물품의 경정청구에 대한 설명이다. (   ) 안에 들어갈 내용을 순서대로 나열한 것은?**

> 납세의무자는 신고납부한 세액이 과다한 것을 안 때에는 최초로 납세신고한 날부터 (   ) 이내에 신고한 세액의 경정을 세관장에게 청구할 수 있다. 다만, 다음의 경우에는 각 호에서 정하는 바에 따른다.
>
> - 법 제38조의3제3항에 따라 소송에 대한 판결 결과 납부한 세액이 과다한 것을 알게 되었을 때 : 그 사유가 발생한 것을 안 날부터 (   ) 이내
> - 법 제38조의4(수입물품의 과세가격 조정에 따른 경정)의 경우 : 그 결정 · 경정 처분이 있음을 안 날(처분의 통지를 받은 경우에는 그 받은 날)부터 (   ) 또는 최초로 납세신고를 한 날부터 5년 이내

가. 5년, 2개월, 2개월
나. 5년, 2개월, 3개월
다. 5년, 3개월, 3개월
라. 3년, 3개월, 6개월
마. 3년, 6개월, 6개월

해설
- 일반적인 경정청구 : 납세의무자는 신고납부한 세액이 과다한 것을 알게 되었을 때에는 최초로 납세신고를 한 날부터 5년 이내에 대통령령으로 정하는 바에 따라 신고한 세액의 경정을 세관장에게 청구할 수 있다.
- 소송 등 판결에 의한 경정청구 : 납세의무자는 최초의 신고 또는 경정에서 과세표준 및 세액의 계산근거가 된 거래 또는 행위 등이 그에 관한 소송에 대한 판결에 의하여 다른 것으로 확정되는 등 대통령령으로 정하는 사유가 발생하여 납부한 세액이 과다한 것을 알게 되었을 때에는 그 사유가 발생한 것을 안 날부터 2개월 이내에 대통령령으로 정하는 바에 따라 납부한 세액의 경정을 세관장에게 청구할 수 있다.
- 수입물품의 과세가격 조정에 따른 경정청구 : 납세의무자는 관할 지방국세청장 또는 세무서장이 해당 수입물품의 거래가격을 조정하여 과세표준 및 세액을 결정 · 경정 처분하거나 국세청장이 해당 수입물품의 거래가격과 관련하여 소급하여 적용하도록 사전승인을 함에 따라 그 거래가격과 이 법에 따라 신고납부 · 경정한 세액의 산정기준이 된 과세가격 간 차이가 발생한 경우에는 그 결정 · 경정 처분 또는 사전승인이 있음을 안 날부터 3개월 또는 최초로 납세신고를 한 날부터 5년 내에 대통령령으로 정하는 바에 따라 세관장에게 세액의 경정을 청구할 수 있다.

정답	17 나

18 수입물품에 대한 B/L 분할신고 및 수리 등에 대한 설명으로 틀린 것은?

가. 신고물품 중 일부만 통관이 허용되고 일부는 통관이 보류되는 경우 B/L분할신고 및 수리를 할 수 있다.

나. 검사 · 검역결과 일부는 합격되고 일부는 불합격된 경우이거나 일부만 검사 · 검역 신청하여 통관하려는 경우 B/L분할신고 및 수리를 할 수 있다.

다. 일괄사후납부 적용 · 비적용 물품을 구분하여 신고하려는 경우 B/L 분할신고 및 수리를 할 수 있다.

라. B/L을 분할하여도 물품검사와 과세가격 산출에 어려움이 없는 경우 분할된 물품의 납부세액에 상관없이 B/L분할신고 및 수리를 할 수 있다.

마. 보세창고에 입고된 물품으로서 세관장이 보세화물관리에 관한 고시에 따른 보세화물관리에 지장이 없다고 인정하는 경우에는 여러 건의 B/L에 관련되는 물품을 1건으로 수입신고할 수 있다.

해설 B/L을 분할하여도 물품검사와 과세가격 산출에 어려움이 없는 경우 B/L 분할신고를 진행할 수 있다. 다만, 분할된 물품의 납부세액이 징수금액 최저한인 1만원 미만이 되는 경우에는 B/L을 분할하여 신고할 수 없다.

19 아래의 설명에 해당하는 관세는?

> 교역상대국이 우리나라의 수출물품 등에 대하여 관세 또는 무역에 관한 국제협정이나 양자 간의 협정 등에 규정된 우리나라의 권익을 부인하거나 제한하는 행위를 하여 우리나라의 무역이익이 침해되는 경우에는 그 나라로부터 수입되는 물품에 대하여 피해상당액의 범위에서 관세를 부과할 수 있다.

가. 덤핑방지관세
나. 보복관세
다. 상계관세
라. 조정관세
마. 특별긴급관세

해설 관세법상 세율적용의 우선순위 중 1순위 세율에 해당하는 보복관세에 대한 설명이다.

정답 18 라 19 나

20 수출신고에 대한 설명으로 맞는 것은?

가. 관세법 제243조 제4항에 따른 밀수출 우려가 높은 물품은 자유무역지역에 반입하여 수출신고를 할 수 없다.

나. 수출신고의 효력발생시점은 전송된 신고자료가 담당자에게 배부된 시점으로 한다.

다. 수출신고물품에 대한 신고서의 처리방법은 전자통관심사, 화면심사, 서류심사, 물품검사 등으로 구분한다.

라. 수출하려는 자는 해당 물품을 적재할 부두 또는 보세구역을 관할하는 세관장에게 수출신고를 하여야 한다.

마. 수출신고는 관세사, 관세법인 통관취급법인, 운송인 또는 수출 화주의 명의로 하여야 한다.

해설 가. 밀수출 등 불법행위가 발생할 우려가 높거나 감시단속을 위하여 필요하다고 인정하여 대통령령으로 정하는 물품은 관세청장이 정하는 장소에 반입한 후 수출의 신고를 하게 할 수 있다. "관세청장이 정하는 장소"란 수출물품을 적재하는 공항만 지역으로서 다음 각 호의 어느 하나를 말한다.

1. 보세창고
2. 종합보세구역
3. 지정보세구역
4. 「자유무역지역의 지정 및 운영에 관한 법률」에 따른 자유무역지역 입주기업체 중 세관장으로부터 장치장소부호를 부여받은 곳

나. 수출신고의 효력발생시점은 전송된 신고자료가 통관시스템에 접수된 시점으로 한다

라. 수출하려는 자는 해당 물품이 장치된 물품소재지를 관할하는 세관장에게 수출신고를 하여야 한다.

마. 수출, 수입, 반송신고는 화주 또는 관세사(관세법인과 통관취급법인 포함)의 명의로 하여야 한다. 다만, 수출신고의 경우에는 화주에게 해당 수출물품을 제조하여 공급한 자(완제품 공급자)의 명의로 할 수 있다. 운송인은 수출신고인이 될 수 없다.

21 관세의 납부기한 등에 관한 규정으로 틀린 것은?

가. 납세신고를 한 경우의 관세의 납부기한은 납세신고 수리일부터 15일 이내이다.

나. 월별납부 승인의 유효기간은 승인일부터 그 후 2년이 되는 날이 속하는 달의 마지막 날까지로 한다.

다. 관세의 납부기한이 토요일에 해당하는 경우에는 그 날을 기한으로 한다.

라. 국가관세종합전산망이 정전, 프로그램 오류 등으로 관세의 납부를 기한 내에 할 수 없게 된 경우에는 그 장애가 복구된 날의 다음 날을 기한으로 한다.

마. 수입신고수리전 반출승인을 받은 경우에는 그 승인일을 수입신고의 수리일로 본다.

해설 납부기한을 포함한 이 법에 따른 기한이 공휴일(「근로자의 날 제정에 관한 법률」에 따른 근로자의 날과 토요일을 포함) 또는 대통령령으로 정하는 날에 해당하는 경우에는 그 다음 날을 기한으로 한다.

정답 | 20 다 21 다

22 관세의 납세의무자에 관한 규정으로 틀린 것은?

가. 수입신고하는 때의 화주가 불분명할 때로서 수입물품을 수입신고 전에 양도한 경우에는 그 양수인이 납세의무자가 된다.

나. 보세구역에 장치된 물품이 도난되거나 분실된 경우에는 그 운영인 또는 화물관리인이 그 도난물품이나 분실물품에 대한 납세의무자가 된다.

다. 수입화주 등 납세의무자와 관세법 제143조 제6항에 따라 관세를 징수하는 물품 등에 대한 특별납세의무자가 경합되는 경우에는 특별납세의무자를 납세의무자로 한다.

라. 수입신고물품이 공유물인 경우에는 그 공유자가 해당 물품에 관계되는 관세 등에 대해서는 수입화주와 연대하여 납부할 의무를 진다.

마. 납세의무자가 관세 등을 체납한 경우 그 납세의무자에게 국세기본법 제42조 제3항에 따른 양도담보재산이 있을 때에는 우선적으로 그 재산으로써 관세 등을 징수한다.

해설 양도담보권자의 물적납세의무

납세의무자(관세의 납부를 보증한 자와 제2차 납세의무자를 포함)가 관세 · 가산세 및 강제징수비를 체납한 경우 그 납세의무자에게 「국세기본법」에 따른 양도담보재산이 있을 때에는 그 납세의무자의 다른 재산에 대하여 강제징수을 집행하여도 징수하여야 하는 금액에 미치지 못한 경우에만 「국세징수법」을 준용하여 그 양도담보재산으로써 납세의무자의 관세 · 가산세 및 강제징수비를 징수할 수 있다. 다만, 그 관세의 납세신고일(제39조에 따라 부과고지하는 경우에는 그 납부고지서의 발송일을 말한다) 전에 담보의 목적이 된 양도담보재산에 대하여는 그러하지 아니하다.

23 수입업자 김한국님이 세관장에게 제출한 해당 수입물품과 관련한 다음의 과세가격 결정 관련자료에 기초한 과세가격은 얼마인가? (각 항목의 가격 등은 별도 지급됨)

① 송품장가격 : 1,000$(연불이자 10$, 수입 후 해당 물품의 조립비용 100$ 포함)
② 구매수수료 : 20$
③ 수출국 특수포장비용 : 20$
④ 상표권 사용료 : 40$
⑤ 복제권 사용료 : 30$
⑥ 구매자가 판매자의 채무를 변제하는 금액 : 300$
⑦ 해상운송비용 : 50$
⑧ 보험료 : 20$
⑨ 수입국 통관비용 : 10$
⑩ 수입국 물품양하비용 : 10$

가. 1,500$
나. 1,340$
다. 1,320$
라. 1,020$
마. 1,000$

정답 22 마 23 다

PART 04

해설 관세평가

1방법에 의한 수입물품의 과세가격은 실제지급가격에 법정가산요소를 더하고, 공제요소를 제해줌으로써 구한다.

① 송품장가격 : 1,000$(연불이자 10$, 수입 후 해당 물품의 조립비용 100$ 포함)
→ 1,000$는 실제지급가격에 해당되며, 연불이자 및 조립비용은 공제요소로서 실제지급가격에서 공제한다.

② 구매수수료 : 20$
→ 법정가산요소에서 배제되는 항목이므로 고려하지 않는다.

③ 수출국 특수포장비용 : 20$
→ 수출국 발생비용이므로 당연 과세가격에 포함되어야 한다.

④ 상표권 사용료 : 40$
→ 법정가산요소로서 과세가격에 포함되어야 한다.

⑤ 복제권 사용료 : 30$
→ 관세법상 권리사용료에 해당되지 않으므로 과세가격에 미포함

⑥ 구매자가 판매자의 채무를 변제하는 금액 : 300$
→ 상계 및 변제되는 가격은 실제지급가격에 포함되어야 한다.

⑦ 해상운송비용 : 50$
→ 법정가산요소로서 과세가격에 포함되어야 한다.

⑧ 보험료 : 20$
→ 법정가산요소로서 과세가격에 포함되어야 한다.

⑨ 수입국 통관비용 : 10$
→ 수입항 도착이후 발생비용이므로 과세가격에 미포함

⑩ 수입국 물품양하비용 : 10$
→ 수입항 도착이후 발생비용이므로 과세가격에 미포함

상기에 의해, 과세가격에 포함되어야 할 금액들을 더하면 다음과 같다.

1,000$ − 10$ − 100$ + 20$ + 40$ + 300$ + 50$ + 20$ = 1,320$

24 수입물품 통관 후 유통이력 신고 등에 관한 규정으로 틀린 것은?

가. 외국물품을 수입하는 자와 수입물품을 국내에서 거래하는 자(소비자에 대한 판매를 주된 영업으로 하는 사업자는 제외한다)는 통관 후 유통이력을 관세청장에게 신고하여야 한다.

나. 유통이력 신고물품은 사회안전 또는 국민보건을 해칠 우려가 현저한 물품 등으로서 관세청장이 지정하는 물품이다.

다. 유통이력 신고의무자는 유통단계별 거래명세를 장부에 기록하거나 전자적 기록방식으로 기록하여야 한다.

라. 유통이력 신고의무자는 그 자료를 거래일부터 2년간 보관하여야 한다.

마. 세관공무원은 유통이력 신고의무자의 사업장에 출입하여 영업관계의 장부나 서류를 열람하여 조사할 수 있다.

정답 | 24 라

해설 유통이력 신고의 의무가 있는 자("유통이력 신고의무자")는 유통이력을 장부에 기록(전자적 기록방식을 포함한다)하고, 그 자료를 거래일부터 1년간 보관하여야 한다.

25 관세의 담보에 관한 규정으로 틀린 것은?

가. 세관장은 천재지변 등으로 인하여 관세의 납부기한을 연장하는 경우에는 납부할 관세에 상당하는 담보를 제공하게 할 수 있다.

나. 납세의무자는 관세법에 따라 계속하여 담보를 제공하여야 하는 사유가 있는 경우에는 일정 기간에 제공하여야 하는 담보를 포괄하여 미리 세관장에게 제공할 수 있다.

다. 관세담보를 제공하고자 하는 자가 담보액 확정일부터 10일 이내에 담보를 제공하지 아니하는 경우에는 세관장은 납부고지를 할 수 있다.

라. 세관장은 담보를 관세에 충당하고 남은 금액이 있을 때에는 담보를 제공한 자에게 이를 돌려주어야 하며, 돌려줄 수 없는 경우에는 이를 즉시 국고에 귀속한다.

마. 담보물이 납세보증보험증권인 경우 담보의 관세충당은 그 보증인에게 담보한 관세에 상당하는 금액을 납부할 것을 즉시 통보하는 방법에 따른다.

해설 세관장은 담보를 관세에 충당하고 남은 금액이 있을 때에는 담보를 제공한 자에게 이를 돌려주어야 하며, 돌려줄 수 없는 경우에는 이를 공탁할 수 있다.

2과목 보세구역관리

01 지정장치장 화물관리인에 대한 설명으로 틀린 것은?

가. 화물관리인이 관세에 대한 체납이 있는 경우, 화물관리인 지정 취소요건에 해당한다.

나. 세관장이나 해당 시설의 소유자 또는 관리자는 화물관리인을 지정하려는 경우에는 지정 예정일 3개월 전까지 지정 계획을 공고하여야 한다.

다. 화물관리인으로 재지정을 받으려는 자는 유효기간이 끝나기 1개월 전까지 세관장에게 재지정 신청을 하여야 한다.

라. 화물관리인이 화주로부터 징수하는 비용의 요율에 관하여는 세관장의 승인을 받아야 한다.

마. 화물관리인은 화주로부터 징수한 화물관리비용 중 세관설비 사용료에 해당하는 금액을 세관장에게 납부하여야 한다.

정답 | 25 라 01 가

해설 화물관리인의 지정취소

세관장은 다음 각 호의 어느 하나에 해당하는 사유가 발생한 경우에는 화물관리인의 지정을 취소할 수 있다.

① 거짓이나 그 밖의 부정한 방법으로 지정을 받은 경우
② 화물관리인이 운영인의 결격사유 어느 하나에 해당하는 경우
③ 화물관리인이 세관장 또는 해당 시설의 소유자 · 관리자와 맺은 화물관리업무에 관한 약정을 위반하여 해당 지정장치장의 질서유지 및 화물의 안전관리에 중대한 지장을 초래하는 경우
④ 화물관리인이 그 지정의 취소를 요청하는 경우
※ 관세의 체납과 화물관리인의 지정취소와는 관계가 없다.

02 세관검사장에 대한 설명으로 틀린 것은?

가. 중소기업의 컨테이너 화물로서 대통령령으로 정하는 조건을 충족하는 경우 세관검사장에 반입된 물품의 채취 · 운반 등에 필요한 비용을 예산의 범위에서 국가로부터 지원받을 수 있다.
나. 세관장은 보세화물의 안전관리를 위하여 세관검사장에 화주를 갈음하여 보관의 책임을 지는 화물관리인을 지정하여야 한다.
다. 세관장은 관세청장이 정하는 바에 따라 검사를 받을 물품의 전부 또는 일부를 세관검사장에 반입하여 검사할 수 있다.
라. 세관검사장은 관세법상 지정보세구역의 한 종류이다.
마. 세관청사, 국제공항의 휴대품검사장이 세관검사장으로 지정될 수 있다.

해설 세관장은 지정장치장의 질서유지와 화물의 안전관리를 위하여 필요하다고 인정할 때에는 화주를 갈음하여 보관의 책임을 지는 화물관리인을 지정할 수 있다.

03 관세법상 보세구역에 대한 설명이다. ( ) 안의 숫자를 모두 더하면?

① 지정장치장 화물관리인 지정의 유효기간은 ( )년 이내로 한다.
② 지정장치장에 물품을 장치하는 기간은 ( )개월의 범위 내에서 관세청장이 정한다.
③ 특허보세구역의 특허기간은 ( )년 이내로 한다.
④ 보세판매장 특허를 받은 자는 두 차례에 한정하여 대통령령으로 정하는 바에 따라 특허를 갱신할 수 있다. 이 경우 갱신기간은 한 차례당 ( )년 이내로 한다. 〈23년 개정으로 선지 변경〉

가. 18
나. 21
다. 23
라. 26
마. 33

정답 | 02 나 03 라

해설 ① 화물관리인 지정의 유효기간은 5년(대통령령) 이내로 한다.
② 지정장치장에 물품을 장치하는 기간은 6개월의 범위에서 관세청장이 정한다.
③ 특허보세구역의 특허기간은 10년 이내로 한다.
④ 보세판매장 특허를 받은 자는 두 차례에 한정하여 대통령령으로 정하는 바에 따라 특허를 갱신할 수 있다. 이 경우 갱신기간은 한 차례당 5년 이내로 한다. 〈23년 개정으로 해설 변경〉

04 특허보세구역의 특허수수료에 대한 설명으로 틀린 것은?

가. 특허신청 수수료는 4만 5천원이다.

나. 우리나라에 있는 외국공관이 직접 운영하는 보세전시장에 대하여는 특허보세구역의 설치 · 운영에 관한 특허수수료를 면제한다.

다. 보세건설장의 설치 · 운영에 관한 특허수수료는 분기단위로 매 분기말까지 다음 분기분을 납부한다.

라. 보세공장에 외국물품이 없는 상태에서 더 이상 보세공장을 운영하지 않게 된 경우 이미 납부한 해당 분기분의 특허수수료는 환급한다.

마. 보세판매장의 설치 · 운영에 관한 특허수수료는 연단위로 납부한다.

해설 특허보세구역의 휴지 또는 폐지의 경우에는 당해 특허보세구역안에 외국물품이 없는 때에 한하여 그 다음 분기의 특허수수료를 면제한다. 다만, 휴지 또는 폐지를 한 날이 속하는 분기분의 특허수수료는 이를 환급하지 아니한다.

05 관세법 제175조의 특허보세구역 운영인 결격사유에 해당되지 않는 것은?

가. 피성년후견인과 피한정후견인

나. 관세법 제279조(양벌규정)에 따라 벌금형 또는 통고처분을 받은 자로서 그 벌금형을 선고받거나 통고처분을 이행한 후 2년이 지나지 않은 개인 또는 법인

다. 관세법을 위반하여 징역형의 집행유예를 선고받고 그 유예기간 중에 있는 자

라. 관세법을 위반하여 징역형의 실형을 선고받고 그 집행이 끝나거나 면제된 후 2년이 지나지 아니한 자

마. 파산선고를 받고 복권되지 아니한 자

해설 관세법 규정에 의해 벌금형 또는 통고처분을 받은 자로서 그 벌금형을 선고받거나 통고처분을 이행한 후 2년이 지나지 아니한 자. 다만, 양벌규정에 따라 처벌된 개인 또는 법인은 제외한다.

PART 04

정답	04 라 05 나

06 특허보세구역 운영인의 명의대여 금지에 대한 설명으로 틀린 것은?

가. 특허보세구역 운영인이 명의대여를 한 경우, 동 운영인이 특허받은 모든 특허보세구역을 설치 · 운영할 수 없다.

나. 특허보세구역 운영인은 운영인이 아닌 자연인 또는 법인에게 자신의 성명 및 상호를 사용하여 특허보세구역을 운영하게 해서는 아니 된다.

다. 특허보세구역 운영인의 명의를 대여한 자와 명의를 차용한 자는 관세법 위반으로 처벌받을 수 있다.

라. 특허보세구역 명의대여 금지 위반으로 통고처분을 받은 자가 통고처분을 이행한 날로부터 2년이 지나지 아니한 경우에는 관세법 제175조 규정에 의한 운영인의 결격사유에 해당된다.

마. 보세창고 운영인이 명의대여하였는지 여부는 임대인과 임차인이 체결한 임대차 계약서 내용 및 보관료 세금계산서 발행주체 등 제반 사실관계에 따라 객관적으로 판단하여야 한다.

해설 특허보세구역 운영인이 명의대여를 한 경우에는 특허취소사유에 해당하는데, 이에 따라 특허취소가 된 경우에도 해당 특허보세구역을 제외한 기존의 다른 특허를 받은 특허보세구역에 한정하여 설치 · 운영할 수 있다.

07 관세법상 보세구역에 대한 설명으로 틀린 것은?

가. 보세구역은 지정보세구역, 특허보세구역 및 종합보세구역으로 구분한다.

나. 지정장치장은 통관을 하기 위한 물품을 일시 장치하기 위한 장소로서 세관장이 지정한다.

다. 세관검사장은 통관하려는 물품을 검사하기 위한 장소로서 세관장이 지정하는 지역으로 한다.

라. 종합보세구역의 지정요건, 지정절차 등에 관하여 필요한 사항은 세관장이 정한다.

마. 보세공장에서는 세관장의 허가를 받지 아니하고는 내국물품만을 원료로 하여 제조 · 가공하거나 그 밖의 이와 비슷한 작업을 할 수 없다.

해설 종합보세구역의 지정요건, 지정절차 등에 관하여 필요한 사항은 관세청장이 정한다.

08 특허보세구역 중 보세창고 운영인에 대한 행정제재로 맞는 것은?

가. 보세구역의 건물에 관하여 소방서로부터 시정명령을 받았으나 세관장에게 보고하지 않은 경우 경고처분 대상이다.

나. 특허보세구역 특허수수료를 납부하지 않은 경우 경고처분 대상이다.

다. 세관장이 정한 수용능력을 초과하여 물품을 장치한 경우 경고처분 대상이다.

라. 장치물품에 대한 관세를 납부할 자력이 없는 경우 물품반출을 정지한다.

마. 세관장의 시설구비 명령을 미이행하여 보세화물의 도난이 발생한 경우 경고처분한다.

정답	06 가 07 라 08 다

해설 가. 주의처분 대상이다.
나. 주의처분 대상이다.
라. 반입을 정지한다.
마. 반입을 정지한다.

09 특허보세구역 운영인의 의무에 대한 설명으로 틀린 것은?

가. 운영인은 장치화물에 대한 각종 장부와 보관서류를 2년간 보관하여야 한다.
나. 보세구역에 종사하는 직원을 채용하거나 면직한 때에는 지체없이 세관장에게 보고하여야 한다.
다. 운영인이 야적장에 야적대상이 아닌 화물을 장치하기 위해서는 침수를 방지할 수 있는 구조와 시설을 갖추어야 한다.
라. 운영인은 특허보세구역 특허수수료를 납부하여야 한다.
마. 운영인은 도난, 화재, 침수, 기타 사고가 발생한 때에는 지체없이 세관장에게 보고하여야 한다.

해설 운영인은 야적대상이 아닌 물품을 야적장에 장치할 수 없다.

PART 04

10 컨테이너전용보세창고와 야적전용보세창고에 대한 설명으로 틀린 것은?

가. 컨테이너전용보세창고의 부지면적은 15,000m^2 이상이어야 한다.
나. 컨테이너전용보세창고에는 컨테이너 장치에 지장이 없는 최소한의 면적 범위에서 컨테이너로 반입된 거대·중량 또는 장척화물을 장치할 수 있는 야적장을 설치할 수 있다.
다. 컨테이너전용보세창고는 컨테이너 적입화물을 적출하는 화물조작장을(CFS)를 설치하여야 하며, CFS면적은 물동량에 따라 세관장의 승인을 받아야 한다.
라. 컨테이너전용보세창고는 컨테이너를 차량에 적재한 상태로 건물에 접속시켜 2대 이상 동시에 개장검사할 수 있는 컨테이너검사장과 컨테이너 차량이 2대 이상 동시에 검사대기할 수 있는 장소를 갖추어야 한다.
마. 야적전용보세창고(창고건물 부속 야적장 제외)는 4,500m^2 이상의 대지로서 주위의 지면보다 높아야 하며, 침수를 방지할 수 있는 구조와 시설을 갖추어야 한다.

해설 보세화물을 보관하고 컨테이너 적입화물을 적출하는 화물조작장("CFS")을 설치하여야 하나, CFS 면적은 물동량에 따라 운영인이 자율적으로 결정할 수 있다.

정답 | 09 다 10 다

11 영업용 보세창고와 자가용 보세창고의 특허요건에 대한 설명으로 틀린 것은?

가. 영업용 보세창고 특허 시에는 해당 시설이 소재하는 세관 관할지역의 수출입물동량이 세관장이 지정하는 범위 이상이어야 하나, 자가용 보세창고 특허 시에는 이러한 물동량 기준을 적용받지 아니한다.

나. 영업용 보세창고는 화물 반출입, 통관절차 이행 및 화물관리를 위하여 필요한 장비와 설비를 갖추어야 한다.

다. 자가용 보세창고 특허신청인은 내부 화물관리 규정을 작성하여 세관장에게 제출하여야 한다.

라. 자가용 보세창고 특허를 신청하려는 자는 신청인이 보세사 자격증을 취득했거나 1명 이상의 보세사를 관리자로 채용하여야 한다.

마. 자가용 보세창고의 특허를 신청하려는 자는 자본금 2억원 이상의 법인이거나, 특허를 받으려는 토지 및 건물(2억원 이상)을 소유하고 있는 개인이어야 한다.

해설 특허보세구역의 설치 · 운영에 관한 특허를 받을 수 있는 요건으로는 자본금 2억원 이상의 법인이거나 특허를 받으려는 토지 및 건물(2억원 이상)을 소유하고 있는 개인어야 한다. 다만, 자가용보세창고는 제외한다.

12 특허보세구역 중 보세창고 운영인이 매년(2월 말) 관할세관장에게 보고해야 할 보세구역 운영상황이 아닌 것은?

가. 특허 또는 특허기간 갱신 시 구비한 시설요건 등의 변동 여부

나. 임대차기간의 연장 여부(임대시설의 경우에만 해당한다)

다. 종업원명단(보세사를 포함한다)

라. 일일화물반출입사항의 전산입력 여부

마. 장치기간 경과화물 보관 상세내역(12월 31일 기준으로 한다)

해설 특허보세구역의 운영인은 매년 다음 각 호의 사항을 기재한 보세구역 운영상황을 다음 해 2월 말까지 관할세관장에게 보고하여야 한다.

1. 특허 또는 특허기간 갱신 시 구비한 시설요건 등의 변동 여부
2. 임대차기간의 연장 여부(임대시설의 경우에만 해당한다)
3. 종업원명단(보세사를 포함한다)
4. 장치기간 경과화물 보관 상세내역(12월 31일 기준으로 한다)
5. 그 밖에 세관장이 보세구역 등의 운영과 관련하여 필요하다고 인정한 사항

정답	11 마 12 라

13 보세공장의 원료과세에 관한 설명으로 맞는 것은?

가. 사용신고 전에 원료과세 신청을 한 경우에는 제조된 물품을 수입신고하는 때의 원료 성질과 수량에 따라 관세를 부과한다.

나. 최근 1년간 생산되어 판매된 물품 중 수출된 물품의 가격비율이 100분의 60 이상인 경우 1년의 범위 내에서 원료과세 포괄적용 신청을 할 수 있다.

다. 원료과세 적용물품에 대해 FTA 협정관세를 적용받으려면 제품 수입신고 시에 원산지증명서 구비여부, FTA관세율을 신고하여야 하며, 사용신고서 제출은 생략할 수 있다.

라. 내 · 외국 원재료별 품명, 규격, 소요량, 재고 등이 전산시스템에 의하여 명확하게 기록 · 관리되는 경우에는 1년의 범위 내에서 원료과세 포괄적용 신청을 할 수 있다.

마. 원료과세의 적용을 받으려는 자는 수입신고 전에 원료과세 적용 신청(승인)서로 세관장에게 신청하여야 한다.

해설 가. 보세공장에서 제조된 물품을 수입하는 경우 사용신고 전에 미리 세관장에게 해당 물품의 원료인 외국물품에 대한 과세의 적용을 신청한 경우에는 사용신고를 할 때의 그 원료의 성질 및 수량에 따라 관세를 부과한다.

나. 최근 2년간 생산되어 판매된 물품 중 수출된 물품의 가격 비율이 100분의 50 이상인 보세공장에 대하여는 1년의 범위에서 원료별, 제품별 또는 보세공장 전체에 대하여 원료과세적용신청을 하게 할 수 있다.

다. 원료과세 적용신청 물품에 대해 FTA 협정관세를 적용받으려는 자는 사용신고를 할 때 해당 원산지와 원산지증명서 구비여부(Y), 세율란(FTA 관세율)을 기재하여 사용신고하여야 하며, 제품 수입신고를 할 때 협정관세적용신청서와 함께 해당 사용신고서를 첨부하여야 한다.

마. 원료과세의 적용을 받으려는 자는 해당원료로 제조된 물품의 사용신고 전에 원료과세 적용신청(승인)서로 세관장에게 신청하여야 한다.

14 단일보세공장의 특허 관련 설명으로 틀린 것은?

가. 근접한 장소에 있는 2개 이상의 공장이 동일기업체에 속해야 한다.

나. 2개 이상 공장 간에 물품관리체계의 통합관리로 반출입 물품관리 및 재고관리에 지장이 없어야 한다.

다. 2개 이상의 공장이 세관 관할을 달리하는 경우 세관별로 특허를 받아야 한다.

라. 제조 · 가공의 공정상 일괄작업에 각 공장이 필요한 경우에 특허할 수 있다.

마. 기존 보세공장으로부터 직선거리 15km 이내에 신규 공장을 증설하는 경우 특허할 수 있다. 다만, 세관감시 단속에 지장이 없는 경우 동일세관 관할구역 내에서는 거리기준을 적용하지 않을 수 있다.

정답	13 라　14 다

해설 2개 이상 근접한 장소에 있는 공장이 동일기업체에 속하며 각 공장간에 물품관리체계의 통합관리로 반출입 물품관리 및 재고관리에 지장이 없는 경우 요건을 충족할 때에는 단일보세공장으로 특허할 수 있다. 다만, 세관관할구역을 달리하는 경우에는 통관절차의 간소화 및 세관업무의 편리를 도모하기 위하여 감시 단속에 지장이 없는 경우에만 관계세관과 협의하여 주공장 관할세관에서 특허할 수 있다.

15 보세공장 특허에 관한 설명 중 틀린 것은?

가. 외국물품 또는 외국물품과 내국물품을 원료로 하거나 재료로 하여 수출하는 물품을 제조 · 가공하는 경우에는 특허를 받을 수 있다.

나. 폐기물을 원재료로 하여 제조 · 가공하려는 경우에는 보세공장의 설치 · 운영 특허를 제한할 수 있다.

다. 수입하는 물품을 제조 · 가공하는 것을 목적으로 하는 업종은 특허를 받을 수 없다.

라. 국내외 가격차에 상당하는 율로 양허한 농산물을 원재료로 하는 물품을 제조 · 가공하는 업종의 경우에는 특허를 제한할 수 있다.

마. 보세작업의 전부를 장외작업에 의존할 경우에는 보세작업의 종류 및 특수성을 감안하여 설치 · 운영 특허를 제한할 수 있다.

해설 수입을 목적으로 하는 물품을 제조 · 가공하는 공장으로 관세법에 의해 제한되지 않는 업종은 특허를 받을 수 있다.

16 보세공장 보세운송 특례절차의 적용 해제 사유로 틀린 것은?

가. 운영인이 보세공장 보세운송 특례적용 정정(해제)신청서를 제출한 때

나. 운영인이 경고처분을 받은 때

다. 수출입 안전관리 우수업체 또는 법규수행능력 우수업체에 해당하지 아니한 때

라. 보세공장간 반출입 횟수가 최근 3개월의 월평균 10회 미만인 때

마. FTA형 특별보세공장의 기준에 부합하지 아니할 때

해설 운영인이 경고처분을 받은 때가 아닌 반입정지처분을 받은 때 특례절차가 적용해제된다.

정답	15 다 16 나

17 보세공장에서 원상태 국외반출이 허용되는 원재료가 아닌 것은?

가. 생산계획 변경, 제조품목의 사양변경 또는 보세작업과정에서 발생하는 잉여원재료
나. 보세공장에서 수출한 물품의 하자보수 등 추가적인 제조 · 가공 · 수리에 필요한 원재료
다. 계약내용과 동일한 원재료(다만, 사용신고가 수리된 경우에는 사용신고 당시의 성질이나 형태가 변경된 것도 포함한다)
라. 국외에서 제조 · 가공공정의 일부를 이행하기 위하여 필요한 원재료
마. 보세공장의 해외 현지공장에서 제조 · 가공 · 수리 그 밖에 유사한 작업에 사용할 원재료

해설 계약내용과 다른 원재료. 다만, 사용신고가 수리된 경우에는 사용신고 당시의 성질이나 형태가 변경되지 아니한 경우에 한한다.

18 보세판매장에 관한 설명으로 맞는 것은?

가. 시내면세점 운영인은 해당 보세판매장에 보세판매장 특허에 관한 제4조(시설요건)에 따른 중소 · 중견기업 제품 매장을 설치하여야 한다.
나. 출국장면세점은 국산 가전제품 중 여행자의 휴대반출이 곤란하거나 세관장이 필요하다고 인정하는 품목이라 하더라도 쿠폰으로 판매할 수 없다.
다. 〈23년 개정으로 선지 삭제〉
라. 보세판매장 운영인이 물품을 판매한 때에는 구매자 인적사항 및 판매사항을 전산관리하고, 세관에 전자문서로 24시간 내 전송하여야 한다.
마. 보세판매장 운영인은 보세판매장의 물품을 전자상거래의 방법에 의하여 판매할 수 없다.

해설 나. 출국장면세점은 국산 가전제품 중 여행자의 휴대반출이 곤란하거나 세관장이 필요하다고 인정하는 품목에 대하여는 쿠폰으로 판매할 수 있으며, 쿠폰으로 판매한 상품은 관할세관장이 지정하는 보세구역에 반입하여 수출신고 수리 후 선적하여야 한다.
다. 〈23년 개정으로 해설 삭제〉
라. 운영인이 물품을 판매한 때에는 구매자 인적사항 및 판매사항을 전산관리하고, 세관에 전자문서로 실시간 전송하여야 한다.
마. 운영인은 보세판매장의 물품을 전자상거래의 방법에 의하여 판매할 수 있다.

정답	17 다 18 가

19 〈23년 개정으로 문제 삭제〉

20 보세판매장의 특허상실에 따른 재고물품의 처리에 대한 설명이다. ( ) 안에 들어갈 내용을 순서대로 나열한 것은?

> 운영인은 특허가 상실된 때에는 ( ) 이내의 범위 내에서 세관장이 정한 기간 내에 재고물품을 판매, 다른 보세판매장에 양도, 외국으로 반출 또는 수입통관절차에 의거 통관하여야 하며, 지정장치장 또는 세관장이 지정한 보세구역으로 이고한 물품을 운영인이 이고한 날부터 ( ) 이내에 다른 보세판매장에 양도하지 않거나 외국으로 반출하지 아니하는 때에는 장치기간경과물품 처리 절차에 따라 처리한다.

가. 2개월, 3개월
나. 3개월, 3개월
다. 3개월, 6개월
라. 6개월, 3개월
마. 6개월, 6개월

해설
- 운영인은 특허가 상실된 때에는 6개월 이내의 범위 내에서 세관장이 정한 기간 내에 재고물품을 판매, 다른 보세판매장에 양도, 외국으로 반출 또는 수입통관절차에 의거 통관하여야 하며, 세관장이 정한 기간이 경과한 때에는 지정장치장 또는 세관장이 지정한 보세구역으로 이고하여야 한다.
- 지정장치장 또는 세관장이 지정한 보세구역으로 이고한 물품을 운영인이 이고한 날부터 6개월 이내에 타 보세판매장에 양도하지 않거나 외국으로 반출하지 아니하는 때에는 장치기간경과물품 처리 절차에 의거 처리한다.

21 관세법에 근거하여 특허한 보세구역이 아닌 것은?

가. 입국장면세점
나. 지정면세점
다. 외교관면세점
라. 시내면세점
마. 출국장면세점

해설 지정면세점이란 조세특례제한법상의 제주도여행객 면세점에 대한 간접세 등 특례규정에 따라 제주도 외 국내 다른 지역으로 출도하는 제주도 여행객에게 면세품을 판매할 수 있는 곳을 말한다.

정답	19 개정 삭제 20 마 21 나

22 보세건설장 관리에 대한 설명으로 틀린 것은?

가. 세관장은 산업발전법 제2조에 따른 업종에 해당하는 물품을 수입하는 경우 보세건설장을 특허할 수 있다.

나. 운영인은 수용능력 증감공사를 완료한 때에는 지체없이 그 사실을 세관장에게 통보하여야 한다.

다. 보세건설장에 반입하는 외국물품이 분할되어 신고되었을 때에는 품목분류 등 수입통관에 관한 사항은 수입통관사무처리에 관한 고시를 준용한다.

라. 산업시설 건설에 사용되는 외국물품인 공사용 장비는 수입신고 수리 전에 사용할 수 있다.

마. 운영인은 보세건설장에 외국물품을 반입하였을 때에는 사용 전에 수입통관사무처리에 관한 고시에 따라 해당 물품의 수입신고를 하여야 한다.

해설 보세건설장에 반입하는 물품은 외국물품 상태로 '보세건설'되는 것이지만, 이 중 공사용 장비는 수입신고 수리 이후에 사용할 수 있다.

23 보세전시장에 대한 설명 중 맞는 것은?

가. 박람회, 전람회, 견본품 전시회 등의 운영을 위하여 외국물품을 장치 · 전시할 목적의 보세구역이며 보세전시장내 사용, 소비행위는 금지된다.

나. 보세전시장에 장치된 판매용 외국물품은 수입신고 후에 사용할 수 있다.

다. 보세전시장에 전시된 외국물품은 판매할 수 없다.

라. 보세전시장의 특허기간은 해당 박람회 등의 회기기간으로 한다.

마. 박람회 등의 운영을 위한 외국물품의 사용에는 외국물품의 성질 또는 형상에 변경을 가하는 행위가 포함된다.

해설 가. 보세전시장에서는 박람회, 전람회, 견본품 전시회 등의 운영을 위하여 외국물품을 장치 · 전시하거나 사용할 수 있다.

나. 불특정 다수의 관람자에게 판매할 것을 목적으로 반입된 판매용 외국물품은 수입신고가 수리되기 전에는 이를 사용하지 못한다.

다. 보세전시장에 전시된 외국물품은 판매할 수 있다.

라. 보세전시장의 특허기간은 해당 박람회 등의 회기와 그 회기의 전후에 박람회 등의 운영을 위한 외국물품의 반입과 반출 등에 필요하다고 인정되는 기간을 고려해서 세관장이 정한다.

PART 04

정답 22 라 23 마

24 종합보세사업장에 반입된 물품의 보관 · 관리에 대한 설명으로 틀린 것은?

가. 운영인은 종합보세사업장에 반입된 물품을 내 · 외국물품별 및 수행하는 기능별로 구분하여 보관 · 관리하여야 한다.

나. 종합보세사업장에 반입한 물품의 장치기간은 2년의 범위에서 관세청장이 정한다.

다. 운영인은 외국물품의 반출통고 후 30일이 경과한 후에 매각을 요청할 수 있다.

라. 운영인은 종합보세사업장에 반입한 날부터 6개월이 경과한 외국물품으로서 화주가 수취를 거절하는 경우에는 세관장에게 장기보관화물 매각승인(요청)서로 매각을 요청할 수 있다.

마. 매각요청을 받은 장기보관화물의 처리절차는 보세화물장치기간 및 체화처리에 관한 고시를 준용한다.

해설 종합보세구역에 반입한 물품의 장치기간은 제한하지 아니한다.

25 수입활어장치장의 시설요건 및 화물관리 등에 관한 설명으로 틀린 것은?

가. CCTV 영상을 상시 녹화할 수 있고 녹화된 영상을 30일 이상 보관할 수 있는 감시장비를 보유하여야 한다.

나. 폐사어는 별도의 냉동 · 냉장시설에 반입일자별로 구분하여 보관하여야 한다.

다. 세관장이 CCTV 영상을 인터넷 망을 통해 실시간으로 확인이 가능하도록 CCTV 인터넷망 접속 권한 부여 등의 조치를 하여야 한다.

라. 암실에 보관하여야 하는 어종을 장치하는 경우에는 적외선 카메라를 보유하여야 한다.

마. 통관되지 않은 활어가 장치되어 있는 수조에는 이미 통관된 활어와 명확히 구분할 수 있도록 표식을 하여야 한다.

해설 운영인 등은 폐사어를 별도의 냉동 · 냉장시설에 B/L별로 구분하여 보관하여야 한다.

정답 | 24 나 25 나

3과목 보세화물관리

01 세관장이 국고귀속을 보류할 수 있는 물품으로 틀린 것은?

가. 특수용도에만 한정되어 있는 물품으로서 국고귀속 조치 후에도 공매낙찰가능성이 있는 물품
나. 공기업, 준정부기관, 그 밖의 공공기관에서 수입하는 물품으로서 국고귀속 보류요청이 있는 물품
다. 관세법 위반으로 조사 중인 물품
라. 이의신청, 심판청구, 소송 등 쟁송이 제기된 물품
마. 국고귀속 조치를 할 경우 인력과 예산부담을 초래하여 국고에 손실이 야기된다고 인정되는 물품

해설 특수용도에만 한정되어 있는 물품으로서 국고귀속 조치 후에도 공매낙찰 가능성이 없는 물품이다.

02 해상입항화물의 적재화물목록 정정신청을 생략할 수 있는 물품으로 맞는 것은?

가. 광물, 원유 등 벌크화물로서 그 중량의 과부족이 10% 이내인 경우
나. 원목 등 용적물품으로서 그 용적의 과부족이 10% 이내인 경우
다. 포장단위 물품으로서 중량의 과부족이 10% 이내이고 포장상태에 이상이 없는 경우
라. 비료, 설탕, 시멘트 등 포장파손이 용이한 물품으로서 그 중량의 과부족이 10% 이내인 경우
마. 펄프, 고지류 등 건습에 따라 중량의 변동이 심한 물품으로서 그 중량의 과부족이 10% 이내인 경우

해설 가. 벌크화물(예 광물, 원유, 곡물, 염, 원피 등)로서 그 중량의 과부족이 5% 이내인 경우
나. 용적물품(예 원목 등)으로서 그 용적의 과부족이 5% 이내인 경우
라, 마. 포장파손이 용이한 물품(예 비료, 설탕, 시멘트 등) 및 건습에 따라 중량의 변동이 심한 물품(예 펄프, 고지류 등)으로서 그 중량의 과부족이 5% 이내인 경우

03 해상입항화물의 하선장소 물품반입에 대한 설명으로 틀린 것은?

가. 하선장소 보세구역운영인(화물관리인)은 하선기한 내 공컨테이너가 반입되지 않은 경우 세관장에게 즉시 보고해야 한다.
나. Master B/L단위의 FCL화물은 Master B/L 단위로 반입신고 할 수 있다.
다. 컨테이너 화물의 하선장소 반입기간은 입항일로부터 5일이다. 〈법률 개정으로 선지 변경〉
라. LCL화물로서 해당 하선장소 내의 CFS 내에서 컨테이너 적출 및 반입작업을 하려는 때에는 Master B/L 단위로 반입신고를 하여야 한다.
마. 입항 전 수입신고수리 또는 하선 전 보세운송신고수리가 된 물품을 하선과 동시에 차상반출하는 경우에는 반출입신고를 생략할 수 있다.

정답 01 가 02 다 03 라

PART 04

해설 LCL화물로서 해당 하선장소 내의 CFS 내에서 컨테이너 적출 및 반입작업하지 아니하는 물품은 Master B/L 단위로 반입신고를 할 수 있다.

04 항공입항화물 적하목록(적재화물목록) 및 하기결과보고에 관한 설명으로 틀린 것은?

가. 항공사는 하기결과 물품이 적하목록과 상이할 때에는 하기결과보고서를 세관장에게 제출하여야 한다.

나. 항공사는 하기결과보고서를 제출한 때에는 적하목록 작성책임자에게 즉시 통보하여 적하목록 정정에 필요한 조치를 하여야 한다.

다. 항공사는 하기결과보고 화물 중 적하목록에 등재되지 아니한 물품, 적하목록보다 과다하거나 적게 반입된 물품은 이상사유가 확인될 때까지 항공사가 지정한 하기장소 보세구역내의 일정한 장소에 별도 관리한다.

라. 적하목록 제출의무자 또는 작성책임자는 별도 보관중인 물품에 대해 하기결과보고일로부터 15일 이내 적하목록 이상사유를 규명하여야 한다.

마. 세관장은 별도관리 대상물품에 대해 15일이 경과할 때까지 적하목록정정 신청 또는 별도관리 해제신청이 없는 경우 외국으로 반송조치하여야 한다.

해설 15일이 경과할 때까지 적재화물목록 정정신청 또는 별도관리해제신청이 없는 경우에는 법 위반여부를 조사 처분한 후 직권으로 적재화물목록을 정정하여야 한다.

05 다음 ( ) 안에 들어갈 내용을 순서대로 나열한 것은?

• 적하목록(적재화물목록)의 정정신청은 해당 출항물품을 적재한 선박, 항공기가 출항한 날로부터 해상화물은 ( ), 항공화물은 ( ) 내에 하여야 한다.
• 보세운송물품은 신고수리(승인)일로부터 해상화물은 ( ), 항공화물은 ( )까지 목적지에 도착하여야 한다. 다만, 세관장은 선박 또는 항공기 입항전에 보세운송신고를 하는 때에는 입항예정일 및 하선(기)장소 반입기간을 고려하여 ( ) 이내의 기간을 추가할 수 있다.

가. 120일, 100일, 15일, 10일, 10일

나. 120일, 80일, 15일, 10일, 5일

다. 90일, 70일, 10일, 7일, 5일

라. 90일, 60일, 10일, 5일, 5일

마. 60일, 30일, 5일, 5일, 5일

정답 | 04 마 05 라

해설 • 적하목록(적재화물목록)의 정정신청은 해당 출항물품을 적재한 선박, 항공기가 출항한 날로부터 해상화물은 90일, 항공화물은 60일 내에 하여야 한다.
• 보세운송물품은 신고수리(승인)일로부터 해상화물은 10일, 항공화물은 5일까지 목적지에 도착하여야 한다. 다만, 세관장은 선박 또는 항공기 입항 전에 보세운송신고를 하는 때에는 입항예정일 및 하선(기)장소 반입기간을 고려하여 5일 이내의 기간을 추가할 수 있다.

06 환적화물에 대한 설명으로 틀린 것은?

가. 〈23년 개정으로 선지 삭제〉
나. 복합환적화물의 운송기한은 하선신고일로부터 10일 이내로 한다.
다. 보세운송의 목적지는 물품을 적재하려는 항만이나 공항의 하선 또는 하기장소로 한정한다. 다만, 컨테이너 적출입작업 및 보수작업이 필요한 경우 등 세관장이 필요하다고 인정하는 경우에는 그러하지 아니한다. 〈23년 개정으로 선지 일부 변경〉
라. 보세운송물품이 컨테이너 화물인 경우에는 최초 도착지 보세구역 운영인의 확인을 받아 컨테이너를 개장하여야 한다.
마. 선사(선사와 계약체결한 검수 · 검정업자를 포함한다) 또는 항공사는 환적화물을 외국으로 반출하기 위하여 적재하는 과정에서 컨테이너 봉인번호 상이 등 이상이 있는 경우 선박 출항 전까지 적재결과 이상보고서를 세관장에게 제출하여야 한다.

해설 복합환적화물의 운송기한은 하선신고일부터 7일로 한다.

07 화물운송주선업자에 대한 설명으로 틀린 것은?

가. 화물운송주선업자는 혼재화물의 적하목록(적재화물목록)을 작성한다.
나. 화물운송주선업자의 등록기간은 3년으로 한다.
다. 화물운송주선업자가 폐업한 때에는 등록의 효력이 상실한다.
라. 화물운송주선업자에 대한 등록취소 또는 업무정지를 하려는 경우 청문을 실시한다.
마. 물류정책기본법에 따라 국제물류주선업의 등록을 한 자는 화물운송주선업자 등록을 생략한다.

해설 물류정책기본법에 따라 국제물류주선업의 등록을 한 자도 관세법에 의해 화물운송주선업자 등록을 해야 한다.

정답	06 나 07 마

08 보세운송절차를 거쳐야만 하는 물품을 맞게 나열한 것은?

> ① 보세전시장에서 전시 후 반송되는 물품
> ② 국가기관에 의하여 운송되는 압수물품
> ③ 우편법에 따라 체신관서의 관리하에 운송되는 물품
> ④ 검역법 등에 따라 검역관서가 인수하여 검역소 구내계류장 또는 검역 시행장소로 운송하는 검역대상물품
> ⑤ 보세공장에서 제조 · 가공하여 수출하는 물품

가. ①, ② 나. ①, ⑤
다. ②, ③ 라. ③, ④
마. ④, ⑤

해설 수출신고가 수리된 물품은 보세운송 절차를 생략한다. 다만, 다음 각 호의 어느 하나에 해당하는 물품은 그러하지 아니하다.
① 「반송 절차에 관한 고시」에 따라 외국으로 반출하는 물품
② 보세전시장에서 전시 후 반송되는 물품
③ 보세판매장에서 판매 후 반송되는 물품
④ 여행자 휴대품 중 반송되는 물품
⑤ 보세공장 및 자유무역지역에서 제조 · 가공하여 수출하는 물품
⑥ 수출조건으로 판매된 몰수품 또는 국고귀속된 물품

09 특정물품간이보세운송업자에 대한 설명으로 틀린 것은?

가. 특정물품간이보세운송업자는 관리대상화물 관리에 관한 고시에 따른 검사 대상화물 등 특정물품을 보세운송할 수 있다.
나. 특정물품간이보세운송업자는 자본금 1억원 이상인 법인이어야 한다.
다. 특정물품간이보세운송업자의 지정기간은 3년으로 하되 갱신할 수 있다. 다만, 그 지정기간은 보세운송업자의 등록기간 범위 내에서 한다.
라. 특정물품간이보세운송업자가 귀석 · 반귀석 · 한약재 등 부피가 작고 고가인 물품을 세관지정장치장 등 세관장이 지정한 보세구역으로 운송하고자 하는 경우 유개차 또는 이에 준하는 시봉 조치를 한 후 운송하여야 한다.
마. 특정물품간이보세운송업자의 지정이 취소되었을 때에는 그 지정의 효력이 소멸된다.

해설 특정물품간이보세운송업자는 자본금 3억원 이상인 법인이어야 한다.

정답	08 나 09 나

10 보세화물에 대한 신고지연 가산세 및 장치기간에 대한 설명으로 틀린 것은?

가. 수출용원재료(신용장 등 관련 서류에 의하여 수출용원재료로 확인되는 경우에만 해당한다)의 경우 신고지연 가산세를 징수하지 아니한다.
나. 보세구역에 반입된 물품의 장치기간은 해당 보세구역 반입일을 기준으로 기산하는 것을 원칙으로 한다.
다. 장치장소의 특허변경으로 장치기간을 다시 기산하는 물품은 종전에 산정한 장치기간을 합산하지 않는다.
라. 이전 보세구역에서 장치기간이 경과한 뒤 보세운송으로 다른 보세구역에 반입된 물품의 장치기간은 종전에 산정한 장치기간을 합산한다.
마. 동일 B/L 물품이 수차에 걸쳐 반입되는 경우에는 그 B/L 물품의 반입이 완료된 날부터 장치기간을 기산한다.

해설 장치장소의 특허변경으로 장치기간을 다시 기산하여야 하는 물품은 종전에 산정한 장치기간을 합산한다.

PART 04

11 수출하려는 물품의 보세구역 반입에 대한 설명으로서 틀린 것은?

가. 반송물품이 보세구역에 반입되는 경우, 보세운송 도착보고는 반입신고를 갈음할 수 있다.
나. 수출하려는 물품이 반입된 경우 그 내역을 확인할 수 있는 서류를 받아 화물반출입대장에 그 내역을 기록관리하여야 한다. 다만, 전산으로 수출신고수리내역이 확인된 경우 서류는 받지 않을 수 있다.
다. 수출하려는 물품의 반입신고는 화물반출입대장에 기록관리하는 것으로 갈음한다.
라. 보세구역에 반입한 후 수출신고하게 할 수 있는 물품은 법 제157조에 따라 세관장에게 반입신고를 해야 한다.
마. 선적지 보세구역에 반입한 수출물품을 재포장, 분할 등 보수작업하려는 자는 관할세관장에게 수출물품 보수작업승인을 받아야 한다.

해설 반송물품을 보세구역에 반입하려는 보세구역 운영인은 세관장에게 반입신고를 하여야 한다. 이 경우 반입신고는 보세운송 도착보고를 갈음할 수 있다.

정답	10 다 11 가

12 보세창고의 내국물품 장치에 대한 설명으로 틀린 것은?

가. 보세창고에 내국물품으로 반입된 물품의 장치기간은 1년이다.

나. 보세창고에서 수입신고수리된 내국물품의 장치기간은 6개월이며, 신고수리일로부터 1년의 범위에서 연장할 수 있다.

다. 장치기간이 지난 내국물품은 그 기간이 지난 후 10일 내에 운영인의 책임으로 반출하여야 한다.

라. 보세창고 운영인이 6개월(보세창고에서 수입신고수리된 내국물품은 2개월) 이상 계속하여 내국물품만을 장치하려면 세관장의 허가를 받아야 한다.

마. 운영인이 보세창고에서 일정구역에 일정기간 동안 내국물품을 반복적으로 장치하려는 경우 세관장은 이를 포괄적으로 허용할 수 있다.

해설 1년 이상 계속하여 내국물품만을 장치하려는 자는 내국물품장치승인(신청)서를 제출하여 세관장의 승인을 받아야 한다.

13 보세화물의 장치장소 결정을 위한 화물분류 기준으로 틀린 것은?

가. 화주 또는 그 위임을 받은 자가 장치장소에 대한 별도의 의사표시가 없는 경우 House B/L 화물은 보세구역 운영인이 선량한 관리자로서 장치장소를 결정한다.

나. 선사는 화주 또는 그 위임을 받은 자가 운영인과 협의하여 정하는 장소에 보세화물을 장치하는 것을 원칙으로 한다.

다. 화주 또는 그 위임을 받은 자가 장치장소에 대한 별도의 의사표시가 없는 경우 Master B/L화물은 선사가 선량한 관리자로서 장치장소를 결정한다.

라. 보세창고, 보세공장, 보세판매장에 반입할 물품은 특허 시 세관장이 지정한 장치물품의 범위에 해당하는 물품만 해당 보세구역에 장치한다.

마. 입항 전 또는 하선(기) 전에 수입신고가 되거나 보세운송신고가 된 물품은 보세구역에 반입함이 없이 부두 또는 공항 내에서 보세운송 또는 통관절차와 검사절차를 수행하도록 하여야 한다.

해설 화주 또는 그 위임을 받은 자가 장치장소에 대한 별도의 의사표시가 없는 경우 House B/L화물은 화물운송주선업자가 선량한 관리자로서 선사 및 보세구역 운영인과 협의하여 장치장소를 결정한다.

정답	12 라　13 가

14 「관세법」 제156조에 의한 보세구역 외 장치의 허가에 관한 설명으로 맞는 것은?

가. 보세구역 외 장치의 허가기간은 1년 범위 내에서 세관장이 필요하다고 인정하는 기간으로 정한다.

나. 보세구역 외 장치 허가기간이 종료한 때에는 반송하여야 한다.

다. 부패, 변질되어 다른 물품을 오손할 우려가 있는 물품은 보세구역 외 장치를 할 수 있다.

라. 품목분류 사전심사의 지연으로 수입신고할 수 없는 경우는 보세구역 외 장치 허가기간의 연장 사유에 해당하지 아니한다.

마. 보세구역 외 장치 담보액은 수입통관 시 실제 납부하여야 할 관세 등 제세 상당액의 110%로 한다.

해설 가, 나. 보세구역외장치의 허가기간은 6개월의 범위 내에서 세관장이 필요하다고 인정하는 기간으로 정하며, 허가기간이 종료한 때에는 보세구역에 반입하여야 한다.

라. 품목분류 사전심사의 지연으로 수입신고할 수 없는 경우는 보세구역 외 장치 허가기간의 연장 사유에 해당한다.

마. 보세구역 외 장치 담보액은 수입통관 시 실제 납부하여야 할 관세 등 제세 상당액으로 한다.

PART 04

15 보세화물 반출입절차 등에 관한 설명으로 틀린 것은?

가. B/L제시 인도물품을 반출하려는 자는 화물관리공무원에게 B/L 원본을 제시하여 반출승인을 받아야 한다.

나. B/L을 분할 · 합병하려는 자는 세관장의 승인을 받아야 한다.

다. 관세법 제156조에 의한 보세구역 외 장치장에 반입한 화물 중 보세운송절차에 따라 반출된 화물은 반출신고를 생략한다.

라. 동일사업장 내 보세구역 간 장치물품의 이동은 물품반출입신고로 보세운송신고를 갈음할 수 있다.

마. 컨테이너장치장(CY)에 반입한 물품을 다시 컨테이너 화물조작장(CFS)에 반입한 때에는 CY에서는 반출신고를 CFS에서는 반입신고를 각각 하여야 한다.

해설 보세구역 외 장치장에 반입한 화물 중 수입신고수리된 화물은 반출신고를 생략하며 반송 및 보세운송절차에 따라 반출된 화물은 반출신고를 하여야 한다.

정답 14 다 15 다

16 보세구역별 보세화물장치기간 경과화물의 반출통고 주체로서 맞는 것은?

가. 보세공장－보세구역운영인

나. 자가용보세창고－보세구역 운영인

다. 지정장치장－수입화주

라. 영업용보세창고－관할세관장

마. 보세판매장－관할세관장

해설
- 관할세관장의 반출통고 : 보세전시장, 보세건설장, 보세판매장, 보세공장, 보세구역 외 장치장, 자가용보세창고에 반입한 물품에 대해서는 관할세관장이 화주나 반입자 또는 그 위임을 받은 자("화주 등")에게 반출통고 한다.
- 화물관리인의 반출통고 : 영업용보세창고에 반입한 물품의 반출통고는 보세구역 운영인이 화주 등에게 하며, 지정장치장에 반입한 물품의 반출통고는 화물관리인이 화주 등에게 하여야 한다.

17 보세구역에 장치된 물품의 폐기 · 멸실에 관한 설명으로 맞는 것은?

가. 보세구역에 장치된 물품 중 유효기간이 지난 물품은 폐기대상이 아니다.

나. 보세구역에 장치된 외국물품이 재해나 그 밖의 부득이한 사유로 멸실된 때에는 관세를 징수하지 아니한다.

다. 세관장의 외국물품 폐기승인을 받은 경우에는 폐기 후에 남아 있는 부분에 대하여는 관세를 부과하지 아니한다.

라. 부패하거나 변질이 예상되는 물품에 대하여 세관장은 화주 등에게 통고한 후 폐기할 수 있다.

마. 세관장이 물품을 폐기한 경우에는 세관장이 그 비용을 부담하고, 화주 등이 물품을 폐기한 경우 그 비용은 화주 등이 부담한다.

해설 가. 보세구역에 장치된 물품 중 유효기간이 지난 물품은 폐기대상이다.

다. 폐기승인을 받은 외국물품 중 폐기 후에 남아 있는 부분에 대하여는 폐기 후의 성질과 수량에 따라 관세를 부과한다.

라. 부패하거나 변질이 예상되는 물품은 폐기명령 대상이 아니다. 완전히 부패하거나 변질된 물품만이 폐기명령 대상이다.

마. 세관장이 물품을 폐기하거나 화주 등이 물품을 폐기 또는 반송한 경우 그 비용은 화주 등이 부담한다.

정답	16 마 17 나

18 보세화물 장치기간에 관한 설명으로 맞는 것은?

가. 보세판매장에 반입된 보세화물의 장치기간은 보세판매장 특허기간으로 한다.
나. 동일 B/L 물품이 수차에 걸쳐 반입되는 경우에는 그 B/L 물품의 최초 반입일로부터 장치기간을 기산한다.
다. 보세창고 반입물품의 장치기간은 1년으로 하되 세관장이 필요하다고 인정할 때에는 6개월의 범위에서 그 기간을 연장할 수 있다.
라. 여행자 휴대품으로서 예치물품의 장치기간은 1개월로 한다.
마. 보세구역 외 장치허가를 받은 물품의 장치기간은 30일로 한다.

해설 나. 동일 B/L 물품이 수차에 걸쳐 반입되는 경우에는 그 B/L 물품의 반입이 완료된 날부터 장치기간을 기산한다.
다. 보세창고 장치기간은 통상 외국물품에 대해 1년의 범위에서 관세청장이 정하는 기간으로 한다. 다만, 세관장이 필요하다고 인정하는 경우에는 1년의 범위에서 그 기간을 연장할 수 있다.
라. 예치물품의 장치기간은 예치증에 기재된 출국예정시기에 1개월을 가산한 기간으로 한다.
마. 보세구역 외 장치허가를 받아 장치한 물품의 장치기간은 세관장이 허가한 기간(연장된 기간을 포함한다)으로 한다.

19 환적화물 처리절차에 관한 특례고시에 따라 국내 개항(국제항) 간 외국무역선(국제무역선)에 의한 운송을 할 수 있는 화물로서 틀린 것은?

가. 환적화물
나. 수출화물
다. 압수물품
라. 내국물품인 공컨테이너
마. 우리나라로 수입하려는 외국물품으로서 최초 입항지에서 선하증권(B/L)에 기재된 최종 목적지로 운송하려는 화물

해설 국내 국제항 간 국제무역선으로 화물을 운송할 수 있는 경우는 다음 각 호의 어느 하나와 같다.
① 우리나라로 수입하려는 외국물품으로서 최초 입항지에서 선하증권(항공화물운송장 포함)에 기재된 최종 목적지로 운송하려는 화물
② 환적화물
③ 수출화물
④ 내국물품인 공컨테이너

정답 | 18 가 19 다

20 수입화물 중 보세운송 승인대상으로 맞는 것은?

가. 특정물품간이보세운송업자가 관리대상화물 관리에 관한 고시에 따른 검사대상 화물을 하선(기)장소에서 최초 보세운송하려는 물품

나. 「관세 등에 대한 담보제도 운영에 관한 고시」에 따른 담보제공 생략자 또는 포괄담보를 제공하는 자가 화주로서 자기명의로 보세운송신고하는 물품 〈법률 개정으로 선지 일부 변경〉

다. 국내에 도착된 후 최초로 보세구역에 반입된 날부터 30일이 경과한 물품을 간이보세운송업자가 보세운송하는 경우로서 별도의 서류제출이 필요없다고 인정되는 물품

라. 항공사가 국제항 간 입항적재화물목록 단위로 일괄하여 항공기로 보세운송하려는 물품

마. 관세법 제236조의 규정에 의하여 통관지가 제한되는 물품

해설 가~라의 경우 보세운송 신고만으로 충분하다.

21 보세구역 외 장치의 허가기간 연장대상으로 틀린 것은?

가. 동일세관 관할구역 내에 해당 화물을 반입할 보세구역이 없는 경우

나. 국내판로가 결정되지 아니한 경우

다. 품목분류 사전심사의 지연으로 수입신고할 수 없는 경우

라. 관세법 제226조에 따른 수입요건 · 선적서류 등 수입신고 또는 신고수리 요건을 구비하지 못한 경우

마. 공매, 경매낙찰, 몰수확정, 국고귀속 등의 결정에 따른 조치를 위하여 필요한 경우

해설 다음 각 호의 어느 하나에 해당하는 사유가 있는 때에는 세관장은 보세구역 외 장치의 허가기간을 연장할 수 있으나, 그 기간은 최초의 허가일로부터 관세법상 장치기간을 초과할 수 없다. 기간을 연장하려는 자는 세관장으로부터 승인을 받아야 한다.

① 동일세관 관할구역 내에 해당 화물을 반입할 보세구역이 없는 경우
② 품목분류 사전심사의 지연으로 수입신고할 수 없는 경우
③ 인지부서의 자체조사, 고발의뢰, 폐기, 공매 · 경매낙찰, 몰수확정, 국고귀속 등의 결정에 따른 조치를 위하여 필요한 경우
④ 수입요건 · 선적서류 등 수입신고 또는 신고수리 요건을 구비하지 못한 경우
⑤ 재해 그 밖에 부득이한 사유로 생산지연 · 반송대기 등 세관장이 인정하는 사유가 있는 경우

정답 | 20 마 21 나

22 출항(반송물품 포함)하려는 물품의 적재신고 및 적재에 관한 설명으로 틀린 것은?

가. 출항하려는 물품을 선박이나 항공기에 적재하려는 자는 물품을 적재하기 전에 적재신고를 하여야 한다.

나. 출항화물의 적재신고는 출항 적하목록(적재화물목록) 제출로 갈음한다.

다. 출항화물의 적재신고가 수리되기 전에 선박 또는 항공기에 물품을 적재할 수 없다. 다만, 내국물품적재허가를 받은 경우 예외로 한다.

라. 선사 또는 항공사는 적재물품이 적하목록(적재화물목록)과 다를 때에는 출항한 다음 날까지 적재결과보고서를 세관장에게 제출해야 한다.

마. 선사가 출항 목적이 아닌 하역 작업상의 필요 등에 의하여 보세화물을 일시적재하려는 경우 세관장에게 일시적재신고를 하여야 한다.

해설 선사 또는 항공사는 적재결과 물품이 적재화물목록과 상이할 때에는 적재완료 다음 날까지 적재결과 보고서를 작성하여 세관장에게 제출해야 한다.

PART 04

23 보수작업에 대한 설명으로 틀린 것은?

가. 보수작업을 하려는 자는 세관장의 승인을 받아야 한다.

나. 세관장은 보수작업 승인신청을 받은 날로부터 10일 이내에 승인 여부를 신청인에게 통지하여야 한다.

다. 세관장이 정한 기간 내에 승인여부 또는 처리기간 연장을 신청인에게 통지하지 아니하면 그 기간이 끝난 날에 승인을 한 것으로 본다.

라. 보수작업으로 외국물품에 부가된 내국물품은 외국물품으로 본다.

마. 외국물품은 수입될 물품의 보수작업의 재료로 사용할 수 없다.

해설 세관장이 정한 기간 내에 승인여부 또는 처리기간 연장을 신청인에게 통지하지 아니하면 그 기간이 끝난 날의 다음 날에 승인을 한 것으로 본다.

정답	22 라 23 다

24 견본품(견품) 반출입에 대한 설명으로 틀린 것은?

가. 보세구역에 장치된 외국물품의 전부 또는 일부를 견품으로 반출하려는 자는 견품반출허가(신청)서를 제출하여 세관장의 허가를 받아야 한다.

나. 세관장은 견품반출허가를 하는 경우에는 필요한 최소한의 수량으로 제한하여야 한다.

다. 견품채취로 인하여 장치물품의 변질, 손상, 가치감소 등으로 관세채권의 확보가 어려운 경우에는 견품반출허가를 하지 아니할 수 있다.

라. 보세구역 운영인 또는 관리인은 견품반출 허가사항을 확인하고 견품반출입대장에 기록관리하여야 한다.

마. 수입신고인은 세관공무원이 검사상 필요에 따라 견본품으로 채취된 물품을 사용 · 소비한 경우 해당물품의 관세를 납부하여야 한다.

해설 다음 각 호의 어느 하나에 해당하는 물품이 사용 · 소비된 경우에는 수입신고를 하여 관세를 납부하고 수리된 것으로 본다.

- 세관공무원이 채취한 물품
- 다른 법률에 따라 실시하는 검사 · 검역 등을 위하여 견본품으로 채취된 물품으로서 세관장의 확인을 받은 물품

25 장치기간 경과물품의 매각에 대한 설명으로 틀린 것은?

가. 세관장은 보세구역에 반입한 외국물품의 장치기간이 지나면 그 사실을 공고한 후 해당물품을 매각할 수 있다.

나. 살아있는 동식물, 부패하거나 부패할 우려가 있는 물품의 경우 그 기간이 지나기 전이라도 공고한 후 매각할 수 있다.

다. 기간이 지나면 사용할 수 없게 되거나 상품가치가 현저히 떨어질 우려가 있는 물품의 경우 급박하여 공고할 여유가 없을 때에는 매각한 후 공고할 수 있다.

라. 매각된 물품의 질권자나 유치권자는 다른 법령에서도 불구하고 그 물품을 매수인에게 인도하지 않을 수 있다.

마. 세관장은 특수한 사정이 있어 직접 매각하기에 적당하지 아니하다고 인정되는 경우 매각대행기관에 이를 대행하게 할 수 있다.

해설 매각된 물품의 질권자나 유치권자는 다른 법령에도 불구하고 그 물품을 매수인에게 인도하여야 한다.

정답	24 마 25 라

01 다음은 물품의 하역에 대한 설명이다. ( ) 안에 들어갈 내용을 순서대로 나열한 것은?

> 국제무역선이나 국제무역기에는 (　　　)을(를) 적재할 수 없으며, 국내운항선이나 국내운항기에는 (　　　)을(를) 적재할 수 없다. 다만, 세관장의 (　　　)을(를) 받았을 때에는 그러하지 아니하다.

가. 내국물품 – 외국물품 – 허가
나. 외국물품 – 내국물품 – 승인
다. 내국 환적화물 – 외국 환적화물 – 허가
라. 내국선박용품(내국항공기용품) – 외국선박용품(외국항공기용품) – 승인
마. 외국선박용품(외국항공기용품) – 내국선박용품(내국항공기용품) – 허가

해설 국제무역선이나 국제무역기에는 내국물품을 적재할 수 없으며 국내운항선이나 국내운항기에는 외국물품을 적재할 수 없다. 다만, 세관장의 허가를 받았을 때에는 그러하지 아니하다.

02 세관장의 승인사항으로 맞는 것은?

가. 국제무역선(기)에 선박용품(항공기용품)을 하역하려는 경우
나. 국제무역선이 국제항의 바깥에서 물품을 하역하려는 경우
다. 국제무역선(기)이 국제항을 출항하려는 경우
라. 국제무역선(기)을 국내운항선(기)으로 전환하려는 경우
마. 국제무역선(기)을 국제항이 아닌 지역에 출입하려는 경우

해설 가. 세관장에게 신고하고 현장에서 세관공무원의 확인을 받아야 한다.
나. 세관장 허가사항이다.
다. 출항 허가사항이다.
라. 세관장 승인사항이다.
마. 출입 허가사항이다.

정답	01 가 02 라

03 국제무역선의 승선신고 처리절차에 관한 설명으로 틀린 것은?

가. 승무원 가족의 승선기간은 해당 항구에서 승선과 하선을 하는 때에는 선박의 정박기간 이내이다.

나. 선박용품의 주문을 받기 위한 승선 등 그 목적이 불합리한 방문인 경우에는 승선을 제한할 수 있다.

다. 상시승선(신고)중의 유효기간은 발급일로부터 2년으로 한다.

라. 선박용품의 하역 및 용역을 제공하기 위하여 선박용품 적재 등 허가(신청)서에 승선자 명단을 기재하여 허가를 받은 경우에는 승선신고를 한 것으로 갈음한다.

마. 업체가 휴업 또는 폐업한 때에는 즉시 발급한 세관장에게 상시승선(신고)증을 반납해야 한다.

해설 상시승선(신고)증의 유효기간은 발급일로부터 3년으로 한다.

04 국제항에 대한 설명 중 틀린 것은?

가. 국제항은 대통령령으로 지정한 25개 항구와 8개 공항을 말한다.

나. 국제항의 시설기준 등에 관하여 필요한 사항은 대통령령으로 정한다.

다. 국제항의 운영자는 국제항이 법률에 따른 시설기준 등에 미치지 못하게 된 경우 그 시설 등을 신속하게 개선하여야 하며, 관세청장은 대통령령으로 정하는 바에 따라 그 시설 등의 개선을 명할 수 있다.

라. 국제무역선이나 국제무역기는 국제항에 한정하여 운항할 수 있다. 다만, 대통령령으로 정하는 바에 따라 국제항이 아닌 지역에 대한 출입의 허가를 받은 경우에는 그러하지 아니하다.

마. 국제항이 아닌 지역에 출입하고자 하는 경우 내야 하는 수수료의 총액은 50만원을 초과하지 못한다.

해설 '다'에 해당하는 규정은 없다.

정답	03 다 04 다

05 관리대상화물에 대한 설명 중 틀린 것은?

가. 운송추적감시화물이란 세관장이 선별한 감시대상화물 중 부두 또는 계류장 내에서 하역과정을 감시하거나 하역즉시 검사하는 화물(공컨테이너를 포함한다)을 말한다.

나. 검색기검사화물이란 세관장이 선별한 검사대상화물 중 검색기로 검사를 실시하는 화물을 말한다.

다. 즉시 검사화물이란 세관장이 선별한 검사대상화물 중 검색기검사를 하지 않고 바로 개장검사를 실시하는 화물을 말한다.

라. 반입후검사화물이란 세관장이 선별한 검사대상화물 중 하선(기)장소 또는 장치예정장소에서 이동식검색기로 검사하거나 컨테이너적출 시 검사하는 화물을 말한다.

마. 수입신고후검사화물이란 세관장이 선별한 검사대상화물 중 수입검사대상으로 선별할 수 있도록 관련부서에 통보하는 화물을 말한다.

해설 "운송추적감시화물"이란 세관장이 선별한 감시대상화물 중 하선(기)장소 또는 장치예정장소까지 추적감시하는 화물을 말한다. 세관장이 선별하여 부두 또는 계류장 내에서 하역과정을 감시하거나 하역즉시 검사하는 화물(공컨테이너를 포함한다)은 "하선(기)감시화물"이다.

06 선박용품에 대한 설명 중 맞는 것은?

가. 선박용품의 적재허가를 받은 자는 허가일로부터 7일 이내에 적재를 완료하여야 한다.

나. 미화 5천달러(원화표시 물품 500만원) 이하의 선박용품이라면 공급자가 대행업체를 지정하여 적재허가를 받은 절차를 이행하게 할 수 있다.

다. 선박용품 수리업자가 조건부 하역한 외국선박용품은 60일 이내에 해당 선박에 적재하고 세관장에게 완료보고를 하여야 한다.

라. 공급자가 적재를 완료하면 해당선박의 출항여부에 상관없이 다음 날 12시까지 관할 세관장에게 보고하면 된다.

마. 공급자는 반입등록한 선박용품을 수입, 반송 또는 공매하는 등 용도 외 처분한 때에는 용도 외 처분한 날로부터 10일 이내에 반입등록한 세관장에게 용도 외 처분보고서를 제출하여야 한다.

해설 나. 공급자 등은 적재 등 허가 신청이 건당 미화 1만달러(원화표시는 물품 1천만원을 말한다) 이하의 선박용품 등으로서 세관장이 감시단속에 지장이 없다고 인정하는 물품의 경우에는 공급자 중에서 대행업체를 지정하여 적재 등 허가받은 절차를 이행하게 할 수 있다. 〈법률 개정으로 해설 변경〉

다. 수리업자등은 조건부 하역한 외국선박용품을 하역일로부터 30일 이내에 해당 선박에 적재하고 세관장에게 완료보고해야 한다. 다만, 세관장이 선박용품의 수리 지연 등 부득이한 사유가 있다고 인정하는 때에는 5월의 범위 내에서 적재 기간을 연장하거나, 같은 선사 소속의 다른 국제무역선에 적재하도록 할 수 있다.

라. 공급자 등은 적재 등을 완료한 때에는 다음 날 12시까지 관할 세관장에게 보고해야 한다. 다만, 보고 기한 내에 해당 선박이 출항하는 때에는 출항허가 전까지 보고해야 한다.

마. 공급자 등 및 수리업자 등은 반입등록한 선박용품 등을 수입 · 반송 또는 공매하는 등 용도 외 처분한 때에는 용도 외 처분한 날로부터 7일 이내에 반입등록한 세관장에게 별지 제12호서식의 용도 외 처분보고서를 제출해야 한다.

정답 | 05 가 06 가

07 관세법상 승객예약자료의 요청 등에 관한 설명으로 틀린 것은?

가. 제공받은 승객예약자료를 열람할 수 있는 사람은 관세청장이 지정하는 세관공무원으로 한정한다.

나. 승객예약자료에는 동반탑승자 및 좌석번호, 수하물 자료가 포함된다.

다. 승객예약자료에는 여행경로 및 여행사 자료가 포함된다.

라. 출항하는 선박 또는 항공기의 승객예약자료 제출시한은 출항 후 3시간 이내이다.

마. 입항하는 선박 또는 항공기의 승객예약자료 제출시한은 입항 2시간 전까지나 운항예정시간이 3시간 이내인 경우에는 입항 30분 전까지 할 수 있다.

해설 승객예약자료의 제출시한은 다음 각 호의 구분에 의한다.

- 출항하는 선박 또는 항공기의 경우 : 출항 후 3시간 이내
- 입항하는 선박 또는 항공기의 경우 : 입항 1시간 전까지. 다만, 운항예정시간이 3시간 이내인 경우에는 입항 30분 전까지 할 수 있다.

08 관세법상 국제무역선의 입출항절차 등에 대한 설명으로 맞는 것은?

가. 외국을 항행한 요트가 국내 요트계류장에 입항한다면 세관의 입항절차를 요하지 않는다.

나. 국제무역선이 태풍의 사유로 입항 시 정상적인 입항보고가 불가하면 해당 사유가 종료되었을 때 지체없이 세관장에게 그 경과를 보고하여야 한다.

다. 국제무역선에서 국내운항선 또는 국내운항선에서 국제무역선으로 전환승인 시 세관은 승인 수수료를 징수한다.

라. 미군의 항공모함은 국내 입항 시 세관에 입항보고를 해야 하지만, 미군의 잠수함은 국내 입항 시 세관의 입항보고 절차를 생략한다.

마. 부산 감천항에 입항보고가 수리된 선박을 부산 신항으로 이동하려는 때에는 입출항허가를 받아야 한다.

해설 가. 요트는 국제무역선은 아니지만, 외국을 운항하였으므로 국제무역선과 동일하게 세관의 입항절차를 요한다.

다. 해당 규정 없음

라. 군함, 군용기, 국가원수 또는 정부를 대표하는 외교사절이 전용하는 선박 또는 항공기의 경우 국제무역선(기) 규정을 준용하지 않는다. 즉, 절차를 생략한다.

마. 세관장은 국제무역선이나 국제무역기가 국제항에 입항하여 입항절차를 마친 후 다시 우리나라의 다른 국제항에 입항할 때에는 서류제출의 생략 등 간소한 절차로 입출항하게 할 수 있다.

정답	07 마 08 나

09 국제무역선의 국내운항선으로의 전환 및 그 밖의 선박 또는 항공기에 관한 설명으로 틀린 것은?

가. 국제무역선을 국내운항선으로 전환하거나 국내운항선을 국제무역선으로 전환하려면 세관장의 승인을 받아야 한다.

나. 국제무역선의 국내운항선으로의 전환신청이 있는 때에는 세관장은 당해 선박 또는 항공기에 적재되어 있는 물품을 검사할 수 있다.

다. 폐선 또는 감축 예정인 국제무역선은 국내운항선 전환신청서를 세관장에게 제출하여 승인을 받아야 한다.

라. 국가원수 또는 정부를 대표하는 외교사절이 전용하는 선박 또는 항공기는 국제무역선이나 국제무역기에 관한 규정을 준용하지 아니한다.

마. 외국을 왕래하는 여행자를 전용으로 운송하기 위하여 국내에서만 운항하는 항공기는 국제무역기에 관한 규정을 준용하지 아니한다.

해설 다음 각 호의 어느 하나에 해당하는 선박이나 항공기는 국제무역선이나 국제무역기에 관한 규정을 준용한다. 다만, 대통령령으로 정하는 선박 및 항공기에 대하여는 그러하지 아니하다.

- 국제무역선 또는 국제무역선 외의 선박이나 항공기로서 외국에 운항하는 선박 또는 항공기
- 외국을 왕래하는 여행자와 제241조제2항제1호의 물품을 전용으로 운송하기 위하여 국내에서만 운항하는 항공기("환승전용국내운항기")

10 국제항으로 지정된 항구가 아닌 것은?

가. 목포항　　나. 대변항

다. 고현항　　라. 삼천포항

마. 대산항

해설 국제항

항구	인천항, 부산항, 마산항, 여수항, 목포항, 군산항, 제주항, 동해 · 묵호항, 울산항, 통영항, 삼천포항, 장승포항, 포항항, 장항항, 옥포항, 광양항, 평택 · 당진항, 대산항, 삼척항, 진해항, 완도항, 속초항, 고현항, 경인항, 보령항
공항	인천공항, 김포공항, 김해공항, 제주공항, 청주공항, 대구공항, 무안공항, 양양공항

11 수출입 안전관리 우수업체 공인 부문으로 틀린 것은?

가. 수출 부문　　나. 수입 부문

다. 관세사 부문　　라. 보세운송업 부문

마. 구매대행업 부문

정답	09 마　10 나　11 마

해설 공인부문

수출입 안전관리 우수업체(AEO)로 공인을 신청할 수 있는 자는 다음 각 호와 같다.

1. 수출자(수출 부문), 수입자(수입 부문)
2. 통관업을 하는 자(관세사 부문)
3. 운영인 또는 지정장치장의 화물을 관리하는 자(보세구역운영인 부문)
4. 보세운송업자(보세운송업 부문), 화물운송주선업자(화물운송주선업 부문)
5. 하역업자(하역업 부문), 선박회사(선박회사 부문), 항공사(항공사 부문)
6. 상기업무를 행하는 자유무역지역 입주기업체

12 수출입 안전관리 우수 공인업체 등에 관한 설명 중 틀린 것은?

가. 수출입 안전관리 우수 공인업체의 공인 유효기간은 5년으로 하되, 대통령령이 정하는 바에 따라 갱신할 수 있다.

나. 수출입 안전관리 우수 공인업체가 양도, 양수, 분할 또는 합병하거나 그 밖에 관세청장이 정하는 사유가 발생한 경우에는 그 사유가 발생한 날부터 30일 이내에 그 사실을 관세청장에게 보고하여야 한다.

다. 수출입 안전관리 우수 공인업체 공인을 갱신하려는 자는 공인의 유효기간이 끝나는 날의 6개월 전까지 신청서를 제출하여야 한다.

라. 관세청장은 공인을 받은 자에게 해당 공인의 유효기간이 끝나는 날의 7개월 전까지 휴대폰에 의한 문자전송, 전자메일, 팩스 등으로 갱신 신청을 해야 한다는 사실을 알려야 한다.

마. 관세청장은 수출입 안전관리 공인을 받기 위해 신청한 업체에 한해 운영인, 납세의무자 등 수출입물품의 제조, 운송, 보관 또는 통관 등 무역과 관련된 자를 대상으로 연 4회의 범위에서 안전관리 기준의 준수 정도에 대한 측정 · 평가를 할 수 있다.

해설 관세청장은 수출입 안전관리 우수업체로 공인받기 위한 신청 여부와 관계없이 수출입물품의 제조 · 운송 · 보관 또는 통관 등 무역과 관련된 자 중 대통령령으로 정하는 자를 대상으로 제255조의2제1항에 따른 안전관리 기준을 준수하는 정도를 대통령령으로 정하는 절차에 따라 측정 · 평가할 수 있다.

정답 | 12 마

13 수출입 안전관리 우수업체 공인심사 신청에 대한 기각 사유만으로 나열한 것은?

① 신청업체가 공인기준을 충족하는지를 자체적으로 평가한 수출입관리현황 자율평가표(법규준수도를 제외한다)를 제출하지 않은 경우
② 공인심사를 할 때에 제출한 자료가 거짓으로 작성된 경우
③ 신청업체가 관세 체납이 있는 경우
④ 공인신청 후 신청업체의 법규준수도 점수가 70점 미만(중소 수출 기업은 60점 미만)으로 하락한 경우
⑤ 법규준수의 결격에 해당하는 공인 유보사유가 현장심사를 마친 날로부터 6개월을 넘어서도 확정되지 않고 계속 진행되는 경우

가. ①, ③
나. ②, ④
다. ③, ⑤
라. ②, ④, ⑤
마. ①, ②, ③, ④, ⑤

해설 ②, ④는 기각사유이다.
① 신청 시 제출하여야 하는 첨부서류를 제출하지 않은 경우 각하 사유이다.
③ 체납이 있는 경우 재무 건전성을 충족하지 못하므로 각하 사유이다.
⑤ 법규준수의 결격에 해당하는 형사 및 사법절차가 진행되는 경우 공인유보 사유이다.

PART 04

14 수출입 안전관리 우수업체에 대한 정기 수입세액 정산업체(이하 정산업체라 함)의 지정과 정산에 대한 설명 중 틀린 것은?

가. 수출입 안전관리 우수업체가 정산업체로 지정받은 경우에는 정기 자율평가를 면제한다.
나. 정산업체는 정기 수입세액 정산보고의 정확한 검증 및 성실한 납세를 위하여 전문지식을 갖춘 관세사를 최소 1인 이상 선임하여야 한다.
다. 관세청장은 정산업체 지정 신청서를 제출한 업체가 수입부문 수출입 안전관리 우수업체 공인을 득하지 아니한 경우에는 정산업체로 지정하지 않을 수 있다.
라. 관세청장은 수출입 안전관리 우수업체를 정산업체로 지정한 경우 통고처분 금액의 추가 감경, 수정수입세금계산서 발행의 혜택을 제공한다.
마. 정산업체는 정기 수입세액 정산보고서를 정산연도 종료일로부터 6개월 이내에 제출하여야 한다.

해설 ※ 시험범위가 아님(정기수입세액 정산 제도 삭제)

정답	13 나 14 나

15 다음은 수출입 안전관리 우수업체에 적용되는 통관절차 특례이다. ( ) 안에 들어갈 내용을 순서대로 나열한 것은?

공인 부문	혜택 기준	수출입 안전관리 우수업체		
		A	AA	AAA
모든 부문	여행자정보 사전확인제도 운영에 관한 훈령에 따른 여행자 검사 대상 선별 제외	(①)	대표자, 총괄책임자	대표자, 총괄책임자
	국제공항 입출국 시 전용검사대를 이용한 법무부 입출국 심사	대표자	(②)	대표자, 총괄책임자
보세구역 운영인	특허보세구역 운영에 관한 고시 제7조에 따른 특허 갱신 시 본부세관 특허심사위원회 심사 생략 및 해당 세관에서 자체 심사	(③)	○	○
	보세화물관리에 관한 고시 제16조에 따른 분기별 자체 재고조사 후 연 1회 세관장에게 보고	(④)	○	○

	①	②	③	④
가.	대표자	대표자	○	○
나.	대표자	대표자, 총괄책임자	×	○
다.	대표자, 총괄책임자	대표자	○	○
라.	대표자, 총괄책임자	대표자	×	○
마.	대표자, 총괄책임자	대표자, 총괄책임자	○	○

해설 통관절차 특례

적용 부문	특례 기준	수출입 안전관리 우수업체		
		A	AA	AAA
모든 부문	과태료 경감	20%	30%	50%
	통고처분 금액경감	15%	30%	50%
	여행자정보 사전확인제도 운영에 관한 훈령에 따른 여행자 검사 대상 선별 제외	대표자, 총괄책임자	대표자, 총괄책임자	대표자, 총괄책임자
	국제공항 입출국 시 전용검사대를 이용한 법무부 입출국 심사	대표자	대표자	대표자, 총괄책임자
보세구역 운영인	특허 갱신기간 연장	6년	8년	10년
	반입정지 기간을 50% 범위에서 하향 조정 가능	–	○	○
	특허보세구역 운영에 관한 고시 제7조에 따른 특허 갱신 시 본부세관 특허심사위원회 심사 생략 및 해당 세관에서 자체 심사	○	○	○
	보세화물관리에 관한 고시 제16조에 따른 분기별 자체 재고조사 후 연 1회 세관장에게 보고	○	○	○

정답 | 15 다

16 관세법상 수출입 안전관리 우수업체 공인 및 운영에 관한 설명으로 틀린 것은?

가. 〈22년 개정으로 선지 삭제〉
나. 수출입 안전관리 우수 공인업체에 대하여는 관세청장이 정하는 바에 따라 관세 감면 등 세제상의 혜택을 제공할 수 있다.
다. 관세청장은 수출입 안전관리 우수 공인업체가 공인 심사요청을 거짓으로 한 경우에는 공인을 취소할 수 있다.
라. 관세청장은 수출입 안전관리 우수 공인업체가 관세법에 따른 안전관리 기준을 충족하는지의 여부를 주기적으로 확인하여야 한다.
마. 관세청장은 다른 국가의 수출입 안전관리 우수 공인업체에 대하여 상호 조건에 따라 통관절차상의 혜택을 제공할 수 있다.

해설 AEO는 통관절차상의 혜택을 제공할 뿐이지, 세율 및 감면 등 세액 자체에 혜택을 주는 것이 아니다.

17 다음은 보세구역운영인 부문의 수출입 안전관리 우수업체에 적용되는 취급절차관리 기준에 대한 설명이다. ( ) 안에 들어갈 내용을 순서대로 나열한 것은?

> 운영인은 반입물품의 중량, 라벨, 표식, 수량 등을 ( )와 대조확인하여야 한다. 운영인은 반출물품을 구매주문서 또는 운송의뢰서, 반출승인정보 등과 대조 확인하여야 한다. 또한 물품을 인수하거나 불출하기 전에 ( )의 정확한 신원을 확인하여야 한다.

가. 통관정보, 관세사
나. 반입예정정보, 수출입업체
다. 통관정보, 수출입업체
라. 반입예정정보, 운전사
마. 통관정보, 운전사

해설 운영인은 반입물품의 중량, 라벨, 표식, 수량 등을 반입예정정보와 대조 확인하여야 한다. 운영인은 반출물품을 구매주문서 또는 운송의뢰서, 반출승인정보 등과 대조 확인하여야 한다. 또한 물품을 인수하거나 불출하기 전에 운전사의 정확한 신원을 확인하여야 한다.

정답 | 16 나 17 라

18 다음은 수출입 안전관리 우수업체로 공인된 보세구역 운영인(A社)이 행한 활동이다. 수출입 안전관리 관련 고시에 따른 수출입관리 책임자 지정과 변경, 교육에 대한 내용으로 틀린 것은?

가. A社는 수출입 물품을 취급하는 사업장의 수출입관리 책임자로 보세사 김○○ 과장을 지정하였다.

나. A社는 2018년 5월 1일 공인신청을 하였으며, 보세사인 김○○ 과장은 2015년 7월 10일 관리책임자 공인전 교육을 이수하였다.

다. 보세사인 김○○ 과장은 수출입물품을 취급하는 담당 직원들에게 수출입안전관리 교육을 실시하였다.

라. A社는 2020년 5월 1일 수출입관리책임자를 보세사인 최○○과장으로 변경하고 2020년 6월 15일 관세청장에게 보고하였다.

마. 2020년 5월 1일 변경된 수출입관리책임자 최○○ 과장은 2020년 8월 30일에 공인후 교육을 이수하였다.

해설 가. 보세구역에서 보세사 자격이 있는 사람은 수출입관리 책임자로서 자격요건이 있다.
나. 공인 전 교육의 유효기간은 해당 교육을 받은 날로부터 5년이므로 2015년에 받은 교육은 유효하다.
다. 관리책임자는 직원에 대한 수출입 안전관리 교육을 담당한다.
라. 수출입 안전관리 우수업체는 대표자, 수출입 관련 업무 담당 임원 및 관리책임자의 변경의 사실이 발생한 경우에는 그 사실이 발생한 날로부터 30일 이내에 수출입 관리현황 변동사항 보고서를 작성하여 관세청장에게 보고하여야 한다.
마. 공인 후 교육은 매 2년마다 수출입관리책임자는 8시간 이상 받아야 한다(처음 교육은 공인일자를 기준으로 1년 이내 받아야 함).

19 수출입 안전관리 우수업체 공인등급 조정 관련 설명으로 틀린 것은?

가. 수출입 안전관리 우수업체가 4분기 연속으로 해당 공인등급별 기준을 충족하는 경우에는 공인등급의 조정 신청을 받아 상향할 수 있다.

나. 갱신이 아닌 때에 공인등급 조정을 신청하고자 하는 경우에는 공인의 유효기간이 1년 이상 남아 있어야 한다.

다. 관세청장은 필요한 경우 서류 확인 등 간소한 방법으로 공인등급별 기준을 충족하는지를 확인할 수 있다.

라. 최초로 수출입 안전관리 우수업체로 공인받은 업체는 등급조정 신청을 할 수 없다.

마. 관세청장은 수출입 안전관리 우수업체가 해당 공인등급별 기준을 충족하지 못하는 경우에는 공인등급을 낮출 수 있다.

해설 최초로 수출입 안전관리 우수업체로 공인받은 업체에 대해 등급조정 신청을 할 수 없는 규정은 존재하지 않는다.

정답	18 라 19 라

20 〈법률 개정으로 문제 삭제〉

21 수출입 안전관리 우수업체의 공인 유효기간에 대한 설명으로 틀린 것은?

가. 공인의 유효기간은 공인증서상의 발급한 날로부터 5년으로 한다.

나. 공인의 취소가 결정된 경우 해당 결정을 한 날에 공인의 유효기간이 끝나는 것으로 본다.

다. 종합심사(갱신심사)가 진행 중이거나 종합심사(갱신심사)에 따른 공인의 갱신 전에 공인 유효기간이 끝나는 경우에도 해당 공인은 유효한 것으로 본다.

라. 종합심사(갱신심사)에 따라 갱신된 공인의 유효기간은 기존 공인의 유효기간이 끝나는 날의 다음 날부터 시작한다.

마. 공인의 유효기간 중에 공인등급을 조정하는 경우 공인의 유효기간은 공인등급이 조정된 날로부터 5년으로 한다.

해설 관세청장이 공인의 유효기간 중에 공인등급을 조정하는 경우에 공인의 유효기간은 조정 전의 유효기간으로 한다.

PART 04

22 다음은 수출입 안전관리 우수업체의 종합심사(갱신심사)에 대한 설명이다. (　) 안에 들어갈 내용을 순서대로 나열한 것은?

- 수출입 안전관리 우수업체는 공인을 갱신하고자 할 때에는 공인의 유효기간이 끝나기 (　　) 전까지 종합심사(갱신심사) 신청서에 관련 서류를 첨부하여 관세청장에게 전자문서로 제출하여야 한다.
- 관세청장은 원활한 종합심사(갱신심사)를 운영하기 위해 수출입 안전관리 우수업체에게 공인의 유효기간이 끝나기 (　　) 전부터 종합심사(갱신심사)를 신청하게 할 수 있다.

가. 3개월, 6개월　　나. 3개월, 1년

다. 6개월, 1년　　라. 6개월, 18개월

마. 6개월, 2년

해설
- 수출입 안전관리 우수업체는 공인을 갱신하고자 할 때에는 공인의 유효기간이 끝나기 6개월 전까지 수출입 안전관리 우수업체 종합심사(갱신심사) 신청서와 자율평가표 등 서류를 첨부하여 관세청장에게 전자문서로 제출하여야 한다.
- 관세청장은 원활한 종합심사(갱신심사)를 운영하기 위해 수출입 안전관리 우수업체에게 공인의 유효기간이 끝나기 1년 전부터 종합심사(갱신심사)를 신청하게 할 수 있다.

정답	20 개정 삭제　21 마　22 다

23 수출입 안전관리 우수업체의 공인 신청과 관련한 설명으로 틀린 것은?

가. 공인 심사 신청 시 첨부하는 서류 중에서 전자정부법 제36조에 따라 행정기관 간 공동이용이 가능한 서류는 신청인이 정보의 확인에 동의하는 경우에는 그 제출을 생략할 수 있다.

나. 공인 심사 신청 시 관리책임자의 교체, 사업장 추가 등 불가피한 경우에는 관리책임자 교육 이수 확인서를 현장심사를 마치는 날까지 제출할 수 있다.

다. 관세조사를 받고 있는 업체(수입 부문)가 공인 심사를 신청하는 경우에는 관세조사 계획통지서를 공인 심사 신청 시 제출하여야 한다.

라. 공인 심사를 신청할 때 첨부서류 중에서 사업장별로 중복되는 사항은 한꺼번에 작성하여 제출할 수 있다.

마. 관세청장은 법인단위 법규준수도가 70점 미만이라도 관세법 제110조 제2항 제2호에 따른 관세조사로 인하여 법규준수도 점수가 하락한 경우에는 공인심사 신청을 각하하지 아니한다.

해설 공인 심사 신청 시 관리책임자의 교체, 사업장 추가 등 불가피한 경우에는 관리책임자 교육 이수 확인서를 현장심사를 시작하는 날까지 제출할 수 있다.

24 수출입 안전관리 우수업체에게 제공하는 통관절차 등에 혜택으로 틀린 것은?

가. 모든 공인부문의 수출입 안전관리 우수업체는 법규위반 시 행정형벌보다 통고처분, 과태료 등 행정질서벌 등이 우선 고려된다.

나. 모든 공인부문의 수출입 안전관리 우수업체는 관세법 등에 따른 세관장의 과태료 부과징수 시 공인 등급에 따라 과태료 경감률을 달리 적용받을 수 있다.

다. 모든 공인부문의 수출입 안전관리 우수업체의 대표자 및 총괄책임자는 입출국 시 여행자검사 대상 선별에서 제외될 수 있다.

라. 모든 공인부문의 수출입 안전관리 우수업체는 어떠한 경우라도 기획심사나 법인심사 대상에서 제외된다.

마. 세관장은 모든 공인부문의 수출입 안전관리 우수업체가 세관에 제출한 신고서류의 작성 오류에 대하여 제재 조치하는 경우 제재 수준을 경감할 수 있다.

해설 AEO업체는 기획심사 · 법인심사에서 제외되나, 예외적으로 현행범, 중대·명백한 위법정보가 있는 경우에는 본부세관 종합심사(갱신심사)부서와 협의하에 심사 가능하다.

정답 | 23 나 24 라

25 다음은 보세구역운영인 부문의 수출입 안전관리 우수업체 공인 기준에 대한 설명이다. ( ) 안에 들어갈 내용을 순서대로 나열한 것은? 〈2023년 시험범위 변경으로 해당 문제 시험범위 아님〉

- 신청업체와 신청인(관리책임자를 포함한다)이 관세법 제276조에 따라 벌금형 선고를 받은 사실이 있는 경우 벌금형 선고 후 (   )이 경과하여야 한다.
- 신청업체는 부채비율이 동종업종의 평균 부채비율의 (   ) 이하이거나 외부신용평가기관의 신용평가 등급이 투자적격 이상으로 성실한 법규준수의 이행이 가능할 정도의 재정을 유지하여야 한다.

가. 6개월, 200%
나. 1년, 200%
다. 1년, 300%
라. 2년, 200%
마. 2년, 300%

해설 신청업체와 신청인(관리책임자를 포함한다)이 관세법 제276조에 따라 벌금형 선고를 받은 사실이 있는 경우 벌금형 선고 후 2년이 경과하여야 한다. 신청업체는 부채비율이 동종업종의 평균 부채비율의 200% 이하이거나 외부신용평가기관의 신용평가 등급이 투자적격 이상으로 성실한 법규준수의 이행이 가능할 정도의 재정을 유지하여야 한다.

5과목 수출입안전관리

01 관세법상 '보세사의 명의대여죄'의 처벌내용으로 맞는 것은?

가. 1년 이하의 징역 또는 1천만원 이하의 벌금에 처한다.
나. 1년 이하의 징역 또는 2천만원 이하의 벌금에 처한다.
다. 2년 이하의 징역 또는 1천만원 이하의 벌금에 처한다.
라. 2년 이하의 징역 또는 2천만원 이하의 벌금에 처한다.
마. 3년 이하의 징역 또는 3천만원 이하의 벌금에 처한다.

해설 다음 각 호의 어느 하나에 해당하는 자는 1년 이하의 징역 또는 1천만원 이하의 벌금에 처한다.
① 다른 사람에게 자신의 성명 · 상호를 사용하여 보세사 업무를 수행하게 하거나 자격증 또는 등록증을 빌려준 자
② 다른 사람의 성명 · 상호를 사용하여 보세사의 업무를 수행하거나 자격증 또는 등록증을 빌린 자
③ 보세사의 명의대여금지 규정을 위반하여 자격증 또는 등록증을 빌려주거나 빌리는 행위를 알선한 자

정답 25 라 01 가

02 (　) 안에 들어갈 내용으로 맞는 것은?

> 관세법 제319조(준용)에 따라 관세범에 관하여 관세법에 특별한 규정이 있는 것을 제외하고는 (　) 을 준용한다.

가. 형법
나. 형사소송법
다. 질서위반행위규제법
라. 민법
마. 대외무역법

해설 관세범에 대해서는 이 법에 특별한 규정이 있는 것을 제외하고는 형사소송법을 준용한다.

03 「관세법」 제311조에서 규정하고 있는 통고처분에 대한 설명으로 틀린 것은?

가. 관세청장이나 세관장은 관세범을 조사한 결과 범죄의 확증을 얻었을 때에는 벌금에 상당하는 금액, 몰수에 해당하는 금액, 추징금에 해당하는 금액이나 물품을 납부할 것을 통고할 수 있다.
나. 통고처분 시 벌금에 상당하는 금액은 해당 벌금 최고액의 100분의 30으로 하며, 관세청장이 정하여 고시하는 사유에 해당하는 경우에는 그 금액의 100분의 50 범위에서 관세청장이 정하여 고시하는 비율에 따라 늘리거나 줄일 수 있다.
다. 통고처분 금액을 늘려서 산정하는 때에 관세청장이 정하여 고시하는 사유가 2가지 이상 해당되는 경우에는 각 사유에 따른 비율 중에서 가장 높은 비율에 해당되는 만큼 통고처분 금액을 늘릴 수 있다.
라. 세관장은 통고처분을 받는 자가 벌금이나 추징금에 상당한 금액을 예납하려는 경우에는 이를 예납시킬 수 있다.
마. 관세법 제311조 제1항에 따라 세관장이 통고한 경우에는 공소의 시효는 정지된다.

해설 가. 관세청장이나 세관장은 관세범을 조사한 결과 범죄의 확증을 얻었을 때에는 벌금에 상당하는 금액, 몰수에 해당하는 물품, 추징금에 해당하는 금액이나 물품을 납부할 것을 통고할 수 있다.
다. 관세청장이나 세관장은 관세범이 조사를 방해하거나 증거물을 은닉 · 인멸 · 훼손한 경우 등 관세청장이 정하여 고시하는 사유에 해당하는 경우에는 벌금에 상당하는 금액의 100분의 50 범위에서 관세청장이 정하여 고시하는 비율에 따라 그 금액을 늘릴 수 있다. 관세범이 금액을 늘리는 사유 등에 2가지 이상 해당하는 경우에는 각각의 비율을 합산하되, 합산한 비율이 100분의 50을 초과하는 경우에는 100분의 50으로 한다.

정답 | 02 나　03 가, 다

04 관세법 제277조에서 규정하고 있는 과태료 처분의 대상이 아닌 것은?

가. 관세법 제174조 제1항에 따른 특허보세구역의 설치, 운영에 관한 특허를 받지 아니하고 특허보세구역을 운영한 자

나. 특허보세구역의 특허사항을 위반한 운영인

다. 관세법 제243조 제4항을 위반하여 관세청장이 정하는 장소에 반입하지 아니하고 관세법 제241조 제1항에 따른 수출의 신고를 한 자

라. 관세법 제202조 제2항에 따른 신고를 하지 아니하고 보세공장, 보세건설장, 종합보세구역 또는 지정공장 외의 장소에서 작업을 한 자

마. 관세법 제240조의2 제2항을 위반하여 장부기록 자료를 보관하지 아니한 자

해설 특허보세구역의 설치 · 운영에 관한 특허를 받지 아니하고 특허보세구역을 운영한 자는 2천만원 이하의 벌금에 처한다.

나. 특허보세구역의 특허사항을 위반한 운영인의 경우 200만원 이하의 과태료를 부과한다.

다. 관세법 제243조 제4항을 위반하여 관세청장이 정하는 장소에 반입하지 아니하고 관세법 제241조 제1항에 따른 수출의 신고를 한 자의 경우 500만원 이하의 과태료를 부과한다.

라. 관세법 제202조 제2항에 따른 신고를 하지 아니하고 보세공장, 보세건설장, 종합보세구역 또는 지정공장 외의 장소에서 작업을 한 자의 경우 1천만원 이하의 과태료를 부과한다.

마. 유통이력 신고대상물품의 장부기록 자료를 보관하지 아니한 자는 500만원 이하의 과태료를 부과한다.

05 관세청장이나 세관장이 관세법에 의하여 고발하는 경우가 아닌 것은?

가. 범죄의 정상이 징역형에 처해질 것으로 인정될 때

나. 관세범인이 통고서의 송달을 받은 날로부터 15일이 지난 후 고발이 되기 전에 통고처분을 이행하였을 때

다. 관세범인이 통고를 이행할 수 있는 자금능력이 없다고 인정되는 경우

라. 관세범인의 주소 및 거소가 분명하지 아니한 경우

마. 관세범인에게 통고를 하기 곤란하다고 인정되는 경우

해설 관세범인이 이행기간 이내에 이행하지 아니하였을 때에는 관세청장이나 세관장은 즉시 고발하여야 한다. 다만, 15일이 지난 후 고발이 되기 전에 통고처분을 이행한 경우에는 그러하지 아니하다.

정답	04 가　05 나

06 관세법 제271조에서 규정하고 있는 미수범 등에 대한 설명으로 맞는 것은?

가. 그 정황을 알면서 관세법 제269조에 따른 밀수입 행위를 교사한 자는 정범에 준하여 처벌한다.

나. 그 정황을 알면서 관세법 제270조에 따른 관세포탈 행위를 방조한 자는 본죄의 2분의 1을 감경하여 처벌한다.

다. 관세법 제269조의 밀수입죄 미수범은 본죄의 2분의 1을 감경하여 처벌한다.

라. 관세법 제270조의 관세포탈죄 미수범은 본죄의 2분의 1을 감경하여 처벌한다.

마. 관세법 제268조의2 전자문서 위조, 변조죄를 범할 목적으로 그 예비를 한 자는 본죄에 준하여 처벌한다.

해설

구분	교사자	방조자	미수범	예비범	징역벌금병과	양벌규정
전자문서 위변조죄	–	–	본죄에 준함	본죄 1/2 감경	–	○
밀수출입죄	정범에 준함	정범에 준함	본죄에 준함	본죄 1/2 감경	○ (미수범 포함)	
관세포탈죄 등	정범에 준함	정범에 준함	본죄에 준함	본죄 1/2 감경	○ (미수범 포함)	
가격조작죄	–	–	–	–	○ (미수범 포함)	
밀수품 취득죄	–	–	본죄에 준함	본죄 1/2 감경	○ (미수범 포함)	

07 「관세법」 제269조에서 규정하고 있는 밀수출입죄에 대한 설명으로 틀린 것은?

가. 관세법 제241조 제1항에 따른 신고를 하지 아니하고 물품을 수입한 자는 5년 이하의 징역 또는 관세액의 10배와 물품원가 중 높은 금액 이하에 상당하는 벌금에 처한다.

나. 관세법 제241조 제1항에 따른 신고를 하지 아니하고 물품을 수출한 자는 3년 이하의 징역 또는 물품원가 이하에 상당하는 벌금에 처한다.

다. 관세법 제241조 제1항에 따른 신고를 하지 아니하고 물품을 반송한 자는 1년 이하의 징역 또는 물품원가 이하에 상당하는 벌금에 처한다.

라. 관세법 제241조 제1항에 따른 신고를 하였으나 해당 수입물품과 다른 물품으로 신고하여 수입한 자는 밀수입죄에 해당한다.

마. 관세법 제241조 제2항에 따른 신고를 하였으나 해당 수출물품과 다른 물품으로 신고하여 수출한 자는 밀수출죄에 해당한다.

해설 수출(반송)신고를 하였으나 해당 수출물품 또는 반송물품과 다른 물품으로 신고하여 수출하거나 반송한 자는 3년 이하의 징역 또는 물품원가 이하에 상당하는 벌금에 처한다.

정답	06 가 07 다

08 관세법상 벌칙에 대한 설명으로 틀린 것은?

가. 관세법 제282조(몰수 · 추징)에 따라 몰수할 수 없을 때에는 범칙 당시 물품의 수입신고가격에 상당한 금액을 범인으로부터 추징한다.

나. 밀수품취득죄의 미수범은 본죄에 준하여 처벌한다.

다. 관세의 회피를 목적으로 타인에게 자신의 명의를 사용하여 납세신고를 할 것을 허락한 자에 대해서는 관세법 제275조의3(명의대여행위죄 등)를 적용하다.

라. 관세포탈죄를 범한 자는 정상에 따라 징역과 벌금을 병과할 수 있다.

마. 밀수입에 사용하기 위하여 특수가공한 물품은 누구의 소유이든지 몰수하거나 그 효용을 소멸시킨다.

해설 몰수할 물품의 전부 또는 일부를 몰수할 수 없을 때에는 그 몰수할 수 없는 물품의 범칙 당시의 국내도매가격에 상당한 금액을 범인으로부터 추징한다.

09 관세법상 징역형으로 처벌할 수 없는 경우는?

가. 밀수입죄
나. 전자문서 위조죄
다. 허위신고죄
라. 관세포탈죄
마. 가격조작죄

해설 허위신고죄는 각종 의무 위반에 관한 죄를 일괄하여 규정하고 있는바, 이 죄는 다른 관세범과는 달리 밀수품 · 부정수출입물품의 수출입 또는 관세수입의 감소와 같은 부정적 결과가 실제로 발생하지 않음에도 불구하고 처벌하는 것으로서 형식범이라는 공통점이 있는 것이다. 이의 범죄는 벌금형으로만 처벌하도록 하는 것이 특징이다.

10 (　) 안에 들어갈 수 없는 것은?

밀수품을 취득 · (　) · (　) 또는 (　)하거나 (　)한 자는 3년 이하의 징역 또는 물품원가 이하에 상당하는 벌금에 처한다.

가. 양도
나. 운반
다. 보관
라. 알선
마. 폐기

해설 밀수품을 취득 · 양도 · 운반 · 보관 또는 알선하거나 감정한 자는 3년 이하의 징역 또는 물품원가 이하에 상당하는 벌금에 처한다.

정답 | 08 가　09 다　10 마

11 자율관리보세구역 운영인의 의무사항으로 틀린 것은?

가. 보세구역 반출입 물품과 관련한 생산, 판매, 수입 및 수출 등에 관한 세관공무원의 자료 요구 또는 현장확인 시에 협조하여야 한다.

나. 절차생략 등에 따른 물품 반출입 상황 등을 보세사로 하여금 기록 · 관리하게 하여야 한다.

다. 보세사가 해고 또는 취업정지 등의 사유로 업무를 수행할 수 없을 경우에는 2개월 이내에 다른 보세사를 채용하여 근무하게 하여야 한다.

라. 보세사가 아닌 자에게 보세화물관리 등 보세사의 업무를 수행하게 하여서는 아니 된다.

마. 보세사를 채용, 해고하였을 때에는 7일 이내에 세관장에게 신고하여야 한다.

해설 운영인 등은 당해 보세구역에 작업이 있을 때는 보세사를 상주근무하게 하여야 하며 보세사를 채용, 해고 또는 교체하였을 때에는 세관장에게 즉시 통보하여야 한다.

12 세관장은 자율관리보세구역의 지정을 받은 자가 관세법에 따른 의무를 위반한 경우 지정을 취소할 수 있다. 자율관리보세구역 지정 취소 사유에 해당하지 않는 것은?

가. 당해 보세구역 장치물품에 대한 관세를 납부할 자금능력이 없다고 인정되는 경우

나. 1년 동안 계속하여 물품의 반입 · 반출 실적이 없거나 6개월 이상 보세작업을 하지 않는 경우

다. 자율관리보세구역 운영인이 보세사가 아닌 사람에게 보세사의 직무를 수행하게 한 경우

라. 운영인이 절차생략 등에 따른 물품 반출입 상황 등을 보세사로 하여금 기록 · 관리하게 하지 않은 경우

마. 화물의 반출입, 재고관리 등 실시간 물품관리가 가능한 전산시스템을 갖추지 않은 경우

해설 운영인이 절차생략 등에 따른 물품 반출입 상황 등을 보세사로 하여금 기록 · 관리하게 하는 것은 운영인의 의무이긴 하나 지정 취소 사유에 해당하지는 아니한다.

13 일반 자율관리보세구역 운영에 대한 절차생략 등으로 맞는 것은?

가. 모든 벌크화물의 분할재포장 작업을 위한 보수작업 신청(승인)을 생략할 수 있다.

나. 장치물품의 수입신고 전 확인신청(승인)을 생략할 수 있다.

다. 원산지표시 보수작업 신청(승인)을 생략할 수 있다.

라. 보세화물 관리에 관한 고시에 따른 재고조사 및 보고의무를 분기별 1회에서 반기 1회로 완화할 수 있다.

마. 특허보세구역 운영에 관한 고시에 따른 보세구역 운영상황의 점검을 연 2회에서 연 1회로 완화할 수 있다.

정답	11 마 12 라 13 나

해설 가, 다. 일반자율관리보세구역의 경우 「식품위생법」, 「건강기능식품에 관한 법률」 및 「축산물 위생관리법」, 「의료기기법」, 「약사법」, 「화장품법」 및 「전기용품 및 생활용품 안전관리법」에 따른 표시작업(원산지표시 제외)과 벌크화물의 사일로(silo) 적입을 위한 포장제거작업의 경우 보수작업 신청(승인)이 생략된다.

라. 「보세화물 관리에 관한 고시」에 따른 재고조사 및 보고의무를 분기별 1회에서 연 1회로 완화

마. 자율관리보세구역의 경우 보세구역 운영상황의 점검이 생략된다.

14 자율관리보세구역 운영인의 자율점검표 작성 제출에 대한 설명이다. ( ) 안에 들어갈 내용을 순서대로 나열한 것은?

> 운영인은 회계연도 종료 ( )이 지난 후 ( ) 이내에 보세구역 운영 등의 적정 여부를 자체 점검하고, 자율점검표를 작성하여 세관장에게 제출하여야 한다. 다만, 운영인이 자율점검표를 특허보세구역 운영에 관한 고시에 의한 보세구역 운영상황 및 보세화물관리에 관한 고시에 의한 재고조사 결과와 함께 제출하려는 경우, 자율점검표를 다음 해 ( ) 말까지 제출할 수 있다.

가. 1개월, 7일, 1월

나. 1개월, 15일, 2월

다. 3개월, 15일, 2월

라. 3개월, 10일, 1월

마. 3개월, 7일, 3월

해설 운영인은 회계연도 종료 3개월이 지난 후 15일 이내에 자율관리 보세구역 운영 등의 적정 여부를 자체 점검하고, 다음 각 호의 사항을 포함하는 자율점검표를 작성하여 세관장에게 제출하여야 한다. 다만, 운영인이 자율점검표를 「특허보세구역운영에 관한 고시」 보세구역 운영상황 및 「보세화물 관리에 관한 고시」 재고조사 결과와 함께 제출하려는 경우, 자율점검표를 다음 해 2월 말까지 제출할 수 있다.

15 보세공장이 우수 자율관리보세구역으로 지정받기 위한 요건으로 틀린 것은?

가. 화물의 반출입, 재고관리 등 실시간 물품관리가 가능한 전산시스템을 구비하여야 한다.

나. 보세화물관리를 위한 보세사를 채용하지 않아도 지정이 가능하다.

다. 일반 자율관리보세구역의 지정요건을 모두 충족하여야 한다.

라. 〈23년 개정으로 선지 삭제〉

마. 보세화물의 관리체계가 확립되고, 운영인 등의 법규수행능력이 우수하여 보세화물의 관리를 자율적으로 수행할 수 있어야 한다.

해설 보세화물관리를 위한 보세사를 채용해야 한다.

정답 14 다 15 나

PART 04

16 보세사의 직무 범위에 해당되지 않는 것은?

가. 보세화물 및 내국물품의 반입 또는 반출에 대한 참관 및 확인
나. 보세구역 안에 장치된 물품의 관리 및 취급에 대한 참관 및 확인
다. 보세구역 출입문의 개폐 및 열쇠관리의 감독
라. 보세구역의 출입자관리에 대한 감독
마. 보세구역 장치물품에 대한 보수작업 승인 및 감독

해설 보세구역 장치물품에 대한 보수작업 승인 및 감독의 주체는 세관이다.

17 보세사의 등록 및 취소에 대한 설명으로 틀린 것은?

가. 보세사의 자격을 갖춘 자가 보세사로 근무를 하려면 관세청장에게 등록을 하여야 한다.
나. 세관장은 보세사로서 근무하기 위하여 등록을 한 사람이 관세법이나 관세법에 의한 명령을 위반한 경우 등록의 취소, 6개월 이내의 업무정지, 견책 또는 그 밖에 필요한 조치를 할 수 있다.
다. 세관장은 보세구역운영인 또는 등록보세사로부터 보세사의 퇴사 · 해임 · 교체통보를 받은 때에는 그 등록을 취소하고, 그 사실을 전산에 등록하여야 한다.
라. 보세사로서 근무하기 위하여 등록을 한 사람이 관세법이나 관세법에 의한 명령을 위반하여 등록이 취소된 사람은 그 취소된 날로부터 2년 내에 다시 등록하지 못한다.
마. 보세사 등록을 신청하고자 하는 사람은 보세사등록 신청서에 입사예정증명서 또는 재직확인증명서를 첨부하여 한국관세물류협회장에게 제출하여야 한다.

해설 보세사로 근무하려면 해당 보세구역을 관할하는 세관장에게 등록하여야 한다.

18 수출입물류업체에 대한 법규수행능력측정 및 평가관리에 관한 설명으로 틀린 것은?

가. 법규수행능력 평가대상 수출입물류업체에 대한 점검은 현지점검을 원칙으로 한다.
나. 세관장은 수출입물류업체에 대한 점검 시 수출입물류업체에게 자료의 제출을 요구하거나 질문 등을 할 수 있다.
다. 세관장이 현지점검을 실시한 때에는 자율관리보세구역운영에 관한 고시 제10조에 따른 자율관리보세구역에 대한 감독을 생략할 수 있다.
라. 점검을 실시하는 세관공무원은 행정조사기본법 제11조 제3항의 규정에 따라 권한을 나타내는 증표를 지니고 이를 조사대상자에게 내보여야 한다.
마. 세관 화물부서에 편성된 점검반이 수출입물류업체에 대한 법규수행능력점검을 완료한 때에는 그 결과를 법규수행능력 평가시스템에 등록해야 한다.

해설 법규수행능력 평가대상 수출입물류업체에 대한 점검은 서면점검을 원칙으로 한다.

정답	16 마 17 가 18 가

19 자유무역지역의 지정 및 운영에 관한 법률(이하 '자유무역지역법')과 다른 법률과의 관계에 대한 설명으로 맞는 것은?

가. 자유무역지역에서는 자유무역지역법에 규정된 사항을 제외하고는 관세법을 적용한다. 다만, 자유무역지역에 통제시설이 설치되어 있지 아니한 경우에는 그러하지 아니하다.

나. 자유무역지역의 지정 및 운영에 관하여 경제자유구역의 지정 및 운영에 관한 특별법에 자유무역지역법과 다른 규정이 있는 경우에는 자유무역지역법을 우선하여 적용한다.

다. 자유무역지역법에서 "수입", "수출", "외국물품", "내국물품"에 대한 용어는 관세법상 용어와 차이가 있다.

라. 입주기업체 중 외국인투자기업에 대해서도 장애인고용촉진 및 직업재활법 제28조가 적용된다.

마. 고용상 연령차별금지 및 고령자고용촉진에 관한 법률 제12조 및 관련 규정에 따라 일정 수 이상의 근로자를 사용하는 자유무역지역 입주기업체로서 외국인투자기업의 사업주는 기준고용률 이상의 고령자를 고용해야 한다.

해설 가. 자유무역지역에서는 자유무역지역의 지정 및 운영에 관한 법률에 규정된 사항을 제외하고는 「관세법」을 적용하지 아니하는 것이 원칙이다.

다. 수입 등의 용어에 대해 자유무역지역 관련 법에서 별도로 정한 용어의 정의는 없다.

라, 마. 입주기업체 중 외국인투자기업에 대하여는 다음 각 호의 법률을 적용하지 아니한다.

- 「고용상 연령차별금지 및 고령자고용촉진에 관한 법률」
- 「국가유공자 등 예우 및 지원에 관한 법률」, 「보훈보상대상자 지원에 관한 법률」, 「5 · 18민주유공자예우에 관한 법률」, 「특수임무유공자 예우 및 단체설립에 관한 법률」
- 「장애인고용촉진 및 직업재활법」

PART 04

20 자유무역지역에서 외국물품등이 아닌 내국물품의 반출확인 절차에 대한 설명으로 틀린 것은?

가. 내국물품을 자유무역지역에서 관세영역으로 반출하려는 자는 내국물품으로 반입된 사실을 증명하는 서류를 세관장에게 제출하여야 한다.

나. 내국물품 반출목록신고서를 전자문서로 세관장에게 제출하는 경우 내국물품 반입증명서류의 제출을 생략할 수 있다.

다. 세관장이 타당하다고 인정하는 직업에 필요한 용구로서 출입자가 휴대하여 반입한 물품은 내국물품 반출확인을 생략할 수 있다.

라. 내국물품 반출목록신고서를 제출한 날로부터 3년 이내의 범위에서 대통령령으로 정하는 기간 동안 내국물품 반입증명서류를 보관하여야 한다.

마. 내국물품 반출목록신고서를 전자문서로 제출하기 곤란한 경우에는 서류로 제출할 수 있으며, 세관공무원은 반출하는 내국물품에 대하여 검사 또는 확인할 수 있다.

해설 내국물품을 반출하려는 자는 같은 항에 따른 내국물품 반출목록신고서를 제출한 날부터 5년 이내의 범위에서 대통령령으로 정하는 기간(2년) 동안 내국물품 반입증명서류를 보관하여야 한다.

정답 19 나 20 라

21 **자유무역지역 반출입물품의 관리에 관한 고시에서 규정하고 있는 용어의 뜻으로 틀린 것은?**

가. "반입신고"란 물품을 자유무역지역으로 반입하기 위한 신고이다.

나. "국외반출신고"란 외국물품 등을 국외반출하기 위한 신고로서 관세법의 수출신고와 동일하다.

다. "잉여물품"이란 제조, 가공작업으로 인하여 발생하는 부산물과 불량품 등을 말한다.

라. "보수"란 해당 물품의 HS품목분류의 변화를 가져오지 아니하는 보전작업, 선별, 분류 또는 포장 등의 활동을 말한다.

마. "사용소비신고"란 외국물품을 고유한 사업의 목적 등에 사용하기 위하여 수입신고서 서식으로 신고하는 것을 말한다.

해설 "국외반출신고"란 외국물품 등을 자유무역지역에서 국외로 반출하기 위한 신고를 말한다. 〈법률 개정으로 해설 변경〉

22 **자유무역지역에 입주하여 사업을 영위하고자 하는 자에 대하여는 입주자격을 갖춘 후 관리권자의 입주허가를 받도록 하고 있다. 입주할 수 있는 자에 대한 설명으로 틀린 것은?**

가. 수출을 주목적으로 하는 제조업종의 사업을 하려는 자로서 수출비중 등이 대통령령으로 정하는 기준을 충족하는 자

나. 수출입거래를 주목적으로 하는 도매업종의 사업을 하려는 자로서 수출입거래비중 등이 대통령령으로 정하는 기준을 충족하는 자

다. 물품의 하역 · 운송 · 보관 · 전시 또는 그 밖에 대통령령으로 정하는 사업을 하려는 자

라. 입주기업체의 사업을 지원하는 업종으로서 대통령령으로 정하는 업종의 사업을 하려는 자

마. 지식서비스산업에 해당하는 업종(자유무역지역의 지정 및 운영에 관한 법률 제10조제4호부터 제6호까지의 규정에 의한 업종은 제외한다.)의 사업을 하려는 자로서 수입비중 등이 대통령령으로 정하는 기준을 충족하는 자

해설 지식서비스산업에 해당하는 업종(자유무역지역의 지정 및 운영에 관한 법률 제10조제4호부터 제6호까지의 규정에 의한 업종은 제외한다.)의 사업을 하려는 자로서 수출비중 등이 대통령령으로 정하는 기준을 충족하는 자

정답	21 나 22 마

23 자유무역지역의 통제시설의 설치 운영에 대한 설명으로 맞는 것은?

가. 관리권자는 세관장과 협의를 거쳐 자유무역지역에 통제시설을 설치하고 그 운영시기를 공고하여야 한다.

나. 관세청장은 통제시설의 보수 또는 확충이 필요하다고 인정할 때에는 관리권자에게 통제시설의 보수 또는 확충을 요청할 수 있다.

다. 입주기업체는 통제시설을 유지 · 관리하여야 한다.

라. 관리권자는 자유무역지역을 출입하는 사람 및 자동차에 대한 기록을 대통령령으로 정하는 방법으로 관리하여야 한다.

마. 관리권자는 입주기업체가 출입기록을 요청하는 경우 특별한 사유가 없으면 이에 따라야 한다.

해설 가. 관리권자는 관세청장과 협의를 거쳐 자유무역지역에 통제시설을 설치하고 그 운영시기를 공고하여야 한다.

다. 관리권자는 통제시설을 유지 · 관리하여야 한다.

라. 자유무역지역을 출입하는 사람 및 자동차에 대한 기록을 산업통상자원부령으로 정하는 방법(90일 동안)으로 관리하여야 한다.

마. 세관장이 출입기록을 요청하는 경우 특별한 사유가 없으면 이에 따라야 한다.

24 자유무역지역의 지정 및 운영에 관한 법률 제9조에 따른 자유무역지역의 구분 지구가 아닌 것은?

가. 생산시설지구

나. 지식서비스시설지구

다. 물류시설지구

라. 지원시설지구

마. 민간시설지구

해설 관리권자는 관리업무를 효율적으로 운영하기 위하여 자유무역지역을 생산시설지구, 지식서비스시설지구, 물류시설지구, 지원시설지구, 공공시설지구, 교육 · 훈련시설지구로 구분할 수 있다.

정답 | 23 나 24 마

25 **자유무역지역의 지정 및 운영에 관한 법률에 따른 자유무역지역에서의 물품의 반출입 또는 수입에 대한 설명으로 틀린 것은?**

가. 외국물품을 자유무역지역 안으로 반입하려는 자는 관세청장이 정하는 바에 따라 세관장에게 반입신고를 하여야 한다.

나. 세관장은 반입신고를 하지 아니하고 자유무역지역 안으로 반입된 내국물품에 대하여 반입자의 신청에 의해 내국물품 확인서를 발급할 수 있다.

다. 입주기업체 외의 자가 외국물품을 자유무역지역 안으로 반입하려는 경우에는 관세법 제241조에 따른 수입신고 대상이 아니다.

라. 입주기업체가 자유무역지역에서 사용 또는 소비하려는 내국물품 중 자유무역지역의 지정 및 운영에 관한 법률 제45조 제1항 및 제2항의 적용을 받으려는 사무용 컴퓨터는 세관장에게 반입신고를 하여야 한다.

마. 외국물품 등을 자유무역지역에서 그대로 관세영역으로 반출하려는 경우 그 반출을 하려는 자는 수입신고를 하고 관세 등을 납부하여야 한다.

해설 입주기업체 외의 자가 외국물품을 자유무역지역 안으로 반입하려는 경우 그 반입을 하려는 자는 「관세법」상 수입신고를 하고 관세 등을 내야 한다.

정답 | 25 다

P/A/R/T

05

2022년 기출문제 및 해설

[2022년] 기출문제 및 해설

1과목 수출입통관절차

01 관세법 제226조에 따른 세관장확인물품 및 확인방법 지정고시상 용어 정의 및 확인절차를 설명한 것이다. 틀린 것은?

가. "요건확인기관"이란 관련법령에 따라 수출입물품에 대한 허가 · 승인 · 표시나 그 밖의 조건을 확인 · 증명하는 수출입 관련 기관을 말한다.

나. 요건확인기관의 장은 수출입요건 확인내역을 연계된 전산망을 통하여 관세청 통관시스템에 전자문서로 통보해야 한다.

다. 요건확인기관의 장이 통관시스템에 전송한 전자문서는 이를 사본으로 인정한다.

라. "세관장확인"이란 세관장이 수출입신고 자료의 심사과정에서 수출입요건의 구비여부를 확인하는 것을 말한다.

마. 세관장은 통관시스템에 통보된 수출입요건 확인 내역을 조회하여 세관장 확인을 하여야 한다.

해설 요건확인기관의 장이 통관시스템에 전송한 전자문서는 이를 원본으로 인정한다.

02 관세법령상 다음 사례의 원산지 국가를 바르게 나열한 것은?

〈사례1〉 A는 일본에서 일본산 평판압연제품을 한국으로 수입한 후 보세구역에서 절단 작업을 진행하였고, 그 과정에서 부스러기(스크랩)가 발생하였다.
〈사례2〉 B는 호주에서 30개월 사육된 육우를 뉴질랜드로 운송하여 도축한 후 소고기 상태로 한국으로 수입하였다. 이 소고기의 원산지는?

가. 〈사례1〉 : 일본, 〈사례2〉 : 호주

나. 〈사례1〉 : 한국, 〈사례2〉 : 호주

다. 〈사례1〉 : 일본, 〈사례2〉 : 뉴질랜드

라. 〈사례1〉 : 한국, 〈사례2〉 : 뉴질랜드

마. 〈사례1〉 : 한국, 〈사례2〉 : 한국

정답 | 01 다 02 나

해설 〈사례 1〉의 경우 한국에서 제조, 가공 중 발생한 부스러기이므로 원산지를 한국으로 인정한다.

※ 완전생산기준 적용 물품

가. 당해 국가의 영역에서 생산된 광산물과 식물성 생산물
나. 당해 국가의 영역에서 번식 또는 사육된 산 동물과 이들로부터 채취한 물품
다. 당해 국가의 영역에서의 수렵 또는 어로로 채집 또는 포획한 물품
라. 당해 국가의 선박에 의하여 채집 또는 포획한 어획물 기타의 물품
마. 당해 국가에서의 제조 · 가공의 공정 중에 발생한 부스러기
바. 당해 국가 또는 그 선박에서 '가' 내지 '마'의 물품을 원재료로 하여 제조 · 가공한 물품

〈사례 2〉의 경우 도축, 혼합, 개수, 보존 등을 위한 작업이 수행된 국가는 원산지 지위를 부여받을 수 없으므로 뉴질랜드가 아닌 호주를 원산지로 인정한다.

※ 불인정작업

다음의 해당하는 작업이 수행된 국가는 원산지로 인정하지 아니한다.

가. 운송 또는 보세구역장치 중에 있는 물품의 보존을 위하여 필요한 작업
나. 판매를 위한 물품의 포장개선 또는 상표표시 등 상품성 향상을 위한 개수작업
다. 단순한 선별 · 구분 · 절단 또는 세척작업
라. 재포장 또는 단순한 조립작업
마. 물품의 특성이 변하지 아니하는 범위 안에서의 원산지가 다른 물품과의 혼합작업
바. 가축의 도축작업

03 관세법 제241조에 따른 수출 · 수입 또는 반송 신고 시 신고할 내용에 대한 설명이다. (   ) 안에 들어갈 내용을 바르게 나열한 것은?

물품을 수출 · 수입 또는 반송하려면 해당 물품의 품명 · (A) · (B) 및 가격과 그 밖에 대통령으로 정하는 사항을 (C)에게 신고해야 한다.

가. A : 모델, B : 중량, C : 세관장
나. A : 모델, B : 중량, C : 관세청장
다. A : 규격, B : 수량, C : 세관장
라. A : 규격, B : 수량, C : 관세청장
마. A : 모델, B : 수량, C : 세관장

해설 물품을 수출 · 수입 또는 반송하려면 해당 물품의 품명 · 규격 · 수량 및 가격과 그 밖에 대통령령으로 정하는 사항을 세관장에게 신고하여야 한다(관세법 제1조 제1항).

정답 | 03 다

04 수입통관 사무처리에 관한 고시상 용어의 정의에 대한 설명으로 맞는 것은?

가. "공급망"이란 물품의 수입, 수입신고, 운송, 보관과 관련된 수입업체, 관세사, 보세구역운영인, 보세운송업자, 화물운송주선업자, 선사, 항공사, 하역업자 등을 말한다.

나. "전자통관심사"란 수입신고 된 물품 중 관세법 위반 위험도가 높은 물품에 대하여 통관시스템에서 전자적 방식으로 심사하여 검사대상으로 선별하는 것이다.

다. "통합선별심사"란 수입통관담당과에서 "P/L신고"건과 서류로 접수된 신고건을 통합해 위험분석 및 신고사항을 심사하는 것을 말한다.

라. "부두직통관"이란 화주가 2명 이상인 컨테이너 화물로 부두 내에서 통관절차 및 검사절차가 이루어지는 것을 말한다.

마. "장치장소 관리인"이란 특허보세구역은 화물관리인, 지정장치장은 운영인, 자유무역지역은 입주기업체 등 화물을 관리하는 자를 말한다.

해설 나. "전자통관심사"란 일정한 기준에 해당하는 성실업체가 수입신고하는 위험도가 낮은 물품에 대하여 통관시스템에서 전자적 방식으로 심사하는 것을 말한다.

다. "통합선별심사"란 각 수입통관담당과로 접수된 "P/L신고"건을 심사하는 과("통관정보과")에서 통합해 위험분석 및 신고사항을 심사하는 것을 말한다.

라. "부두직통관"이라 함은 화물 전부가 1명인 화주의 컨테이너로 반입된 화물로써 부두 내에서 통관절차 및 검사절차가 이루어지는 것을 말한다.

마. "장치장소 관리인"이라 함은 특허보세구역은 운영인, 지정장치장은 화물관리인, 자유무역지역은 입주기업체 등 화물을 관리하는 자를 말한다.

05 수입물품의 검사절차에 대한 설명으로 맞는 것은?

가. 세관장은 물품 검사 전 검사준비 사항이 포함된 검사계획을 신고인에게만 전자통관시스템으로 통보해야 한다.

나. 세관장은 수입화주 또는 장치장소 관리인에게 검사 준비사항을 요구할 수 있으나, 이 경우 검사준비 완료 여부에 따라 검사의 순서를 조정할 수는 없다.

다. 세관장은 검사준비가 완료된 경우 장치장소 관리인이나 그를 대리하는 소속종사자의 협조 하에 검사를 실시한다.

라. 세관장은 수입화주나 신고인이 검사에 참여하게 할 수 있지만, 신고인이 세관장에게 어떠한 요청이나 간섭을 하여서는 아니 된다.

마. 검사자는 장치장소 관리인의 검사준비 또는 협조 사항을 전자통관시스템에 등록하면 되고 화물담당부서에 통보할 필요는 없다.

정답	04 가 05 다

해설 가. 세관장은 물품검사를 실시하기 전에 제4항에 따른 검사준비 사항이 포함된 검사계획을 신고인 및 장치장소 관리인에게 전자통관시스템으로 통보해야 한다.
나. 세관장은 물품검사를 할 때 수입화주 또는 수입화주로부터 화물의 보관 · 관리를 위탁받은 장치장소 관리인에게 다음 각 호의 검사준비 사항을 요구할 수 있다. 이 경우 검사준비 완료 여부에 따라 검사의 순서를 조정하는 등 그 준비가 완료된 때에 검사를 실시할 수 있다.
라. 신고인은 물품을 검사할 때 특별한 주의를 기울이도록 세관장에게 요청할 수 있다.
마. 검사자는 장치장소 관리인의 검사준비 또는 협조 사항을 전자통관시스템에 등록한 후 화물담당부서에 통보한다.

06 수입물품의 과세물건 확정시기에 대한 설명으로 틀린 것은?

가. 보세운송하는 외국물품이 지정된 기간 내에 목적지에 도착하지 아니하여 관세를 징수하는 물품은 보세운송을 신고하거나 승인받은 때
나. 우편으로 수입되는 물품(수입신고대상 우편물에 해당하는 것은 제외한다)은 통관우체국에 도착한 때
다. 관세법에 따라 매각되는 물품은 해당 물품이 매각된 때
라. 수입신고 전 즉시반출신고를 하고 반출한 물품은 수입신고를 한 때
마. 도난물품 또는 분실물품은 해당 물품이 도난되거나 분실된 때

해설 수입신고 전 즉시반출신고를 하고 반출한 물품은 수입신고 전 즉시반출신고를 한 때 과세물건이 확정된다.

PART 05

07 관세법상 납세의무자에 대한 설명으로 맞는 것은?

가. 수입을 위탁받아 수입업체가 대행수입한 물품의 경우에는 그 물품의 수입을 위탁받은 자이다.
나. 보세운송하는 외국물품이 지정기간 내에 목적지에 도착하지 아니하는 경우에는 보세운송 허가를 받은 자이다.
다. 보세구역에 장치된 외국물품이 멸실되거나 폐기되었을 경우에는 수입화주이다.
라. 수입물품을 수입신고 전에 양도한 경우에는 송품장에 적힌 물품수신인이다.
마. 우편으로 수입되는 물품의 경우에는 그 수취인이다.

해설 가. 수입을 위탁받아 수입업체가 대행수입한 물품인 경우에는 그 물품의 수입을 위탁한 자이다.
나. 보세운송의 신고 또는 승인을 받은 물품이 지정된 기간 안에 목적지에 도착되지 않아 관세를 징수하는 물품인 경우에는 보세운송을 신고하였거나 승인을 받은 자이다.
다. 보세구역에 장치된 외국물품이 멸실되거나 폐기되어 관세를 징수하는 물품인 경우에는 운영인 또는 보관인이다.
라. 수입물품을 수입신고 전에 양도한 경우에는 그 양수인이다.
마. 우편으로 수입되는 물품의 경우에는 그 수취인이다.

정답 06 라 07 마

08 수입신고수리 전 세액심사 대상물품으로 틀린 것은?

가. 법률 또는 조약에 의하여 관세 또는 내국세를 감면받고자 하는 물품
나. 관세법 제107조의 규정에 의하여 관세를 분할납부하고자 하는 물품
다. 관세를 체납하고 있는 자가 신고하는 물품(체납액이 15만원 미만이거나 체납기간 7일 이내에 수입신고하는 경우를 제외한다)
라. 납세자의 성실성 등을 참작하여 관세청장이 정하는 기준에 해당하는 불성실신고인이 신고하는 물품
마. 물품의 가격변동이 큰 물품 기타 수입신고수리 후에 세액을 심사하는 것이 적합하지 아니하다고 인정하여 관세청장이 정하는 물품

해설 관세를 체납하고 있는 자가 신고하는 물품(체납액이 10만원 미만이거나 체납기간 7일 이내에 수입신고하는 경우를 제외한다)

09 관세법령상 신고서류의 보관기간에 대한 설명으로 맞는 것은?

가. 지식재산권의 거래에 관련된 계약서 : 해당 신고수리일부터 5년
나. 수입물품 가격결정에 관한 자료 : 해당 신고수리일부터 3년
다. 보세화물반출입에 관한 자료 : 해당 신고수리일부터 1년
라. 적재화물목록에 관한 자료 : 해당 신고수리일부터 1년
마. 수출신고필증 : 해당 신고수리일부터 2년

해설 신고서류의 보관기간

① 수입관련 서류 : 해당 신고에 대한 수리일부터 5년
가. 수입신고필증
나. 수입거래관련 계약서 또는 이에 갈음하는 서류
다. 지식재산권의 거래에 관련된 계약서 또는 이에 갈음하는 서류
라. 수입물품 가격결정에 관한 자료

② 수출 및 반송관련 서류 : 해당 신고에 대한 수리일부터 3년
가. 수출신고필증
나. 반송신고필증
다. 수출물품 · 반송물품 가격결정에 관한 자료
라. 수출거래 · 반송거래 관련 계약서 또는 이에 갈음하는 서류

③ 기타 서류 : 당해 신고에 대한 수리일부터 2년
가. 보세화물반출입에 관한 자료
나. 적재화물목록에 관한 자료
다. 보세운송에 관한 자료

정답	08 다　09 가

10 관세징수권의 소멸시효 기산일에 대한 설명으로 맞는 것은?

가. 신고납부하는 관세에 있어서 월별납부의 경우에는 그 납부기한이 경과한 날

나. 세관장이 부과고지하는 관세의 경우 납부고지를 받은 날부터 15일이 경과한 날의 다음 날의 다음 날

다. 보정신청에 의하여 납부하는 관세에 있어서는 부족세액에 대한 보정신청일의 다음 날

라. 수정신고에 의하여 납부하는 관세에 있어서는 수정신고일의 다음 날

마. 수입신고 전 즉시반출에 의하여 납부하는 관세에 있어서는 수입신고한 날부터 15일이 경과한 날의 다음 날

해설 관세징수권 소멸시효의 기산일

관세의 징수권을 행사할 수 있는 날은 대통령령으로 정하며, 관세징수권을 행사할 수 있는 날은 다음의 날로 한다.

① 신고납부하는 관세에 있어서는 수입신고가 수리된 날부터 15일이 지난 날의 다음 날. 다만, 월별납부의 경우에는 그 납부기한이 지난 날의 다음 날로 한다.

② 보정신청의 규정에 의하여 납부하는 관세에 있어서는 부족세액에 대한 보정신청일의 다음 날의 다음 날

③ 수정신고의 규정에 의하여 납부하는 관세에 있어서는 수정신고일의 다음 날의 다음 날

④ 부과고지하는 관세에 있어서는 납부고지를 받은 날부터 15일이 지난 날의 다음 날

⑤ 수입신고 전 물품반출의 경우에 의하여 납부하는 관세에 있어서는 수입신고한 날부터 15일이 지난 날의 다음 날

⑥ 기타 법령에 의하여 납부고지하여 부과하는 관세에 있어서는 납부기한을 정한 때에는 그 납부기한이 만료된 날의 다음 날

11 관세의 분할납부에 대한 설명으로 맞는 것은?

가. 세관장은 천재지변으로 관세의 납부를 정하여진 기한까지 할 수 없다고 인정될 때에는 2년을 넘지 아니하는 기간을 정하여 관세를 분할하여 납부하게 할 수 있다.

나. 정부나 지방자치단체가 수입하는 물품으로서 기획재정부령으로 정하는 물품이 수입될 때에는 세관장은 10년을 넘지 아니하는 기간을 정하여 관세의 분할납부를 승인할 수 있다.

다. 관세의 분할납부를 승인받은 물품을 동일한 용도로 사용하려는 자에게 양도한 경우에는 그 양도인이 관세를 납부하여야 한다.

라. 관세의 분할납부를 승인받은 물품을 정한 기간에 해당 용도 외의 다른 용도로 사용하거나 해당 용도 외의 다른 용도로 사용하려는 자에게 양도한 경우에는 납부하지 아니한 관세의 전액을 즉시 징수한다.

마. 관세의 분할납부 승인을 받은 자가 정당한 사유없이 지정된 기한까지 납부하지 아니하여 관세를 징수할 때에는 세관장은 15일 이내의 납부기한을 정하여 납부고지하여야 한다.

정답 | 10 마 11 라, 마(복수 정답)

해설 가. 세관장은 천재지변이나 그 밖에 대통령령으로 정하는 사유로 이 법에 따른 신고, 신청, 청구, 그 밖의 서류의 제출, 통지, 납부 또는 징수를 정하여진 기한까지 할 수 없다고 인정될 때에는 1년을 넘지 아니하는 기간을 정하여 대통령령으로 정하는 바에 따라 관세를 분할하여 납부하게 할 수 있다.

나. 정부나 지방자치단체가 수입하는 물품으로서 기획재정부령으로 정하는 물품이 수입될 때에는 세관장은 5년을 넘지 아니하는 기간을 정하여 관세의 분할납부를 승인할 수 있다.

다. 관세의 분할납부를 승인받은 물품을 동일한 용도로 사용하려는 자에게 양도한 경우에는 그 양수인이 관세를 납부하여야 하며, 해당 용도 외의 다른 용도로 사용하려는 자에게 양도한 경우에는 그 양도인이 관세를 납부하여야 한다. 이 경우 양도인으로부터 해당 관세를 징수할 수 없을 때에는 그 양수인으로부터 징수한다.

12 관세법 제234조에 따른 수출입 금지물품으로 맞는 것은?

가. 마약 · 향정신성의약품

나. 품질의 허위 표시물품

다. 정부의 기밀을 누설하거나 첩보활동에 사용되는 물품

라. 화폐 · 채권이나 그 밖의 유가증권

마. 총포 · 도검류

해설 다음 각 호의 어느 하나에 해당하는 물품은 수출하거나 수입할 수 없다.

① 헌법질서를 문란하게 하거나 공공의 안녕질서 또는 풍속을 해치는 서적 · 간행물 · 도화, 영화 · 음반 · 비디오물 · 조각물 또는 그 밖에 이에 준하는 물품

② 정부의 기밀을 누설하거나 첩보활동에 사용되는 물품

③ 화폐 · 채권이나 그 밖의 유가증권의 위조품 · 변조품 또는 모조품

13 관세법령 및 수입통관사무처리에 관한 고시상 통관제도에 대한 설명으로 맞는 것은?

가. 세관장은 다른 법령에 의하여 수입후 특정한 용도로의 사용 등 의무를 이행하도록 되어 있는 물품에 대하여는 구두로써 당해 의무를 이행할 것을 요구할 수 있다.

나. 분석대상 시료는 보세사가 직접 채취하고 봉인한 후 세관장에게 제출하도록 하여 시료의 임의교체와 분실 등이 일어나지 않도록 하여야 한다.

다. 수출신고가 수리되어 외국으로 반출되기 전에 있는 물품으로 보세구역 반입명령을 받고 반입된 물품이 폐기되었을 때에는 당초의 수출신고 수리는 취소된 것으로 본다.

라. 관세청장 또는 세관장은 수입신고가 수리된 물품의 원산지가 수입신고수리 당시와 다르게 표시된 경우 수입신고 수리일로부터 6개월 이내에는 보세구역 반입명령이 가능하다.

마. 유통이력 신고의 의무가 있는 자는 유통이력을 장부에 기록(전자적 기록방식을 제외한다)하고, 그 자료를 거래일부터 1년간 보관하여야 한다.

정답 | 12 다 13 다

해설 가. 세관장은 다른 법령에 따라 수입 후 특정한 용도로 사용하여야 하는 등의 의무가 부가되어 있는 물품에 대하여는 문서로써 해당 의무를 이행할 것을 요구할 수 있다.

나. 분석대상 시료는 담당직원이 직접 채취하고 봉인한 후 제출하도록 하여 시료의 임의교체와 분실 등이 일어나지 않도록 하여야 한다. 다만, 위험물 등 전문가의 취급이 필요한 시료는 담당직원이 채취과정에 입회하는 방법으로 담당직원의 직접채취를 대신할 수 있다.

라. 관세청장 또는 세관장은 수출입신고가 수리된 물품이 원산지 표시가 적법하게 표시되지 아니하였거나 수출입신고 수리 당시와 다르게 표시되어 있는 경우 해당 물품을 보세구역으로 반입할 것을 명할 수 있다. 다만, 해당 물품이 수출입신고가 수리된 후 3개월이 지났거나 관련 법령에 따라 관계행정기관의 장의 시정조치가 있는 경우에는 그러하지 아니하다.

마. 유통이력 신고의 의무가 있는 자("유통이력 신고의무자")는 유통이력을 장부에 기록(전자적 기록 방식을 포함한다)하고, 그 자료를 거래일부터 1년간 보관하여야 한다.

14 관세법 제232조 제1항 단서 규정에 의하여 원산지증명서 제출의 예외 대상물품이 아닌 것은?

가. 세관장이 물품의 종류 · 성질 · 형상 또는 그 상표 · 생산국명 · 제조자 등에 의하여 원산지를 확인할 수 있는 물품

나. 우편물(수입신고대상 우편물에 해당하는 것을 제외한다)

다. 과세가격(종량세의 경우에는 이를 과세표준 규정에 준하여 산출한 가격을 말한다)이 20만원 이하인 물품

라. 개인에게 무상으로 송부된 탁송품 · 별송품

마. 여행자의 휴대품

해설 '과세가격(종량세의 경우에는 이를 과세표준 규정에 준하여 산출한 가격을 말한다)이 15만원 이하인 물품'이 올바른 표현이다.

15 다음은 관세법령상 잠정가격의 신고에 대한 설명이다. ( ) 안에 들어갈 내용이 바르게 나열된 것은?

- 잠정가격으로 가격신고를 한 자는 (A)의 범위 안에서 구매자와 판매자 간의 거래계약의 내용 등을 고려하여 세관장이 지정하는 기간 내에 확정된 가격을 신고하여야 한다.
- 이 경우 잠정가격으로 가격신고를 한 자는 관세청장이 정하는 바에 따라 신고기간이 끝나기 (B) 전까지 확정된 가격의 계산을 위한 가산율을 산정해 줄 것을 요청할 수 있다.

가. A : 2년, B : 60일
나. A : 2년, B : 30일
다. A : 3년, B : 60일
라. A : 3년, B : 30일
마. A : 3년, B : 15일

정답 | 14 다 15 나

PART 05

해설 ① 원유, 곡물, 광석 등 수입신고일 현재 가격이 정하여지지 않는 물품은 잠정가격으로 신고하고 세관장이 지정하는 기간(2년) 내에 확정가격신고를 하여야 한다.

② 이 경우 잠정가격으로 가격신고를 한 자는 관세청장이 정하는 바에 따라 전단에 따른 신고기간이 끝나기 30일 전까지 확정가격의 계산을 위한 가산율을 산정해 줄 것을 요청할 수 있다.

16 세액정정 및 보정에 대한 설명으로 맞는 것은?

가. 납세의무자는 신고납부한 세액이 과다한 것을 안 때에는 세액보정을 하여야 한다.

나. 납세의무자는 정정한 내용대로 세액을 정정하여 납부서를 재발행하되 납부서번호와 납부기한도 변경하여야 한다.

다. 세관장은 신고납부한 세액이 과다하거나 과세가격이나 품목분류 등에 오류가 있는 것을 안 때에는 납세의무자에게 보정을 신청할 수 있도록 통지할 수 있다.

라. 납세의무자가 세액보정을 신청한 경우에는 해당 세액보정을 한 날로부터 15일까지 세액을 납부해야 한다.

마. 납세의무자는 납부기한(수리전납부는 납부일) 다음 날부터 보정신청을 한 날까지 기간과 관세법시행령 제56조 제2항에 따른 이율을 적용하여 계산된 금액을 가산하여 납부해야 한다.

해설 가. 납세의무자는 신고납부한 세액이 과다한 것을 알게 되었을 때에는 최초로 납세신고를 한 날부터 5년 이내에 신고한 세액의 경정을 청구할 수 있다.

나. 납세의무자는 정정한 내용대로 세액을 정정하여 납부서를 재발행하되 납부서번호와 납부기한은 변경하지 않는다.

다. 세관장은 신고납부한 세액이 부족하다는 것을 알게 되거나 세액산출의 기초가 되는 과세가격 또는 품목분류 등에 오류가 있다는 것을 알게 되었을 때에는 대통령령으로 정하는 바에 따라 납세의무자에게 해당 보정기간에 보정신청을 하도록 통지할 수 있다.

라. 납세의무자가 부족한 세액에 대한 세액의 보정을 신청한 경우에는 해당 보정신청을 한 날의 다음 날까지 해당 관세를 납부하여야 한다.

17 수입신고서에 의한 간이신고 대상물품으로 맞는 것은?

가. 설계도 중 수입승인이 면제되는 물품

나. 장례를 위한 유해로서 관세가 면제되는 물품

다. 기록문서와 서류로서 관세가 면제되는 물품

라. 재외공관 등에서 외교부로 발송되는 자료로서 관세가 면제되는 물품

마. 외교행낭으로 반입되는 면세대상물품

정답	16 마 17 가

해설 다음 각 호의 어느 하나에 해당하는 물품은 첨부서류 없이 신고서에 수입신고사항을 기재하여 신고("간이신고")한다.

① 국내거주자가 수취하는 해당물품의 총 가격이 미화 150달러 이하의 물품으로서 자가사용물품으로 인정되는 면세대상물품
② 해당물품의 총 과세가격이 미화 250불 이하의 면세되는 상업용견본품
③ 설계도 중 수입승인이 면제되는 것
④ 「외국환거래법」에 따라 금융기관이 외환업무를 영위하기 위하여 수입하는 지급수단

나, 다, 라, 마의 경우 B/L 제시를 통해 보관장소에서 즉시 인도되는 수입신고 생략대상이다.

18 수입통관 시 통관지세관이 제한되는 특정물품으로 틀린 것은?

가. 고철
나. 한약재(원료에 한함)
다. 중고승용차
라. 활어(관상용 및 양식용 포함)
마. 해체용 선박

해설 관세청장이나 세관장은 감시에 필요하다고 인정될 때에는 통관역 · 통관장 또는 특정한 세관에서 통관할 수 있는 물품을 제한할 수 있다.

특정물품	특정세관
1. 한약재(원료에 한함)	서울, 부산, 용당, 인천, 김해공항세관과 한약재 보관에 적합한 보세구역으로 지정받은 저온 · 냉장창고가 있는 세관
2. 귀석과 반귀석(HS 7103호 내지 7104호의 물품. 다만, 원석은 제외)	서울, 인천, 김해공항, 전주세관 익산세관비즈니스센터, 인천공항우편, 용당세관 부산국제우편세과비즈니스센터
3. 고철	수입물품의 입항지 세관, 관할지 세관장이 인정하는 고철창고가 있는 내륙지 세관. 다만, 제75조에 따라 고철화작업의 특례를 적용받는 실수요자 관할세관에서도 통관가능
4. 해체용 선박	관할지 세관장이 인정하는 선박해체작업 시설을 갖춘 입항지 세관
5. 수산물(HS 0302, 0303, 0305 단, 0305는 염수장한 것에 한함)	수입물품의 입항지 세관, 보세구역으로 지정받은 냉장 · 냉동창고가 있는 내륙지세관. 다만, 수출용원자재는 관할지 세관장이 인정하는 냉장 · 냉동시설이 있는 수산물제조 · 가공업체 관할세관에서도 통관가능
6. 수입쇠고기 및 관련제품(별표18 해당물품에 한함)	관할구역 내 축산물검역시행장 및 보세구역으로 지정받은 냉장 · 냉동창고가 있는 세관
7. 활어(HS 0301호, 관상용 및 양식용은 제외)	관할구역 내 활어장치장이 있는 세관
8. 쌀(HS 1006.20호, 1006.30호 해당물품)	부산, 인천, 평택직할, 군산, 목포, 동해, 울산, 광양, 마산세관
9. 중고승용차	서울, 인천, 용당, 마산, 부산, 평택

정답 | 18 라

19 수입신고 전의 물품 반출에 대한 설명으로 틀린 것은?

가. 수입하려는 물품을 수입신고 전에 운송수단, 관세통로, 하역통로 또는 관세법에 다른 장치 장소로부터 즉시반출하려는 자는 세관장에게 즉시 반출신고를 하여야 한다.

나. 세관장은 즉시반출신고를 하는 자에게 납부하여야 하는 관세에 상당하는 담보를 제공하게 할 수 있다.

다. 반출 대상은 관세 등의 체납이 없고 최근 2년 동안 수출입실적이 있는 제조업자 또는 외국인 투자자가 수입하는 시설재 또는 원부자재로 세관장이 지정한다.

라. 수입신고 전 즉시반출신고를 하고 반출을 하는 자는 즉시반출신고를 한 날부터 10일 이내에 수입신고를 하여야 한다.

마. 세관장은 즉시반출한 자가 수입신고를 하여야 하는 기간 내에 수입신고를 하지 아니하는 경우 해당 물품에 대한 관세에 100분의 20에 상당하는 금액을 가산세로 징수한다.

해설 즉시반출을 할 수 있는 자 및 물품은 다음에 해당하는 것 중 구비조건의 확인에 지장이 없는 경우로서 세관장이 지정하는 것에 한한다.

① 관세 등의 체납이 없고 최근 3년동안 수출입실적이 있는 제조업자 또는 외국인투자자가 수입하는 시설재 또는 원부자재

② 기타 관세 등의 체납우려가 없는 경우로서 관세청장이 정하는 물품

20 다음은 조정관세와 할당관세 부과에 대한 설명이다. ( ) 안에 들어갈 내용을 바르게 나열한 것은?

- 조정관세는 100분의 (A)에서 해당 물품의 기본세율을 뺀 율을 기본세율에 더한 율의 범위에서 관세를 부과할 수 있다.
- 할당관세는 100분의 (B)의 범위의 율을 기본세율에서 빼고 관세를 부과할 수 있다.

가. A : 40, B : 100

나. A : 100, B : 40

다. A : 60, B : 40

라. A : 40, B : 60

마. A : 40, B : 40

해설 조정관세와 할당관세 부과범위

① 조정관세는 100분의 100에서 해당 물품의 기본세율을 뺀 율을 기본세율에 더한 율의 범위에서 관세를 부과할 수 있다.

② 할당관세는 100분의 40의 범위의 율을 기본세율에서 빼고 관세를 부과할 수 있다.

정답 | 19 다 20 나

21 관세법 제2조에 규정된 용어의 설명으로 맞는 것은?

가. 우리나라의 선박 등이 공해에서 채집하거나 포획한 수산물 등은 외국물품에 해당한다.

나. 관세법 제241조 제1항에 따른 수출의 신고가 수리된 물품은 내국물품에 해당한다.

다. "통관"이란 관세법에 따른 절차를 이행하여 물품을 수입 · 수출 또는 환적하는 것을 말한다.

라. "환적"이란 동일한 세관의 관할구역에서 입국 또는 입항하는 운송수단에서 출국 또는 출항하는 운송수단으로 물품을 옮겨 싣는 것을 말한다.

마. 관세법 제252조에 따른 수입신고수리 전 반출승인을 받아 반출된 물품은 "외국물품"에 해당한다.

해설 가. 우리나라의 선박 등이 공해에서 채집하거나 포획한 수산물 등은 내국물품이다.

나. 수출신고가 수리된 물품은 외국물품이다.

다. 통관이라 함은 관세법의 규정에 의한 절차를 이행하여 물품을 수출 · 수입 · 반송하는 것을 말한다.

마. 관세법 제252조에 따른 수입신고수리 전 반출승인을 받아 반출된 물품은 내국물품에 해당한다.

22 지식재산권을 침해하는 물품은 수출하거나 수입할 수 없다. 관세법 제235조 제1항에 규정된 지식재산권이 아닌 것은?

가. 농수산물 품질관리법에 따라 등록되거나 조약 · 협정 등에 따라 보호대상으로 지정된 지리적표시권 또는 지리적표시

나. 저작권법에 따른 저작권과 저작인접권

다. 식물신품종 보호법에 따라 설정등록된 품종보호권

라. 실용신안법에 따라 설정등록된 실용신안권

마. 디자인보호법에 따라 설정등록된 디자인권

해설 다음 각 호의 어느 하나에 해당하는 지식재산권을 침해하는 물품은 수출하거나 수입할 수 없다.

① 「상표법」에 따라 설정등록된 상표권

② 「저작권법」에 따른 저작권과 저작인접권("저작권 등")

③ 「식물신품종 보호법」에 따라 설정등록된 품종보호권

④ 「농수산물 품질관리법」에 따라 등록되거나 조약 · 협정 등에 따라 보호대상으로 지정된 지리적표시권 또는 지리적표시("지리적표시권 등")

⑤ 「특허법」에 따라 설정등록된 특허권

⑥ 「디자인보호법」에 따라 설정등록된 디자인권

PART 05

정답 | 21 라 22 라

23 **관세법 제241조에 따른 수입 또는 반송신고 기간을 경과하여 부과되는 신고지연 가산세에 대한 설명으로 맞는 것은?**

가. 수입하거나 반송하려는 물품을 지정장치장 또는 보세창고에 반입하거나 보세구역이 아닌 장소에 장치한 자는 그 반입일 또는 장치일부터 60일 이내에 수입 또는 반송의 신고를 하여야 한다.

나. 신고기한이 경과한 경우 해당 물품 관세의 100분의 20에 상당하는 금액의 범위에서 대통령령으로 정하는 금액을 가산세로 징수한다.

다. 신고기한이 경과한 물품에 대한 신고지연 가산세액은 500만원을 초과할 수 없다.

라. 신고기한이 경과한 후 보세운송된 물품에 대하여는 보세운송신고를 한 때를 기준으로 수입반송신고지연가산세의 가산세율을 적용하며 그 세액은 보세운송신고를 하는 때에 징수한다.

마. 가산세를 징수해야 하는 물품은 물품의 신속한 유통이 긴요하다고 인정하여 보세구역의 종류와 물품의 특성을 고려하여 세관장이 정하는 물품으로 한다.

해설 가. 수입하거나 반송하려는 물품을 지정장치장 또는 보세창고에 반입하거나 보세구역이 아닌 장소에 장치한 자는 그 반입일 또는 장치일부터 30일 이내에 수입 또는 반송신고를 하여야 한다.

나. 세관장은 대통령령으로 정하는 물품을 수입하거나 반송하는 자가 기간 내에 수입 또는 반송의 신고를 하지 아니한 경우에는 해당 물품 과세가격의 100분의 2에 상당하는 금액의 범위에서 대통령령으로 정하는 금액을 가산세로 징수한다.

라. 신고기한이 경과한 후 보세운송된 물품에 대하여는 보세운송신고를 한 때를 기준으로 가산세율을 적용하며 그 세액은 수입 또는 반송신고를 하는 때에 징수한다

마. 가산세를 징수해야 하는 물품은 물품의 신속한 유통이 긴요하다고 인정하여 보세구역의 종류와 물품의 특성을 고려하여 관세청장이 정하는 물품으로 한다.

24 **(　　) 안에 들어갈 내용으로 맞는 것은?**

> 관세법 제250조에 따라 세관장은 관세법 제241조 및 제244조의 신고가 그 요건을 갖추지 못하였거나 부정한 방법으로 신고되었을 때에는 해당 수출 · 수입 또는 반송의 신고를 (　　)할 수 있다.

가. 취소　　나. 취하

다. 각하　　라. 반려

마. 보류

해설 세관장은 신고가 그 요건을 갖추지 못하였거나 부정한 방법으로 신고되었을 때 등 다음 사유에 해당하는 경우에는 해당 수출 · 수입 또는 반송의 신고를 각하할 수 있다.

정답 | 23 다　24 다

25 다음은 관세법 제96조에 따라 관세가 면제되는 이사물품에 대한 설명이다. ( ) 안에 들어갈 내용을 바르게 나열한 것은?

> 우리나라 국민(재외영주권자를 제외한다)으로서 외국에 주거를 설정하여 (A)년 이상 거주한 사람이 반입하는 다음 각 호의 어느 하나에 해당하는 것으로 한다.
> 1. 해당물품의 성질 · 수량, 용도 등으로 보아 통상적으로 가정용으로 인정되는 것으로서 우리나라에 입국하기 전에 (B)개월 이상 사용했고 입국한 후에도 계속하여 사용할 것으로 인정되는 것
> 〈이하 생략〉

가. A : 2, B : 6
나. A : 2, B : 3
다. A : 1, B : 6
라. A : 1, B : 3
마. A : 1, B : 1

해설 우리나라 국민(재외영주권자를 제외한다)으로서 외국에 주거를 설정하여 1년 이상 거주한 사람이 반입하는 다음 각 호의 어느 하나에 해당하는 것으로 한다.
1. 해당물품의 성질 · 수량, 용도 등으로 보아 통상적으로 가정용으로 인정되는 것으로서 우리나라에 입국하기 전에 6개월(2024, 3개월로 개정) 이상 사용했고 입국한 후에도 계속하여 사용할 것으로 인정되는 것 〈이하 생략〉

2과목 보세구역관리

01 보세공장의 잉여물품에 대한 설명으로 틀린 것은?

가. "잉여물품"이란 보세작업으로 인하여 발생하는 부산물과 불량품, 제품생산중단 등의 사유로 사용하지 않는 원재료와 제품 등을 말하며, 보세공장 반입물품 또는 보세공장에서 제조 · 가공한 물품과 세트를 구성하거나 함께 거래되는 물품을 포함한다.
나. 운영인은 잉여물품이 발생한 때에는 잉여물품 관리대장에 잉여물품의 형태, 품명 · 규격, 수량 또는 주량 및 발생사유를 기록하여야 한다.
다. 폐기 후 잔존물이 실질적인 가치가 있을 때에는 폐기 후의 물품의 성질과 수량에 따라 관세 등을 납부하여야 한다.
라. 수출입 안전관리 우수업체가 잉여물품을 폐기하는 때에는 폐기 후의 잔존물이 실질적 가치가 있는 물품에 대하여 업체의 신청을 받아 사전에 자체폐기 대상물품으로 지정할 수 있다.
마. 폐기를 완료한 운영인은 관련 자료를 첨부하여 폐기완료일로부터 30일 이내에 세관장에게 폐기완료보고를 하여야 한다.

정답 25 다, 라 01 가, 라(복수 정답)

해설 가. "잉여물품"이란 보세작업으로 인하여 발생하는 부산물과 불량품, 제품 생산 중단 등의 사유로 사용하지 않은 원재료와 제품 등을 말하며, 보세공장 반입물품 또는 보세공장에서 제조, 가공한 물품에 전용되는 포장, 운반물품을 포함한다.

라. 폐기에 있어 세관장은 성실하다고 인정하는 업체 중 폐기 후의 잔존물이 실질적 가치가 없는 물품에 대하여는 업체의 신청을 받아 사전에 자체폐기대상물품으로 지정할 수 있다.

02 보세공장의 제품과세와 원료과세에 대한 설명으로 틀린 것은?

가. 외국물품이나 외국물품과 내국물품을 원료로 하거나 재료로 하여 작업을 하는 경우 그로써 생긴 물품은 외국으로부터 우리나라에 도착한 물품으로 본다.

나. 세관장의 승인을 받고 외국물품과 내국물품을 혼용하는 경우에는 그로써 생긴 제품 중 해당 외국물품의 수량 또는 가격에 상응하는 것은 외국으로부터 우리나라에 도착한 물품으로 본다.

다. 보세공장에서 제조된 물품을 수입하는 경우 사용신고 전에 미리 세관장에게 해당 물품의 원료인 외국물품에 대한 과세의 적용을 신청한 경우에는 수입신고할 때의 그 원료의 성질 및 수량에 따라 관세를 부과한다.

라. 최근 2년간 생산되어 판매된 물품 중 수출된 물품의 가격비율이 100분의 50 이상이고 수출입 안전관리 우수업체인 보세공장은 1년의 범위 내에서 원료별, 제품별 또는 보세공장 전체에 대하여 원료과세 신청을 할 수 있다.

마. 세관장은 외국물품과 내국물품의 혼용승인을 얻은 사항 중 혼용하는 외국물품 및 내국물품의 품명 및 규격이 각각 동일하고, 손모율에 변동이 없는 동종의 물품을 혼용하는 경우에는 새로운 승인신청을 생략하게 할 수 있다.

해설 보세공장에서 제조된 물품을 수입하는 경우 사용신고 전에 미리 세관장에게 해당 물품의 원료인 외국물품에 대한 과세의 적용을 신청한 경우에는 사용신고를 할 때의 그 원료의 성질 및 수량에 따라 관세를 부과한다.

03 보세공장 물품의 반출입에 대한 설명으로 맞는 것은?

가. 보세운송절차에 따라 반입되는 물품은 보세운송 도착보고로 반입신고를 갈음한다.

나. 환급대상물품의 반입신고는 보세사의 의한 반입명세의 기록으로 갈음한다.

다. 운영인은 잉여물품을 수입신고 수리 후에만 반출할 수 있다.

라. 운영인은 제품의 제조 · 가공 등에 소요되는 내국물품인 원재료를 반출입하려는 때에는 세관장에게 반출입신고를 하여야 한다.

마. 보세공장에 반입된 원재료는 다른 보세공장의 원재료로 사용하기 위하여 다른 보세공장으로 반출할 수 없다.

정답	02 다 03 나

해설 가. 보세운송절차에 따라 반입되는 물품은 즉시 반입신고를 하여야 한다. 이 경우 반입신고는 보세운송 도착보고를 갈음할 수 있다.

다. 운영인은 잉여물품을 수입신고 전에 즉시 반출하고자 하는 경우에는 보세공장 잉여물품 수입신고전 반출신고서를 제출하여야 한다.

라. 내국물품에 대한 반출입신고는 생략할 수 있다. 다만, 제품의 제조 · 가공 등에 소요되는 원재료를 반출입하려는 때에는 그 사실을 기록 · 관리하여야 한다.

마. 운영인은 다른 보세공장의 원재료로 사용하기 위하여 다른 보세공장으로 반출하는 경우에는 보세공장에서 제조 · 가공 · 수리 또는 재생한 물품, 원재료와 부산물 등 잉여물품을 보세운송절차에 따라 다른 보세공장으로 반출할 수 있다.

04 보세공장 물품관리에 대한 설명으로 틀린 것은?

가. 보세공장의 해외 현지공장에서 제조 · 가공 · 수리 그 밖에 유사한 작업에 사용할 원재료는 반입신고 시의 원재료 원상태로 국외반출을 허용할 수 있다.

나. 보세공장 부설연구소의 연구 · 개발용 원재료의 사용 등 부득이한 사유로 보세공장에 반입신고된 원재료를 사용하는 것이 타당하다고 인정하는 경우에는 원재료의 원상태 수입을 허용할 수 있다.

다. 국내로 수입하려는 물품의 제조 · 가공 등에 필요한 내국물품 원재료는 환급대상물품반입확인서를 발급하지 아니한다.

라. 보세공장 외 일시 장치물품에 대해 수출입신고, 양수도 또는 폐기처분 등을 하려는 보세공장에 재반입하여야 한다.

마. 보세공장 외 일시 장치장소에 반입된 물품은 허가기간이 종료될 때까지 보세공장에 있는 것으로 한다.

해설 장외일시장치 물품은 장외일시장치 장소에 장치한 상태에서 수출입신고, 양수도 또는 폐기처분 등을 할 수 있다.

PART 05

정답	04 라

05 보세공장에 대한 설명으로 틀린 것은?

가. 보세공장에서는 외국물품을 원료 또는 재료로 하거나 외국물품과 내국물품을 원료 또는 재료로 하여 제조하거나 가공할 수 있다.

나. 세관장은 내국물품만을 원료로 하거나 재료로 하여 제조 또는 가공하는 것을 허가해서는 아니 된다.

다. 수입하는 물품을 제조 · 가공하는 것을 목적으로 하는 보세공장의 업종은 제한할 수 있다.

라. 세관장은 수입통관 후 보세공장에서 사용하게 될 물품에 대하여는 보세공장에 직접 반입하여 수입신고를 하게 할 수 있다.

마. 보세공장의 원재료를 범위에서 기계 · 기구 등의 작동을 위한 연료, 윤활유 등 제품의 생산 · 수리 · 조립 등에 간접적으로 투입되어 소모되는 물품은 제외한다.

해설 보세공장에서는 세관장의 내국작업 허가를 받지 아니하고는 내국물품만을 원료로 하거나 재료로 하여 제조 · 가공하거나 그 밖에 이와 비슷한 작업을 할 수 없다.

06 수입활어장치장에 대한 설명으로 틀린 것은?

가. 활어장치장은 CCTV 영상을 상시 녹화할 수 있고 녹화된 영상을 30일 이상 보관할 수 있는 감시장비를 보유해야 한다.

나. 세관장이 CCTV 영상을 인터넷망을 통해 실시간으로 확인이 가능하도록 조치해야 한다.

다. 보세구역외 장치장은 원칙적으로 세관으로부터 40km 이내에 위치해야 한다. 다만, 세관장이 타당하다고 인정하는 경우에는 세관으로부터 80km를 초과하지 않는 범위 내에서 보세구역외 장치를 허가할 수 있다.

라. 장치 중인 활어의 전부 또는 일부가 폐사한 경우에는 그 발생사유와 발생량 등을 지체없이 세관장에게 통보하고, 폐사어 관리대장에 기록 · 유지해야 한다. 다만, 세관장이 인정하는 범위 내에서 폐사가 발생한 경우에는 그러하지 아니할 수 있다.

마. 운영인은 폐사어를 별도의 냉동 · 냉장시설에 폐사시기별로 구분하여 보관해야 한다.

해설 운영인 등은 폐사어를 별도의 냉동 · 냉장시설에 B/L별로 구분하여 보관하여야 한다.

정답	05 나 06 마

07 종합보세구역에 대한 설명으로 맞는 것은?

가. 관세청장은 직권으로 무역진흥에의 기여 정도, 외국물품의 반입 · 반출 물량 등을 고려하여 일정한 지역을 종합보세구역으로 지정할 수 있다.

나. 종합보세구역은 특허보세구역의 기능 중 하나만을 수행해야 한다.

다. 종합보세구역에서 종합보세기능을 수행하려는 자는 그 기능을 정하여 관세청장에게 종합보세사업장의 설치 · 운영에 관한 신고를 하여야 한다.

라. 종합보세구역의 보세판매장에게 판매하고자 하는 내국물품을 반입하거나 반출하려는 경우에는 반출입신고를 생략한다.

마. 국내에 주재하는 외교관이 종합보세구역에서 구입한 물품을 국외로 반출하는 경우에는 해당 물품을 구입할 때 납부한 관세 및 내국세 등을 환급받을 수 있다.

해설 나. 종합보세구역에서는 보세창고 · 보세공장 · 보세전시장 · 보세건설장 또는 보세판매장의 기능 중 둘 이상의 기능("종합보세기능")을 수행할 수 있다.

다. 종합보세구역에서 종합보세기능을 수행하려는 자는 그 기능을 정하여 세관장에게 종합보세사업장의 설치 · 운영에 관한 신고를 하여야 한다.

라. 세관장은 다음 각호의 1에 해당하지 아니하는 경우에는 반출입신고를 생략하게 할 수 있다.

① 세관장의 허가를 받고 내국물품만을 원료로 하여 제조 · 가공 등을 하는 경우 그 원료 또는 재료

② 외국물품과 내국물품의 혼용작업에 소요되는 원재료

③ 보세판매장에서 판매하고자 하는 물품

④ 해당 내국물품이 외국에서 생산된 물품으로서 종합보세구역안의 외국물품과 구별되는 필요가 있는 물품(보세전시장의 기능을 수행하는 경우에 한한다)

마. 외국인 관광객 등 대통령령으로 정하는 자가 종합보세구역에서 구입한 물품을 국외로 반출하는 경우에는 해당 물품을 구입할 때 납부한 관세 및 내국세 등을 환급받을 수 있다.

"외국인 관광객 등 대통령령으로 정하는 자"란 "외국인관광객 등"을 말한다. 다만, 다음 각 호의 자를 제외한다.

① 법인

② 국내에 주재하는 외교관(이에 준하는 외국공관원을 포함한다)

③ 국내에 주재하는 국제연합군과 미국군의 장병 및 군무원

PART 05

정답 | 07 가

08 보세판매장 판매물품의 인도자에 대한 설명으로 맞는 것은?

가. 판매물품을 구매자에게 인도하는 업무를 담당하고자 하는 자는 보세판매장 관할 세관장으로부터 지정을 받아야 한다.

나. 보세판매장 협의단체는 인도자로 지정될 수 있다.

다. 관세행정 또는 보세화물관리와 관련 있는 비영리 법인은 인도자로 지정될 수 없다.

라. 지방세의 체납이 있는 자는 인도자로 지정될 수 없다.

마. 인도자는 인도장의 업무량을 고려하여 적정인원의 보세사를 채용하여야 하나 인도업무를 보세사에 위임하여 수행하게 할 수 없다.

해설 가. 인도장에서 판매물품을 구매자에게 인도하는 업무를 담당하려는 자("인도자")는 다음 각 호에 해당하는 자로서 인도장 관할세관장으로부터 지정을 받아야 한다.

나, 다. 인도자는 다음 각목의 어느 하나에 해당하는 자이어야 한다.

① 보세판매장 협의단체

② 관세행정 또는 보세화물관리와 관련 있는 비영리 법인

라. 다음 각목의 어느 하나에 해당하는 자는 인도자로 지정될 수 없다.

① 운영인의 결격사유의 어느 하나에 해당 하는 자

② 관세 및 국세의 체납이 있는 자

마. 인도자는 인도장의 업무량을 고려하여 적정인원의 보세사를 채용하여야 하며 인도업무를 보세사에 위임하여 수행하게 할 수 있다.

09 보세판매장에 대한 설명으로 틀린 것은?

가. 공항 및 항만 등의 입국경로에 설치된 보세판매장에서는 외국에서 국내로 입국하는 자에게 물품을 판매할 수 있다.

나. 입국장면세점에서는 외국에서 국내로 입국하는 사람에게 술 · 담배 · 향수를 포함하여 미화 600달러 한도에서 판매할 수 있다.

다. 시내면세점에서 판매한 외국물품은 판매장에서 인도하지 아니하고 보세운송 후 해당 인도장에 인도한다.

라. 출국장면세점의 판매물품을 이동판매 방식에 의해 판매하려는 경우에는 이동판매대의 설치장소, 설치기한 및 판매품목 등에 관하여 세관장의 승인을 받은 경우에 한한다.

마. 운영인이 물품을 판매한 때에는 구매자 인적사항 및 판매사항을 전산관리하고, 세관에 전자문서로 실시간 전송(시내면세점에서 판매한 물품을 보세운송하는 경우 보세운송 신고 시)하여야 한다.

해설 법 제196조제2항에 따라 설치된 보세판매장의 운영인이 외국에서 국내로 입국하는 사람에게 물품(담배, 술 · 향수는 제외)을 판매하는 때에는 미화 800달러의 한도에서 판매해야 하며, 담배, 술 · 향수는 별도면세범위에서 판매할 수 있다.

정답	08 나 09 나

10 시내면세점, 출국장면세점 및 전자상거래에 의하여 판매한 보세판매장 물품을 구매자에게 인도하기 위한 장소로 틀린 것은?

가. 출국장 보세구역 내 설치한 장소
나. 국제무역선의 선내
다. 관세청장이 지정한 보세구역(자유무역지역을 포함한다)
라. 항공화물탁송 보세구역
마. 입국장 보세구역 내 설치한 장소

해설 인도장이란 시내면세점 및 전자상거래에 의하여 판매한 물품을 구매자에게 인도하기 위한 곳이다.
① 출국장 보세구역 내 세관장과 시설관리권자가 협의하여 설치한 장소
② 국제무역선 및 외국여객선박의 선내
③ 통관우체국 내 세관통관장소
④ 항공화물탁송 보세구역
⑤ 세관장이 지정한 보세구역(자유무역지역 포함)
⑥ 입국장 보세구역 내 설치한 장소

11 보세전시장에 대한 설명으로 맞는 것은?

가. 보세전시장에서는 박람회, 전람회, 견본품 전시회 등의 운영을 위하여 외국물품을 장치 · 전시하거나 사용할 수 있다.
나. 보세전시장에서 외국물품의 사용은 그 물품의 성질 또는 수량에 변경을 가하거나 전시장에서 소비하는 행위를 포함하지 아니한다.
다. 보세전시장 안에서는 박람회의 주최자 · 출품자 및 관람자가 당해 외국물품을 소비할 수 없다.
라. 보세전시장에 장치된 판매용 외국물품은 수입신고가 수리되기 전에 이를 사용할 수 있다.
마. 보세전시장에 장치된 전시용 외국물품을 현장에서 직매하는 경우 수입신고가 수리되기 전에 이를 인도할 수 있다.

해설 나, 다. 사용의 범위
① 당해 외국물품의 성질 또는 수량 및 형상에 변경을 가하는 행위
② 당해 박람회의 주최자 · 출품자 및 관람자가 그 보세전시장 안에서 소비하는 행위
라. 불특정 다수의 관람자에게 판매할 것을 목적으로 반입된 판매용 외국물품은 수입신고가 수리되기 전에는 이를 사용하지 못한다.
마. 보세전시장에 장치된 전시용 외국물품을 현장에서 직매하는 경우 수입신고가 수리되기 전에는 이를 인도하여서는 아니 된다.

정답	10 다 11 가

12 보세건설장에 대한 설명으로 틀린 것은?

가. 운영인은 보세건설장에 외국물품을 반입하였을 때에는 사용 전에 수입신고를 하여야 한다.
나. 운영인은 보세건설장에서 건설된 시설을 수입신고가 수리되기 전에 가동하여서는 아니 된다.
다. 보세건설장은 보세공장과는 달리 장외작업을 허가하지 아니한다.
라. 운영인은 건설공사가 완료된 때에는 지체 없이 이를 세관장에게 보고하여야 한다.
마. 산업시설 건설에 사용되는 외국물품인 공사용 장비는 수입신고 수리 후 사용하여야 한다.

해설 보세건설장외 보세작업의 허가를 받으려는 자는 보세건설장 외 보세작업 신청서와 다음 임가공계약서 사본 1부 등을 세관장에게 제출하여야 한다.

13 지정장치장에 대한 설명으로 틀린 것은?

가. 지정장치장은 통관을 하려는 물품을 일시 장치하기 위한 장소로서 세관장이 지정한다.
나. 지정장치장에 반입한 물품은 지정장치장을 지정한 세관장이 보관의 책임을 진다.
다. 장치기간은 6개월의 범위 내에서 관세청장이 정하며, 세관장이 3개월의 범위에서 연장할 수 있다.
라. 지정장치장의 화물관리인은 화물관리에 필요한 비용(세관설비사용료를 포함한다)을 화주로부터 징수할 수 있다.
마. 지정장치장의 화물관리인은 화주로부터 징수한 화물관리비용 중 세관설비사용료에 해당하는 금액을 세관장에게 납부하여야 한다.

해설 지정장치장에 반입한 물품은 화주 또는 반입자가 그 보관의 책임을 진다.

14 지정장치장 화물관리인의 지정 취소 사유로 틀린 것은?

가. 거짓이나 그 밖의 부정한 방법으로 지정을 받은 경우
나. 화물관리인이 세관장과 맺은 화물관리업무에 관한 약정을 위반하여 해당 지정장치장의 질서유지에 중대한 지장을 초래한 경우
다. 화물관리인이 그 지정의 취소를 요청하는 경우
라. 화물관리인이 관세법 제175조(운영인의 결격사유) 각 호의 어느 하나에 해당하는 경우
마. 2년 이상 물품의 반입실적이 없는 경우

해설 세관장은 다음 각 호의 어느 하나에 해당하는 사유가 발생한 경우에는 화물관리인의 지정을 취소할 수 있다. 이 경우 ③에 해당하는 자에 대한 지정을 취소할 때에는 해당 시설의 소유자 또는 관리자에게 미리 그 사실을 통보하여야 한다.
① 거짓이나 그 밖의 부정한 방법으로 지정을 받은 경우
② 화물관리인이 운영인의 결격사유 어느 하나에 해당하는 경우

정답 | 12 다 13 나 14 마

③ 화물관리인이 세관장 또는 해당 시설의 소유자 · 관리자와 맺은 화물관리업무에 관한 약정을 위반하여 해당 지정장치장의 질서유지 및 화물의 안전관리에 중대한 지장을 초래하는 경우
④ 화물관리인이 그 지정의 취소를 요청하는 경우

15 세관장이 지정보세구역으로 지정할 수 있는 장소로 틀린 것은?

가. 세관이 소유한 토지 및 건물
나. 국토교통부가 소유한 토지 및 건물로서 국토교통부장관의 동의를 받은 토지 및 건물
다. 인천광역시가 소유한 토지 및 건물로서 인천광역시장의 동의를 받은 토지 및 건물
라. 한국관광공사가 소유한 토지 및 건물로서 한국관광공사 사장의 동의를 받은 토지 및 건물
마. 부산항만공사가 소유한 토지 및 건물로서 부산항만공사 사장의 동의를 받은 토지 및 건물

해설 세관장은 다음 각 호의 어느 하나에 해당하는 자가 소유하거나 관리하는 토지 · 건물 또는 그 밖의 시설("토지 등")을 지정보세구역으로 지정할 수 있다.
① 국가(가, 나)
② 지방자치단체(다)
③ 공항시설 또는 항만시설을 관리하는 법인(마)

PART 05

16 보세창고 특허신청인이 세관장에게 제출하여야 하는 화물관리 규정에 포함되어야 하는 사항으로 틀린 것은?

가. 내부 화물관리 종합책임자 및 책임체계
나. 화물 반출입 및 보관절차
다. 출입자 통제 및 시설안전관리
라. 내부고발자에 대한 포상과 청렴위반자에 대한 징계 체계
마. 보세화물 취급 직원 채용 조건 및 절차

해설 특허신청인은 다음 각 호의 사항을 포함한 내부 화물관리 규정을 작성하여 세관장에게 제출하여야 하며, 특허기간 중 내부 화물관리 규정을 개정한 경우에도 또한 같다.
① 내부 화물관리 종합책임자 및 책임체계
② 화물 반출입 및 보관 절차
③ 대장 기록 체계
④ 출입자 통제 및 시설안전관리
⑤ 세관 보고 사항 및 절차
⑥ 보세화물 취급 직원 교육 방법
⑦ 내부고발자에 대한 포상과 청렴위반자에 대한 징계 체계

정답	15 라 16 마

17 특허보세구역의 특허기간으로 맞는 것은?

가. 보세창고 : 10년 이내
나. 〈23년 개정으로 선지 삭제〉
다. 보세공장 : 7년 이내
라. 보세전시장 : 5년 이내
마. 보세건설장 : 5년 이내

해설 가, 다. 특허보세구역의 특허기간은 10년 이내로 한다. 예를 들어, 보세창고의 특허기간은 10년의 범위에서 신청인이 신청한 기간으로 한다.
나. 〈23년 개정으로 해설 삭제〉
라. 보세전시장의 특허기간은 해당 박람회 등의 회기와 그 회기의 전후에 박람회 등의 운영을 위한 외국물품의 반입과 반출 등에 필요하다고 인정되는 기간을 고려해서 세관장이 정한다.
마. 보세건설장의 특허기간은 해당 건설공사의 기간을 고려하여 세관장이 정하는 기간으로 한다.

18 〈법률 개정으로 문제 삭제〉

19 특허보세구역(보세판매장 제외)의 특허수수료에 대한 설명으로 틀린 것은?

가. 특허수수료는 특허보세구역의 설치 · 운영에 관한 특허가 있는 날이 속하는 분기분의 수수료를 포함하여 분기단위로 매분기 말까지 다음 분기분을 납부하여야 한다.
나. 특허신청의 수수료는 이미 받은 특허를 갱신하려는 경우에도 납부하여야 한다.
다. 특허신청의 수수료는 4만 5천원이다.
라. 특허수수료는 운영인이 원하는 때에는 1년 단위로 일괄하여 납부할 수 있다.
마. 특허수수료의 산정기준은 특허보세구역의 연면적으로 한다.

해설 특허수수료는 분기단위로 매분기 말까지 다음 분기분을 납부하되, 특허보세구역의 설치 · 운영에 관한 특허가 있은 날이 속하는 분기분의 수수료는 이를 면제한다.

정답	17 가 18 개정 삭제 19 가

20 특허보세구역에의 물품반입 또는 보세건설 · 보세판매 · 보세전시 등을 정지시킬 수 있는 사유로 틀린 것은?

가. 해당 시설의 미비 등으로 특허보세구역의 설치목적을 달성하기 곤란하다고 인정하는 경우
나. 2년 이상 물품의 반입실적이 없어서 세관장이 특허보세구역의 목적을 달성하기 곤란하다고 인정하는 경우
다. 운영인 본인이 관세법 또는 관세법에 따른 명령을 위반한 경우
라. 운영인의 사용인이 관세법 또는 관세법에 따른 명령을 위반한 경우
마. 장치물품에 대한 관세를 납부할 자금능력이 없다고 인정되는 경우

해설 '나'의 경우에는 특허취소 사유이다. 반입정지사유, 특허취소 사유, 효력상실 사유를 명확히 구분하여야 한다.

21 보세구역 특허의 효력상실 시 조치 등에 대한 설명이다. ( ) 안에 들어갈 내용을 바르게 나열한 것은?

> 보세구역 특허의 효력이 상실되었을 때에는 해당 특허보세구역에 있는 외국물품의 종류와 수량 등을 고려하여 (A)의 범위에서 (B)이 지정하는 기간 동안 그 구역은 특허보세구역으로 본다.

가. A : 6개월, B : 세관장
나. A : 3개월, B : 세관장
다. A : 1개월, B : 세관장
라. A : 6개월, B : 관세청장
마. A : 3개월, B : 관세청장

해설 특허보세구역의 설치 · 운영에 관한 특허의 효력이 상실되었을 때에는 해당 특허보세구역에 있는 외국물품의 종류와 수량 등을 고려하여 6개월의 범위에서 세관장이 지정하는 기간 동안 그 구역은 특허보세구역으로 보며, 운영인이나 그 상속인 또는 승계법인에 대해서는 해당 구역과 장치물품에 관하여 특허보세구역의 설치 · 운영에 관한 특허가 있는 것으로 본다.

22 특허보세구역 업무내용 등의 변경사항 중 세관장 승인대상이 아닌 것은?

가. 운영인이 법인인 경우에 그 등기사항을 변경한 때
나. 운영인이 장치물품의 종류를 변경하고자 하는 때
다. 운영인이 특허작업의 종류를 변경하고자 하는 때
라. 운영인이 작업의 원재료를 변경하고자 하는 때
마. 운영인이 장치물품의 수용능력을 증감하고자 하는 때

정답	20 나 21 가 22 가

해설 가. 특허보세구역의 운영인이 법인인 경우에 그 등기사항을 변경한 때에는 지체없이 그 요지를 세관장에게 통보하여야 한다.

나. 다. 라. 특허보세구역의 운영인이 그 장치물품의 종류를 변경하거나 그 특허작업의 종류 또는 작업의 원재료를 변경하고자 하는 때에는 그 사유를 기재한 신청서를 세관장에게 제출하여 그 승인을 얻어야 한다.

마. 특허보세구역의 운영인이 그 장치물품의 수용능력을 증감하거나 그 특허작업의 능력을 변경할 설치 · 운영시설의 증축, 수선 등의 공사를 하고자 하는 때에는 그 사유를 기재한 신청서에 공사내역서 및 관계도면을 첨부하여 세관장에게 제출하여 그 승인을 얻어야 한다.

23 특허보세구역의 특허를 취소할 수 있는 사유에 해당하는 것은?

① 거짓이나 그 밖의 부정한 방법으로 특허를 받은 경우
② 최근 1년 이내에 3회 이상 물품반입의 정지처분을 받은 경우
③ 운영인이 해산하거나 사망한 경우
④ 관세법 제177조의2를 위반하여 명의를 대여한 경우
⑤ 본인이나 그 사용인이 관세법 또는 관세법에 따른 명령을 위반한 경우

가. ①, ②, ③
나. ①, ③, ④
다. ②, ③, ④, ⑤
라. ①, ②, ⑤
마. ①, ②, ④

해설 ③의 경우 특허보세구역 효력상실 사유, ⑤의 경우 반입정지 사유이다.

24 특허보세구역 중 보세창고 운영인에 대한 주의처분 사유로 맞는 것은?

가. 세관장이 특허한 수용능력의 범위를 초과하여 물품을 장치한 때
나. 장치화물에 관한 각종 장부와 보고서류(전산화되어 있는 경우에는 전산자료를 포함)의 2년간 보관 의무를 위반한 때
다. 야적대상이 아닌 물품을 야적장에 장치하였을 때
라. 보세구역 운영상황 보고 의무를 위반한 때
마. 견품반출 허가를 받은 물품이 해당 보세구역에서 반출입되는 경우 견품반출 허가사항 확인 및 견품반출입 대장에 기록관리하지 아니한 때

해설 가, 나, 다, 마의 경우 경고처분 대상이다.

정답 | 23 마 24 라

25 컨테이너전용보세창고의 특허요건으로 틀린 것은?

가. 부지면적은 15,000m^2 이상이어야 한다.

나. 보세화물을 보관하고 컨테이너 적입화물을 적출하는 화물조작장(CFS)을 설치하여야 한다.

다. 화물조작장(CFS)면적은 물동량에 따라 운영인의 신청으로 세관장이 결정한다.

라. 컨테이너를 차량에 적재한 상태로 건물에 접속시켜 2대 이상 동시에 개장검사할 수 있는 컨테이너검사장을 갖추어야 한다.

마. 컨테이너 장치에 지장이 없는 최소한의 면적 범위에서 컨테이너로 반입된 거대 · 중량 화물을 장치할 수 있는 야적장을 설치할 수 있다.

해설 보세화물을 보관하고 컨테이너 적입화물을 적출하는 화물조작장("CFS")을 설치하여야 하나, CFS 면적은 물동량에 따라 운영인이 자율적으로 결정할 수 있다.

3과목 보세화물관리

01 항공입항화물 적재화물목록 제출에 관한 설명이다. (   ) 안에 들어갈 내용을 바르게 나열한 것은?

> 적재화물목록 제출의무자는 항공기가 입항하기 (A)까지 적재화물목록을 항공기 입항예정지 세관장에게 전자문서로 제출해야 한다. 다만, 근거리 지역의 경우에는 적재항에서 항공기가 (B)까지, 특송화물의 경우에는 항공기가 입항하기 (C)까지 제출해야 한다.

가. A : 24시간 전, B : 출항하기 전, C : 1시간 전

나. A : 1시간 전, B : 출항하기 전, C : 24시간 전

다. A : 4시간 전, B : 출항하기 1시간 전, C : 24시간 전

라. A : 4시간 전, B : 출항하기 전, C : 30분 전 〈법률 개정으로 선지 변경〉

마. A : 1시간 전, B : 출항하기 1시간 전, C : 24시간 전

해설 ① 적재화물목록 제출의무자는 항공기가 입항하기 4시간 전까지 적재화물목록을 항공기 입항예정지 세관장에게 전자문서로 제출하여야 한다.

② 다만, 근거리 지역(제8조제1항 단서의 지역과 필리핀, 베트남, 캄보디아, 태국, 인도네시아, 말레이시아, 싱가포르, 라오스, 미얀마, 몽골, 카자흐스탄, 괌, 마카오, 사이판을 말한다)의 경우에는 적재항에서 항공기가 출항하기 전까지, 특송화물의 경우에는 항공기가 입항하기 30분 전까지 제출하여야 한다. 〈법률 개정으로 해설 변경〉

PART 05

정답	25 다 01 라

02 항공입항화물의 하기장소 물품반입에 대한 설명으로 틀린 것은?

가. 하역장소 보세구역 운영인은 화물분류 완료 후 해당 물품을 지정된 하기장소 보세구역 운영인에게 지체 없이 인계하여야 한다.

나. 하역장소 보세구역 운영인으로부터 해당물품을 인수받은 하기장소 보세구역 운영인은 입항 후 12시간 이내에 지정된 하기장소에 반입해야 한다.

다. 하기장소 보세구역 운영인은 인수받은 물품이 위험물품인 경우에는 지체 없이 하기장소에 반입하여야 한다.

라. 하기장소 보세구역 운영인은 해당 보세구역을 하기장소로 지정한 물품의 반입 즉시 House AWB 단위로 반입신고를 하여야 한다. 다만, House AWB이 없는 화물은 Master AWB 단위로 반입신고할 수 있다.

마. 하기장소 보세구역 운영인은 물품을 입고하는 과정에서 실물이 적재화물목록내역과 상이한 경우에는 반입사고화물로 분류하여 신고하여야 한다.

해설 하역장소 보세구역 운영인은 화물분류 완료 후 해당 물품을 지정된 하기장소 보세구역 운영인에게 지체 없이 인계하여야 하며, 해당 물품을 인수받은 운영인은 입항 후 다음 날까지 지정된 하기장소에 반입하여야 한다. 다만, 위험물품의 경우에는 지체 없이 하기장소에 반입하여야 한다. 〈법률 개정으로 해설 변경〉

03 해상입항화물의 적재화물목록 정정과 관련한 설명으로 맞는 것은?

가. 적재화물목록 제출이 완료된 이후 보세운송하여 보세구역에 반입된 화물의 적재화물목록 정정신청은 출발지 보세구역 관할 세관장에게 제출하여야 한다.

나. 신속 통관을 위해 필요한 경우 보세운송하여 보세구역에 반입된 화물은 수입화주가 적재화물목록 작성책임자를 대신하여 정정신청을 할 수 있다.

다. 반입결과 이상보고서가 제출된 물품의 적재화물목록정정은 이상보고서 제출일로부터 10일 이내에 신청하여야 한다.

라. 포장파손이 용이한 물품은 중량의 과부족이 10% 이내인 경우 적재화물목록 정정신청을 생략할 수 있다.

마. 화물관리 세관공무원은 하선화물의 수량에 대하여 운항선사가 하선결과 이상보고를 한 경우 직권으로 적재화물목록을 정정할 수 있다.

정답 | 02 나 03 나

해설 가. 적재화물목록 작성책임자는 적재화물목록 제출이 완료된 이후에 그 기재내용의 일부를 정정하려는 때에는 정정사유를 증명할 수 있는 자료를 첨부하여 적재화물목록 정정신청서를 서류 또는 전자문서로 제출하여야 한다. 다만, 보세운송으로 보세구역에 반입된 화물은 도착지 보세구역을 관할하는 세관장에게 정정신청을 하여야 한다.

다. 반입결과 이상보고서가 제출된 물품의 적재화물목록정정은 이상보고서 제출일로부터 15일 이내에 신청하여야 한다.

라. 포장파손이 용이한 물품은 중량의 과부족이 5% 이내인 경우 적재화물목록 정정신청을 생략할 수 있다.

마. 화물관리 세관공무원은 하선화물의 수량에 대하여 검수(검정)업자가 하선결과 이상보고를 한 경우 직권으로 적재화물목록을 정정할 수 있다.

04 해상 입항화물의 하선에 대한 설명으로 ( ) 안에 들어갈 내용을 바르게 나열한 것은?

- 하선신고를 한 자는 입항일(외항에서 입항수속을 한 경우 접안일)로부터 컨테이너화물은 (A), 원목, 곡물 원유 등 벌크화물은 (B) 내에 해당물품을 하선장소에 반입해야 한다.
- 하역업체가 화물을 하선하려는 때에는 (C) 단위의 적재화물목록을 기준으로 하선신고하며, LCL화물로서 해당 하선장소의 CFS 내에 컨테이너 적출 및 반입작업을 하려는 때에는 (D) 단위로 물품반입신고를 해야 한다.

가. A : 5일, B : 30일, C : Master B/L, D : House B/L

나. A : 5일, B : 10일, C : Master B/L, D : Master B/L

다. A : 5일, B : 10일, C : Master B/L, D : House B/L 〈법률 개정으로 선지 변경〉

라. A : 3일, B : 5일, C : House B/L, D : Master B/L 〈법률 개정으로 선지 변경〉

마. A : 3일, B : 5일, C : Master B/L, D : House B/L

해설 A, B. 하선신고를 한 자는 입항일로부터 다음 각 호의 어느 하나에 해당하는 기간 내에 해당물품을 하선장소에 반입하여야 한다.

－컨테이너화물 : 5일 〈법률 개정으로 해설 변경〉

－원목, 곡물, 원유 등 벌크화물 : 10일

하역업체가 화물을 하선하려는 때에는 Master B/L 단위의 적재화물목록을 기준으로 하선신고 하며, LCL화물로서 해당 하선장소의 CFS 내에 컨테이너 적출 및 반입작업을 하려는 때에는 House B/L 단위로 물품반입신고를 해야 한다.

정답 | 04 다

PART 05

05 출항하려는 물품에 대한 적재화물목록 제출과 관련한 설명으로 틀린 것은?

가. 〈법률 개정으로 선지 삭제〉

나. 태국으로 출항하려는 해상포장화물의 적재화물목록은 적재하기 전까지 제출해야 하며, 선박이 출항하기 전까지 최종 마감하여 제출하여야 한다.

다. 출항하려는 항공화물의 적재화물목록은 적재하기 전까지 제출해야 하며, 항공기가 출항하기 30분 전까지 최종 마감하여 제출해야 한다.

라. 공동배선의 경우 출항하려는 물품의 운항선사는 용선선사가 전자문서로 작성하여 제공한 물품목록 자료를 취합하여 세관장에게 제출해야 한다.

마. 출항하려는 혼재화물의 경우 선사는 화물운송주선업자가 전자문서로 작성하여 제공한 혼재화물적재화물목록을 최종적으로 취합하여 제출해야 한다.

해설 해상화물은 해당물품을 선박에 적재하기 24시간 전까지 제출하여야 하며, 근거리 지역의 경우에는 해당물품을 선박에 적재하기 전까지 제출하되 선박이 출항하기 30분 전까지 최종 마감하여 제출하여야 한다.

06 출항화물 적재에 대한 설명으로 틀린 것은?

가. 출항하려는 물품은 적재신고가 수리되기 전에 선박 또는 항공기에 적재할 수 없다. 다만, 내국물품적재허가를 받아 직접 본선에 적재 후 수출신고하려는 물품은 그러하지 아니하다.

나. 선사 또는 항공사는 적재결과 물품이 적재화물목록과 상이할 때에는 적재완료를 한 날까지 적재결과보고서를 세관장에게 제출하여야 한다.

다. 선사와의 계약에 따라 검수(검정)업자가 물품검수(검정)를 한 경우에는 검수(검정)업자가 적재결과보고서를 세관장에게 제출하여야 한다.

라. 선사가 출항목적이 아닌 하역작업상의 필요 등에 따라 보세화물을 일시적재하려는 경우 적재 전에 세관장에게 일시적재신고를 하여야 한다.

마. 일시적재한 화물은 동일 선박이 접안한 부두에서 떠나기 전 일시하역물품 재하선 신고서를 제출하고 하선해야 한다.

해설 선사 또는 항공사는 적재결과 물품이 적재화물목록과 상이할 때에는 적재완료 다음 날까지 적재결과보고서를 작성하여 세관장에게 제출해야 한다.

정답 | 05 나 06 나

07 화물운송주선업자에 대한 설명으로 틀린 것은?

가. 화물운송주선업자의 등록을 하려는 자는 화물운송주선업자 등록(갱신)신청서를 업체 소재지 관할 세관장에게 제출하여야 한다.

나. 화물운송주선업자의 등록을 갱신하려는 자는 기간만료 1개월 전까지 신청하여야 한다.

다. 화물운송주선업자의 등록을 한 자는 등록사항에 변동이 생긴 때에는 그 변동사유가 발생한 날부터 60일 이내에 변동신고하여야 한다.

라. 화물운송주선업자는 적재화물목록 작성책임자로서 적재물품과 부합되게 혼재화물적재화물목록을 작성하여 제출하여야 한다.

마. 화물운송주선업자는 적재물품이 운송의뢰를 받은 물품과 일치하지 않거나 위조화폐, 마약 등 수출입금지물품 또는 제한물품을 확인한 때에는 지체없이 세관장에게 신고하여야 한다.

해설 화물운송주선업자의 등록을 하려는 자는 화물운송주선업자 등록(갱신) 신청서를 통관지 세관장에게 제출하여야 하며, 신청서는 우편 및 전자우편으로 제출할 수 있다.

08 〈23년 개정으로 문제 삭제〉

09 〈법률 개정으로 문제 삭제〉

10 보세운송화물 도착에 대한 설명으로 틀린 것은?

가. 보세운송인은 보세운송물품을 신고수리(승인)일로부터 정하는 기간(항공화물 5일, 해상화물 10일)까지 목적지에 도착시켜야 한다.

나. 보세운송인은 물품이 도착지에 도착한 때 지체없이 B/L번호 및 컨테이너번호(컨테이너화물인 경우)를 보세구역운영인 또는 화물관리인에게 제시하고 물품을 인계하여야 한다.

다. 도착지 보세구역 운영인 또는 화물관리인은 도착물품에 과부족이 있거나 봉인파손, 봉인번호 상이 등 이상이 발견된 경우 지체없이 세관장에게 보고하여야 한다.

라. 보세운송 도착화물에 대한 이상보고를 받은 도착지 세관장은 담당공무원으로 하여금 그 실태를 조사하게 할 수 있다.

마. 도착지세관장은 도착물품에 이상이 있는 경우 사실 확인을 조사한 후 처벌, 관세추징 등의 조치를 하고 그 결과를 세관화물정보시스템에 등록하여야 한다.

정답	07 가	08 개정 삭제	09 개정 삭제	10 마

해설 도착지세관장은 조사한 결과 도착물품에 이상이 있는 경우에는 즉시 신고지세관장에게 이상 내역을 통보하여야 한다. 신고지세관장은 매일 세관화물정보시스템을 조회하여 보세운송 기간 내에 전량 반입신고가 없는 미착물품과 도착지세관장으로 부터 이상내역을 통보받은 물품에 대하여는 사실을 확인하는 조사를 한 후 처벌, 관세추징 등의 조치를 취하고 그 결과를 세관화물정보시스템에 등록하여야 한다.

11 특정물품간이보세운송업자 지정요건으로 틀린 것은?

가. 자본금 3억원 이상인 법인

나. 2억원 이상의 인・허가 보증보험에 가입한 자이거나 관세법 제24조에 따른 담보(부동산은 제외)를 2억원 이상 제공한 자

다. 유개 화물자동차 10대 이상과 트랙터 10대 이상 보유한 자

라. 임원 중 관세사 1명 이상 재직하고 있는 업체

마. 수출입 안전관리 우수업체 또는 직전 법규수행능력평가 B등급 이상인 법인

해설 세관장은 등록한 보세운송업자 중 다음 각 호의 요건을 갖춘 자에 대하여는「관리대상화물 관리에 관한 고시」 규정에 의한 검사대상화물 등 특정 물품을 보세운송할 수 있는 자("특정물품간이보세운송업자")로 지정할 수 있다.

① 자본금 3억원 이상인 법인

② 2억원 이상의 인・허가 보증보험에 가입한 자이거나 법 제24조에 따른 담보(부동산은 제외)를 2억원 이상 제공한 자

③ 유개화물자동차 10대 이상과 트랙터 10대 이상 보유한 자

④ 임원 중 관세사 1명 이상 재직하고 있는 업체

12 보세운송신고에 대한 설명으로 틀린 것은?

가. 보세운송신고를 하려는 자는 화물관리번호가 부여된 이후에 할 수 있다.

나. 보세운송신고를 한 자는 보세구역 출발 전까지 운송수단 배차예정내역신고서를 제출(철도・선박・항공 포함)하여야 한다.

다. 항공사가 국내 국제항 간에 항공기로 보세운송하려는 경우의 보세운송신고서는 발송지세관에 전자문서로 출항적재화물목록을 제출하는 것으로 갈음할 수 있다.

라. 보세운송하려는 물품이 동일한 보세구역으로부터 동일한 도착지로 운송되는 경우에는 1건으로 일괄하여 신고할 수 있다.

마. LC화물 중 컨테이너에서 적출하지 아니한 상태로 보세운송하는 경우, Master B/L 단위로 신고할 수 있다.

정답	11 마 12 나

해설 보세운송 신고를 한 자는 보세운송 시 사용할 운송수단에 대하여 보세구역 출발 전까지 발송지세관장 또는 도착지세관장에게 운송수단 배차예정내역신고서를 제출(철도 · 선박 · 항공 제외)하여야 한다. 이때, 한 건의 보세운송에 대하여 복수의 운송수단을 이용할 경우 복수의 운송수단을 함께 기재하여 신고할 수 있다.

13 보세운송 절차가 필요한 물품으로 맞는 것은?

가. 우편법에 따라 체신관서의 관리하에 운송되는 물품
나. 검역법 등에 따라 검역관서가 인수하여 검역소 구내계류장으로 운송하는 검역대상 물품
다. 검역법 등에 따라 검역관서가 인수하여 검역시행장소로 운송하는 검역대상물품
라. 보세공장 및 자유무역지역에서 제조 · 가공하여 수출하는 물품
마. 국가기관에 의하여 운송되는 압수물품

해설 다음 각 호의 어느 하나에 해당하는 물품은 보세운송 절차를 요하지 아니한다.
① 「우편법」에 따라 체신관서의 관리하에 운송되는 물품
② 「검역법」 등에 따라 검역관서가 인수하여 검역소 구내계류장 또는 검역시행 장소로 운송하는 검역대상 물품
③ 국가기관에 의하여 운송되는 압수물품

14 보세운송승인에 대한 설명으로 틀린 것은?

가. 세관장은 보세운송을 승인한 물품의 감시단속을 위하여 필요하다고 인정하면 운송통로를 제한할 수 있다.
나. 무세 또는 관세가 면제될 것이 확실하다고 인정하는 물품은 담보제공을 생략한다.
다. 자율관리 보세구역으로 지정된 보세공장에 반입하는 물품은 담보제공을 생략한다.
라. 보세운송 승인신청인은 신청에 관한 자료를 2년간 보관하여야 한다.
마. 보세운송 승인요건에 위배되는 경우에는 특정물품 간이보세운송업자에게 보세운송을 승인할 수 있다.

해설 세관장은 심사결과 보세운송의 승인을 신청한 물품이 다음 각 호의 어느 하나에 해당하는 경우에는 보세운송 승인을 할 수 없다.
① 보세운송 승인요건에 위배되는 경우
② 그 밖에 세관장이 화물의 감시단속상 보세운송을 제한할 필요가 있는 경우

정답	13 라 14 마

15 보세구역외 장치의 허가 등에 대한 설명으로 틀린 것은?

가. 세관장은 보세구역외장치 허가신청을 받은 경우 보세구역외장치 허가기간에 1개월을 연장한 기간을 담보기간으로 하여 담보제공을 명할 수 있다.

나. 보세구역외장치의 허가기간은 6개월의 범위 내에서 세관장이 필요하다고 인정하는 기간으로 정한다.

다. 보세구역외장치장에 반입된 화물이 수입신고수리되거나 반송 및 보세운송절차에 따라 반출된 화물은 반출신고를 하여야 한다.

라. 보세구역외장치허가를 받은 자가 그 허가받은 장소에 물품을 반입할 때에는 물품 도착 즉시 세관장에게 반입신고를 하여야 한다.

마. 세관장은 보세구역외장치물품의 반입일로부터 3개월 이내에 통관하지 아니할 때에는 매월 정기적으로 재고조사를 실시하여야 한다.

해설 보세구역외장치장에 반입한 화물 중 수입신고수리된 화물은 반출신고를 생략하며 반송 및 보세운송절차에 따라 반출된 화물은 반출신고를 하여야 한다.

16 보세화물의 반입에 대한 설명으로 틀린 것은?

가. 화물분류기준에 따라 장치장소가 결정된 물품은 하선(기)절차가 완료된 후 보세구역에 물품을 반입하여야 한다.

나. 운영인은 반입된 물품이 반입예정 정보와 품명 · 수량이 상이하거나 안보위해물품의 반입, 포장파손, 누출, 오염 등으로 이상이 있는 경우에는 즉시 세관장에게 반입물품 이상보고서를 제출하여야 한다.

다. 위험물 장치허가를 받지 아니한 특허보세구역 운영인 및 지정보세구역 관리인은 화물 반입 시에 위험물인지를 확인하여야 하며 위험물을 발견하였을 때에는 즉시 세관장에게 보고하여야 한다.

라. 수출입물품은 관할세관 내에 보세창고가 부족하여 화주가 요청하는 경우 세관장의 승인을 얻어 세관지정장치장에 장치할 수 있다.

마. 수입화주는 관할 세관 내에 영업용 보세창고가 없어 세관지정장치장에 장치하고자 하는 경우 세관장의 승인을 얻어 장치할 수 있다.

해설 세관장은 관리대상화물을 세관지정장치장에 장치한다. 다만, 보세판매장 판매용물품은 「보세판매장운영에 관한 고시」에 따라 장치하고, 수출입물품은 공항만 보세구역의 화물적체 해소와 관할 세관 내에 보세창고가 부족하여 화주가 요청하는 경우 세관장의 승인을 얻어 세관지정장치장에 장치할 수 있으며, 관할 세관 내에 영업용 보세창고가 없는 경우에는 세관장의 승인 없이 장치할 수 있다.

정답 | 15 다 16 마

17 보세화물의 장치장소 결정에 대한 설명으로 맞는 것은?

가. 선사는 화주 또는 그 위임을 받은 자가 세관장과 협의하여 정하는 장소에 보세화물을 장치하는 것을 원칙으로 한다.

나. 화주 또는 그 위임을 받은 자가 장치장소에 대한 별도의 의사표시가 없는 경우, Master B/L 화물은 화물운송주선업자가 선량한 관리자로서 장치장소를 결정한다.

다. 화주 또는 그 위임을 받은 자가 장치장소에 대한 별도의 의사표시가 없는 경우, House B/L화물은 화물운송주선업자가 선량한 관리자로서 선사 및 보세구역 운영인과 협의하여 장치장소를 결정한다.

라. 입항 전 또는 하선(기) 전에 수입신고가 된 물품은 세관지정장치장에 반입하여 통관절차와 검사절차를 수행하여야 한다.

마. 수입고철은 세관지정 보세창고에 장치하는 것을 원칙으로 한다.

해설 가. 선사는 화주 또는 그 위임을 받은 자가 운영인과 협의하여 정하는 장소에 보세화물을 장치하는 것을 원칙으로 한다.

나, 다. 화주 또는 그 위임을 받은 자가 장치장소에 대한 별도의 의사표시가 없는 경우에는 다음 각 목에 따른다.

① Master B/L화물은 선사가 선량한 관리자로서 장치장소를 결정한다.

② House B/L화물은 화물운송주선업자가 선량한 관리자로서 선사 및 보세구역 운영인과 협의하여 장치장소를 결정한다.

라. 입항 전 또는 하선(기) 전에 수입신고가 되거나 보세운송신고가 된 물품은 보세구역에 반입함이 없이 부두 또는 공항 내에서 보세운송 또는 통관절차와 검사절차를 수행하도록 하여야 한다.

마. 수입고철(비금속설을 포함)은 고철전용장치장에 장치하는 것을 원칙으로 한다.

18 보세화물의 재고관리에 관한 설명 중 틀린 것은?

가. 운영인은 매 반기별 자체 전산시스템의 재고자료를 출력하여 실제재고와 이상이 있는지를 확인하여야 하며, 전체 전산재고내역과 현품재고조사 결과를 세관장에게 보고하여야 한다.

나. 세관장은 자율관리보세구역으로 지정받은 경우 전체 전산재고내역과 현품재고조사 결과를 연 1회 보고하게 할 수 있다.

다. 운영인으로부터 전산재고 내역과 현품 재고조사 결과를 보고받은 세관장은 이를 세관화물정보시스템의 재고현황과 대조 확인하여야 하며, 필요하다고 판단되는 때에는 7일 이내의 기간을 정하여 현장에서 이를 확인할 수 있다.

라. 세관장은 확인결과 재고현황에 이상이 있다고 판단되는 경우에는 그 사유를 밝히는 등 필요한 조치를 취하여야 한다.

마. 법규수행능력평가 결과 A등급 업체의 경우, 재고조사 현장확인을 보세구역 운영상황 점검과 같이 실시할 수 있다.

정답	17 다 18 가

해설 운영인은 매 분기별 자체 전산시스템의 재고자료를 출력하여 실제재고와 이상이 있는지를 확인하여야 하며, 전체 전산재고내역과 현품재고조사 결과를 세관장에게 보고하여야 한다. 다만, 세관장은 법규수행능력 A등급(90점 이상) 운영인 또는 자율관리보세구역으로 지정받은 경우 그 운영인에게는 연 1회 보고하게 할 수 있다.

19 보수작업에 대한 설명으로 틀린 것은?

가. 보세구역에서의 보수작업이 곤란하다고 세관장이 인정할 때에는 기간과 장소를 지정받아 보세구역 밖에서 보수작업을 할 수 있다.

나. 운영인이 동일 품목을 대상으로 동일한 보수작업을 반복적으로 하려는 경우에 세관장은 외국물품의 장치 및 세관 감시단속에 지장이 없을 때에는 1년 이내의 기간을 정하여 이를 포괄적으로 승인할 수 있다.

다. 보수작업 신청인이 보수작업을 완료한 경우에는 보수작업 완료보고서를 세관장에게 제출하여 그 확인을 받아야 한다.

라. 보수작업으로 외국물품에 부가된 내국물품은 외국물품으로 본다.

마. 수입될 물품의 보수작업은 외국물품을 재료로 해서 작업할 수 있다.

해설 외국물품은 수입될 물품의 보수작업의 재료로 사용할 수 없다.

20 ( ) 안에 들어갈 내용을 바르게 나열한 것은?

> 관세법 제157조의2에 따라 관세청장이 정하는 보세구역에 반입된 물품의 화주 또는 반입자는 관세법 제177조에도 불구하고 그 물품의 (A)로부터 (B) 이내에 해당물품을 보세구역으로부터 반출하여야 한다.
> 세관장은 화주 또는 반입자가 이를 위반한 경우에는 관세법 제277조에 따라 100만원 이하의 (C)을(를) 부과한다.

가. A : 수입신고일, B : 15일, C : 과태료

나. A : 수입신고일, B : 30일, C : 과징금

다. A : 수입신고수리일, B : 15일, C : 과태료

라. A : 수입신고수리일, B : 30일, C : 과징금

마. A : 수입신고수리일, B : 30일, C : 과태료

해설 관세청장이 정하는 보세구역에 반입되어 수입신고가 수리된 물품의 화주 또는 반입자는 장치기간에도 불구하고 그 수입신고 수리일부터 15일 이내에 해당 물품을 보세구역으로부터 반출하여야 한다. 세관장은 화주 또는 반입자가 이를 위반한 경우에는 관세법 제277조에 따라 100만원 이하의 과태료를 부과한다.

정답 | 19 마 20 다

21 보세구역에 장치된 물품에 대하여 아래의 상황이 발생한 때 세관장에게 신고해야 하는 것으로 맞는 것은?

가. 장치물품에 이상이 있는 때
나. 장치물품의 폐기
다. 장치물품의 견본품 반출
라. 장치물품의 해체 · 절단 등의 작업
마. 장치물품의 보수작업

해설 나. 부패 · 손상되거나 그 밖의 사유로 보세구역에 장치된 물품을 폐기하려는 자는 세관장의 승인을 받아야 한다.
다. 보세구역에 장치된 외국물품의 전부 또는 일부를 견본품으로 반출하려는 자는 세관장의 허가를 받아야 한다.
라. 보세구역에 장치된 물품에 대하여는 그 원형을 변경하거나 해체 · 절단 등의 작업을 할 수 있다. 작업을 하려는 자는 세관장의 허가를 받아야 한다.
마. 보수작업(예 원산지표시)을 하려는 자는 세관장의 승인을 받아야 한다.

22 ( ) 안에 들어갈 보세화물의 장치기간을 모두 합산한 기간으로 맞는 것은?

> ① 지정장치장 반입물품의 장치기간은 (A)로 한다.
> 다만, 부산항 · 인천항 · 인천공항 · 김해공항 항역 내의 지정장치장으로 반입된 물품과 특송물품 수입통관 사무처리에 관한 고시 제2조 제2호에 해당하는 물품의 장치기간을 (B)로 하며, 세관장이 필요하다고 인정할 때에는 (C)의 범위에서 그 기간을 연장할 수 있다.
> ② 유치물품 및 습득물의 장치기간은 (D)로 한다. 다만, 유치물품은 화주의 요청이 있거나 세관장이 필요하다고 인정하는 경우 (E)의 범위에서 그 기간을 연장할 수 있다.

가. 10개월 나. 11개월
다. 12개월 라. 13개월
마. 14개월

해설 지정장치장 반입물품의 장치기간은 6개월로 한다. 다만, 부산항 · 인천항 · 인천공항 · 김해공항 항역 내의 지정장치장으로 반입된 물품과 「특송물품 수입통관 사무처리에 관한 고시」 제2조제2호에 해당하는 물품(특송물품)의 장치기간은 2개월로 하며, 세관장이 필요하다고 인정할 때에는 2개월의 범위에서 그 기간을 연장할 수 있다.
유치물품 및 습득물의 장치기간은 1개월로 한다. 다만, 유치물품은 화주의 요청이 있거나 세관장이 필요하다고 인정하는 경우 1개월의 범위에서 그 기간을 연장할 수 있다.

정답 21 가 22 다

23 보세화물 폐기에 관한 설명으로 틀린 것은?

가. 부패 · 손상되거나 그 밖의 사유로 보세구역에 장치된 물품을 폐기하려는 자는 세관장의 승인을 받아야 한다.

나. 세관장의 폐기 또는 반송명령을 받은 화주, 반입자 또는 그 위임을 받은 자는 동 물품을 자기 비용으로 폐기 또는 반송하여야 한다.

다. 세관장의 폐기명령을 받은 자가 기간이 경과하여도 이를 폐기 또는 반송하지 않은 물품 중 폐기하지 않고 방치할 경우 공익을 해할 것으로 인정된 물품은 세관장이 행정대집행법에 따라 보세구역 운영인 또는 화물관리인 등에게 폐기하게 할 수 있다.

라. 세관장이 폐기를 명할 때 화주나 반입자 또는 그 위임을 받은 자가 불분명하고 그 물품의 폐기가 급박할 경우에는 세관장은 별도의 공고 없이 이를 폐기할 수 있다.

마. 폐기처분 후 잔존물에 대해서는 잔존물의 성질과 수량에 따라 관세 등 각종 세금을 부과한다.

해설 폐기를 명할 때 화주나 반입자 또는 그 위임을 받은 자가 불분명하고, 그 물품의 폐기가 급박할 경우에는 세관장은 공고한 후 이를 폐기할 수 있다.

24 보세화물 매각에 관한 설명으로 틀린 것은?

가. 경쟁입찰로 매각하려는 경우, 매각되지 아니한 때에는 5일 이상의 간격을 두어 다시 입찰에 붙일 수 있으며 그 예정가격은 최초 예정가격의 100분의 10 이내의 금액을 입찰 시마다 체감할 수 있다.

나. 예정가격의 체감은 제2회 입찰 때부터 하되 그 체감한도액은 최초예정가격의 100분의 50으로 한다. 다만, 최초예정가격을 기초로 산출한 세액 이하의 금액으로 체감할 수 없다.

다. 요건확인품목을 수입조건으로 공매하는 때에는 낙찰자가 공매대금을 납입할 때까지 법령에서 정한 요건을 구비하는 것을 조건으로 공매한다.

라. 대외무역관리규정의 원산지표시 대상품목의 경우에는 낙찰자가 원산지를 표시할 것을 조건으로 공매한다.

마. 수급조절대상 한약재는 한약재 수확시기(10월~12월)를 피하여 공매처분하여야 한다.

해설 수입조건으로 공매하는 때에는 낙찰자가 물품을 인도받기 전에 해당 물품에 관하여 「통합공고」에서 정한 법령의 요건을 구비하는 것을 조건으로 공매한다.

정답 | 23 라 24 다

25 반출통고에 관한 설명으로 맞는 것은?

가. 보세판매장에 반입한 물품에 대해서는 보세판매장 운영인이 화주나 반입자 또는 그 위임을 받은 자(이하 "화주 등"이라 한다)에게 반출통고한다.

나. 영업용보세창고에 반입한 물품의 반출통고는 관할세관장이 화주 등에게 한다.

다. 지정장치장에 반입한 물품의 반출통고는 화물관리인이 화주 등에게 한다.

라. 지정장치장, 보세창고에 반입한 물품에 대한 반출통고는 장치기간 만료 10일 전까지 하여야 한다.

마. 유치 · 예치물품 등의 반출통고는 장치기간 만료 30일 전까지 하여야 한다.

해설 가. 보세전시장, 보세건설장, 보세판매장, 보세공장, 보세구역외장치장, 자가용보세창고에 반입한 물품에 대해서는 관할세관장이 화주나 반입자 또는 그 위임을 받은 자("화주 등")에게 반출통고한다.

나. 다. 영업용보세창고에 반입한 물품의 반출통고는 보세구역운영인이 화주 등에게 하며, 지정장치장에 반입한 물품의 반출통고는 화물관리인이 화주 등에게 하여야 한다.

라. 지정장치장, 보세창고에 반입한 물품에 대한반출통고는 장치기간 만료 30일 전까지 하여야 한다.

마. 유치 · 예치물품 등의 반출통고는 장치기간 만료시점에 하여야 한다. 다만, 유치 또는 예치할 때 매각한다는 것을 통고한 경우에는 생략할 수 있다.

PART 05

4과목 자율관리 및 관세벌칙

01 국제무역선(기)의 입출항 절차에 대한 설명으로 틀린 것은?

가. 국제무역선(기)이 국제항에 입항하였을 때에는 세관장에게 입항보고를 하여야 하며, 출항하려면 세관장으로부터 출항허가를 받아야 한다.

나. 선장이나 기장은 국제무역선(기) 입출항 시 여객 및 승무원에 관한 사항과 적재화물에 관한 사항 등이 기재된 서류를 세관장에게 제출하여야 한다.

다. 대통령령으로 정하는 요건을 갖춘 화물운송주선업자는 입출항과 관련한 적재화물목록을 제출할 수 있다.

라. 국제무역선(기) 입항 후 물품을 하역하지 않고 48시간 이내에 출항하는 경우 적재화물목록 제출 생략 등 간이 입출항 절차 적용의 혜택을 받을 수 있다.

마. 세관정은 필요한 경우 승객예약자료 제출을 요청할 수 있으며, 이 경우 선박회사나 항공사는 이에 따라야 한다.

해설 국제무역선이나 국제무역기가 국제항에 입항하여 물품(선박용품 또는 항공기용품과 승무원의 휴대품은 제외한다)을 하역하지 아니하고 입항한 때부터 24시간 이내에 출항하는 경우 세관장은 적재화물목록, 선박용품 또는 항공기용품의 목록, 여객명부, 승무원명부, 승무원 휴대품목록 또는 적재물품의 목록의 제출을 생략하게 할 수 있다.

정답	25 다 01 라

02 조건부 하역 선박용품의 관리에 대한 설명으로 틀린 것은?

가. 수리업자 등은 조건부 하역 대상 선박용품에 대하여 직접 적재 등을 하거나 공급자 중에서 대행업체를 지정하여 선박과 수리업체 간의 운송을 대행하게 할 수 있다.

나. 일시 하선하려는 때에는 세관장에게 하선허가신청서를 제출하고 허가를 받아야 한다.

다. 조건부 하역한 외국선박용품은 최대 1년 이내에 해당 선박에 적재하고 적재완료 보고를 하여야 한다.

라. 수리업자 등이 하선한 선박용품을 적재기간 내에 적재할 수 없는 때에는 보세구역에 반입해야 한다.

마. 해당 선박이 입항하지 않거나 부득이한 사유로 조건부 하역 외국선박용품을 외국으로 반출하려는 때에는 보세구역에 반입 후 반송절차에 관한 고시에 따라 처리한다.

해설 수리업자 등은 조건부 하역한 외국선박용품을 하역일로부터 30일 이내에 해당 선박에 적재하고 세관장에게 완료보고해야 한다. 다만, 세관장이 선박용품의 수리 지연 등 부득이한 사유가 있다고 인정하는 때에는 5월의 범위 내에서 적재 기간을 연장하거나, 같은 선사 소속의 다른 국제무역선에 적재하도록 할 수 있다.

03 관리대상화물 관리에 관한 고시상 용어의 정의이다. (　　) 안에 들어갈 내용을 바르게 나열한 것은?

- (A)이란 세관장이 선별한 검사대상화물 중 검색기검사를 하지 않고 바로 개장검사를 실시하는 화물을 말한다.
- (B)이란 세관장이 선별한 검사대상화물 중 하선(기)장소 또는 장치예정장소에서 이동식검색기로 검사하거나 컨테이너적출 시 검사하는 화물을 말한다.
- (C)이란 세관장이 선별한 감시대상화물 중 하선(기)장소 또는 장치예정장소까지 추적감시하는 화물을 말한다.

가. A : 즉시검사화물, B : 수입신고후검사화물, C : 반입후검사화물

나. A : 반입후검사화물, B : 운송추적검사화물, C : 하선감시화물

다. A : 즉시검사화물, B : 반입후검사화물, C : 운송추적감시화물

라. A : 검색기검사화물, B : 수입신고후검사화물, C : 하선감시화물

마. A : 반입후검사화물, B : 즉시검사화물, C : 운송추적감시화물

해설
- "즉시검사화물"이란 세관장이 선별한 검사대상화물 중 검색기검사를 하지 않고 바로 개장검사를 실시하는 화물을 말한다.
- "반입후검사화물"이란 세관장이 선별한 검사대상화물 중 하선(기)장소 또는 장치예정장소에서 이동식검색기로 검사하거나 컨테이너적출 시 검사하는 화물을 말한다.
- "운송추적감시화물"이란 세관장이 선별한 감시대상화물 중 하선(기)장소 또는 장치예정장소까지 추적감시하는 화물을 말한다.

정답 | 02 다　03 다

04 관세법령상 물품의 하역 등에 대한 설명으로 틀린 것은?

가. 국제무역선이나 국제무역기는 입항절차를 마친 후가 아니면 물품을 하역하거나 환적할 수 없다.

나. 국제무역선이나 국제무역기에 물품을 하역하려면 세관장에게 신고하고 현장에서 세관공무원의 확인을 받아야 한다. 다만, 세관공무원이 확인할 필요가 없다고 인정하는 경우에는 그러하지 아니하다.

다. 세관장은 감시 · 단속을 위하여 필요할 때에는 물품을 하역하는 장소 및 통로와 기간을 제한할 수 있다.

라. 국제무역선이나 국제무역기에는 내국물품을 적재할 수 없다. 다만, 세관장의 승인을 받았을 때에는 그러하지 아니하다.

마. 세관장은 내국운송신고를 하는 경우에는 국제무역선 또는 국제무역기에 내국물품을 적재하게 할 수 있다.

해설 국제무역선이나 국제무역기에는 내국물품을 적재할 수 없으며 국내운항선이나 국내운항기에는 외국물품을 적재할 수 없다. 다만, 세관장의 허가를 받았을 때에는 그러하지 아니하다.

05 선박용품 관리에 대한 설명이다. (　) 안에 들어갈 내용을 바르게 나열된 것은?

- 선박용품의 보세운송기간은 보세운송신고수리(승인)일로부터 (A) 이내에서 실제 운송에 필요한 기간으로 한다. 다만, 세관장은 그 사유가 타당하다고 인정하는 경우에는 (B) 이내에서 한번만 연장승인할 수 있다.
- 선박용품의 적재 · 환적 허가를 받은 자는 허가일부터 (C) 이내에 적재 등을 완료해야 한다. 다만, 1회 항행일수가 7일 이내인 국제무역선은 해당 항차의 출항허가 전까지 그 절차를 완료해야 한다.

가. A : 10일, B : 7일, C : 10일

나. A : 10일, B : 10일, C : 10일

다. A : 10일, B : 15일, C : 7일

라. A : 15일, B : 10일, C : 10일

마. A : 15일, B : 15일, C : 7일

해설 선박용품 보세운송기간은 보세운송신고수리(승인)일로부터 15일 이내에서 실제 운송에 필요한 기간으로 한다. 다만, 세관장은 그 사유가 타당하다고 인정하는 경우에는 15일 이내에서 한 번만 연장승인할 수 있다.

정답	04 라　05 마

06 관세법령상 국제항의 지정 요건이다. ( ) 안에 들어갈 내용을 바르게 나열한 것은?

- 항구의 경우 국제무역선인 5천톤급 이상의 선박이 연간 (A) 이상 입항하거나 입항할 것으로 예상될 것
- 공항의 경우 정기여객기가 주 (B) 이상 입항하거나 입항할 것으로 예상될 것, 또는 여객기로 입국하는 여객수가 연간 (C) 이상일 것
- (D) 또는 관계 행정기관의 장은 국제항이 국제항의 지정요건을 갖추지 못하여 업무수행 등에 상당한 지장을 준다고 판단하는 경우에는 기획재정부장관에게 그 사실을 보고해야 한다.

가. A : 50회, B : 6회, C : 4만명, D : 세관장
나. A : 60회, B : 6회, C : 4만명 D : 관세청장
다. A : 50회, B : 5회, C : 5만명, D : 세관장
라. A : 50회, B : 6회, C : 4만명, D : 관세청장
마. A : 60회, B : 5회, C : 5만명, D : 관세청장

해설
- 항구의 경우 : 국제무역선인 5천톤급 이상의 선박이 연간 50회 이상 입항하거나 입항할 것으로 예상될 것
- 공항의 경우 : 정기여객기가 주 6회 이상 입항하거나 입항할 것으로 예상되거나 여객기로 입국하는 여객수가 연간 4만명 이상일 것
- 관세청장 또는 관계 행정기관의 장은 국제항이 제1항에 따른 지정요건을 갖추지 못하여 업무수행 등에 상당한 지장을 준다고 판단하는 경우에는 기획재정부장관에게 그 사실을 보고해야 한다. 이 경우 기획재정부장관은 관세청장 또는 국제항시설의 관리기관의 장과 국제항에 대한 현장점검을 할 수 있다.

07 관세법령상 국제항이 아닌 지역에 대한 출입허가수수료 징수예외 사유로 규정되어 있지 않은 것은?

가. 국제무역선 또는 국제무역기에 대한 항행의 편의도모나 그 밖의 특별한 사정이 있는 경우
나. 급병환자, 항해 중 발견한 밀항자, 항해 중 구조한 조난자 · 조난선박 · 조난화물 등의 하역 또는 인도를 위하여 일시 입항하는 경우
다. 위험물품 · 오염물품 기타 이에 준하는 물품의 취급, 유조선의 청소 또는 가스발생선박의 가스제거작업을 위하여 법령 또는 권한 있는 행정관청이 정하는 일정한 장소에 입항하는 경우
라. 국제항의 협소 등 입항여건을 고려하여 관세청장이 정하는 일정한 장소에 입항하는 경우
마. 법령의 규정에 의하여 강제로 입항하는 경우

정답 | 06 라 07 가

해설 출입허가수수료 면제사유

① 법령에 규정에 의하여 강제로 입항하는 경우
② 급병환자, 항해 중 발견한 밀항자, 항해 중 구조한 조난자 · 조난선박 · 조난화물 등의 하역 또는 인도를 위하여 일시 입항하는 경우
③ 위험물품 · 오염물품 기타 이에 준하는 물품의 취급, 유조선의 청소 또는 가스발생 선박의 가스제거작업을 위하여 법령 또는 권한 있는 행정관청이 정하는 일정한 장소에 입항하는 경우
④ 국제항의 협소 등 입항여건을 고려하여 관세청장이 정하는 일정한 장소에 입항하는 경우

08 국제무역기를 국내운항기로 전환하는 절차와 관련하여 틀린 것은?

가. 항공기의 전환승인 신청을 받은 세관장은 항공기 전환 승인(신청)서의 기재사항을 심사하여 이상이 없는 때에 승인해야 한다. 다만, 현장을 확인할 필요가 있는 경우에는 해당 항공기에 나가서 기재사항의 사실여부를 확인할 수 있다.

나. 세관장은 국제무역기를 국내운항기로 전환승인하기 전에 외국에서 구입한 항공기용품이 남아 있는 경우와 그 밖의 과세대상 물품이 있는 경우 기장 등이 수입신고한 때 전환승인해야 한다.

다. 기장 등이 항공기의 전환을 신청하려는 때에는 승무원휴대품과 항공기용품을 제외한 다른 화물이 적재되어 있지 않아야 한다. 다만, 다른 화물이 적재되어 있는 상태에서 전환하려는 때에는 전환승인 신청 시 소정의 수수료만 납부하면 된다.

라. 세관장은 국제무역기의 전환승인 시 관세채권의 확보가 곤란한 경우에는 관세 등을 납부 후 승인해야 한다. 다만, 공휴일 등 관세납부가 어려운 경우 수입신고하는 때 외국 항공기 소유자(기장 등 포함)의 관세납부확약서 등을 제출받아 승인할 수 있다.

마. 국제무역기가 수입신고수리되거나 국내운항기가 수출신고수리된 경우, 기상악화, 항공기 고장 등 부득이한 사유로 국내 공항에 임시 착륙 후 최초 목적지 공항으로 이동하는 경우에는 전환신청을 생략할 수 있다.

해설 기장 등이 항공기의 전환을 신청하려는 때에는 승무원휴대품과 항공기용품을 제외한 다른 화물이 적재되어 있지 않아야 한다. 다만, 다른 화물이 적재되어 있는 상태에서 전환하려는 때에는 전환승인 신청 시 품명, 규격, 수(중)량 및 그 사유를 기재해야 한다.

정답 | 08 다

09 관리대상화물 관리에 관한 고시에서 규정한 관리대상화물에 해당하지 않는 것은?

가. 우편물
나. 특송물품
다. 단기체류자가 반입하는 이사물품
라. 여행자의 유치물품 및 예치물품
마. 보세판매장 판매용 물품(외국물품에 한함)

해설 "관리대상화물"이란 세관장이 지정한 보세구역 등에 감시·단속 등의 목적으로 장치하거나 검사 등을 실시하는 화물로서 다음 각 목의 어느 하나에 해당하는 물품을 말한다.

① 입항보고서 및 적재화물목록을 제출받은 세관장이 선별한 검사대상화물(검색기검사화물, 즉시검사화물, 반입후검사화물 및 수입신고후검사화물) 및 감시대상화물(하선(기)감시화물 및 운송추적감시화물)
② 특송물품
③ 이사자와 단기체류자가 반입하는 이사물품("이사물품 등")
④ 유치물품 및 예치물품("유치물품 등")
⑤ 보세판매장 판매용 물품(외국물품만을 말한다. "보세판매용물품")

10 관리대상화물 중 화주의 신청에 의해 검사대상 화물의 해제가 가능한 화물로 맞는 것은?

① 원자재(수출, 내수용 포함) 및 시설재
② 학술연구용 실험기자재이거나 실험용품
③ 보세공장, 영업용 보세창고에 반입하는 물품
④ 보세전시장, 자가용 보세창고에 반입하는 물품

가. ①, ②
나. ①, ④
다. ②, ③
라. ②, ④
마. ③, ④

해설 화주 또는 화주로부터 권한을 위임받은 자는 선별된 검사대상화물 또는 감시대상화물이 다음 각 호의 어느 하나에 해당하는 경우 세관장에게 검사대상화물의 해제를 신청할 수 있으며, 신청서류는 우편, FAX, 전자우편으로 제출할 수 있다.

① 원자재(수출, 내수용 포함) 및 시설재인 경우
② 보세공장, 보세건설장, 보세전시장, 보세판매장에 반입하는 물품인 경우
③ 학술연구용 실험기자재이거나 실험용품인 경우
④ 그 밖에 세관장이 상기에 준하는 사유가 있다고 인정하는 경우

정답	09 가　10 가

11 **수출입안전관리 기준 준수도의 측정 · 평가 · 활용에 대한 설명이다. (　) 안에 들어갈 내용을 바르게 나열한 것은?**

> ① 관세청장은 수출입 안전관리 우수업체로 공인받기 위한 신청 여부와 관계없이 수출입물품의 제조 · 운송 · 보관 또는 통관 등 무역과 관련된 자 중 대통령령으로 정하는 자를 대상으로 관세법 제255조의2 제1항에 따른 (A) 기준을 준수하는 정도를 대통령령으로 정하는 절차에 따라 측정 · 평가할 수 있다.
> ② 관세청장은 ①에 따른 측정 · 평가 대상자에 대한 (B)를 위하여 ①에 따라 측정 · 평가한 결과를 대통령령으로 정하는 바에 따라 활용할 수 있다.

가. A : 안전관리, B : 지원 · 관리
나. A : 위험관리, B : 지원 · 관리
다. A : 내부통제, B : 지원 · 관리
라. A : 안전관리, B : 통제 · 관리
마. A : 내부통제, B : 통제 · 관리

해설 관세법 제255조의7(수출입 안전관리 기준 준수도의 측정 · 평가)
① 관세청장은 수출입안전관리우수업체로 공인받기 위한 신청 여부와 관계없이 수출입물품의 제조 · 운송 · 보관 또는 통관 등 무역과 관련된 자 중 대통령령으로 정하는 자를 대상으로 제255조의2제1항에 따른 안전관리 기준을 준수하는 정도를 대통령령으로 정하는 절차에 따라 측정 · 평가할 수 있다.
② 관세청장은 제1항에 따른 측정 · 평가 대상자에 대한 지원 · 관리를 위하여 같은 항에 따라 측정 · 평가한 결과를 대통령령으로 정하는 바에 따라 활용할 수 있다.

12 **수출입 안전관리 우수업체 공인 및 운영에 관한 고시에서 정하고 있는 공인기준 중 일부를 발췌한 것이다. (　) 안에 들어갈 내용을 바르게 나열한 것은? 〈2023년 시험범위 변경으로 해당 문제 시험범위 아님〉**

> • (A) : 수출입신고 등의 적정성을 유지하기 위한 기업의 영업활동, 신고 자료의 흐름 및 회계처리 등과 관련하여 부서 간 상호 의사소통 및 통제 체제를 갖출 것
> • 안전관리 : 수출입물품의 안전한 관리를 확보할 수 있는 거래업체, 운송수단, 출입통제, 인사, 취급절차, (B), 정보 및 교육 · 훈련체계를 갖출 것
> • 재무건전성 : 재무제표에 대한 감사보고서의 감사의견이 적정이어야 하며, 부채비율이 동종업종의 평균 부채비율의 (C) 이하이거나 외부신용평가기관의 신용평가 등급이 투자적격 이상 또는 매출 증가 등으로 성실한 법규준수의 이행이 가능할 정도의 재정을 유지하여야 한다.

가. A : 법규준수도, B : 채용절차, C : 200%
나. A : 법규준수도, B : 시설과 장비, C : 300%
다. A : 내부통제시스템, B : 채용절차, C : 300%
라. A : 내부통제시스템, B : 시설과 장비, C : 300%
마. A : 내부통제시스템, B : 시설과 장비, C : 200%

정답 | 11 가　12 마

해설 A : 내부통제시스템 : 수출입신고 등의 적정성을 유지하기 위한 기업의 영업활동, 신고 자료의 흐름 및 회계처리 등과 관련하여 부서 간 상호 의사소통 및 통제 체제를 갖출 것

B : 안전관리 : 수출입물품의 안전한 관리를 확보할 수 있는 거래업체, 운송수단, 출입통제, 인사, 취급절차, 시설과 장비, 정보기술 및 교육 · 훈련체계를 갖출 것

C : 신청업체는 부채비율이 동종업종의 평균 부채비율의 200% 이하이거나 외부신용평가기관의 신용평가 등급이 투자적격 이상 또는 매출 증가 등으로 성실한 법규준수의 이행이 가능할 정도의 재정을 유지하여야 한다.

13 수출입 안전관리 우수업체의 관리책임자에 대한 공인 전 교육 내용이 아닌 것은?

가. 무역안전과 원활화를 위한 국제 규범 및 국내외 제도
나. 수출입 안전관리 우수업체 공인기준의 세부내용
다. 수출입 안전관리 우수업체 제도와 필요성
라. 법규준수 및 수출입 안전관리를 위한 내부통제시스템
마. 정기자율평가 및 종합심사(갱신심사) 대비를 위한 준수사항

해설 관리책임자 교육내용

구분	교육 내용
공인 전 교육	• 무역안전과 원활화를 위한 국제 규범 및 국내외 제도 • 수출입 안전관리 우수업체 제도와 필요성 • 법규준수 및 수출입 안전관리를 위한 내부통제시스템 • 수출입 안전관리 우수업체 공인기준의 세부내용 • 수출입 안전관리 우수업체 공인 신청 시 사전 점검항목 및 주의사항
공인 후 교육	• 무역안전과 원활화를 위한 국제 규범 및 국내외 제도의 흐름과 변화 • 법규준수 및 수출입 안전관리를 위한 관리책임자의 역할 • 수출입 안전관리 우수업체의 공인 유지를 위한 효율적인 사후관리 방법 • 정기 자체 평가 및 종합심사(갱신심사) 대비를 위한 준수사항

정답 | 13 마

14 **수출입 안전관리 우수업체의 관리책임자에 대한 공인 후 교육에 대한 설명이다. ( ) 안에 들어갈 내용을 바르게 나열한 것은?**

> 공인 후 교육 : 매 (A)마다 총괄책임자는 (B) 이상, 수출입관리책임자는 (C) 이상(처음 교육은 공인일자를 기준으로 1년 이내에 받아야 함) 다만, 관리책임자가 변경된 경우에는 변경된 날로부터 (D) 이내에 해당 교육을 받아야 한다.

가. A : 1년, B : 4시간, C : 8시간, D : 1년
나. A : 2년, B : 4시간, C : 8시간, D : 180일
다. A : 2년, B : 4시간, C : 16시간, D : 180일
라. A : 2년, B : 8시간, C : 8시간, D : 1년
마. A : 2년, B : 8시간, C : 16시간, D : 150일

해설
- 공인 후 교육 : 매 2년마다 총괄책임자는 4시간 이상, 수출입관리책임자는 8시간 이상(처음 교육은 공인일자를 기준으로 1년 이내 받아야 함)
  다만, 관리책임자가 변경된 경우에는 변경된 날로부터 180일 이내에 해당 교육을 받아야 한다. 관세청장은 관리책임자가 공인 후 아래의 교육을 받지 않았을 때에는 다음 차수의 교육을 받도록 권고하여야 한다.
- 공인 전 교육 : 수출입관리책임자는 16시간 이상. 다만, 공인 전 교육의 유효기간은 해당 교육을 받은 날로부터 5년임

15 **수출입 안전관리 우수업체 공인 기준에 대한 설명이다. ( ) 안에 들어갈 내용을 바르게 나열한 것은?**

> 수출입 안전관리 우수업체로 공인을 받기 위해서는 공인기준 중에서 필수적인 기준을 충족하고, 다음 각 호의 요건을 모두 충족하여야 한다.
> 1. 법규준수도가 (   )점 이상일 것. 다만, 중소 수출기업은 심의위원회를 개최하는 날을 기준으로 직전 2개 분기 연속으로 해당 분기단위의 법규준수도가 (A)점 이상인 경우도 충족한 것으로 본다.
> 2. 내부통제시스템 기준의 평가점수가 (B)점 이상일 것
> 3. 재무건전성 기준을 충족할 것
> 4. 안전관리 기준 중에서 충족이 권고되는 기준의 평가점수가 (C)점 이상일 것

가. A : 70, B : 70, C : 70
나. A : 70, B : 70, C : 80
다. A : 80, B : 70, C : 70
라. A : 80, B : 80, C : 70
마. A : 80, B : 80, C : 80

정답	14 나 15 라

해설 수출입 안전관리 우수업체로 공인을 받기 위해서는 공인기준 중에서 필수적인 기준을 충족하고, 다음 각 호의 요건을 모두 충족하여야 한다.

① 법규준수도가 80점 이상일 것. 다만, 중소 수출기업은 심의위원회를 개최하는 날을 기준으로 직전 2개 분기 연속으로 해당 분기단위의 법규준수도가 80점 이상인 경우도 충족한 것으로 본다.
② 내부통제시스템 기준의 평가점수가 80점 이상일 것
③ 재무건전성 기준을 충족할 것
④ 안전관리 기준 중에서 충족이 권고되는 기준의 평가점수가 70점 이상일 것

16 수출입 안전관리 우수업체가 공인심사 및 종합심사(갱신심사) 절차를 이행한 사례이다. 관련 규정에 따라 맞게 처리된 것은?

가. A社는 공인유효기간이 2017.10.15.~2022.10.14.까지인 업체로 2022.5.15.에 종합심사(갱신심사) 신청서를 제출하였다.

나. B社는 5개 공인부문에 걸쳐 공인을 받은 업체로 부문별 공인일자가 달라서, 공인일자가 가장 늦은 공인부문을 기준으로 종합심사(갱신심사)를 함께 신청하였다.

다. 대기업인 C社는 공인심사 신청 전 예비심사를 희망하였으나, 중소 수출기업만 예비심사가 가능하다고 알고 있어 신청서를 제출하지 않았다.

라. D社는 공인신청시 관리책임자의 교육이수확인서를 제출하지 않아 관세청장으로부터 기각 당하였다.

마. 공인유효기간이 2022.5.15.인 E社는 2022.6.20. 특허보세구역의 특허사항을 위반하여 과태료가 부과되었으나, 2022.6.30. 현재 종합심사(갱신심사)가 진행 중이어서 과태료 경감혜택을 적용받았다.

해설 가. 수출입 안전관리 우수업체는 공인을 갱신하고자 할 때에는 공인의 유효기간이 끝나기 6개월 전까지 수출입 안전관리 우수업체 종합심사(갱신심사) 신청서와 자율평가표 등 서류를 첨부하여 관세청장에게 전자문서로 제출하여야 한다. A社는 유효기간이 끝나기 6개월 이후(2022.5.15.)에 제출하였으므로 규정에 맞지 않다.

나. 수출입 안전관리 우수업체가 여러 공인부문에서 걸쳐 공인을 받은 경우에는 공인일자가 가장 빠른 공인부문을 기준으로 종합심사(갱신심사)를 함께 신청할 수 있다. B社는 가장 늦은 공인부문을 기준으로 종합심사(갱신심사)를 함께 신청하였으므로 규정에 맞지 않다.

다. 관세청장은 중소 수출기업이 예비심사를 신청한 경우에는 다른 신청업체에 우선하여 예비심사를 할 수 있다. 중소수출기업에 대한 예비심사를 우선한다는 것이며, 대기업(C社)도 예비심사가 가능하다.

정답	16 라, 마(중복답안)

17 수출입 안전관리 우수업체 공인 및 종합심사(갱신심사) 운영상 예비심사에 대한 설명으로 틀린 것은?

가. 관세평가분류원장은 예비심사 신청서를 접수하고, 수탁기관에 해당 신청서와 관련서류를 이관한다.

나. 수탁기관은 예비심사 신청업체에 연락하여 심사대상 · 범위, 면담일정 · 장소 등을 협의하여야 한다.

다. 수탁기관은 예비심사를 할 때에 서류심사 방식으로 수행한다. 다만, 신청업체가 원하는 경우에는 신청업체의 사업장을 직접 방문하여 수행할 수 있다.

라. 수탁기관은 예비심사를 마친 후 10일 이내에 심사결과 총평, 공인심사 준비서류 점검 결과, 공인기준 일부에 대한 예시적 검증(심사) 결과, 그 밖에 수출입 안전관리 우수업체 공인과 관련하여 참고할 사항을 포함한 예비심사 결과보고서를 관세평가분류원장에게 제출하여야 한다.

마. 수탁기관은 수출입 안전관리 우수업체 공인을 신청한 업체가 제출한 내용을 검토한 후 신청업체에게 예비심사 결과 통지서를 송부하여야 한다.

해설 관세평가분류원장은 제1항에 따라 제출한 내용을 검토한 후 신청업체에게 별지 제2호서식의 예비심사 결과 통지서를 송부하여야 한다.

PART 05

18 수출입 안전관리 우수업체 공인심사 신청에 따른 서류심사에 대한 설명으로 틀린 것은?

가. 관세청장은 공인심사 신청서를 접수한 날로부터 60일 이내에 서류심사를 마쳐야 한다.

나. 관세청장은 보완 요구서를 송부하기 전에 신청업체의 요청이 없는 경우에도 해당업체의 의견을 듣거나 업체에게 소명할 수 있는 기회를 주어야 한다.

다. 관세청장은 신청업체가 제출한 서류를 통해서 공인기준을 충족하는지를 확인하기 어려운 경우에는 30일의 범위 내에서 신청업체에게 보완을 요구할 수 있다.

라. 신청업체는 천재지변, 주요 사업장의 이전, 법인의 양도, 양수, 분할 및 합병 등 부득이한 사유로 보완에 장시간이 걸리는 경우에는 보완기간의 연장을 신청할 수 있다.

마. 관세청장은 보완을 요구할 때에는 보완 요구서에 보완하여야 할 사항, 보완을 요구하는 이유 및 보완기한 등을 구체적으로 기재하여 신청업체에게 통보하여야 한다.

해설 관세청장은 보완 요구서를 송부하기 전에 신청업체의 요청이 있을 때에는 해당 업체의 의견을 듣거나 업체에게 소명할 수 있는 기회를 줄 수 있다.

정답 | 17 마 18 나

19 수출입 안전관리 우수업체 공인 및 종합심사(갱신심사) 시 관세평가분류원장의 현장심사 중단에 대한 내용이다. ( ) 안에 들어갈 내용을 바르게 나열한 것은?

> 관세평가분류원장은 신청업체가 다음 각 호의 어느 하나에 해당하는 경우에는 공인운영고시 제9조 제7항에 따라 관세청장의 승인을 받고 별지 제10호 서식의 현장심사 중단 통지서에 따라 현장심사를 중단할 수 있다.
>
> (이하 중략)
>
> 1. 신청업체의 (A)이 공인기준을 현저히 충족하지 못하여 심사를 계속하더라도 기간 내에 공인기준을 충족할 가능성이 없는 것으로 판단되는 경우
> 2. 심사를 고의적으로 (B)하는 경우
> 3. 심사를 방해하는 경우
> 4. 요구한 자료(통관적법성 관련 자료 제출 요구를 포함한다)를 제출하지 않거나 거짓자료를 제출한 경우

가. A : 내부통제기준, B : 거부

나. A : 수출입 관리현황, B : 지연

다. A : 수출입 관리현황, B : 거부

라. A : 내부통제기준, B : 지연

마. A : 위험관리기준, B : 지연

해설 현장심사 중단사유

관세평가분류원장은 신청업체가 다음 각 호의 어느 하나에 해당하는 경우에는 공인운영고시 제9조 제7항에 따라 관세청장의 승인을 받고 현장심사 중단 통지서에 따라 현장심사를 중단할 수 있다. 이 경우 공인신청 기각, 공인취소, 혜택 정지, 관세조사 전환 등 필요한 조치를 하거나, 관세청장에게 건의할 수 있다.

1. 신청업체의 수출입 관리현황이 공인기준을 현저히 충족하지 못하여 심사를 계속하더라도 기간 내에 공인기준을 충족할 가능성이 없는 것으로 판단되는 경우
2. 심사를 고의적으로 지연하는 경우
3. 심사를 방해하는 경우
4. 요구한 자료(통관적법성 관련 자료 제출 요구를 포함한다)를 제출하지 않거나 거짓자료를 제출한 경우

정답 | 19 나

20 수출입 안전관리 우수업체 공인기준 중 보세구역운영인 부문에서 공인가능한 경우로 맞는 것은?

가. 관세법 제276조에 따라 벌금형 선고를 받은 후 1년이 경과한 경우
나. 신청업체의 통합법규준수도가 70점인 경우
다. 관세법을 위반하여 징역형의 실형을 선고받고 그 집행이 끝나거나 면제된 후 2년이 경과한 경우
라. 안전관리 기준 중에서 충족이 권고되는 기준의 평가점수가 60점인 경우
마. 중소기업으로서 부채비율이 동종업종 평균 부채비율의 300%인 경우

해설 가, 다. 신청업체와 신청인(관리책임자 포함) 법령을 위반하여 벌칙조항 중 징역형이 규정된 조항에 따라 벌금형 이상을 선고받은 사실이 있는 경우에는 징역형 종료 또는 벌금형 선고 후 2년이 경과하거나 집행유예 기간이 만료되어야 한다.

나. 신청업체는 통합법규준수도시스템 또는 현장심사를 통하여 측정한 관세행정 법규준수도가 수출입 안전관리우수업체 공인기준(80점이며 평가점수는 매 분기 관세청 전자통관시스템인 UNIPASS를 통하여 확인가능)을 충족하여야 한다.

라. 내부통제시스템 기준의 평가점수가 80점 이상일 것

마. 신청업체는 부채비율이 동종업종의 평균 부채비율의 200% 이하이거나 외부신용평가기관의 신용평가 등급이 투자적격 이상 또는 매출 증가 등으로 성실한 법규준수의 이행이 가능할 정도의 재정을 유지하여야 한다.

21 수출입 안전관리 우수업체 중 보세구역운영인 부문에 적용되는 안전관리 기준이다. ( ) 안에 들어갈 내용을 바르게 나열한 것은? 〈2023년 시험범위 변경으로 해당 문제 시험범위 아님〉

- 운영인은 컨테이너와 트레일러 등에 비인가된 물품이나 사람의 침입을 방지하기 위해 (A)을(를) 관리하고, 손상된 (A)을(를) 식별하여 (B) 및 관련 외국 관세당국에 보고하는 절차를 마련하여야 한다.
- 운영인은 직원을 식별하고, 접근을 통제하기 위하여 (C)을(를) 마련하고, 회사 관리자를 지정하여 직원, 방문자, 납품업자를 식별하는 표식의 발급과 회수를 관리하여야 한다.

가. A : 봉인, B : 세관장, C : 직원식별시스템
나. A : 봉인, B : 관세청장, C : 출입카드
다. A : 잠금장치, B : 세관장, C : 직원식별시스템
라. A : 잠금장치, B : 관세청장, C : 출입카드
마. A : 접근통제장치, B : 세관장, C : 접근통제장치

해설
- 운영인은 컨테이너와 트레일러 등에 비인가된 물품이나 사람의 침입을 방지하기 위해 봉인을 관리하고, 손상된 봉인을 식별하여 세관장 및 관련 외국 관세당국에 보고하는 절차를 마련하여야 한다.
- 운영인은 직원을 식별하고, 접근을 통제하기 위하여 직원식별시스템을 마련하고, 회사 관리자를 지정하여 직원, 방문자, 납품업자를 식별하는 표식의 발급과 회수를 관리하여야 한다.

정답	20 다　21 가

22 수출입 안전관리 우수업체 공인 및 운영과 관련하여 아래 표 안의 업무를 수행하는 자로 맞는 것은?

- 정기 자율평가, 변동사항 보고, 공인 또는 종합심사(갱신심사) 수감 등 준수관련 업무
- 직원에 대한 수출입 안전관리 교육
- 정보 교환, 회의 참석 등 수출입 안전관리 관련 관세청 및 세관과의 협업
- 세액 등 통관적법성 준수 관리
- 그 밖에 업체의 법규준수 향상을 위한 활동

가. 한국AEO진흥협회 본부장
나. 관리책임자
다. 기업상담전문관
라. 회사대표
마. AEO심사관

해설 관리책임자는 다음 각 호에 해당하는 업무를 담당한다.

① 수출입 관리현황 설명서 작성, 정기 자율평가, 변동사항 보고, 공인 또는 종합심사(갱신심사) 수감 등 공인기준 준수관련 업무
② 직원에 대한 수출입 안전관리 교육
③ 정보 교환, 회의 참석 등 수출입 안전관리 관련 관세청 및 세관과의 협업
④ 세액 등 통관적법성 준수 관리
⑤ 그 밖에 업체의 법규준수 향상을 위한 활동

23 수출입 안전관리 우수업체 중 AAA등급을 받을 수 있는 조건으로 바르게 짝지어진 것은?

① 종합심사(갱신심사)를 받은 업체 중 법규준수도가 95점 이상인 업체
② 세관장으로부터 원산지인증수출자로 인증을 받은 업체
③ 중소기업이 수출입 안전관리 우수업체로 공인을 받는데 지원한 실적이 우수한 업체
④ 거래업체 중 수출입 안전관리 우수업체의 비율이 높은 업체

가. ①, ②
나. ①, ③
다. ②, ③
라. ②, ④
마. ③, ④

해설 관세청장은 공인등급별 기준에 따라 출입 안전관리 우수업체 심의위원회 심의를 거쳐 공인등급을 결정한다.

① A등급 : 법규준수도가 80점 이상인 업체
② AA등급 : 법규준수도가 90점 이상인 업체
③ AAA등급 : 종합심사(갱신심사)를 받은 업체 중에서 법규준수도가 95점 이상이고, 다음 각 목의 어느 하나에 해당하는 업체

1. 수출입 안전관리와 관련하여 다른 업체에 확대하여 적용할 수 있는 우수사례가 있는 업체. 이 경우 해당 우수사례는 공인등급을 상향할 때에 한 번만 유효하다.
2. 중소기업이 수출입 안전관리 우수업체로 공인을 받는데 지원한 실적이 우수한 업체

정답 | 22 나 23 나

24 수출입 안전관리 우수업체 심의위원회의 심의대상으로 틀린 것은?

가. 수출입 안전관리 우수업체의 공인 및 갱신
나. 수출입 안전관리 우수업체의 공인의 취소
다. 수출입 안전관리 우수업체의 공인등급 조정
라. 공인과 갱신을 유보한 업체의 공인심사 및 종합심사(갱신심사)의 신청 각하
마. 공인과 갱신을 유보하는 업체의 지정

해설 수출입 안전관리 우수업체 심의위원회 심의사항
관세청에 수출입 안전관리 우수업체 심의위원회를 둔다.
1. 수출입 안전관리 우수업체의 공인 및 갱신
2. 수출입 안전관리 우수업체의 공인등급 조정
3. 공인과 갱신을 유보하는 업체의 지정
4. 공인과 갱신을 유보한 업체의 공인심사 및 종합심사(갱신심사)의 신청 기각
5. 수출입 안전관리 우수업체 공인의 취소
6. 그 밖에 관세청장이 수출입 안전관리 우수업체 제도의 운영 등에 관하여 심의위원회에 부치는 사항

25 다음 표 안의 사례 발생 시 수출입 안전관리 우수업체에 대하여 조치할 사항으로 맞는 것은?

- 신청업체가 나머지 공인기준은 모두 충족하였으나, 법규준수도 점수기준을 충족하지 못한 경우
- 신청업체가 수입하는 물품의 과세가격 결정방법이나 품목분류 및 원산지 결정에 이견이 있음에도 불구하고 관세법 제37조, 제86조 및 자유무역협정의 이행을 위한 관세법의 특례에 관한 법률 제31조에 따른 사전심사를 신청하지 않은 경우(수입부문에만 해당한다)
- 신청업체가 사회적 물의 등을 일으켰으나 해당 사안이 공인의 결격에 해당하는지를 판단하는데 추가적으로 사실을 확인하거나 심의를 위한 충분한 법리검토가 필요한 경우

가. 수출입 안전관리 우수업체 공인취소
나. 수출입 안전관리 우수업체 혜택정지
다. 수출입 안전관리 우수업체 공인유보
라. 수출입 안전관리 우수업체 공인등급조정
마. 수출입 안전관리 우수업체 공인신청기각

해설 관세청장은 신청업체가 다음 각 호의 어느 하나에 해당하는 경우에는 심의위원회의 심의를 거쳐 공인을 유보할 수 있다.
① 신청업체가 나머지 공인기준은 모두 충족하였으나, 법규준수도 또는 재무건전성 기준을 충족하지 못하는 경우
② 신청업체가 수입하는 물품의 과세가격 결정방법이나 품목분류 및 원산지 결정에 이견이 있음에도 불구하고 법에 따른 사전심사를 신청하지 않은 경우(수입부문에만 해당한다)
③ 신청업체가 별표 1의 공인부문별 공인기준 중에서 법규준수(공인기준 일련번호 1.1.1부터 1.1.4까지에만 해당)의 결격에 해당하는 형사 및 사법절차가 진행 중인 경우
④ 신청업체가 사회적 물의 등을 일으켰으나 해당 사안이 공인의 결격에 해당하는지를 판단하는데 추가적으로 사실을 확인하거나 심의를 위한 충분한 법리검토가 필요한 경우
⑤ 그 밖에 심의위원회에서 공인의 유보가 필요하다고 인정하는 경우

정답	24 라 25 다

PART 05

01 자율관리보세구역 지정에 관한 설명으로 틀린 것은?

가. 운영인 등의 법규수행능력이 우수하여 보세구역 자율관리에 지장이 없어야 한다.

나. 일반 자율관리보세구역과 우수 자율관리보세구역이 있다.

다. 우수 자율관리보세구역은 보세사 채용이 면제된다.

라. 화물의 반출입, 재고관리 등 실시간 물품관리가 가능한 전산시스템(WMS, ERP 등)을 구비하여야 한다.

마. 세관장은 자율관리보세구역 운영인 등에게 갱신절차 등을 지정기간 만료 2개월 전에 문서, 전자메일, 전화, 휴대폰 문자전송 방법 등으로 미리 알려야 한다.

해설 우수 자율관리보세구역 요건

가. 보세화물관리를 위한 보세사 채용

나. 화물의 반출입, 재고관리 등 실시간 물품관리가 가능한 전산시스템 구비

다. 「종합인증우수업체 공인 및 관리업무에 관한 고시」에 해당하는 종합인증 우수업체

라. 보세공장의 경우 「보세공장 운영에 관한고시」에 따라 수출신고금액 비중이 50% 이상이고 시스템이 갖춰질 것

02 자율관리보세구역의 감독에 대한 설명 중 틀린 것은?

가. 운영인은 회계연도 종료 3개월이 지난 후 15일 이내에 자율관리보세구역 운영 등의 적정여부를 자체점검하고 자율점검표를 작성하여 세관장에게 제출하여야 한다.

나. 운영인이 자율점검표를 재고조사 결과와 함께 제출하려는 경우 자율점검표를 다음 해 2월 말까지 제출할 수 있다.

다. 세관장은 자율점검표 심사결과 자율관리보세구역 운영관리가 적정하다고 판단되는 경우 정기감사를 생략할 수 있다.

라. 자율점검표 미제출 · 제출기간 미준수 등의 사유에 해당하는 경우 정기감사를 하여야 한다.

마. 세관장이 별도의 감사반을 편성 정기감사를 하는 경우 외부 민간요원은 감사반에 포함할 수 없다.

해설 세관장은 자율관리보세구역의 운영실태 및 보세사의 관계법령 이행여부 등을 확인하기 위하여 별도의 감사반을 편성(외부 민간위원을 포함할 수 있다)하고 7일 이내의 기간을 설정하여 연 1회 정기감사를 실시하여야 한다.

정답	01 다 02 마

03 세관장이 자율관리보세구역에 대하여 기간을 정하여 절차생략 등을 정지하는 경우에 대한 설명으로 맞는 것은?

가. 보세사가 해고 또는 취업정지 등의 사유로 업무를 수행할 수 없는 경우 절차생략 등을 정지할 수 있다.

나. 운영인이 보세화물 관리에 관리에 관한 의무사항 불이행으로 경고처분을 1년에 2회 이상 받은 경우 절차생략이 정지된다.

다. 경고처분으로 절차생략이 정지되는 경우 최대 정지기간은 2개월을 초과할 수 없다.

라. 절차생략 등을 정지하는 기간 동안 자율관리보세구역에 위탁되거나 생략된 업무는 운영인이 직접 관리한다.

마. 세관장은 절차생략 등을 정지하는 경우 한국관세물류협회장에게 통보하여야 한다.

해설 가. 나. 다. 라. 절차생략 등의 정지

① 세관장은 자율관리보세구역 운영인 등이 다음 각 호의 어느 하나에 해당하는 경우에는 기간을 정하여 절차생략 등을 정지할 수 있다.

가. 보세사가 해고 또는 취업정지 등의 사유로 업무를 수행할 수 없는 경우 : 보세사 채용 시까지

나. 운영인 등이 경고처분을 1년에 3회이상 받은 경우 : 1개월 이내의 기간

③ 세관장은 절차생략 등을 정지하는 기간 동안 자율관리보세구역에 위탁되거나 생략된 업무는 세관공무원이 직접 관리한다.

마. 해당 규정 없음

PART 05

04 보세구역의 자율관리에 대한 관세법 본문이다. ( ) 안에 들어갈 내용을 바르게 나열한 것은?

> 보세구역 중 물품의 관리 및 세관감시에 지장이 없다고 인정하여 (A)이 정하는 바에 따라 (B)이 지정하는 보세구역(이하 "자율관리보세구역"이라 한다.)에 장치한 물품은 제157조에 다른 세관공무원의 참여와 이 법에 따른 절차 중(C)이 정하는 절차를 생략한다.

가. A : 관세청장, B : 세관장, C : 관세청장

나. A : 세관장, B : 관세청장, C : 세관장

다. A : 세관장, B : 세관장, C : 세관장

라. A : 관세청장, B : 관세청장, C : 관세청장

마. A : 세관장, B : 관세청장, C : 관세청장

해설 보세구역 중 물품의 관리 및 세관감시에 지장이 없다고 인정하여 관세청장이 정하는 바에 따라 세관장이 지정하는 보세구역(이하 "자율관리보세구역"이라 한다.)에 장치한 물품은 제157조에 다른 세관공무원의 참여와 이 법에 따른 절차 중 관세청장이 정하는 절차를 생략한다.

정답	03 가 04 가

05 자율관리보세구역 제도에 대한 설명으로 맞는 것은?

가. 보세구역의 화물관리인이나 운영인은 자율관리보세구역의 지정을 받으려면 관세청장에게 지정을 신청하여야 한다.

나. 자율관리보세구역의 지정기간은 지정일로부터 5년으로 하며, 지정기간 만료 1개월 전까지 갱신 신청하여야 한다.

다. 세관장은 보세구역 운영상황 점검(현장확인) 시 자율관리보세구역에 대한 정기감사를 생략하거나 통합하여 실시할 수 있다.

라. 보세창고가 보세사 채용 및 물품관리전산시스템을 구비한 경우 우수자율관리보세구역으로 지정할 수 있다.

마. 보세사가 해고 또는 취업정지 등의 사유로 업무를 수행할 수 없는 경우 3개월 이내의 기간동안 자율관리보세구역에 대한 절차생략 등을 정지할 수 있다.

해설 가. 자율관리보세구역으로 지정을 받으려는 사람은 자율관리보세구역 지정신청서(보세사 등록증 등 첨부)를 세관장에게 제출하여야 하며, 신청서류는 우편 또는 FAX 등 정보통신망 등을 이용하여 제출할 수 있다.

나. 신청을 받은 세관장은 지정요건(보세사 채용여부 등)을 검토하여 보세화물관리 및 세관 감시감독에 지장이 없다고 판단되는 경우 해당 보세구역의 특허기간을 지정기간으로 하여 자율관리보세구역을 지정하고 자율관리보세구역 지정서를 교부하여야 한다. 보세구역 운영인 등이 자율관리보세구역 지정기간을 갱신하려는 때에는 지정기간이 만료되기 1개월 전까지 세관장에게 지정신청 서식으로 자율관리보세구역 갱신 신청을 하여야 한다.

라. 우수 자율관리보세구역 지정요건

1. 보세화물관리를 위한 보세사 채용
2. 화물의 반출입, 재고관리 등 실시간 물품관리가 가능한 전산시스템(WMS, ERP) 구비
3. 「종합인증우수업체 공인 및 관리업무에 관한 고시」에 해당하는 종합인증 우수업체
4. 보세공장의 경우 「보세공장 운영에 관한고시」에 따라 수출신고금액 비중이 50% 이상이고 시스템(기업자원관리 등)이 갖춰질 것

마. 보세사가 해고 또는 취업정지 등의 사유로 업무를 수행할 수 없는 경우 보세사 채용 시까지 절차생략 등을 정지할 수 있다.

정답 | 05 다

06 보세사의 징계와 보세징계위원회의 운영에 대한 설명 중 맞는 것은?

가. 보세사의 징계의 종류는 견책, 책임, 업무정지가 있다.

나. 세관장은 보세사가 관세법이나 관세법에 따른 명령을 위반한 경우에는 보세사 징계위원회에 1개월 이내에 해당 보세사에 대한 징계의결을 요구하여야 한다.

다. 보세사징계위원회는 보세사 징계의결의 요구를 받은 때에는 징계의결의 요구를 받은 날로부터 2개월 내에 이를 의결하여야 한다.

라. 위원이 징계의결 대상 보세사와 직접적으로 업무 연관성이 있는 경우 보세사징계위원회의 심의 · 의결에서 제척된다.

마. 보세사가 연간 6월의 범위 내에서 업무정지를 3회 받으면 등록을 취소한다.

해설 가, 마. 징계는 다음의 3종으로 한다. 다만, 연간 6월의 범위 내 업무정지를 2회 받으면 등록취소하여야 한다.

① 견책
② 6월의 범위 내 업무정지
③ 등록취소

나. 세관장은 보세사가 제14조제1항 각호에 해당하는 것으로 인정될 때에는 지체없이 위원회에 해당 보세사에 대한 징계의결을 요구하여야 한다.

다. 위원회는 세관장으로부터 징계의결의 요구가 있을 때에는 그 요구를 받은 날로부터 30일 이내에 의결하여야 한다.

PART 05

07 보세사의 의무에 대한 설명 중 틀린 것은?

가. 보세사는 관세법과 관세법에 따른 명령을 준수하여야 하며, 그 직무를 성실하고 공정하게 수행하여야 한다.

나. 보세사는 직무를 수행할 때 고의로 진실을 감추거나 거짓 진술을 하여서는 아니 된다.

다. 보세사는 다른 업무를 겸임할 수 없다. 다만, 영업용 보세창고의 경우 보세화물 관리에 지장이 없는 범위 내에서 다른 업무를 겸임할 수 있다.

라. 해당 보세구역에 작업이 있는 시간에는 상주하여야 한다.

마. 세관장의 업무감독에 관련된 명령을 준수하여야 하고 세관공무원의 지휘를 받아야 한다.

해설 보세사는 다른 업무를 겸임할 수 없다. 다만, 영업용 보세창고가 아닌 경우 보세화물 관리에 지장이 없는 범위 내에서 다른 업무를 겸임할 수 있다.

정답	06 라 07 다

08 **수출입물류업체에 대한 법규수행능력측정 및 평가관리에 관한 훈령에서 규정하는 용어의 정의로 틀린 것은?**

가. "법규수행능력측정 및 평가관리 시스템"이란 수출입물류업체에 대한 세관절차의 법규 이행정도를 확인하기 위한 평가항목의 등록, 측정, 평가 등을 하는 전산시스템을 말한다.

나. "법규수행능력"이란 수출입물류업체가 관세법규 등에서 정하는 사항을 준수한 정도를 측정한 점수를 말한다.

다. "통합법규수행능력"이란 개별 수출입물류업체의 측정점수와 물류공급망으로 연관된 전체 수출입물류업체의 측정점수를 반영하여 산출한 점수를 말한다.

라. "내부자율통제시스템"이란 수출입물류업체가 관세법령 등에서 정하는 보세화물 취급업무를 수행하기 위한 일련의 처리절차, 내부통제절차 등을 갖춘 자체시스템을 말한다.

마. "평가미이행업체"란 법규수행능력 평가항목 표준메뉴얼을 세관장에게 제출하지 아니한 업체를 말한다.

해설 "평가미이행업체"란 법규수행능력 평가항목 자율점검표를 세관장에게 제출하지 아니한 업체를 말한다.

09 **자유무역지역 반출입물품의 관리에 관한 고시에서 규정하고 있는 용어의 정의로 틀린 것은?**

가. "반입신고"란 물품을 자유무역지역으로 반입하기 위한 신고로서 관세법 제157조에 따른 반입신고를 말한다.

나. "국외반출신고"란 외국물품 등을 국외반출하기 위한 신고로서 관세법상 수출신고와 동일한 성격의 신고를 말한다.

다. "보수"란 해당 물품의 HS품목분류의 변화를 가져오지 않는 보존작업, 선별, 분류, 단순조립 등의 활동을 말한다.

라. "잉여물품"이란 제조 · 가공작업으로 인하여 발생하는 부산물과 불량품 등의 사유로 사용하지 않는 원재료와 제품 등을 말한다.

마. "사용소비신고"란 외국물품을 고유한 사업의 목적 또는 용도에 사용 또는 소비하기 위하여 관세법 시행령에 따른 수입신고서 서식으로 신고하는 것을 말한다.

해설 "국외반출신고"란 외국물품 등을 자유무역지역에서 국외로 반출하기 위한 신고를 말한다. 〈법률 개정으로 해설 변경〉

정답 | 08 마 09 나

10 자유무역지역의 지정 및 운영에 관한 법률(이하 '자유무역지역법'이라 한다)과 다른 법률과의 관계에 대한 내용으로 틀린 것은?

가. 자유무역지역의 지정 및 운영에 관하여 경제자유구역의 지정 및 운영에 관한 특별법에 다른 규정이 있는 경우에는 자유무역지역법을 우선하여 적용한다.

나. 자유무역지역 안의 외국물품등을 관세영역으로 반출하는 경우에는 관세법을 적용하지 아니한다.

다. 자유무역지역 내에서의 물품의 통관에 관하여는 관세법을 적용하는 것이 입주기업체에 유리한 경우에는 관세법을 적용한다.

라. 입주기업체 중 외국인투자기업에 대하여는 고용상 연령차별금지 및 고령자 고용촉진에 관한 법률에 따른 고용 의무 규정을 적용하지 아니한다.

마. 입주기업체 중 외국인투자기업에 대하여는 장애인고용촉진 및 직업재활법에 따른 사업주의 장애인 고용 의무 규정을 적용하지 아니한다.

해설 자유무역지역 안의 외국물품 등을 관세영역으로 반출하는 경우에는 「자유무역지역의 지정 및 운영에 관한 법률」에 규정된 사항을 제외하고는 관세법을 적용한다.

11 자유무역지역의 입주에 대한 내용으로 틀린 것은?

가. 관리권자와 입주계약을 체결하여야 하는 경우 파산선고를 받고 복권되지 아니한 자와는 계약을 체결할 수 없다.

나. 국내외 가격차에 상당하는 율로 양허한 농림축산물을 원재료로 하는 물품을 제조 · 가공하는 업종의 사업을 하려는 자가 원재료 및 원재료를 제조 · 가공한 물품을 전량 국외로 반출하는 경우에는 입주를 제한하지 아니할 수 있다.

다. 관리권자는 외국인투자기업, 수출을 주목적으로 사업을 하려는 자와 우선적으로 입주계약을 체결할 수 있다.

라. 관리권자와 입주계약을 체결하여야 하는 경우 관세 또는 내국세를 체납한 자와는 계약을 체결할 수 없다.

마. 물품의 하역 · 운송 · 보관 · 전시 사업을 하려는 자는 자유무역지역에 입주할 수 있다.

해설 다음 각 호의 어느 하나에 해당하는 자는 입주계약을 체결할 수 없다.

① 피성년후견인

② 「자유무역지역법」 또는 「관세법」(예 밀수입죄)을 위반하여 징역형의 실형을 선고받고 그 집행이 끝나거나(집행이 끝난 것으로 보는 경우를 포함) 집행이 면제된 날부터 2년이 지나지 아니한 사람

③ 「자유무역지역법」 또는 「관세법」을 위반하여 징역형의 집행유예를 선고받고 그 유예기간 중에 있는 사람

④ 벌금형 또는 통고처분을 받은 자로서 그 벌금형 또는 통고처분을 이행한 후 2년이 지나지 아니한 자. 다만, 양벌규정에 의해 처벌된 법인 또는 개인은 제외한다.

정답 | 10 나 11 가

⑤ 관세 또는 내국세를 체납한 자
⑥ 상기 결격사유에 해당하는 사람을 임원(해당 법인의 자유무역지역의 운영업무를 직접 담당하거나 이를 감독하는 사람으로 한정)으로 하는 법인
⑦ 법에 따라 입주계약이 해지(피성년후견인에 해당하여 입주계약이 해지된 경우는 제외한다)된 후 2년이 지나지 아니한 자

12 자유무역지역으로의 물품반입정지 사유로 틀린 것은?

가. 수입신고 및 관세 등의 납부를 하지 아니하고 외국물품 등을 자유무역지역에서 관세영역으로 반출한 경우
나. 수입신고 및 관세 등의 납부를 하지 아니하고 외국물품을 사용 · 소비하기 위하여 자유무역지역 안으로 반입한 경우
다. 관세법 제276조(허위신고죄 등)에 따른 위반사유에 해당하는 경우
라. 정당한 사유 없이 조사를 거부 · 방해 또는 기피하거나 자료제출을 거부한 경우
마. 국외 반출신고 시 법령에 따라 국외 반출에 필요한 허가 · 승인 · 추천 · 증명 또는 그 밖의 조건을 구비하지 아니하거나 부정한 방법으로 구비한 경우

해설 반입정지 사유

세관장은 다음 각 호의 어느 하나에 해당하는 경우에는 대통령령으로 정하는 바에 따라 6개월의 범위에서 해당 입주기업체에 대하여 자유무역지역으로의 물품반입을 정지시킬 수 있다.

① 수입신고 및 관세 등의 납부를 하지 아니하고 외국물품을 사용 · 소비하기 위하여 자유무역지역 안으로 반입한 경우
② 수입신고 및 관세 등의 납부를 하지 아니하고 외국물품 등을 자유무역지역에서 관세영역으로 반출한 경우
③ 전량 국외반출을 조건으로 반입한 원재료 및 원재료를 제조 · 가공한 물품을 자유무역지역에서 관세영역으로 반출한 경우
④ 사용 · 소비신고를 하고 사용 또는 소비해야 하는 물품을 사용 · 소비 신고를 하지 아니하고 물품을 사용 · 소비한 경우
⑤ 국외 반출신고 시 법령에 따라 국외 반출에 필요한 허가 · 승인 · 추천 · 증명 또는 그 밖의 조건을 구비하지 아니하거나 부정한 방법으로 구비한 경우
⑥ 역외작업 물품의 반출신고 및 관세 등의 납부의무를 위반한 경우
⑦ 재고 기록 등의 의무를 위반한 경우
⑧ 정당한 사유 없이 조사를 거부 · 방해 또는 기피하거나 자료제출을 거부한 경우
⑨ 「관세법」 제269조, 제270조, 제270조의2, 제271조(제268조의2의 미수범과 제268조의2의 죄를 저지를 목적으로 그 예비를 한 자는 제외) 및 제274조에 따른 위반사유에 해당하는 경우

정답 | 12 다

13 자유무역지역 외국물품 등의 보세운송에 관한 설명으로 틀린 것은?

가. 국외반출신고가 수리된 물품을 선적하기 위하여 보세운송하는 경우에는 수출신고서 서식을 사용하여 보세운송신고를 할 수 있다.

나. 자유무역지역에서 제조 · 가공한 물품을 다른 자유무역지역 등으로 보세운송하려는 경우에는 보세운송기간을 7일로 하며 7일 이내의 범위에서 연장할 수 있다.

다. 국외반출신고가 수리된 물품의 경우 보세운송기간은 신고수리일부터 30일 이내로 하며, 선(기)적은 국외반출신고가 수리된 날부터 30일 이내에 선(기)적하여야 한다.

라. 동일 자유무역지역 내 입주기업체 간에 외국물품 등을 이동하려는 때에는 반출입신고와 보세운송신고를 생략한다.

마. 일시반출허가를 받아 반출하거나 재반입하는 물품의 반출입신고는 일시반출허가서나 재반입신고서를 갈음하며 따로 보세운송절차를 거칠 필요가 없다.

해설 동일 자유무역지역 내 입주기업체 간에 외국물품 등을 이동하려는 때에는 관세청 전자통관시스템에 의한 반출입신고로 보세운송신고를 갈음할 수 있다.

14 자유무역지역의 지정 및 운영에 관한 법률 및 자유무역지역 반출입물품의 관리에 관한 고시에 따른 폐기대상물품으로 틀린 것은?

가. 사람의 생명이나 재산에 해를 끼칠 우려가 있는 물품

나. 부패 또는 변질된 물품

다. 실용시효가 경과되었거나 상품가치를 상실한 물품

라. 위조상품, 모조품, 그 밖에 지식재산권 침해물품

마. 검사 · 검역기준 등에 부적합한 것으로 화주가 판단하는 물품

해설 세관장은 자유무역지역에 있는 물품 중 다음 각 호의 어느 하나에 해당하는 물품에 대하여는 화주 및 반입자와 그 위임을 받은 자 "화주 등")에게 국외 반출 또는 폐기를 명하거나 화주 등에게 미리 통보한 후 직접 이를 폐기할 수 있다. 다만, 화주 등에게 통보할 시간적 여유가 없는 특별한 사정이 있을 때에는 그 물품을 폐기한 후 지체 없이 화주 등에게 통보하여야 한다.

① 사람의 생명이나 재산에 해를 끼칠 우려가 있는 물품
② 부패 또는 변질된 물품
③ 유효기간이 지난 물품
④ 제1호부터 제3호까지의 규정에 준하는 물품으로서 관세청장이 정하여 고시하는 물품
  1. 위조상품, 모조품, 그밖에 지식재산권 침해물품
  2. 품명미상의 물품으로서 반입 후 1년이 지난 물품
  3. 검사 · 검역기준 등에 부적합하여 검사 · 검역기관에서 폐기대상으로 결정된 물품

PART 05

정답	13 라 14 마

15 자유무역지역과 특허보세구역에 대한 설명으로 맞는 것은?

가. 자유무역지역에서 농림축산물을 원재료로 하는 제조 · 가공업종의 사업을 하려는 자는 보세사를 채용하여야 한다.

나. 자유무역지역 출입자(차량)는 출입증을 소지하거나 통행증을 부착하여야 하나, 특허보세구역은 출입자(차량)에 대한 출입증 소지 등 의무가 없다.

다. 제조업을 영위하는 자유무역지역 입주기업체의 사용소비신고 대상물품의 범위와 보세공장의 사용신고 대상물품의 범위는 동일하다.

라. 1년 이내에 3회 이상 물품반입 정지처분(과징금 부과처분 포함)을 받은 경우 입주계약 해지(자유무역지역)나 특허취소(특허보세구역)가 가능하다.

마. 자유무역지역에서 내국물품을 반출하려는 자는 내국물품 반출목록신고서를 제출한 날부터 3년 동안 내국물품 반입증명서류를 보관하여야 한다.

해설 가. 입주계약을 체결할 때 농림축산물을 원재료로 하는 제조업종 · 가공업종의 사업을 하려는 자는 다음 각 호의 물품관리체계를 갖추고 그 자유무역지역을 관할하는 세관장과 사전 협의를 하여야 한다.

1. 물품의 반출입 및 재고관리 전산시스템 구축
2. 「관세법」에 따른 보세사 채용
3. 원재료의 수량을 객관적으로 계산할 수 있는 증빙자료 제출

나. 규정 없음

다. "사용소비신고" 란 외국물품을 고유한 사업의 목적 또는 용도에 사용 또는 소비하기 위하여 수입신고서 서식으로 신고하는 것을 말한다.

라. 자유무역지역의 경우에는 관리권자는 입주기업체등이 다음 각 호의 어느 하나에 해당하는 경우에는 입주계약을 해지할 수 있다(특허보세구역의 경우에는 1년 이내에 3회 이상 물품반입 등의 정지처분을 받은 경우 특허취소가 가능함).

1. 입주 자격을 상실한 경우
2. 입주계약을 체결한 사업 외의 사업을 한 경우
3. 입주계약을 체결할 때 부여된 조건을 이행하지 아니한 경우
4. 결격사유에 해당하게 된 경우(법인의 임원 중 결격사유에 해당하는 사람이 있는 경우 3개월 이내에 교체하여 임명하는 경우는 제외)
5. 폐업한 경우

마. 내국물품을 반출하려는 자는 같은 항에 따른 내국물품 반출목록신고서를 제출한 날부터 5년 이내의 범위에서 대통령령으로 정하는 기간(2년) 동안 내국물품 반입증명서류를 보관하여야 한다.

정답	15 가

16 관세범에 대한 설명 중 틀린 것은?

가. 관세범이란 관세법 또는 관세법에 따른 명령을 위반한 행위로서 관세법에 따라 형사처벌되거나 통고처분되는 것을 말한다.

나. 몰수할 물품의 전부 또는 일부를 몰수할 수 없는 때에는 그 몰수할 수 없는 물품의 범칙당시의 국내도매가격에 상당하는 금액을 범인으로부터 추징한다.

다. 관세청장과 세관장은 통고처분 대상자의 연령과 환경, 법 위반의 동기와 결과, 범칙금 부담능력 등을 고려하여 관세심사위원회의 심의 · 의결을 거쳐 통고처분을 면제할 수 있다.

라. 지정장치장의 화물관리인은 관세법 제279조 양벌규정의 적용을 받는 개인에 해당하지 않는다.

마. 법령에 따라 수입이 제한된 사항을 회피할 목적으로 부분품으로 수입하거나 주요 특성을 갖춘 미완성 · 불완전한 물품이나 완제품을 부분품으로 분할하여 수입한 자에 대한 처벌은 관세포탈죄이다.

해설 관세청장이나 세관장은 통고처분 대상자의 연령과 환경, 법 위반의 동기와 결과, 범칙금 부담능력과 그 밖에 정상을 고려하여 관세범칙조사심의위원회의 심의 · 의결을 거쳐 통고처분을 면제할 수 있다.

17 관세법에서 정한 죄를 범한 자는 정상에 따라 징역과 벌금을 병과할 수 있다. 징역벌금을 병과할 수 있는 법조항만으로 이루어진 것은?

① 관세법 제268조의2(전자문서 위조 · 변조죄 등)
② 관세법 제269조(밀수출입죄)
③ 관세법 제270조(관세포탈죄 등)
④ 관세법 제271조(미수범 등)
⑤ 관세법 제274조(밀수품의 취득죄 등)
⑥ 관세법 제275조의2(강제징수면탈죄)
⑦ 관세법 제275조의3(명의대여행위죄 등)

가. ①, ②, ③, ④, ⑤

나. ②, ③, ④, ⑥

다. ①, ②, ③, ⑤, ⑥

라. ②, ③, ④, ⑤

마. ①, ②, ③, ④, ⑤, ⑥, ⑦

해설 밀수출입죄(금지품수출입죄 포함), 관세포탈죄 등(부정수입죄, 부정수출죄, 부정감면죄, 부정환급죄 포함), 가격조작죄, 밀수품 취득죄, 그 미수범은 정상에 따라 징역과 벌금을 병과할 수 있다.

정답 | 16 다 17 라

18 다음 설명 중 ( )에 맞는 것은?

관세법에 따른 벌칙에 위반되는 행위를 한 자에게는 형법 제38조 제1항 제2호 중 ( ) 경합에 관한 제한가중규정을 적용하지 아니한다.

가. 법조
나. 벌금
다. 상상적
라. 실체적
마. 양벌

해설 이 법에 따른 벌칙에 위반되는 행위를 한 자에게는 「형법」 중 벌금경합에 관한 제한가중규정을 적용하지 아니한다.

19 관세법 제304조에서 규정하고 있는 세관장이 압수물품 관계인에게 통고한 후 폐기할 수 있는 경우가 아닌 것은?

가. 사람의 생명이나 재산을 해칠 우려가 있는 것
나. 보관하기가 극히 불편하다고 인정되는 것
다. 유효기간이 지난 것
라. 상품가치가 없어진 것
마. 부패하거나 변질된 것

해설 관세청장이나 세관장은 압수물품 중 다음 각 호의 어느 하나에 해당하는 것은 피의자나 관계인에게 통고한 후 폐기할 수 있다. 다만, 통고할 여유가 없을 때에는 폐기한 후 즉시 통고하여야 한다.
① 사람의 생명이나 재산을 해칠 우려가 있는 것
② 부패하거나 변질된 것
③ 유효기간이 지난 것
④ 상품가치가 없어진 것

20 관세법 제277조 규정에 의한 과태료 부과대상인 것은?

가. 다른 사람의 성명 · 상호를 사용하여 보세사의 업무를 수행한 경우
나. 〈법률 개정으로 선지 삭제〉
다. 보세구역에 물품을 반입하지 아니하고 거짓으로 반입신고를 한 경우
라. 〈법률 개정으로 선지 삭제〉
마. 해당 보세구역을 관할하는 세관장에게 등록하지 않고 보세사로 근무한 경우

정답	18 나 19 나 20 다

해설 가. 보세사의 명의대여죄(1년 이하의 징역 또는 1천만원 이하의 벌금)
나. 〈법률 개정으로 해설 삭제〉
다. 과태료(200만원)
라. 〈법률 개정으로 해설 삭제〉
마. 허위신고죄(500만원)

21 관세법 제274조 밀수품 취득죄의 대상이 되지 않는 물품은?

가. 밀수입된 위조채권(관세법 제269조 제1항 해당물품)
나. 밀수입된 금괴(관세법 제269조 제2항 해당물품)
다. 수입요건을 갖추지 아니하고 부정수입된 건강기능식품(관세법 제270조 제2항 해당물품)
라. 재산상 이득을 위하여 가격이 조작되어 수입된 의료용품(관세법 제270조의2 해당물품)
마. 법령에 따라 수입이 제한된 사항을 회피할 목적으로 완제품을 부분품으로 분할하여 수입된 가전제품(관세법 제270조 제1항 제3호 해당물품)

해설 밀수품취득죄
다음 각 호의 어느 하나에 해당되는 물품을 취득 · 양도 · 운반 · 보관 또는 알선하거나 감정한 자는 3년 이하의 징역 또는 물품원가 이하에 상당하는 벌금에 처한다.
① 금지품수출입죄(가) 또는 밀수출입죄(나)에 해당되는 물품
② 법령에 따라 수입이 제한된 사항을 회피할 목적으로 부분품으로 수입하거나 주요 특성을 갖춘 미완성 · 불완전한 물품이나 완제품을 부분품으로 분할하여 수입한 물품(마)
③ 부정수출입죄에 해당하는 물품(다)

22 관세법 제275조의4(보세사의 명의대여죄 등)에 해당하지 않는 것은?

가. 다른 사람의 보세사 자격증을 사용하여 보세사 업무를 수행하도록 알선하는 경우
나. 다른 사람에게 자신의 성명 · 상호를 사용하여 보세사 업무를 수행하게 한 경우
다. 다른 사람에게 자신의 보세사 자격증 또는 등록증을 빌려준 경우
라. 다른 사람의 성명 · 상호를 사용하여 보세사의 업무를 수행하거나 자격증 또는 등록증을 빌린 경우
마. 보세사 자격을 갖추어 보세사로서 근무하려는 자가 해당 보세구역을 관할하는 세관장에게 등록하지 아니하고 보세사 업무를 수행한 경우

해설 보세사의 자격을 갖춘 사람이 보세사로 근무하려면 해당 보세구역을 관할하는 세관장에게 등록하여야 하는데 이 규정을 위반한 자는 500만원 이하의 벌금에 처한다(허위신고죄, 관세법 제276조).

정답	21 라 22 마

23 관세법 제279조(양벌 규정)에 대한 설명으로 틀린 것은?

가. 양벌 규정이란 형벌법규를 직접 위반한 행위자를 벌하는 외에 그 행위자와 일정한 관계를 맺고 있는 다른 법인이나 사람도 함께 처벌하는 규정을 말한다.

나. 법인 또는 개인의 대리인, 사용인, 그 밖의 종업원이 그 법인 또는 개인의 업무에 관하여 관세법상 제11장에서 규정한 벌칙에 해당하는 위법한 행위를 하면 그 행위자를 벌하는 외에 그 법인 또는 개인에게도 벌금형을 과한다.

다. 법인 또는 개인이 그 위반행위를 방지하기 위하여 해당 업무에 관하여 상당한 주의와 감독을 게을리하지 아니한 경우에는 법인과 개인을 처벌하지 아니한다.

라. 법인의 대표자가 그 법인의 업무에 관하여 관세법 제277조(과태료)에 해당하는 위반행위를 한 경우 양벌 규정에 따라 법인의 대표자 외에 그 법인에게도 과태료를 부과한다.

마. 양벌 규정을 적용받는 개인은 특허보세구역 또는 종합보세사업장의 운영인, 수출(수출용원재료에 대한 관세 등 환급에 관한 특례법 제4조에 따른 수출 등을 포함한다) · 수입 또는 운송을 업으로 하는 사람, 관세사, 국제항 안에서 물품 및 용역의 공급을 업으로 하는 사람, 국가관세종합정보시스템 운영사업자 및 전자문서중계사업자로 한정한다.

해설 법인의 대표자나 법인 또는 개인의 대리인, 사용인, 그 밖의 종업원이 그 법인 또는 개인의 업무에 관하여 제11장에서 규정한 벌칙(제277조의 과태료는 제외한다)에 해당하는 위반행위를 하면 그 행위자를 벌하는 외에 그 법인 또는 개인에게도 해당 조문의 벌금형을 과한다. 다만, 법인 또는 개인이 그 위반행위를 방지하기 위하여 해당 업무에 관하여 상당한 주의와 감독을 게을리 하지 아니한 경우에는 그러하지 아니하다.

24 관세법상 벌칙에 대한 설명으로 맞는 것은?

가. 화폐 · 채권이나 그 밖의 유가증권의 위조품 · 변조품 또는 모조품을 수입한 자는 7년 이하의 징역 또는 5천만원 이하의 벌금에 처한다.

나. 수출신고를 한 자 중 법령에 따라 수출에 필요한 허가 · 승인 · 추천 · 증명 또는 그 밖의 조건을 갖추지 아니하거나 부정한 방법으로 갖추어 수출한 자는 2년 이하의 징역 또는 2천만원 이하의 벌금에 처한다.

다. 부정한 방법으로 적재화물목록을 작성하였거나 제출한 자는 3천만원 이하의 벌금에 처한다.

라. 수입신고를 할 때 부당하게 재물이나 재산상 이득을 취득하거나 제3자로 하여금 이를 취득하게 할 목적으로 물품의 가격을 조작하여 신고한 자는 3년 이하의 징역 또는 물품원가와 5천만원 중 높은 금액 이하의 벌금에 처한다.

마. 국가관세종합정보시스템이나 전자문서중계사업자의 전산처리설비에 기록된 전자문서 등 관련 정보를 위조 또는 변조하거나 위조 또는 변조된 정보를 행사한 자는 1년 이상 10년 이하의 징역 또는 1억원 이하의 벌금에 처한다.

정답	23 라 24 마

해설 가. 수출입 금지물품을 수출하거나 수입한 자는 7년 이하의 징역 또는 7천만원 이하의 벌금에 처한다(금지품 수출입죄).

나. 수출신고를 한 자 중 법령에 따라 수출에 필요한 허가 · 승인 · 추천 · 증명 또는 그 밖의 조건을 갖추지 아니하거나 부정한 방법으로 갖추어 수출한 자는 1년 이하의 징역 또는 2천만원 이하의 벌금에 처한다(부정수출죄).

다. 부정한 방법으로 적재화물목록을 작성하였거나 제출한 자는 2천만원 이하의 벌금에 처한다(허위신고죄).

라. 다음 각 호의 신청 또는 신고를 할 때 부당하게 재물이나 재산상 이득을 취득하거나 제3자로 하여금 이를 취득하게 할 목적으로 물품의 가격을 조작하여 신청 또는 신고한 자는 2년 이하의 징역 또는 물품원가와 5천만원 중 높은 금액 이하의 벌금에 처한다.

① 보정신청
② 수정신고
③ 수출 · 수입 · 반송 신고
④ 입항전수입신고

25 관세법령상 통고처분에 관한 조문의 일부분이다. ( )에 들어갈 내용을 바르게 나열한 것은?

〈관세법 시행령〉
제270조의2(통고처분) ① 법 제311조 제1항 제1호에 따른 벌금에 상당하는 금액은 해당벌금 최고액의 (A)으로 한다.

(이하 중략)

② 관세청장이나 세관장은 관세범이 조사를 방해하거나 증거물을 은닉 · 인멸 · 훼손한 경우 등 관세청장이 정하여 고시하는 사유에 해당하는 경우에는 제1항에 따른 금액의 (B) 범위에서 관세청장이 정하여 고시하는 비율에 따라 그 금액을 늘릴 수 있다.

〈관세법〉
제311조(통고처분) ① 관세청장이나 세관장은 관세범을 조사한 결과 범죄의 확증을 얻었을 때에는 대통령령으로 정하는 바에 따라 그 대상이 되는 자에게 그 이유를 구체적으로 밝히고 다음 각 호에 해당하는 금액이나 물품을 납부할 것을 통고할 수 있다.
1. 벌금에 상당하는 금액

가. A : 100분의 30, B : 100분의 30
나. A : 100분의 20, B : 100분의 30
다. A : 100분의 30, B : 100분의 50
라. A : 100분의 50, B : 100분의 50
마. A : 100분의 30, B : 100분의 40

해설 'A : 100분의 30, B : 100분의 50'이 올바른 표현이다.

정답 | 25 다

MEMO

P/A/R/T

06

토마토패스 보세사 7개년 기출문제집

2023년 기출문제 및 해설

[2023년] 기출문제 및 해설

1과목 수출입통관절차

01 관세법에서 규정하는 용어의 정의로서 틀린 것은?

가. 수입에는 여행자가 휴대품을 국제무역기에서 소비하는 경우를 포함한다.
나. 외국물품에는 관세법 제241조 제1항에 따른 수출의 신고가 수리된 물품을 포함한다.
다. 우리나라의 선박이 공해에서 포획한 수산물은 내국물품에 해당한다.
라. 수리용 예비부분품이 해당 선박에서만 사용되는 경우 선박용품에 해당한다.
마. 복합환적이란 입국 또는 입항하는 운송수단의 물품을 다른 세관의 관할구역으로 운송하여 출국 또는 출항하는 운송수단으로 옮겨 싣는 것을 말한다.

해설 외국물품의 소비나 사용이 다음 각 호의 어느 하나에 해당하는 경우에는 이를 수입으로 보지 아니한다.

1. 선박용품 · 항공기용품 또는 차량용품을 운송수단 안에서 그 용도에 따라 소비하거나 사용하는 경우
2. 선박용품 · 항공기용품 또는 차량용품을 세관장이 정하는 지정보세구역에서 「출입국관리법」에 따라 출국심사를 마치거나 우리나라에 입국하지 아니하고 우리나라를 경유하여 제3국으로 출발하려는 자에게 제공하여 그 용도에 따라 소비하거나 사용하는 경우
3. 여행자가 휴대품을 운송수단(국제무역기) 또는 관세통로에서 소비하거나 사용하는 경우
4. 이 법에서 인정하는 바에 따라 소비하거나 사용하는 경우

정답 | 01 가

02 관세의 납부기한에 대한 설명으로 맞는 것은?

가. 세관장은 관세청장이 정하는 요건을 갖춘 성실납세자가 신청을 할 때에는 납부기한이 동일한 달에 속하는 세액에 대하여 그 기한이 속하는 달의 다음 달 말일까지 한꺼번에 납부하게 할 수 있다.

나. 수입신고 전 즉시 반출신고를 한 경우에는 수입신고 전 즉시 반출신고일부터 15일 이내 관세를 납부해야 한다.

다. 납세의무자는 납세 신고한 세액을 납부하기 전에 그 세액이 과부족 하다는 것을 알게 된 때에는 납세 신고한 세액을 정정할 수 있으며, 이 경우 납부기한은 당초 납부기한의 다음 날까지로 한다.

라. 납세의무자가 부족한 세액에 대한 세액의 보정을 신청한 경우에는 해당 보정신청을 한 날의 다음 날까지 해당 관세를 납부하여야 한다.

마. 납세의무자는 신고납부한 세액이 부족한 경우에는 일정한 기간 내에 수정신고를 할 수 있으며, 이 경우 수정신고한 날까지 해당 관세를 납부하여야 한다.

해설 가. 세관장은 납세실적 등을 고려하여 관세청장이 정하는 요건을 갖춘 성실납세자가 대통령령으로 정하는 바에 따라 신청을 할 때에는 납부기한이 동일한 달에 속하는 세액에 대해서는 그 기한이 속하는 달의 말일까지 한꺼번에 납부하게 할 수 있다. 이 경우 세관장은 필요하다고 인정하는 경우에는 납부할 관세에 상당하는 담보를 제공하게 할 수 있다.

나. 수입신고 전 즉시 반출신고를 한 경우 : 수입신고일부터 15일 이내에 관세납부

다. 납세의무자는 납세신고한 세액을 납부하기 전에 그 세액이 과부족하다는 것을 알게 되었을 때에는 납세신고한 세액을 정정할 수 있다. 이 경우 납부기한은 당초 납부기한으로 한다.

마. 납세의무자는 신고납부한 세액이 부족한 경우에는 대통령령으로 정하는 바에 따라 수정신고(보정기간이 지난 날부터 제척기간이 끝나기 전까지로 한정한다)를 할 수 있다. 이 경우 납세의무자는 수정신고한 날의 다음 날까지 해당 관세를 납부하여야 한다. 이 경우 가산세를 부과한다.

PART 06

정답 | 02 라

03 아래의 사실관계에 기초하여 관세법상 규정을 설명한 것으로 틀린 것은?

> 우리나라에 소재하는 K-주식회사는 미국에 소재하는 A사로부터 승용차 100대를 국내 판매용으로 구매('22.9.30.) 후 수입한다. 해당 물품은 미국 L.A 산타모니카항에서 선적('22.11.30.)되어 부산항 보세구역에 반입('23.1.1.)된 후 수입신고('23.1.10.)하여 관세 등을 납부하고 통관되었다.

가. 해당 물품에 대한 관세의무자는 K-주식회사이다.
나. 해당 물품에 대한 관세액은 승용차의 가격에 기초하여 결정된다.
다. 해당 물품에 대한 관세율은 수입신고 당시의 법령에 따라 적용한다.
라. 해당 물품에 대한 관세는 부산항 보세구역에 반입된 때의 물품의 성질과 그 수량에 따라 부과한다.
마. 해당 물품에 대한 관세의 과세가격 결정 시 적용할 과세환율은 관세청장이 정한 수입신고를 한 날이 속하는 주의 전주의 기준환율을 평균환율하여 적용한다.

해설 라. 관세는 수입신고(입항 전 수입신고를 포함)를 하는 때의 물품의 성질과 그 수량에 따라 부과한다(즉, 수입신고 시점인 23.1.10.에 과세물건이 확정됨).
마. 과세가격을 결정하는 경우 외국통화로 표시된 가격을 내국통화로 환산할 때에는 제17조에 따른 날(보세건설장에 반입된 물품의 경우에는 수입신고를 한 날을 말한다)이 속하는 주의 전주의 기준환율 또는 재정환율을 평균하여 관세청장이 그 환율을 정한다.

04 관세법상 규정을 설명한 것으로 맞는 것은?

가. 관세부과의 제척기간은 통고처분 등에 의해 중단된다.
나. 의무 불이행 등의 사유로 감면된 관세를 징수하는 경우에는 그 사유가 발생한 날의 다음 날부터 5년이 지나면 부과할 수 없다.
다. 납세의무자가 신고납부한 세액이 과다한 것을 알게 되어 관세법 제38조의3제2항에 따라 경정청구를 하는 경우 그 청구일로부터 3개월 이내에 세관장은 경정한다.
라. 부정환급 등의 사유로 관세를 징수하는 경우에는 환급한 날의 다음 달부터 5년이 지나면 부과할 수 없다.
마. 행정소송법에 따른 소송에 대한 판결이 있는 경우에는 그 판결이 확정된 날부터 2년 이내에 세관장은 그 판결에 따라 경정이나 그 밖에 필요한 처분을 할 수 있다.

해설 가. 관세징수권의 소멸시효는 통고처분 등에 의해 중단된다(제척기간은 중단과 정지제도가 없다).
다. 세관장은 경정의 청구를 받은 날부터 2개월 이내에 세액을 경정하거나 경정하여야 할 이유가 없다는 뜻을 그 청구를 한 자에게 통지하여야 한다.
라. 관세는 해당 관세를 부과할 수 있는 날부터 5년이 지나면 부과할 수 없다. 다만, 부정한 방법으로 관세를 포탈하였거나 환급 또는 감면받은 경우에는 관세를 부과할 수 있는 날부터 10년이 지나면 부과할 수 없다.

정답 | 03 라, 마 04 나

마. 다음 각 목의 어느 하나에 해당하는 경우 : 그 결정 · 판결이 확정된 날부터 1년까지는 해당 결정 · 판결 · 회신결과 또는 경정청구에 따라 경정이나 그 밖에 필요한 처분을 할 수 있다.
1. 이의신청, 심사청구 또는 심판청구에 대한 결정이 있은 경우
2. 「감사원법」에 따른 심사청구에 대한 결정이 있은 경우
3. 「행정소송법」에 따른 소송에 대한 판결이 있은 경우
4. 압수물품의 반환결정이 있은 경우

05 관세법상 과세가격의 가산요소로 틀린 것은?

가. 구매자가 부담하는 수수료와 중개료. 다만, 구매수수료는 제외한다.
나. 해당 수입물품과 동일체로 취급하는 용기의 비용과 해당 수입물품의 포장에 드는 노무비와 자재비로서 구매자가 부담하는 비용
다. 연불조건의 수입인 경우에는 해당 수입물품에 대한 연불이자
라. 해당 수입물품을 수입한 후 전매 · 처분 또는 사용하여 생긴 수익금액 중 판매자에게 직접 또는 간접으로 귀속되는 금액
마. 특허권, 실용신안권, 디자인권, 상표권 및 이와 유사한 권리를 사용하는 대가로 지급하는 것으로서 대통령령으로 정하는 바에 따라 산출된 금액

해설 제1방법에 의한 관세평가 공제요소
1. 수입 후에 하는 해당 수입물품의 건설, 설치, 조립, 정비, 유지 또는 해당 수입물품에 관한 기술지원에 필요한 비용
2. 수입항에 도착한 후 해당 수입물품을 운송하는 데에 필요한 운임, 보험료와 그 밖에 운송과 관련되는 비용
3. 우리나라에서 해당 수입물품에 부과된 관세 등의 세금과 그 밖의 공과금
4. 연불조건의 수입인 경우에는 해당 수입물품에 대한 연불이자

정답 | 05 다

06 아래의 물품 중 간이세율을 적용하지 아니하는 물품을 모두 고른 것은?

A. 관세율이 무세인 물품과 관세가 감면되는 물품
B. 수출용원재료
C. 관세법상 범칙행위에 관련된 물품
D. 당해 물품의 수입이 국내 산업을 저해할 우려가 있다고 관세청장이 정하는 물품
E. 관세청장이 상업용으로 인정하는 수량의 물품

가. A
나. A, B
다. A, B, C
라. A, B, C, D
마. A, B, C, D, E

해설 모두 간이세율 적용배제 품목이다.
다음 각호의 물품에 대하여는 간이세율을 적용하지 아니한다.
1. 관세율이 무세인 물품과 관세가 감면되는 물품
2. 수출용원재료
3. 법 제11장의 범칙행위에 관련된 물품
4. 종량세가 적용되는 물품
5. 다음 각목의 1에 해당하는 물품으로서 관세청장이 정하는 물품
   ① 상업용으로 인정되는 수량의 물품
   ② 고가품
   ③ 당해 물품의 수입이 국내 산업을 저해할 우려가 있는 물품
   ④ 단일한 간이세율의 적용이 과세형평을 현저히 저해할 우려가 있는 물품
6. 화주가 수입신고를 할 때에 과세대상물품의 전부에 대하여 간이세율의 적용을 받지 아니할 것을 요청한 경우의 당해 물품

07 아래 설명에 해당하는 수입물품에 적용되는 세율은?

일괄하여 수입신고가 된 물품으로서 물품별 세율이 다른 물품에 대하여는 신고인의 신청에 따라 그 세율 중 가장 높은 세율을 적용할 수 있다.

가. 합의에 따른 세율
나. 용도세율
다. 간이세율
라. 편익관세
마. 국제협력관세

해설 합의에 의한 세율에 관한 설명이다.

정답	06 마 07 가

08 관세법상 관세감면에 관한 규정에 대한 설명으로 맞는 것은?

가. 관세감면을 받으려는 자는 예외 없이 해당 물품의 수입신고 수리 전에 신청서를 세관장에게 제출하여야 한다.

나. 관세청장은 관세감면물품의 사후관리기간을 정하려는 경우, 동일물품에 대한 사후관리기간이 다르면 그중 가장 긴 기간으로 하여야 한다.

다. 관세법 제89조에 따른 세율불균형물품에 대한 관세의 감면은 세관장으로부터 제조 · 수리공장을 지정받은 중소기업만 적용받을 수 있다.

라. 수출물품을 해외에서 설치, 조립 또는 하역하기 위해 사용하는 장비로서 우리나라에서 수출신고 수리일부터 2년 내에 재수입되는 물품은 그 관세를 면제할 수 있다.

마. 세관장의 승인을 얻어 관세감면을 받은 물품을 용도 외 사용하거나 양도 · 임대하는 경우에는 감면된 관세를 징수하지 않는다.

해설 가. 수입신고 수리 전까지 감면신청서를 제출하지 못한 경우 : 해당 수입신고수리일부터 15일 이내에 감면신청서를 제출할 수 있다(해당 물품이 보세구역에서 반출되지 아니한 경우로 한정한다).

나. 관세청장은 관세감면물품의 사후관리 기간을 정하려는 경우 동일물품에 대한 사후관리 기간이 다르게 되는 경우에는 그중 짧은 기간으로 할 수 있다.

다. 국가 및 지방자치단체와 중소기업이 아닌 자(대기업)의 경우에도 관세법 제89조에 따른 세율불균형물품에 대한 관세의 감면을 적용받을 수 있다.

마. 세관장의 승인을 얻어 관세감면을 받은 물품을 용도 외 사용하거나 양도 · 임대하는 경우에도 감면된 관세를 징수한다(승인을 얻은 경우 관세벌칙에 대해 면제되는 것이지 관세가 면제되진 않음에 유의).

PART 06

09 관세법상 가산세 적용대상이 아닌 것은?

가. 우리나라로 거주를 이전하기 위하여 입국하는 자가 관세를 납부하여야 할 물품에 해당하는 이사물품을 신고하지 아니하여 과세하는 경우

나. 수입신고 전 반출신고 후 10일 이내에 수입신고를 하지 않은 경우

다. 재수출면세를 적용받는 물품이 규정된 기간 내에 수출되지 아니한 경우

라. 여행자가 관세를 납부하여야 할 물품에 해당하는 휴대품을 신고하지 아니하여 과세하는 경우

마. 세액을 납부하기 전에 세액정정을 하는 경우

해설 가. 우리나라로 거주를 이전하기 위하여 입국하는 자가 관세를 납부하여야 할 물품에 해당하는 이사물품을 신고하지 아니하여 과세하는 경우 : 납부할 세액의 100분의 20

나. 수입신고 전 반출신고 후 10일 이내에 수입신고를 하지 않은 경우 : 관세의 100분의 20

다. 재수출면세를 적용받는 물품이 규정된 기간 내에 수출되지 아니한 경우 : 500만 원을 넘지 않는 범위에서 해당 물품에 부과될 관세의 100분의 20

라. 여행자가 관세를 납부하여야 할 물품에 해당하는 휴대품을 신고하지 아니하여 과세하는 경우 : 납부할 세액의 100분의 40(100분의 60)

정정의 경우 가산세 적용대상이 아니다.

정답	08 라 09 마

10 관세감면 대상 중 관세법 제102조에 따른 사후관리대상인 것은?

가. 정부용품 등의 면세
나. 종교용품, 자선용품, 장애인용품 등의 면세
다. 소액물품 등의 면세
라. 여행자 휴대품 및 이사물품 등의 감면
마. 해외임가공물품 등의 감면

해설 관세감면물품의 사후관리[법 제102조]
세율불균형물품의 면세, 학술연구용품의 감면세, 종교 · 자선 · 장애인용품 등의 면세, 특정 물품의 면세, 환경오염방지물품 등에 대한 감면세의 관세를 감면받은 물품은 수입신고 수리일부터 3년의 범위에서 대통령령으로 정하는 기준에 따라 관세청장이 정하는 기간에는 그 감면받은 용도 외의 다른 용도로 사용하거나 양도(임대를 포함)할 수 없다. 다만, 기획재정부령으로 정하는 물품과 대통령령으로 정하는 바에 따라 미리 세관장의 승인을 받은 물품의 경우에는 그러하지 아니하다.

11 관세행정 구제제도에 관한 설명이다. (   ) 안에 들어갈 내용을 바르게 나열한 것은?

과세전 적부심사는 과세전통지를 받은 날부터 (A) 이내에 청구할 수 있고 심사청구는 처분이 있은 날로부터 (B) 이내에 청구하여야 한다.

	(A)	(B)
가.	20일	60일
나.	20일	90일
다.	30일	30일
라.	30일	60일
마.	30일	90일

해설
- 납세의무자는 과세전통지를 받았을 때에는 그 통지를 받은 날부터 30일 이내에 기획재정부령으로 정하는 세관장에게 통지 내용이 적법한지에 대한 심사("과세전적부심사")를 청구할 수 있다.
- 심사청구는 불복하는 사유를 심사청구서에 적어 신청의 사유가 된 처분이 있은 것을 안 날로부터 90일 이내에 (이의신청을 거친 후 심사청구를 하려는 경우에는 이의신청에 대한 결정을 통지받은 날부터 90일 이내) 해당 처분을 하였거나 하였어야 하는 세관장을 거쳐 관세청장에게 하여야 한다.

정답 | 10 나   11 마

12 **대외무역법시행령 제19조에 따른 수출입승인면제물품에 해당하는 경우라도 관세법 제226조 제2항에 따라 세관장이 수출입요건 구비 여부를 확인하는 물품이 아닌 것은?**

가. 마약류 관리에 관한 법률 해당 물품
나. 어린이 제품 안전 특별법 해당 물품
다. 총포·도검·화약류 등의 안전관리에 관한 법률 해당 물품
라. 가축전염병 예방법 해당 물품
마. 식물방역법 해당 물품 중 식물, 종자, 원목, 원석, 가공목재

해설 「대외무역법」상 수출입승인면제물품은 세관장 확인을 생략한다. 다만, 다음 각 목의 법령을 적용받는 물품은 세관장이 수출입요건 구비 여부를 확인한다.

1. 「마약류관리에 관한 법률」
2. 「식물방역법」
3. 「야생생물 보호 및 관리에 관한 법률」
4. 「총포·도검·화약류 등의 안전관리에 관한 법률」
5. 「수산생물질병 관리법」
6. 「가축전염병 예방법」
7. 「폐기물의 국가 간 이동 및 그 처리에 관한 법률」
8. 「약사법」(식품의약품안전처장이 지정하는 오·남용우려 의약품에 한정한다. 다만, 자가치료 목적으로 처방전을 세관장에게 제출하는 경우에는 세관장 확인을 생략한다.)
9. 「수입식품안전관리 특별법」(「수입식품안전관리특별법 시행규칙」 별표 9 제1호에 해당하는 식품 등은 제외)
10. 「통신비밀보호법」
11. 「화학물질관리법」(금지물질, 제한물질에 한함. 다만, 제한물질 중 시험·연구·검사용 시약은 제외)

13 **관세법 제240조의 '수출입의 의제'에 해당하는 물품이 아닌 것은?**

가. 보세구역 장치기간이 지난 물품
나. 관세법에 따라 매각된 물품
다. 관세법에 따라 몰수된 물품
라. 법령에 따라 국고에 귀속된 물품
마. 관세법에 따라 몰수를 갈음하여 추징된 물품

해설 수입의 의제

다음 각 호의 어느 하나에 해당하는 외국물품은 이 법에 따라 적법하게 수입된 것으로 보고 관세 등을 따로 징수하지 아니한다.

1. 체신관서가 수취인에게 내준 우편물
2. 이 법에 따라 매각된 물품
3. 이 법에 따라 몰수된 물품
4. 이 법에 따른 통고처분으로 납부된 물품
5. 법령에 따라 국고에 귀속된 물품
6. 몰수를 갈음하여 추징된 물품

정답	12 나 13 가

14 수입신고의 시기, 요건, 신고세관에 관한 설명으로 틀린 것은?

가. 수입하려는 자는 출항 전 신고, 입항 전 신고, 보세구역 도착 전 신고, 보세구역 장치 후 신고 중에서 필요에 따라 요건에 맞는 신고방법을 선택하여 수입 신고할 수 있다.

나. 출항 전 신고나 입항 전 신고는 수입물품을 적재한 선박 등의 입항예정지를 관할하는 세관장에게 하여야 한다.

다. 출항 전 신고나 입항 전 신고는 해당 물품을 적재한 선박 등이 우리나라에 입항하기 5일 전(항공기에 의한 경우에는 1일 전)부터 할 수 있다.

라. 보세구역 도착 전 신고는 해당 물품이 출발한 보세구역을 관할하는 세관장에게 신고하여야 한다.

마. 보세구역 장치 후 신고는 해당 물품이 장치된 보세구역을 관할하는 세관장에게 신고하여야 한다.

해설 보세구역 도착 전 신고는 해당 물품이 도착할 보세구역을 관할하는 세관장에게 신고하여야 한다.

15 수입신고를 생략하거나 신고서에 의한 간이신고를 할 수 없는 물품은?

가. 우리나라에 내방하는 외국의 원수와 그 가족 및 수행원에 속하는 면세대상물품

나. 해당 물품의 총 과세가격이 미화 250불 이하의 면세되는 상용견품

다. 설계도 중 수입승인이 면제되는 것

라. 미화 1,500불 상당의 우편물

마. 외국환거래법에 따라 금융기관이 외환업무를 영위하기 위하여 수입하는 지급수단

해설 가. 수입신고 생략대상
나. 간이신고 대상
다. 간이신고 대상
마. 간이신고 대상

정답	14 라 15 라

16 수입통관 사무처리에 관한 고시상 B/L분할신고 및 수리에 관한 규정으로 틀린 것은?

가. 검사 · 검역결과 일부는 합격되고 일부는 불합격된 경우이거나 일부만 검사 · 검역 신청하여 통관하려는 경우에는 B/L을 분할하여 신고할 수 있다.

나. 신고물품 중 일부만 통관이 허용되고 일부는 통관이 보류되는 경우에는 B/L을 분할하여 신고를 할 수 있다.

다. B/L을 분할하여도 물품검사과 과세가격 산출에 어려움이 없는 경우로서 분할 신고된 물품의 납부세액이 1만원 미만이 되는 경우에도 B/L을 분할하여 신고할 수 있다.

라. B/L분할신고에 따른 수입물품이 물품검사 대상인 경우 처음 수입 신고할 때 분할 전 B/L물품 전량에 대하여 물품검사를 하여야 한다.

마. B/L분할신고에 따른 수입물품이 물품검사 대상인 경우 2차 이후 분할 신고되는 물품에 대하여는 물품검사를 생략할 수 있다.

해설 분할된 물품의 납부세액이 징수금액 최저한인 1만원 미만이 되는 경우에는 B/L을 분할하여 신고할 수 없다.

17 반송절차에 관한 고시의 내용 중 틀린 것은?

가. 통관보류물품이란 외국으로부터 보세구역에 반입된 물품으로서 수입신고를 하였으나 수입신고수리요건 등을 갖추지 못하여 통관이 보류된 물품을 말한다.

나. 반송물품에 대한 보세운송 신고는 보세운송업자 또는 화주의 명의로 하여야 하며, 그 보세운송 기간은 10일로 지정한다.

다. 통관보류물품 등 수입 신고된 물품이 반송 신고된 경우에는 세관장은 그 수입신고의 취하 여부를 심사한다.

라. 반송은 적하목록, 선하증권(B/L), 항공화물운송장(AWB)상의 수하인 또는 해당 물품의 화주가 할 수 있다.

마. 반송신고수리 세관장은 반송신고수리물품이 수리일로부터 30일을 경과하였을 때에는 적재여부를 확인하여야 한다.

해설
- 반송물품에 대한 보세운송 신고는 보세운송업자의 명의로 하여야 한다.
- 반송물품의 보세운송 기간은 7일로 지정한다.

정답	16 다 17 나

18 (　　)에 공통으로 들어갈 내용으로 맞는 것은?

> 관세법 제229조제1항제2호의 규정에 의하여 2개국 이상에 걸쳐 생산 · 가공 · 제조된 물품의 원산지는 당해 물품의 생산과정에 사용되는 물품의 품목분류표상 (　　) 품목번호와 다른 (　　) 품목번호의 물품을 최종적으로 생산한 국가로 한다.

가. 2단위
나. 4단위
다. 6단위
라. 8단위
마. 10단위

해설 2개국 이상에 걸쳐 생산 · 가공 또는 제조("생산")된 물품의 원산지는 당해 물품의 생산과정에 사용되는 물품의 품목분류표상 6단위 품목번호와 다른 6단위 품목번호의 물품을 최종적으로 생산한 국가로 한다.

19 컨테이너에 적입하여 수출하는 물품 중 관세청장이 보세구역에 반입한 후 수출신고를 하도록 고시하고 있는 물품으로 맞는 것은?

가. 마스크, 생활폐기물
나. 마스크, 중고휴대폰
다. 생활폐기물, 중고자동차
라. 중고휴대폰, 중고자동차
마. 중고휴대폰, 생활폐기물

해설 보세구역 등 반입 후 수출신고 대상 물품[수출통관고시 별표11]

1. 중고자동차(HS CODE 87류 중 '중고차')
2. 플라스틱 폐기물(HS 3915호)
3. 생활폐기물(HS 3825호)

20 관세법상 물품검사에 대한 설명으로 틀린 것은?

가. 세관 공무원은 수출 · 수입 또는 반송하려는 물품에 대하여 검사를 할 수 있다.
나. 관세청장은 검사의 효율을 거두기 위하여 검사대상, 검사범위, 검사방법 등에 관하여 필요한 기준을 정할 수 있다.
다. 화주는 수입신고를 하려는 물품에 대하여 수입신고 전에 관세청장이 정하는 바에 따라 확인할 수 있다.
라. 관세청장 또는 세관장은 세관 공무원의 적법한 물품검사로 인하여 물품에 손실이 발생한 경우에는 그 손실을 입은 자에게 보상할 필요가 없다.
마. 세관장은 효율적인 검사를 위하여 부득이하다고 인정될 때에 관세청장이 정하는 바에 따라 해당 물품을 보세구역에 반입하게 한 후 검사할 수 있다.

정답 | 18 다　19 다　20 라

해설 관세청장 또는 세관장은 이 법에 따른 세관 공무원의 적법한 물품검사로 인하여 물품에 손실이 발생한 경우 그 손실을 입은 자에게 보상("손실보상")하여야 한다.

21 수출검사에 관한 설명으로 틀린 것은?

가. 수출신고물품의 검사는 원칙적으로 생략하나, 물품을 확인할 필요가 있는 경우에는 물품검사를 할 수 있다.

나. 수출물품의 검사는 신고지 검사를 원칙으로 한다.

다. 세관장은 수출물품의 효율적인 검사를 위하여 필요한 경우 포장명세서 등 관계 자료의 제출을 요구할 수 있다.

라. 세관장은 신고지 검사를 완료한 수출물품에 대하여 봉인조치를 하거나 보세운송을 통하여 적재지 보세구역으로 운송하도록 할 수 있다.

마. 적재지 검사 대상 물품이 적재지 보세구역에 반입된 때에는 운영인은 관할 세관장에게 즉시 반입보고를 하여야 한다.

해설 수출물품의 검사는 적재지 검사를 원칙으로 한다.

22 수입신고의 취하 또는 각하에 관한 설명으로 맞는 것은?

가. 수입신고 취하승인(신청)서를 접수한 세관장이 접수일로부터 10일 이내에 승인 여부를 통지하지 아니하면 해당 처리 기간이 끝난 날의 다음 날에 승인을 한 것으로 본다.

나. 세관장은 거짓이나 그 밖의 기타 부정한 방법으로 수입신고가 된 경우에는 수입신고를 취하한다.

다. 세관장은 수입계약 내용과 상이한 물품을 해외공급자 등에게 반송하기로 한 경우로서 화주 등이 요청하는 경우 직권으로 수입신고를 각하할 수 있다.

라. 세관장은 입항 전 수입신고한 화물이 도착하지 아니한 경우에는 화주 등으로부터 수입신고 취하승인(신청)서를 접수 받아 취하승인을 하여야 한다.

마. 세관장은 수입신고가 수리된 물품에 대하여는 수입신고의 취하를 승인할 수 없다.

해설 나. 각하대상이다.
다. 취하대상이다.
라. 각하대상이다.
마. 수입 및 반송의 신고는 운송수단, 관세통로, 하역통로 또는 이 법에 규정된 장치 장소에서 물품을 반출한 후에는 취하할 수 없다. 수출 · 수입 또는 반송의 신고를 수리한 후 신고의 취하를 승인한 때에는 신고수리의 효력이 상실된다(수입신고가 수리된 물품도 취하가 가능하다).

정답	21 나 22 가

PART 06

23 관세법상 수출신고수리물품의 적재와 관련된 설명이다. (　　) 안에 들어갈 내용을 바르게 나열한 것은?

> 수출신고가 수리된 물품은 수출신고가 수리된 날부터 (A) 이내에 운송수단에 적재하여야 한다. 다만, 기획재정부령으로 정하는 바에 따라 (B)의 범위에서 적재 기간의 연장승인을 받은 것은 그러하지 아니하다.

	(A)	(B)
가.	30일	3개월
나.	30일	6개월
다.	30일	1년
라.	60일	3개월
마.	60일	6개월

해설 수출신고가 수리된 물품은 수출신고가 수리된 날부터 30일 이내에 운송수단에 적재(선적)하여야 한다. 다만, 기획재정부령으로 정하는 바에 따라 1년의 범위에서 적재 기간의 연장승인을 받은 것은 그러하지 아니하다.

24 수입통관에 곤란한 사유가 없는 물품으로서 수입신고수리 전 반출승인 대상이 아닌 것은?

가. 사전세액심사 대상 물품(부과 고지 물품을 포함한다)으로서 세액 결정에 오랜 시간이 걸리는 경우
나. 조달사업에 관한 법률에 따른 비축물자로 신고된 물품으로서 실수요자가 결정된 경우
다. 완성품의 세번으로 수입신고수리 받고자 하는 물품이 미조립상태로 분할선적 수입된 경우
라. 품목분류나 세율 결정에 오랜 시간이 걸리는 경우
마. 수입신고 시 관세법 시행령 제236조제1항제1호에 따라 원산지 증명서를 세관장에게 제출하지 못한 경우

해설 적용대상

가. 사전세액심사 대상 물품(부과 고지 물품 포함)으로서 세액 결정에 장시간이 소요되는 경우
나. 비축물자로 신고된 물품으로서 실수요자가 결정되지 아니한 경우
다. 완성품의 세번으로 수입신고수리 받고자 하는 물품이 미조립상태로 분할선적 수입된 경우
라. 품목분류 또는 세율 결정에 장시간이 소요되는 경우
마. 수입신고 시 원산지 증명서를 세관장에게 제출하지 못한 경우

정답 | 23 다　24 나

25 임시 개청 및 시간 외 물품 취급과 관련한 설명으로 맞는 것은?

가. 세관의 업무시간이 아닌 때에 통관절차를 진행하고자 하는 경우 사전통보는 부득이한 경우를 제외하고는 공무원의 근무시간 외에 한다.

나. 관세법 제241조에 따라 신고를 하여야 하는 우편물을 취급하는 경우에는 통보서를 세관에 제출할 필요가 없다.

다. 개청시간 외 통관절차를 진행함에 따른 수수료를 계산함에 있어 관세청장이 정하는 물품의 경우 여러 건의 수출입물품을 1건으로 하여 통관절차를 신청하는 때에는 이를 1건으로 한다.

라. 개청시간 및 물품취급시간 외 통관절차 등을 진행함에 따른 기본수수료는 평일과 공휴일 구분 없이 동일하다.

마. 세관의 개청시간 외에 통관절차 · 보세운송절차를 진행하기 위해 세관에 제출한 통보서상의 시간 외에 물품을 취급하는 경우에는 통보서를 별도로 세관에 제출할 필요가 없다.

해설 가. 세관의 업무시간이 아닌 때에 통관절차를 진행하고자 하는 경우 사전통보는 부득이한 경우를 제외하고는 「국가공무원 복무규정」에 의한 공무원의 근무시간 내에 하여야 한다.

나. 개청시간 외에 통관절차 · 보세운송절차 또는 입출항절차를 밟고자 하는 자는 사무의 종류 및 시간과 사유를 기재한 통보서를 세관장에게 제출해야 한다. 다만, 법 제241조에 따라 신고를 해야 하는 우편물 외의 우편물에 대해서는 그렇지 않다.

라. 납부하여야 하는 물품취급시간 외의 물품취급에 관한 수수료는 당해 물품을 취급하는 때에 세관 공무원이 참여하는 경우에는 기본수수료 2천원(휴일은 6천원)에 다음 각 호의 1에 해당하는 금액을 합한 금액으로 하며, 세관 공무원이 참여하지 아니하는 경우에는 기본수수료 2천원(휴일은 6천원)으로 한다.

마. 물품취급시간 외에 물품의 취급을 하려는 자는 다음 각 호의 어느 하나에 해당하는 경우를 제외하고는 통보서를 세관장에게 제출하여야 한다.

1. 우편물(일반신고를 하여야 하는 것은 제외한다)을 취급하는 경우
2. 통보한 시간 내에 당해 물품의 취급을 하는 경우
3. 보세공장에서 보세작업을 하는 경우. 다만, 감시 · 단속에 지장이 있다고 세관장이 인정할 때에는 예외로 한다.
4. 보세전시장 또는 보세건설장에서 전시 · 사용 또는 건설공사를 하는 경우
5. 수출신고수리 시 세관의 검사가 생략되는 수출물품을 취급하는 경우

5의2. 항구나 공항에서 하역작업을 하는 경우

6. 재해 기타 불가피한 사유로 인하여 당해 물품을 취급하는 경우. 이 경우에는 사후에 경위서를 세관장에게 제출하여 그 확인을 받아야 한다.

정답	25 다

2과목 보세구역관리

01 보세전시장의 폐회 후 물품처리로 틀린 것은?

가. 박람회 등의 회기가 종료되면 해당 보세정시장에 있는 외국물품은 이를 외국으로 반송하는 것을 원칙으로 한다.

나. 기증 · 매각됨으로써 보세전시장에 있는 외국물품을 국내로 반입하려는 자는 수입신고를 하여야 한다.

다. 보세전시장에 있는 외국물품을 폐기하려는 때에는 미리 세관장의 승인을 받아야 한다.

라. 회기가 종료되고 반송, 수입 또는 폐기 처리되지 아니한 외국물품은 해당 보세전시장의 특허기간 만료 후 30일 이내에 다른 보세구역으로 반출하여야 한다.

마. 폐기 후의 잔존물이 가치가 있는 때에는 폐기 후의 성질과 수량에 따라 관세를 부과한다.

해설 회기가 종료되고 반송, 수입 또는 폐기처리되지 아니한 외국물품은 해당 보세전시장의 특허기간에 지체 없이 다른 보세구역으로 반출하여야 한다.

02 보세전시장의 운영에 대한 설명으로 틀린 것은?

가. 보세전시장의 운영인은 해당 박람회 등의 주최자 명의로서 하여야 한다.

나. 보세전시장으로 특허받을 수 있는 장소는 해당 박람회 등의 전시장에 한정한다.

다. 보세전시장의 특허기간은 해당 박람회 등의 회기와 그 회기의 전후에 박람회 등의 운영을 위한 외국물품의 반입과 반출 등에 필요하다고 인정되는 기간을 고려해서 세관장이 정한다.

라. 세관장에게 반입신고를 한 외국 물품이 보세전시장에 반입된 경우 운영인은 그 물품에 대하여 세관 공무원의 검사를 받아야 한다.

마. 해당 보세전시장에서 불특정다수의 관람자에게 판매할 것을 목적으로 하는 외국 물품은 보세전시장에 반입할 수 없다.

해설 보세전시장에 반입이 허용되는 외국물품의 범위는 다음 각 호의 어느 하나에서 정하는 바와 같다.

(중략)

마. 판매용품 : 해당 보세전시장에서 불특정다수의 관람자에게 판매할 것을 목적으로 하는 물품을 말하며, 판매될 물품이 전시할 기계류의 성능실연을 거쳐서 가공 · 제조되는 것인 때에는 이에 사용될 원료도 포함된다.

정답 | 01 라 02 마

03 보세건설장에 대한 설명으로 맞는 것은?

가. 보세건설장의 부대시설을 건설하기 위해 반입되는 외국물품은 사용 · 소비신고 후 사용하여야 한다.

나. 외국물품인 기계류 설비품은 건설공사에 투입되기 전에 세관장에게 사용신고를 하여야 한다.

다. 보세건설장에서 건설된 시설을 수입신고수리 전에 시험목적으로 일시 가동하고자 하는 경우에는 세관장의 승인을 받아야 한다.

라. 공사용 장비는 일시 사용신고를 하고 건설공사에 투입하여 사용할 수 있다.

마. 운영인은 전체 산업시설의 건설이 완료되면 완료일부터 1개월 이내에 세관장에게 건설완료보고를 해야 한다.

해설 가, 나, 라. 보세건설장 반입물품의 범위[영]

보세건설장에 반입할 수 있는 물품은 외국물품 및 이와 유사한 물품으로서 당해 산업시설의 건설에 필요하다고 세관장이 인정하는 물품에 한한다.

1. 산업시설 건설에 사용되는 외국물품인 기계류 설비품(수입신고 후 사용)
2. 산업시설 건설에 사용되는 외국물품인 공사용 장비(수입신고 수리 후 사용)
3. 산업시설에 병설되는 사무소, 의료시설, 식당, 공원, 숙사 등 부대시설을 건설하기 위한 물품(수입신고 수리 후 사용)
4. 그 밖에 해당 산업시설 건설의 형편상 필요하다고 인정되는 물품(수입신고 수리 후 사용)

마. 보세건설장의 운영인은 수입신고를 한 물품을 사용한 건설공사가 완료된 때에는 지체 없이 이를 세관장에게 보고하여야 한다.

PART 06

04 보세판매장의 물품판매절차에 대한 설명으로 틀린 것은?

가. 운영인이 물품을 판매한 때에는 구매자 인적사항 및 판매사항을 세관에 전자문서로 실시간 전송(시내면세점에서 판매된 물품을 보세운송하는 경우 보세운송 신고 시)하여야 한다.

나. 운영인은 보세판매장의 물품을 전자상거래의 방법에 의하여 직접 판매하거나 제3자가 운영하는 사이버몰을 통하여 판매할 수 없다.

다. 출국장면세점의 판매물품을 이동판매 방식에 의해 판매하려는 경우 세관장의 승인을 받아야 한다.

라. 외국 원수와 그 가족이 시내면세점에서 구입한 물품은 보세판매장에서 현장 인도할 수 있다.

마. 인수자가 교환권을 분실한 경우 인도자는 구매자가 동일인임을 확인한 후 교환권을 재발행할 수 있다.

해설 운영인은 보세판매장의 물품을 전자상거래의 방법에 의하여 판매할 수 있다.

정답	03 다 04 나

05 보세판매장의 인도장 및 인도자에 대한 설명 중 틀린 것은?

가. 교환권의 여권번호가 다른 경우 인도자는 구매자의 인적사항과 서명 등을 구매내역과 비교하여 동일인임을 확인한 후 인도하여야 한다.

나. 인도자는 전자식 교환권의 경우 구매자의 전자서명을 받고 구매 시의 서명이나 인적사항을 대조 확인하여야 한다.

다. 세관장은 인도장의 수용능력을 초과하는 경우 출국장 인접 보세구역에 1년의 범위 내에서 임시인도장을 지정할 수 있다.

라. 인도자는 회수된 교환권을 정리하여 세관장에게 보고한 후 매월 10일 또는 세관장이 지정한 일자 단위로 판매자에게 송부하여야 한다.

마. 인도장에서 보세판매장 판매물품을 구매자에게 인도하는 업무를 담당하려는 자는 인도장 관할 세관장으로부터 지정을 받아야 한다.

해설 인도자는 교환권의 여권번호가 다른 경우에는 세관 공무원의 지시에 따라 인도할 수 있다. 이 경우 세관 공무원은 출입국사실 등을 조회하여 본인 여부 및 고의성 여부 등을 판단하여야 하며, 인도자는 인도 즉시 해당 물품을 판매한 운영인에게 통보하여 해당 물품의 보세운송신고 내용을 정정하도록 하여야 한다.

06 보세판매장 판매물품의 인도에 대한 설명으로 틀린 것은?

가. 인도자는 인도장의 업무량을 고려하여 적정인원의 보세사를 채용해야 한다.

나. 인도자는 인도 업무를 직접 수행하여야 하며, 보세사에게 위임할 수 없다.

다. 인도자는 인도자와 인도 보조자의 근무시간 및 근무방법을 세관장에게 보고해야 한다.

라. 세관장은 운영인이 운송한 물품을 인도자에게 인도할 장소를 지정한다.

마. 인도자는 인도장에 보세운송된 물품의 인수를 완료한 때에는 세관 공무원에게 이상 유무를 보고해야 한다.

해설 인도자는 인도장의 업무량을 고려하여 적정인원의 보세사를 채용하여야 하며 인도 업무를 보세사에 위임하여 수행하게 할 수 있다.

정답	05 가 06 나

07 보세판매장 특허심사위원회에 관한 설명으로 틀린 것은?

가. 특허심사위원회는 위원장을 포함하여 100여 명 이내의 위원으로 성별을 고려하여 구성한다.
나. 보세판매장의 신규 특허 수 결정을 심의한다.
다. 보세판매장 특허 신청자의 평가 및 성정을 심의한다.
라. 보세판매장 특허 갱신 심사를 심의한다.
마. 특허심사위원회 심의 후 참여 위원 명단을 공개한다.

해설 보세판매장 특허심사위원회[법 제176조의3]
보세판매장의 특허에 관한 다음 각 호의 사항을 심의하기 위하여 관세청에 보세판매장 특허심사위원회를 둔다.
1. 보세판매장 특허 신청자의 평가 및 선정
2. 특허 갱신의 심사
3. 그 밖에 보세판매장 운영에 관한 중요 사항
보세판매장 특허심사위원회에서는 신규 특허 수 결정을 심의하지는 않는다.

08 보세판매장 운영인의 의무로 틀린 것은?

가. 시내면세점 운영인은 중소 · 중견기업 제품 매장을 설치하여야 한다.
나. 운영인은 보세판매장에서 판매하는 물품과 동일 또는 유사한 물품을 수입하여 내수판매를 하지 않아야 한다.
다. 운영인은 해당 월의 보세판매장의 업무사항을 다음 달 7일까지 보세판매장 반출입물품 관리를 위한 전산시스템을 통하여 세관장에게 보고하여야 한다.
라. 운영인은 보세판매장에 근무하는 사람 중 소속직원에 대해 보세판매장 협의단체에서 주관하는 교육을 연 1회 이상 이수하도록 하여야 하며, 다른 법인 등에 소속된 판촉사원에 대해서는 해당 교육의 이수를 생략한다.
마. 운영인은 물품을 판매하는 때에는 구매자의 인적사항을 여권 또는 외국인임을 확인할 수 있는 자료, 그 외 세관장이 인정하는 신원확인방법을 통해 확인해야 한다.

해설 운영인은 보세판매장에 근무하는 소속직원과 판촉사원 등이 협의단체에서 주관하는 교육을 연 1회 이상(사전에 협의단체장이 교육계획을 관세청장에게 보고한 경우에는 그 계획 범위 내) 이수하도록 하여야 한다.

PART 06

정답	07 나 08 라

09 **보세판매장 운영인이 팸플릿, 인터넷홈페이지와 게시판을 통해 홍보해야 하는 것으로 틀린 것은?**

가. 입국장 인도장에서 인도받을 물품의 구매한도액, 입국장 면세점의 구매한도액 및 면세한도액의 혼동방지

나. 면세점에서 구입한 면세물품의 원천적인 국내반입 제한(입국장면세점 판매물품 및 입국장 인도장 인도 물품은 제외함)

다. 면세물품의 교환 · 환불절차 및 유의사항

라. 현장인도 받은 내국물품의 외국반출 의무

마. 해당 월의 보세판매장 업무상황

해설 게시판 홍보사항

가. 입국장 인도장에서 인도받을 물품의 구매한도액, 입국장 면세점의 구매한도액 및 면세한도액의 혼동방지

나. 면세점에서 구입한 면세물품의 원칙적인 국내반입 제한(입국장면세점은 제외함)

다. 면세물품의 교환 · 환불절차 및 유의사항

라. 현장인도 받은 내국물품의 외국반출 의무

마. 그 밖에 해외통관정보 등 세관장이 홍보할 필요가 있다고 인정하는 사항

10 **종합보세구역의 물품반출입에 대한 설명으로 틀린 것은?**

가. 외국으로부터 도착한 물품 또는 보세운송되어 반입하는 물품에 대하여는 House B/L 단위로 반입신고를 하여야 한다.

나. 동일 종합보세구역 내의 종합보세사업장 간에 물품의 이동에는 보세운송신고를 하여야 한다.

다. 운영인이 동일 종합보세사업장에서 종합보세기능 간에 물품을 이동하는 경우에는 반출입신고를 하지 아니한다.

라. 운영인은 반입된 물품이 반입예정 정보와 품명 · 수량이 상이한 경우에는 즉시 세관장에게 보고하여야 한다.

마. 소방 관련 법령 등에 의한 위험물 장치허가를 받지 아니한 종합보세사업장 운영인은 화물 반입 시 위험물 여부를 확인하여야 하며, 위험물을 발견하였을 때에는 즉시 세관장에게 보고하여야 한다.

해설 운영인이 동일 종합보세사업장에서 종합보세기능 간에 물품을 이동하는 경우에는 반출입신고를 하지 아니하며, 동일 종합보세구역 내의 종합보세사업장 간의 물품의 이동에는 보세운송신고를 하지 아니한다.

정답	09 마 10 나

11 종합보세구역에서 종합보세사업장 설치 · 운영 등에 대한 설명으로 맞는 것은?

가. 종합보세구역에서 종합보세기능을 수행하고자 하는 자는 종합보세사업장 설치 · 운영 특허 신청서를 제출하여 세관장에게 특허를 받아야 한다.

나. 운영인이 종합보세사업장을 15일 이상 계속하여 휴업하고자 할 때에는 운영인은 세관장에게 즉시 그 사실을 신고하여야 한다.

다. 종합보세사업장의 설치 · 운영 기간은 30년의 범위 내에서 운영인이 정하는 기간으로 한다.

라. 종합보세사업장의 토지 · 건물 등을 임차한 경우 종합보세사업장의 설치 · 운영기간은 임대차 계약기간 만료 10일 전까지 기간 연장된 임대차계약서 또는 시설사용허가서 사본을 제출하는 조건으로 운영인이 정하는 기간으로 한다.

마. 설치 · 운영기간 이후에도 계속하여 종합보세기능을 수행하고자 할 때에는 설치 · 운영기간 만료 30일 전까지 설치 · 운영변경신고에 의하여 설치 · 운영기간을 연장하여야 한다.

해설 가. 종합보세구역에서 종합보세기능을 수행하려는 자는 그 기능을 정하여 세관장에게 종합보세사업장의 설치 · 운영에 관한 신고를 하여야 한다.

나. 운영인이 종합보세사업장을 폐업하거나 30일 이상 계속하여 휴업하고자 할 때에는 운영인 또는 그 상속인은 세관장에게 즉시 그 사실을 신고하여야 하며 다시 개업하고자 할 때에는 서면으로 그 요지를 통지하여야 한다.

다. 종합보세사업장의 설치 · 운영기간은 운영인이 정하는 기간으로 한다(30년 규정 없음).

라. 종합보세사업장의 토지 · 건물 등을 임차한 경우에는 임대차계약기간 만료 15일 전까지 기간연장된 임대차계약서 또는 시설사용허가서 사본을 제출하는 조건으로 운영인이 정하는 기간으로 한다.

PART 06

12 관세청장이 지정하는 종합보세구역의 대상지역에 해당하지 않은 것은?

가. 외국인투자촉진법에 의한 외국인투자지역

나. 산업입지 및 개발에 관한 법률에 의한 산업단지

다. 자유무역지역의 지정 및 운영에 관한 법률에 따라 운영 시기가 공고된 자유무역지역

라. 유통산업발전법에 의한 공동집배송센터

마. 물류시설의 개발 및 운영에 관한 법률에 따른 물류단지

해설 종합보세구역은 다음 각 호의 어느 하나에 해당하는 지역으로서 관세청장이 종합보세구역으로 지정할 필요가 있다고 인정하는 지역을 그 지정대상으로 한다.

1. 「외국인투자촉진법」에 의한 외국인투자지역
2. 「산업입지 및 개발에 관한 법률」에 의한 산업단지
3. 「유통산업발전법」에 의한 공동집배송센터
4. 「물류시설의 개발 및 운영에 관한 법률」에 따른 물류단지
5. 기타 종합보세구역으로 지정됨으로써 외국인투자촉진 · 수출증대 또는 물류촉진 등의 효과가 있을 것으로 예상되는 지역

정답 | 11 마 12 다

13 수입활어의 관리에 관한 사항으로 맞는 것은?

가. 활어란 관세법의 별도 관세율표 제0301호에 해당하는 물품으로서 관상용과 양식용(이식용, 시험연구조사용)을 포함한 것을 말한다.

나. 세관장은 검역 불합격품이 발생한 경우 해당 화주에게 불합격 사실을 통보를 받은 날부터 15일 이내에 반송 또는 폐기하도록 명령하여야 한다.

다. 운영인 등은 활어장치장 내에 설치된 CCTV의 전원을 차단하거나, 촬영에 방해가 되는 물체를 배치하려는 경우에는 세관장에게 통보하여야 한다.

라. 동일 선박 또는 항공기로 반입된 동일 화주의 활어는 장치된 수조별로 수입신고를 하여야 한다.

마. 운영인 등은 세관 공무원의 관리 감독을 용이하게 하기 위하여 활어의 수조와 CCTV의 배치 도면을 활어장치장 입구에 게시하여야 한다.

해설 가. 활어란 「관세법」의 별표 관세율표 제0301호에 해당하는 물품으로서 관상용과 양식용(이식용, 시험연구조사용)을 제외한 것을 말한다.

다. 운영인 등은 활어장치장 내에 설치된 CCTV의 전원을 차단하거나, 촬영 방향의 이동 또는 촬영에 방해가 되는 물체의 배치 시에는 사전에 세관장의 승인을 얻어야 한다.

라. 동일 선박 또는 항공기로 반입된 동일 화주의 활어는 B/L건 별로 수입신고를 하여야 한다. 다만, 검사 또는 검역의 결과 일부 합격 등과 같이 세관장이 분할통관이 필요하다고 인정하는 경우에는 그렇지 않다.

마. 운영인 등은 활어장치장의 수조와 CCTV의 배치 도면을 세관장에게 제출하여야 한다.

14 지정장치장에 대한 설명으로 맞는 것은?

가. 지정장치장은 통관을 하려는 물품을 일시 장치하기 위한 장소로서 시설주의 신청에 의하여 세관장이 지정하는 구역이다.

나. 지정장치장에서의 물품 장치기간은 6개월이며, 세관장은 6개월의 범위에서 그 기간을 연장할 수 있다.

다. 세관장은 화물관리인을 지정할 수 없을 때에는 해당 시설의 관리자를 화물관리인으로 지정하여야 한다.

라. 화물관리인은 화물관리에 필요한 비용을 화주로부터 징수할 수 있다. 다만, 그 요율에 대하여는 세관장의 승인을 받아야 한다.

마. 지정장치장의 화물관리인은 중소기업의 장치물품에 대하여 세관설비사용료를 납부하지 아니한다.

정답	13 나 14 라

해설 가. 지정장치장은 통관을 하려는 물품을 일시 장치하기 위한 장소로서 세관장이 지정하는 구역으로 한다.

나. 지정장치장에 물품을 장치하는 기간은 6개월의 범위에서 관세청장이 정한다. 다만, 관세청장이 정하는 기준에 따라 세관장은 3개월의 범위에서 그 기간을 연장할 수 있다.

다. 세관장은 지정장치장의 질서유지와 화물의 안전관리를 위하여 필요하다고 인정할 때에는 화주를 갈음하여 보관의 책임을 지는 화물관리인을 지정할 수 있다.

마. 지정장치장의 화물관리인은 징수한 비용 중 세관설비 사용료에 해당하는 금액을 세관장에게 납부하여야 한다.

15 영업용보세창고에의 물품반입을 정지시킬 수 있는 경우로서 틀린 것은?

가. 장치된 외국물품이 멸실된 때에 운영인이 세관장에게 멸실 신고를 하지 않은 경우

나. 해당 시설의 미비 등으로 특허보세구역 설치 목적을 달성하기 곤란하다고 인정되는 경우

다. 운영인 또는 그 종업원이 합법가장 밀수를 인지하고도 세관장에게 보고하지 않고 보관 또는 반출한 경우

라. 운영인 또는 그 종업원의 관리소홀로 해당 보세구역에서 밀수행위가 발생한 경우

마. 운영인이 장치물품에 대한 관세를 납부할 자력(자금능력)이 없다고 인정되는 경우

해설 '가'의 경우 경고처분 대상이다.

16 특허보세구역 설치 · 운영에 관한 세관장의 감독사항으로 틀린 것은?

가. 특허보세구역의 설치 · 운영에 관한 보고를 명할 수 있다.

나. 세관 공무원에게 특허보세구역의 운영상황을 검사하게 할 수 있다.

다. 특허보세구역의 운영에 필요한 시설 · 기계 및 기구의 설치를 명할 수 있다.

라. 특허보세구역의 설치 목적에 합당하지 않은 물품의 반출을 명할 수 있다.

마. 특허보세구역과 거래하는 업체의 종사자 인적사항을 보고하도록 할 수 있다.

해설 업체종사자 인적사항 보고는 세관장의 감독사항이 아니다.

PART 06

정답	15 가　16 마

17 보세구역에 대한 설명이다. (　　) 안에 들어갈 내용을 바르게 나열한 것은?

> 보세구역은 (A) · (B) 및 (C)으로 구분하고, (A)은 지정장치장 및 세관검사장으로 구분하며, (B)은 보세창고 · 보세공장 · 보세전시장 · 보세건설장 및 보세판매장으로 구분한다.

	(A)	(B)	(C)
가.	지정보세구역	특수보세구역	자유무역지역
나.	지정보세구역	종합보세구역	자유무역지역
다.	지정보세구역	특허보세구역	종합보세구역
라.	자유무역지역	특허보세구역	종합보세구역
마.	종합보세구역	특허보세구역	자유무역지역

해설 보세구역은 지정보세구역 · 특허보세구역 및 종합보세구역으로 구분하고, 지정보세구역은 지정장치장 및 세관검사장으로 구분하며, 특허보세구역은 보세창고 · 보세공장 · 보세전시장 · 보세건설장 및 보세판매장으로 구분한다.

18 특허보세구역 운영인의 의무에 대한 설명으로 틀린 것은?

가. 장치화물에 관한 각종 장부와 보고서류(전산자료 포함)를 2년간 보관하여야 한다.

나. 보세구역의 건물, 시설 등에 관하여 소방서 등 행정관청으로부터 시정명령을 받은 때에는 지체 없이 세관장에게 보고하여야 한다.

다. 보세구역의 수용 능력을 증가시키는 설치 · 운영시설의 증축 등의 공사를 하려는 때에는 세관장에게 신고하여야 한다.

라. 보세구역의 장치물품의 종류를 변경하려는 때에는 미리 세관장의 승인을 받아야 한다.

마. 운영인은 관세법령에서 정하는 바에 따라 특허보세구역 특허수수료를 납부하여야 한다.

해설 특허보세구역의 운영인이 그 장치물품의 수용 능력을 증감하거나 그 특허작업의 능력을 변경할 설치 · 운영시설의 증축, 수선 등의 공사를 하고자 하는 때에는 그 사유를 기재한 신청서에 공사 내역서 및 관계도면을 첨부하여 세관장에게 제출하여 그 승인을 얻어야 한다.

정답 | 17 다　18 다

19 보세창고 운영인에 대한 행정제재로 틀린 것은?

가. 1년에 주의처분을 3회 받은 때에는 경고 1회로 한다.

나. 현장점검, 감사 등의 결과에 따라 수 개의 동일 위반사항이 적발된 경우 이를 1건으로 주의 처분하거나 경고 처분할 수 있다.

다. 거짓이나 그 밖의 부정한 방법으로 특허를 받은 경우에는 특허를 취소하여야 한다.

라. 보세구역 운영인 또는 그 사용인이 관세법을 위반하여 물품반입을 정지하는 경우 범칙시가에 따라 정지 기간을 산정한다.

마. 세관장은 자체 특허심사위원회의 사전심사를 거쳐 반입정지 기간을 하향조정하는 경우, 기준일의 50%의 범위에서 조정할 수 있다. 다만, 반입정지 기간을 7일 미만으로 할 수 없다.

해설 라. 해당 조항 없음

20 보세공장에서의 물품 수출입 및 반송 등에 대한 설명 중 틀린 것은?

가. 해당 보세공장 부설 연구소에서 사용될 시설 기자재 · 원재료 등은 보세공장 반입일부터 30일 이내에 수입 또는 반송신고 하여야 한다.

나. 원료과세 적용신청 물품으로서 FTA 협정관세를 적용받고자 하는 경우에는 사용신고를 할 때 해당 원산지와 원산지증명서 구비 여부(Y), 세율란(FTA관세율)을 기재하여 사용신고 하여야 한다.

다. 생산계획 변경, 제조품목의 사양변경 또는 보세작업과정에서 발생하는 잉여 원재료는 반입신고 시의 원재료 원상태로 국외반출을 할 수 있다.

라. 운영인은 잉여물품을 수입신고 전에 즉시 반출하려는 경우 세관장에게 보세공장 잉여물품 수입신고 전 반출신고서를 제출해야 한다.

마. 수입신고 전 반출한 잉여물품은 반출신고서를 제출한 날로부터 30일 이내에 반출신고서 건별로 수입신고하여야 한다.

해설 수입신고 전 반출한 잉여물품은 반출신고서를 제출한 날로부터 10일 이내에 수입신고서에 반출신고서, 송품장, 포장명세서, 매매계약서를 첨부하여 세관장에게 수입신고하여야 한다. 이 경우 10일 이내의 반출한 물품을 일괄하여 수입신고 할 수 있다.

PART 06

정답 19 라 20 마

21 보세공장 장외작업에 대한 설명으로 틀린 것은?

가. 세관장은 장외작업 허가 기간이 경과한 물품이 장외작업장에 장치되어 있는 때에는 지체없이 보세공장 반입 명령을 하여야 한다.

나. 장외작업으로 보세작업한 물품은 장외작업장소에 장치한 상태에서 원보세공장 관할 세관으로 수출 · 수입신고, 양수도, 반출신고 등을 할 수 있다.

다. 세관장은 운영인이 거대중량 등의 사유로 1년의 범위에서 계속하여 장치하려는 경우 장외작업 기간 연장을 승인할 수 있다.

라. 장외작업의 허가를 받은 물품은 원보세공장 관할 세관에서 관리하거나 관리가 어려운 경우 장외작업장 관할 세관장에게 관리 · 감독을 의뢰할 수 있다.

마. 임가공계약서 등으로 전체 장외작업의 내용을 미리 알 수 있어 여러 건의 장외작업을 일괄 허가하는 경우 1년 이내에서 장외작업허가를 받을 수 있다.

해설 지정된 허가기간이 지난 경우 해당 공장 외 작업장에 허가된 외국물품이나 그 제품이 있을 때에는 해당 물품의 허가를 받은 보세공장의 운영인으로부터 그 관세를 즉시 징수한다(세관장은 보세공장 외 작업 허가기간이 지나 공장 외 작업장에 외국물품이 있을 경우 원보세공장으로 반입하도록 명령하는 것이 아니라 즉시 징수한다).

22 〈법률 개정으로 문제 삭제〉

23 특허보세구역 운영인이 보세구역 내 일정한 장소에 게시하여야 하는 사항으로 틀린 것은?

가. 보세구역 출입자 명단

나. 특허보세구역 특허장

다. 위험물품장치허가증 관계행정기관의 장의 허가, 승인 또는 등록증(위험물품, 식품류를 보관하는 보세구역에 한정)

라. 화재보험요율

마. 보관요율(자가용보세창고는 제외) 및 보관규칙

해설 운영인은 보세구역 내 일정한 장소에 다음 각 호의 사항을 게시하여야 한다.

1. 특허장
2. 보관요율(자가용보세창고는 제외) 및 보관규칙
3. 화재보험요율
4. 자율관리보세구역지정서(자율관리보세구역만 해당)
5. 위험물품장치허가증 등 관계 행정기관의 장의 허가, 승인 또는 등록증(위험물위험물품, 식품류를 보관하는 보세구역에 한정한다)

정답	21 가 22 개정 삭제 23 가

24 보세공장 원재료의 범위 등에 관한 설명으로 틀린 것은?

가. 당해 보세공장에서 생산하는 제품에 물리적 또는 화학적으로 결합되는 물품은 보세공장 원재료에 해당된다.

나. 해당 보세공장에서 생산하는 제품을 제조 · 가공하는 공정에 투입되어 소모되는 물품은 보세공장 원재료에 해당된다.

다. 기계 · 기구 등의 작동 및 유지를 위한 연료, 윤활유 등 제품의 생산작업에 간접적으로 투입되어 소모되는 물품은 보세공장 원재료에 해당된다.

라. 해당 보세공장에서 수리 · 조립 · 검사 · 포장 작업에 간접적으로 투입되는 물품은 보세공장 원재료에 해당된다.

마. 보세공장 원재료는 당해 보세공장에서 생산하는 제품에 소요되는 수량을 객관적으로 계산할 수 있는 물품이어야 한다.

해설 보세공장에서 보세작업을 하기 위하여 반입되는 원료 또는 재료("보세공장원재료")는 다음 각 호의 어느 하나에 해당하는 것을 말한다. 다만, 기계 · 기구 등의 작동 및 유지를 위한 연료, 윤활유 등 제품의 생산 · 수리 · 조립 · 검사 · 포장 및 이와 유사한 작업에 간접적으로 투입되어 소모되는 물품은 제외한다.

25 자율관리보세공장의 특례에 대한 설명으로 틀린 것은?

가. 연 1회 실시하는 재고조사를 생략할 수 있다.

나. 물품의 반출입을 할 때, 동일법인에서 운영하는 자율관리보세공장 간에는 보세운송절차를 생략할 수 있다.

다. 물품의 반출입을 할 때, 동일법인에서 운영하는 자율관리보세공장과 자유무역지역 입주업체 간에는 보세운송절차를 생략할 수 있다.

라. 자율관리보세공장에서 무상으로 수출하는 미화 1만불(FOB기준) 이하 견본품은 보세운송절차를 생략할 수 있다.

마. 자율관리보세공장에서 내 · 외국물품 혼용작업을 하는 경우 세관장의 승인을 생략한다.

해설 세관장은 자율관리보세공장으로 지정받은 자에게 다음 각 호의 특례를 적용한다.

1. 보세공장에 반입된 물품을 공휴일, 야간 등 개청시간 외에 사용하는 경우 사용 전 사용신고를 공휴일 또는 야간 종료일 다음 날까지 사용신고 할 수 있다. 다만, 사용신고한 외국물품은 제외한다.
2. 다른 보세공장 일시 보세작업 장소가 자율관리보세공장인 경우 보세운송절차를 생략할 수 있다.
3. 물품의 반출입을 할 때 동일법인에서 운영하는 자율관리보세공장 간이나, 동일법인에서 운영하는 자율관리보세공장과 자유무역지역 입주기업체 간에는 보세운송절차를 생략할 수 있다.
4. 사용신고 특례적용을 위한 품목번호(HSK) 등록절차를 생략할 수 있다.
5. 연 1회 재고조사를 생략할 수 있다.
6. 보세공장의 특허 목적과 관련 있는 물품은 보세공장에 반입할 수 있다.

정답 24 다 25 마

7. 해당 보세공장에서 생산된 수출물품이 무상으로 반출하는 상품의 견품 및 광고용품에 해당되고, 물품 가격이 미화 1만불(FOB기준) 이하인 경우 제38조제2항에 따른 보세운송절차를 생략할 수 있다.
8. 보세공장 장기재고 현황 및 처리계획 보고서의 제출을 생략할 수 있다.
9. 해당 보세공장의 견본품을 기업부설연구소로 반출할 때 장외작업절차를 준용하게 할 수 있다.

3과목 화물관리

01 항공입항화물 적하목록(적재화물목록) 제출 및 정정과 관련하여 틀린 것은?

가. 특송화물의 경우에는 항공기가 입항하기 2시간 전까지 제출해야 한다.
나. 적하목록(적재화물목록)보다 실제 물품이 적은 경우로서 하기결과 이상보고서 제출 이후 7일 이내 부족화물이 도착되어 병합관리가 가능한 경우 정정신청을 생략할 수 있다.
다. 적하목록(적재화물목록)에 등재되지 아니한 화물로서 해당 항공기도착 7일 이내에 선착화물이 있어 병합관리가 가능한 경우 정정신청을 생략할 수 있다.
라. B/L 양수도 및 B/L 분할 · 합병의 경우에는 정정기간을 제한하지 아니한다.
마. 보세운송으로 보세구역에 반입된 화물은 도착지 보세구역을 관할하는 세관장에게 적하목록(적재화물목록) 정정신청을 해야 한다.

해설 근거리 지역의 경우에는 적재항에서 항공기가 출항하기 전까지, 특송화물의 경우에는 항공기가 입항하기 30분 전까지 제출하여야 한다. 〈법률 개정으로 해설 변경〉

02 해상입항 적하목록(적재화물목록) 정정신청을 생략할 수 있는 범위에 대한 설명이다. ( ) 안에 들어갈 내용을 바르게 나열한 것은?

- 산물(예 광물, 곡물 등)로서 그 중량의 과부족이 (A)% 이내인 경우
- 용적물품(예 원목 등)으로서 그 용적의 과부족이 (B)% 이내인 경우
- 포장파손이 용이한 물품(예 비료, 시멘트 등)으로서 그 중량의 과부족이 (C)% 이내인 경우
- 포장단위 물품으로서 중량의 과부족이 (D)% 이내이고 포장상태에 이상이 없는 경우

	(A)	(B)	(C)	(D)
가.	5	5	5	10
나.	5	5	5	5
다.	10	10	10	10
라.	10	5	5	5
마.	10	5	5	10

정답 | 01 가 02 가

해설 적재화물목록상의 물품과 실제 물품이 다음 각 호의 어느 하나에 해당하는 때에는 적재화물목록 정정신청을 생략할 수 있다.

1. 산물(예 광물, 원유, 곡물, 염, 원피 등)로서 그 중량의 과부족이 5% 이내인 경우
2. 용적물품(예 원목 등)으로서 그 용적의 과부족이 5% 이내인 경우
3. 포장파손이 용이한 물품(예 비료, 설탕, 시멘트 등) 및 건습에 따라 중량의 변동이 심한 물품(예 펄프, 고지류 등)으로서 그 중량의 과부족이 5% 이내인 경우
4. 포장단위 물품으로서 중량의 과부족이 10% 이내이고 포장상태에 이상이 없는 경우

03 적하목록의 정정신청 기간에 대한 설명이다. ( ) 안에 들어갈 내용을 맞게 나열한 것은?

- 하기결과보고서 및 반입결과 이상보고서가 제출된 물품의 경우에는 보고서 제출일로부터 (A)일 이내
- 해상 출항물품을 적재한 선박이 출항한 날로부터 (B)일 이내
- 항공 출항물품을 적재한 항공기가 출항한 날로부터 (C)일 이내

	(A)	(B)	(C)
가.	15	60	30
나.	30	60	60
다.	30	60	30
라.	30	90	60
마.	15	90	60

해설
- 하선(기)결과 이상보고서 및 반입결과 이상보고서가 제출된 물품 : 보고서 제출일로부터 15일 이내
- 적재화물목록 정정신청은 해당 출항물품을 적재한 선박, 항공기가 출항한 날로부터 다음 각 호에서 정하는 기간 내에 하여야 한다.
  - 해상화물 : 90일
  - 항공화물 : 60일

PART 06

정답 03 마

04 해상입항 보세화물의 하선에 대한 설명으로 틀린 것은?

가. 화물을 하선하려는 때에는 Master B/L 단위의 적하목록(적재화물목록)을 기준으로 하선신고서를 세관장에게 전자문서로 제출해야 한다.

나. B/L 단위로 구분하여 하선이 가능한 경우에는 세관장에게 서류로 하선신고를 할 수 있으며 하선작업 완료 후 다음 날까지 하선신고서를 세관장에게 전자문서로 제출해야 한다.

다. 입항전에 수입신고 또는 하선 전에 보세운송신고가 된 물품으로서 검사가 필요하다고 인정하는 물품은 선사가 지정하는 장소에 하선한다.

라. 하선장소가 부두 밖 보세구역인 경우에는 등록된 보세운송차량으로 운송해야 한다.

마. 선사가 수입 또는 환적 목적이 아닌 외국물품을 하역 작업상의 필요 등에 의하여 일시 양륙하려는 경우에는 하선 전에 세관장에게 일시양륙 신고를 해야 한다.

해설 입항 전에 수입신고 또는 하선 전에 보세운송신고가 된 물품으로서 검사가 필요하다고 인정하는 물품은 부두 내의 세관장이 지정하는 장소에 하선한다.

05 해상입항 화물의 하선장소 반입에 대한 설명으로 맞는 것은?

가. 하선장소를 관리하는 보세구역 운영인은 LCL화물로서 해당 하선장소 내의 CFS 내에서 컨테이너 적출 및 반입 작업을 하지 아니하는 물품은 Master B/L 단위로 반입신고 할 수 있다.

나. 하선신고를 한 자는 원목, 곡물, 원유 등 산물은 입항일로부터 15일 이내에 하선장소에 반입해야 한다.

다. 하선신고를 한 자는 컨테이너화물은 입항일로부터 5일 이내에 하선장소에 반입해야 한다.

라. 입항전수입신고수리 또는 하선전보세운송신고수리가 된 물품을 하선과 동시에 차상 반출하는 경우에는 반출입신고를 해야 한다.

마. 하선장소 보세구역운영인은 하선기한 내 공컨테이너가 반입되지 않은 경우 하선기한 만료일로부터 15일 이내에 세관장에게 보고해야 한다.

해설 나, 다. 하선신고를 한 자는 입항일로부터 다음 각 호의 어느 하나에 해당하는 기간 내에 해당 물품을 하선장소에 반입하여야 한다. 다만, 부득이한 사유로 지정기한(검색기검사를 마치고 하선장소에 반입하는 경우에는 지정기한 경과일수를 산출할 때 세관근무일자가 아닌 일수를 제외) 이내에 반입이 곤란할 때에는 반입지연사유, 반입예정일자 등을 기재한 하선장소 반입기간 연장(신청)서를 세관장에게 제출하여 승인을 받아야 한다.

1. 컨테이너화물 : 5일
2. 원목, 곡물, 원유 등 산물 : 10일

라. 입항전수입신고수리 또는 하선전보세운송신고수리가 된 물품을 하선과 동시에 차상반출하는 경우에는 반출입 신고를 생략할 수 있다.

마. 하선장소 보세구역운영인(화물관리인)은 하선기한내 공컨테이너가 반입되지 않은 경우 세관장에게 즉시 보고하여야 한다.

정답 | 04 다 05 가, 다(복수 정답)

06 물품의 하역 및 일시양륙에 대한 설명으로 틀린 것은?

가. 국제무역선은 입항절차를 마친 후가 아니면 물품을 하역하거나 환적할 수 없다. 다만, 세관장의 허가를 받은 경우에는 그러하지 아니하다.

나. 외국물품을 운송수단으로부터 일시적으로 육지에 내려놓으려면 세관장에게 허가를 받아야 한다.

다. 국제무역기에 물품을 하역하려면 세관장에게 신고하고 현장에서 세관 공무원의 확인을 받아야 한다. 다만, 세관 공무원이 확인할 필요가 없다고 인정하는 경우에는 그러하지 아니하다.

라. 국제무역선에는 국내물품을 적재할 수 없으며, 국내운항선에는 외국물품을 적재할 수 없다. 다만, 세관장의 허가를 받았을 때에는 그러하지 아니하다.

마. 세관장은 감시 · 단속을 위하여 필요할 때에는 물품을 하역하는 장소 및 통로와 기간을 제한할 수 있다.

해설 다음 각 호의 어느 하나에 해당하는 행위를 하려면 세관장에게 신고를 하고, 현장에서 세관 공무원의 확인을 받아야 한다. 다만, 관세청장이 감시 · 단속에 지장이 없다고 인정하여 따로 정하는 경우에는 간소한 방법으로 신고 또는 확인하거나 이를 생략하게 할 수 있다.

1. 외국물품을 운송수단으로부터 일시적으로 육지에 내려놓으려는 경우
2. 해당 운송수단의 여객 · 승무원 또는 운전자가 아닌 자가 타려는 경우
3. 외국물품을 적재한 운송수단에서 다른 운송수단으로 물품을 환적 또는 복합환적하거나 사람을 이동시키는 경우

07 보세화물의 입출항 하선하기에 대한 설명으로 맞는 것은?

가. 하선신고는 하역업체로 등록한 업체만 할 수 있다.

나. House B/L이란 선박회사(항공사)가 화주에게 직접 발행한 선하증권(항공화물운송장)을 말한다.

다. 환적화물이란 국제무역선(기)에 의하여 우리나라에 도착한 외국화물을 외국으로 반출하는 물품으로서 반송신고대상이다.

라. 화물관리번호란 적하목록(적재화물목록)상의 적하목록관리번호에 Master B/L일련번호와 House B/L일련번호를 합한 번호를 말한다.

마. 화물운송주선업자는 적하목록(적재화물목록) 작성책임자가 아니다.

해설 가. 운항선사(공동배선의 경우에는 용선선사를 포함한다) 또는 그 위임을 받은 하역업체가 화물을 하선하려는 때에는 MASTER B/L 단위의 적재화물목록을 기준으로 하역장소와 하선장소를 기재한 하선신고서를 세관장에게 전자문서로 제출하여야 한다.

나. "House B/L"이란 화물운송주선업자가 화주에게 발행한 선하증권 또는 해상화물운송장을 말하며, "House AWB"이란 화물운송주선업자가 화주에게 발행한 항공화물운송장을 말한다.

정답	06 나　07 라

다. "환적화물"이란 국제무역선(기)에 의하여 우리나라에 도착한 외국화물을 외국으로 반출하는 물품으로서 수출입 또는 반송신고대상이 아닌 물품을 말한다.

마. "적재화물목록 작성책임자"란 다음 각 목의 어느 하나에 해당하는 자를 말한다.

1. 마스터적재화물목록은 운항선사 또는 운항항공사. 다만, 공동배선의 경우에는 선박 또는 항공기의 적재공간을 용선한 선사(그 업무를 대행하는 자를 포함하며, 이하 "용선선사"라 한다) 또는 공동운항항공사(그 업무를 대행하는 자를 포함한다. 이하 같다)
2. 하우스적재화물목록은 화물운송주선업자(그 업무를 대행하는 자를 포함한다)

08 출항 화물 관리에 대한 설명으로 맞는 것은?

가. 수출신고수리가 되기 전의 수출화물은 내국물품이므로 선적지 보세구역에 반입하는 때에는 화물반출입대장에 기록하고 반입신고하여야 한다.

나. 반송물품을 보세구역에 반입하려는 보세구역 운영인은 반입신고와 보세운송 도착보고를 반드시 별도로 해야 한다.

다. 선적지 보세구역에 반입된 물품의 부패 · 손상 시에는 세관장의 승인을 받고 폐기할 수 있다.

라. 선적지 보세구역에 반입된 수출물품은 선적예정 선박 또는 항공기에 적재하고자 하는 경우를 제외하고 선적지 보세구역으로부터 반출할 수 없다.

마. 보세구역 운영인은 물품을 적재하기 전 적재신고를 해야 한다.

해설 가. 수출신고수리물품 또는 수출신고수리를 받으려는 물품의 반입신고는 화물반출입대장(전산설비를 이용한 기록관리를 포함한다)에 기록 관리하는 것으로 갈음한다.

나. 반송물품을 보세구역에 반입하려는 보세구역 운영인은 세관장에게 반입신고를 하여야 한다. 이 경우 반입신고는 보세운송 도착보고를 갈음할 수 있다.

라. 적재지 보세구역에 반입된 수출물품은 다음 각 호의 어느 하나에 해당하는 경우에 한정하여 적재지 보세구역으로부터 반출할 수 있다.

1. 적재 예정 선박 또는 항공기에 적재하려는 경우
2. 적재 예정 선박 또는 항공기가 변경되거나 해상 또는 항공수송의 상호연계를 위하여 다른 선적지 세관의 보세구역으로 수출물품을 운송(보세운송을 포함한다)하려는 경우
3. 동일 적재지 세관 내에서 혼재작업을 위해 다른 보세구역으로 수출물품을 운송하려는 경우
4. 보수작업과 폐기처리 등을 해당 선적지 보세구역 내에서 수행하기가 곤란하여 다른 장소로 수출물품을 운송하고자 하는 경우하려는 경우
5. 그 밖에 세관장이 적재지 보세구역에서 반출하는 사유가 타당하다고 인정하는 경우

마. 출항(반송물품을 포함)하려는 하는 물품을 선박이나 항공기에 적재하려는 하는 자("적재화물목록 제출의무자")는 물품을 적재하기 전 적재신고를 하여야 한다.

정답 | 08 다

09 〈법률 개정으로 문제 삭제〉

10 화물운송주선업자의 등록요건에 대한 설명으로 틀린 것은?

가. 물류정책기본법 제43조에 따른 국제물류주선업의 등록을 하였을 것
나. 관세 및 국세의 체납이 없을 것
다. 혼재화물적하목록 제출 등을 위한 전산설비를 갖추고 있을 것
라. 관세법 또는 이 법에 따른 세관장의 명령을 위반하여 관세범으로 조사받고 있거나 기소 중에 있지 않을 것
마. 자본금 2억원 이상을 보유한 법인일 것

해설 자본금 3억원 이상을 보유한 법인(법인이 아닌 경우에는 자산평가액이 6억원 이상)일 것

11 화물운송주선업자에 대한 업무감독 및 행정제재에 대한 설명으로 틀린 것은?

가. 세관장은 등록된 화물운송주선업자의 본사 또는 영업소에 대하여 매년 단위로 자체계획을 수립하여 등록사항의 변동여부 등에 대한 업무점검을 할 수 있다.
나. 세관장은 화물운송주선업자 또는 그 임원, 직원, 사용인이 관세법 또는 이 법에 따른 세관장 명령사항 등을 위반한 경우 행정제재를 할 수 있다.
다. 관세행정 발전에 기여한 사람으로서 관세채권확보 등에 어려움이 없는 경우에는 기준일수의 50% 이내에서 업무정지기간을 하향 조정할 수 있다. 이 경우 최소 업무정지기간은 5일 이상이어야 한다.
라. 세관장은 경고처분을 하려는 경우 세관장(본부세관은 국장)을 위원장으로 하는 5명 이상의 위원회를 구성하여 심의한 후 결정하여야 한다.
마. 세관장은 화물운송주선업자에 대하여 등록취소 또는 업무정지를 하려는 때에는 사전에 화물운송주선업자에게 통보하여 의견을 청취하여야 한다.

해설 라. 세관장은 업무정지 또는 등록취소를 하려는 경우 세관장(본부세관은 국장)을 위원장으로 하는 5명 이상의 위원회를 구성하여 심의한 후 결정하여야 한다.

PART 06

정답	09 개정 삭제 10 마 11 라

12 보세구역의 물품 반출에 대한 설명으로 맞는 것은?

가. B/L제시 인도물품을 반출하려는 자는 화물관리공무원에게 B/L 원본을 제시하여 반출승인을 받아야 한다.

나. 외교행낭으로 반입되는 영사관 직원이 사용하기 위한 엽총은 B/L 제시로 반출할 수 있다.

다. 장례를 위한 유해(유골)와 유체는 B/L제시로 반출할 수 없다.

라. 보세구역 외 장치장에 반입한 화물 중 수입신고수리된 화물은 반출 시에 세관장에게 반출신고를 하여야 한다.

마. 폐기승인을 받은 물품은 폐기완료보고 후 반출신고한다.

해설 나. 외교행낭으로 반입되는 면세대상물품만 B/L제시로 반출할 수 있다(상품가치가 있는 물품은 정식수입신고 대상임).

다. 장례를 위한 유해(유골)와 유체는 B/L제시로 반출할 수 있다.

라. 보세구역외장치장에 반입한 화물중 수입신고수리된 화물은 반출신고를 생략하며 반송 및 보세운송절차에 따라 반출된 화물은 반출신고를 하여야 한다.

마. 폐기승인 신청인은 폐기를 완료한 즉시 폐기완료보고서를 세관장에게 제출하여 그 확인을 받아야 한다.

13 보세구역의 물품 반입절차에 대한 설명으로 맞는 것은?

가. 컨테이너장치장(CY)에 반입한 물품을 다시 컨테이너화물조작장(CFS)으로 반입한 때에는 반입신고를 생략한다.

나. 운영인은 보세운송물품 도착 시 보세운송 건별로 도착일시, 인수자, 차량번호를 기록하여 장부 또는 자료보관 매체에 1년간 보관해야 한다.

다. 도착물품은 현품에 과부족이 있는 경우 물품을 즉시 인수한 후 반입물품이상보고서를 세관장에게 제출해야 한다.

라. 반입신고는 Master B/L 단위로 해야 한다. 다만, 하선장소 보세구역에 컨테이너 상태로 반입하는 경우 House B/L 단위로 할 수 있다.

마. 동일사업장 내 보세구역 간 장치물품의 이동은 물품반출입신고로 보세운송신고를 갈음할 수 있다.

해설 가. 컨테이너장치장("CY")에 반입한 물품을 다시 컨테이너 화물조작장("CFS")에 반입한 때에는 CY에서는 반출신고를 CFS에서는 반입신고를 각각 하여야 한다.

나. 도착지 보세구역 운영인 또는 화물관리인은 다음 각 호의 사항을 확인한 후 보세운송신고 또는 승인 건별로 도착일시, 인수자, 차량번호를 기록하여 장부 또는 자료보존매체(마이크로필름, 광디스크, 기타 전산매체)에 2년간 보관해야 한다.

다. 즉시 인수하기 전에 반입물품이상보고서를 세관장에게 제출해야 한다.

라. 반입신고는 HOUSE B/L 단위로 제출하여야 한다. 다만, 하선장소 보세구역에 컨테이너 상태로 반입하는 경우에는 MASTER B/L 단위로 할 수 있다.

정답 | 12 가　13 마

14 보세창고에 장치할 수 있는 내국물품에 관한 설명으로 맞는 것은?

가. 운영인은 외국물품이나 통관을 하여는 물품의 장치에 방해되지 아니하는 범위에서 보세창고에 내국물품을 장치한 후 세관장에게 신고를 하여야 한다.

나. 운영인은 보세창고에 5개월 이상 계속하여 내국물품만을 장치하려면 세관장에게 허가를 받아야 한다.

다. 자율관리보세구역으로 지정 받은 자가 장부를 비치하고 반출입사항을 기록관리하는 경우 내국물품(수입신고가 수리된 물품은 제외한다)의 반출입신고를 면제하거나 기재사항의 일부를 생략하게 할 수 있다.

라. 동일한 보세창고에 장치되어 있는 동안 수입신고가 수리된 물품은 신고 없이 2년 동안 장치할 수 있다.

마. 내국물품으로서 장치기간이 지난 물품은 그 기간이 지난 후 30일 이내에 그 운영인의 책임으로 반출하여야 한다.

해설 가. 운영인은 미리 세관장에게 신고를 하고 외국물품이나 통관을 하려는 물품의 장치에 방해되지 않는 범위에서 보세창고에 내국물품을 장치할 수 있다.

나, 라. 운영인은 보세창고에 1년(보세창고에 장치되어 있는 동안 수입신고가 수리된 물품은 6개월) 이상 계속하여 내국물품만을 장치하려면 세관장의 승인을 받아야 한다.

마. 신고 후 장치된 내국물품으로서 장치기간이 지난 물품은 그 기간이 지난 후 10일 내에 그 운영인의 책임으로 반출하여야 한다.

15 보세구역 외 장치 허가에 대한 설명으로 맞는 것은?

가. 보세구역 외 장치 허가를 받으려는 자는 장치허가수수료 18만원을 납부하여야 한다.

나. 동일한 선박 또는 항공기로 수입된 동일한 화주의 화물을 동일한 장소에 반입하는 때에는 1건의 보세구역 외 장치 허가수수료를 징수한다.

다. 협정에 의하여 관세가 면제되는 물품의 보세구역 외 장치 허가를 받으려면 장치허가수수료를 납부하여야 한다.

라. 세관장은 보세구역 외 장치 허가신청을 받은 경우 보세구역 외 장치 허가기간 이내를 담보기간으로 하여 담보제공을 명할 수 있다.

마. 세관장은 제조업체가 수입하는 수출용 농산물 원자재는 보세구역 외 장치 허가신청 시 담보제공을 생략하게 할 수 있다.

정답	14 다　15 나

해설 가. 허가를 받으려는 자는 기획재정부령으로 정하는 금액과 방법 등에 따라 수수료 1만 8천원을 납부하여야 한다.
다. 국가 또는 지방자치단체가 수입하거나 협정에 의하여 관세가 면제되는 물품을 수입하는 때에는 장치허가수수료를 면제한다.
라. 세관장은 보세구역 외 장치 허가신청(보세구역 외 장치 허가기간 연장의 경우를 포함)을 받은 경우 보세구역 외 장치 허가기간에 1개월을 연장한 기간을 담보기간으로 하여 담보제공을 명할 수 있다.
마. 제조업체가 수입하는 수출용원자재(농 · 축 · 수산물은 제외)는 담보가 생략된다.

16 수입 또는 반송신고를 지연한 경우의 가산세에 대한 설명으로 맞는 것은?

가. 관세청장이 정하는 보세구역에 반입한 물품은 그 반입일로부터 20일이 경과하여 수입신고한 경우 가산세를 부과한다.
나. 신고기한 내에 수입 또는 반송의 신고를 하지 아니한 경우에는 경과기간에 상관없이 해당 물품 과세가격의 1,000분의 5에 상당하는 금액의 가산세를 징수한다.
다. 신고지연 가산세액은 1,000만원을 초과할 수 없다.
라. 한국전력공사에서 직접 수입하여 사용할 물품은 신고지연 가산세 징수대상이다.
마. 계절관세 적용물품 중 관세청장이 공고한 물품은 가산세 부과 대상이 된다.

해설 가. 관세청장이 정하는 보세구역에 반입한 물품은 그 반입일로부터 30일이 경과하여 수입신고한 경우 가산세를 부과한다.
나, 다. 세관장은 대통령령으로 정하는 물품을 수입하거나 반송하는 자가 기간 내에 수입 또는 반송의 신고를 하지 아니한 경우에는 해당 물품 과세가격의 100분의 2에 상당하는 금액의 범위에서 대통령령으로 정하는 금액을 가산세로 징수한다. 가산세액은 500만원을 초과할 수 없다.
1. 신고기한이 경과한 날부터 20일 내에 신고 : 과세가격의 1천분의 5
2. 신고기한이 경과한 날부터 50일 내에 신고 : 과세가격의 1천분의 10
3. 신고기한이 경과한 날부터 80일 내에 신고 : 과세가격의 1천분의 15
4. 그 외의 경우 : 과세가격의 1천분의 20
마. 계절관세 적용과 신고지연가산세는 관련이 없다.

정답 | 16 라

17 **보세화물을 취급함에 있어 세관장의 허가를 받아야 하는 작업으로 모두 맞는 것은?**

A. 보세구역 외 장치
B. 견본품 반출
C. 보수작업
D. 장치물품의 폐기
E. 해체 · 절단 작업

가. A, B, D
나. A, B, E
다. A, C, D
라. B, C, E
마. B, D, E

해설 A. 허가
B. 허가
C. 승인
D. 승인
E. 허가

18 **보세구역에 장치된 물품의 보수작업에 대한 설명으로 맞는 것은?**

가. 보세구역 밖에서 보수작업을 하려면 세관장에게 신고하여야 한다.
나. 세관장은 보수작업 승인의 신청을 받은 날부터 20일 이내에 승인여부를 신청인에게 통지하여야 한다.
다. 보수작업으로 외국물품에 부가된 내국물품은 외국물품으로 본다.
라. 외국물품은 수입될 물품의 보수작업의 재료로 사용할 수 있다.
마. 보세구역에 장치된 물품의 통관을 위하여 개장, 분할구분, 합병의 작업을 하려는 경우에는 보수작업의 승인을 받지 않아도 된다.

해설 가. 보세구역 밖에서 보수작업을 하려면 세관장에게 승인하여야 한다.
나. 세관장은 승인의 신청을 받은 날부터 10일 이내에 승인 여부를 신청인에게 통지하여야 한다.
라. 외국물품은 수입될 물품의 보수작업의 재료로 사용할 수 없다.
마. 보세구역에 장치된 물품의 통관을 위하여 개장, 분할구분, 합병의 작업을 하려는 경우에는 보수작업 대상이므로 보수작업의 승인을 받아야 한다.

PART 06

정답 | 17 나 18 다

19 보세구역에 반입되는 물품의 장치기간에 대한 설명으로 맞는 것은?

가. 인천공항 항역 내 지정창치장에 반입하는 물품의 장치기간은 6개월로 한다. 다만, 세관장이 필요하다고 인정할 때에는 6개월의 범위에서 그 기간을 연장할 수 있다.

나. 보세창고에 반입하는 정부비축물품의 장치기간은 1년으로 하되 세관장이 필요하다고 인정할 때에는 1년의 범위에서 그 기간을 연장할 수 있다.

다. 장치장소의 특허변경으로 장치기간을 다시 기산하여야 하는 물품은 특허변경 전 장치장소에 반입한 날부터 장치기간을 합산한다.

라. 여행자 또는 승무원의 휴대품으로서 예치물품의 장치기간은 예치증에 기재된 출국예정시기에 2개월을 가산한 기간으로 한다.

마. 보세전시장 반입물품의 장치기간은 전시에 필요한 기간에 1개월을 가산한 기간으로 한다.

해설 가. 부산항 · 인천항 · 인천공항 · 김해공항 항역 내의 지정장치장 반입물품의 장치기간은 2개월로 하며, 세관장이 필요하다고 인정할 때에는 2개월의 범위에서 그 기간을 연장할 수 있다.

나. 정부비축용물품, 정부와의 계약이행을 위하여 비축하는 방위산업용물품, 장기간 비축이 필요한 수출용원재료와 수출품보수용 물품으로서 세관장이 인정하는 물품, 국제물류의 촉진을 위하여 관세청장이 정하는 물품의 장치기간 : 비축에 필요한 기간

라. 장치기간은 1개월로 하며, 예치물품의 장치기간은 예치증에 기재된 출국예정시기에 1개월을 가산한 기간으로 한다.

마. 보세공장, 보세전시장, 보세건설장, 보세판매장 반입물품 장치기간은 특허기간으로 한다.

20 보세화물의 장치기간과 관련하여 화주, 반입자 또는 그 위임을 받은 자(화주 등)에 대한 반출통고 설명으로 맞는 것은?

가. 보세창고에 반입한 외국물품의 장치기간이 지나 매각하려면 그 화주 등에게 통고일부터 2개월 내에 해당 물품을 수출 · 수입 또는 반송할 것을 통고하여야 한다.

나. 장치기간이 2개월 미만인 물품(유치 · 예치물품 등)의 반출통고는 장치기간 만료 10일 전까지 하여야 한다.

다. 보세건설장에 반입한 물품에 대한 반출통고는 보세구역 설영특허기간 만료 30일 전까지 하여야 한다.

라. 영업용보세창고에 반입한 물품의 반출통고는 관할세관장이 화주 등에게 하며, 지정장치장에 반입한 물품의 반출통고는 화물관리인이 화주 등에게 하여야 한다.

마. 보세전시장에 반입한 물품에 대해서는 특허기간 만료시점에 관할세관장이 화주 등에게 반출통고 하여야 한다.

정답 | 19 다 20 마

해설 가. 세관장은 외국물품을 매각하려면 우선적으로 그 화주 등에게 통고일부터 1개월 내에 해당 물품을 수출 · 수입 또는 반송할 것을 통고하여야 한다.
나. 장치기간이 2개월 미만인 물품(유치 · 예치물품 등)의 반출통고는 장치기간 만료시점에 하여야 한다.
다. 반출통고는 보세구역 설영특허기간 만료시점에 반출통고하여야 한다.
라. 영업용보세창고에 반입한 물품의 반출통고는 보세구역운영인이 화주 등에게 하며, 지정장치장에 반입한 물품의 반출통고는 화물관리인이 화주 등에게 하여야 한다.

21 보세구역에 장치된 물품의 폐기에 관한 설명으로 맞는 것은?

가. 보세구역에 장치된 외국물품이 폐기되었을 때에는 세관장의 승인 여부와 관계없이 그 운영인이나 보관인으로부터 즉시 그 관세를 징수한다.
나. 세관장의 폐기 또는 반송명령을 받은 화주, 반입자 또는 그 위임을 받은 자는 동 물품을 자기비용으로 폐기 또는 반송하여야 한다.
다. 품명미상의 물품으로서 1년이 경과한 물품은 그 장치기간에 불구하고 화주에게 2개월의 기간을 정하여 폐기 또는 반송을 명할 수 있다.
라. 행정대집행법에 따라 폐기대집행을 한 세관장은 보세구역 운영인에게 해당비용의 납부를 명하여야 하며, 이 경우 납기일은 10일로 한다.
마. 폐기승인을 받은 외국물품 중 폐기 후에 남아 있는 부분에 대하여는 보세구역 반입 당시의 성질과 수량에 따라 관세를 부과한다.

해설 가. 보세구역에 장치된 외국물품이 멸실되거나 폐기되었을 때에는 그 운영인이나 보관인으로부터 즉시 그 관세를 징수한다. 재해나 그 밖의 부득이한 사유로 멸실된 때와 미리 세관장의 승인을 받아 폐기한 때에는 예외로 한다.
다. 세관장은 품명미상의 물품으로서 1년이 경과된 물품은 그 장치기간에 불구하고 화주, 반입자 또는 그 위임을 받은 자에게 1개월의 기간을 정하여 폐기 또는 반송을 명할 수 있다.
라. 「행정대집행법」에 따라 폐기대집행을 한 세관장은 비용납부명령서를 화주, 반입자 또는 그 위임을 받은 자에게 송부하여 해당비용의 납부를 명하여야 한다. 이 경우 납기는 15일로 한다.
마. 승인을 받은 외국물품 중 폐기 후에 남아 있는 부분에 대하여는 폐기 후의 성질과 수량에 따라 관세를 부과한다.

PART 06

정답 | 21 나

22 보세운송과 관련된 설명이다. (　　) 안에 들어갈 내용을 바르게 나열한 것은?

- 수출신고가 수리된 물품은 (A)이 따로 정하는 것을 제외하고는 보세운송절차를 생략한다.
- 화물이 국내에 도착된 후 최초로 보세구역에 반입된 날부터 (B)이 경과한 물품은 보세운송 승인을 받아야 한다.
- 자율관리 보세구역으로 지정된 (C)에 반입하는 물품은 보세운송 승인신청 시 담보를 제공하지 않아도 된다.

	(A)	(B)	(C)
가.	세관장	30일	보세창고
나.	관세청장	20일	보세
다.	세관장	20일	보세창고
라.	관세청장	30일	보세창고
마.	세관장	20일	보세창고

해설
- 수출신고가 수리된 물품은 관세청장이 따로 정하는 것을 제외하고는 보세운송절차를 생략한다.
- 화물이 국내에 도착된 후 최초로 보세구역에 반입된 날부터 30일이 경과한 물품은 보세운송 승인을 받아야 한다.
- 자율관리 보세구역으로 지정된 보세창고에 반입하는 물품은 보세운송 승인신청 시 담보를 제공하지 않아도 된다.

23 보세운송에 관한 설명 중 틀린 것은?

가. 우편법에 따라 체신관서 관리하에 운송되는 물품은 보세운송 절차가 필요 없다.

나. 보세운송 신고는 화주, 관세사 및 화물운송주선업자가 할 수 있다.

다. 보세운송인은 보세운송 도중 경유지 보세구역에서 보세운송물품의 개장, 분리, 합병 등의 작업을 할 수 없다.

라. 보세운송업자의 등록이 취소된 자로서 취소일로부터 2년이 경과되지 아니한 자는 보세운송업자로 등록할 수 없다.

마. 송유관을 통해 운송하는 석유제품은 보세운송 절차를 생략할 수 있다.

해설 보세운송의 신고 또는 승인신청을 할 수 있는 자는 다음 각 호와 같다.

1. 화주. 다만, 환적화물의 경우에는 그 화물에 대한 권리를 가진 자
2. 「관세법」에 따라 등록한 보세운송업자(보세운송업자는 화물운송업자와 같지 않음에 유의)
3. 관세사 등
4. 보세운송 할 수 있는 선박회사

(법률개정으로 해설 일부 변경)

정답 | 22 라　23 나

24 수입화물 보세운송 신고와 승인 중 신고대상으로 맞는 것은?

가. 특정물품간이보세운송업자가 관리대상화물 관리에 관한 고시에 따른 검사대상 화물을 하선장소에서 최초 보세운송하려는 물품

나. 도착지가 비금속설만을 전용으로 장치하는 영업용 보세창고로서 간이보세운송업자가 운송하는 비금속설

다. 화주 또는 화물에 대한 권리를 가진 자가 직접 보세운송하는 물품

라. 특정물품간이보세운송업자가 운송하는 부피가 작고 고가인 귀석 · 귀금속 · 향료 등 수출물품 제조용 원재료

마. 위험물안전관리법에 따라 물품을 취급할 수 있는 보세구역으로 운송하는 위험물

해설 '가'의 경우 신고대상, '나, 다, 라, 마'의 경우 승인대상이다.

25 보세운송 물품의 도착 관련 설명으로 틀린 것은?

가. 보세운송인은 물품이 도착지에 도착한 때 지체없이 B/L번호 및 컨테이너번호(컨테이너 화물인 경우)를 보세구역 운영인 또는 화물관리인에게 제시하고 물품을 인계하여야 한다.

나. 보세운송 기간연장을 신청하지 않은 경우 항공화물은 보세운송 신고수리(승인)일로부터 15일 이내에 목적지에 도착하여야 한다.

다. 도착지 보세구역 운영인 또는 화물관리인은 보세운송 도착과 동시에 수입신고가 수리된 물품은 보세구역에 입고시키지 않은 상태에서 물품을 화주에게 즉시 인도하고 반출입신고를 동시에 해야 한다.

라. 발송지 세관 검사대상으로 지정된 경우 보세운송신고인은 도착 즉시 운영인에게 확인을 받은 후 그 결과를 세관에 전송한다.

마. 국내 개항 간 항공기로 보세운송하는 경우 보세운송물품 도착보고는 도착지 세관에 입항적하목록을 제출하는 것으로 갈음할 수 있다.

해설 보세운송물품은 신고수리(승인)일로부터 다음 각 호의 어느 하나에 정하는 기간까지 목적지에 도착하여야 한다. 다만, 세관장은 선박 또는 항공기 입항 전에 보세운송신고를 하는 때에는 입항예정일 및 하선(기)장소 반입기간을 고려하여 5일 이내의 기간을 추가할 수 있다.

1. 해상화물 : 10일
2. 항공화물 : 5일

PART 06

정답 24 가 25 나

4과목 수출입안전관리

01 수출입 안전관리 우수업체 공인기준으로 틀린 것은?

가. 법규준수
나. 내부통제시스템
다. 재무건전성
라. 기업규모
마. 안전관리

해설 "공인기준"이란 「관세법」에 따라 관세청장이 수출입 안전관리 우수업체를 공인할 때에 심사하는 법규준수, 내부통제시스템, 재무건전성 및 안전관리 기준을 말한다.

02 수출입 안전관리 우수업체 공인심사에 대한 설명으로 틀린 것은?

가. 공인부문에는 수출자, 수입자 등 총 9개의 공인부문이 있다.
나. 인적사항 명세서 제출 대상자는 대표자 및 관리책임자이다.
다. 관세청장은 공인심사 신청서를 접수한 날로부터 120일 이내에 서류심사를 마쳐야 한다.
라. 공인심사 신청 시 관리책임자 교육이수 확인서를 제출하여야 한다. 다만, 관리책임자의 교체, 사업장 추가 등 불가피한 경우에는 현장심사를 시작하는 날까지 제출할 수 있다.
마. 법인 단위(개인사업자를 포함한다)로 신청하여야 한다.

해설 관세청장은 공인심사 신청서를 접수한 날로부터 60일 이내에 서류심사를 마쳐야 한다.

03 수출입 안전관리 우수업체 보세구역운영인 부문 공인기준에 대한 설명이다. ( ) 안에 들어갈 내용을 바르게 나열한 것은?

1.1.2 신청업체와 신청인(관리책임자를 포함한다)이 관세법 제268조의2를 위반하여 벌금형 또는 통고처분을 받은 사실이 있는 경우에는 벌금형을 선고받거나 통고처분을 이행한 후 (A)이 경과하여야 한다.
3.2.1 신청업체는 부채비율이 동종업종의 평균 부채비율의 (B) 이하이거나 외부신용평가기관의 신용평가 등급이 투자적격 이상 또는 매출 증가 등으로 성실한 법규준수의 이행이 가능할 정도의 재정을 유지하여야 한다.
4.5.4 운영인은 물품을 수하인 등에게 인계할 때 검수하여야 하며, 물품의 불일치 또는 부적절한 인계 등이 발생하였을 때에 즉시 (C)에게 보고하여야 한다.
4.8.2 운영인은 법규준수와 안전관리를 위하여 (D)에 대한 교육을 실시하여야 한다.

정답 | 01 라 02 다 03 라

	(A)	(B)	(C)	(D)
가.	1년	150%	세관장	통관적법성
나.	2년	200%	관세청장	수출입물류업무
다.	2년	150%	관세청장	수출입물류업무
라.	2년	200%	세관장	수출입물류업무
마.	1년	150%	관세청장	통관적법성

해설 (A) 신청업체와 신청인(관리책임자를 포함한다)이 관세법 제268조의2를 위반하여 벌금형 또는 통고처분을 받은 사실이 있는 경우에는 벌금형을 선고받거나 통고처분을 이행한 후 2년이 경과하여야 한다.

(B) 신청업체는 부채비율이 동종업종의 평균 부채비율의 200% 이하이거나 외부신용평가기관의 신용평가 등급이 투자적격 이상 또는 매출 증가 등으로 성실한 법규준수의 이행이 가능할 정도의 재정을 유지하여야 한다.

(C) 운영인은 물품을 수하인 등에게 인계할 때 검수하여야 하며, 물품의 불일치 또는 부적절한 인계 등이 발생하였을 때에 즉시 세관장에게 보고하여야 한다.

(D) 운영인은 법규준수와 안전관리를 위하여 수출입물류업무에 대한 교육을 실시하여야 한다.

04 수출입 안전관리 우수업체 공인신청의 기각에 대한 설명으로 틀린 것은?

가. 공인유보업체를 재심사한 결과, 공인기준을 충족하지 못한 것으로 확인된 경우
나. 교육이수 확인서를 제출하지 않은 경우
다. 현장심사 결과, 공인기준을 충족하지 못하였으며 보안 요구의 실익이 없는 경우
라. 공인심사를 할 때에 제출한 자료가 거짓으로 작성된 경우
마. 공인신청 후 신청업체의 법규준수도 점수가 80점 미만으로 하락한 경우

해설 공인신청 후 신청업체의 법규준수도 점수가 70점 미만으로 하락한 경우

05 수출입 안전관리 우수업체 공인의 유효기간으로 맞는 것은?

가. 수출입 안전관리 우수업체 증서상의 발급한 날로부터 3년
나. 수출입 안전관리 우수업체 심의위원회를 개최하는 날로부터 3년
다. 수출입 안전관리 우수업체 증서상의 발급한 날로부터 5년
라. 수출입 안전관리 우수업체 심의위원회를 개최하는 날로부터 5년
마. 현장심사를 마친 날로부터 5년

해설 수출입 안전관리 우수업체 공인의 유효기간은 증서상의 발급한 날로부터 5년으로 한다.

정답 | 04 마 05 다

06 보세구역운영인 부문에 적용되는 통관절차 등의 혜택에 대해 (　　) 안에 들어갈 내용을 바르게 나열한 것은?

공인 부문	혜택기준	수출입 안전관리 우수업체		
		A	AA	AAA
모든 부문	관세법 등에 따른 과태료 부과징수에 관한 훈령에 따른 과태료 경감 *적용시점은 과태료부과시점	(A)	30%	50%
	관세범의 고발 및 통고처분에 관한 훈령 제3조제2항에 따른 통고처분금액의 경감	15%	(B)	50%
보세구역 운영인	특허보세구역 운영에 관한 고시 제7조에 따른 특허 갱신기간 연장 *공인 수출입업체의 자가용 보세창고의 경우에도 동일혜택 적용	(C)	8년	10년

	(A)	(B)	(C)
가.	20%	30%	6년
나.	20%	20%	5년
다.	15%	30%	6년
라.	15%	20%	5년
마.	10%	30%	6년

해설 통관절차 특례사항

적용 부문	특례기준	수출입 안전관리 우수업체		
		A	AA	AAA
모든 부문	과태료 경감	20%	30%	50%
	통고처분 금액경감	15%	30%	50%
	여행자정보 사전확인제도 운영에 관한 훈령에 따른 여행자검사대상선별 제외	대표자, 총괄책임자	대표자, 총괄책임자	대표자, 총괄책임자
	국제공항 입출국 시 전용검사대를 이용한 법무부 입출국 심사	대표자	대표자	대표자, 총괄책임자
보세구역 운영인	특허 갱신기간 연장	6년	8년	10년
	반입정지 기간을 50% 범위에서 하향조정 가능	–	○	○
	특허보세구역 운영에 관한 고시 제7조에 따른 특허 갱신 시 본부세관 특허심사위원회 심사생략 및 해당 세관에서 자체 심사	○	○	○
	보세화물관리에 관한 고시 제16조에 따른 분기별 자체 재고조사 후 연 1회 세관장에게 보고	○	○	○

정답 | 06 가

07 **수출입 안전관리 우수업체의 관리책임자에 대한 공인 전 · 후 교육에 대한 설명이다. (　　) 안에 들어갈 내용을 바르게 나열한 것은?**

> 관리책임자는 수출입 안전관리 우수업체의 공인 전 · 후에 아래와 같이 관세청장이 지정하는 교육을 받아야 한다.
> - 공인 전 교육 : (A)는 16시간 이상, 다만, 공인 전 교육의 유효기간은 해당교육을 받은 날부터 (B)임
> - 공인 후 교육 : (C)마다 총괄책임자는 4시간 이상, 수출입관리책임자는 8시간 이상(처음 교육은 공인일자를 기준으로 (D) 이내 받아야 함). 다만, 관리책임자가 변경된 경우에는 변경된 날부터 180일 이내에 해당 교육을 받아야 한다.

	(A)	(B)	(C)	(D)
가.	수출입관리책임자	3년	매년	2년
나.	총괄책임자	5년	매 2년	2년
다.	수출입관리책임자	5년	매 2년	1년
라.	총괄책임자	3년	매년	1년
마.	수출입관리책임자	5년	매년	1년

해설
- 공인 전 교육 : 수출입관리책임자는 16시간 이상. 다만, 공인 전 교육의 유효기간은 해당 교육을 받은 날로부터 5년임
- 공인 후 교육 : 매 2년마다 총괄책임자는 4시간 이상, 수출입관리책임자는 8시간 이상(처음 교육은 공인일자를 기준으로 1년 이내 받아야 함)

PART 06

정답 | 07 다

08 **수출입 안전관리 우수업체인 P社가 공인전후에 행한 활동이다. 수출입 안전관리 우수업체 공인 및 운영에 관한 고시내용을 잘못 적용한 것은?**

> • P사 공인부문 : 보세구역 운영인
> • 공인유효기간 : 2018년 11월 15일~2023년 11월 14일

가. 수출입물품과 관련된 주요 절차를 담당하는 부서의 책임자(임원)인 A 전무를 총괄책임자로 지정하였다.

나. 수출입관련 업무 경력 3년 이상으로 보세사 자격증을 보유한 B 과장을 수출입관리책임자로 지정하였다.

다. 2019년부터 2022년까지 매년 12월 15일 관세청장에게 정기 자율평가서를 제출하였고 2023년도는 공인의 유효기간이 끝나는 날이 속하는 연도로 정기자율평가를 생략하였다.

라. 2023년 2월 1일 사업내용의 변경이 발생하여 2023년 2월 20일 관세청장에게 수출입 관리현황 변동 보고를 실시하였다.

마. 수출입 안전관리 우수업체 공인을 갱신하고자 2023년 6월 30일 종합심사(갱신심사)를 신청하였다.

해설 다. 수출입 안전관리 우수업체는 매년 공인일자가 속하는 달에 정기 자율평가서에 따라 공인기준을 충족하는지를 자체적으로 점검하고 다음 달 15일까지 관세청장에게 그 결과를 제출하여야 한다. 관세청장은 수출입 안전관리 우수업체가 종합심사(갱신심사)를 신청한 경우에는 공인의 유효기간이 끝나는 날이 속하는 연도에 실시하는 정기 자율평가를 생략하게 할 수 있다. 다만, 수출입 안전관리 우수업체가 종합심사(갱신심사) 신청을 취하하는 경우에는 당초 기한 또는 종합심사를 취하한 날의 다음 달 15일까지 정기 자율평가서를 관세청장에게 제출하여야 한다.

마. 수출입 안전관리 우수업체는 공인을 갱신하고자 할 때에는 공인의 유효기간(2023년 11월 14일)이 끝나기 6개월 전까지 수출입 안전관리 우수업체 종합심사(갱신심사) 신청서와 자율평가표 등 서류를 첨부하여 관세청장에게 전자문서로 제출하여야 한다.

정답 08 다, 마

09 수출입 안전관리 우수업체 공인제도 운영에 대한 설명으로 틀린 것은?

가. 수출입관리책임자는 수출입물품의 제조, 운송, 보관, 통관, 반출입 및 적출입 등과 관련된 주요 절차를 담당하는 부서장 또는 직원으로 한다.

나. 관세청장은 공인심사를 할 때에는 서류심사와 현장심사의 순으로 구분하여 실시한다.

다. 수출입 안전관리 우수업체가 여러 공인부문에 걸쳐 공인을 받은 경우에는 공인일자가 가장 빠른 공인부문을 기준으로 자체 평가서를 함께 제출할 수 있다.

라. 갱신이 아닌 때에 공인등급 조정을 신청하고자 하는 경우에는 공인의 유효기간이 1년 이상 남아 있어야 한다.

마. 관세청장은 수출입 안전관리 우수업체가 증서를 반납하는 경우 심의의원회의 심의를 거쳐 공인을 취소하여야 한다.

해설 관세청장이 수출입 안전관리 우수업체에 대한 공인을 취소하려는 때에는 심의위원회의 심의를 거쳐야 한다. 다만, 수출입 안전관리 우수업체가 증서를 반납하는 경우 즉시 공인을 취소할 수 있다

10 수출입 안전관리 우수업체의 변동사항 중 관세청장에게 지체 없이 보고하여야 하는 사항으로 맞는 것은?

가. 합병으로 인한 법적 지위의 변경

나. 부도 등 공인유지에 중대한 영향을 미치는 경우

다. 대표자의 변경

라. 사업장의 폐쇄

마. 화재, 침수 등 수출입화물 안전관리와 관련한 특이사항

해설 수출입 안전관리 우수업체는 다음 각 호의 어느 하나에 해당하는 사실이 발생한 경우에는 그 사실이 발생한 날로부터 30일 이내에 수출입 관리현황 변동사항 보고서를 작성하여 관세청장에게 보고하여야 한다. 다만, 변동사항이 범칙행위, 부도 등 공인유지에 중대한 영향을 미치는 경우에는 지체 없이 보고하여야 한다.

1. 양도, 양수, 분할 및 합병 등으로 인한 법적 지위의 변경
2. 대표자, 수출입 관련 업무 담당 임원 및 관리책임자의 변경
3. 소재지 이전, 사업장의 신설 · 증설 · 확장 · 축소 · 폐쇄 등
4. 사업내용의 변경 또는 추가
5. 화재, 침수, 도난, 불법유출 등 수출입화물 안전관리와 관련한 특이사항

PART 06

정답 | 09 마 10 나

11 관세청장이 수출입 안전관리 우수업체의 정기자율평가서 및 확인서를 확인하는 절차로서 (　) 안에 들어갈 내용을 바르게 나열한 것은?

- 관세청장은 정기 자율평가서 및 확인서에 대해서 공인기준을 충족하는지를 확인할 경우에는 수출입 안전관리 우수업체 공인 및 운영에 관한 고시 제18조 제3항에서 정한 (A)에게 관련 자료를 요청하거나, 수출입 안전관리 우수업체에의 사업장 등을 방문하여 확인할 수 있다.
- 관세청장은 위의 확인 결과, 수출입 안전관리 우수업체가 (B)을 충족하지 못하거나 (C)가 하락하여 공인등급의 하향 조정이 예상되는 경우에 공인기준 준수 개선을 요구하여야 한다.

	(A)	(B)	(C)
가.	확인자	자율평가기준	공인점수
나.	확인자	공인기준	법규준수도
다.	공인업체	공인기준	법규준수도
라.	공인업체	자율평가기준	공인점수
마.	기업상담전문관(AM)	공인기준	법규준수도

해설
- 관세청장은 정기 자율평가서 및 확인서에 대해서 공인기준을 충족하는 지를 확인할 경우에는 확인자에게 관련 자료를 요청하거나, 수출입 안전관리 우수업체의 사업장 등을 방문하여 확인할 수 있다.
- 관세청장은 확인 결과, 수출입 안전관리 우수업체가 공인기준을 충족하지 못하거나 법규준수도가 하락하여 공인등급의 하향 조정이 예상되는 경우에 공인기준 준수 개선을 요구하여야 한다.

12 수출입 안전관리 우수업체와 관련하여 세관의 기업상담전문관(AM)이 담당하는 업무로 맞는 것은?

가. 변동사항, 정기 자율평가, 세관협력도의 확인 및 점검
나. 수출입 안전관리 기준 준수도 측정
다. 수출입 안전관리 우수업체에 대한 현장심사
라. 수출입 안전관리 우수업체 심의위원회 운영
마. 공인 및 종합 심사 신청 업체에 대한 예비심사 수행

해설 기업상담전문관의 업무

기업상담전문관은 수출입 안전관리 우수업체에 대하여 다음 각 호의 업무를 담당한다. 이 경우 기업상담전문관은 원활한 업무 수행을 위해서 수출입 안전관리 우수업체에게 자료를 요구하거나 해당 업체의 사업장 등을 방문할 수 있다.

1. 공인기준을 충족하는지에 대한 주기적 확인
2. 공인기준 준수 개선 계획의 이행 확인
3. 수입신고에 대한 보정심사 등 관세행정 신고사항에 대한 수정, 정정 및 그 결과의 기록유지
4. 변동사항, 정기 자율평가, 세관협력도의 확인 및 점검
5. 법규준수 향상을 위한 정보 제공 및 상담 · 자문
6. 기업 프로파일 관리

정답 | 11 나　12 가

13 국가 간 수출입 안전관리 우수업체의 상호인정약정에 대한 설명으로 틀린 것은?

가. 국제표준화기구(ISO)의 국제물류보안경영시스템(ISO28000)을 적용하고 있는 국가의 관세당국과 체결한다.

나. 공인기준 상호비교, 상호방문 합동 공인심사, 혜택 및 정보교환 등 운영절차마련, 관세당국 최고책임자 간 서명 등의 절차에 따라 체결한다.

다. 관세청장은 상대국의 수출입 안전관리 우수업체의 공인이 취소된 경우에는 제공된 통관절차상의 혜택 제공을 즉시 중단하여야 한다.

라. 수출입업체는 혜택 적용을 위해 상대국 해당업체의 공인번호를 연계한 해외거래처부호를 전자통관시스템에 신청하여야 한다.

마. 상호인정약정의 혜택 점검, 이행절차 개선, 제도설명 등을 위해 상대국 관세당국과 이행협의를 실시할 수 있다.

해설 가. ISO28000(물류보안 경영시스템인증)은 국제표준화기구에서 제정한 물류보안경영시스템. 인증주체가 민간인증이며 MRA혜택이 없다.

관세청장은 다른 국가의 수출입 안전관리 우수공인업체에 대하여 상호 조건에 따라 통관절차상의 혜택을 제공할 수 있다. 즉 한국에서 AEO 공인을 받은 기업은 상호인정협정국에서 자국의 AEO 공인업체에 부여하는 혜택과 동일한 혜택을 부여받을 수 있다.

14 수출입 안전관리 우수업체 공인 취소사유가 아닌 것은?

가. 관세법 제276조(허위신고죄 등)에 따라 통고처분을 받은 경우

나. 〈법률 개정으로 선지 삭제〉

다. 공인의 유효기간 내에 혜택 적용의 정지 처분을 5회 이상 받은 경우

라. 〈법률 개정으로 선지 삭제〉

마. 종합심사(갱신심사)와 관련하여 거짓자료를 제출한 경우

해설 '가'의 경우 공인취소사유가 아닌 혜택적용 정지(특례정지)사유이다.

정답 | 13 가 14 가

15 관세청장이 수출입 안전관리 우수업체에 대한 통관절차 등의 혜택 적용을 정지할 수 있는 경우로 틀린 것은?

가. 정당한 사유 없이 변동사항을 보고하지 않은 경우
나. 정당한 사유 없이 정기 자율평가서를 제출기한으로부터 1개월 이내에 제출하지 않은 경우
다. 공인의 유효기간 중에 기업상담전문관으로부터 공인기준 준수 개선 요구를 3회 이상 받은 경우
라. 관리책임자 공인 후 교육을 받도록 권고 받은 이후에 특별한 사유 없이 교육을 받지 않은 경우
마. 양도, 양수, 분할 및 합병 등으로 처음에 공인한 수출입 안전관리 우수업체와 동일하지 않다고 판단되는 경우

해설 '마'의 경우 혜택 적용정지사유가 아닌 공인취소사유이다.

16 관세법에서 정한 보세운송업자등의 등록에 관한 내용 중 맞는 것은?

가. 보세운송업자 등록의 유효기간을 갱신하려는 자는 등록갱신신청서를 기간만료 2개월 전까지 관할지세관장에게 제출하여야 한다.
나. 하역업 등록을 한 자는 등록사항에 변동이 생긴 때에는 1개월 이내에 등록지를 관할하는 세관장에게 신고해야 한다.
다. 보세화물을 취급하여는 자로서 다른 법령에 따라 화물운송의 주선을 업으로 하는 자는 등록대상이다.
라. 국내운항선 안에서 판매할 물품 등을 공급하는 것을 업으로 하는 자는 등록 대상이다.
마. 보세운송업자 등록의 유효기간은 2년이다.

해설 가. 보세운송업자의 등록을 갱신하려는 자는 기간만료 1개월 전까지 보세운송업자(영업소)등록(갱신, 설치)신청서에 필요서류를 첨부하여 관세물류협회의 장에게 제출하여야 한다. 다만, 변동이 없는 서류는 제출을 생략한다.
나. 등록을 한 자는 등록사항에 변동이 생긴 때에는 지체 없이 등록지를 관할하는 세관장에게 신고해야 한다.
라. 국제항 안에 있는 보세구역에서 물품이나 용역을 제공하는 것을 업으로 하는 자가 등록 대상이다.
마. 보세운송업자의 등록의 유효기간은 3년으로 하며 갱신할 수 있다.

정답 | 15 마 16 다

17 관세법에서 정한 선박용품으로 틀린 것은?

가. 해당 선박에서 사용하는 음료
나. 수출용 선박엔진 부분품
다. 해당 선박에서 사용하는 소모품
라. 해당 선박에서 사용하는 밧줄
마. 해당 선박에서 사용하는 식품

해설 선박용품이란 음료, 식품, 연료, 소모품, 밧줄, 수리용 예비부분품 및 부속품, 집기, 그 밖에 이와 유사한 물품으로서 해당 선박에서만 사용되는 것을 말한다.

18 밀수 등 신고자 포상에 관한 훈령의 내용으로 틀린 것은?

가. 밀수 등 신고란 민간인 등이 포상의 대상에 해당하는 행위를 인편, 구두, 전화, 인터넷 및 팩스 등을 통하여 관세청이나 세관에 알리는 행위를 말한다.
나. 위해물품이란 총포류, 실탄류 및 화약 · 폭약류 및 도검류 등 밀수 등 신고자 포상에 관한 훈령에서 규정하고 있는 물품을 말한다.
다. 위변조된 화폐 등의 불법 수출입 사범을 밀수신고센터에 신고한 자는 이 훈령에 따른 포상 대상이다.
라. 마약, 향정신성의약품, 및 대마의 밀수출입거래는 국민 보건 관련 전문분야에 해당되므로 관세청 또는 세관 밀수신고센터가 아닌 식품의약품안전처장에게 신고하여야 한다.
마. 국고수입액이란 해당 사건과 직접 관련된 벌금, 몰수판매대금 또는 몰수에 갈음하는 추징금, 부족세액 추징금, 과징금, 과태료 등 실제 국고납부액의 합계를 말한다.

해설 마약, 향정신성의약품 등의 밀수출입거래는 밀수신고센터에 신고해야 포상한다.

정답	17 나	18 라

19 항공기용품의 관리 제도에 대한 내용으로 맞는 것은?

가. 외국용품의 반송신고가 수리된 때에는 공급자 등은 용도 외 처분한 날로부터 10일 이내에 반입등록한 세관장에게 용품의 용도 외 처분보고서를 제출해야 한다.

나. 용품의 양도 및 양수는 물품공급업, 항공기취급업 또는 항공기내판매업으로 등록된 자에게 할 수 있다.

다. 보세구역 운영인은 외국물품을 용품으로 보세구역에 반입한 때에는 즉시 관할지 세관장에게 외국용품 반입등록을 해야 한다.

라. 공급자 등은 식자재 용기, 세탁물 등 반복적으로 사용하는 외국항공기용품의 적재내역을 일별로 취합하여 적재신청하여야 한다.

마. 용품을 양도한 자는 보세운송 신고일로부터 7일 이내에 반입등록한 세관장에게 용품의 양도 양수보고서를 제출해야 한다.

해설 가. 공급자 등이 외국용품을 다음 각 호의 어느 하나의 사유로 용도 외 처분한 때에는 용도 외 처분한 날로부터 7일 이내에 반입등록한 세관장에게 용품의 용도 외 처분보고서를 제출해야 한다.

1. 수입신고가 수리된 때
2. 반송신고가 수리된 때
3. 매각된 때
4. 멸실된 때
5. 항공기내판매품을 교환한 때
6. 그 밖에 이와 유사한 행위가 발생한 때

나. 용품의 양도 및 양수는 물품공급업 또는 항공기내판매업으로 등록된 자에 한하여 할 수 있다.

다. 공급자 등은 외국물품을 용품으로 보세구역에 반입한 때에는 즉시 관할지 세관장에게 외국용품 반입등록서를 전자문서로 제출해야 한다.

라. 월별로 적재내역을 취합하여 신청할 수 있는 용품은 다음 각 호와 같다. 이 경우 공급자 등은 전월 실제 적재한 수량을 다음 달 7일까지 보고해야 한다.

1. 내국항공기용품
2. 엔진오일, 기내식 등 항공기에서 소비되거나 사용되어 재사용이 불가능한 외국항공기용품
3. 기물, 식자재 용기, 세탁물 등 반복적으로 사용하는 외국항공기용품

정답 | 19 마

20 관리대상화물 관리에 관한 고시에 따른 검사대상화물 중 세관장이 검사지정을 직권으로 해제할 수 있는 물품으로 맞는 것은?

A. 원자재(수출, 내수용 포함) 및 시설재
B. 보세공장, 보세건설장, 보세전시장, 보세판매장에 반입하는 물품
C. 수출입 안전관리 우수업체 공인 및 운영에 관한 고시 제15조에 따라 종합인증우수업체(수입업체)가 수입하는 물품
D. 국가(지방자치단체)가 수입하는 물품 또는 SOFA 관련 물품
E. 학술연구용 실험기자재이거나 실험용품

가. A, B
나. B, C
다. C, D
라. D, E
마. A, E

해설 직권해제대상

세관장은 검사대상화물 또는 감시대상화물 중 다음 각 호의 어느 하나에 해당하는 화물로서 우범성이 없거나 검사의 실익이 적다고 판단되는 경우 검사대상화물 또는 감시대상화물의 지정을 직권으로 해제할 수 있다.

1. 등록사유(검사착안사항)와 관련 없는 물품
2. 「수출입 안전관리 우수업체 공인 및 운영에 관한 고시」에 따라 종합인증우수업체(수입업체) 수입하는 물품
3. 국가(지방자치단체)가 수입하는 물품 또는 SOFA 관련 물품
4. 이사물품 등 해당 고시에서 정하는 검사절차 · 검사방법에 따라서 처리되는 물품
5. 그 밖에 세관장이 우범성이 없거나 검사의 실익이 적다고 판단되는 화물

21 국제무역기의 자격전환에 대한 설명으로 맞는 것은?

가. 국제무역기를 국내운항기로 전환하려면 기장은 항공기의 명칭 등 제원이나 전환하고자 하는 내용 및 사유를 기재한 신청서를 세관장에게 제출하고 허가를 받아야 한다.
나. 기장 등이란 해당 항공기의 기장과 그 소속 항공사를 말하며 해당 항공사의 직무를 대행하는 자는 제외된다.
다. 국제무역기의 자격전환 등 업무는 전자통관시스템을 통한 전자적인 방법으로 심사할 수 없다.
라. 국제무역기가 수입신고수리되거나 국내운항기가 수출신고수리된 경우에는 전환신청을 생략할 수 있다.
마. 정부를 대표하는 외교사절이 전용하는 항공기는 국제무역기에 관한 규정을 준용하므로 전환할 때마다 세관장에게 전환신청서를 제출하여야 한다.

정답 | 20 다 21 라

해설 가. 국제무역선 또는 국제무역기를 국내운항선 또는 국내운항기로 전환하거나, 국내운항선 또는 국내운항기를 국제무역선 또는 국제무역기로 전환하려면 선장이나 기장은 세관장의 승인을 받아야 한다.

나. “기장 등”이란 해당 항공기의 기장과 그 소속 항공사 및 그 직무를 대행하는 자를 말한다.

다. 세관장은 다음 각 호의 업무에 대하여 전자통관시스템을 통해 전자적인 방법으로 심사할 수 있다.

1. 입항승인, 출항허가 및 입출항 정정 · 취소 승인
2. 자격전환승인
3. 환승전용국내운항기 입항승인 및 출항허가
4. 탑승신고수리

마. 군함 및 군용기, 국가원수 또는 정부를 대표하는 외교사절이 전용하는 선박 또는 항공기의 경우에는 절차를 생략한다.

22 위해물품 보고 및 포상에 관한 훈령 별표에 게기된 물품으로서, 총포 · 도검 · 화약류 등의 안전관리에 관한 법률에서 정한 총포, 도검, 화약 등 위해물품으로 틀린 것은?

가. 총포신 및 기관부
나. 탄창 및 탄피
다. 실탄 및 공포탄
라. 총포형 및 막대형 전자충격기
마. 소음기 및 조준경

해설 위해물품[별표]

분류	품명
총기류	권총, 소총, 기관총, 엽총, 가스총, 공기총, 어획총, 마취총, 도살총, 타정총, 청소총, 광쇄총, 쇠줄 발사총, 구명줄 발사총, 구명신호총, 가스발사총, 장약총
포류	소구경포(구경 20㎜ 내지 40㎜), 중구경포(구경 40㎜ 초과 90㎜ 미만), 대구경포(구경 90㎜ 이상), 박격포, 포경포
총포의 부품	총포신, 기관부, 포가
도검류	월도, 장도, 단도, 검, 창, 치도, 비수, 재크나이프(날길이 6㎝ 이상), 비출나이프(날길이 5.5㎝ 이상이고 45도 이상 자동으로 펴지는 것), 그 밖의 6㎝ 이상의 칼날이 있는 것으로 흉기로 사용될 위험성이 뚜렷한 것 ※ 칼끝이 둥글고 날이 서 있지 아니하여 흉기로 사용될 위험성이 없는 것은 도검으로 보지 아니함
화약류	화약, 폭약, 면약, 뇌관, 신관, 화관, 도폭선, 미진동파쇄기, 도화선, 신호염관, 신호화전, 신호용 화공품, 시동약, 꽃불, 불꽃신호기, 기타 폭발물
실탄류	실탄(산탄 포함), 공포탄
분사기	분사기(살균 · 살충 및 산업용 분사기 제외)
전자충격기	총포형 전자충격기(테이져총 포함), 막대형 전자충격기, 기타 휴대형 전자충격기
석궁	일반형 석궁, 도르래형 석궁, 권총형 석궁
모의총포	모양이 총포와 아주 비슷하여 범죄에 악용될 소지가 현저한 것 또는 인명 · 신체상 위해를 가할 우려가 있는 것
기타	산탄탄알, 연지탄, 소음기, 조준경

정답 | 22 나

23 선박과 항공기의 입출항 절차에 대한 설명으로 맞는 것은?

가. 재해나 그 밖의 부득이한 사유로 국내운항선이 외국에 임시 정박하고 우리나라에 되돌아왔을 때에는 선장은 7일 이내에 그 사실을 세관장에게 보고하여야 한다.

나. 국제무역선이 국제항을 출항하려면 선장은 출항하기 전에 세관장에게 출항보고를 하여야 한다.

다. 외국을 항행한 요트가 국내 마리나 거점 요트 계류장에 입항 시에는 세관의 입항절차를 요하지 않는다.

라. 세관장은 신속한 입항 및 통관절차의 이행과 효율적인 감시 · 단속을 위하여 필요할 때에는 관세청장이 정하는 바에 따라 여객명부 · 적재화물목록 등을 입항하기 전에 제출하게 할 수 있다.

마. 국제무역선이 국제항의 바깥에서 물품을 하역하거나 환적하려는 경우 선장은 세관장에게 신고하여야 한다.

해설 가. 재해나 그 밖의 부득이한 사유로 국내운항선이나 국내운항기가 외국에 임시 정박 또는 착륙하고 우리나라로 되돌아왔을 때에는 선장이나 기장은 지체 없이 그 사실을 세관장에게 보고하여야 하며, 외국에서 적재한 물품이 있을 때에는 그 목록을 제출하여야 한다.

나. 국제무역선이나 국제무역기가 국제항을 출항하려면 선장이나 기장은 출항하기 전에 세관장에게 출항허가를 받아야 한다.

다. 요트는 국제무역선은 아니지만, 외국을 운항하였으므로 국제무역선과 동일하게 세관의 입항절차를 요한다.

마. 국제무역선이 국제항의 바깥에서 물품을 하역하거나 환적하려는 경우에는 선장은 세관장의 허가를 받아야 한다.

PART 06

24 선박용품 관리에 대한 설명으로 틀린 것은?

가. 공급자는 보세운송 승인받은 선박용품을 도착지 보세공장 운영인에게 확인을 받아 적재한 후 출발지에 관할 세관장에게 도착보고를 해야 한다.

나. 조건부 하역한 외국선박용품이 수리 지연 등 부득이한 사유가 있다고 세관장이 인정하는 경우에는 5월의 범위 내에서 적재 기간을 연장할 수 있다.

다. 선박회사는 관할 세관장에게 국제항의 출국장 내 지정보세구역 중에서 출국대기자에게 식음료를 제공할 수 있는 보세구역 지정을 요청할 수 있다.

라. 공급자는 국제무역선 자격을 취득하기 전의 신조 선박에 외국선박용품(소비용품 제외)을 적재할 필요가 있는 경우에는 해당 선박을 건조하는 보세공장을 장치장소로 하여 전자통관시스템에 등록 관리할 수 있다.

마. 수리업자 등이 수리 · 점검 등을 위하여 일시 하선하는 외국선박용품의 하선신청 및 허가는 관세법 제158조에 따른 보수작업의 신청 및 승인으로 본다.

정답 | 23 라 24 가

해설 공급자는 보세운송 승인받은 선박용품이 도착지 보세공장에 도착한 때에는 보세공장 운영인의 확인을 받아 해당 선박에 적재한 후 서류를 첨부하여 도착지 관할 세관장에게 도착보고해야 한다. 다만, 보세운송 출발지와 도착지의 관할 세관장이 동일한 경우에는 서류의 제출을 생략한다.

25 국제무역선이나 국제무역기의 국제항이 아닌 지역 출입 허가 등에 대한 설명 중 맞는 것은?

가. 국제무역선의 경우 출입 횟수 1회 기준 해당 선박의 총톤수 1톤당 100원의 수수료를 납부하여야 한다.

나. 국제무역기의 경우 출입 횟수 1회 기준 해당 항공기의 자체무게 1톤당 1천원의 수수료를 납부하여야 한다.

다. 국제항의 협소 등 입항여건을 고려하여 관세청장이 정하는 일정한 장소에 입항하는 경우에도 국제항이 아닌 지역이라면 출입허가수수료를 납부하여야 한다.

라. 유조선의 청소 또는 가스발생선박의 가스제거작업을 위하여 법령 또는 권한 있는 행정관청이 정하는 일정한 장소에 입항하는 경우에도 출입허가 수수료를 납부하여야 한다.

마. 국제무역선 또는 국제무역기 항행의 편의도모나 그 밖의 특별한 사정이 있는 경우 허가신청서를 출입지역 관할 세관장이 아닌 다른 세관장에게 제출할 수 있다.

해설 가, 나.

구분	출입 횟수 기준	적용 무게 기준	수수료
국제무역선	1회	해당 선박의 순톤수 1톤	100원
국제무역기	1회	해당 항공기의 자체무게 1톤	1천 2백원

다, 라. 허가수수료 면제사유

1. 법령에 규정에 의하여 강제로 입항하는 경우
2. 급병환자, 항해중 발견한 밀항자, 항해 중 구조한 조난자 · 조난선박 · 조난화물 등의 하역 또는 인도를 위하여 일시 입항하는 경우
3. 위험물품 · 오염물품 기타 이에 준하는 물품의 취급, 유조선의 청소 또는 가스발생 선박의 가스제거작업을 위하여 법령 또는 권한 있는 행정관청이 정하는 일정한 장소에 입항하는 경우
4. 국제항의 협소 등 입항여건을 고려하여 관세청장이 정하는 일정한 장소에 입항하는 경우

정답 | 25 마

01 관세법 제164조에 따른 자율관리보세구역에서 관세청장이 정하는 절차의 생략대상으로 틀린 것은?

가. 보세화물관리에 관한 고시에 따른 재고조사 및 보고의무 생략
나. 특허보세구역 운영에 관한 고시에 따른 보세구역 운영상황의 점검 생략
다. 보세화물관리에 관한 고시에 따른 장치물품의 수입신고 전 확인신청(승인)
라. 약사법 및 화장품법 등에 따른 표시작업(원산지 표시 제외)의 경우 관세법 제158조에 따른 보수작업 신청(승인) 생략
마. 벌크화물의 사일로(silo) 적입을 위한 포장제거작업의 경우 관세법 제158조에 따른 보수작업 신청(승인) 생략

해설 「보세화물 관리에 관한 고시」에 따른 재고조사 및 보고의무를 분기별 1회에서 연 1회로 완화(완화의 의미이지 생략이 아님)한다.

02 자율관리보세구역 운영인 등의 의무에 대한 설명으로 맞는 것은?

가. 운영인 등은 어떠한 경우에도 보세사가 아닌 자에게 보세화물관리 등 보세사의 업무를 수행하게 하여서는 아니 된다.
나. 운영인 등은 보세사가 해고 또는 취업정지 등의 사유로 업무를 수행할 수 없는 경우에는 1개월 이내에 다른 보세사를 채용하여 근무하게 하여야 한다.
다. 운영인은 회계연도 종료 2개월이 지난 후 15일 이내에 자율관리보세구역운영 등의 적정여부를 자체점검하고 자율점검표를 작성하여 세관장에게 제출하여야 한다.
라. 운영인이 자율점검표를 보세구역 운영현황 및 재고조사 결과와 함께 제출하려는 경우 자율점검표를 다음 해 2월 말까지 제출할 수 있다.
마. 운영인 등은 관세법령에 따라 해당 보세구역에서 반출입된 화물에 대한 장부를 3년간 보관하여야 한다.

해설 가. 업무대행자를 지정하여 사전에 세관장에게 신고한 경우에는 보세사가 아닌 자도 보세사가 이탈 시 보세사 업무를 수행할 수 있다. 업무대행자가 수행한 업무에 대해서는 운영인이 책임진다.
나. 보세사가 해고 또는 취업정지 등의 사유로 업무를 수행할 수 없는 경우에는 2개월 이내에 다른 보세사를 채용하여 근무하게 하여야 한다.
다. 운영인은 회계연도 종료 3개월이 지난 후 15일 이내에 자율관리 보세구역 운영 등의 적정여부를 자체 점검하고, 다음 각 호의 사항을 포함하는 자율점검표를 작성하여 세관장에게 제출하여야 한다.
마. 자율관리보세구역의 운영인은 보세구역에서 반출입된 화물에 대한 장부를 2년간 그 보세구역에 비치 · 보관하여야 한다.

정답 | 01 가 02 라

03 자율관리보세구역 지정 취소 등에 대한 설명으로 틀린 것은?

가. 세관장은 자율관리보세구역 운영인이 관세법에 따른 의무를 위반한 경우 자율관리보세구역 지정을 취소할 수 있다.

나. 보세사가 해고 또는 취업정지 등의 사유로 업무를 수행할 수 없게 되었음에도 일정기간 이내에 보세사를 채용하지 않을 때에는 자율관리보세구역 지정 취소 사유가 된다.

다. 세관장은 자율관리보세구역 지정을 취소하려는 때에는 미리 해당 운영인 등의 의견을 청취하는 등 기회를 주어야 한다.

라. 세관장이 운영인 등의 의견청취를 할 때에는 의견청취 예정일 5일 전까지 의견청취 예정일 등을 지정하여 유선 또는 구두로 통지하여야 한다.

마. 보세구역 운영인 등 또는 그 대리인이 출석하여 의견을 진술한 때에는 세관 공무원은 그 요지를 서면으로 작성하여 출석자 본인으로 하여금 이를 확인하게 한 후 서명을 날인하게 하여야 한다.

해설 세관장이 의견청취를 할 때에는 의견청취 예정일 10일 전까지 의견청취 예정일 등을 지정하여 당해 보세구역의 운영인 등에게 서면으로 통지하여야 한다.

04 보세사 제도에 대한 설명으로 맞는 것은?

가. 보세사 등록을 신청하고자 하는 사람은 보세사 등록 신청서에 입사예정 증명서 또는 재직확인 증명서를 첨부하여 관세청장에게 제출하여야 한다.

나. 보세사 등록이 취소된 사람은 그 취소된 날로부터 3년 내에 다시 등록하지 못한다.

다. 보세사는 그 업무수행에 필요한 교육을 받아야 하며, 이에 따른 직무교육은 한국관세물류협회장이 실시한다.

라. 영업용 보세창고의 경우 보세화물 관리에 지장이 없는 범위 내에서 보세사는 다른 업무를 겸임할 수 있다.

마. 보세사자격증을 재발급 받고자 하는 경우에는 보세사자격증교부(재교부)신청서에 재발급사유서를 첨부하여 한국관세물류협회장에게 제출하여야 한다.

해설 가. 보세사 등록을 신청하고자 하는 사람은 "보세사 등록 신청서"에 입사예정 증명서 또는 재직확인 증명서를 첨부하여 한국관세물류협회장에게 등록신청하여야 한다.

나. 보세사 등록이 취소된 사람은 그 취소된 날로부터 2년 내에 다시 등록하지 못한다.

라. 보세사는 다른 업무를 겸임할 수 없다. 다만, 영업용 보세창고가 아닌 경우 보세화물 관리에 지장이 없는 범위 내에서 다른 업무를 겸임할 수 있다.

마. 보세사자격증을 교부받은 사람이 분실 등으로 재발급 받고자 하는 경우에는 별지 "보세사자격증교부(재교부)신청서"에 재발급사유서를 첨부하여 관세청장에게 신청하여야 한다.

정답 | 03 라 04 다

05 보세사 징계에 대한 설명으로 틀린 것은?

가. 세관장은 보세사가 관세법이나 같은 법에 따른 명령을 위반한 경우 등록을 취소하여야 한다.

나. 세관장은 보세사가 보세사의 직무 또는 의무를 이행하지 아니하는 경우 보세사징계위원회의 의결에 따라 징계처분을 한다.

다. 보세사의 징계에 관한 사항을 심의 · 의결하기 위하여 세관에 보세사징계위원회를 둔다.

라. 보세사징계위원회의 위원이 징계의결 대상 보세사와 채권 · 채무 등 금전관계가 있는 경우 보세사징계위원회의 심의 · 의결에서 제척된다.

마. 세관장은 보세사에 대하여 등록취소를 하거나 징계처분한 때에는 한국관세물류협회장에게 통보하여야 한다.

해설 세관장은 보세사가 관세법이나 이 법에 따른 명령을 위반한 경우에는 보세사징계위원회의 의결에 따라 징계처분(견책, 업무정지, 등록취소)을 한다.

06 보세사의 직무로 틀린 것은?

가. 보수작업과 화주의 수입신고 전 장치물품확인 시 입회 · 감독

나. 세관봉인대의 시봉 및 관리

다. 환적화물 컨테이너 적출입 시 입회 · 감독

라. 보세운송신고서 작성 및 제출

마. 견본품의 반출 및 회수

해설 보세사의 직무는 다음 각 호와 같다.

1. 보세화물 및 내국물품의 반입 또는 반출에 대한 참관 및 확인
2. 보세구역 안에 장치된 물품의 관리 및 취급에 대한 참관 및 확인
3. 보세구역출입문의 개폐 및 열쇠관리의 감독
4. 보세구역의 출입자관리에 대한 감독
5. 견본품의 반출 및 회수
6. 기타 보세화물의 관리를 위하여 필요한 업무로서 관세청장이 정하는 업무

> [관련규정] 관세청장이 정하는 보세사의 직무
> 1. 보수작업과 화주의 수입신고 전 장치물품 확인 시 입회 · 감독
> 2. 세관봉인대의 시봉 및 관리
> 3. 환적화물 컨테이너 적출입 시 입회 · 감독
> 4. 다음 각 목의 비치대장 작성과 확인. 다만, 전산신고 등으로 관리되는 경우에는 생략할 수 있다.
>   ① 내국물품 반출입 관리대장
>   ② 보수작업 관리대장
>   ③ 환적화물 컨테이너적출입 관리대장
>   ④ 장치물품 수입신고 전 확인대장
>   ⑤ 세관봉인대 관리대장
>   ⑥ 그 밖에 보세화물 관련규정에서 보세사의 직무로 정한 각종 대장

정답 | 05 가 06 라

07 **수출입물류업체에 대한 법규수행능력측정 및 평가관리에 대한 설명이다. (　　) 안에 들어갈 내용으로 바르게 나열한 것은?**

- 세관장이 법규수행능력 평가시스템에 의하여 수출입물류업체의 법규수행능력을 평가할 수 있는 주기는 연 (A)를 원칙으로 한다.
- 신규업체가 법규수행능력평가를 요청할 때에는 다음 각 호의 기준을 충족하는 경우 평가를 실시할 수 있다.
  - 보세구역, 자유무역지역 : 설립 후 (B) 경과
  - 운송사, 선사, 항공사, 포워더 : 세관신고 (C) 이상

	(A)	(B)	(C)
가.	1회	3개월	250건
나.	1회	3개월	1,000건
다.	1회	6개월	250건
라.	2회	6개월	1,000건
마.	2회	12개월	1,000건

해설
- 세관장이 법규수행능력 평가시스템에 의하여 수출입물류업체의 법규수행능력을 평가할 수 있는 주기는 연 1회를 원칙으로 한다.
- 신규업체가 법규수행능력평가를 요청할 때에는 다음 각 호의 기준을 충족하는 경우 평가를 실시할 수 있다.
  - 보세구역, 자유무역지역 : 설립 후 6개월 경과
  - 운송사, 선사, 항공사, 포워더 : 세관신고 250건 이상

08 **자유무역지역의 지정 및 운영에 관한 법률 제2조에 따른 용어의 정의로 맞는 것은?**

가. "관세 등"이란 관세, 부가가치세, 임시수입부가세, 주세, 개별소비세, 교통 · 에너지 · 환경세, 농어촌특별세 또는 교육세를 말한다.

나. "공장"이란 관세법에 따라 세관장의 특허를 받은 지역으로 관세가 유보된 상태에서 외국물품을 자유롭게 제조 · 가공할 수 있는 곳을 말한다.

다. "수입"이란 관세법 및 대외무역법에 따른 수입을 말한다.

라. "수출"이란 관세법 · 수출용 원재료에 대한 관세 등 환급에 관한 특례법 및 대외무역법에 따른 수출을 말한다.

마. "외국물품"이란 대외무역법에 따른 외국물품을 말한다.

해설 나. "공장"이란 「산업집적활성화 및 공장설립에 관한 법률」에 따른 공장을 말한다.
다. "수입"이란 「관세법」 제2조제1호에 따른 수입을 말한다.
라. "수출"이란 「관세법」 제2조제2호에 따른 수출을 말한다.
마. "외국물품"이란 「관세법」 제2조제4호에 따른 외국물품을 말한다.

정답 | 07 다　08 가

09 세관장이 자유무역지역 안으로의 반입과 자유무역지역에서 외국으로 반출을 제한할 수 있는 물품이 아닌 것은?

가. 사업장폐기물 등 폐기물
나. 총기 등 불법무기류
다. 마약류
라. 상표법에 따른 상표권 또는 저작권법에 따른 저작권을 침해하는 물품
마. 수입요건을 구비하지 아니한 전기용품

해설 반출입 제한
물품세관장은 국민보건 또는 환경보전에 지장을 초래하는 물품이나 그 밖에 대통령령으로 정하는 다음의 물품에 대하여는 자유무역지역 안으로의 반입과 자유무역지역 밖으로의 반출을 제한할 수 있다.
가. 사업장폐기물 등 폐기물
나. 총기 등 불법무기류
다. 마약류
라. 「상표법」에 따른 상표권 또는 「저작권법」에 따른 저작권을 침해하는 물품
마. 상기 물품과 유사한 물품으로서 관세청장이 정하여 고시하는 물품

10 자유무역지역에서 국외반출물품의 보세운송 및 선・기적에 대한 설명이다. (   ) 안에 들어갈 내용을 순서대로 나열한 것은?

> 국외반출신고가 수리된 물품을 선적하기 위하여 보세운송하는 경우에는 수출신고서 서식을 사용하여 보세운송신고할 수 있고, 보세운송기간은 신고수리일부터 (A) 이내로 하며, 선(기)적은 국외반출신고가 수리된 날부터 (B) 이내에 선(기)적하여야 한다. 다만, 세관장은 재해 · 선(기)적 일정 변경 등 부득이한 사유로 기간 연장의 신청이 있는 때에는 (C)의 범위에서 그 기간을 연장할 수 있다.

	(A)	(B)	(C)
가.	15일	15일	1개월
나.	15일	30일	3개월
다.	15일	30일	6개월
라.	30일	30일	3개월
마.	30일	30일	6개월

해설 보세운송기간은 신고수리일부터 30일 이내로 하며, 선(기)적은 국외반출신고가 수리된 날부터 30일 이내에 선(기)적하여야 한다. 다만, 세관장은 재해 · 선(기)적 일정 변경 등 부득이한 사유로 별지 제11호 서식에 의하여 기간 연장의 신청이 있는 때에는 6개월의 범위에서 그 기간을 연장할 수 있다. 〈법률 개정으로 해설 일부 변경〉

정답 09 마 10 마

PART 06

11 **세관장이 자유무역지역에 있는 물품 중 화주 및 반입자와 그 위임을 받은 자에게 국외 반출 또는 폐기를 명하거나 미리 통보한 후 직접 폐기할 수 있는 물품이 아닌 것은?**

가. 실용시효가 경과되었거나 상품가치를 상실한 물품
나. 의약품 등으로서 유효기간이 만료되었거나 성분이 불분명한 경우
다. 위조상품, 모조품, 그 밖에 지식재산권 침해물품
라. 품명미상의 물품으로서 반입 후 6개월이 지난 물품
마. 검사 · 검역기준 등에 부적합하여 검사 · 검역기관에서 폐기대상으로 결정된 물품

해설 세관장은 자유무역지역에 있는 물품 중 다음 각 호의 어느 하나에 해당하는 물품에 대하여는 화주 및 반입자와 그 위임을 받은 자("화주 등")에게 국외 반출 또는 폐기를 명하거나 화주 등에게 미리 통보한 후 직접 이를 폐기할 수 있다.

1. 사람의 생명이나 재산에 해를 끼칠 우려가 있는 물품
2. 부패 또는 변질된 물품
3. 유효기간이 지난 물품
   ① 실용시효가 경과되었거나 상품가치를 상실한 물품
   ② 의약품 등으로서 유효기간이 만료되었거나 성분이 불분명한 경우
4. 관세청장이 정하여 고시하는 물품
   ① 위조상품, 모조품, 그밖에 지식재산권 침해물품
   ② 품명미상의 물품으로서 반입 후 1년이 지난 물품
   ③ 검사 · 검역기준 등에 부적합하여 검사 · 검역기관에서 폐기대상으로 결정된 물품

12 **세관장에게 입주기업체관리부호 발급신청을 하려는 아래의 자유무역지역 입주기업체 중 보세사 채용의무가 있는 업체로 맞는 것은?**

A. 제조업종 사업의 자유무역지역 입주기업체
B. 수량 단위 화물관리가 가능한 복합물류 사업의 자유무역지역 입주기업체
C. 화물터미널 운영을 하고자 하는 자유무역지역 입주기업체
D. 농림축산물을 원재료로 하는 제조 · 가공업종 사업의 자유무역지역 입주기업체
E. 전자상거래 국제물류센터(GDC) 운영을 하고자 하는 자유무역지역 입주기업체

가. A, B
나. B, C
다. C, D
라. D, E
마. E, A

정답 | 11 라 12 라

해설 D. 입주계약을 체결할 때 농림축산물을 원재료로 하는 제조업종 · 가공업종의 사업을 하려는 자는 다음 각 호의 물품관리체계를 갖추고 그 자유무역지역을 관할하는 세관장과 사전 협의를 하여야 한다.

1. 물품의 반출입 및 재고관리 전산시스템 구축
2. 「관세법」에 따른 보세사 채용
3. 원재료의 수량을 객관적으로 계산할 수 있는 증빙자료 제출

E. 자유무역지역 반출입물품의 관리에 관한 고시 [별표8] 화물관리역량 평가기준

4. 내부통제요건 ⑦-1. 보세화물관리 전문 자격사(보세사)채용

13 자유무역지역 입주기업체 관리에 대한 설명으로 맞는 것은?

가. 자유무역지역에서 내국물품과 외국물품을 같이 취급하려는 입주기업체로 내국물품 취급 비중이 높은 경우에는 세관장에게 입주기업체관리부호를 발급받지 않아도 된다.

나. 세관장은 입주기업체관리부호 부여 시 입주기업체의 보세화물 적정관리 여부를 판단하기 위해 관할 자유무역지역의 특성을 고려하여 자체 심사기준을 정하여 운영할 수 있다.

다. 세관장은 1년 이상 외국물품 등의 반입실적이 없어 해당 입주기업체의 관리부호가 필요하지 않다고 인정하는 경우 부호를 삭제하여야 한다.

라. 세관장은 관리권자로부터 입주계약해지 통보를 받아 입주기업체의 관리부호를 삭제하는 경우에는 입주기업체의 의견을 미리 청취할 필요는 없다.

마. 세관장은 입주계약해지를 통보 받은 경우 3개월 이내에 재고조사를 실시하고, 1년 이내의 기간을 정하여 외국물품 등을 자유무역지역 밖으로 반출하거나 다른 입주기업체에 양도하도록 통보하여야 한다.

해설 가. 자유무역지역 입주기업체는 자유무역지역에서 외국물품등을 취급하려는 경우 관할 세관장에게 입주기업체관리부호 발급 신청을 하여야 한다.

다. 세관장은 2년 이상 외국물품 등의 반입실적이 없어 해당 입주기업체의 관리부호가 필요하지 않다고 인정하는 경우 부호를 삭제하여야 한다.

라. 해당 입주기업체의 관리부호를 삭제하는 경우에는 입주기업체의 의견을 미리 청취하여야 한다.

마. 세관장은 관리권자로부터 입주계약해지를 통보받은 경우 지체 없이 재고조사를 실시하고, 6개월 이내의 기간을 정하여 외국물품등을 자유무역지역 밖으로 반출하거나 다른 입주기업체에 양도하도록 통보하여야 한다.

정답 | 13 나

14 자유무역지역 전자상거래 국제물류센터(GDC)에 대한 설명으로 맞는 것은?

가. 모든 반입물품은 국외반출만 가능하고 국내 수입통관은 불가능하다.

나. 세관장은 전자상거래 국제물류센터(GDC)에 대해 자유무역지역의 지정 및 운영에 관한 법률 제39조에 따른 재고관리 상황의 조사를 생략한다.

다. 수출입 안전관리 우수업체(AEO)에만 운영 자격이 있다.

라. B/L 단위 관리물품의 실시간 반출입신고 전산시스템만 구축하여도 운영할 수 있다.

마. 입주기업체는 재고관리시스템, 시설 및 내부통제 등 관세청장이 정한 화물관리 역량 평가기준을 충족하여야 한다.

해설 가. 입주기업체가 전자상거래 국제물류센터에 반입된 물품을 해외 구매자에게 발송하려는 경우 물품 반출 전에 국외반출신고 또는 수출신고를 하여야 하며, 관세영역으로 반출하려는 경우에는 물품 반출 전에 수입신고를 하여야 한다.

나. 해당 조항 없음

다. 해당 조항 없음

라. 전자상거래 국제물류센터에 반입되는 모든 판매용 물품은 재고관리시스템에 의해 상품코드별로 관리하여야 하며, 관세청 전자통관시스템과 연계되어 실시간 품목 단위 반출입신고와 재고관리가 가능하여야 한다.

15 자유무역지역에서 물품의 반입 및 반출에 대한 설명으로 맞는 것은?

가. 선박으로 반입된 화물을 항공기로 반출하기 위해 자유무역지역으로 반입하려는 환적화물에 대해서는 반입신고 절차를 생략한다.

나. 환급대상 내국물품을 자유무역지역으로 반입하려는 입주기업체는 세관장에게 내국물품 반입신고서 제출을 생략한다.

다. 세관장은 반입신고를 하지 아니하고 자유무역지역 안으로 반입된 내국물품에 대하여 그 물품을 반입한 자가 신청한 경우에는 내국물품 확인서를 발급할 수 있다.

라. 외국물품 등을 관세영역으로 일시반출하려는 자는 세관장에게 일시반출 신고를 하여야 한다.

마. 외국물품 등에 대해 역외작업을 하려는 자는 세관장의 허가를 받아야 한다.

해설 가. 복합환적화물은 적재화물목록에 보세운송인과 목적지를 기재하여 제출하는 것으로 보세운송신고(승인)를 갈음할 수 있다(반입신고절차생략과 관련 없음).

나. 내국물품 반입신고서 제출생략규정은 없다.

라. 외국물품 등을 관세영역으로 일시반출하려는 자는 세관장에게 일시반출 허가를 받아야 한다.

마. 입주기업체는 외국물품 등(외국으로부터 직접 반출장소에 반입하려는 물품을 포함)을 가공 또는 보수하기 위하여 관세영역으로 반출하려는 경우에는 그 가공 또는 보수 작업("역외작업")의 범위, 반출기간, 대상물품, 반출장소를 정하여 세관장에게 신고하여야 한다.

정답 | 14 마 15 다

16 과실범은 법률에 특별한 규정이 있는 경우에 한하여 처벌한다. 관세법상 과실범을 처벌할 수 있는 경우로 맞는 것은?

가. 과실로 관세법 제248조에 따른 수입신고수리 전 반출금지를 위반한 자
나. 과실로 관세법 제238조에 따른 보세구역 반입명령에 대하여 반입대상 물품의 일부를 반입하지 아니한 자
다. 과실로 관세법 제274조에 따른 밀수입품의 취득 · 보관 · 운반한 자
라. 과실로 관세법 제226조에 따른 법령에 따라 수입에 필요한 허가 또는 그 밖의 조건을 갖추지 아니하고 수입한 자
마. 과실로 관세법 제277조에 따른 세관장의 의무 이행 요구를 이행하지 아니한 자

해설 과실로 관세법 제277조에 따른 세관장의 의무 이행 요구를 이행하지 아니한 자의 경우 300만원 이하의 벌금에 처한다.

17 질서위반행위규제법 내용에 대한 설명 중 틀린 것은?

가. 법률상 의무의 효율적인 이행을 확보하고 국민의 권리와 이익을 보호하기 위하여 질서위반행위의 성립요건과 과태료의 부과 · 징수 및 재판 등에 관한 사항을 규정하는 것을 목적으로 한다.
나. 법인의 대표자, 법인 또는 개인의 대리인 · 사용인 및 그 밖의 종업원이 업무에 관하여 법인 또는 그 개인에게 부과된 법률상의 의무를 위반한 때에는 법인 또는 그 개인에게 과태료를 부과한다.
다. 과태료의 부과 · 징수, 재판 및 집행 등의 절차에 관한 다른 법률의 규정 중 이 법의 규정에 저촉되는 것은 이 법으로 정하는 바에 따른다.
라. 자신의 행위가 위법하지 아니한 것으로 오인하고 행한 질서위반행위는 그 오인에 정당한 이유가 있는 때에 한하여 과태료를 부과하지 아니한다.
마. 과태료는 행정청의 과태료 부과처분이나 법원의 과태료 재판이 확정된 후 3년간 징수하지 아니하거나 집행하지 아니하면 시효로 인하여 소멸한다.

해설 질서행위위반규제법 제15조(과태료의 시효)
과태료는 행정청의 과태료 부과처분이나 법원의 과태료 재판이 확정된 후 5년간 징수하지 아니하거나 집행하지 아니하면 시효로 인하여 소멸한다.

PART 06

정답	16 마　17 마

18 관세법 제279조 제2항에 따라 양벌 규정의 적용을 받는 개인으로 틀린 것은?

가. 세관지정장치장 화물관리인
나. 특허보세구역 또는 종합보세사업장의 운영인
다. 수출 · 수입 또는 운송을 업으로 하는 사람
라. 관세사
마. 국제항 안에서 물품 및 용역의 공급을 업으로 하는 사람

해설 개인의 범위
개인은 다음 각 호의 어느 하나에 해당하는 사람으로 한정한다.
1. 특허보세구역 또는 종합보세사업장의 운영인
2. 수출(「수출용원재료에 대한 관세 등 환급에 관한 특례법」에 따른 수출등을 포함) · 수입 또는 운송을 업으로 하는 사람
3. 관세사
4. 국제항 안에서 물품 및 용역의 공급을 업으로 하는 사람
5. 국가관세종합정보망 운영사업자 및 전자문서중계사업자

19 관세법에서 정한 관세범인의 조사와 처분에 대한 설명으로 맞는 것은?

가. 해양경찰공무원은 관세범인(특정범죄 가중처벌 등에 관한 법률 제외)에 관한 사건을 발견하였을 때는 관세청이나 세관에 인계하지 않고 직접 조사하여야 한다.
나. 세관 공무원이 피의자를 조사하였을 때에는 조서를 작성해야 한다. 다만, 현행범 조사 등 긴급한 경우에는 주요 내용을 적은 서면으로 조서를 대신할 수 있다.
다. 소유자 · 점유자 또는 보관자가 임의로 제출한 물품이라도 관할 지방법원 판사의 영장을 발급받아 압수해야 한다.
라. 관세범인의 현행범이 그 장소에 있을 때에는 세관 공무원만 체포할 수 있다.
마. 해진 후부터 해뜨기 전까지는 검증 · 수색 또는 압수를 할 수 없으므로 해지기 전부터 시작한 검증 · 수색 또는 압수라도 해가 지면 중단하여야 한다.

해설 가. 경찰, 검찰 등 다른 기관이 관세범에 관한 사건을 발견하거나 피의자를 체포하였을 때에는 즉시 세관 공무원에 인계하여야 한다.
다. 소유자 · 점유자 또는 보관자가 임의로 제출한 물품이나 남겨 둔 물품은 영장 없이 압수할 수 있다.
라. 관세범의 현행범인이 그 장소에 있을 때에는 누구든지 체포할 수 있다.
마. 해가 진 후부터 해가 뜨기 전까지는 검증 · 수색 또는 압수를 할 수 없다. 다만, 현행범인 경우에는 그러하지 아니하다. 이미 시작한 검증 · 수색 또는 압수는 계속할 수 있다.

정답 | 18 가 19 나

20 관세범인에 대한 통고처분 및 고발에 대한 설명으로 맞는 것은?

가. 세관장이 통고처분을 할 때 벌금에 상당하는 금액은 해당 벌금 최고액의 100분의 30으로 하되 관세청장이 정하는 바에 따라 100분의 50범위에서 그 금액을 늘리거나 줄일 수 있다.

나. 관세범인에 대한 세관장의 통고처분이 있는 때에도 공소 시효는 진행된다.

다. 벌금에 상당하는 금액이 30만원 이하이면 관세청장이나 세관장이 직권으로 해당 통고처분을 면제할 수 있다.

라. 관세범인이 통고의 요지를 이행한 경우에도 동일 사건에 대해 다시 조사할 수 있다.

마. 관세범인이 통고서의 송달을 받은 날로부터 20일 이내에 이행하지 않으면 관세청장이나 세관장은 즉시 고발해야 한다.

해설 나. 통고가 있는 때에는 공소의 시효는 정지된다.

다. 관세청장이나 세관장은 통고처분 대상자의 연령과 환경, 법 위반의 동기와 결과, 범칙금 부담능력과 그 밖에 정상을 고려하여 관세범칙조사심의위원회의 심의 · 의결을 거쳐 통고처분을 면제할 수 있다.

라. 관세범인이 통고의 요지를 이행한 경우에는 동일사건에 대하여 다시 처벌을 받지 아니한다(일사부재리).

마. 관세범인이 통고서의 송달을 받았을 때에는 그 날부터 15일 이내에 이를 이행하여야 한다. 관세범인이 이행기간 이내에 이행하지 아니하였을 때에는 관세청장이나 세관장은 즉시 고발하여야 한다.

21 관세법에 따른 압수물품의 보관 · 폐기 · 처분에 대한 설명으로 틀린 것은?

가. 세관 공무원은 관세범인 조사에 의하여 발견한 물품이 몰수해야 하는 것으로 인정될 때에는 압수할 수 있다.

나. 관세법 제269조의 밀수입죄에 해당되어 압수된 물품에 대해 압수일로부터 6개월 이내에 해당 물품의 소유자 및 범인을 알 수 없는 경우 유실물 공고를 해야 한다.

다. 유실물로 공고된 압수물품에 대해 공고일로부터 1년이 지나도 소유자 및 범인을 알 수 없는 경우에는 국고로 귀속된다.

라. 세관장은 압수물품이 사람의 생명이나 재산을 해칠 우려가 있는 경우에는 즉시 폐기하고 피의자나 관계인에게 통고하지 않는다.

마. 세관장은 처분이 지연되면 상품가치가 크게 떨어질 우려가 있는 경우 피의자나 관계인에게 통고한 후 매각하여 그 대금을 보관하거나 공탁할 수 있다.

해설 관세청장이나 세관장은 압수물품 중 피의자나 관계인에게 통고한 후 폐기할 수 있다.

PART 06

정답	20 가 21 라

22 관세법 제269조(밀수출입죄) 제1항에서 처벌하는 수출입의 금지품으로 틀린 것은?

가. 화폐의 위조품
나. 화폐의 변조품
다. 총기류 · 폭발물
라. 정부의 기밀을 누설하는 물품
마. 헌법질서를 문란하게 하는 서적 · 간행물

해설 다음 각 호의 어느 하나에 해당하는 물품은 수출하거나 수입할 수 없다.
1. 헌법질서를 문란하게 하거나 공공의 안녕질서 또는 풍속을 해치는 서적 · 간행물 · 도화, 영화 · 음반 · 비디오물 · 조각물 또는 그 밖에 이에 준하는 물품
2. 정부의 기밀을 누설하거나 첩보활동에 사용되는 물품
3. 화폐 · 채권이나 그 밖의 유가증권의 위조품 · 변조품 또는 모조품

23 관세법 제269조(밀수출입죄)에 따른 처벌 대상 행위로 틀린 것은?

가. 여행자가 해외에서 구입한 2천만원 상당의 다이아몬드를 세관에 신고하지 않고 여행가방 바닥에 숨겨서 수입한 행위
나. 무역회사가 1억원 상당의 치과용 의료기기를 수입하면서 세관장에게 수입신고를 하였으나 관세를 적게 납부할 의도로 물품의 가격을 5천만원으로 신고하여 수입한 행위
다. 무역회사가 참깨 1톤을 수입하면서 세관장에게 수입 신고할 때에는 품명을 플라스틱 파이프라고 신고하여 수입한 행위
라. 가정주부가 해외 직구를 통해 300만원 상당의 판매용 진공청소기를 구입해서 개인통관고유부호를 부여받아 자가소비용으로 세관에 수입신고하면서 품명을 식품으로 신고하여 수입한 행위
마. 무역업체가 고춧가루 1톤을 수입하면서 세관장에게 수입 신고할 때에는 품명을 양념다대기로 신고하여 수입한 행위

해설 나. 무역회사가 1억원 상당의 치과용 의료기기를 수입하면서 세관장에게 수입신고를 하였으나 관세를 적게 납부할 의도로 물품의 가격을 5천만원으로 신고하여 수입한 행위 : 관세포탈죄(제270조)

※ 밀수입죄(제269조)
다음 각 호의 어느 하나에 해당하는 자는 5년 이하의 징역 또는 관세액의 10배와 물품원가 중 높은 금액 이하에 상당하는 벌금에 처한다.
1. 수입신고(입항 전 수입신고 포함)를 하지 아니하고 물품을 수입한 자. 다만, 수입신고 전 즉시 반출신고를 한 자는 제외한다.
2. 수입신고(입항 전 수입신고 포함)를 하였으나 해당 수입물품과 다른 물품으로 신고하여 수입한 자

정답 | 22 다 23 나

24 관세청장이나 세관장이 고발하여야 하는 경우로 틀린 것은?

가. 범죄의 정상이 징역형에 처해질 것으로 인정되는 경우
나. 관세범인이 통고를 이행할 수 있는 자금능력이 없다고 인정되는 경우
다. 관세범인이 3회 이상의 출석요구에 불응하는 경우
라. 관세범인의 주소 및 거소가 분명하지 아니하거나 그 밖의 사유로 통고를 하기 곤란하다고 인정되는 경우
마. 관세범인이 통고서의 송달은 받은 날부터 15일 이내에 이행하지 아니하였을 경우. 다만, 15일이 지난 후 고발이 되기 전에 통고처분을 이행한 경우에는 그러하지 아니한다.

해설 '다'의 경우 고발사유에 해당하지 않는다.

25 관세법 제282조에 따라 몰수하지 아니할 수 있는 물품으로 맞는 것은?

가. 밀수입된 관세법 제234조의 수출입의 금지물품
나. 밀수입 범죄를 예비한 범인이 소유 또는 점유하는 물품
다. 보세구역에 신고를 한 후 반입한 외국물품 중 밀수입품
라. 범인이 소유하는 밀수출 물품
마. 범인이 소유하는 밀수품의 취득죄에 해당하는 물품

해설 밀수출입죄 또는 밀수품취득죄의 경우(그 죄를 저지를 목적으로 예비를 한 자를 포함)에는 범인이 소유하거나 점유하는 그 물품을 몰수한다. 다만, 밀수입죄의 경우로서 다음 각 호의 어느 하나에 해당하는 물품은 몰수하지 아니할 수 있다.

1. 보세구역에 반입신고를 한 후 반입한 외국물품
2. 세관장의 허가를 받아 보세구역이 아닌 장소에 장치한 외국물품
3. 「폐기물관리법」 규정에 따른 폐기물
4. 그 밖에 몰수의 실익이 없는 물품으로서 대통령령으로 정하는 물품

정답 | 24 다 25 다

MEMO

P/A/R/T

07

2024년 기출문제 및 해설

[2024년] 기출문제 및 해설

1과목 수출입통관절차

01 수입한 자가 불분명한 경우 '수입화주에 해당하는 자'로 틀린 것은?

가. 법원 임의경매절차에 의하여 경락받은 물품은 그 물품의 경락자
나. 수입신고 전에 양도한 때에는 그 양도인
다. 송품장상의 물품수신인이 부도 등으로 직접 통관하기 곤란한 경우에는 적법한 절차를 거쳐 수입물품의 양수인이 된 은행
라. 물품의 수입을 위탁받아 수입업자가 대행 수입한 물품인 때에는 그 물품의 수입을 위탁한 자
마. 수입을 위탁받아 수입업체가 대행수입한 물품이 아닌 때에는 송품장에 기재된 물품수신인

해설 수입화주의 정의(수입통관 사무처리 고시 제2조)

"수입화주"라 함은 수입신고한 물품에 대하여 그 물품을 수입한 자를 말하며, 수입한 자가 불분명한 경우에는 다음 각 목의 어느 하나에 해당하는 자를 말한다.

1. 물품의 수입을 위탁받아 수입업자가 대행 수입한 물품인 때에는 그 물품의 수입을 위탁한 자
2. 수입을 위탁받아 수입업체가 대행수입한 물품이 아닌 때에는 송품장(송품장이 없을 때에는 선하증권이나 항공화물운송장)에 기재된 물품수신인
3. 수입신고 전에 양도한 때에는 그 양수인
4. 조달물품은 실수요부처의 장이나 실수요자. 다만, 실수요부처나 실수요자가 결정되지 아니한 때에는 수입 신고한 조달청장이나 현지 조달청 사무소장으로 하되 그 후 실수요부처나 실수요자가 결정되면 조달청장이나 현지 조달청 사무소장은 즉시 납세의무자 변경통보를 통관지세관장에게 하고 통관지세관장은 이에 의하여 납세의무자를 변경한다.
5. 송품장상의 물품수신인이 부도 등으로 직접 통관하기 곤란한 경우에는 적법한 절차를 거쳐 수입물품의 양수인이 된 은행
6. 법원 임의경매절차에 의하여 경락받은 물품은 그 물품의 경락자

정답 | 01 나

02 관세징수권의 소멸시효 중단 사유로 틀린 것은?

가. 조사의뢰　　나. 납부독촉
다. 압류　　라. 고발
마. 통고처분

해설 관세징수권 소멸시효의 중단
관세징수권의 소멸시효는 다음 각 호의 어느 하나에 해당하는 사유로 중단된다.
① 납부고지
② 경정처분
③ 납부독촉
④ 통고처분
⑤ 고발
⑥ 「특정범죄 가중처벌 등에 관한 법률」에 따른 공소제기
⑦ 교부청구
⑧ 압류

03 물품의 통관을 보류할 수 있는 사유로 틀린 것은?

가. 세관장에게 체납처분이 위탁된 해당 체납자가 수입하는 경우
나. 안전성 검사가 필요한 경우
다. 지방세 관련 법령을 위반한 혐의로 고발된 경우
라. 관세법에 따른 의무사항을 위반하거나 국민 보건 등을 해칠 우려가 있는 경우
마. 수출 · 수입 또는 반송에 관한 신고서의 기재사항에 보완이 필요한 경우

해설 관세 관계 법령을 위반한 혐의로 고발되거나 조사를 받는 경우에 통관을 보류할 수 있다.

PART 07

04 관세법 제226조에 따른 세관장확인물품 및 확인방법 지정 고시에서 사용하는 용어의 뜻이다. (　) 안에 들어갈 내용으로 바르게 나열한 것은?

- (A)(이)란 수출입시 허가 · 승인 등의 증명이 필요한 물품을 수출입하려는 자가 요건확인기관의 장에게 허가 · 승인 그 밖의 조건을 구비하기 위하여 신청하는 것을 말한다.
- (B)(이)란 관련 법령에 따라 수출입 요건이 면제되는 물품으로 면제절차는 이 고시 또는 관련 법령을 적용한다.
- (C)(이)란 수출입신고 시 세관장확인을 생략하고 통관이후 요건확인 기관이 사후적으로 관리하도록 관세청장과 요건확인기관의 장이 협의하여 지정한 기업을 말한다.

정답	02 가　03 다　04 가

	(A)	(B)	(C)
가.	요건신청	요건면제물품	자율확인우수기업
나.	세관장확인신청	확인면제물품	자율확인우수기업
다.	요건신청	요건면제물품	수출입안전관리공인업체
라.	세관장확인신청	요건면제물품	자율확인우수기업
마.	요건신청	확인면제물품	수출입안전관리공인업체

해설 세관장확인물품 및 확인방법 지정고시(제2조)

- "요건신청"이란 수출입시 허가 · 승인 등의 증명이 필요한 물품을 수출입하려는 자가 요건확인기관의 장에게 허가 · 승인 그밖의 조건을 구비하기 위하여 신청하는 것을 말한다.
- "요건면제물품"이란 관련 법령에 따라 수출입 요건이 면제되는 물품으로 면제절차는 이 고시 또는 관련 법령을 적용한다.
- "자율확인우수기업"이란 수출입신고 시 세관장확인을 생략하고 통관이후 요건확인기관이 사후적으로 관리하도록 관세청장과 요건확인기관의 장이 협의하여 지정한 기업을 말한다.

05 **세관장은 관세청장에게 신고된 지식재산권을 침해하였다고 인정될 때에는 그 지식재산권을 신고한 자에게 통보하여야 한다. 이에 해당하는 물품이 아닌 것은?**

가. 수출입신고된 물품
나. 보세구역에 반입신고된 물품
다. 보세운송신고된 물품
라. 물품폐기 신고된 물품
마. 환적 또는 복합환적 신고된 물품

해설 세관장의 지식재산권 보호범위

세관장은 다음 각 호의 어느 하나에 해당하는 물품이 신고된 지식재산권을 침해하였다고 인정될 때에는 그 지식재산권을 신고한 자에게 해당 물품의 수출입, 환적, 복합환적, 보세구역 반입, 보세운송, 일시양륙의 신고("수출입신고등") 사실을 통보하여야 한다. 이 경우 통보를 받은 자는 세관장에게 담보를 제공하고 해당 물품의 통관 보류나 유치를 요청할 수 있다.

① 수출입신고된 물품
② 환적 또는 복합환적 신고된 물품
③ 보세구역에 반입신고된 물품
④ 보세운송신고된 물품
⑤ 일시양륙이 신고된 물품
⑥ 통관우체국에 도착한 물품

정답 | 05 라

06 물품검사에 따른 손실보상제도에 대한 설명으로 맞는 것은?

가. 검사 대상 물품을 포장한 용기는 손실보상 대상이 아니다.
나. 손실 보상해야 할 물품을 수리할 수 없는 경우 해당 물품의 구입가격을 손실보상금액으로 한다.
다. 손실 보상해야 할 운송수단이 수리할 수 없는 경우 손실보상 금액은 구매가격 및 손실을 입은 자가 청구하는 금액을 고려하여 관세청장이 합리적인 범위에서 인정하는 금액으로 한다.
라. 손실보상의 지급절차 및 방법, 그 밖에 필요한 사항은 세관장이 정한다.
마. 수리할 수 있는 물품의 손실보상 금액 한도는 수리비 상당액을 지급하되 200만원을 초과할 수 없다.

해설 가. 손실보상의 대상은 세관공무원의 적법한 물품검사로 손실이 발생한 다음 각 호의 어느 하나에 해당하는 것으로 한다.
1. 검사 대상 물품
2. 제1호의 물품을 포장한 용기 또는 운반·운송하는 수단

나, 다, 마. 1. 해당 물품 등을 수리할 수 없는 경우 : 다음의 구분에 따른 금액을 보상한다.
① 검사대상물품에 해당하는 경우 : 법 제30조부터 제35조까지의 규정에 따른 해당 물품의 과세가격에 상당하는 금액. 다만, 과세가격에 상당하는 금액을 산정할 수 없는 경우에는 구매가격 및 손실을 입은 자가 청구하는 금액을 고려하여 관세청장이 합리적인 범위에서 인정하는 금액으로 한다.
② 포장한 용기 또는 운반·운송하는 수단에 해당하는 경우 : 구매가격 및 손실을 입은 자가 청구하는 금액을 고려하여 관세청장이 합리적인 범위에서 인정하는 금액
2. 해당 물품 등을 수리할 수 있는 경우 : 수리비에 상당하는 금액. 다만, 제1호에 따른 금액을 한도로 한다.

라. 손실보상의 지급절차 및 방법, 그 밖에 필요한 사항은 관세청장이 정한다.

07 수출물품 검사에 관한 설명으로 틀린 것은?

가. 수출입 안전관리 우수업체로 공인된 업체가 수출하는 물품은 검사대상으로 선별하지 않을 수 있다.
나. 원상태수출물품은 부정환급 우려가 있으므로 신고지검사를 할 수 없다.
다. 적재지검사 대상물품이 적재지 보세구역에 반입된 때에는 운영인은 관할 세관장에게 즉시 반입보고를 해야 한다.
라. 세관장이 검사입회 통보를 하여도 검사일시에 수출화주나 신고인 또는 그 소속 종사자가 입회하지 않은 때에는 장치장소의 관리인 또는 그를 대리하는 소속 종사자의 입회하에 검사를 실시한다.
마. 부정수출 등 우범성 정보가 있는 경우에는 수출물품을 보세구역에 반입하게 한 후 검사할 수 있다.

해설 적재지 검사가 부적절하다고 판단되는 물품이나 반송물품, 계약상이물품, 재수출물품 및 원상태수출물품, 국제우편 운송 수출물품, 보세공장으로부터의 수출물품 등은 신고지검사를 실시할 수 있다.

정답 | 06 다 07 나

08 보세구역 등 반입 후 수출신고에 관한 설명으로 틀린 것은?

가. 밀수출 등 불법행위가 발생할 우려가 높거나 감시단속을 위하여 필요하다고 인정하여 대통령령으로 정하는 물품은 관세청장이 정하는 장소에 반입한 후 수출의 신고를 하게 할 수 있다.

나. 국내에서 제작한 신형 자동차는 보세구역 등 반입 후 수출신고를 하여야 하는 물품이다.

다. 보세구역 등 반입대상 물품이 검사로 지정된 경우 수출검사 담당직원은 다른 물품에 우선하여 신속하게 검사하여야 한다.

라. 수출입 안전관리 우수업체로 공인된 업체가 수출하는 물품은 보세구역 등 반입 후 신고물품에서 제외할 수 있다.

마. 보세구역 운영인 등은 통관과 관련된 이해관계자(수출업자, 관세사, 포워딩업체)에게 신속하고 원활한 통관을 위하여 보세구역 반입정보를 제공하여야 한다.

해설 보세구역 등 반입후 수출신고 대상물품[수출통관고시 별표12]

1. 중고자동차(HS CODE 87류 중 '중고차')
2. 플라스틱 폐기물(HS 3915호)
3. 생활폐기물(HS 3825호)

09 반송에 대한 설명으로 틀린 것은?

가. 세관장은 반송신고 물품에 대하여 신고사항 및 신고서류에 이상이 없는 때와 물품검사를 하는 경우 신고사항과 현품이 일치하는 등 이상이 없는 때에 검사결과 이상유무를 수출통관시스템에 등록하고 신고를 수리하여야 한다.

나. 반송은 적하목록, 선하증권(B/L), 항공화물상환증(AWB) 상의 수하인 또는 해당 물품의 화주(해당 물품의 처분권리를 취득한 자를 포함한다)가 할 수 있다.

다. 수출신고수리된 물품을 외국으로 반출하는 것을 반송이라 한다.

라. 반송신고물품에 대한 검사는 검사대상으로 선별되었거나 사회관심품목 등 소비재와 정상 수출입을 가장한 부정무역의 우려가 있는 물품 등 세관장이 필요하다고 인정하는 경우에는 검사할 수 있다.

마. 반송신고는 해당 물품을 외국으로 반출하고자 하는 선박 또는 항공기 적재단위[선하증권(B/L) 또는 항공화물상환증(AWB)]별로 하여야 한다.

해설 "반송"이란 외국물품(수출신고 수리물품을 제외한다)을 외국으로 반출하는 것을 말한다(반송고시).

정답 | 08 나 09 다

10 세관장확인물품 및 확인방법에 대한 설명으로 맞는 것은?

가. 수출입시 허가 · 승인 등의 증명이 필요한 물품을 수출입하려는 자는 요건신청을 통관포털을 이용하여 세관장에게 할 수 있다.

나. 요건신청 시 제출하여야 하는 서류, 서류의 정정 등 그 밖의 요건신청과 관련된 절차는 개별 법령에 따라 세관장이 정하는 바에 따른다.

다. 요건확인기관의 장은 개별 법령의 개정 등으로 인하여 통관포털을 이용한 요건 신청 서식 및 업무절차의 변경이 필요한 경우에는 기획재정부장관과 미리 협의하여야 한다.

라. 요건신청의 효력발생시점은 통관포털을 통하여 전송된 자료가 관세청 수출입통관시스템에 접수된 시점으로 한다.

마. 수산생물질병 관리법, 가축전염병 예방법 대상 물품은 대외무역법 시행령 제19조에 따른 수출입승인면제대상에 해당할 경우에도 세관장은 수출입 요건 구비 여부를 확인하여야 한다.

해설 세관장확인물품 및 확인방법 지정고시

가. 수출입시 허가 · 승인 등의 증명이 필요한 물품을 수출입하려는 자는 요건신청을 통관포털을 이용하여 요건확인기관의 장에게 할 수 있다.

나. 요건신청 시 제출하여야 하는 서류, 서류의 정정 등 그 밖의 요건신청과 관련된 절차는 개별 법령에 따라 요건확인기관의 장이 정하는 바에 따른다.

다. 요건확인기관의 장은 개별 법령의 개정 등으로 인하여 통관포털을 이용한 요건신청 서식 및 업무절차의 변경이 필요한 경우에는 관세청장과 미리 협의하여야 한다.

라. 요건신청의 효력발생시점은 통관포털을 통하여 전송된 자료가 요건확인기관의 시스템에 접수된 시점으로 한다.

11 수입신고에 대한 설명으로 틀린 것은?

가. 수입신고의 시기에는 출항전신고, 입항전신고, 보세구역 도착전신고, 보세구역 장치후신고가 있다.

나. 농 · 수 · 축산물이나 그 가공품으로서 수입신고하는 때와 입항하는 때의 물품의 관세율표 번호 10단위가 변경되는 물품은 입항전에 신고를 할 수 없다.

다. 보세구역 도착전신고는 해당물품이 도착할 보세구역을 관할하는 세관장에게 신고하여야 한다.

라. 출항전신고나 입항전신고는 해당물품을 적재한 선박 등이 우리나라에 입항하기 5일 전(항공기에 의한 경우에는 1일 전)부터 할 수 있다.

마. 농 · 수 · 축산물이나 그 가공품으로서 수입신고하는 때와 입항하는 때의 과세단위(수량이나 중량)가 변경되는 물품은 입항 전에 신고를 할 수 있다.

해설 다음 각 호의 물품은 해당 선박 등이 우리나라에 도착한 후에 신고하여야 한다. 다만, 제1호의 물품으로서 해당 선박 등이 우리나라에 도착하는 날이 해당 법령의 시행일보다 빠른 경우에는 그렇지 않다.

1. 세율이 인상되거나 새로운 수입요건을 갖추도록 요구하는 법령이 적용되거나 적용될 예정인 물품

정답 | 10 마 11 마

PART 07

2. 농 · 수 · 축산물이나 그 가공품으로서 수입신고하는 때와 입항하는 때의 물품의 관세율표 번호 10단위가 변경되는 물품
3. 농 · 수 · 축산물이나 그 가공품으로서 수입신고하는 때와 입항하는 때의 과세단위(수량이나 중량)가 변경되는 물품

12 관세 및 내국세 등의 부과 · 징수에 대한 설명으로 틀린 것은?

가. 관세를 납부하여야 하는 물품에 대하여는 다른 조세, 그 밖의 공과금 및 채권에 우선하여 그 관세를 징수한다.

나. 수입물품에 대하여 세관장이 부과 · 징수하는 내국세 등에 대한 담보제공 요구, 국세충당, 담보해제, 담보금액 등에 관하여는 국세기본법 중 담보 관련 규정을 적용한다.

다. 수입물품에 대하여 세관장이 부과 · 징수하는 내국세 등의 체납이 발생하였을 때에는 징수의 효율성 등을 고려하여 필요하다고 인정되는 경우 납세의무자의 주소를 관할하는 세무서장이 체납세액을 징수할 수 있다.

라. 관세법에 따른 가산세 및 강제징수비의 부과 · 징수 · 환급 등에 관하여는 관세법 중 관세의 부과 · 징수 · 환급 등에 관한 규정을 적용한다.

마. 국세징수의 예에 따라 관세를 징수하는 경우 강제징수의 대상이 해당 관세를 납부하여야 하는 물품이 아닌 재산인 경우에는 관세의 우선순위는 국세기본법에 따른 국세와 동일하게 한다.

해설 수입물품에 대하여 세관장이 부과 · 징수하는 내국세 등에 대한 담보제공 요구, 국세충당, 담보해제, 담보금액 등에 관하여는 관세법 중 관세에 대한 담보 관련 규정을 적용한다.

13 관세법상 기간 및 기한에 대한 설명으로 맞는 것은?

가. 관세법에 따른 기간을 계산할 때 관세법 제252조에 따른 수입신고수리전 반출승인을 받은 경우에는 그 반출일을 수입신고의 수리일로 본다.

나. 관세법에 따른 기간의 계산은 이 법에 특별한 규정이 있는 것을 제외하고는 국세기본법에 따른다.

다. 관세법에 따른 기한이 토요일 및 일요일, 공휴일에 관한 법률에 따른 공휴일 및 대체공휴일에 해당하는 경우에는 그 다음 날을 기한으로 한다.

라. 국가관세종합정보시스템이 장애로 가동이 정지되어 관세법에 따른 기한까지 신고, 신청, 승인, 납부 등을 할 수 없게 되는 경우에는 그 장애가 복구된 날을 기한으로 한다.

마. 관세법 제38조 제1항에 따른 납세신고를 한 경우 관세의 납부기한은 납부고지를 받은 날부터 15일 이내이다.

해설 가. 이 법에 따른 기간을 계산할 때 수입신고수리전 반출승인을 받은 경우에는 그 승인일을 수입신고의 수리일로 본다.
나. 이 법에 따른 기간의 계산은 이 법에 특별한 규정이 있는 것을 제외하고는 「민법」에 따른다.

정답	12 나 13 다

라. 국가관세종합정보시스템, 연계정보통신망 또는 전산처리설비가 대통령령으로 정하는 장애로 가동이 정지되어 이 법에 따른 기한까지 이 법에 따른 신고, 신청, 승인, 허가, 수리, 교부, 통지, 통고, 납부 등을 할 수 없게 되는 경우에는 그 장애가 복구된 날의 다음 날을 기한으로 한다.
마. 납세신고를 한 경우 관세의 납부기한은 납세신고 수리일부터 15일 이내이다.

14 관세법 제24조의 규정에 의한 담보의 종류가 아닌 것은?

가. 자동차
나. 지방채
다. 납세보증보험증권
라. 세관장이 인정하는 유가증권
마. 세관장이 인정하는 보증인의 납세보증서

해설 관세법에 따라 제공하는 담보의 종류는 다음과 같다.
① 금전
② 국채 또는 지방채
③ 세관장이 인정하는 유가증권
④ 납세보증보험증권
⑤ 토지
⑥ 보험에 가입된 등기 또는 등록된 건물 · 공장재단 · 광업재단 · 선박 · 항공기 또는 건설기계
⑦ 세관장이 인정하는 보증인의 납세보증서

15 관세법령상 가격신고를 생략할 수 있는 물품이 아닌 것은?

가. 공공기관의 운영에 관한 법률 제4조에 따른 공공기관이 수입하는 물품
나. 방위산업용 기계와 그 부분품 및 원재료로 수입하는 물품. 다만, 해당 물품과 관련된 중앙행정기관의 장의 수입확인 또는 수입추천을 받은 물품에 한정한다.
다. 특정연구기관 육성법의 규정에 의한 특정연구기관이 수입하는 물품
라. 종가세 적용물품. 다만, 종량세와 종가세 중 높은 세액 또는 높은 세율을 선택하여 적용해야 하는 물품의 경우에는 제외한다.
마. 과세가격이 미화 1만불 이하인 물품. 다만, 개별소비세, 주세, 교통 · 에너지 · 환경세가 부과되는 물품과 분할하여 수입되는 물품은 제외한다.

해설 가격신고 생략대상
① 정부 또는 지방자치단체가 수입하는 물품
② 정부조달물품
③ 공공기관이 수입하는 물품
④ 관세 및 내국세 등이 부과되지 않는 물품

정답 | 14 가 15 라

⑤ 방위산업용 기계와 그 부분품 및 원재료로 수입하는 물품. 다만, 해당 물품과 관련된 중앙행정기관의 장의 수입확인 또는 수입추천을 받은 물품에 한정한다.
⑥ 수출용 원재료
⑦ 특정연구기관이 수입하는 물품
⑧ 과세가격이 미화 1만불 이하인 물품. 다만, 개별소비세, 주세, 교통 · 에너지 · 환경세가 부과되는 물품과 분할하여 수입되는 물품은 제외한다.
⑨ 종량세 적용물품. 다만, 종량세와 종가세 중 높은 세액 또는 높은 세율을 선택하여 적용해야 하는 물품의 경우에는 제외한다.
⑩ 과세가격 결정방법의 사전심사 결과가 통보된 물품. 다만, 잠정가격신고대상물품은 제외한다.

16 관세법상 수정 및 경정에 대한 설명이다. (　) 안에 들어갈 내용을 바르게 나열한 것은?

- 납세의무자는 신고납부한 세액, 보정신청한 세액 및 수정신고한 세액이 과다한 것을 알게 되었을 때에는 최초로 납세신고를 한 날부터 (A) 이내에 신고한 세액의 경정을 세관장에게 청구할 수 있다.
- 세관장은 경정의 청구를 받은 날부터 (B) 이내에 세액을 경정하거나 경정하여야 할 이유가 없다는 뜻을 그 청구를 한 자에게 통지하여야 한다.
- 경정을 청구한 자가 (C) 이내에 통지를 받지 못한 경우에는 그 (D)이 되는 날의 다음 날부터 이의신청, 심사청구, 심판청구 또는 감사원법에 따른 심사청구를 할 수 있다.

	(A)	(B)	(C)	(D)
가.	3년	1개월	1개월	1개월
나.	3년	2개월	2개월	2개월
다.	5년	1개월	2개월	1개월
라.	5년	2개월	1개월	1개월
마.	5년	2개월	2개월	2개월

해설
- 납세의무자는 신고납부한 세액, 보정신청한 세액 및 수정신고한 세액이 과다한 것을 알게 되었을 때에는 최초로 납세신고를 한 날부터 5년 이내에 신고한 세액의 경정을 세관장에게 청구할 수 있다.
- 세관장은 경정의 청구를 받은 날부터 2개월 이내에 세액을 경정하거나 경정하여야 할 이유가 없다는 뜻을 그 청구를 한 자에게 통지하여야 한다.
- 경정을 청구한 자가 2개월 이내에 통지를 받지 못한 경우에는 그 2개월이 되는 날의 다음 날부터 이의신청, 심사청구, 심판청구 또는 감사원법에 따른 심사청구를 할 수 있다.

정답 | 16 마

17 관세법상 불복의 신청에 대한 설명으로 틀린 것은?

가. 수입물품에 부과하는 내국세등의 부과, 징수, 감면, 환급 등에 관한 세관장의 처분에 불복하는 자는 이의신청 · 심사청구 및 심판청구를 할 수 있다.

나. 동일한 처분에 대하여는 심사청구와 심판청구를 중복하여 제기할 수 없다.

다. 관세법에 따른 처분으로 권리나 이익을 침해받게 되는 제2차 납세의무자 등은 그 처분에 대하여 심사청구 또는 심판청구를 하여 그 처분의 취소 또는 변경이나 그 밖에 필요한 처분을 청구할 수 있다.

라. 감사원법에 따른 심사청구는 그 처분을 한 것을 안 날(처분의 통지를 받았을 때에는 그 통지를 받은 날을 말한다)부터 90일 이내에 하여야 한다.

마. 관세법에 따른 통고처분으로 인해 권리나 이익을 침해당한 자는 그 처분의 취소 또는 변경을 청구하거나 필요한 처분을 청구할 수 있다.

해설 이 법이나 그 밖의 관세에 관한 법률 또는 조약에 따른 처분으로서 위법한 처분 또는 부당한 처분을 받거나 필요한 처분을 받지 못하여 권리나 이익을 침해당한 자는 이의신청, 심사청구 또는 감사원법상의 심사청구(감사청구)를 하여 그 처분의 취소 또는 변경을 청구하거나 필요한 처분을 청구할 수 있으며, 심판청구에 의해서도 권리구제가 가능하다.

다만, 다음 각 호의 처분에 대해서는 그러하지 아니하다.

① 이 법에 따른 통고처분

② 「감사원법」에 따라 심사청구를 한 처분이나 그 심사청구에 대한 처분

③ 이 법이나 그 밖의 관세에 관한 법률에 따른 과태료 부과처분

18 관세법 제71조(할당관세)를 적용할 수 있는 요건으로 맞는 것은?

가. 특정물품의 수입증가로 인하여 동종물품 또는 직접적인 경쟁관계에 있는 물품을 생산하는 국내 산업이 심각한 피해를 받거나 받을 우려가 있음이 조사를 통하여 확인된 경우

나. 교역상대국이 관세 또는 무역에 관한 국제협정이나 양자 간의 협정 등에 규정된 우리나라의 권익을 부인하거나 제한하는 경우

다. 공중도덕 보호, 인간 · 동물 · 식물의 생명 및 건강 보호, 환경보전, 한정된 천연자원 보존 및 국제평화와 안전보장 등을 위하여 필요한 경우

라. 수입가격이 급등한 물품 또는 이를 원재료로 한 제품의 국내가격을 안정시키기 위하여 필요한 경우

마. 국내 산업이 실질적인 피해를 받거나 받을 우려가 있는 경우 또는 국내산업의 발전이 실질적으로 지연된 경우

해설 가. 긴급관세 적용요건이다.

나. 보복관세 적용요건이다.

다. 조정관세 적용요건이다.

마. 덤핑방지관세 또는 상계관세 적용요건이다.

정답	17 마 18 라

PART 07

19 **관세법 제246조의3에서 규정한 안전성 검사에 관한 설명이다. ( ) 안에 들어갈 내용으로 바르게 나열한 것은?**

> • 관세청장은 안전성 검사를 위하여 (A)를 주요 공항 · 항만에 설치할 수 있다.
> • 세관장은 안전성 검사 대상 물품으로 지정된 물품에 대하여 (B)과 협력하여 안전성 검사를 실시하여야 한다.
> • 관세청장은 안전성 검사 결과 불법 · 불량 · 유해 물품으로 확인된 물품의 정보를 (C)을/를 통하여 공개할 수 있다.

	(A)	(B)	(C)
가.	수출입기업지원센터	화물관리인	관세청 인터넷 홈페이지
나.	협업검사센터	중앙행정기관의 장	관보 또는 일간신문
다.	수출입기업지원센터	화물관리인	관보 또는 일간신문
라.	협업검사센터	화물관리인	관보 또는 일간신문
마.	협업검사센터	중앙행정기관의 장	관세청 인터넷 홈페이지

해설 • 관세청장은 안전성 검사를 위하여 협업검사센터를 주요 공항 · 항만에 설치할 수 있다.
• 세관장은 안전성 검사 대상 물품으로 지정된 물품에 대하여 중앙행정기관의 장과 협력하여 안전성 검사를 실시하여야 한다.
• 관세청장은 안전성 검사 결과 불법 · 불량 · 유해 물품으로 확인된 물품의 정보를 관세청 인터넷 홈페이지를 통하여 공개할 수 있다.

20 **수출통관에 대한 설명으로 틀린 것은?**

가. 물품을 수출하려면 해당물품의 품명 · 규격 · 가격 등을 세관장에게 신고하여야 한다.
나. 수출신고는 수출화주, 화물운송주선업자, 관세사, 관세법인 또는 통관취급 법인의 명의로 하여야 한다.
다. 수출신고의 효력발생시점은 전송된 신고자료가 통관시스템에 접수된 시점으로 한다.
라. 수출신고물품에 대한 신고서의 처리방법은 전자통관심사, 화면심사, 서류심사, 물품검사 등으로 구분한다.
마. 적재지 관할 세관장은 필요하다고 인정되는 경우 물품검사 생략대상으로 수출신고수리된 물품에 대하여도 컨테이너검색기 등의 검사를 실시할 수 있다.

해설 수출, 수입, 반송신고는 화주 또는 관세사(관세법인과 통관취급법인 포함)의 명의로 하여야 한다. 다만, 수출신고의 경우에는 화주에게 해당 수출물품을 제조하여 공급한 자(완제품 공급자)의 명의로 할 수 있다. 화물운송주선업자는 수출신고를 할 수 없다.

정답 | 19 마 20 나

21 관세부과의 제척기간에 대한 설명으로 맞는 것은?

가. 부정한 방법으로 관세를 포탈하거나 환급 또는 감면을 받은 경우에는 관세를 부과할 수 있는 날로부터 5년이 지나면 부과할 수 없다.

나. 관세부과 제척기간에도 불구하고, 심판청구에 대한 결정이 있는 경우에는 그 결정이 확정되거나 회신을 받은 날로부터 2년 이내에 관세를 부과할 수 있다.

다. 의무불이행 등의 사유로 감면된 관세를 징수하는 경우에는 그 사유가 발생한 날의 다음날을 관세를 부과할 수 있는 날로 한다.

라. 보세구역에 장치된 외국물품이 멸실되거나 폐기된 때의 관세부과 제척기간의 기산일은 그 발생 사실을 세관장에게 보고한 날의 다음날로 한다.

마. 잠정가격을 신고한 후, 기간 내에 확정된 가격을 신고하지 않은 경우에는 해당 기간의 만료일을 관세를 부과할 수 있는 날로 한다.

해설 가. 관세는 해당 관세를 부과할 수 있는 날부터 5년이 지나면 부과할 수 없다. 다만, 부정한 방법으로 관세를 포탈하였거나 환급 또는 감면받은 경우에는 관세를 부과할 수 있는 날부터 10년이 지나면 부과할 수 없다.

나. 이의신청, 심사청구 또는 심판청구에 대한 결정이 있은 경우 그 결정이 확정된 날부터 1년 이내에 관세를 부과할 수 있다.

라. 정상적인 수입통관절차를 거치지 않는 경우에 해당되는 경우에는 그 사실이 발생한 날의 다음날을 관세를 부과할 수 있는 날로 한다(보세구역에 장치된 외국물품이 멸실되거나 폐기된 때의 관세부과 제척기간의 기산일은 멸실되거나 폐기된 날의 다음날로 함).

마. 잠정가격을 신고한 후 확정된 가격을 신고한 경우에는 확정된 가격을 신고한 날의 다음 날을 관세를 부과할 수 있는 날로 한다(다만, 정해진 기간 내에 확정된 가격을 신고하지 않는 경우에는 해당 기간의 만료일의 다음날).

22 관세법 제90조에 따른 학술연구용품의 감면대상으로 맞는 것은?

가. 교회, 사원 등 종교단체의 의식에 사용되는 물품으로서 외국으로부터 수입하는 물품

나. 우리나라를 방문하는 외국의 원수와 그 가족 및 수행원의 물품

다. 공공직업훈련원, 박물관에서 훈련용, 연구용으로 사용할 물품 중 기획재정부령으로 정하는 물품

라. 시각장애인을 위한 용도로 특수하게 제조된 물품 중 기획재정부령으로 정하는 물품

마. 폐기물 처리(재활용을 포함한다)를 위하여 사용하는 기계・기구로서 기획재정부령으로 정하는 것

해설 가, 라. 종교용품, 자선용품, 장애인용품 등의 면세 대상이다.

나. 특정물품의 면세 등 대상이다.

마. 환경오염방지물품 등에 대한 감면 대상이다.

정답	21 다 22 다

23 수출입화물 검사비용 지원 요건으로 틀린 것은?

가. 중소기업기본법 제2조에 따른 중소기업이 해당 물품의 화주일 것

나. 예산의 범위에 따라 관세청장이 정하는 기준을 충족할 것

다. 검사 결과 법령을 위반하여 통고처분을 받거나 고발되는 경우가 아닐 것

라. 검사 결과 제출한 신고 자료(적재화물목록은 제외한다)가 실제 물품과 일치할 것

마. 벌크(Bulk)로 운송되는 물품으로서 관세청장이 정하는 별도 검사 장소로 이동하여 검사받는 물품일 것

해설 검사비용 지원 대상[영]

다음 각 호의 요건을 모두 갖춘 물품을 말한다.

1. 중소기업 또는 중견기업이 해당 물품의 화주일 것
2. 컨테이너로 운송되는 물품으로서 관세청장이 정하는 별도 검사 장소로 이동하여 검사받는 물품일 것
3. 검사 결과 법령을 위반하여 통고처분을 받거나 고발되는 경우가 아닐 것
4. 검사 결과 제출한 신고 자료(적재화물목록은 제외한다)가 실제 물품과 일치할 것
5. 예산의 범위에 따라 관세청장이 정하는 기준을 충족할 것

24 보세구역 반입명령에 대한 설명으로 맞는 것은?

가. 해당물품이 수입신고수리를 받은 후 1월이 경과하였거나 관련 법령에 따라 관계 행정기관의 장의 시정조치가 있는 경우는 반입명령 대상에서 제외한다.

나. 보세구역 반입명령은 관세청장, 수입신고수리 세관장, 반입명령대상물품의 소재지를 관할하는 세관장이 할 수 있다.

다. 반입명령인은 보세구역 반입명령을 이행하면서 발생되는 운송료, 보관료 및 기타 비용을 부담해야 한다.

라. 원산지표시가 적법하게 표시되지 아니하였거나 수출입신고 수리 당시와 다르게 표시되어 있는 경우 반입명령할 수 없다.

마. 반입명령인은 반입물품이 폐기되었을 때 당초의 수출입신고수리를 취소할 수 없다.

해설 가. 관세청장 또는 세관장은 수출입신고가 수리된 물품이 다음 각 호의 어느 하나에 해당하는 경우에는 해당 물품을 보세구역으로 반입할 것을 명할 수 있다. 다만, 해당 물품이 수출입신고가 수리된 후 3개월이 지났거나 관련 법령에 따라 관계행정기관의 장의 시정조치가 있는 경우에는 그러하지 아니하다.

다. 반입의무자는 보세구역 반입명령을 이행하면서 발생되는 운송료, 보관료 및 기타 비용을 부담해야 한다.

라. 원산지표시가 적법하게 표시되지 아니하였거나 수출입신고 수리 당시와 다르게 표시되어 있는 경우 반입명령할 수 있다.

마. 반입된 물품이 국외로 반출 또는 폐기되었을 때에는 당초의 수출입 신고 수리는 취소된 것으로 본다.

정답 | 23 마 24 나

25 수입물품의 검사방법으로 틀린 것은?

가. 발췌검사
나. 원격지화상검사
다. 협업검사
라. 안전성분석검사
마. 파괴검사

해설 검사방법(고시)
검사대상물품은 일반검사(전량검사, 발췌검사), 정밀검사(분석검사, 비파괴검사, 파괴검사), 안전성검사[협업검사, 방사능검사(표면방사선량률 측정), 안전성분석검사] 방법으로 검사를 실시한다.

2과목 보세구역관리

01 보세판매장에 관한 설명으로 맞는 것은?

가. 운영인은 보세판매장에서 판매하는 물품과 동일 또는 유사한 물품을 수입하여 내수판매를 하지 않아야 한다.
나. 운영인이 보세판매장에서 판매물품을 진열·판매하는 때에는 상표단위별 진열장소의 면적은 매장면적의 10분의 1을 초과할 수 있다.
다. 운영인은 출국하는 내국인에게 미화 5,000달러 이하의 구매한도 범위 내에서 물품을 판매하여야 한다.
라. 시내면세점은 국산 가전제품 중 여행자의 휴대반출이 곤란하거나 세관장이 필요하다고 인정하는 품목에 대하여는 쿠폰으로 판매하여야 한다.
마. 출국장면세점 운영인은 해당 보세판매장에 중소·중견기업 제품 매장을 설치해야 한다.

해설 나. 판매물품을 진열·판매하는 때에는 상표단위별 진열장소의 면적은 매장면적의 10분의 1을 초과할 수 없다.
다. 존재하지 않는 규정이다.
라. 출국장면세점은 국산 가전제품 중 여행자의 휴대반출이 곤란하거나 세관장이 필요하다고 인정하는 품목에 대하여는 쿠폰으로 판매할 수 있다.
마. 시내면세점 운영인은 해당 보세판매장에 중소·중견기업 제품 매장을 설치해야 한다.

정답 | 25 나 01 가

02 보세판매장 판매용물품의 반입신고 및 반입검사신청에 대한 설명으로 틀린 것은?

가. 운영인은 보관창고에 반입된 물품을 7근무일 이내에 관할세관장에게 반입검사를 신청하여야 한다.

나. 운영인이 사전에 세관장에게 반입전 판매를 신청한 물품은 판매 이후에 보세판매장 보관창고에 반입하여 관할세관장에게 반입검사를 신청할 수 있다.

다. 냉장 보관이 필요한 내국물품은 세관장이 재고관리에 문제가 없다고 인정하는 경우 매장으로 바로 반입할 수 있다.

라. 운영인은 보세운송된 물품을 보관창고에 반입하는 때에는 전자문서 방식으로 반입신고하여야 하며, 보세운송 도착보고는 별도로 해야 한다.

마. 세관장은 영업개시일 전이라도 감시단속에 문제가 없는 경우 보세판매장에 물품 반입을 허용할 수 있다.

해설 운영인은 보세운송된 물품을 보관창고에 반입하는 때에는 전자문서 방식 또는 반입신고하여야 하며, 보세운송 도착보고는 반입신고로 갈음한다.

03 보세판매장의 보세사 임무가 아닌 것은?

가. 보세운송 물품의 확인 및 이상 보고 및 도착확인 등록

나. 반입검사 신청한 물품의 검사

다. 세관봉인대의 잠금 · 봉인 및 관리

라. 보관창고와 매장간 반출입 물품의 입회 및 확인

마. 보세운송 행낭의 잠금 · 봉인과 이상유무 확인과 이보고

해설 보세판매장의 보세사 임무

① 반입물품의 보관창고 장치 및 보관
② 보세판매장 물품 반출입 및 미인도 관련 대장의 작성
③ 보세운송 물품의 확인 및 이상 보고 및 도착확인 등록
④ 보관창고와 매장간 반출입 물품의 입회 및 확인
⑤ 보세운송 행낭의 잠금 · 봉인과 이상유무 확인과 이상보고
⑥ 세관봉인대의 잠금봉인 및 관리
⑦ 그 밖에 보세화물의 관리와 관련하여 세관장이 지시하는 사항

정답	02 라 03 나

04 보세판매장 미인도물품의 처리에 관한 설명으로 틀린 것은?

가. 인도자는 판매취소 등 구매자의 미인수 의사가 명확한 미인도 물품에 대하여는 인도장 반입 후 5일 경과 전이라도 운영인에게 인계할 수 있다.

나. 인도자는 판매물품이 인도장에 반입된 후 5일 이상이 경과하여도 구매자에게 인도되지 아니하는 때에는 운영인에게 인계할 수 있다.

다. 운영인은 인계받은 미인도 물품을 보세판매장으로 보세운송하는 경우 보세운송신고수리일부터 7근무일 이내에 해당 보세판매장에 반입하여야 한다.

라. 운영인은 보세판매장에 재반입된 미인도 물품에 대하여 지체 없이 구매자의 해외주소를 확인하고 해당 물품을 즉시 우편 등으로 송부하여야 한다.

마. 운영인은 보세판매장에 재반입된 미인도물품은 반입된 날부터 5일이 경과한 후 미인도물품 해제 신청을 거쳐 재판매할 수 있다.

해설 보세판매장에 재반입된 미인도물품은 반입된 날부터 10일이 경과한 후 미인도물품 해제 신청을 거쳐 재판매할 수 있다.

05 관세법에 따른 종합보세구역 지정 등에 대한 설명으로 틀린 것은?

가. 관세청장은 관계 중앙행정기관의 장이나 지방자치단체의 장의 요청에 따라 일정한 지역을 종합보세구역으로 지정할 수 있다.

나. 관세청장은 종합보세구역으로 지정됨으로써 외국인투자촉진 · 수출증대 또는 물류촉진 등의 효과가 있을 것으로 예상되는 지역을 직권으로 종합보세구역으로 지정할 수 있다.

다. 관세청장은 지정요청자의 요청에 의하여 종합보세기능의 수행이 예정되는 지역을 3년의 범위 내에서 종합보세구역예정지역으로 지정할 수 있다.

라. 종합보세구역에서 종합보세기능을 수행하려는 자는 그 기능을 정하여 세관장에게 종합보세사업장의 설치 · 운영에 관한 신고를 하여야 한다.

마. 보세판매장의 기능을 수행하는 종합보세구역에서 판매용 내국물품의 반입 · 반출신고는 생략하거나 간소한 방법으로 할 수 있다.

해설 종합보세구역에 반입 · 반출되는 물품이 내국물품인 경우에는 기획재정부령으로 정하는 바에 따라 제1항에 따른 신고를 생략하거나 간소한 방법으로 반입 · 반출하게 할 수 있다(관세법 제199조 제2항). 세관장은 법 제199조제2항의 규정에 의하여 다음 각호의 1에 해당하지 아니하는 경우에는 반출입신고를 생략하게 할 수 있다(관세법 시행규칙 제70조).

(중략)

3. 법 제196조의 규정에 의한 보세판매장에서 판매하고자 하는 물품

PART 07

정답	04 마 05 마

06 종합보세구역의 물품 반출입 및 보관 · 관리에 대한 설명으로 맞는 것은?

가. 운영인은 종합보세구역에 반입된 물품을 종합보세기능별로 구분하여 관리하여야 한다.

나. 종합보세구역의 운영인 상호간에 이동하는 물품은 세관장에게 신고할 필요없이 장부 또는 전산처리장치를 이용하여 그 기록을 유지하면 된다.

다. 종합보세구역에서 제조 · 가공에 사용되는 시설기계류 및 그 수리용 물품은 소비 또는 사용 전에 세관장에게 사용신고하여야 한다.

라. 종합보세구역에 장치된 물품에 대하여 보수작업을 하려는 자는 세관장의 허가를 받아야 한다.

마. 운영인은 종합보세사업장에 반입한 날부터 6개월이 경과한 외국물품이 화주가 분명하지 아니한 경우에는 세관장에게 그 외국물품의 매각을 요청할 수 없다.

해설 나. 종합보세구역의 운영인 상호간에 이동하는 물품은 미리 세관장에게 신고하여야 한다.
다. 종합보세구역에서 소비하거나 사용되는 물품으로서 제조 · 가공에 사용되는 시설기계류 및 그 수리용 물품은 수입통관 후 이를 소비하거나 사용하여야 한다.
라. 종합보세구역에 장치된 물품에 대하여 보수작업을 하거나 종합보세구역 밖에서 보세작업을 하려는 자는 세관장에게 신고하여야 한다.
마. 운영인은 종합보세사업장에 반입한 날부터 6개월이 경과한 외국물품이 화주가 분명하지 아니한 경우에는 세관장에게 그 외국물품의 매각을 요청할 수 있다.

07 종합보세구역에 대한 설명으로 틀린 것은?

가. 종합보세사업장의 설치 · 운영기간은 관세청장이 정하는 기간으로 한다.

나. 운영인이 종합보세사업장을 폐업하거나 30일 이상 계속하여 휴업하고자 할 때에는 운영인은 세관장에게 즉시 그 사실을 신고하여야 한다.

다. 폐업신고를 받은 세관장은 해당 종합보세사업장에 대하여 재고조사 등 필요한 조치를 취하여야 한다.

라. 종합보세사업장에 외국으로부터 도착한 물품 또는 보세운송되어 반입하는 물품에 대하여는 House B/L단위로 반출입신고를 하여야 한다.

마. 운영인이 동일 종합보세사업장에서 종합보세기능간에 물품을 이동하는 경우에는 반출입신고를 하지 아니한다.

해설 종합보세사업장의 설치 · 운영기간은 운영인이 정하는 기간으로 한다.

정답	06 가 07 가

08 보세전시장에 대한 설명으로 맞는 것은?

가. 보세전시장 운영인은 해당 박람회 등의 주최자 명의로서 하여야 하며, 보세전시장의 특허기간은 해당 박람회 등의 회기기간으로 한다.

나. 보세전시장에서 외국물품의 사용은 그 물품의 성질 또는 수량에 변경을 가하거나 전시장에서 소비하는 행위를 포함한다.

다. 박람회의 주최자가 보세전시장에서 그 업무수행을 위하여 사용할 외국물품 중 사무용비품 및 소모품은 반입신고를 생략한다.

라. 보세전시장에서 불특정다수의 관람자에게 오락용으로 관람케하거나 사용하게 할 물품 중 유상으로 제공되는 물품은 수입신고 후 사용이 가능하다.

마. 보세전시장에서 불특정다수의 관람자에게 판매할 것을 목적으로 하는 외국물품은 보세전시장에 반입할 수 없다.

해설 가. 보세전시장의 특허기간은 해당 박람회 등의 회기와 그 회기의 전후에 박람회 등의 운영을 위한 외국물품의 반입과 반출 등에 필요하다고 인정되는 기간을 고려해서 세관장이 정한다.

다. 보세전시장에 물품을 반출입하려는 자는 반출입신고를 하여야 한다. 박람회의 주최자가 보세전시장에서 그 업무수행을 위하여 사용할 외국물품 중 사무용비품 및 소모품(업무용품) 또한 마찬가지이다.

라. 보세전시장에 반입된 외국물품 중 수입신고 수리후 사용이 가능한 물품은 다음 각 호의 어느 하나에서 정하는 바와 같다.

1. 판매용품
   보세전시장에서 불특정다수의 관람자에게 판매할 것을 목적으로하는 물품을 말한다.
2. 오락용품
   보세전시장에서 불특정다수의 관람자에게 오락용으로 관람케하거나 사용하게 할 물품 중 유상으로 제공될 물품을 말한다.
3. 증여용품
   보세전시장에서 불특정다수의 관람자에세 증여할 목적으로 한 물품을 말한다.

마. 판매용품 또한 보세전시장 반입이 가능하다.

PART 07

09 보세건설장에 대한 설명으로 맞는 것은?

가. 중요산업(관세감면 또는 분할납부업종)인 경우에는 기존 시설의 보수 및 개수를 목적으로 하는 보세건설장의 설치 · 운영을 특허할 수 있다.

나. 산업시설 건설에 사용되는 외국물품인 기계류 설비품 및 공사용 장비는 수입신고 수리전에 사용할 수 있다.

다. 보세건설장 외 보세작업을 하고자 하는 때에는 세관장에게 신고하여야 한다.

라. 보세건설장에서 건설된 시설을 시험목적으로 일시 가동하려면 수입신고수리후에만 가능하다.

마. 보세건설장에 반입된 외국물품에 대한 관세는 수입신고한 날의 법령에 따라 부과한다.

정답	08 나 09 가

해설 나. 보세건설장에 반입할 수 있는 물품은 외국물품 및 이와 유사한 물품으로서 당해 산업시설의 건설에 필요하다고 세관장이 인정하는 물품에 한한다.

1. 산업시설 건설에 사용되는 외국물품인 기계류 설비품(수입신고후 사용)
2. 산업시설 건설에 사용되는 외국물품인 공사용 장비(수입신고 수리후 사용)
3. 산업시설에 병설되는 사무소, 의료시설, 식당, 공원, 숙사 등 부대시설을 건설하기 위한 물품(수입신고 수리후 사용)
4. 그 밖에 해당 산업시설 건설의 형편상 필요하다고 인정되는 물품(수입신고 수리후 사용)

다. 보세건설장외 보세작업의 허가를 받으려는 자는 보세건설장외 보세작업 신청서와 다음 임가공계약서 사본 1부 등을 세관장에게 제출하여야 한다(허가 대상임).

라. 운영인은 보세건설장에서 건설된 시설의 전부 또는 일부를 수입신고가 수리되기 전에 가동할 수 없다. 다만, 세관장의 승인을 받고 시험목적으로 일시 가동한 경우에는 그렇지 않다.

마. 보세건설장에 반입된 외국물품 : 사용 전 수입신고가 수리된 날에 시행되는 법령에 따라 관세를 부과한다.

10 화물관리인을 지정한 지정장치장에 반입된 외국물품이 도난된 경우 도난물품에 대한 관세의 납세의무자는?

가. 물품을 수입한 화주
나. 물품을 반입한 운송인
다. 지정장치장의 화물관리인
라. 물품을 통관하는 관세사
마. 물품을 보세운송한 보세운송업자

해설 도난물품이나 분실물품인 경우에는 다음 각 목에 규정된 자가 납세의무자가 된다.

① 보세구역의 장치물품 : 그 운영인 또는 화물관리인
② 보세운송물품 : 보세운송을 신고하거나 승인을 받은 자
③ 그 밖의 물품 : 그 보관인 또는 취급인

11 우리나라로 수입되는 활어의 장치 및 관리에 관한 기준을 설명한 것으로 맞는 것은?

가. 활어장치장은 CCTV 영상을 상시 녹화할 수 있고 녹화된 영상을 15일 이상 보관할 수 있는 감시장비를 보유하여야 한다.
나. 활어를 장치하기 위한 보세구역외 장치장은 세관으로부터 최대 40km 범위 내에 위치하여야만 세관장으로부터 보세구역외 장치 허가를 받을 수 있다.
다. 세관장은 수출된 활어의 반송품을 관할 구역 내의 활어를 장치하기 위한 시설이 갖추어진 지정장치장(세관지정 보세창고 포함)에 반입하게 할 수 있다.
라. 운영인등은 폐사어를 별도의 냉동 · 냉장시설에 수조별로 구분하여 보관하여야 한다.
마. 동일 선박으로 반입된 동일 화주의 활어는 반입일자별로 구분하여 수입신고하여야 한다.

정답 | 10 다 11 다

해설 가. CCTV 영상을 상시 녹화할 수 있고 녹화된 영상을 30일 이상 보관할 수 있는 감시장비를 보유하여야 한다.

나. 보세구역외 장치장은 세관으로부터 40km 이내에 위치하여야 한다. 다만, 관내 보세창고의 수용능력, 반입물량, 감시단속상의 문제점 등을 고려하여 세관장이 타당하다고 인정하는 경우에는 세관으로부터 80km를 초과하지 않는 범위 내에서 보세구역외 장치를 허가할 수 있다.

라. 운영인등은 폐사어를 별도의 냉동 · 냉장시설에 B/L별로 구분하여 보관하여야 한다.

마. 동일 선박 또는 항공기로 반입된 동일 화주의 활어는 B/L 건별로 수입신고를 하여야 한다.

12 관세법상 보세구역에 대한 설명으로 모두 맞는 것은?

A. 검역물품인 외국물품과 내국운송 신고를 하려는 내국물품은 보세구역이 아닌 장소에 장치할 수 없다.

B. 보세구역에 장치된 외국물품을 부패 · 손상되거나 그 밖의 사유로 승인을 받아 폐기한 경우 폐기 후에 남아 있는 부분에 대하여는 폐기 후의 성질과 수량에 따라 관세를 부과한다.

C. 보세구역에 장치된 물품에 대하여는 그 원형을 변경하거나 해체 절단 등의 작업을 할 수 있으며, 그러한 작업을 할 수 있는 물품의 종류는 관세청장이 정한다.

D. 보세구역에 출입하는 자는 물품 및 보세구역 감시에 관한 세관장의 명령을 준수하고 보세사의 지휘를 받아야 한다.

E. 종합보세구역에서는 보세창고 · 보세공장 · 보세전시장 · 보세건설장 또는 보세판매장의 기능 중 둘 이상의 기능을 수행할 수 있다.

가. A, B, C
나. A, D, E
다. B, C, D
라. B, C, E
마. C, D, E

해설 A. 외국물품과 내국운송의 신고를 하려는 내국물품은 보세구역이 아닌 장소에 장치할 수 없다. 다만, 다음 각 호의 어느 하나에 해당하는 물품은 그렇지 않다.

① 수출신고가 수리된 물품
② 크기 또는 무게의 과다나 그 밖의 사유로 보세구역에 장치하기 곤란하거나 부적당한 물품
③ 재해나 그 밖의 부득이한 사유로 임시로 장치한 물품
④ 검역물품
⑤ 압수물품
⑥ 우편물품

D. 보세사는 세관장의 업무감독에 관련된 명령을 준수하여야 하고 세관공무원의 지휘를 받아야 한다.

PART 07

정답	12 라

13 관세법상 특허보세구역의 물품반입 정지와 특허 취소에 대한 설명으로 맞는 것은?

가. 세관장은 보세공장에 대한 재고조사 결과 원자재소요량 관리가 적정하지 않은 경우 6개월의 범위 내에서 해당 보세공장의 물품반입을 정지시킬 수 있다.

나. 세관장은 보세창고 운영인이 최근 2년 이내에 관세법에 따른 절차 등을 위반하는 경우 해당 보세창고에 물품반입을 정지시킬 수 있다.

다. 세관장은 반입정지 처분이 공익을 해칠 우려가 있는 경우 보세창고 운영인에게 반입정지 처분을 갈음하여 매출액의 6천분의 1 이하의 과징금을 부과할 수 있다.

라. 세관장은 반입정지 처분을 갈음하여 과징금을 부과하는 경우 위반행위의 정도, 위반횟수 등을 고려하여 과징금의 100분의 3의 범위에서 그 금액을 감경할 수 있다.

마. 세관장은 보세판매장 운영인이 1년 이내에 3회 이상 물품반입 정지 처분(물품반입 정지 처분에 갈음하는 과징금 부과처분을 제외)을 받은 경우 해당 보세판매장의 특허를 취소할 수 있다.

해설 나. 세관장은 보세창고 운영인이 최근 1년 이내에 관세법에 따른 절차 등을 위반하는 경우 해당 보세창고에 물품반입을 정지시킬 수 있다.

다. 세관장은 반입정지 처분이 공익을 해칠 우려가 있는 경우 보세창고 운영인에게 반입정지 처분을 갈음하여 매출액의 100분의 3 이하의 과징금을 부과할 수 있다.

라. 세관장은 반입정지 처분을 갈음하여 과징금을 부과하는 경우 위반행위의 정도, 위반횟수 등을 고려하여 과징금의 4분의 1의 범위에서 그 금액을 감경할 수 있다.

14 특허보세구역의 특허 및 관리에 대한 설명으로 맞는 것은?

가. 운영인이 특허를 갱신하려면 특허기간 만료 3개월 전까지 세관장에게 갱신신청서를 제출하여야 한다.

나. 보세창고의 특허 수수료는 보세창고별로 연간 매출액을 기준으로 정한다.

다. 보세창고와 보세판매장의 특허기간은 5년 이내로 한다.

라. 운영인이 특허작업의 종류를 변경하고자 하는 때에는 특허를 새로 받아야 한다.

마. 운영인이 장치물품의 수용능력을 증감하려면 세관장의 승인을 얻어야 한다.

해설 가. 특허갱신신청인은 특허기간 만료 1개월 전까지 특허갱신신청서에 운영인의 자격을 증명하는 서류와 보세구역 운영에 필요한 시설 및 장비의 구비서류를 구비하여 세관장에게 제출하여야 한다.

나. 보세창고의 특허 수수료는 연면적을 기준으로 정한다.

다. 특허보세구역의 특허기간은 10년 이내로 한다. 보세창고의 특허기간은 10년의 범위에서 신청인이 신청한 기간으로 한다.

라. 특허보세구역의 운영인이 그 장치물품의 종류를 변경하거나 그 특허작업의 종류 또는 작업의 원재료를 변경하고자 하는 때에는 그 사유를 기재한 신청서를 세관장에게 제출하여 그 승인을 얻어야 한다.

정답	13 가 14 마

15 특허보세구역의 특허취소 사유로 틀린 것은?

가. 거짓이나 그 밖의 부정한 방법으로 특허를 받은 경우
나. 2년 이상 물품의 반입 실적이 없어서 세관장이 특허보세구역의 설치 목적을 달성하기 곤란하다고 인정하는 경우
다. 1년 동안 계속하여 물품의 반입 · 반출 실적이 없거나, 6개월 이상 보세작업을 하지 않은 경우
라. 운영인이 파산선고를 받고 복권되지 아니한 경우
마. 특허보세구역 운영인이 다른 사람에게 자신의 성명 · 상호를 사용하여 특허보세구역을 운영하게 한 경우

해설 다. 특허취소 사유가 아닌 반입정지사유이다.

16 특허보세구역 특허의 효력상실과 승계에 대한 설명으로 틀린 것은?

가. 운영인이 해산하거나 사망한 경우 특허의 효력을 상실한다.
나. 특허받은 사업체를 양수하여 특허보세구역을 운영하려는 양수인은 양수일부터 30일 이내에 승계신고를 하여야 한다.
다. 특허의 효력이 상실되었을 때에는 6개월의 범위에서 세관장이 지정하는 기간 동안 그 구역은 특허보세구역으로 본다.
라. 특허보세구역 승계신고서를 받은 세관장은 이를 심사하여 신고일부터 5일 이내에 그 결과를 신고인에게 통보하여야 한다.
마. 특허보세구역 운영인의 결격사유(관세법 제175조)에 해당하는 자는 특허의 승계신고를 할 수 없다.

해설 특허보세구역의 설치 · 운영에 관한 특허를 받은 자가 사망하거나 해산한 경우 상속인 또는 승계법인이 계속하여 그 특허보세구역을 운영하려면 피상속인 또는 피승계법인이 사망하거나 해산한 날부터 30일 이내에 특허보세구역 운영 요건을 갖추어 대통령령으로 정하는 바에 따라 세관장에게 신고하여야 한다.

17 특허보세구역을 설치 · 운영하려는 자(신청인)가 갖추어야 할 요건이 아닌 것은?

가. 관세법 제175조(운영인의 결격사유) 각 호의 어느 하나에 해당하지 않을 것
나. 체납된 관세 및 내국세가 없을 것
다. 신청인이 보세사 자격증을 취득했거나 1명 이상의 보세사를 관리자로 채용할 것
라. 자가용 보세창고를 설치 · 운영하려는 경우 자본금 2억원 이상의 법인이거나 특허를 받으려는 토지 및 건물(2억원 이상)을 소유하고 있는 개인일 것
마. 위험물품을 특허보세구역에 장치 · 제조 · 전시 또는 판매하는 경우에는 관계행정기관의 장의 허가 또는 승인 등을 받을 것

정답	15 다 16 나 17 라

해설 자본금 2억원 이상의 법인이거나 특허를 받으려는 토지 및 건물(2억원 이상)을 소유하고 있는 개인 (다만, 자가용 보세창고는 제외한다.)

18 특허보세구역 운영인의 의무사항을 설명한 것으로 맞는 것은?

가. 장치화물에 관한 각종 장부와 보고서류(전산자료 포함)를 5년간 보관하여야 한다.

나. 30일 이상 계속하여 특허보세구역의 운영을 휴지하고자 하는 때에는 세관장의 승인을 받아야 한다.

다. 특허보세구역의 특허 효력이 상실되었을 때에는 해당 특허보세구역에 있는 외국물품을 세관장이 지정하는 다른 보세구역으로 즉시 반출하여야 한다.

라. 보세구역에 종사하는 직원을 채용하거나 면직한 때에는 지체없이 세관장에게 보고하여야 한다.

마. 운영인은 100분의 10의 범위 내에서는 세관장이 정한 수용능력을 초과하여 물품을 장치할 수 있다.

해설 가. 장치화물에 관한 각종 장부와 보고서류(전산자료 포함)는 2년간 보관하여야 한다.

나. 특허보세구역의 운영인은 30일 이상 계속하여 특허보세구역의 운영을 휴지하고자 하는 때에는 세관장에게 통보하여야 하며, 특허보세구역의 운영을 다시 개시하고자 하는 때에는 그 사실을 세관장에게 통보하여야 한다.

다. 특허보세구역의 설치 · 운영에 관한 특허의 효력이 상실되었을 때에는 해당 특허보세구역에 있는 외국물품의 종류와 수량 등을 고려하여 6개월의 범위에서 세관장이 지정하는 기간 동안 그 구역은 특허보세구역으로 보며, 운영인이나 그 상속인 또는 승계법인에 대해서는 해당 구역과 장치물품에 관하여 특허보세구역의 설치 · 운영에 관한 특허가 있는 것으로 본다.

마. 수용능력을 초과하여 화물보관을 수락한 경우 경고처분 대상이다.

19 특허보세구역의 관리에 대한 설명으로 틀린 것은?

가. 세관장은 운영인에게 그 업무 종사자의 성명 기타 인적사항을 보고하도록 명할 수 있다.

나. 세관장은 특허보세구역의 운영과 관련 없는 시설 · 기계 및 기구의 설치를 명할 수 있다.

다. 세관장은 필요하다고 인정되는 장소에는 2중으로 자물쇠를 채우게 하고, 그 중 1개소의 열쇠를 세관공무원에게 예치하도록 할 수 있다.

라. 특허보세구역 운영인은 그 업무에 종사하는 자 기타 보세구역에 출입하는 자에 대하여 상당한 단속을 하여야 한다.

마. 특허보세구역 운영인은 보세구역 내 일정한 장소에 특허장, 보관요율(자가용 보세창고는 제외) 및 보관규칙 등을 게시하여야 한다.

해설 세관장은 특허보세구역의 운영에 필요한 시설 · 기계 및 기구의 설치를 명할 수 있다.

정답 | 18 라 19 나

20 보세창고에 대한 설명으로 틀린 것은?

가. 보세창고에는 외국물품이나 통관을 하려는 물품을 장치한다.

나. 운영인은 미리 세관장에게 신고를 하고 외국물품이나 통관하려는 물품의 장치에 방해되지 아니하는 범위에서 보세창고에 내국물품을 장치할 수 있다.

다. 운영인은 보세창고에 1년(동일 보세창고에서 수입신고수리된 물품은 6개월) 이상 계속하여 내국물품만을 장치하려면 세관장의 승인을 받아야 한다.

라. 세관장에게 신고하고 보세창고에 장치중인 내국물품으로서 장치기간이 지난 물품은 그 기간이 지난 후 10일 내에 운영인의 책임으로 반출하여야 한다.

마. 동일한 보세창고에 장치되어 있는 동안 수입신고가 수리된 물품을 계속하여 장치하려면 세관장에게 신고하여야 한다.

해설 동일한 보세창고에 장치되어 있는 동안 수입신고가 수리된 물품은 신고 없이 계속하여 장치할 수 있다.

21 중소기업형 자율관리 보세공장에 대한 설명으로 틀린 것은?

가. 특허요건, 신고절차 등을 간소화하여 중소기업의 제조활동과 수출경쟁력 강화를 지원할 목적으로 도입되었다.

나. 세관장은 보세공장의 특허요건을 충족하지 못하였으나, 관세행정 목적에 부합하다고 인정되는 경우 일정 기간 내 특허요건을 구비하는 조건으로 특허할 수 있다.

다. 운영인은 특례적용 사항에 대하여 자체 기록 · 관리하여야 하며, 회계연도 종료 3개월이 지난 후 15일 이내에 운영상황 보고서를 세관장에게 제출하여야 한다.

라. 운영인은 관할 세관장으로부터 특례적용 대상으로 지정받은 작업, 품목, 장소 등에 한하여 특례를 적용받을 수 있다.

마. 운영인이 장외작업 장소, 작업범위, 작업원료, 생산물품 등을 사전에 제출한 경우 운영인은 세관장의 별도의 허가 없이 특허기간 동안 장외작업을 할 수 있다.

해설 중소기업형 자율관리 보세공장으로 지정받은 운영인은 특례적용 사항에 대하여 자체 기록 · 관리하여야 하며, 매월 또는 매분기가 종료된 다음달 5일까지 중소기업형 자율관리 보세공장 운영상황 보고서를 세관장에 제출하여야 한다.

PART 07

정답 | 20 마 21 다

22 보세공장 물품의 보세운송 및 선적 절차에 대한 설명으로 틀린 것은?

가. 보세공장에서 다른 보세구역 또는 다른 보세공장으로 반출하는 물품은 보세운송 절차에 따른다.

나. 보세공장에서 제조 · 가공되어 수출신고수리된 물품은 수출신고서에 운송(신고)인 및 운송기간을 기재하는 방법으로 간이하게 보세운송할 수 있다.

다. 수출신고수리되어 보세운송된 물품의 수출신고를 취하하고자 하는 경우 운영인은 수출신고수리물품을 원보세공장에 반입한 후 수출신고 취하를 신청하여야 한다.

라. 보세구역 운영인 등은 수출신고수리물품 등의 관리에 있어 수입물품에 준하여 관리하여야 하며, 세관장의 정당한 허가, 승인 없이는 반출을 허용하여서는 안 된다.

마. 관할세관에 보세운송신고자로 등록한 운영인은 수출신고수리된 물품을 보세공장 소유의 차량을 이용하여 보세운송할 수 있다.

해설 운영인은 수출신고수리되어 보세운송된 물품이 주문취소, 적재일정 변경 등의 사유로 적재기간 내에 적재할 수 없어 수출신고를 취하하려는 경우에 보세공장 수출신고수리물품 재반입 신청을 하고 관할세관장의 승인을 받아 원보세공장에 반입하여야 한다. 이때 운영인은 재반입 신청을 하는 때에 수출신고 취하 신청을 할 수 있다.

23 세관장의 혼용승인을 받고 보세공장에서 외국물품과 내국물품을 혼용하여 제조한 제품을 국내로 수입하는 경우이다. 제품에 부과되는 관세로 맞는 것은?

• 제품가격 : 10,000,000원	• 제품 관세율 : 10%
• 외국원자재 가격 : 3,000,000원	• 내국원자재 가격 : 2,000,000원

가. 1,000,000원　　나. 800,000원

다. 600,000원　　라. 400,000원

마. 300,000원

해설 혼용승인에 의한 비례과세에 대한 문제이다.

- 전체 원자재가격 = 3,000,000원 + 2,000,000원 = 5,000,000원
- 전체 원자재가격 중 외국원자재의 비율 = 3,000,000원/5,000,000원 = 60%
- 혼용승인에 의한 비례과세 : 10,000,000원(제품가격) × 60%(전체 원자재가격 중 외국원자재의 비율) × 10%(제품 관세율) = 600,000원

참고로, 문제에서 전체 제품과세 또는 원료과세를 물어 볼 경우에는 아래와 같이 풀이한다.

- 전체 제품과세의 경우
  10,000,000원(제품가격) × 10%(제품관세율) = 관세 1,000,000원
- 원료과세의 경우
  3,000,000원(외국원자재 가격) × 외국원자재 세율(문제에서는 주어지지 않아서 값을 도출할 수 없음)

정답 | 22 다　23 다

24 보세공장 외 작업 허가에 대한 설명으로 틀린 것은?

가. 세관장은 허가의 신청을 받은 날부터 10일 이내에 허가 여부를 신청인에게 통지하여야 한다.

나. 허가받은 보세공장 외 작업장에 반입된 외국물품은 지정된 기간이 만료될 때까지는 보세공장에 있는 것으로 본다.

다. 지정된 기간이 지난 경우 보세공장 외 작업장에 허가된 외국물품이 있을 때에는 해당 물품의 허가를 받은 보세공장의 운영인으로부터 그 관세를 즉시 징수한다.

라. 세관장은 물품 1단위 생산에 장기간이 소요된다고 인정하는 경우 5년의 범위에서 보세공장 외 작업을 허가할 수 있다.

마. 보세공장 외 작업허가를 받은 자는 허가받은 기간이 끝나는 날부터 5일 이내에 세관장에게 보세공장 외 작업완료 결과를 통보해야 한다.

해설 장외작업허가신청을 받은 세관장은 6개월 이내의 기간과 장소를 정하여 이를 허가할 수 있다. 다만, 다음 각 호의 어느 하나에 해당하는 경우에는 해당 기간 이내에서 장외작업을 허가할 수 있다.

① 임가공계약서 등으로 전체 장외작업의 내용을 미리 알 수 있어 여러 건의 장외작업을 일괄 허가하는 경우 : 1년

② 제품 1단위를 생산하는데 장기간 소요되는 물품인 경우 : 2년

25 보세공장 재고조사에 대한 설명으로 틀린 것은?

가. 보세공장 재고조사는 서면심사 및 실지조사의 방법으로 회계연도 종료 3개월 이후 연 1회 실시를 원칙으로 한다.

나. 세관장은 재고조사 대상 보세공장에 대하여 재고조사 개시일부터 서면심사의 경우 7일 이내, 실지조사의 경우에는 10일 이내에 완료하여야 한다.

다. 세관장은 재고조사 대상 보세공장 운영인에게 재고조사 개시일부터 10일 이전에 재고조사기간 등을 기재한 통지서를 송부하여야 한다.

라. 운영인은 회계연도 종료 3개월이 지난 후 15일 이내에 자율점검표를 작성하여 전산시스템으로 전송하거나 관할세관장에게 서류로 제출하여야 한다.

마. 세관장은 설치 · 운영특허가 상실된 경우에는 반드시 실지조사를 하여야 한다.

해설 실지조사 사유

세관장은 정하여진 재고조사의 방법에도 불구하고 관련 자료를 심사한 결과 동 재고조사의 방법이 타당하지 아니하다고 인정되는 경우에는 이를 변경할 수 있다. 다만, 다음 각 호의 어느 하나에 해당되면 실지조사를 하여야 한다.

① 자율점검표 및 자료를 제출기한까지 제출하지 않은 경우. 다만, 세관장이 타당하다고 인정하는 경우 제출기한을 연장할 수 있다.

② 보세화물의 부정유출 우려가 있는 경우

③ 실소요량 관리가 다른 보세공장과 비교하여 불합리한 경우

④ 제출된 자료가 서면조사에 필요한 사항이 기재되지 않아 서면심사가 이루어지기 어려운 경우

⑤ 설치 · 운영특허가 상실된 경우(세관장이 실지조사를 생략할 수 있다고 인정한 경우는 제외)

정답	24 라 25 마

PART 07

01 항공 입항화물의 하기결과 이상물품에 대한 적용특례 관련 설명이다. ( ) 안에 들어갈 내용을 바르게 나열한 것은?

- 적재화물목록 작성책임자는 별도 관리중인 물품에 대해 하기결과보고일로부터 (A) 이내에 이상 사유를 규명하여 적재화물목록 정정 등의 절차를 거쳐 하기장소에 반입해야 한다.
- 적재화물목록 작성책임자는 항공기 운항 사정상 동일 AWB의 물품이 전량 미기적 또는 분할기적된 경우로서 최초 적재화물목록을 제출한 항공기의 입항일로부터 (B) 이내에 미기적 되었던 물품이 도착된 경우 후착화물과 병합하여 별도관리 물품 해제 신청서를 세관장에게 제출하여 승인을 받은 후 하기장소에 반입해야 한다.

	(A)	(B)
가.	10일	10일
나.	15일	15일
다.	15일	30일
라.	30일	15일
마.	30일	30일

해설
- 적재화물목록 작성책임자는 별도 관리중인 물품에 대해 하기결과보고일로부터 15일 이내에 이상 사유를 규명하여 적재화물목록 정정 등의 절차를 거쳐 하기장소에 반입해야 한다.
- 적재화물목록 작성책임자는 항공기 운항 사정상 동일 AWB의 물품이 전량 미기적 또는 분할기적된 경우로서 최초 적재화물목록을 제출한 항공기의 입항일로부터 15일 이내에 미기적 되었던 물품이 도착된 경우 후착화물과 병합하여 별도관리 물품 해제 신청서를 세관장에게 제출하여 승인을 받은 후 하기장소에 반입해야 한다.

02 하선(하기)장소의 물품반입기간에 대한 설명이다. ( ) 안에 들어갈 내용을 바르게 나열한 것은?

구분	해상 컨테이너화물	해상 벌크화물 (원목, 곡물, 원유 등)	항공화물	항공 위험물품
하선(하기)반입 기간	(A)	입항일로부터 10일 이내	(B)	지체 없이

	(A)	(B)
가.	입항일로부터 3일 이내	입항시점으로부터 24시간 이내
나.	입항일로부터 3일 이내	입항 다음날까지
다.	입항일로부터 5일 이내	입항시점으로부터 24시간 이내
라.	입항일로부터 5일 이내	입항 다음날까지
마.	입항일로부터 7일 이내	입항시점으로부터 48시간 이내

정답 | 01 나 02 라

해설 (A) 하선신고를 한 자는 입항일로부터 다음 각 호의 어느 하나에 해당하는 기간내에 해당물품을 하선장소에 반입하여야 한다. 다만, 부득이한 사유로 지정기한(검색기검사를 마치고 하선장소에 반입하는 경우에는 지정기한 경과일수를 산출할 때 세관근무일자가 아닌 일수를 제외) 이내에 반입이 곤란할 때에는 반입지연사유, 반입예정일자 등을 기재한 하선장소 반입기간 연장승인(신청)서를 세관장에게 제출하여 승인을 받아야 한다.

① 컨테이너화물 : 5일

② 원목, 곡물, 원유 등 벌크화물 : 10일

(B) 하역장소 보세구역 운영인은 화물분류 완료 후 해당 물품을 지정된 하기장소 보세구역 운영인에게 지체없이 인계하여야 하며, 해당 물품을 인수받은 운영인은 입항 다음날까지 지정된 하기장소에 반입하여야 한다. 다만, 위험물품의 경우에는 지체없이 하기장소에 반입하여야 한다.

03 **해상출항 적재화물목록 제출시기에 관한 설명이다. (　　) 안에 들어갈 내용을 바르게 나열한 것은?**

구분	원칙	근거리	벌크화물	선상수출신고물품 (수출통관 사무처리에 관한 고시 제32조 해당물품)
제출시기	적재 (A)시간 전	적재 전(출항 30분 전 최종마감 제출)	출항 전	(B)까지

	(A)	(B)
가.	12	출항일 자정
나.	12	출항시간 12시간 이내
다.	24	출항시간 24시간 이내
라.	24	출항 다음날 오전
마.	24	출항 다음날 자정

해설 해상화물은 해당물품을 선박에 적재하기 24시간 전까지 제출하여야 하며, 근거리 지역의 경우에는 해당물품을 선박에 적재하기 전까지 제출하되 선박이 출항하기 30분 전까지 최종 마감하여 제출하여야 한다. 다만, 적재하려는 물품이 다음 각 목의 어느 하나에 해당하는 경우에는 출항하기 전까지, 「수출통관 사무처리에 관한 고시」 중 선상 수출신고에 해당하는 물품의 경우에는 출항 다음날 자정까지 제출할 수 있다.

① 벌크화물

② 환적화물, 공컨테이너

③ 그 밖에 적재 24시간 전까지 제출하기 곤란하다고 세관장이 인정하는 물품

정답 | 03 마

PART 07

04 해상 입항화물의 적재화물목록 정정에 대한 설명으로 모두 맞는 것은?

A. 보세운송으로 보세구역에 반입된 화물의 적재화물목록 정정신청은 입항지 보세구역을 관할하는 세관장에게 해야 한다.
B. 하선결과보고서가 제출된 물품의 적재화물목록 정정신청은 보고서 제출일로부터 15일 이내에 할 수 있다.
C. 특수저장시설에 장치가 필요한 냉동화물 등을 하선과 동시에 컨테이너 적입작업을 하는 경우의 적재화물목록 정정신청은 작업완료 다음 날까지 할 수 있다.
D. 그 밖의 사유로 적재화물목록을 정정하려는 경우는 선박 입항일로부터 90일 이내에 할 수 있다.
E. 포장단위 물품으로서 중량의 과부족이 15% 이내이고 포장상태에 이상이 없는 경우 적재화물목록 정정신청을 생략할 수 있다.
F. 포장파손이 용이한 물품(예 비료, 설탕, 시멘트 등)의 경우 그 중량의 과부족이 5% 이내인 경우 적재화물목록 정정신청을 생략할 수 있다.

가. A, B, C　　나. B, D, F
다. B, E, F　　라. A, D, E
마. B, C, F

해설 A. 보세운송으로 보세구역에 반입된 화물은 도착지 보세구역을 관할하는 세관장에게 정정신청을 하여야 한다.
D. 그 밖의 사유로 적재화물목록을 정정하려는 경우는 선박 입항일로부터 60일 이내에 할 수 있다.
E. 포장단위 물품으로서 중량의 과부족이 10% 이내이고 포장상태에 이상이 없는 경우 적재화물목록 정정신청을 생략할 수 있다.

05 적재화물목록에 대한 설명으로 틀린 것은?

가. 적재화물목록 제출의무자란 국제무역선(기)을 운항하는 선사(그 업무를 대행하는 자를 포함), 항공사(그 업무를 대행하는 자를 포함)를 말한다.
나. 하우스적재화물목록 작성책임자는 화물운송주선업자(그 업무를 대행하는 자를 포함)이다.
다. 공동배선의 경우에는 용선선사가 작성하여 제공한 적재화물목록 자료를 운항선사가 이를 취합하여 세관장에게 제출해야 한다.
라. 적재화물목록 작성책임자는 선박 미입항 등의 사유로 제출된 적재화물목록을 취하하려는 때에는 그 사유를 기재한 적재화물목록 취하신청서를 제출해야 한다.
마. House B/L 내역이 있는 경우에는 운항선사가 하우스적재화물목록 작성책임자로부터 하우스적재화물목록을 제출받아 이를 취합하여 세관장에게 제출해야 한다.

해설 적재화물목록 제출의무자는 선박 미입항 등의 사유로 제출된 적재화물목록을 취하하려는 때에는 그 사유를 기재한 적재화물목록 취하신청서를 제출하여야 한다.
※ "적재화물목록 제출의무자"란 국제무역선(기)을 운항하는 선사, 항공사를 말한다.
"적재화물목록 작성책임자"란 다음 각 목의 어느 하나에 해당하는 자를 말한다.

정답 | 04 마　05 라

가. 마스터적재화물목록은 운항선사 또는 운항항공사. 다만, 공동배선의 경우에는 선박 또는 항공기의 선복을 용선한 선사 또는 공동운항항공사
나. 하우스적재화물목록은 화물운송주선업자

06 내국환적운송 대상물품에 대한 설명으로 틀린 것은?

가. 우리나라로 수입하려는 외국물품으로서 최초 입항지에서 선하증권에 기재된 최종 목적지로 운송하려는 물품
나. 선박으로 반입한 화물을 긴급한 사유로 다른 항만으로 운송하여 우리나라로 수입하려는 외국물품
다. 환적화물
라. 수출신고가 수리된 화물
마. 내국물품인 공컨테이너

해설 내국환적운송 대상
국내 국제항간 국제무역선으로 화물을 운송할 수 있는 경우는 다음 각 호의 어느 하나와 같다.
① 우리나라로 수입하려는 외국물품으로서 최초 입항지에서 선하증권(항공화물운송장 포함)에 기재된 최종 목적지로 운송하려는 화물
② 환적화물
③ 수출신고가 수리된 물품
④ 내국물품인 공컨테이너

07 복합환적화물 중 적재화물목록에 보세운송인과 목적지를 기재하여 제출하는 것으로 보세운송신고(승인)를 갈음할 수 있는 물품을 모두 고른 것은?

A. 선박으로 반입한 화물을 공항으로 운송하여 반출하는 물품
B. 항공기로 반입한 화물을 항만으로 운송하여 반출하는 물품
C. 선박 또는 항공기로 반입한 화물을 차량 또는 철도로 반출하는 물품
D. 차량 또는 철도로 반입한 화물을 항만 또는 공항으로 운송하여 선박 또는 항공기로 반출하는 물품
E. 항공기로 반입한 화물을 다른 공항으로 운송하여 반출하는 물품

가. A
나. A, B
다. A, B, C
라. A, B, C, D
마. A, B, C, D, E

해설 복합환적화물은 적재화물목록에 보세운송인과 목적지를 기재하여 제출하는 것으로 보세운송신고(승인)를 갈음할 수 있다.

정답 | 06 나 07 마

A. 선박으로 반입한 화물을 공항으로 운송하여 반출하는 물품
B. 항공기로 반입한 화물을 항만으로 운송하여 반출하는 물품
C. 선박 또는 항공기로 반입한 화물을 차량 또는 철도로 반출하는 물품
D. 차량 또는 철도로 반입한 화물을 항만 또는 공항으로 운송하여 선박 또는 항공기로 반출하는 물품
E. 항공기로 반입한 화물을 다른 공항으로 운송하여 반출하는 물품

08 화물운송주선업자 등록의 효력상실 사유로 틀린 것은?

가. 화물운송주선업자가 최근 2년 이내 3회 이상 업무정지처분을 받는 때
나. 등록이 취소된 때
다. 화물운송주선업자가 사망한 때
라. 등록기간이 만료된 때
마. 화물운송주선업을 폐업한 때

해설 화물운송주선업자가 최근 1년 이내에 3회 이상 업무정지처분을 받은 경우 등록을 취소할 수 있다(등록 취소 시 효력상실).

09 화물운송주선업자의 등록요건에 대한 설명으로 틀린 것은?

가. 관세법 제175조 각 호의 어느 하나에 해당하지 않을 것
나. 물류정책기본법 제43조에 따른 국제물류주선업의 등록을 하였을 것
다. 관세, 국세 및 지방세의 체납이 없을 것
라. 관세법 또는 관세법에 따른 세관장의 명령에 위반하여 관세범으로 조사를 받고 있거나 기소 중에 있지 않을 것
마. 자본금 3억원 이상을 보유한 법인(법인이 아닌 경우에는 자산평가액이 6억원 이상)일 것

해설 관세 및 국세의 체납이 없을 것(지방세 체납은 등록요건과 관련이 없다)

정답 | 08 가 09 다

10 보세운송업자의 등록업무에 대한 설명으로 맞는 것은?

가. 보세운송업자의 등록 유효기간은 5년으로 하되 갱신할 수 있다.

나. 보세운송업자의 등록 갱신신청은 기간만료 15일 전까지 하여야 한다.

다. 한국관세물류협회의 장은 등록갱신 대상 보세운송업자에게 등록의 유효기간이 끝나는 날의 2개월 전까지 사전안내문을 발송해야 한다.

라. 한국관세물류협회의 장은 보세운송업자등록신청서를 접수한 때에는 15일 이내에 처리해야 한다.

마. 보세운송업자의 등록이 취소된 자로서 취소일로부터 3년이 경과되지 아니한 자는 보세운송업자로 등록할 수 없다.

해설 가. 보세운송업자의 등록의 유효기간은 3년으로 하며 갱신할 수 있다.

나. 보세운송업자의 등록을 갱신하려는 자는 기간만료 1개월 전까지 보세운송업자(영업소)등록(갱신, 설치)신청서에 필요서류를 첨부하여 관세물류협회의 장에게 제출하여야 한다.

라. 관세물류협회의 장이 보세운송업자등록신청서를 접수한 때에는 신청대장에 즉시 기록한 후 민원사무처리기준표의 처리기한인 10일 이내에 처리하여야 하며, 그 기간까지 처리할 수 없는 경우에는 그 사유를 민원인에게 통보하여야 한다.

마. 보세운송업자의 등록이 취소된 자로서 취소일로부터 2년이 경과되지 아니한 자는 보세운송업자로 등록할 수 없다.

11 수입화물 보세운송신고에 대한 설명으로 맞는 것은?

가. 보세운송신고를 하려는 자는 화물관리번호가 부여되기 전에도 할 수 있다.

나. 배차예정내역신고를 한 자가 사용할 운송수단을 변경하고자 하는 경우 도착지 보세구역 도착 다음 날까지 다시 신고해야 한다.

다. 항공사가 국내 개항간에 항공기로 보세운송하려는 경우 보세운송신고서는 도착지세관에 출항적재화물목록을 제출하는 것으로 갈음할 수 있다.

라. LCL화물 중 컨테이너에서 적출하지 아니한 상태로 보세운송하는 경우 House B/L 단위로 신고해야 한다.

마. 보세운송신고를 한 자는 보세구역 출발 이후 차량고장 등으로 운송수단이 변경되는 경우 해당 사정이 발생한 때로부터 다음날까지 다시 배차예정 내역을 신고해야 한다.

해설 가. 보세운송신고를 하려는 자는 「보세화물 입출항 하선 하기 및 적재에 관한 고시」에 따라 화물관리번호가 부여된 이후에 할 수 있다.

나. 배차예정내역신고를 한 자가 사용할 운송수단을 변경하려는 경우에는 보세구역 출발 전까지 다시 신고하여야 한다.

다. 항공사가 국내 국제항간에 항공기로 보세운송하려는 경우의 보세운송신고서는 발송지세관에 전자문서로 출항적재화물목록을 제출하는 것으로 갈음할 수 있다.

라. 단일화주의 FCL화물, LCL화물 중 컨테이너에서 적출하지 아니한 상태로 보세운송하는 경우에는 Master B/L단위로 신고할 수 있다.

정답	10 다 11 마

PART 07

12 보세운송 승인에 대한 설명으로 맞는 것은?

가. 양륙과 동시에 차상반출할 물품의 경우에는 입항 후에 하선(기)장소로 반입되기 이전이라도 보세운송 승인신청을 할 수 있다.

나. 세관장은 보세운송을 승인한 물품의 감시단속을 위하여 필요한 경우에도 운송통로를 제한할 수 없다.

다. 보세운송 승인신청인은 보세운송 신청에 관한 자료를 3년간 보관하여야 하고, 마이크로필름 · 광디스크 등 자료전달매체에 의하여 보관할 수 있다.

라. 특정물품간이보세운송업자가 관리대상화물 관리에 관한 고시에 따른 검사대상화물을 하선(기)장소에서 최초 보세운송하려는 물품은 보세운송승인대상이다.

마. 항공사가 개항간 입항적하목록(적재화물목록)단위로 일괄하여 항공기로 보세운송하려는 물품은 보세운송 승인대상이다.

해설 나. 세관장은 보세운송을 승인한 물품의 감시단속을 위하여 필요하다고 인정하면 운송통로를 제한할 수 있다.

다. 보세운송 승인신청인은 보세운송 신청에 관한 자료를 2년간 보관하여야 한다.

라, 마. 보세운송하려는 수입화물 중 다음 각 호의 어느 하나에 해당하는 물품은 세관장에게 신고하여야 한다.

1. 보세운송 승인대상에 해당되지 않는 물품
2. 특정물품간이보세운송업자가 「관리대상화물 관리에 관한 고시」에 따른 검사대상 화물을 하선(기)장소에서 최초 보세운송하려는 물품
3. 항공사가 국제항간 입항적재화물목록 단위로 일괄하여 항공기로 보세운송하려는 물품
4. 간이보세운송업자가 보세운송 승인대상 중 특정물품을 운송하는 경우로서 별도의 서류제출이 필요없다고 인정되는 물품
5. 「관세등에 대한 담보제공과 정산제도 운영에 관한 고시」에 따른 신용담보업체 또는 포괄담보제공업체인 화주가 자기명의로 보세운송신고하는 물품

13 우리나라로 수입하려는 물품의 보세운송 신고 또는 승인신청을 할 수 있는 자로 모두 맞는 것은?

A. 관세법 제222조에 따라 등록한 보세운송업자
B. 화주
C. 관세사
D. 보세구역 운영인
E. 화물운송주선업자

가. A
나. A, B
다. A, B, C
라. A, B, C, D
마. A, B, C, D, E

정답 | 12 가 13 다

해설 보세운송의 신고 또는 승인신청을 할 수 있는 자는 다음 각 호와 같다.

① 화주. 다만, 전매된 경우에는 그 취득자, 환적화물의 경우에는 그 화물에 대한 권리를 가진 자

② 「관세법」에 따라 등록한 보세운송업자

③ 관세사 등

14 보세운송 절차를 반드시 거쳐야 하는 물품으로 모두 맞는 것은?

A. 송유관을 통해 운송하는 석유제품
B. 보세공장에서 제조 · 가공하여 수출하는 물품
C. 여행자 휴대품 중 반송되는 물품
D. 우편법에 따라 체신관서의 관리하에 운송되는 물품
E. 수출조건으로 판매된 몰수품 또는 국고귀속된 물품
F. 국가기관에 의하여 운송되는 압수물품
G. 내륙컨테이너기지 등 관할 보세구역에 위치한 집단화지역 내에서 운송되는 물품

가. A, B, C
나. B, C, E
다. C, D, G
라. C, E, F
마. E, F, G

해설 B, C, E. 수출신고가 수리된 물품은 관세청장이 따로 정하는 것을 제외하고는 보세운송 절차를 생략한다. 다만, 다음 각 호의 어느 하나에 해당하는 물품은 그렇지 않다.

① 「반송 절차에 관한 고시」에 따라 외국으로 반출하는 물품

② 보세전시장에서 전시 후 반송되는 물품

③ 보세판매장에서 판매 후 반송되는 물품

④ 여행자 휴대품 중 반송되는 물품

⑤ 보세공장 및 자유무역지역에서 제조 · 가공하여 수출하는 물품

⑥ 수출조건으로 판매된 몰수품 또는 국고귀속된 물품

A. 송유관을 통해 운송하는 석유제품 및 석유화학제품에 대하여는 보세운송절차를 생략할 수 있다.

D, F. 다음 각 호의 어느 하나에 해당하는 물품은 보세운송 절차를 요하지 아니한다.

① 「우편법」에 따라 체신관서의 관리하에 운송되는 물품

② 「검역법」 등에 따라 검역관서가 인수하여 검역소 구내계류장 또는 검역시행 장소로 운송하는 검역대상 물품

③ 국가기관에 의하여 운송되는 압수물품

G. 세관장은 다음 각 호의 장소 내에서 운송되는 물품에 대하여는 보세운송절차를 생략할 수 있다.

① 내륙컨테이너기지 등 관할 보세구역에 위치한 집단화지역 내

② 관할 보세구역과 타 세관이 관할하는 보세구역에 걸쳐서 위치한 동일한 집단화지역 내

PART 07

정답	14 나

15 보세운송에 대한 설명으로 틀린 것은?

가. 보세운송물품은 보세운송 출발일로부터 해상화물 10일, 항공화물 5일 이내에 목적지에 도착하여야 한다.

나. 냉장 또는 냉동화물 등 특수한 경우에는 사전에 세관장의 승인을 얻어 일반업체의 운송수단으로 운송할 수 있다.

다. 출발지 보세구역운영인 또는 화물관리인은 보세운송업자가 운송하는 경우 보세운송수단의 등록여부를 확인한 후 물품을 반출해야 한다.

라. 한 건의 보세운송에 대하여 복수의 운송수단을 이용할 경우 보세운송신고 또는 승인신청 시에 복수의 운송수단을 함께 기재하여 신고 또는 승인신청을 할 수 있다.

마. 보세운송업자가 보세운송업을 폐업한 때 등록의 효력이 상실된다.

해설 보세운송물품은 신고수리(승인)일로부터 다음 각 호의 어느 하나에 정하는 기간까지 목적지에 도착하여야 한다. 다만, 세관장은 선박 또는 항공기 입항전에 보세운송신고를 하는 때에는 입항예정일 및 하선(기)장소 반입기간을 고려하여 5일 이내의 기간을 추가할 수 있다.

① 해상화물 : 10일

② 항공화물 : 5일

16 보세구역물품 반출입절차 등에 대한 설명으로 맞는 것은?

가. 하선장소 보세구역에 컨테이너 상태로 반입하는 경우 반입신고는 HOUSE B/L 단위로 제출하여야 한다.

나. 동일사업장내 보세구역간 장치물품의 이동은 물품반출입신고와 보세운송신고를 해야 한다.

다. B/L 제시 인도물품을 반출하려는 자는 화물관리공무원에게 B/L 원본을 제시하여 반출승인을 받아야 한다.

라. 보세창고에서 6개월 이상 계속하여 내국물품만을 장치하려는 자는 내국물품 장치신청서를 제출하여야 한다.

마. FCL 컨테이너화물로 통관우체국까지 운송하는 국제우편물의 경우에는 반출승인 신청서를 관할 세관장에게 제출하여야 한다.

해설 가. 하선장소 보세구역에 콘테이너 상태로 반입하는 경우에는 MASTER B/L단위로 할 수 있다.

나. 동일사업장내 보세구역간 장치물품의 이동은 물품반출입신고로 보세운송신고를 갈음할 수 있다.

라. 1년 이상 계속하여 내국물품만을 장치하려는 자는 내국물품장치승인(신청)서를 제출하여 세관장의 승인을 받아야 한다.

마. 통관우체국장은 국제우편물을 보세구역(컨테이너터미널 등)에서 반출하려는 경우에는 국제우편물 보세구역 반출 승인(신청)서를 해당 보세구역 관할 세관장에게 제출하여야 한다. FCL 컨테이너화물로 통관우체국까지 운송하는 국제우편물의 경우에는 국제우편물 보세구역 반출승인신청을 생략할 수 있다.

정답 | 15 가 16 다

17 **수입신고수리물품의 반출의무와 보세구역외장치의 허가업무에 대한 설명이다. (   ) 안에 들어갈 내용을 바르게 나열한 것은?**

> • 수입신고수리물품 반출의무 및 신고지연 가산세 적용대상 보세구역에 반입된 물품이 수입신고가 수리된 때에는 그 수리일로부터 (A) 이내에 해당 보세구역에서 반출하여야 한다.
> • 세관장은 보세구역외장치 허가신청을 받은 경우 보세구역외장치 허가기간에 (B)을 연장한 기간을 담보기간으로 하여 담보제공을 명할 수 있다.

	(A)	(B)
가.	15일	1개월
나.	15일	2개월
다.	15일	3개월
라.	30일	1개월
마.	30일	2개월

해설 • 별표1의 보세구역에 반입된 물품이 수입신고가 수리된 때에는 그 수리일로부터 15일 이내에 해당 보세구역에서 반출하여야 하며 이를 위반한 경우에는 해당 수입화주를 조사한 후 과태료를 부과한다.
• 세관장은 보세구역외장치 허가신청(보세구역외장치허가기간 연장의 경우를 포함)을 받은 경우 보세구역외장치 허가기간에 1개월을 연장한 기간을 담보기간으로 하여 담보제공을 명할 수 있다.

18 **보세구역에 반입된 물품의 반출명령에 대한 설명으로 틀린 것은?**

가. 세관장은 보세구역에 반입된 물품이 보세구역의 수용능력을 초과하여 추가로 물품반입이 곤란할 때 해당 물품을 다른 보세구역으로 반출하도록 명령할 수 있다.

나. 세관장은 태풍 등 재해로 인하여 보세화물에 피해의 우려가 있다고 인정될 때 해당 물품을 다른 보세구역으로 반출하도록 명령할 수 있다.

다. 위험물 장치허가를 받지 아니한 특허보세구역 운영인으로부터 위험물 반입보고를 받은 세관장은 위험물을 장치할 수 있는 장소로 즉시 반출명령하여야 한다.

라. 반출명령을 받은 해당 물품의 운송인, 보세구역 운영인 또는 화물관리인은 세관장이 지정한 기간 내에 해당 물품을 다른 보세구역으로 반출하고 그 결과를 세관장에게 보고하여야 한다.

마. 세관장은 운영인이 반출명령을 이행하지 않은 경우에는 관세법 제276조에 따라 벌금을 부과한다.

해설 세관장은 보세구역 운영인이 반출명령을 이행하지 않은 경우에는 과태료를 부과한다.

PART 07

정답 | 17 가 18 마

19 보세구역외장치에 대한 설명으로 맞는 것은?

가. 보세구역과의 교통이 불편한 지역에 양륙된 물품으로서 보세구역으로 운반하는 것이 불합리한 물품은 세관장에게 신고하고 보세구역외에 장치할 수 있다.

나. 보세구역외장치의 허가기간은 3년의 범위내에서 세관장이 필요하다고 인정하는 기간으로 정한다.

다. 보세구역외장치허가기간을 연장하려는 자는 보세구역외장치기간연장(신청)서를 제출하여 세관장으로부터 승인을 받아야 한다.

라. 보세구역외장치 허가수수료는 허가건수 단위로 징수한다. 이 경우, 동일모선으로 수입된 화물이 동일 장소에 반입된 때에는 화주가 다르더라도 1건의 보세구역외장치로 허가할 수 있다.

마. 보세구역외장치 담보액은 수입통관 시 실제 납부하여야 할 관세 상당액의 120%로 한다.

해설 가. 보세구역 외 장치는 허가 대상이다.

나. 보세구역외장치의 허가기간은 6개월의 범위내에서 세관장이 필요하다고 인정하는 기간으로 정한다.

라. 보세구역외장치 허가수수료는 허가건수 단위로 징수한다. 이 경우, 동일한 선박으로 수입된 동일화주의 화물을 동일장소에 반입하는 때에는 1건의 보세구역외장치로 허가할 수 있다.

마. 보세구역외장치 담보액은 수입통관 시 실제 납부하여야 할 관세 등 제세 상당액으로 한다.

20 보세구역 등에 장치된 외국물품의 견품 반출입에 대한 설명으로 맞는 것은?

가. 세관장은 국제무역선에서 물품을 하역하기 전에는 견품 반출을 허가할 수 없다.

나. 견품반출은 필요한 최소한의 수량으로 제한하여야 하므로 외국물품의 전부를 견품으로 반출하는 것은 허용되지 아니한다.

다. 견품반출허가를 받은 자는 반출기간 종료 다음날까지 해당 물품이 장치되었던 보세구역에 반입하고 견품재반입보고서를 세관장에게 제출하여야 한다.

라. 보세구역 운영인은 견품반출허가를 받은 물품이 해당 보세구역에서 반출입될 때 견품반출 허가사항을 확인한 경우에는 견품반출입대장 기록은 생략할 수 있다.

마. 세관공무원은 보세구역에 반입된 물품에 대하여 검사상 필요하면 그 물품의 일부를 견품으로 채취할 수 있다.

해설 가, 나. 보세구역에 장치된 외국물품의 전부 또는 일부를 견본품으로 반출하려는 자는 세관장의 허가를 받아야 한다. 국제무역선에서 물품을 하역하기 전에 외국물품의 일부를 견본품으로 반출하려는 경우에도 또한 같다.

다. 견본품반출허가를 받은 자는 반출기간이 종료되기 전에 해당 물품이 장치되었던 보세구역에 반입하고 견본품재반입보고서를 세관장에게 제출하여야 한다.

라. 보세구역 운영인 또는 관리인은 견본품반출 허가를 받은 물품이 해당 보세구역에서 반출입될 때에는 견본품반출 허가사항을 확인하고, 견본품반출입 사항을 견본품반출입 대장에 기록관리 하여야 한다.

정답 | 19 다 20 마

21 보세구역에서의 보수작업에 대한 설명으로 맞는 것은?

가. 외국물품은 수입될 물품의 보수작업의 재료로 사용할 수 있다.
나. 보수작업으로 외국물품에 부가된 내국물품은 내국물품으로 본다.
다. 운영인은 포괄보수작업승인을 받은 경우에는 매 월말 기준으로 다음 달 5일까지 보수작업 완료보고서를 일괄하여 제출할 수 있다.
라. 수출이나 반송 과정에서 부패 · 변질의 우려가 있는 경우 등 세관장이 타당하다고 인정하는 경우에는 관세율표(HSK 10단위)의 변화를 가져오는 것도 보수작업으로 인정할 수 있다.
마. 운영인은 보세구역에 장치된 물품의 통관을 위하여 개장, 분할구분, 합병, 원산지표시, 그 밖에 이와 유사한 작업을 하려는 경우 보수작업 신고를 하여야 한다.

해설 가. 외국물품은 수입될 물품의 보수작업의 재료로 사용할 수 없다.
나. 보수작업으로 외국물품에 부가된 내국물품은 외국물품으로 본다.
다. 포괄보수작업승인을 받은 경우에는 매 월말 기준으로 다음 달 1일에 보수작업 완료보고서를 일괄하여 제출할 수 있다.
마. 보수작업(예 원산지표시)을 하려는 자는 세관장의 승인을 받아야 한다.

22 보세구역에 반입한 물품에 대한 반출통고의 주체가 다른 하나는?

가. 영업용보세창고
나. 보세판매장
다. 보세구역외장치장
라. 자가용보세창고
마. 보세공장

해설 보세전시장, 보세건설장, 보세판매장, 보세공장, 보세구역외장치장, 자가용보세창고에 반입한 물품에 대해서는 관할세관장이 화주나 반입자 또는 그 위임을 받은 자("화주등")에게 반출통고 한다. 영업용보세창고에 반입한 물품의 반출통고는 보세구역운영인이 화주등에게 하며, 지정장치장에 반입한 물품의 반출통고는 화물관리인이 화주등에게 하여야 한다.

23 세관장은 보세구역에 장치된 물품 중 화주 또는 반입자에게 반송 또는 폐기할 것을 명할 수 있다. 다음 중 그 대상물품으로 틀린 것은?

가. 사람의 생명이나 재산에 해를 기칠 우려가 있는 물품
나. 변질될 우려가 있는 물품
다. 유효기간이 지난 물품
라. 상품가치가 없어진 물품
마. 위조상품, 모조품, 그 밖의 지식재산권 침해물품

해설 부패하거나 변질된 물품이 폐기명령 대상이다.

정답 | 21 라 22 가 23 나

24 입항전 또는 하선(기)전에 수입신고가 보세운송신고를 하지 않은 보세화물의 장치장소 결정을 위한 화물분류 기준에 대한 설명으로 틀린 것은?

가. 선사는 화주 또는 그 위임을 받은 자가 운영인과 협의하여 정하는 장소에 보세화물을 장치하는 것을 원칙으로 한다.

나. 화주 또는 그 위임을 받은 자가 장치장소에 대한 별도의 의사표시가 없는 경우에 Master B/L 화물은 선사가 선량한 관리자로서 장치장소를 결정한다.

다. 화물운송주선업자가 선량한 관리자로서의 의무를 다하지 못할 경우에는 세관지정장치장 또는 세관지정 보세창고를 장치장소로 한다.

라. 위험물은 해당 물품을 장치하기에 적합한 요건을 갖춘 보세구역에 장치해야 하나 관리대상화물(검사대상화물)로 선별된 경우에는 세관지정장치장에 장치하여야 한다.

마. 보세구역외장치의 허가를 받은 물품은 그 허가를 받은 장소에 장치한다.

해설 위험물품, 보온 · 보냉물품, 검역대상물품, 귀금속 등은 해당 물품을 장치하기에 적합한 요건을 갖춘 보세구역에 장치하여야 한다(단서규정 없음).

25 장치기간이 경과한 외국물품의 매각절차에 대한 설명으로 맞는 것은?

가. 장치기간 경과물품의 매각은 공고를 거친 후에만 할 수 있다.

나. 매각된 물품의 질권자나 유치권자는 다른 법령에도 불구하고 그 물품을 매수인에게 인도하여야 한다.

다. 매각대행기관이 매각을 대행하는 경우에는 매각대행기관의 장을 관세청장으로 본다.

라. 경쟁입찰의 방법으로 매각하려는 경우 매각되지 아니하였을 때에는 5일 이상의 간격을 두어 다시 입찰에 부칠 수 있으며 그 예정가격은 최초 예정가격의 100분의 20 이내의 금액을 입찰에 부칠 때마다 줄일 수 있다.

마. 매각공고는 공매예정가격산출서를 통보받은 날부터 30일의 기간 내에 소관세관관서의 게시판과 관세청 및 본부세관 홈페이지에 공고해야 한다.

해설 가. 장치기간이 지난 물품이 급박하여 공고할 여유가 없을 때에는 매각한 후 공고할 수 있다.

다. 매각대행기관이 매각을 대행하는 경우(매각대금의 잔금처리를 대행하는 경우를 포함한다)에는 매각대행기관의 장을 세관장으로 본다.

라. 경쟁입찰의 방법으로 매각하려는 경우 매각되지 아니하였을 때에는 5일 이상의 간격을 두어 다시 입찰에 부칠 수 있으며 그 예정가격은 최초 예정가격의 100분의 10 이내의 금액을 입찰에 부칠 때마다 줄일 수 있다.

마. 매각공고는 공매예정가격산출서를 통보받은 날부터 60일의 기간 내(입찰 전일부터 10일 전)에 소관세관관서의 게시판과 인터넷의 관세청 및 본부세관 홈페이지에 공고하고 필요하면 일간신문에 게재할 수 있다.

정답 | 24 라 25 나

4과목	자율관리 및 관세벌칙

01 국제항과 국제항이 아닌 지역에 대한 설명으로 맞는 것은?

가. 국제항은 대통령령으로 지정하며 국제항의 시설기준 등에 관하여 필요한 사항은 기획재정부령으로 지정한다.

나. 공항의 경우에는 정기여객기가 연간 50회 이상 입항하거나 입항할 것으로 예상될 것이 국제항의 지정요건 중 하나이다.

다. 항구의 경우에는 국제무역선인 3천톤급 이상의 선박이 주 6회 이상 입항하거나 입항할 것으로 예상될 것이 국제항의 지정요건 중 하나이다.

라. 국제항의 협소 등 입항여건을 고려하여 관세청장이 정하는 일정한 장소에 입항하는 경우에는 국제항이 아닌 지역에 대한 출입허가수수료를 징수하지 않는다.

마. 국제항이 아닌 지역에 대한 출입허가수수료가 1만원에 미달하는 경우에는 수수료를 징수하지 않으며 수수료의 총액은 50만원을 초과하지 못한다.

해설 가. 국제항의 시설기준 등에 관하여 필요한 사항은 대통령령으로 정한다.

나. 공항의 경우 지정요건 : 정기여객기가 주 6회 이상 입항하거나 입항할 것으로 예상되거나 여객기로 입국하는 여객수가 연간 4만명 이상일 것

다. 항구의 경우 지정요건 : 국제무역선인 5천톤급 이상의 선박이 연간 50회 이상 입항하거나 입항할 것으로 예상될 것

마. 수수료로 산정된 금액이 1만원에 미달하는 경우에는 1만원으로 한다.

02 국제무역선(기)의 입출항절차에 대한 설명이다. ( ) 안에 들어갈 내용을 바르게 나열한 것은?

- 국제항이 아닌 지역에 대한 출입의 허가를 받은 경우 세관장은 허가의 신청을 받은 날부터 (A) 이내에 허가 여부를 신청인에게 통지하여야 하며, 정한 기간 내에 허가 여부를 통지하지 아니하면 그 기간이 (B)에 허가를 한 것으로 본다.
- 국제무역선이 국제항(관세법 제134조 제1항 단서에 따라 출입허가를 받은 지역을 포함한다)에 입항하였을 때에는 (C) 세관장에게 입항보고를 하여야 한다.
- 국제무역선이나 국제무역기가 국제항을 출항하려면 선장이나 기장은 (D)에 세관장에게 출항허가를 받아야 한다.

	(A)	(B)	(C)	(D)
가.	7일	끝난 날의 다음 날	입항 후 4시간 이내에	출항하기 4시간 전
나.	10일	끝난 날	입항 후 4시간 이내에	출항하기 전
다.	10일	끝난 날의 다음 날	지체 없이	출항하기 4시간 전
라.	7일	끝난 날의 다음 날	지체 없이	출항하기 전
마.	10일	끝난 날	지체 없이	출항하기 전

정답 | 01 라 02 모두 정답

PART 07

해설 ※ 출제 오류로 모두 정답 처리된 문제이므로 해설 확인 바람

(A) 세관장은 허가의 신청을 받은 날부터 10일 이내에 허가 여부를 신청인에게 통지하여야 한다.
(B) 세관장이 정한 기간 내에 허가 여부 또는 민원 처리 관련 법령에 따른 처리기간의 연장을 신청인에게 통지하지 아니하면 그 기간이 끝난 날의 다음 날에 허가를 한 것으로 본다
(C) 국제무역선이 국제항에 입항하였을 때에는 지체없이 세관장에게 입항보고를 하여야 한다.
(D) 국제무역선이나 국제무역기가 국제항을 출항하려면 선장이나 기장은 출항하기 전에 세관장에게 출항허가를 받아야 한다.

03 국제무역선의 자격전환 및 승선신고에 대한 설명으로 틀린 것은?

가. 선박용품 주문을 받기 위한 경우에는 승선을 제한할 수 있다.
나. 선박용품 적재 등 허가(신청)서에 승선자 명단을 기재하여 허가를 받은 경우에는 승선신고를 한 것으로 갈음한다.
다. 장기간 운항계획 없이 정박 또는 수리 예정인 국제무역선인 국내운항선으로 자격전환승인을 받아야 한다.
라. 국제무역선에서 국내운항선으로 전환신청한 선박에 과세대상 물품이 있는 경우에는 과세대상 물품의 수입신고수리필증을 확인 후 전환승인을 해야 한다.
마. 외국을 왕래하려는 실습선은 국내운항선에서 국제무역선으로 자격전환 승인을 받아야 한다.

해설 세관장은 전환승인 신청한 선박에 대하여 과세대상 물품이 없는 경우에는 즉시 전환승인을 하고, 과세대상 물품이 있는 경우에는 수입신고를 한 때에 전환승인 해야 한다. 다만, 부득이한 사정으로 수입신고가 어려운 경우에는 수입신고필증 사본을 전환승인일 다음 근무일까지 제출하는 것을 조건으로 승인할 수 있다.

04 국제무역선이 재해나 그 밖의 부득이한 사유로 관세법상 면책 받을 수 있는 사항으로 틀린 것은?

가. 선박용품 하역 허가
나. 입항보고
다. 외국물품 일시양륙 신고
라. 항외하역 허가
마. 국제무역선의 국내운항선으로의 자격전환 승인

해설 재해나 그 밖의 부득이한 사유로 인한 면책 등

관세법 제134조부터 제137조까지 및 제140조부터 제143조까지의 규정은 재해나 그 밖의 부득이한 사유에 의한 경우에는 적용하지 아니한다.

제134조(국제항 등에의 출입)
제135조(입항절차) – 입항보고
제136조(출항절차)

정답	03 라 04 마

제137조(간이 입출항절차)
제140조(물품의 하역)
제141조(외국물품의 일시양륙 등) – 외국물품 일시양륙 신고
제142조(항외 하역) – 항외하역 허가
제143조(선박용품 및 항공기용품 등의 하역 등) – 선박용품 하역 허가
※ 국제무역선의 국내운항선으로의 자격전환 승인은 관세법 제144조(국제무역선의 국내운항선으로의 전환 등)에 해당하므로 면책받을 수 없다.

05 선박용품 관리에 대한 설명으로 맞는 것은?

가. 본선 보세운송의 경우에는 선박용품 등이 도착 전이라도 적재허가를 신청할 수 있으며 적재완료보고로 도착보고를 갈음한다.

나. 선박용품 하선허가를 받은 자는 허가일로부터 10일 이내에 하선허가 받은 물품을 보세구역에 반입해야 한다.

다. 관세법 제224조의2에 따라 보세운송업자등의 등록의 효력이 상실되었을 때에는 공급자 및 판매자, 수리업자, 선박회사는 외국 선박용품에 대해 지체없이 화물관리번호를 부여 받아 보세화물로 전환해야 한다.

라. 조건부 하역한 외국선박용품을 해당 선박이 입항하지 않거나 부득이한 사유로 외국으로 반출하려는 때에는 수출통관 사무처리에 관한 고시를 따른다.

마. 선박용품의 양도 · 양수는 화물관리번호를 부여 받아 보세화물로 전환하여 물품공급업 또는 선박내판매업으로 등록된 자에 한하여 할 수 있다.

해설 가. 본선보세운송의 경우에는 보세운송신고인이 도착지 세관에 적재허가신청한 것을 도착보고한 것으로 갈음한다.

나. 선박용품등의 하선허가를 받은 자는 허가일부터 7일 이내에 하선허가 받은 물품을 보세구역에 반입해야 한다.

라. 조건부 하역한 외국선박용품을 해당 선박이 입항하지 않거나 부득이한 사유로 조건부 하역한 외국선박용품을 외국으로 반출하려는 때에는 보세구역에 반입한 후 「반송절차에 관한 고시」를 따른다.

마. 선박용품등의 양도 · 양수는 물품공급업 또는 선박내판매업으로 등록된 자에 한정하여 할 수 있으며, 화물관리번호를 부여하여 보세화물로 관리하는 경우에는 물품공급업 또는 선박내판매업 등록이 되지 않은 업체에게도 양도할 수 있다.

정답	05 다

06 항공기용품 등의 관리에 관한 설명으로 틀린 것은?

가. 기물, 세탁물 등 반복적으로 사용하는 외국항공기용품은 월별로 적재내역을 취합하여 적재허가를 신청할 수 있다.

나. 공급자 등은 국내운항 후 국제무역기로 자격전환하여 외국으로 출항예정인 국내운항기에 대해서 사전에 국내운항 출발 국제항에서 용품의 적재허가 신청을 할 수 있다.

다. 국제무역기에서 용품을 하기한 이후 외국용품 하기허가 신청을 하려는 공급자는 하기한 용품을 보세창고 등에 반입하고 하기 당일에 하기내역을 취합하여 하기 신청해야 한다.

라. 공급자 등은 자격전환하여 국내구간을 운항할 예정인 국제무역기에 대해서 용품의 재고관리를 하는 국제항의 보세구역을 하기장소로 하여 하기허가 신청을 할 수 있다.

마. 세관장의 허가를 받지 아니하고 출국대기중인 자에게 식음료를 제공한 때에는 관세법 제239조제2호에 따라 소비 또는 사용으로 보지 아니하며, 세관장은 즉시 그 관세를 징수해야 한다.

해설 1. 국제무역기에서 용품을 하기하려는 공급자 등은 하기 전에 국제무역기의 계류장을 관할하는 세관장에게 항공편별로 구분하여 외국용품 하기허가(신청)서 또는 내국용품 하기허가(신청)서를 제출해야 한다. 다만, 사전 신청이 곤란하다고 세관장이 인정하는 경우 하기한 이후 신청하게 할 수 있다.

2. 하기한 이후 외국용품 하기 신청하려는 공급자 등은 사전에 월별예정신청 해야 하며, 하기 즉시 용품을 보세창고 등에 반입하고 하기한 다음날까지 일별로 하기 내역을 취합하여 하기 신청해야 한다.

07 관리대상화물에 대한 설명으로 맞는 것은?

가. 검색기검사화물의 경우에는 검사를 마친 경우에만 하선장소에 반입할 수 있다.

나. 환적화물은 검사대상화물로 선별하여 검사할 수 없다.

다. 하선(기)감시화물이란 선별한 감시대상화물 중 하선(기)장소 또는 장치예정장소까지 추적감시하는 화물을 말한다.

라. 세관장은 검색기검사를 실시할 때 화주로부터 참석요청을 받은 때에는 참석할 수 있도록 검사일시 · 검사장소 · 참석가능시간 등을 통보해야 한다.

마. 반입후검사화물에 대하여는 검색기를 이용한 검사를 할 수 없다.

해설 나. 세관장은 환적화물에 대하여 총기류 등 위해물품 · 마약류 · 수출입금지품 · 밀수품과 대외무역법 및 상표법 위반물품 등과 관련된 정보가 있거나 세관장이 밀수단속을 위해 필요하다고 인정하는 경우 검사대상화물 또는 감시대상화물로 선별하여 검사 또는 감시할 수 있다.

다. "운송추적감시화물"이란 세관장이 선별한 감시대상화물 중 하선(기)장소 또는 장치예정장소까지 추적감시하는 화물을 말한다.

라. 세관장은 개장검사를 실시할 때 화주 또는 화주로부터 권한을 위임받은 자의 참석이 필요하다고 인정하거나 이들로부터 참석요청을 받은 때에는 이들이 검사에 참석할 수 있도록 검사일시 · 검사장소 · 참석가능시간 등을 통보해야 한다.

마. 세관장은 반입후검사화물에 대하여 검색기를 이용한 검사 또는 개장검사를 실시할 수 있다.

정답	06 다 07 가

08 관리대상화물에 대한 세관의 검사 및 감시에 대한 설명 중 틀린 것은?

가. 물품 특성상 내부에 밀수품을 은닉할 가능성이 있는 화물은 검색기검사화물로 선별하여 검사한다.

나. 수(중)량 차이의 가능성이 있는 화물은 수입신고후검사화물로 선별하여 검사한다.

다. 하선(기)감시 결과 컨테이너 화물로 봉인번호가 상이하거나 봉인이 훼손되는 등 밀수가 의심되는 화물은 반입후검사화물로 선별하여 검사한다.

라. 반송 후 재수입되는 컨테이너 화물로 밀수입 등이 의심되는 화물은 즉시검사화물로 선별하여 검사한다.

마. 검사대상화물이 운송도중 다른 화물로 바꿔치기 우려가 있는 화물은 운송추적감시대상화물로 선별하여 감시한다.

해설 관리대상화물에 대한 고시 제5조

2. 세관장이 즉시검사화물로 선별하여 검사하는 화물은 다음 각 호의 어느 하나와 같다.
   ① 실제와 다른 품명으로 수입할 가능성이 있는 화물로서 「컨테이너 관리에 관한 고시」에서 정한 LCL 컨테이너화물 등 검색기검사로 우범성 판단이 곤란한 화물
   ② 수(중)량 차이의 가능성이 있는 화물
   ③ 반송 후 재수입되는 컨테이너 화물로 밀수입 등이 의심되는 화물
   ④ 그 밖에 세관장이 즉시검사가 필요하다고 인정하는 화물
3. 검색기가 설치되지 않은 세관장은 즉시검사화물 선별대상이 아닌 검색기검사화물대상을 즉시검사화물로 선별하여 검사할 수 있다.

09 밀수 등 신고자 포상에 관한 설명으로 맞는 것은?

가. 위해물품 또는 위변조화폐등을 적발한 경우 적발사실이 확인된 때 포상을 하며, 고발 또는 송치사건의 경우 법원의 판결이 있은 때 포상한다.

나. 관세포상심사위원회는 관세청, 본부세관 및 각 세관별로 두며, 포상대상자, 공로의 평가, 포상 종류, 지급액 등을 심의 · 의결한다.

다. 원산지표시 위반에 따른 과징금 부과건 및 외국환거래법 제32조에 따른 과태료 부과건의 경우 각각 과징금 또는 과태료 부과사실을 통지하였을 때 포상을 실시한다.

라. 포상금 산정 시에는 하나의 범칙물품에 대하여 각각의 법령을 적용하여 산출하되 마약류 관리에 관한 법률 위반 사범의 포상금 최고액은 3억원이다.

마. 관세행정의 개선이나 발전에 특별히 공로가 있은 자에 대해서도 그 공로에 따라 200만원의 범위에서 포상금을 지급할 수 있다.

해설 밀수 등 신고자 포상에 관한 훈령

가, 다. 제5조(포상의 시기) 포상은 다음 각 호의 어느 하나에 해당하는 때에 실시한다.
   1. 통고처분 사건의 경우 범인이 통고의 요지를 이행한 때
   2. 고발 또는 송치사건의 경우 고발 또는 송치한 때

정답	08 나 09 마

PART 07

3. 국고수입액에 따라 포상하는 경우 국고에 납부된 사실이 확인되고 관련 법령에서 정한 불복 제기기간 또는 제소기간이 경과되었거나 불복청구절차 또는 행정소송절차가 종료되어 부과 처분 등이 확정된 때
4. 위해물품 또는 위변조화폐등을 적발하여 포상하는 경우 적발사실이 확인된 때
5. 원산지표시 위반에 따른 과징금 부과건 및 과태료 부과건의 경우 각각 과징금 또는 과태료 납부사실이 확인된 때
6. 불상사건의 경우 범칙물품에 대한 국고귀속 또는 폐기 결정 등의 처분이 있은 때

나. 관세포상심사위원회는 관세청, 본부세관 및 직할세관에 각각 둔다.

라. 포상금 산정 시에는 하나의 범칙물품에 대하여 하나의 법령만을 적용하여 산출하되, 유리한 기준을 적용할 수 있다. 포상금 최고액은 다음 각 호와 같다.

1. 중대사건인 경우 : 7천5백만원. 다만,「마약류 관리에 관한 법률」 위반 사범은 3억원으로 한다.
2. 내부 신고인 경우 : 1억원. 다만,「마약류 관리에 관한 법률」 위반 사범은 3억원으로 한다.
3. 제1호 및 제2호 이외의 경우 : 별표 1과 별표 2에서 정한 최고액. 다만, 최종 산정된 포상금액은 1억5천만원을 초과할 수 없다.

10 국민보호와 공공안전을 위한 테러방지법에 따라 테러 예방 및 대응을 위하여 관계기관 합동으로 구성하거나 관계기관의 장이 설치하는 전담조직(협의체를 포함한다)이 아닌 것은?

가. 지역 테러대책협의회
나. 대테러합동조사팀
다. 공항항만 테러대책협의회
라. 국가테러대책위원회
마. 화생방테러대응지원본부

해설 테러방지법

법 제8조(전담조직의 설치)

관계기관의 장은 테러 예방 및 대응을 위하여 필요한 전담조직을 둘 수 있다.

영 제11조(전담조직)

법 제8조에 따른 전담조직은 테러 예방 및 대응을 위하여 관계기관 합동으로 구성하거나 관계기관의 장이 설치하는 다음 각 호의 전문조직(협의체를 포함한다)으로 한다.

1. 지역 테러대책협의회
2. 공항 · 항만 테러대책협의회
3. 테러사건대책본부
4. 현장지휘본부
5. 화생방테러대응지원본부
6. 테러복구지원본부
7. 대테러특공대
8. 테러대응구조대
9. 테러정보통합센터
10. 대테러합동조사팀

정답 | 10 라

11 수출입 안전관리 우수업체의 공인 부문으로 모두 맞는 것은?

가. 수출부문, 화물운송주선업부문, 특송업부문
나. 항공사부문, 하역업부문, 전자상거래업부문
다. 수입부문, 보세구역운영인부문, 선박회사부문
라. 보세운송업부문, 관세사부문, 해외구매대행업부문
마. 보세구역운영인부문, 특송업부문, 선박회사부문

해설 공인부문
수출입 안전관리 우수업체(AEO)로 공인을 신청할 수 있는 자는 다음 각 호와 같다.
1. 수출자(수출부문), 수입자(수입부문)
2. 통관업을 하는 자(관세사부문)
3. 운영인 또는 지정장치장의 화물을 관리하는 자(보세구역운영인부문)
4. 보세운송업자(보세운송업부문), 화물운송주선업자(화물운송주선업부문)
5. 하역업자(하역업부문), 선박회사(선박회사부문), 항공사(항공사부문)
6. 상기업무를 행하는 자유무역지역 입주기업체
※ 특송업부문, 전자상거래업부문, 해외구매대행업부문은 공인 부문이 아니다.

12 수출입 안전관리 우수업체의 공인기준 심사에 대한 설명이다. ( ) 안에 들어갈 내용을 바르게 나열한 것은?

- 공인심사 결과 법규준수도가 85점인 경우 공인기준을 (A)한 것으로 본다.
- 공인심사 결과 내부통제시스템 기준의 평가점수가 75점인 경우 공인 기준을 (B)한 것으로 본다.
- 부채비율이 120%(동종업종 평균 부채비율은 70%임)인 경우 공인 기준을 (C)한 것으로 본다.
- 안전관리 기준 중에서 충족이 권고되는 기준의 평가 점수가 75점인 경우 공인기준을 (D)한 것으로 본다.

	(A)	(B)	(C)	(D)
가.	충족	충족	미충족	충족
나.	충족	미충족	충족	충족
다.	충족	미충족	충족	미충족
라.	미충족	충족	미충족	미충족
마.	미충족	미충족	충족	미충족

해설
- 공인심사 결과 법규준수도가 85점인 경우 공인기준을 충족한 것으로 본다(법규준수도가 80점 이상인 경우 충족임).
- 공인심사 결과 내부통제시스템 기준의 평가점수가 75점인 경우 공인 기준을 미충족한 것으로 본다(내부통제시스템이 80점 이상인 경우 충족임).
- 부채비율이 120%(동종업종 평균 부채비율은 70%임)인 경우 공인 기준을 충족한 것으로 본다(부채비율이 200% 이하 또는 동종업종의 평균의 2배 이하인 경우 충족).

정답 | 11 다 12 나

PART 07

• 안전관리 기준 중에서 충족이 권고되는 기준의 평가 점수가 75점인 경우 공인기준을 충족한 것으로 본다(70점 이상인 경우 충족임).

13 **수출입 안전관리 우수업체의 공인을 받고자 신규로 신청하여 공인기준을 모두 충족한 업체에 대한 관세청장의 공인등급 결정으로 틀린 것은?**

가. 법규준수도가 80점이어서 A등급을 부여하였다.
나. 법규준수도가 90점이어서 AA등급을 부여하였다.
다. 원산지인증수출자 인증 기업이어서 공인등급을 부여할 때 우대하였다.
라. 공인부문에 해당하는 거래업체 중에서 수출입안전관리 우수업체 공인 기업의 비율이 높은 경우라서 공인등급을 부여할 때 우대하였다.
마. 수출입 안전관리 관련 우수사례가 있고, 법규준수도가 95점이어서 AAA 등급을 부여하였다.

해설 관세청장은 공인등급별 기준에 따라 출입 안전관리 우수업체 심의위원회 심의를 거쳐 공인등급을 결정한다.
① A등급 : 법규준수도가 80점 이상인 업체
② AA등급 : 법규준수도가 90점 이상인 업체
③ AAA등급 : 갱신심사를 받은 업체 중에서 법규준수도가 95점 이상이고, 다음 각 목의 어느 하나에 해당하는 업체
가. 수출입 안전관리와 관련하여 다른 업체에 확대하여 적용할 수 있는 우수사례가 있는 업체. 이 경우 해당 우수사례는 공인등급을 상향할 때에 한번만 유효하다.
나. 중소기업이 수출입 안전관리 우수업체로 공인을 받는데 지원한 실적이 우수한 업체
다. 그 밖의 관세청장이 인정하는 경우로서 심의위원회의 결정을 받은 업체

14 **수출입 안전관리 우수업체 공인 및 운영에 관한 고시에서 사용하는 용어의 정의이다. ( ) 안에 들어갈 내용을 바르게 나열한 것은?**

(A) : 통합 법규준수도 평가와 운영에 관한 고시에 따라 측정한 점수를 말한다.
(B) : 공인 또는 갱신심사를 신청하기 전에 업체가 희망하여 관세청장이 공인을 신청할 때 준비하여야 하는 서류의 종류와 내용을 안내하고, 공인기준 중에서 일부를 정해서 업체의 수출입 관리현황이 이를 충족하는지 예비적으로 확인하는 것을 말한다.
(C) : 관세청 및 세관 소속 공무원으로서 관세청장이 수출입 안전관리 우수업체가 공인기준과 통관적법성을 충족하는지를 점검하고 지원하기 위하여 제21조에 따라 지정한 사람을 말한다.

정답 | 13 마 14 나

	(A)	(B)	(C)
가.	신고정확도	사전심사	수출입관리책임자
나.	법규준수도	예비심사	기업상담전문관
다.	법규준수도	사전심사	기업상담전문관
라.	법규준수도	예비심사	수출입관리책임자
마.	신고정확도	예비심사	기업상담전문관

해설
- 법규준수도 : 통합 법규준수도 평가와 운영에 관한 고시에 따라 측정한 점수를 말한다.
- 예비심사 : 공인 또는 갱신심사를 신청하기 전에 업체가 희망하여 관세청장이 공인을 신청할 때 준비하여야 하는 서류의 종류와 내용을 안내하고, 공인기준 중에서 일부를 정해서 업체의 수출입 관리현황이 이를 충족하는지 예비적으로 확인하는 것을 말한다.
- 기업상담전문관 : 관세청 및 세관 소속 공무원으로서 관세청장이 수출입 안전관리 우수업체가 공인기준과 통관적법성을 충족하는지를 점검하고 지원하기 위하여 제21조에 따라 지정한 사람을 말한다.

15 수출입 안전관리 기준 준수도의 측정 · 평가의 절차 및 활용 등에 대한 설명으로 틀린 것은?

가. 관세청장은 수출입 안전관리 우수업체로 공인받기 위해 신청을 한 경우에 한하여 안전관리 기준 준수도를 측정 · 평가할 수 있다.

나. 관세법 제172조제2항에 따른 화물관리인은 수출입 안전관리 기준 준수도의 측정평가 대상이다.

다. 관세청장은 수출입 안전관리 기준 준수도를 측정 · 평가한 결과를 대통령령이 정하는 바에 따라 활용할 수 있다.

라. 관세법 제254조 및 관세법 시행령 제259조제1호에 따른 특별통관대상업체는 기준 준수도의 측정 · 평가 대상이다.

마. 수출입 안전관리 기준 준수도 측정 · 평가에 대한 평가 항목, 배점 및 등급 등 세부 사항은 관세청장이 정하여 고시한다.

해설 관세청장은 수출입안전관리우수업체로 공인받기 위한 신청 여부와 관계없이 수출입물품의 제조 · 운송 · 보관 또는 통관 등 무역과 관련된 자 중 대통령령으로 정하는 자를 대상으로 안전관리 기준을 준수하는 정도를 대통령령으로 정하는 절차에 따라 측정 · 평가할 수 있다.

정답 | 15 가

16 수출입 안전관리 우수업체 공인 및 운영에 관한 고시 제18조(정기 자율 평가)에서 규정하고 있는 보세구역운영인부문 정기 자율 평가 체크리스트 중 일부를 발췌한 것이다. ( ) 안에 들어갈 내용을 바르게 나열한 것은?

No	자율평가	확인사항
1	(통제환경) 경영방침 및 세부목표	
	□ Yes □ No	세부목표는 (A)을 초과하지 않는 범위에서 검토하고 있습니까?
11	(정보기술관리) 정보기술 관리	
	□ Yes □ No	전산시스템 백업을 주기적(B)으로 시행하고 있습니까?
	□ Yes □ No	암호를 주기적(C)으로 변경하고 있습니까?
15	(기타) 변동신고 사항	
	□ Yes □ No	화재, 침수, 도난, 불법유출 등 수출입화물 안전관리와 관련한 특이사항 발생시 (D)이내 신고하고 있습니까?

	(A)	(B)	(C)	(D)
가.	3개월	30일	30일	15일
나.	3개월	60일	60일	20일
다.	6개월	30일	90일	30일
라.	6개월	60일	120일	30일
마.	6개월	90일	150일	60일

해설 수출입 안전관리 우수업체 공인 및 운영에 관한 고시[별지 제11호서식] 정기 자율 평가서(제18조 관련)

(A) 세부목표는 6개월을 초과하지 않는 범위에서 검토하고 있습니까?

(B) 전산시스템 백업을 주기적(30일)으로 시행하고 있습니까?

(C) 암호를 주기적(90일)으로 변경하고 있습니까?

(D) 화재, 침수, 도난, 불법유출 등 수출입화물 안전관리와 관련한 특이사항 발생시 30일이내 신고하고 있습니까?

정답 | 16 다

17 수출입 안전관리 우수업체 심의위원회에 대한 설명으로 틀린 것은?

가. 수출입 안전관리 우수업체의 공인등급 조정은 심의위원회 심의 사항이다.
나. 위원장은 관세청 차장이 된다.
다. 회의는 구성원 과반수 출석으로 개의하고 출석위원 과반수 찬성으로 의결한다.
라. 위원의 임기는 2년으로 하고, 연임할 수 없다.
마. 위원장이 부득이한 사유로 그 직무를 수행하지 못하는 경우에는 위원장이 지명하는 위원이 그 직무를 대신한다.

해설 위원의 임기는 2년으로 하고, 연임할 수 있다.

18 수출입 안전관리 우수업체 공인 절차에 관한 설명이다. ( ) 안에 들어갈 내용을 바르게 나열한 것은?

- 예비심사 : 예비심사 신청서를 접수한 날로부터 (A) 이내에 예비심사를 마쳐야 한다.
- 서류심사 : 관세청장은 신청업체가 제출한 서류를 통해서 공인기준을 충족하는지를 확인하기 어려운 경우에는 (B)의 범위 내에서 신청업체에 보완을 요구할 수 있다.
- 현장심사 : 관세청장은 현장심사를 시작한 날부터 (C) 이내에 그 심사를 마쳐야 하며, 신청업체의 사업장을 직접 방문하는 기간은 (D) 이내로 한다.

	(A)	(B)	(C)	(D)
가.	30일	30일	30일	15일
나.	30일	60일	60일	15일
다.	40일	30일	60일	15일
라.	40일	60일	30일	30일
마.	40일	30일	60일	30일

해설
- 예비심사 : 관세청장은 예비심사 신청서를 접수한 날로부터 40일 이내에 예비심사를 마쳐야 한다.
- 서류심사 : 관세청장은 신청업체가 제출한 서류를 통해서 공인기준을 충족하는지를 확인하기 어려운 경우에는 30일의 범위 내에서 신청업체에 보완을 요구할 수 있다.
- 현장심사 : 관세청장은 현장심사를 시작한 날부터 60일 이내에 그 심사를 마쳐야 하며, 신청업체의 사업장을 직접 방문하는 기간은 15일 이내로 한다.

PART 07

정답 | 17 라 18 다

19 **보세구역운영인 부문의 수출입 안전관리 우수업체 공인을 획득한 기업에 제공되는 혜택으로 틀린 것은?**

가. 월별납부제도 운영에 관한 고시 제3조에 따른 월별납부

나. 특허보세구역 운영에 관한 고시 제17조에 따른 특허보세구역 갱신기간 연장

다. 특허보세구역 운영에 관한 고시 제18조제3항에 따른 반입정지기간을 50% 범위 내에서 하향 조정 가능

라. 법규위반 시 행정형벌보다 통고처분, 과태료 등 행정질서벌 우선 고려

마. 관세법 등에 따른 과태료 부과징수에 관한 훈령에 따른 과태료 경감

해설 보세구역 운영인 혜택

1. 특허 갱신기간 연장
2. 특허 갱신 시 본부세관 특허심사위원회 심사생략 및 해당세관에서 자체 심사
3. 분기별 자체 재고조사 후 연 1회 세관장에게 보고
4. 자율관리보세구역 운영인 이상의 혜택
5. 반입정지 기간을 50% 범위 내에서 하향조정 가능

라, 마. 공통부문에 적용되는 혜택이므로 보세구역운영인 부문도 당연 적용되는 혜택이다.

20 **국가 간 수출입 안전관리 우수업체의 상호인정약정 체결 절차가 아닌 것은?**

가. 공인기준의 상호 비교

나. 상호방문 합동 공인심사

다. 상호인정약정의 혜택 및 정보교환 등 운영절차 마련

라. 관세당국 최고책임자 간 서명

마. 협정 체결국 국회의 비준

해설 관세청장은 다음 각 호의 절차에 따라 상호인정약정(Mutual Recognition Arrangement)을 체결하며, 다른 나라의 관세당국과 협의하여 탄력적으로 조정할 수 있다.

가. 공인기준의 상호 비교
나. 상호방문 합동 공인심사
다. 상호인정약정의 혜택 및 정보교환 등 운영절차 마련
라. 관세당국 최고책임자 간 서명

정답	19 가 20 마

21 수출입 안전관리 우수업체 보세구역운영인 부문에 대한 안전관리 공인기준으로 맞는 것은?

가. 신청업체와 신청인이 관세 등 국세와 지방세의 체납이 없어야 한다.

나. 운영인은 거래업체를 선정하기 위한 절차를 마련하여야 한다.

다. 운영인은 화물을 반출입하는 경우 즉시 신고할 수 있는 체계를 구축하여야 한다.

라. 운영인은 수출입물품의 이동과 물품취급 거래내역에 관한 관리절차를 마련하고, 관련 법령에 따라 보관하여야 한다.

마. 신청업체는 통합법규준수도시스템 또는 현장심사를 통하여 측정한 관세행정법규준수도가 수출입 안전관리 우수업체 공인기준을 충족하여야 한다.

해설 가. 재무건전성에 대한 기준이다.
다, 라. 내부통제시스템에 대한 기준이다.
마. 법규준수에 대한 기준이다.

22 수출입 안전관리 우수업체 공인 및 운영에 관한 고시 [별표 1] 보세구역 운영인 부문의 내부통제 시스템 기준이다. ( ) 안에 들어갈 내용을 바르게 나열한 것은?

- 운영인은 (A)의 법규준수와 안전관리에 대한 경영방침과 이를 이행하기 위한 세부목표를 수립하여야 한다.
- 운영인은 법규준수와 안전관리 관련 업무 처리에 부정적 영향을 주는 (B)의 식별, 평가, 관리대책의 수립, 개선 등을 포함한 절차를 마련하여야 한다.
- 운영인은 법규준수와 안전관리를 위하여 관세행정 전문가, (C)와(과) 정기적으로 협의하여야 한다.

	(A)	(B)	(C)
가.	최고경영자	위험요소	거래업체
나.	최고경영자	위험	기업상담전문관
다.	이사회	위험요소	거래업체
라.	이사회	위험	기업상담전문관
마.	총괄책임자	위험요소	거래업체

해설 수출입 안전관리 우수업체 공인기준
2.1.1 운영인은 최고경영자의 법규준수와 안전관리에 대한 경영방침과 이를 이행하기 위한 세부목표를 수립하여야 한다.
2.2.1 운영인은 법규준수와 안전관리 관련 업무 처리에 부정적 영향을 주는 위험요소의 식별, 평가, 관리대책의 수립, 개선 등을 포함한 절차를 마련하여야 한다.
2.4.2 운영인은 법규준수와 안전관리를 위하여 관세행정 전문가, 거래업체와 정기적으로 협의하여야 한다.

PART 07

정답 21 나 22 가

23 수출입 안전관리 우수업체 사후관리에 대한 설명으로 틀린 것은?

가. 보세구역 특허변동으로 법적 지위의 변경에 해당하는 사실이 발생한 경우 그 사실이 종료된 날로부터 30일 이내 수출입관리 현황보고서를 관세청장에게 보고하여야 한다.

나. 범칙행위, 부도 등 공인유지에 중대한 영향을 미치는 변동사항이 발생한 경우 지체없이 관세청장에게 보고하여야 한다.

다. 관리책임자가 변경된 경우는 변경된 날부터 180일 이내에 공인 후 교육을 받아야 한다.

라. 수출입 안전관리 우수업체가 여러 공인부문에 걸쳐 공인을 받은 경우는 공인일자가 가장 빠른 공인부문을 기준으로 자율 평가서를 함께 제출할 수 있다.

마. 관세청장은 수출입 안전관리 우수업체가 갱신심사를 신청한 경우는 공인의 유효기간이 끝나는 날이 속한 연도에 실시하는 정기 자율 평가를 생략하게 할 수 있다.

해설 수출입 안전관리 우수업체는 다음 각 호의 어느 하나에 해당하는 사실이 발생한 경우 그 사실이 발생한 날로부터 30일 이내에 수출입 관리현황 변동사항 보고서를 작성하여 관세청장에게 보고하여야 한다. 다만, 변동사항이 범칙행위, 부도 등 공인유지에 중대한 영향을 미치는 경우 지체 없이 보고하여야 한다.

① 양도, 양수, 분할 · 합병 및 특허 변동 등으로 인한 법적 지위 등의 변경
② 대표자, 수출입 관련 업무 담당 임원 및 관리책임자의 변경
③ 소재지 이전, 사업장의 신설 · 증설 · 확장 · 축소 · 폐쇄 등
④ 사업내용의 변경 또는 추가
⑤ 화재, 침수, 도난, 불법유출 등 수출입화물 안전관리와 관련한 특이사항

24 보세구역운영인부문의 수출입 안전관리 우수업체 관리책임자의 지정 및 교육에 대한 설명으로 틀린 것은?

가. 수출입 관련 업무에 3년 이상 근무한 경력이 있는 사람으로 수출입관리 책임자를 지정하여야 한다.

나. 보세사는 수출입 관련 업무 경력과 관계없이 수출입관리책임자로 지정할 수 있다.

다. 공인 전 교육을 이수한 후 5년이 지나서 공인신청을 할 경우 공인신청 전에 공인 전 교육을 다시 이수하여야 한다.

라. 관리책임자는 법규준수 및 수출입 안전관리를 위한 관리책임자의 역할 등이 포함된 공인 후 교육을 매년 이수하여야 한다.

마. 관세청장이 관리책임자에게 공인 후 교육을 받도록 권고하였음에도 특별한 사유없이 이를 이행하지 않으면 수출입 안전관리 우수업체 혜택 적용이 정지될 수 있다.

해설 공인 후 교육은 매 2년마다 총괄책임자는 4시간 이상, 수출입관리책임자는 8시간 이상(처음 교육은 공인일자를 기준으로 1년 이내 받아야 함)받아야 한다.

정답	23 가 24 라

25 **A등급 수출입 안전관리 우수업체의 통관절차 및 관세행정상의 혜택으로 틀린 것은?**

가. A社(수출업체)는 수출물품 선별검사에 관한 훈령에 따른 수출화물 선별검사 시 우선 검사를 받을 수 있다.

나. B社(수입업체)는 관세조사 운영에 관한 훈령에 따른 관세조사를 제외할 수 있다.

다. C社(관세사)의 대표자, 총괄책임자는 여행자정보 사전확인제도 운영에 관한 훈령에 따른 여행자 검사대상 선별에서 제외된다(다만, 현행범, 중대 · 명백한 탈루정보가 있는 경우 제외).

라. D社(보세운송업자)는 통고처분 벌금상당액 가중 · 감경 기준에 관한 고시에 따른 통고처분 금액의 15%를 경감 받을 수 있다.

마. E社(보세구역운영인)는 특허보세구역운영에 관한 고시에 따른 반입정지기간을 50% 범위 내에서 하향 조정이 가능하다.

해설

적용 부문	특례기준	수출입안전관리우수업체		
		A	AA	AAA
모든 부문	과태료 경감	20%	30%	50%
	통고처분 금액경감	15%	30%	50%
	여행자정보 사전확인제도 운영에 관한 훈령에 따른 여행자검사대상 선별 제외	대표자, 총괄책임자	대표자, 총괄책임자	대표자, 총괄책임자
	국제공항 입출국 시 전용검사대를 이용한 법무부 입출국 심사	대표자	대표자	대표자, 총괄책임자
	관세조사 제외 *현행범, 중대 · 명백한 위법정보가 있는 경우 본부세관 갱신심사부서와 협의하에 심사 가능	○	○	○
수출 · 수입 부문 (공통)	「수출물품 선별검사에 관한 훈령」, 「수입물품 검사 등에 관한 훈령」에 따른 수출입화물 선별검사시 우선검사	○	○	○
	「보세공장운영에 관한 고시」 제40조에 따른 관할지세관 화물담당부서에서의 재고조사를 자율점검표 심사결과로 갈음	○	○	○
보세구역운영인	특허 갱신기간 연장	6년	8년	10년
	반입정지 기간을 50% 범위에서 하향조정 가능	–	○	○
	특허보세구역 운영에 관한 고시에 따른 특허 갱신 시 본부세관 특허심사위원회 심사생략 및 해당 세관에서 자체 심사	○	○	○
	보세화물관리에 관한 고시에 따른 분기별 자체 재고조사 후 연 1회 세관장에게 보고	○	○	○

PART 07

정답 | 25 마

01 자율관리 보세구역에 대한 설명으로 맞는 것은?

가. 보세구역의 화물관리인이나 운영인은 자율관리보세구역의 지정을 받으려면 관세청장에게 지정을 신청하여야 한다.

나. 자율관리보세구역으로 지정받기 위해서는 화물의 반출입, 재고관리 등 실시간 물품관리가 가능한 전산시스템(WMS, ERP 등)을 구비하여야 한다

다. 자율관리보세구역의 지정을 신청하려는 자는 해당 보세구역에 장치된 물품을 관리하는 관세사를 채용하여야 한다.

라. 자율관리보세구역에 장치한 물품은 관세법에 따른 절차 중 세관장이 정하는 절차를 생략한다.

마. 관세청장은 자율관리보세구역의 지정을 받은 자가 관세법에 따른 의무를 위반하거나 세관감시에 지장이 있다고 인정되는 경우 등 대통령령으로 정하는 사유가 발생한 경우에는 자율관리 보세구역 지정을 취소할 수 있다.

해설 가. 자율관리보세구역으로 지정을 받으려는 사람은 자율관리보세구역 지정신청서를 세관장에게 제출하여야 한다.

다. 자율관리보세구역의 지정을 신청하려는 자는 해당 보세구역에 장치된 물품을 관리하는 보세사를 채용하여야 한다.

라. 자율관리보세구역에 장치한 물품에 대하여는 반출입시 세관공무원의 참여 및 관세청장이 정하는 절차를 생략한다.

마. 세관장은 자율관리보세구역의 지정을 취소할 수 있으며 이 경우 해당 보세구역의 운영인 등에게 통보하여야 한다.

02 자율관리 보세구역에 대한 설명이다. ( ) 안에 들어갈 내용을 바르게 나열한 것은?

• 운영인은 회계연도 종료 (A)이 지난 후 (B) 이내에 자율관리 보세구역 운영 등의 적정여부를 자체 점검하고, 자율점검표를 작성하여 세관장에게 제출하여야 한다.
• 운영인은 관세법 시행령 제3조제1항제3호에 따라 해당 보세구역에서 반출입된 화물에 대한 장부를 (C)간 보관하여야 한다.

	(A)	(B)	(C)
가.	2개월	10일	3년
나.	2개월	10일	2년
다.	2개월	15일	3년
라.	3개월	15일	2년
마.	3개월	10일	3년

정답 01 나 02 라

해설 • 운영인은 회계연도 종료 3개월이 지난 후 15일 이내에 자율관리 보세구역 운영 등의 적정여부를 자체 점검하고, 자율점검표를 작성하여 세관장에게 제출하여야 한다.
• 운영인은 해당 보세구역에서 반출입된 화물에 대한 장부를 2년간 보관하여야 한다.

03 자율관리보세구역 운영인 등의 의무에 대한 설명으로 틀린 것은?

가. 운영인 등은 당해 보세구역에 작업이 있을 때는 보세사를 상주근무하게 하여야 한다.
나. 운영인 등은 보세사를 채용, 해고 또는 교체하였을 때에는 관세청장에게 즉시 통보하여야 한다.
다. 운영인 등은 관세청장이 정하는 절차생략 등에 따른 물품 반출입 상황 등을 보세사로 하여금 기록 · 관리하게 하여야 한다.
라. 운영인 등은 해당 보세구역 반출입 물품과 관련한 생산, 판매, 수입 및 수출 등에 관한 세관공무원의 자료요구 또는 현장 확인 시에 협조하여야 한다.
마. 운영인 등은 보세사가 아닌 자에게 보세화물관리 등 보세사의 업무를 수행하게 하여서는 아니 된다.

해설 운영인 등은 당해 보세구역에 작업이 있을 때는 보세사를 상주근무하게 하여야 하며 보세사를 채용, 해고 또는 교체하였을 때에는 세관장에게 즉시 통보하여야 한다.

04 자율관리보세구역 제도에 대한 설명으로 모두 맞는 것은?

A. 보세구역 운영인 등이 자율관리보세구역 지정기간을 갱신하려는 때에는 지정기간이 만료되기 2개월 전까지 세관장에게 자율관리 보세구역 신청을 하여야 한다.
B. 세관장은 자율관리보세구역의 운영실태 등을 확인하기 위하여 연 2회 정기감사를 실시하여야 한다.
C. 세관장은 운영인 등과 보세사가 보세화물관리에 관한 의무사항을 불이행한 때에는 사안에 따라 경고처분 등의 조치를 할 수 있다.
D. 보세화물을 자율적으로 관리할 능력이 없다고 세관장이 인정하는 경우에는 관세법 제328조에 다른 청문절차 없이 자율관리보세구역 지정을 취소할 수 있다.
E. 자율관리보세구역 지정신청서는 세관장에게 제출하며, 신청서류는 우편 또는 FAX 등 정보통신망 등을 이용하여 제출할 수 있다.

가. A, B
나. A, C
다. B, D
라. A, E
마. C, E

해설 A. 보세구역 운영인 등이 자율관리보세구역 지정기간을 갱신하려는 때에는 지정기간이 만료되기 1개월 전까지 세관장에게 지정신청 서식으로 자율관리보세구역 갱신 신청을 하여야 한다.

정답 | 03 나 04 마

PART 07

B. 세관장은 자율관리보세구역의 운영실태 및 보세사의 관계법령 이행여부 등을 확인하기 위하여 별도의 감사반을 편성(외부 민간위원을 포함할 수 있다)하고 7일 이내의 기간을 설정하여 연 1회 정기감사를 실시하여야 한다.

D. 세관장은 자율관리보세구역의 지정을 취소하려는 때에는 미리 해당 운영인 등의 의견을 청취하는 등 기회를 주어야 한다.

05 보세사 제도운영에 대한 설명으로 틀린 것은?

가. 관세법 시행령 제185조제9항에 따라 보세사 시험업무를 위탁하는 기관은 국가자격검정 관련 전문기관 또는 사단법인 한국관세물류협회를 말한다.

나. 보세사는 직무와 관련하여 부당한 금품을 수수하거나 알선 · 중개하여서는 아니된다.

다. 보세사시험 수행기관장은 보세사에 대한 시험을 매년 실시하여야 한다. 다만, 보세구역 및 보세사의 수급상황을 고려하여 필요하다고 인정하면 관세청장의 승인을 받아 격년제로 실시할 수 있다.

라. 보세사 징계의 종류는 견책, 6월의 범위내 업무정지, 등록취소의 3종으로 한다.

마. 보세사징계위원회는 간사 1인을 두며, 간사는 보세사업무를 담당하는 한국관세물류협회위원이 된다.

해설 보세사징계위원회에는 간사 1인을 두며, 간사는 보세사업무를 담당하는 화물주무가 된다.

06 보세사 등록 및 취소에 대한 설명으로 맞는 것은?

가. 보세사 등록을 신청하고자 하는 사람은 보세사 등록 신청서에 입사예정증명서 또는 재직확인증명서를 첨부하여 관세청장에게 제출하여야 한다.

나. 한국관세물류협회장은 운영인 또는 등록보세사로부터 보세사의 퇴사 · 해임 · 교체통보 등을 받은 때에는 그 등록을 취소하고, 그 사실을 전산에 등록하여야 한다.

다. 보세사자격증을 교부받은 사람이 분실 등으로 재발급 받고자 하는 경우에는 보세사자격증교부(재교부)신청서에 재발급사유서를 첨부하여 관세청장에게 신청하여야 한다.

라. 관세청장은 보세사로 등록된 자가 관세법이나 관세법에 따른 명령을 위반한 경우에는 등록을 취소하여야 한다.

마. 보세사 등록이 취소된 사람은 그 취소된 날로부터 3년 내에 다시 등록하지 못한다.

해설 가. 보세사 등록을 신청하고자 하는 사람은 "보세사 등록 신청서"에 입사예정 증명서 또는 재직확인증명서를 첨부하여 세관장이 권한을 위탁한 한국관세물류협회장에게 등록신청하여야 한다.

나. 세관장은 운영인 또는 등록보세사로부터 보세사의 퇴사 · 해임 · 교체통보 등을 받은 때에는 그 등록을 취소하고, 그 사실을 전산에 등록한 후 한국관세물류협회장에게 통보하여야 한다.

정답	05 마 06 다

라. 세관장은 등록을 한 사람이 이 법이나 이 법에 따른 명령을 위반한 경우에는 등록의 취소, 6개월 이내의 업무정지, 견책 또는 그 밖에 필요한 조치를 할 수 있다.
마. 등록이 취소된 사람은 그 취소된 날로부터 2년 내에 다시 등록하지 못한다.

07 수출입물류업체에 대한 법규수행능력측정 및 평가관리에 대한 설명으로 틀린 것은?

가. 법규수행능력이란 수출입물류업체가 관세법규 등에서 정하는 사항을 준수한 정도를 측정한 점수를 말한다.
나. 법규수행능력 평가대상 수출입물류업체에 대한 점검은 현지점검을 원칙으로 하며, 7일 이내의 기간을 정하여 현지점검을 실시할 수 있다.
다. 세관장이 법규수행능력 평가 현지점검을 실시한 때에는 특허보세구역운영에 관한 고시에 따른 보세구역운영상황의 점검을 생략할 수 있다.
라. 세관장이 법규수행능력 평가 점검결과 수출입물류업체가 시설장비 등의 부족으로 보세화물 취급에 지장이 있다고 판단하는 때에는 시정을 명할 수 있다.
마. 법규수행능력 점검반이 수출입물류업체에 대한 법규수행능력 점검을 완료한 때에는 그 결과를 세관장에게 보고하고 즉시 법규수행능력평가시스템에 등록하여야 한다.

해설 법규수행능력 평가대상 수출입물류업체에 대한 점검은 서면점검을 원칙으로 한다. 다만, 수출입물류업체의 업무특성상 현지점검의 필요성이 있다고 판단되는 때에는 7일 이내의 기간을 정하여 현지점검을 실시할 수 있다.

08 세관장이 실시하는 수출입물류업체 법규수행능력 평가에 대한 설명이다. ( ) 안에 들어갈 내용을 바르게 나열한 것은?

세관장이 법규수행능력 평가시스템에 의하여 수출입물류업체의 법규수행능력을 평가할 수 있는 주기는 연 1회를 원칙으로 하며, 신규업체가 법규수행능력 평가를 요청할 때에는 보세구역, 자유무역지역은 설립 후 (A) 경과한 경우에 평가를 실시할 수 있으며, 운송사, 선사, 항공사, 포워더는 세관신고 (B) 이상을 충족하는 경우에 평가를 실시할 수 있다.

	(A)	(B)
가.	3개월	100건
나.	3개월	150건
다.	6개월	100건
라.	6개월	150건
마.	6개월	250건

PART 07

정답 | 07 나 08 마

해설 신규업체가 법규수행능력평가를 요청할 때에는 다음 각호의 기준을 충족하는 경우 평가를 실시할 수 있다.

① 보세구역, 자유무역지역 : 설립 후 6개월 경과

② 운송사, 선사, 항공사, 포워더 : 세관신고 250건 이상

09 자유무역지역에서 물품을 국외로 반출 또는 수출하는 절차에 대한 설명으로 맞는 것은?

가. 외국물품 등이 아닌 물품을 자유무역지역에서 국외로 반출하려는 자는 국외반출신고를 하여야 한다.

나. 단순반송하거나 통관보류되어 국외반출하려는 물품 등에 대하여는 수출신고를 하여야 한다.

다. 국외반출신고가 수리된 물품은 30일 이내에 선(기)적하여야 하며, 세관장은 재해 · 선(기)적 일정 변경 등 부득이한 사유로 기간 연장의 신청이 있는 때에는 1년의 범위에서 그 기간을 연장할 수 있다.

라. 국외반출신고가 수리된 물품을 선적하기 위하여 보세운송하는 경우에는 수출신고서 서식을 사용하여 보세운송신고할 수 있다.

마. 국외반출신고 시 자유무역지역이나 다른 보세구역에서 제조가공한 물품 및 사용 소비신고한 물품에 대하여는 반송절차에 관한 고시를 준용한다.

해설 가. 외국물품 등이 아닌 물품을 자유무역지역에서 국외로 반출하려는 자는 수출신고를 하여야 한다.

나. 단순반송하거나 통관보류되어 국외반출하려는 물품 등에 대하여는 「반송절차에 관한 고시」를 준용하여 처리한다(반송신고).

다. 선(기)적은 국외반출신고가 수리된 날부터 30일 이내에 선(기)적하여야 한다. 다만, 세관장은 재해 · 선(기)적 일정 변경 등 부득이한 사유로 기간 연장의 신청이 있는 때에는 6개월의 범위에서 그 기간을 연장할 수 있다.

마. 국외반출신고 시 자유무역지역이나 다른 보세구역에서 제조 · 가공한 물품 및 사용소비신고한 물품에 대하여는 「수출통관 사무처리에 관한 고시」를 준용하여 처리한다.

정답	09 라

10 자유무역지역의 지정 및 운영에 관한 법률 제40조의2(반입정지 등)에 대한 설명이다. ( )안에 들어갈 내용을 바르게 나열한 것은?

> 세관장은 물품반입의 정지처분이 그 이용자에게 심한 불편을 주거나 공익을 해칠 우려가 있는 경우에는 입주기업체에 대하여 물품반입의 정지처분을 갈음하여 해당 입주기업체 운영에 따른 매출액의 (A) 이하의 과징금을 부과할 수 있으며, 1일당 과징금 금액은 해당 자유무역지역의 사업에 따른 연간 매출액의 (B)에 상당하는 금액으로 한다.

	(A)	(B)
가.	100분의 2	4천분의 1
나.	100분의 2	3천분의 1
다.	100분의 1	5천분의 1
라.	100분의 3	4천분의 1
마.	100분의 3	6천분의 1

해설 세관장은 물품반입의 정지처분이 그 이용자에게 심한 불편을 주거나 공익을 해칠 우려가 있는 경우에는 입주기업체에 대하여 물품반입의 정지처분을 갈음하여 해당 입주기업체 운영에 따른 매출액의 100분의 3 이하의 과징금을 부과할 수 있으며, 1일당 과징금 금액은 해당 자유무역지역의 사업에 따른 연간 매출액의 6천분의 1에 상당하는 금액으로 한다.

11 자유무역지역 입주기업체의 역외작업에 대한 설명으로 틀린 것은?

가. 세관장은 자유무역지역 입주기업체가 외국물품 등을 가공 보수하기 위하여 적법하게 역외작업 신고 시에는 이를 지체 없이 수리하여야 한다.

나. 자유무역지역 입주기업체의 역외작업의 범위, 반출기간, 대상물품 등에 관한 사항은 산업통상자원부령으로 정한다.

다. 입주기업체가 역외작업에 의하여 가공 또는 보수된 물품을 반출장소 외의 관세영역으로 반출하려는 경우에는 수입신고를 하고 관세 등을 내야 한다.

라. 입주기업체가 역외작업의 공정에서 발생한 폐품을 처분하려는 경우에는 세관장에게 신고하여야 한다.

마. 역외작업의 신고수리에 관하여는 관세법 제187조(보세공장외 작업 허가) 제5항 및 제7항을 준용한다. 이 경우 "허가"는 "신고수리"로 "보세공장"은 "자유무역지역"으로, "운영인"은 "입주기업체"로 본다.

해설 역외작업의 범위, 반출기간, 대상물품 등에 관한 사항은 대통령령으로 정한다.

정답	10 마 11 나

PART 07

12 자유무역지역 관리권자와 입주기업체 간의 입주계약의 해지 등에 대한 설명으로 틀린 것은?

가. 관리권자는 입주기업체 또는 지원업체가 부정한 방법으로 입주계약을 체결한 경우에는 입주계약을 해지하여야 한다.

나. 관리권자는 입주기업체 또는 지원업체가 입주계약을 체결한 사업 외의 사업을 한 경우 입주계약을 해지할 수 있다.

다. 관리권자는 입주기업체 또는 지원업체가 폐업한 경우 입주계약을 해지할 수 있다.

라. 입주계약이 해지된 자는 그 해지 당시의 수출 또는 수입 계약에 대한 이행업무 및 산업통상자원부령으로 정하는 잔무 처리업무를 제외하고는 그 사업을 즉시 중지하여야 한다.

마. 입주계약이 해지된 자는 자유무역지역에 소유하는 토지나 공장 · 건축물 또는 그 밖의 시설을 대통령령이 정하는 바에 따라 관리권자에게 양도하여야 한다.

해설 입주계약이 해지된 자는 자유무역지역에 소유하는 토지나 공장 · 건축물 또는 그 밖의 시설을 대통령령으로 정하는 바에 따라 다른 입주기업체나 입주 자격이 있는 제3자에게 양도하여야 한다.

13 자유무역지역의 지정 및 운영에 관한 법률(이하 '자유무역지역법')과 다른 법률과의 관계에 대한 설명으로 틀린 것은?

가. 입출항 및 하역 절차 등 통관을 위하여 필수적인 절차가 자유무역지역법에 규정되어 있지 아니한 경우에는 관세법을 적용한다.

나. 자유무역지역의 지정 및 운영에 관하여 경제자유구역의 지정 및 운영에 관한 특별법에 자유무역지역법과 다른 규정이 있는 경우에는 자유무역지역법을 우선하여 적용한다.

다. 물품의 통관에 관하여 관세법을 적용하는 것이 입주기업체에 유리한 경우에는 관세법을 적용한다.

라. 입주기업체 중 외국인투자기업은 장애인고용촉진 및 직업재활법에 따른 사업주의 장애인 고용 의무 규정을 준수하여야 한다.

마. 물품의 반입 · 반출을 효율적으로 관리하기 위하여 필요한 통제시설이 설치되어 있지 아니한 경우에는 관세법을 적용한다.

해설 입주기업체 중 외국인투자기업에 대하여는 다음 각 호의 법률을 적용하지 아니한다.
가. 「고용상 연령차별금지 및 고령자고용촉진에 관한 법률」
나. 「국가유공자 등 예우 및 지원에 관한 법률」, 「보훈보상대상자 지원에 관한 법률」, 「5 · 18민주유공자예우에 관한 법률」, 「특수임무유공자 예우 및 단체설립에 관한 법률」
다. 「장애인고용촉진 및 직업재활법」

정답	12 마 13 라

14 자유무역지역의 관리권자에 대한 내용이다. (   )안에 들어갈 내용을 바르게 나열한 것은?

- 산업단지－산업통상자원부장관
- 물류터미널 및 물류단지－국토교통부장관
- 공항 및 배후지－(A)
- 항만 및 배후지－(B)

	(A)	(B)
가.	국토교통부장관	산업통상자원부장관
나.	산업통상자원부장관	해양수산부장관
다.	국토교통부장관	해양수산부장관
라.	산업통상자원부장관	국토교통부장관
마.	해양수산부장관	국토교통부장관

해설 자유무역지역의 구분별 관리권자는 다음 각 호와 같다.
가. 산업단지 : 산업통상자원부장관
나. 공항 및 배후지 : 국토교통부장관
다. 물류터미널 및 물류단지 : 국토교통부장관
라. 항만 및 배후지 : 해양수산부장관

15 자유무역지역에서 반출입되는 외국물품등의 보세운송에 대한 설명으로 맞는 것은?

가. 국외반출신고가 수리된 물품의 보세운송기간은 신고수리일부터 20일 이내로 하며, 선(기)적은 국외반출신고가 수리된 날부터 20일 이내에 선(기)적하여야 한다.
나. 동일 자유무역지역 내 입주기업체 간에 외국물품 등을 이동하려는 때에는 관세청 전자통관시스템에 의한 수출입신고로 보세운송신고를 갈음할 수 있다.
다. 외국물품을 역외작업장소로 직접반입하려는 자는 역외작업신고서 원본을 첨부하여 도착지세관장에게 보세운송신고하여야 한다.
라. 국외반출신고가 수리된 물품을 선적하기 위하여 보세운송하는 경우에는 수입신고서 서식을 사용하여 보세운송신고할 수 있다.
마. 자유무역지역에서 제조 · 가공한 물품을 다른 자유무역지역으로 보세운송하는 경우에는 보세운송기간을 7일로 하며 7일 이내의 범위에서 연장할 수 있다.

해설 가. 국외반출신고가 수리된 물품을 선적하기 위하여 보세운송하는 경우에는 수출신고서 서식을 사용하여 보세운송신고할 수 있다. 보세운송기간은 신고수리일부터 30일 이내로 하며, 선(기)적은 국외반출신고가 수리된 날부터 30일 이내에 선(기)적하여야 한다.
나. 동일 자유무역지역 내 입주기업체 간에 외국물품등을 이동하려는 때에는 관세청 전자통관시스템에 의한 반출입신고로 보세운송신고를 갈음할 수 있다.
다. 외국물품을 역외작업장소로 직접 반입하려는 자는 발송지세관장에게 보세운송신고하여야 한다.
라. 국외반출신고가 수리된 물품을 선적하기 위하여 보세운송하는 경우에는 수출신고서 서식을 사용하여 보세운송신고할 수 있다.

정답 14 다 15 마

PART 07

16 관세법상 벌칙 조항에 관한 내용이다. (   ) 안에 들어갈 내용을 바르게 나열한 것은?

- 화폐 · 채권이나 그 밖의 유가증권의 위조품 · 변조품 또는 모조품을 수출하거나 수입한 자는 7년 이하의 징역 또는 (A) 이하의 벌금에 처한다.
- 제241조제1항 · 제2항 또는 제244조제1항에 따른 신고를 하지 아니하고 물품을 수입한 자는 (B) 이하의 징역 또는 관세액의 10배와 물품원가 중 높은 금액 이하에 상당하는 벌금에 처한다.
- 제241조제1항 · 제2항 또는 제244조제1항에 따른 수입신고를 한 자 중 세액결정에 영향을 미치기 위하여 과세가격 또는 관세율 등을 거짓으로 신고하거나 신고하지 아니하고 수입한 자는 3년 이하의 징역 또는 포탈한 관세액의 (C)와 물품원가 중 높은 금액 이하에 상당하는 벌금에 처한다.

	(A)	(B)	(C)
가.	7천만원	5년	5배
나.	7천만원	3년	5배
다.	5천만원	5년	3배
라.	5천만원	3년	3배
마.	3천만원	5년	5배

해설 (A) 수출입 금지물품을 수출하거나 수입한 자는 7년 이하의 징역 또는 7천만원 이하의 벌금에 처한다.
(B) 신고를 하지 아니하고 물품을 수입한 자는 5년 이하의 징역 또는 관세액의 10배와 물품원가 중 높은 금액 이하에 상당하는 벌금에 처한다.
(C) 수입신고를 한 자 중 세액결정에 영향을 미치기 위하여 과세가격 또는 관세율 등을 거짓으로 신고하거나 신고하지 아니하고 수입한 자는 3년 이하의 징역 또는 포탈한 관세액의 5배와 물품원가 중 높은 금액 이하에 상당하는 벌금에 처한다.

17 관세법 제276조(허위신고죄 등)에 해당하는 행위 중 과실인 경우에도 벌금에 처하는 것은?

가. 종합보세사업장의 설치 · 운영에 관한 신고를 하지 아니하고 종합보세기능을 수행한 자
나. 부정한 방법으로 적재화물목록을 작성하였거나 제출한 자
다. 관세법 제38조(신고납부)제3항 후단에 따른 자율심사 결과를 거짓으로 작성하여 제출한 자
라. 세관공무원의 질문에 대하여 거짓의 진술을 하거나 그 직무의 집행을 거부 또는 기피한 자
마. 관세법 제135조(입항절차)제1항에 따른 입항보고를 거짓으로 한 자

해설 제276조 허위신고죄 제4항
다음 각 호의 어느 하나에 해당하는 자는 1천만원 이하의 벌금에 처한다. 다만, 과실로 제2호부터 제4호까지의 규정에 해당하게 된 경우에는 200만원 이하의 벌금에 처한다.
1. 입항보고를 거짓으로 하거나 출항허가를 거짓으로 받은 자
2. 입항보고, 출항허가 규정을 위반한 자 등
3. 부정한 방법으로 신고필증을 발급받은 자
4. 세관장 또는 세관공무원의 물품 또는 운송수단 등에 대한 검사 등의 조치를 거부 또는 방해한 자
가. 물품원가 또는 2천만원 중 높은 금액 이하의 벌금

정답 | 16 가   17 마

나, 다. 2천만원 이하의 벌금
라. 5천만원 이하의 과태료

18 관세법상 미수범과 예비범을 처벌할 수 있는 조항이 아닌 것은?

가. 관세법 제268조의2(전자문서 위조 · 변조죄 등)
나. 관세법 제269조제1항(금지품수출입죄)
다. 관세법 제269조제2항(밀수입죄)
라. 관세법 제270조제1항제1호(관세포탈죄)
마. 관세법 제270조의2(가격조작죄)

해설 전자문서위조 · 변조죄, 밀수출입죄(금지품수출입죄 포함) 및 관세포탈죄 등(부정수입죄, 부정수출죄, 부정감면죄, 부정환급죄 포함)의 미수범은 본죄에 준하여 처벌하고, 죄를 저지를 목적으로 그 예비를 한 자는 본죄의 2분의 1을 감경하여 처벌한다.

19 관세법 제165조의2제2항을 위반하여 다른 사람의 성명 · 상호를 사용하여 보세사의 업무를 수행하거나 자격증 또는 등록증을 빌린 자에 대한 처벌은?

가. 1년 이하의 징역 또는 1천만원 이하의 벌금
나. 1년 이하의 징역 또는 3천만원 이하의 벌금
다. 3년 이하의 징역 또는 1천만원 이하의 벌금
라. 3년 이하의 징역 또는 3천만원 이하의 벌금
마. 1천만원 이하의 과태료

해설 다음 각 호의 어느 하나에 해당하는 자는 1년 이하의 징역 또는 1천만원 이하의 벌금에 처한다.
① 다른 사람에게 자신의 성명 · 상호를 사용하여 보세사 업무를 수행하게 하거나 자격증 또는 등록증을 빌려준 자
② 다른 사람의 성명 · 상호를 사용하여 보세사의 업무를 수행하거나 자격증 또는 등록증을 빌린 자
③ 보세사의 명의대여금지 규정을 위반하여 자격증 또는 등록증을 빌려주거나 빌리는 행위를 알선한 자

PART 07

정답	18 마 19 가

20 **관세법 제303조(압수와 보관)에 따라 관세청장이나 세관장이 압수물품을 피의자나 관계인에게 통고한 후 매각하여 그 대금을 보관하거나 공탁할 수 있는 사유가 아닌 것은?**

가. 피의자나 관계인이 매각을 요청하는 경우

나. 처분이 지연되면 상품가치가 크게 떨어질 우려가 있는 경우

다. 사람의 생명이나 재산을 해칠 우려가 있는 경우

라. 보관하기가 극히 불편하다고 인정되는 경우

마. 부패 또는 손상되거나 그 밖에 사용할 수 있는 기간이 지날 우려가 있는 경우

해설 관세청장이나 세관장은 압수물품이 다음 각 호의 어느 하나에 해당하는 경우에는 피의자나 관계인에게 통고한 후 매각하여 그 대금을 보관하거나 공탁할 수 있다. 다만, 통고할 여유가 없을 때에는 매각한 후 통고하여야 한다.

① 부패 또는 손상되거나 그 밖에 사용할 수 있는 기간이 지날 우려가 있는 경우
② 보관하기가 극히 불편하다고 인정되는 경우
③ 처분이 지연되면 상품가치가 크게 떨어질 우려가 있는 경우
④ 피의자나 관계인이 매각을 요청하는 경우

21 **관세법 제294조(출석요구)제1항에 대한 내용이다. ( ) 안에 들어갈 내용을 바르게 나열한 것은?**

세관공무원이 관세범 조사에 필요하다고 인정할 때에는 (A) 또는 (B)의 출석을 요구할 수 있다.

	(A)	(B)
가.	당사자	대리인
나.	조사를 한 사람	관세범
다.	소유자 · 점유자	보관자
라.	피의자 · 증인	참고인
마.	진술인	참여자

해설 세관공무원은 관세범 조사에 필요하다고 인정할 때에는 피의자 · 증인 또는 참고인을 조사할 수 있다.

정답 | 20 다 21 라

22 관세법상 관세범 조사에 관한 설명으로 틀린 것은?

가. 현행범인에 대한 조사로서 긴급히 처리할 필요가 있을 때에는 그 주요 내용을 적은 서면으로 조서를 대신할 수 있다.

나. 이 법에 따라 수색 · 압수를 할 때에는 관할 지방법원 판사의 영장을 받아야 한다. 다만, 긴급한 경우에는 사후에 영장을 발급 받아야 한다.

다. 세관공무원은 범죄사실을 증빙하기에 충분한 물품을 피의자가 신변에 은닉하였다고 인정될 때에는 이를 내보이도록 요구하고, 이에 따르지 아니하는 경우에는 신변을 수색할 수 있다.

라. 관세범의 현행범인이 그 장소에 있을 때에는 누구든지 체포할 수 있고, 범인을 체포한 자는 지체 없이 경찰공무원에게 범인을 인도하여야 한다.

마. 세관공무원은 피의자 · 증인 또는 참고인에 대한 조사 · 검증 · 수색 또는 압수 중에는 누구를 막론하고 그 장소에의 출입을 금할 수 있다.

해설 범인을 체포한 자는 지체 없이 세관공무원에게 범인을 인도하여야 한다.

23 관세법에서 규정하고 있는 통고처분 제도에 대한 설명으로 맞는 것은?

가. 관세청장이나 세관장은 관세범을 조사한 결과 범죄의 확증이 없더라도 벌금에 상당하는 금액, 몰수에 해당하는 물품, 추징금에 해당하는 금액을 납부할 것을 통고할 수 있다.

나. 관세법 제311조제1항에 따른 통고가 있는 때에는 공소의 시효는 중단된다.

다. 관세범인이 통고의 요지를 이행하였을 때에는 동일사건에 대하여 다시 처벌을 받지 아니한다.

라. 관세징수권의 소멸시효는 통고처분의 사유로 정지된다.

마. 관세법 제311조제8항에 따른 통고처분의 면제는 벌금에 상당하는 금액이 50만원 이하 또는 몰수에 해당하는 물품의 가액과 추징금에 해당하는 금액을 합한 금액이 150만원 이하인 관세범을 대상으로 한다.

해설 가. 관세청장이나 세관장은 관세범을 조사한 결과 범죄의 확증을 얻었을 때 벌금에 상당하는 금액, 몰수에 해당하는 물품, 추징금에 해당하는 금액을 납부할 것을 통고할 수 있다.

나. 통고가 있는 때에는 공소의 시효는 정지된다.

라. 통고처분을 이행하면 관세징수권의 소멸시효가 중단된다.

마. 통고처분 면제는 다음 각 호의 요건을 모두 갖춘 관세범을 대상으로 한다.

1. 벌금에 상당하는 금액이 30만원 이하일 것
2. 몰수에 해당하는 물품의 가액과 같은 항 제3호의 금액을 합한 금액이 100만원 이하일 것

PART 07

정답 22 라 23 다

24 관세법상 법정 징역형이 가장 중한 범죄는?

가. 관세법 제269조제1항(금지품수출입죄)
나. 관세법 제269조제2항(밀수입죄)
다. 관세법 제275조의2제1항(강제징수면탈죄 등)
라. 관세법 제274조제1항(밀수품의 취득죄 등)
마. 관세법 제268조의2제1항(전자문서 위조 · 변조죄)

해설 가. 수출입 금지물품을 수출하거나 수입한 자는 7년 이하의 징역 또는 7천만원 이하의 벌금에 처한다.
나. 5년 이하의 징역 또는 관세액의 10배와 물품원가 중 높은 금액 이하에 상당하는 벌금에 처한다.
다. 3년 이하의 징역 또는 3천만원 이하의 벌금에 처한다.
라. 3년 이하의 징역 또는 물품원가 이하에 상당하는 벌금에 처한다.
마. 1년 이상 10년 이하의 징역 또는 1억원 이하의 벌금에 처한다.

25 보세구역에 물품을 반입하지 아니하고 거짓으로 관세법 제157조제1항에 따른 반입신고를 한 자에 대한 처벌은?

가. 200만원 이하의 과태료
나. 500만원 이하의 과태료
다. 1천만원 이하의 과태료
라. 5천만원 이하의 과태료
마. 1억원 이하의 과태료

해설 200만원 이하의 과태료 대상이다.

정답 | 24 마 25 가

MEMO

MEMO

MEMO

MEMO

MEMO

MEMO

MEMO

01 증권경제전문 토마토TV가 만든 교육브랜드

토마토패스는 24시간 증권경제 방송 토마토TV · 인터넷 종합언론사 뉴스토마토 등을 계열사로 보유한 토마토그룹에서 출발한 금융전문 교육브랜드 입니다.
경제 ·금융· 증권 분야에서 쌓은 경험과 전략을 바탕으로 최고의 금융교육 서비스를 제공하고 있으며 현재 무역 · 회계 · 부동산 자격증 분야로 영역을 확장하여 괄목할만한 성과를 내고 있습니다.

뉴스토마토	토마토증권통	토마토집통	eTomato
www.newstomato.com 싱싱한 정보, 건강한 뉴스	www.tomatostocktong.com 24시간 증권경제 전문방송	tv.jiptong.com 국내 Only One 부동산 전문채널	www.etomato.com 맛있는 증권정보

02 차별화된 고품질 방송강의

토마토 TV의 방송제작 장비 및 인력을 활용하여 다른 업체와는 차별화된 고품질 방송강의를 선보입니다.
터치스크린을 이용한 전자칠판, 핵심내용을 알기 쉽게 정리한 강의 PPT,
선명한 강의 화질 등 으로 수험생들의 학습능력 향상과 모바일 수강 편의를 제공해 드립니다.

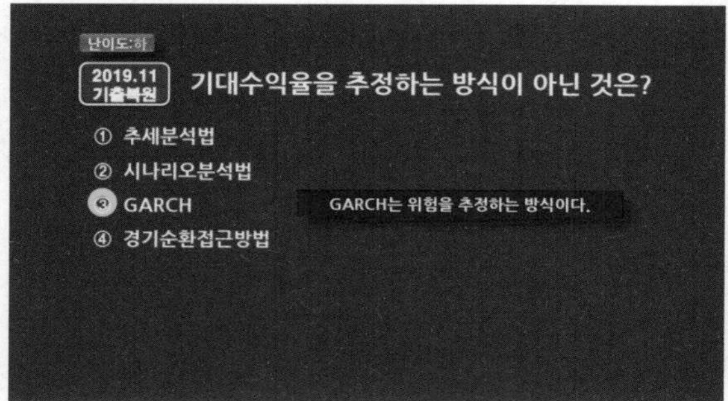

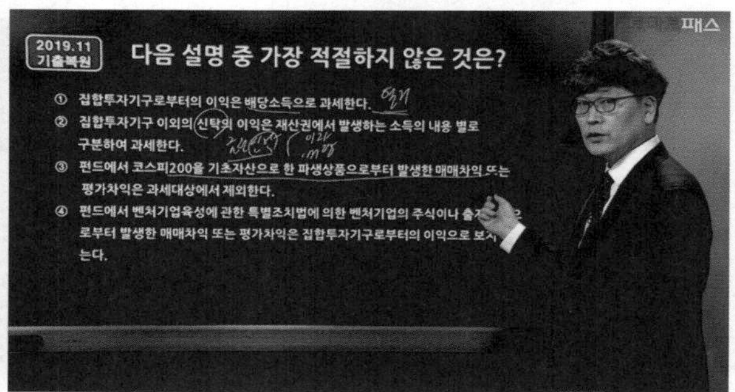

03 검증된 강의력의 운용역 출신 전담강사 유창호

이미 보험심사역과 투자자산운용사의 수많은 합격 후기로 증명된 유창호 전담 강사는
금융보험 수험서 국내최다출간 저자로 다년간의 실무 경력을 보유하고 있는 운용역 출신 강사 입니다.
유창호 강사의 토마토패스 투자자산운용사 교재는 철저한 기출복원과 분석으로 높은 적중률을 보이며
다수의 온라인 서점에서 꾸준히 인기도 1위를 기록하고 있으며, 매 회차의 시험복원 데이터를 반영하여
투자자산운용사 시험 대비의 바이블로 자리잡고 있습니다.
지금 바로 토마토패스 홈페이지 및 유투브 채널에서 수많은 고득점 합격후기를 확인하세요!

04 가장 빠른 1:1 수강생 학습 지원

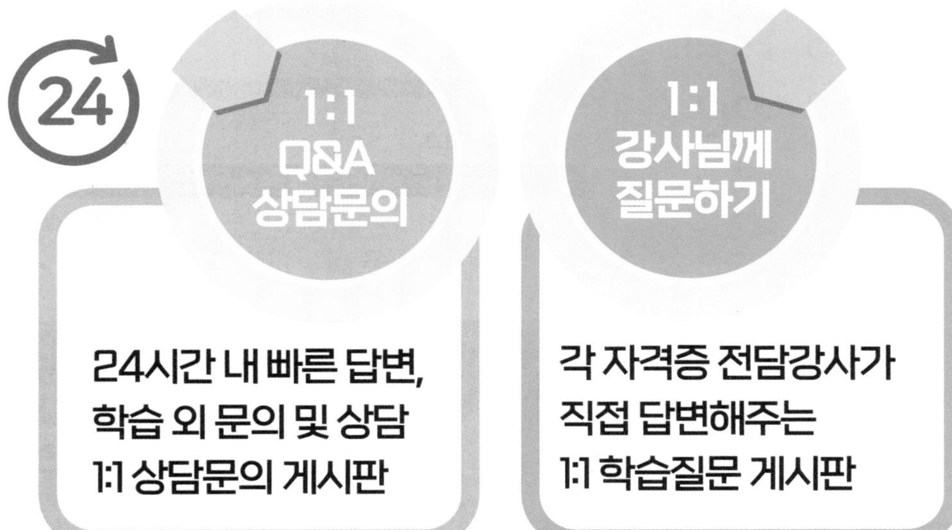

토마토패스에서는 가장 빠른 학습지원 및 피드백을 위해 다음과 같이 1:1 게시판을 운영하고 있습니다.

- Q&A 상담문의 (1:1) | 학습 외 문의 및 상담 게시판, 24시간 이내 조치 후 답변을 원칙으로 함 (영업일 기준)
- 강사님께 질문하기(1:1) | 학습 질문이 생기면 즉시 활용 가능, 각 자격증 전담강사가 직접 답변하는 시스템

이 외 자격증 별 강사님과 함께하는 오픈카톡 스터디, 네이버 카페 운영 등 수강생 편리에 최적화된 수강 환경 제공을 위해 최선을 다하고 있습니다.

05 100% 리얼 후기로 인증하는 수강생 만족도

2024 수강후기 별점 기준(100으로 환산)

토마토패스는 결제한 과목에 대해서만 수강후기를 작성할 수 있으며,
합격후기의 경우 합격증 첨부 방식을 통해 100% 실제 구매자 및 합격자의 후기를 받고 있습니다.
합격선배들의 생생한 수강후기와 만족도를 토마토패스 홈페이지 수강후기 게시판에서 만나보세요!
또한 푸짐한 상품이 준비된 합격후기 작성 이벤트가 상시로 진행되고 있으니,
지금 이 교재로 공부하고 계신 예비합격자분들의 합격 스토리도 들려주시기 바랍니다.

강의 수강 방법
PC

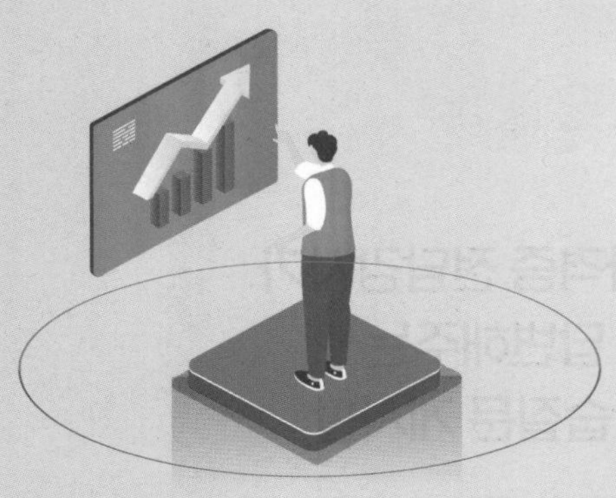

01 토마토패스 홈페이지 접속

www.tomatopass.com

02 회원가입 후 자격증 선택

· 회원가입시 본인명의 휴대폰 번호와 비밀번호 등록
· 자격증은 홈페이지 중앙 카테고리 별로 분류되어 있음

03 원하는 과정 선택 후 '자세히 보기' 클릭

04 상세안내 확인 후 '수강신청' 클릭하여 결제

· 결제방식 [무통장입금(가상계좌) / 실시간 계좌이체 / 카드 결제] 선택 가능

05 결제 후 '나의 강의실' 입장

06 '학습하기' 클릭

07 강좌 '재생' 클릭

· IMG Tech 사의 Zone player 설치 필수
· 재생 버튼 클릭시 설치 창 자동 팝업

강의 수강 방법 모바일

탭 · 아이패드 · 아이폰 · 안드로이드 가능

01 토마토패스 모바일 페이지 접속

WEB · 안드로이드 인터넷, ios safari에서 www.tomatopass.com 으로 접속하거나

 Samsung Internet (삼성 인터넷)

 Safari (사파리)

APP · 구글 플레이 스토어 혹은 App store에서 합격통 혹은 토마토패스 검색 후 설치

 Google Play Store

 앱스토어　　tomato 패스 합격통

02 존플레이어 설치 (버전 1.0)

· 구글 플레이 스토어 혹은 App store에서 '존플레이어' 검색 후 버전 1.0 으로 설치 (***2.0 다운로드시 호환 불가)

03 토마토패스로 접속 후 로그인

04 좌측 아이콘 클릭 후 '나의 강의실' 클릭

05 강좌 '재생' 버튼 클릭

· 기능소개

과정공지사항 : 해당 과정 공지사항 확인

강사님께 질문하기 : 1:1 학습질문 게시판

Q&A 상담문의 : 1:1 학습외 질문 게시판

재생 : 스트리밍, 데이터 소요량 높음, 수강 최적화

다운로드 : 기기 내 저장, 강좌 수강 시 데이터 소요량 적음

PDF : 강의 PPT 다운로드 가능

토마토패스

금융투자자격증　은행/보험자격증　FPSB/국제자격증　회계/세무자

나의 강의실

과정공지사항　강사님께 질문하기

학습자료실　Q&A 상담문의

과정명	증권투자권유대행인 핵심종합반		
수강기간	2021-08-23 ~ 2022-08-23		
최초 수강일	2021-08-23	최근 수강일	2021-09-09
진도율	77.0%		

강의명	재생	다운로드	진도율	PDF
1강 금융투자상품01			0%	
2강 금융투자상품02			100%	
3강 금융투자상품03			100%	
4강 유가증권시장, 코스닥시장01			94%	
5강 유가증권시장, 코스닥시장02			71%	
6강 유가증권시장, 코스닥시장03			0%	
7강 채권시장01			96%	
8강 채권시장02			0%	
9강 기타 증권시장			93%	

토마토패스

보세사 7개년 기출문제집

초 판 발 행 2022년 03월 10일
개정3판1쇄 2025년 03월 10일

편 저 자 변달수
발 행 인 정용수
발 행 처 (주)예문아카이브
주 소 서울시 마포구 동교로 18길 10 2층
T E L 02) 2038-7597
F A X 031) 955-0660

등 록 번 호 제2016-000240호

정 가 27,000원

홈페이지 http://www.yeamoonedu.com

I S B N 979-11-6386-432-5 [13320]